新人文

耳镜

刘恪
自选集

河南大学出版社

目 录

小 说

考古学	（3）
没有红豆树	（21）
纸风景	（30）
向日葵	（43）
饥饿的天空	（62）
河的第三条岸	（75）
异物	（88）
第九街区	（101）
婚床	（117）
空中墓园	（130）

散 文

心疼春天	（143）
雪的精灵	（147）
翼上日落	（152）
午后阳光	（162）
迷宫行走	（166）
雨季的感觉	（171）
张家视界	（175）
在天地之间	（184）
太阳话语	（190）
听雪	（200）
翻译绿色	（204）
雪山 草地和牧羊犬	（208）
花的布施	（214）
海然	（217）
鄂西风物志	（237）
水韵 喀纳斯	（241）

理　论

完美的罪行 …………………………………………（251）
性的历史 ……………………………………………（258）
历史的幻象 …………………………………………（263）
知识分子田野 ………………………………………（270）
走路的思想 …………………………………………（277）
文化物语 ……………………………………………（282）

纸上寓言 ……………………………………………（291）
锁孔里的艺术 ………………………………………（302）
词语的植物园 ………………………………………（310）
阅读的危机 …………………………………………（317）
生存还是毁灭 ………………………………………（333）
沉思,石头和风琴 ……………………………………（341）

色彩的声音 …………………………………………（348）
推动圆环的女孩儿 …………………………………（355）
画布上的情人 ………………………………………（364）
阳光下的棕榈树 ……………………………………（372）
达利绘画中的语言 …………………………………（379）
发光的女性 …………………………………………（390）

国际超文本小说探究 ………………………………（400）
文本的生产 …………………………………………（408）
先锋的由来 …………………………………………（414）
先锋的可能性 ………………………………………（426）
先锋的含义 …………………………………………（438）

时间诗学 ……………………………………………（452）
空间诗学 ……………………………………………（474）
自由诗学 ……………………………………………（491）

后　记 ………………………………………………（508）

小说

考 古 学

九女墩作为地理学的专有名词,早已灰飞烟灭。极偶然的时候,旧辈人作为口误才提到它,如果有后生追问,所有的老人都会缄默其口,连连摇头,表示不晓得,都几十年前的事了。古罗镇新修的《地方志》提到"九女"时,语焉不详,甚至连姓氏也不可考。倒是在"九女"一词的注释中说,历史无"九女"公案,疑为"救渔"一词的书写失误。耐人寻味的是一段话:新墙河西入东洞庭湖,历为军事要塞。是为岳阳或长沙的天然屏障。

古罗镇距洞庭仅数十里,新墙河在此像书画中的转折笔,略顿一挫,继续蜿蜒向东。从河阶拾级而上,岸口即镇口,有株巨大的槭树,横斜逸枝,余荫半覆其镇,镇东首为奎星阁,有实心砖塔,原本有梵铃叮咚,年代久远铃声也哑了,倒是从槭树底下喊一嗓子,声音从狭窄街心的麻石条上滑过,音韵绕塔,便有一缕朝阳抖落。

沿岸找不到九女墩,能找到的是新墙河的流水。

没有地点,如何命名?我查找《洞庭志》,没有。上个世纪我开始查找《荆楚岁时记》,于北京中国书店购得一册,没有。某年春节我购得了《风俗通义》仍没有。止于上世纪末我已绝望,不再寻找九女墩,巧在两千年我去江西讲学回故乡去看看那条河水,居然看到一个古旧刻本的《岳阳风土记》,书中记载了许多河流与湖泊。三江口南四十里又曰湘山。纤毫边注于左:

　　泗渡一生,只作水的记忆。纵使运流千载
　　河的清澈透亮,射出时间爪牙。捻一棵青草,岸
　　是流动的岁月。煮酒散青烟,思念把卵石磨光。
　　从此一垒白骨,河中都是古老事物,夜深人静,
　　都是商女亡国的烛光。

　　　　　　　　　　　　　　　　——《酒语》

时光又过去了三年,在北京的边缘地带,许多重大事情都是风云过眼。

我每次在棕红色的书柜边抚摸那些纸质的文本,间或跳出的文字,蚊虫嗡嗡,蜻蜓薄翼振动,时间长长的尾巴划过视线,在窗前留下一些虚拟的痕迹,阳光绕窗棂,红色折变为橙黄,淡化为墙角紫色的纹路,"九女"一词从下面升起来,阳光把它叠印得清晰真实。

实在按捺不住,有九个女人的神秘,值得走一趟古罗镇,哪怕是找不到踪迹,只要有心理想象性的抚摸来满足,那也是一件美妙的事儿。

1 没有文字的记忆

树木讲述的都是历史感伤的记忆。一个世纪后寻找人们不愿回忆也没法回忆的往事,在河流旁边谁能活过一百岁?如果找到抽旱烟的老头,或者徐老太太,他们仍只能转叙古罗村的起源,新墙河边的蒿草没有从前茂密,晾在河岸树杈上的渔网再也没有叮叮咚咚的声音了。

我弄不清是槭树在往事中展开细微末节,还是由一个穿红衣服的女孩,左腋挟着一个木盆,右手在臀部间自由摆动,古罗镇的石阶很光洁,女孩身体有些前倾,把屁股努力得很圆,有意思,她穿一条牛仔裤,两腿收得很结实。

我打量着鸟儿如何从树叶间飞出,携着绿色,一纵一跃,展翅是一个侧面剪影,掉在马头墙上,黑色小瓦伸出一棵草,菖蒲。石菖蒲细长,叶面叶缘光滑,鸟只保持跃过菖蒲的姿态,头左右摆动之后,仍去啄那瓦缝,叮咚响声细微地可以传到门楣。鸟类为嘴活着,啄动是它的生命。

我喜欢找女孩儿问话,仅在于她的语调柔和好听,你知道马老倌住哪一家么?

啥马老倌,牛老倌,镇上只有一个麻爷爷。

对,对,我就找那个麻爷爷。

女孩儿没回话,抬头望着槭树上的鸟巢。叶子是飘上去的,一扬,画出弧形,又缓缓地下落,会合第二片叶子,第三片叶子,第四片叶子层次不齐地往下坠落,阳光线索很细密地牵挂,色彩散成一个网络,那叶飘成阵,很好看。女孩一指,你看那树叶一层一层,叠成了向上的阶梯。

我被她的话震惊了,明明是下滑的树叶,在阳光中凝视,那些梯级在头的上方,墙角,屋檐,宇顶,还有牌坊,一叶一叶在上天布阵,这就像在河间的船篷里看岸,河谷依秩而上的石阶,不也成了树叶上升的石阶么?

在镇东头与奎星阁有一个空地的间歇,女孩带我从左边绕一小路,实际是镇的后街,数百步之后便进了小院,有青石天井,过回廊女孩推后门,顺手一指,我见一老者在牛栅栏边拴缰绳,我问老人过去的事,他摸摸索索地说,旧时候,是不是有结绳纪事?这倒让我难住了,我记得女娲结绳造人,没听说结绳纪事,但远古有结绳纪事我也仿佛听说过。他说,我已瞎眼了,过去的事也看不清了。他摸索出来,我扶着他到天井,转过走廊,西厢门打开了,我钻进去,室内很暗,似乎觉得火罩或网一下框住了我,我用手一扯,天,小屋里挂满了麻绳。老人说,伢崽,你有啥事,问吧。

我向他提起了九女。老倌把手僵在麻绳上,啥九女,八女,城里女人有的是,来乡里找什?

不是九个女人,是地名,叫九女墩。

老人只顾摸着他的绳子,他的摸索大都在横向寻找,偶尔停在一根麻绳上才从上向下地捋麻绳,他认真地侧耳倾听,又似在凝思结想,嘴里咕咕嘟嘟,并不在意我回话,是那种个人独白,在时间的流逝中,动作仍是一种想象性的停顿。

没有文字,记忆如何流传?

那个女孩儿在回廊里喊,爷爷,吃饭了。女孩儿也羞涩地向我招了招手,那天的风带着阳光,还是有些阴凉,潮湿从这栋古旧的房子里四面八方地散发出来,女孩儿是一棵树,丰满。由于阳光和湿润的综合,女孩儿清灵得似能浮起在空中,又能栽在庭院中,只有她的红色和蓝色把古老的小院顶起来,她的声音是燃烧中的爆竹,响亮清脆。她从我手中接爷爷时,胳膊瓷实有力。我是认识麻老倌的,却怎么也想不起他有儿子媳妇,更不能相信他有孙女。

后生,你是本地人。麻老倌拿着筷子停在碗边。

嗯罗,我用乡音答,女孩这才听出来,古罗镇在应答之中不用单音呼应,一般呼应是两个音节,尾音轻声。

我是马老大的儿子,16岁参军出门,读书又去了北京,留在那个地方。我因为爷爷是革命烈士,才被部队破格录取的。

唔唔唔,你是,马老大的满崽,马家在,马,唔唔,唔唔唔,麻大爷口齿不清,答非所问。那女孩儿歪着头认真地看着我,马家,我们镇上没见过。

我笑着问,姑娘,你多大了?

19岁。姑娘低下头说。

这难怪,我家在20年前便移居岳阳市乾明街。我叔叔和姑姑也在荣家湾。

2 寻找以后

　　太阳晚落的时候,河面皱起涟漪,清凉从河谷升起来,有一两个妇人挑水上来。蚊蚋扑扑棱棱地在灰蒿、益母草上翻卷,有晚风掀开妇人的衣襟,桶里的水和衣缘在树叶间抖动,部分日子已经掉在黑暗中了,杂货铺合上木板,百货店拉上了铝合金的防盗门窗,只有小酒馆照常开着,临街青砖黑瓦的房子檐高,斗拱虽被风月剥蚀,但看那些廊柱雕花还很清晰,倒是街后的一些棚顶凹陷,有些烟熏火燎的断墙,特别是沿河的一线旧街是吊脚楼式,石头堆砌的旧基脚,部分红砖墙,水泥铸的基础反差很大,老人一看便知道,那是历朝累代维修留下的痕迹。

　　我让姑娘带着在暮色中寻找古罗镇老人。

　　童年的气息再一次进入体内,那种酸溯的潮湿,还有田野上燠热浮游着的粉尘,那是一条熟悉的小径,虽没有目的,却有一个延伸的方向,早年背离你厮守在白日和晚上,某一刻,你相信已逃离了这个故园,你无限期地走了许多陌生的小路,好像有一种力量把你推上了大道,光明宽阔,自以为到了辉煌灿烂的极限,任何人都不能生活在大道上,拐弯,小路,又一次把你引回家,从小路上走才能回到自己的家,最好是有树,树上的巢,鸟飞过,并且叫出一声,呼应你的心灵,路从树下边过,有小草,草向来都是保护路的,从草丛中的路回家,那才是真正的家。

　　回到古罗镇我不用找,便到了家。那边门楣站着一个妇人,肯定奶过娃崽,衬衣上有奶渍,光线从上落下来,奶奶在宛宛地动,其实那不过是晚风牵动了衣服。女人候门或者是接丈夫,或者召唤自己的儿女,这一刻我才明白,过去那种强烈的逃逸感,是期望外面的世界,男人的欲望在一种没实现的争斗之中,他害怕故乡的囚禁,软弱的精神在家里找不到上升的阶梯,于是找一种生活的缺口,从那里射出去,诱惑不是别的,是一种对远方的期待。记忆之箭你以为它射远了,其实它落在你家的门坎上。

　　秀芳姐,你这,在等二狗哥么?

　　你是?她眼睛已经浑浊了,极力地辨认,哪位大兄弟呀?她靠着门并不动。我是马家的满崽,问你,罗兰,罗兰在哪里?妇人一个逼近,你晓得罗兰?她的手只是在空中抓捏了一下,瘓散着,一声长调:明伢子,你该归窝了。秀芳慢慢地走向镇口。

　　秀芳姐,你告诉我徐婆婆住哪个地方。

　　明崽,你跑哪里去了。

生活便是这么一些散淡的光线与长长短短的声调。

夜里麻爷爷的孙女把床让给我。我走进东厢房,室内很空,贴着刘德华与张惠妹的海报,那木板床躺上去吱吱呀呀地叫,还好,床单、被褥很干净,只有那种湿凉湿凉城墙的四角包围我,那是时间也洗不去的味道,格外能入梦,晕晕沉沉地,房顶瓦缝有些嘎嘎嚓嚓地响。秋虫织出长长短短的声音。

一线月白光线不知从哪儿射来,照着一件宝蓝大襟,衣是白花,抖动时如槭树叶,纷纷扬扬,那个人转身,似男非女地宛宛而笑。你是谁,几十年了,你翻那些陈谷子烂芝麻的事儿。来,我告诉你,他凑过来,一股浓厚的尸臭,那白厉厉的獠牙扎穿了我的耳朵,我猛力推开。

他竟是我爷爷,牙齿如刀锋排列。但我从未见过他。

3　水边的女人　或者古镇

我从南边叫桃源的一个地方来的,过新墙河天已经黑了。我沿着光滑的石级走到镇口,站在那棵槭树下,不知朝哪儿走,最先发现的是镇左边的两层楼,吊着大红灯笼,三个,每个一字:秀女楼。日晒雨淋的阁楼扶栏漆色剥落已尽,是木纹的灰色,记得那夜还有点月光,像女人忧郁的眼泪,软绵绵地敷在朦胧的瓦顶,落在青石板上,灰蒙蒙的光,惨惨淡淡,我心里只想哭。

一个男人从镇东背手走来,似乎背后有光,脸看不清,个子高大,他头是低下来的,认真地看我的脸,然后打量全身,我倒不害怕了,有人,在街上,坏人也不能吃了我。丫头,咋一个人走夜路?男人嗓音很粗。我和家人去巴陵,在雨塘走散了。我不知叫他什么?他带着我走,是一种很神奇的牵带,无法说清楚他怎么吸引我的,哦,他身上有一种浓重的旱烟味,散在夜雾里很香,他低下头说话时,口里有一种味,嗯,是剁辣椒味,这个男人一身都是粗重的痕迹。

女人被诱惑的时候,其实并不知道什么东西在吸引她。他说,你只能在我的柴房里睡,我老婆、伢崽都在家里。男人在东墙角给我铺稻草,旧年谷草很香,盖上旧棉被软软的,我躺上去,便陷入一个旋涡。我很快便睡着了。

半夜,一阵枪声在河对岸响起。回环过来,才明白是岳阳方向的。黑暗之中声音格外响亮,这时街心有零乱的脚步,低哑的声音,似乎还有木质钝器,或金属的碰撞,那种战争年月,应了兵荒马乱这句话,我躲在草堆里咬着被子,身体一阵阵发抖,我希望那个男人来,侧耳能听到门枢转动的声音,脚步踩出了门槛,在街心粗重地印着。

不久马蹄声在青石上敲得清脆,踢踢踏踏,一阵延续,没有枪声,也没刀器劈杀,但打仗的恐惧像棉絮般在嗓子里,窒得人头发晕,颤栗与抖索,一会儿没声音了,静得头发根发炸,四周的黑暗一层一层地覆盖,我尽量压住抖动,可草堆晃动,窸窸窣窣,我本能地压着被子,突然一只老鼠从手边窜过,天,老鼠,我听那吱吱声便出冷汗,竟没想到这个毛乎乎的东西,还在柴房睡了半夜。

我吓得不会哭,只要这时出现一个人,我的身体会化在他身上。门响了。关合,脚步停顿之后,我盼望脚步声靠近,踩进我的心里。男人带来一种气息,沉重而又松软,我终于可以长长地舒一口气。

我把他抱得很紧,几乎都感到指头抠进他的肉里,他身子发硬,冰凉,但他有着树木一般的结实,我只是他树杈上支起的一件衣衫。他把手盖在我的头上,头发在掌心感受到掌纹的粗壮;他把僵硬的指节弯曲,努力地移动,在我脸上印着指肚,我用嘴唇衔着,吮一下,把户外野色中所有的气息都吸进身体内,他的手捻着我领口的布纽扣,捏一下,骨节嘎嘣一响,似乎裂开的是衣缝,他脱掉我的衣服,没有程序,我不知道他如何拉开我的束带,他很内行,肥大的裤口,哗然而落,随后便有了腿上的光滑,我用衣襟把他的头包在胸口,奶像蚊子叮了一口,抖动一下,接下来便是挤得我透不过气。记得他说女人的身体总是像蛇一样缠着男人,柔软,光滑,男人得小心翼翼,害怕弄破了女人(其实,我当时渴望他弄破,撕碎,把我麻醉)。男人两只手轻轻地把我拎起,双手抱着我的屁股,我感到十根手指火一样烫,肚脐也发热了,体内一股热流向下顺着骨盆流,突然,一个溃缺的口被堵住了,结结实实地,开始是刀锋豁了一下,我本能地弹起来,最后还是落在他的掌中,最后是强有力的一根门栓,堵死了我身体的出口。

他抱着我在室内走动,像颠花轿那般,我的心也是那般抖动,很快心血四处漫涌,下腹慢慢地,慢慢地抽空。他就那么抱着我到五更,天体白色蒙蒙地映在纸窗。

我额头有些迷糊,清醒时已经中午了。他进门给我带来饭菜,我真地饿了,已经有两顿没吃了。你叫啥名字?慢慢吃,莫呛着嗓子。

我,我叫旧玉。家里人叫我玉儿,算命先生说叫旧玉能耐久,不坏的玉,有后福。你就叫我徐旧玉。今年14岁。

男人笑了,牙齿很白,眼睛很亮。随手拍拍我的头,你就叫我马镇长吧。

一个白天的到来便把昨夜黑暗的历史关闭了。

4　时间与踪迹

历史在于寻找过去的踪迹,无论它是重大,或者渺小。抑或仅是生活的微末细节,某一个弹手的姿态也会引起人类学家的注意,岁月把过去滤选,汰洗,综述成文献。现代人相信历史,是人类长期培养的一种文献心理。

如果你能找到:没有历史。你便有了发现。

历史只是一种时间,连续的播种,绵延一种看不见的东西,我们把这种时间性悬置起来。

拆散时间,非连续性到来。你会看到具体的事物位移,位移即运动,运动即空间。

并置的空间便是真正的历史。

你看不见草的生长,历史在草丛中发生。河岸有一棵树,它看不到话语的生长,却留下河水后撤,风云飘移的痕迹。人被历史谋杀了,可谁也看不见。

历史总是在游戏中神秘出场。

我说自己,对象会把它记录成话语,历史的缝隙始成。

我作为历史,总是要灰飞烟灭的。

5　栽种民国28年

我这儿没民国28年的绳事。

据说坂垣征四郎坐镇武汉谋划长沙会战。

我的父亲说,跑日本,跑日本的时候,便是战争的硝烟弥漫过来,实际大战前特别安静,人们只是等待,似乎是惊呆了似的,如果偶尔听到一声枪响,惊慌便开始了。路对行走者没有意义,人们漫山遍野地逃散,或钻树丛草木,钻洞穴岩缝,凡可躲人之处,人们把平时废弃,最无用之地利用起来,藏匿是人群最关注的。

古罗镇据说那时依然安详,马镇长在街上游弋,各家各户把东西藏好,金银珠宝带在身上,脸不用洗,女人最好抹一些锅底灰。镇上也集合了20多人的地方民团,马刀和老铳都用上了。男女老少都问马镇长,鬼子会来吗?

他们相信马镇长,他参加过北伐,是敢死队的,汀泗桥一战,他的马刀都砍缺口了。还有,说他在长江边上和日本鬼子交过手,劈了两个日本人,夺了支三八大盖带回来,民团的轻机枪也是以前南北军在岳阳交战时,他缴获的,他在薛岳手下当过排长,随后负伤了才回来当镇长的。

战争已经发生过了,对所有人都只有枪炮声的记忆。

我记事的那一年是从平江山里逃兵回来,马镇长发给我一把刀,记得那把刀很长,竖起来刚好抵住我胸口,我们几个大孩子和成人都集中在烧毁的罗家祠堂,都在等着,我不知道等什么,黑暗从墙头落下来,像稻草一般沙沙地盖着,总有几个人进进出出地传递悄悄话,三更天后,马镇长说,都把枪放在鼓皮柜里,拿上刀,锤子,梭镖,注意到地方后听我的命令。我们先是顺着河岸向西行,入秋的河水没有声音,却有阴凉浮上来抬着很淡很淡的雾,杨树柳树的叶子没褪尽,间或飘下一些,脚下的草有些硬硬地扫着腿和趾尖,但脚板踩上去还算软软的,远方的房舍缩在山湾,或像一只黑鹅站在塘边,涂成一个寂静,野地本来很空旷,田里稻谷都已割掉,裸露的黑泥有一种香味,我们离开河流,从田野踩过,北上,几个小时后接近了铁路,20多人顺着轨道走,我明白了,老辈人说,山大王偷火车就是这样。那是一列闷罐车停在两山之间,车头部分有灯火,有站岗放哨的人。马镇长在一片树丛旁压低声说,老标头和青山三个人撬开铁门,王和尚、罗二狗带5个人收枪。其余的人跟我进去后,先用锤子、刀背敲鬼子的后脑勺。待他们晕倒后,把头割下来,一个头赏大洋一元。

我进闷罐车的时候一片黑乎乎的,只有声音,锤击,刀劈,闷闷的倒塌,刀锋与骨头,铁器碰撞的清脆,滋滋啦啦的水液,粘稠,热得手发抖,脚下本是笨重的脚踏,踢踢碰碰,最后脚似乎被铁板吸住了,乡野捻碎的蛇床果,红色鸡冠花,老奶奶剁的红辣酱,涩涩腥腥地刺鼻子。

无数花瓣儿捣碎成液汁,浮着古怪的香味,丝丝,叭嗒,重重的水液扑在我的脸上,很热,我一摸,手指被胶粘住了,是从脖子喷出来的,我摸过去,血还在喷,无头的脖子在倒塌之中,滚下的头砸在我的脚上,我顺手捡起,很快黑暗中伸出一只手,抢走了。我这才记起,一个头是一块大洋,我的刀便在倒下的人堆里乱剁,还好,我从地下胡乱摸到几个头。我从尸体上剥下一件旧衣包着出了车门,夜晚的空气,花冠一样鲜艳,清新。

从浓烈的腥膻味中洗浴出来,才知道自然的青草味不能省略。火车前部似乎有灯光过来,我们的人从车上跳下来,往树林子里一钻,慢慢地移到木耳山,良久,队伍整顿好,沿着河岸上行,在镇口水中洗干净,大家扛着人头去祠堂,我记得王和尚一身都背着人头。

那一次我也不知道割了多少人头,我背了三个,记得最清楚的是马镇长,一个人头也没割,他在祠堂中厅展开一个大包袱,哗然摊开,有上百只耳朵,而且是一色的右耳,以耳代脑,他得了一百块大洋。奖励他为抗日英雄。

翌年,他又被判坐牢一年,因为他宰杀的是战俘。

马镇长哈哈大笑,娘卖屁股的,值!鬼子杀了我那么多人,说声投降便完了。我应该把他们制成血膏子。

6 回头再看:风过耳

古罗镇大约30来户人家。从镇东到镇西不过一杯热茶时间便可走完,那棵古老的槭树,得八九个人才能合抱,在地上掉了一层褐色、黄色的斛角样的东西,我拾一个,中心小头如黄豆粒大,两侧是翼翅,被风吹下来是软的,经风沐雨,两翼变硬,可弹动。这是槭角,槭树籽,夏天是一串一串的,红衣姑娘告诉我,我装着不知道地询问,她拎着几片叶子,这叶子像手掌,四个或五个角,像枫叶,颜色不同,没有杨树叶厚。树叶烧饭,很香。

我听她说话,眼睛却在注意街后那些废园子,很多倒塌的墙,这家那家后院树林,菜地都有些木桩,是火烧后留下的焦炭痕迹。这些重修的房屋并不完全在旧的院墙之上,还有镇东的碾坊,有个大碌碡,还有环形碾槽,可碾棚没有了,基桩也有焦炭痕迹。这是匪人留下的迹象么?

看来这是一个充满仇恨的小镇。

我突然对自己的调查发生怀疑,我是来调查仇恨么?不是。我本意找一种地理变迁,属风俗志。人类文化变迁的历史。九女墩,凭直觉,它一定与九个女人相关,那个地方生产过九个美女,是最吸引人的假设推断。墩,表明的是碑志文献。命名学中地点固定的词,一定包含一种习惯,一种风俗,或者,是地理的形态特征。墩,应该是一个座基。

古罗镇只有祠堂与一座牌坊有座基石。

秀女楼也算是历史的风物。下半截院墙是厚大的青砖廊柱,但与砖墙颜色不合,二楼的栅栏显然是新修的,没有油漆,木板已见空隙,最主要的二楼以上,是竹篾编成的板墙,涂上去的黄泥土,早年这里做个茶楼,这与镇头渡口有关系,可供路上歇脚,后来又成了小镇的仓库。儿时捉迷藏也在楼上楼下跑,上槭树掏鸟窝,从西北树枝爬过来,吊着身子,可以落在秀女楼的马头墙内。那时候草叶与花冠都可以从窗子里飘进去,花叶满楼,又是一种风光。

我晓得秀女楼时是它毁掉了又重修的时候,镇长给我在楼里隔了一间房,记得还有两个讨饭的婆婆,一个有些疯癫,那时还有一个叫章青山的男人,总来看另一个女人。那是一个梅雨季节,淅淅沥沥地风雨半个月,房屋和树木都浸在雨水中,我的记忆便飘动在雨水之上,我从江西逃荒过来,弄不清几年了,白天游魂般地走东家串西家,夜间找民家的柴草房睡觉,过幕阜山差点被狼吃了,夜里睡了要睁着眼,半夜还被狗咬醒,于是又换一家屋檐,山里人家给个红苕给碗饭,吃饱了又野鬼一般飘荡,找到了这条河流,顺着水走便到了山外,来到镇上病了,是马镇长请一个郎中给我看病,到破败的秀女楼安身算是一种福气,我不知道过去的黑夜是如何一个接一个的,我做个梦,猜想许多未来,没想到像只小船弯在这儿,那个雨季我身体被雨水泡大了,两个奶像裂开的杏,长成桃,长成鼓鼓胀胀的香瓜。那个青山的汉子眼睛总在上面游移,一天晚上竟然摸上楼来拍我的门,那木门摇摇晃晃我害怕它轰然倒塌,用一块石头顶住。我坐在石上,一小会儿,屋外飘着叶烟香味,从门缝我看见他叼着手卷的喇叭筒烟,很辣,呛人。他的面目很整齐,每天在街上打流,有时还在河里摸鱼,另一个女人帮他煮鱼,他们一起吃饭,我看见他把白森森的鱼骨头在口里嚼,发出吱吱嘎嘎的声音,我心抖动了一下,我担心他饿极了能把我吃掉,再说,我不能再找一个讨饭的。过去的日子是锈死的记忆,不能重提,那飘荡的习惯在几个月内已被泥土埋葬。我看着他又抽完一支烟走了,听到下楼的脚步声,我便躺到地板床上,没脱衣,把被子包着身体,习惯将左右手对插在腋下,突然发现只有指尖能靠边胳肢窝,我奇怪,低头看了一下鼓鼓嘟嘟的大奶,它把衣服顶开,还把过去的往事浸泡在中间,我迷糊间睡着了,发现现在的一身肉怎么也藏不住,总是晃在衣襟之外,成了两个招风奶,还有屁股,也觉得往下坠,坠得有些邪乎,仿佛有植物的汁液从洞穴里流出来。

我被人拉开床,剥衣服,一身光光滑滑的,是梦,不对,有人把手伸到我两腿之间,我一下就能感到是那个青山,我喊起来了。拼命厮打,闹得不结实的楼板霍霍地响,没想到那两个女人古怪地发出一种笑声,那疯女人竟在用竹竿击节,跳着舞,唱一两句花鼓戏。

这时候有一个人冲上楼了,撞开门和青山厮打,最后抱着我跑,他是谁?不久他把我领到一个院子里,安放在一张雕花床上,他给我喝了一碗姜汤茶,我睡着了。

第二天起床,院子里静得连雨滴声都没有,南屋有一些烟,我从回廊走过去,看到明火映在墙壁上,男人在灶内加柴,锅里放着水,上有竹笼,他在蒸饭,饭香散在天井里,他偏过头说,起床啦!我望望天井,几天雨水把瓦和井中青石洗得干干净净,这时雾气是从下面升上去,清楚地看着一丝一条透过瓦缝,青草也在屋顶晃动,树叶在院子后飘落,一阵风把后院门吹开,我去关门,看见了牛圈与几棵树,挨着山坡是一丛丛的竹子,有竹笋从泥里顶出来。我不知道怎么办才好?

早饭时,我突然对男人说,你日了我吧。说完这话,我自己也吓了一跳。后来是马镇长来了。一切事情便变得顺理成章,他说,你嫁给麻老三,他父母跑日本时被杀了,留下一个空院子,也是重修的。跟他过日子不亏。

我给麻老三生了一儿两女。

我死的时候已经有了九个孙女,因为一场瘟疫,最后只剩了一个孙女。

7 伊拉克的天空

时间久远之后,往事变得稀薄。

光线在窗外运动,浮云送得很快,一团一团地移走,偶尔露出蓝天,后院连着小山枞树,樟叶,还有生机勃勃的竹林,雾从林间的叶尖和梢末浮起来,摇动的是影子,即使年代再久远,不能消逝的还是影子。

谷物,果林,竹笋是山间层出不穷的事物。不同的年代把它分割成片断。

我在窗下读一本叫《战争史》的书。

战争把语言简化。

战争,借真理的名义,干杀人的勾当。

战争仅仅是为了利益的冲突而做的一种自杀的极端行为方式。

两个战争的间歇之间只有情报在活动。

杀人,是战争必不可少的语言。

河两岸是战争一种最巧妙的分割。

河的对岸是双方。南岸的清晨能看到几棵大樟树,乡俗中:它是树中男人,活得久远。有两种比较少的树,北岸的镇里宅院往往会有些棕榈树,而南岸却是枇杷树。凡属没有树的地方就是水稻和棉田,因此农人的规则,树与草便是空地。

记忆和草丛长在一起,共同构成童年的梦境。

8 日光无人理会

大战之前是一种特殊的宁静。

宁静携带一种恐惧,像传染病散布在城市,乡野。偶然的动静便让人惊悸,例如狗叫,某人黄昏的敲门,一阵风的到来,落叶疏疏。

硝烟在民国28年的云层里,雨还未落下来,刀锋的寒意便切割着人们的神经。岳司令已经把防务布置在新墙河的南岸,于是河流也变成了一种战争的叙事。

序言已经写好，正文却迟迟不能动笔。

当年北洋军在北岸阻挡南方的革命军，今天却在南岸修筑工事。日本人到底是啥样子，不是说唐代的汉人移居东夷么？倭寇！老人们咕哝一句，沿河的船夫用竹篙指指点点，都泊在南岸，马镇长带着民团指挥人群转移食物，或在北岸的山洞坚壁清野。

罗家祠堂里每天都有老人，成年男子在跪拜祖宗的牌位，许多青年女子也赶在这个恐惧的宁静中结婚，不能移动的老人反而安静起居，所有的语言都是嘱托后人。

马镇长是在宁静中来到秀女楼的。虽是入秋，并不凉，马镇长把枪放在梳妆台上，镜子里是两把枪管，枪口互相侧对着，两个黑黑的洞口，有棱刺冲击出来，那把马刀放在春凳之上，美孚灯的光落在刀面，楼顶能看到洁白的斑点。我坐在床边，一手扶着亚麻帐子，出神地望着，他在楼板上来回走动几步，很出神地看了我几眼，转了一个弯，掀开幔帘在我床后的马桶撒尿，声音很响，把那种骚味传出来，我看他背退出来，裤没系，踩上榻板，肥大的裤子便萎在床榻之上，他单跪在床榻之上，脸色严峻，阿秀，来吧，我们这次做得够够的，一辈子也不能忘记。

我抓住他的手，他手指关节捏得卡嘣响，用肘撞了我一下，倒在床上，他提着我的腿用力地撞击我，他把牙棱咬得很紧，这次做够了，以后永远也不要想做了。

你不带我去南岸，我可以和他们一起走，或者我进山找个洞躲起来。等鬼子兵退了，我得成个家。

国都没了，还会有家么？喔喔，女人是个宝贝，真是宝贝！但是这个宝贝容易弄脏，又容易坏。

他的嘴角有轻蔑的样子，身体很硬，寂静中的黑暗也变成一块铁板，我的脚脖子被他捏痛了，传染到脚趾，也许是窗外的秋凉涌进来，点点滴滴顺着我光溜溜的腿滑下去，他汗毛里泌出来的水液，濡染到我的小腹，我胸窝的汗水也渐渐变凉，细碎的珠点向腹部汇聚，最后都集中在腰间那个旋涡的肚脐眼里，身体抖动时那里的池塘也在荡溢，溅起一星飞翔，我仅是一只没有方向的小舟，任流水送到洞庭湖的某个地方，湖水并不蔚蓝，有一层迷茫的薄雾覆盖，帆影消逝在无边无际的芦苇丛中，鸥鸟孤哀地叫一声，划空而过，也不知去向。

秋天芦苇变硬，绿色泛黄，那些破散的花絮弹上去，又坠下来，在湖面抖成一片白的雪地。

野鸭子聒噪一声,某支猎枪响了。

鱼在水下争夺食物。

我古怪地想着洞庭湖的渔事,女人不过是男人追逐的鱼群,拎起来放在油锅里,煮成白色的骸骨。

马镇长便倒在这堆骸骨上睡着了。我侧耳一听,整个秀女楼一夜都动荡不安,全部楼板都在吱吱呀呀,其他姐妹都发出各种呻吟,仿佛各种声音不是从窗纸外飞来,而是从一幢房子的廊柱与楼板里传来,木床抖抖索索,如同水波拍打着船舷,荡动变成了一种极轻的回声,隔壁环珍和楼下红翠一会儿欢笑,一会儿哭泣。我预感有不好的事情发生,从男人的身旁钻出来,披着一件茜纱,丝织品光滑,在身体上挂不住,而是在汗毛上沙沙地抚摸,肤肌如同吹过一阵水气,奶,屁股,肩胛都有一种掠过飘丝的感觉,有寒气从墙角送来,抖了一个激灵,我望着窗外天空黑得像一个套盒,这时候听更鼓好像响过四更了,应该有光亮浸着天空,或者山边,难道连天亮也延迟了。

我坐在床边,抱着麻帐发呆,男人翻了一下身体,把我抱在床上,将头伸出床外,他说,阿秀,你给我装一袋水烟。我把油灯点燃,让灯芯缩在马口内,一点红光浮着淡的蓝色,男人抽着水烟,铜壶里咕咕嘟嘟地响,烧烟的火有时明一下,能照出他的脸,烟尽的时候,我们听到镇上偶尔有几声鸡叫,报晓了。

一会儿镇东格外明亮,仿佛还有炸裂声,街上有脚步声,但很不整齐,这时有脚步从楼下急匆匆地向上,在我的门边停下来,压低声音喊,马鲆,罗队长让我叫你。

晓得了。去,吩咐罗队长按命令办,我马上到。男人把手中水烟壶递给我,开始穿衣服,先绑裹腿,然后扎腰带收拾得很精干,最后把那张胡子脸贴在我的胸口蹭蹭,再深吸了口气说,阿秀,不能怪我。我不能把你留给日本人。刀光在清空中画了一个弧,落下来,我突然用手接住,那不是力量,仅是画过的速度,我的手削掉了一半。

马爷,我不怕死,但要去得明白。

总统已经下了焦土令,岳司令命令在江南岸死守,52军已经布防,坂垣带兵已逼过临湘,今晚便推到新墙河,现在镇东已点火,今天天黑之前古罗镇要全部烧掉。

秀女楼的姐妹也要烧掉。

日本人会用你们做慰安妇。

哦,我明白了。马爷,我自己来,我伏在刀尖之上,一个锥尖顶着,那是一种温柔的契入,毕竟是女人用刀,力量小,刀柄在晃动,一丝血激出来,刀面与皮肤都贴满了胭脂红的花瓣,马爷,再过18年我还去勾你的魂。

黎明是在火光中流瞳的,天空并没改变,云彩是镶嵌式的,在平坦无际的蓝色中突出一些软绵绵的坡度,阳光在东边山脉偶尔露峥嵘,倾斜的是田野与河流,还好,有浮游的雾,我在迷茫之上看清了一切夜晚,和南来北往的人群,都只因顾及命运,在忙忙碌碌地逐斗与杀戮。

傍晚到来,北岸一切都干净了。但秀女楼的其他姐妹都活着,唯有我一个人死了。我死后的第一个夜,古罗镇更加安静,没有枪声传来,且路上绝了人迹。

三天了。日本兵并没来,古罗镇确实变成了一片焦土。

十天后,日本鬼子仍然没来,于是人们陆陆续续地回来了,可是家没有了。所有的乡亲都坐在一片焦土之上。

这是一种真正的宁静。

9 故事 弦上水滴

故事都发生在河岸之上,原因却蛰伏在水下。沙粒通常都是饱满,圆润的,水蘘衣抖着长裙,鱼儿便在草中出入,原来世间的所有事物都是自由的,无论在水下、岸上,但人除外。

(柏辉章师长电话传令:各团守住阵地,绊住敌人,不得后退一步,直至牺牲,在所不辞。他向熊钦垣说,欧军长已派不出援兵,我师兵不满千,营长以下快牺牲完了。我去305团督战,陈副师长去304团,以死效命。两位师长亲自上了火线。

9月17日新墙河北岸日军以三个师团兵力进攻渡河。激战多日,刘威仪团伤亡惨重,二营长徐锦江率18个人固守黄泥港,受骑兵冲击,全部战死。三营长在激战中阵亡。杨炯营只剩31人,激战几昼夜,隐入山上小林,师长柏辉章亲自指挥,敌人一排骑兵追来,师长命令31支枪齐发,射杀数骑,敌人四逃,师长马上命令后撤,小顷,那个山头被敌人高炮炸平。杨营长佩服师长的疑兵之计。)

马队铁骑快速盖过山坡,刀光在日影中寒意闪闪,马脯宽厚劲健,一枪不下,前蹄跃起,沟溪之中溅水飞珠,马奶子鲜红地在矮树之上晃动,马蹬扣着大刀,铿铿,钉钉超越枪声,瞬间扑向人头,一个闪闪的弧、一汪飘逸的血、一颗滚动的头,(据说鬼子借骑兵优势劈人无数,远比他们的高炮管用,蒙古人专用大宛马,铁蹄席卷欧洲,原因是马快而灵活。)就算打伤了马,人在马上休息得好,有体力在马下肉搏,日本刀和马配套,讲究快捷,劈刺之下不见血已收刀。

战争史,把杀人变成了刀枪的艺术。

阳光在刀锋上切割,闪烁的星亮,划过河水,如血滴流动在黑暗之中并无痕迹,空间是一种独白。

静悄悄的夜,月旁讲述着白光下的山峰,或浓或淡的田野有小渠,路径隔断,矮树,荆棘丛,带刺的枝杈,叶尖扫着衣襟,裤管下有嗖嗖的风声,黑暗中辨认小路,找到略显灰白的反光,路是隐伏的,但它在沉吟自语,一切路径都在旷野上产生,又把大地分割。

马蹄照样飞过,马尾后尘土飞扬,都是铁蹄的踪迹。马镇长献计,夜晚摸到敌人的营地,乌青青的山线,路径指引着丘山湾,他们从丛林中爬出来,沾着草上的露珠,马刀上的水滴一挥出,砍、削、剁,千万别碰马蹄子,坏刀口,一个马蹄一个大洋,他在冷笑,拐子马,铁掌,白天耀武扬威,踢着石头,火花闪闪的,踩着女人,血肉横飞,池塘,沟壕居然不能困死它,那一夜兽血把山谷染得枣红,第二日阳光映照,山川如同发了大火,黑暗的寂静像花一般开在山头的树林中。

同样,那一夜马镇长没带一个马脚,罗队长的人全背的马后蹄,马镇长扔在案桌上的东西,稀里哗啦、叮叮咚咚的,全是马掌。所有的人都奇怪,他是怎样取下上百只马掌的,这成为后世之谜,如同阿秀之死。

10 夜晚的血统

红翠是秀女楼年纪最小的,但她把成熟藏在那宽松的大襟衣下,她的肉体极为结实,马爷笑她,翠儿,谁能把你的肉掐一点下来,我给你一吊钱。红翠一挥水袖,雪青色的手臂在阳光中举起来,光线便潜入她皮肤的弹性之中,她从小便用汗巾卡腰,马爷说,翠儿,你真是掌细。只有个中人知道什么叫掌细。臀部是陡起的坡度,翻动舞姿时大腿像花期的饱满房屋,胸脯才浮动着暗暗的香息。丰盈是在胸口的高低而柔软却在腰与胯的反差,花瓣掉在新墙的流水,暗灯红渡,女人的流动在身体,感觉的锦帕,丝绸,润滑,柔软那只是臭男人炫耀的俗词。

那是一个中秋之夜,古罗镇所有的人都回到了这一片焦土之中,寻找自己的院宅,全部是残墙颓壁,都坐在墙根仰望明月。

浮云与月,悄悄静静,风景都是光线虚构出来的。

河水淙淙,流出山林,游走沟壑,在小溪小渠里摆脱卵石与山沙,涌到新墙河,匆匆地跑到洞庭湖,把点滴有个性的水搜集成为浪流,构成共同的平常事物。

流离颠沛了十多天的人们都在自家的废墙下睡着了。

第二天早上,古罗镇依旧没有动静。

日本鬼子在夜袭中血洗了古罗镇,只有马镇长的民团和秀女楼的姑娘幸免。马镇长带人去偷袭敌人的粮库,而年轻女人则被鬼子掳走了。

一件往事过去了一百年还有意义么?

九女墩一词业已引出了:酒语,久雨,秀女,救鱼,旧玉,但是这一切和九女墩这个地名有什么关系呢,湮没已久的名字看来它变成一种化石,我们从放射性元素里测出它的半衰期,在时间反演中或许可以找到九女墩的踪迹。

被湮没的事物从时间的缝隙里可以找到谜底吗?

11　河与湖　树上的铜镜

在南方,洪水涌来的时候,大地比火烧得还干净,一切都被卷走,浮渣泛涌上了堤坝,河岸消失之后,树尖浮成一个绿色的斗篷,唯有山是栖居的动物园,黑色的屋顶上鼠与猫静静地对峙,这是灾难,人和所有的动物都难逃这样的劫难。战争不同,战争的灾难是隐匿在阳光之下,军车渐渐地来,马队掠过之后,尘灰散在远方。车辆,枪械,马刀和刺刀,旗帜和炮管闪闪烁烁的,赶集会的挑担提篓,衣衫褴褛的病妇和逃逸的民夫,紧张与懒散,在刺刀和枪口下奇怪地组合,我的马刀也算砍人无数,钝口在挥动中变得锐利,锋刃其实不在石磨砥砺,白骨和马蹄也可以磨得刀口锋利,没想,刀尖自己防护时取了自己女人的命,秀。阿秀。

许多年以后我去了朝鲜参战,和美国人打仗。

我在刀尖上成为英雄。其实谁能知道,我不过是民族的一个叛徒。是我实施焦土令。明知日本鬼子随时都会杀来,还把乡亲在八月十五日召回来。

叛徒的含义是有助于敌人的屠杀。

环珍、红翠一共八个秀女楼的女人被日本鬼子掳到河岸,在一场强暴开始时,她们死死地抱住日本人滚下了新墙河,也许是从幕阜山来的秋汛,卷走八个女人时也卷走了八个鬼子兵。那年冬天,水落石出,河心有一个船形沙洲,上面有零乱的男女器物,我便给镇口渡头取了一个九女墩的名字。包括阿秀在内。妓女抗日并不是光彩的事,而且容易误解,这一带也不能广为流传,仅少数几个人能知道我是始作俑者,但我已死了半个世纪,九女墩从此无人知晓,我内心叛徒的历史也无人知晓。

12 风物与传说

我在古罗镇是拉网式的调查,包括地理风物的详细绘图,徐婆婆只能保留对我爷爷的情怀,在麻老三的结绳纪事中,我把他所有麻绳都捋成纤丝,甚至找到了他老婆讨饭的微末细节,和上述几个幽灵的讲述。我不能相信他们的说法,在矛盾中他们漏洞百出,我只能相信那是酒语。

夜晚四周的黑暗我并不能知道,案桌上一盏小小的油灯忽忽闪闪,我的胳膊上躺着麻老三的孙女,她的那件红衣便挂在墙角的竹竿上,从门缝有风漏出来,晃得灯光一明一暗,我看着她的脸,她吸呼很均匀,头发粗黑全散在我膀子上,我贴着她,身体很满,我们完成了一场暴风骤雨式的做爱,她把体内的香气全部散发出来了。

麻老三在另一边厢房咳嗽,他依旧那般结绳,他的记事全是绳语,根据绳结大小,距离短长来解读,农事桑麻天下大事,所有的机变均在那些线索之中。

时间像鸽子一般飞走,槭树依旧还有鸟巢。

一滴雨保留原始的状态,转瞬即逝的是话语。

听梦幻中一部怀旧的典故,辞条在一个雨夜里发霉,红烛夜影,消除内心的激情,问候记忆,我曾来否。

是夜遥远,还是黑暗遥远。

事物磨损的时候,有个人血肉注入的丰盈。

亲吻一下女人,流出植物的汁液。

我拍拍快要进入梦幻的麻老三孙女,姑娘,你叫什么名字。我不能想象麻老三会有什么样的命名。

我叫九女。她翻了一下身体,紧贴着我。

什么?

[马鲚]洞庭湖的淡水鱼,体长,侧扁,向后渐渐尖细。头小,吻短突,口甚大,下位,上颌骨伸达胸鳍基部。体被圆鳞,无侧线。胸鳍上部7根鳍条呈丝状游离(故名七丝鲚),末端达臀鳍起点,臀鳍基部长,尾鳍小,上叶长,下叶连于臀鳍。鱼体紫红色,银白色,体尾如叶,故又称凤尾鱼。从形状看像马刀,俗称马刀鱼。乡下人称它为毛虾鱼,意指此种鱼肉少刺多。特别是指

在7寸之内长的小鱼,此鱼为湖乡之人不齿,很贱。它一般生长在浅水河口,食糠虾,春季溯河,夏季产卵,是南方河流极为常见的鱼类。

没有红豆树

晴红看着那么多人忙忙碌碌地,她觉得好笑。为工作为吃饭,档次太低。她没有工作,不急,父母不需要她挣钱。那些端碗刷盘子的事儿,她决不干,那是外乡人的事。

于是,她每天在大街上闲走。

时间与门

大街上最多的不是车,是门。各色各样的门。

晴红每天在各种各样的门里流连,妙趣横生。为什么会有这么多门,从门里流走的是什么东西?人。在门里走多了,晴红产生一种幻觉,一天一天地从门里过,日子就这么从门里溜走了,有意思。

晴红从门里出来,一脚刚从马路牙子上搁下来,嘶溜,一辆红色的夏利停在面前。她刚想骂,车里人喊她。

小妹,上吧,有个好地方,带你去遛遛。

雨涛哥,是你,我估摸谁这么冒失。拉开车门,坐在雨涛右边。雨涛同她住一个胡同,他开出租汽车,比晴红大五岁,和大哥晴明是一块儿玩的哥们,又是同学。在小学和初中阶段,她便置于两位哥哥保护之下,无风无雨,即便她闯祸惹事了也由两位大哥摆平,这多少也养成她一些骄横的毛病。

雨涛哥,你不干活儿了。要不我跟你一块儿开车去,晴红说的开车是在郊外飙车。

甭多问,走吧,这是市中心,不能让你开。他将方向盘熟练地一转,车溜溜地走,没多远便拐弯进了胡同,把车泊在一个角落,拉着晴红进了地下录像厅。

没劲,大白天看录像。没想到那是一部外版的三级片《O娘的故事》,展示的性欲暴力,恐惧,疼痛,以及性奉献,还有征服与快感,类似做性爱试验。那个录像厅都是小包厢式,雨涛的手便到晴红身上来了。平时他俩也搂搂抱抱地接吻,似乎动作自然,晴红也把手摸索过去,俩人靠在一起,捏着乳房,还没接吻晴红便轻哼了一下,雨涛把她嘴堵住,一根舌头便在晴红口里天翻地覆地搅动,像一根待爆的雷管,弄得晴红身体索索地抖,雨涛的手伸到裙子底下,把那粗壮的大腿揉面似的,晴红先夹着腿,去摸索雨涛小腹,雨涛的手便插入她的内裤,裤口勒得紧,他的手指在厚软的弹性间隙挤进去,以至于弄痛了她。晴红也使劲地拧他,弄得两人在搏斗似的。那部片子很刺激,有性交的镜头,压迫着他俩无休止地抚摸,这种肆无忌惮的动作搏斗激起的欲望,强烈得使他们双方都在身体的私处出现水液,接下的便是最终方式,可在这录像厅里是不可以做爱的,他们只好在大汗淋漓中,没有终场便逃出来,钻出地下室,头顶一片蓝,一枚丽日,花花地把头上一片欲望晒干了。

在阳光下,他俩相互对望却有些不好意思起来。

在一个熟悉的城市里

你对一个城市什么都熟悉了,反而感到陌生。这是晴红每次在十字路口看着各种车辆从自己身边驰过之后,最深的感慨。她要寻找一点新的东西,是什么她也不清楚。

都市人,熟悉的陌生人。

晴红认识他纯属偶然。她在四星音像挑CD,那些光盘磁带里的歌曲都大同小异,个人专集也由不同出版社共同翻录。偶尔挑一两张听听,她在货架上找来找去,挑了一张《胡里奥情歌选》,晴红喜欢他那种清亮多情的声音,家里已买过一些。老板又向她推荐了丹弗的歌曲。在柜台付款时正好一个小伙子在试《胡里奥情歌选》,有几个人在交款,晴红交完款,收了光碟便回家了。晚上放CD发现带回来的是两张重复的胡里奥情歌,于是第二天去四星音像换光盘,正巧碰上昨天那小伙子也来换丹弗歌曲,她直接和小伙子换了光碟,一同出了店顺一个方向走,小伙子便和她谈起音乐发烧,还有美国的乡村歌谣,说话一投机便被小伙子带到家里去听CD,她一看呆了,这小子的卧房到处是音箱,一张唱片声音可以从不同的方向奔涌而来,人便在音乐声中流动。小伙子是一个声音的控制开关。

这次让晴红感悟了声音的妙处,在城市它还有别的作用,一连好几天她都去听音乐,古典的,现代摇滚,各种乡村民谣,还有猫王、惠特尼·休斯,许多音乐和歌曲过去她也都听过,可是在小伙子家里再听,音箱位置变化后效果绝对不一样,有时闭着眼睛入幻,有时倒卧,有时在屋子中间蹦跳,听音乐纯属在跟自己叫劲。

听完一天音乐脑子也累得慌。

半个月后才知道那小伙子叫安在韵,一个韩国名字。

黑暗中的金属声

　　晴红是一个不可持久的人,热情一过,音乐便在脑后飘扬,她的体会是音乐和歌曲不能没完没了地听,听麻木了,那就是敲盘子的声音,熟悉的声音经过遗忘以后便更有味道,更能唤起体内某种东西的触动。她从音乐声里出来,才记起雨涛,嘀,有段没见,他一定误会我,生气了。

　　晴红和雨涛俩人熟悉得就像触手可摸的一样家具。最早是高中毕业没事干,便缠着雨涛学开车,在郊外疯跑,北方飙车没南方疯狂,这个城市管制又极严,开始她抢着和雨涛开车,后来晴明哥带她去驾校考了一张驾照,车开多了,晴红又懒散了,在城市里开车转一天,眼睛和耳朵格外忙,到晚上极累,车开熟溜了便不上心,不上心容易出麻烦,那次她从六里屯东街钻胡同,刚上大街从右边横出一辆车给撞着了,还差点把一老太太挤死。这一惊吓,让晴红明白"一脚踩油门,一脚踩牢门"的意思。再也不敢一个人溜车了,只有雨涛陪着时,跑出山野,她偶尔和雨涛换换手,不过她也悟出了一个逻辑:有出息的人是别人给你开车。给别人开车的人永远都是一个奴隶。

　　晴红跟雨涛学开车,晴明便暗中支持同学,鼓励他追求自己的妹妹。从习惯和情感上说,晴红极自然地接受了雨涛,仿佛那只是极熟悉的朋友变换了一种交往方式。明白了是交友,话语和言行举止便有了一套新的表达方式。例如原本是口语的呼叫,便变成一种身体语言,触碰便表达了各种含义。本来教习的是开车,方向盘左右旋转在胸口前便变成了一种富有意味的手势。

　　晴红说,雨涛哥,你是不是非常想做那件事。

　　雨涛不好意思地说,没人不想做爱的。

　　那好,我们开车去郊外,电影里不是常有野合吗。晴红指挥他漫无目的地开车,糊里糊涂地跑到了卢沟桥外,把车停在一片玉米地边,那傍晚太阳落下去,红红的光线在玉米顶端的花穗染出层层圈圈的光环,轻风摇曳中荡出黄灿灿的雾,你弄不清是花粉还是霞光的反照,在玉米地里倒下去,在绿色中接吻,他们把外衣脱下来垫在屁股底下,雨涛掀她裙子时,仿佛有一股凉凉的气息扑在她腹部,底裤也被拉到膝盖,晴红一阵激动,真是地作床,天作被,虽然玉米叶的边缘划着手臂有点疼,摇动的玉米缨爆放旗帜灿烂,但玉米地气息和黄昏的光泽更是令人着迷。真静,除了玉米在身体下碎语,声音如同锋刃切过,分明割成两半,偶尔一个蚊虫,反倒使薄翼的声音衬出极端的静寂,她听到了雨涛抽出皮带的声音沙——嚓,然后是卡扣的金属,特别脆,叮——咔,清脆地上扬,飘在空中,宛若金星闪灼一下,亮亮地扑入绿野。

她觉得身体马上就要在雨涛的压力下裂开了。

这时有一位荷锄的老汉叮叮咚咚地走过来,他站着,刚好落在晴红的眼里,一激灵,她坐起来。老汉没吱声,只是用锄把敲敲玉米竿,雨涛从裤兜掏了一百元钱给老人。

晴红已经穿好衣服,她无法在人的视线走过之后的地方做爱,雨涛没法,只好搂搂抱抱地进了汽车。

汽车里狭小,俩人的厮扭左右不得法,依然是脱衣的程序,却是那么生硬,磕头碰脑,弄得俩个人很累,亲热过后,晴红如同剥光的冬笋,她抬头一看,姿态难看,雨涛又是一个解皮带扣的动作,啵丝——拉链声音很清晰,如同一个小器皿弹在玻璃上,声音在黑暗中如同切割宁静弧形,能清晰地牵动音响的线路,音乐,那个安在韵在晴红脑子里划过一线亮光,那是音乐的微笑。如同一首乐曲,就这么结果自己。不行,还应该有一点儿不平常。希望一些更有意味的辉煌,她从雨涛的腋下挣脱出来。

不能够这样,我想象它更应该有点特别。

瞎掰扯,反正迟早都要操这么一次的。

咱们还没结婚。留点余地。

我们可以马上办结婚,真老土,现代人还把结婚作为处女标准。明天就去补手续。

我是不想马上有孩子。

我有办法。雨涛在车内的盒箱四处寻找。一会儿,他突然停住,你看我瞎找,我车内怎么会有那些东西,那是一种垂头丧气。但脸上微微有点潮红,悄悄地看看晴红。

晴红并没什么反应,催他,这荒郊野外的,天黑得紧,遇上啥危险,不值,咱们回去吧。

车在旷野上,灯光是一线弹出的金属片,切断黑暗的静空。寂静也是可以从一个界面割开,显示两种不同的性质,音色作为同一标准也就不奇怪了。

没有中断的日子

一是什么？一天。一天是什么？一日。一日复一日，它们怎么连续又如何隔断，是黑夜连续又是黑夜隔断。于是黑暗成了时间的某种标志。

安在韵说听音乐应在黑暗中进行。

他们静静地对坐，让室内保持黑暗，马路上的街灯隔着树影，朦胧绰约，晴红也带有某些幻想性兴奋，眼睛的闭合总有些心不在焉。她在等待，等待特别富有意味的到来，等待也意味深长，你不知道一种什么样的声响向你扑来，渐进式，爆发式，点击，若有若无，音乐有时只是一种亮光，擦亮一下视野，在弹动中静静地停泊，停泊也是一种音乐，延续的期待。

声音起来，高山流水，蜂鸣蝶舞，它带动自然的活动，声音变成描写性的，一个界面，两种东西在纠缠，追逐，自然中的声音总是互相征服，弱声便无影无踪地逃逸。

晴红也感到了纠缠、追逐，在内心分裂、融合。安在韵陌生时挺美好，熟悉时便只是她弄玩的衣角，头发披过鼻尖，耸身一摇，瀑布一样洒在黑暗中，点珠扑玉地弹动音符。房子的门，木与铁，身体的门，衣与扣，还有一个女人特殊的门，开合闭启全由内心把守。

晴红其实没有觉得女儿门的特殊，它太熟悉，像家里的走廊和学校教室间的过道。仿佛它只是一种器具，不属于身体，作为附件常常被忘记，即使来了月经，被提示的也不是生命之门，而是隐疼，或是血液下流的体内奔涌，于是这个门便与使用毫无关系。

今夜，音乐也流进了生命之门。它与某人（任何的一个）都没有关系，晴红只觉得它今夜需要填满，以合乎音乐的疯狂。

一直在高峰的阈值，黑暗和静音陡然止步（其实音乐仍在继续，若有若无的妙处）。马路对面，树，灯影，窗，黑暗带着某种清凉，一种渗水的湿意慢慢地弥散，扩展，室内动作撕开以后，又慢慢归拢，缝合，直到平衡，光滑，宁静在黑暗中，晴红这时才开始寻找，她用手在地毯上摸了一下，空，没有器物，很好，摸索，男人的身体，她一惊，那不是自我。

在黑暗中驻足，她摸到自己的身体，摸到了自己身体的门，她明白，自己把它打开了。没有任何思索。

她觉得这次丢失真是荒唐，早知道，应该在玉米地里组合成天地之缘更好。

她哭了。伤心地哭了。并不因为羞耻，而是从此捡不到某种东西了。

后面是海

晴红再见到雨涛时才真正认识到伤害了他,对不起他。她抱着雨涛的胳膊,雨涛哥,对不起,我是跟我自个儿闹别扭,卡壳了。她主动地和雨涛亲热,而雨涛又有些不自然。

哦,我想好了,还是等我们结婚了再同居。

没关系,我们这就去宾馆开间房,今夜就成。

我们是街坊,两家老人也看重这种旧形式,马虎不得。

给鼻子就上脸了。晴红生气了,但她觉得理亏。

晴红没感到自己有伤口,那只是一次擦过的痕迹,有些清香,顶多如天空的蓝色,太高远,有些虚幻。雨涛很实在,有手感,温度,他也很喜欢她,这不是用一个爱字能包容完的,他还有一种大哥的东西,细细地究起来,是责任。那种东西如阳光布满她的心理,因而她有一种特别的安全感。女人的一切都可以洞穿,但安全感不能。

女人的安全是海。

例　外

雨涛在天坛东路,停车吃葱油煎饼。一个姑娘在他车的周围转悠,几次打手势要向雨涛说什么,又不好意思。姑娘穿戴整齐不像小偷,但雨涛还是下意识地拍拍钱包。他拿着煎饼上车,吃了几口,又有人拍车门,雨涛一看,还是那姑娘,干什么,没见我在吃东西。他侧头示意。姑娘在玻璃上手指是散开的,渐次下滑,眼神有些急切,又很不好意思。

大哥,我,我借点钱,我真,真的没办法了。

咦,真稀罕,借钱,我认识你吗。你们这帮外省人真能想出招来骗人。一边去。雨涛挥挥手。

姑娘并不走,继续拍玻璃,雨涛打开了车门。

姑娘说,我从天津来,利用假期旅游,刚刚在天坛公园被小偷掏了包,回不去了,看你师傅好人样,求你。

她的表情诚实。诚实往往最能欺骗人,这个世界还有真的吗。雨涛说,你把身份证,或别的证明给我看看。

都被小偷掏走了。

雨涛一笑。天衣无缝,来,给你一大元。走吧。

她走开,在马路十米远处,求助另一个人,同样被拒绝,雨涛说,这种骗人也太老套。他滑着车准备走,掉头之际,看那姑娘孤零零的,像一个邮箱。把话装在肚子里,意思却寄到了很远的地方。看手势是在擦泪呢。

雨涛车慢慢地滑,像钓鱼者,客人钻进来,头或者屁股,关键的部位进了门,鱼便拴在绳上了。

那姑娘又来拍门,雨涛侧着头说,姑娘我不是大款,帮不了你。小心车轧着你。

师傅,我包你的车去天津。

你说笑话,钱包没了,拿什么包,打车去天津,你花得起那个价钱。雨涛说这话时,有点相信姑娘了。

你用出租车把我送到家,我就有钱给你。

雨涛犹豫了,跑这么长的车,回程放空是很不合算的。看样子这姑娘确实是为难。他想,人生一世也许应该做几件例外的事。雨涛答应了。答应包括估计到被骗与冒险。一个大男人也没什么好怕的。

他们在京津唐高速公路上聊天。姑娘挺会说话,地道的天津语言,特点是,嘛字多。并且知道她父母是知识分子,她在一家大宾馆做领班,家住雅宝路,天津城南较偏的地方,算普通市民,小人物。

雨涛把她送到家已经是晚上了。她一定要雨涛上她家。家住七楼,进门时发现她父母还在等她吃晚饭。姑娘跟父母说明情况,家人一时热情起来,非留吃晚饭,又重做了几个菜,说好喝一杯啤酒,由于开心,主客相融,多劝多喝,把酒喝高了,也不能开车回家,便在姑娘家住下。

第二天姑娘带雨涛在城里玩,傍晚时才开车回北京。

在泥土拐弯的地方长出影子

安在韵是一个上手不放松的人,总去找晴红,他总有一种办法在单元时间内缠住晴红,类如放蛊的人,音乐是一种深度麻醉的蛊,往往让晴红产生一种幻觉。

他们一同享受黑暗中的宁静。当然也时常悖反,让狂暴的音乐粗鲁地强奸他们,让他们在大汗淋漓中发泄。

事情不能出现开头,因为所有的开头都包括记忆的因素,所有的源头都包含着它的持续,绵延。

每次做爱都让晴红明白,她要远离安在韵。但每次远离后又让安在韵诱惑做爱,她下过多次决心,甚至赤身裸体躺在床上要雨涛操她,吓得雨涛用衣服把她包起来,怀疑晴红中了魔。

晴红成了欲望的影子。

绿　　洞

那个姑娘常呼雨涛,在电话里说了许多甜甜蜜蜜的话。她的大方亲切很让雨涛开胃。第二次去天津他叫姑娘慧慧。慧在宾馆里给他安排好了房间,晚上陪他逛夜市,后来又去值班,她的夜班。半夜,雨涛睡熟了,慧慧悄悄地进来,滑进他怀里,他们做爱,真是酣畅淋漓,把一张床单弄得一塌糊涂。躺着说一会儿话,她又出去值班,天蒙蒙亮她又来了,继续做爱,床上声音吱啦太响,就在地毯上翻滚着,厮闹着,做完爱,早餐也没力气吃了。

白天有小雨。天阴阴的,雨涛开着车在街上走,两旁的梧桐树阴阴的,伸上去,在顶上合抱,形成一个绿茸茸的洞,钻进去,拐弯又是绿色的洞,雨水从绿叶上扑下来,刮雨器划出一些半弧,水渗在玻璃下,雨涛看着许多条街在绿色中流动,树上风叶,树下水珠,行人离开了马路,街道变得空寂光滑,街景是重复的,绿洞没完地拐弯,迷路了。雨涛把车停在路旁,感受临空的湿意才清醒一些,看地图,顺七路公交车线走,改道,出市,上高速。

返京的日子也很美,充满了想象。于是雨涛三天两头地去天津。每次去脑子里都充满了期待与幻想。脑子里回味着做爱的画面,想象慧慧身体的各个器官,她的姿态,她的乳房真是一对魔鬼,能够自己跳动,在喘息中慧慧是一辆高速的激情火车不停地奔驰。二百多里地,在想象中极快地走完了,仿佛那不过是换车中的一次间歇。

雨涛便是这么来回往复在两个城市之间。他常被自己的行为激动起来,开车跑几百里路就是为了操,只有这种做爱才意味深长。雨涛把这种感觉说给慧慧听,慧没吭声,她在车里陪着雨涛,送到高速入口,她返回市内。

转眼到了飘雪的日子。慧慧打一个电话,雨涛,我在北京站,你来接我。太突然了,这让雨涛吓一跳,急忙开车去北京站,那是今年头场雪,挺大。她头上身上披满了银色的雪花,站在广场上,银装素裹,脸蛋儿却红红扑扑,雨涛把她带回家,让家人认可,奶奶和妈妈不高兴。

还是街坊晴红好。第一次见家人打个平局,他只好领慧慧去住二炮招待所。

第二天,雨涛送慧慧回天津,她说,一个人跑几百里来做爱真好。从出发开始便充满期待,想象,情绪如同鼓满的风帆,紧张而持久。一直等待爆发。到了天津郊区,他们停下来,在小河边打雪仗,在树林里追闹,在旷野上把身体冻得凉凉的,然后回到车内,发动机器送暖,又光着身子做爱,看着玻璃窗外飞舞的雪花,盖下来一片洁白却有树林撑着。

天下洁白,做爱如火。

欲望之后

雨涛和晴红都分头和自己的欲望做斗争,有很长时间没见了。那次晴红在长安街上,她是从王府井步行街出口打车的,神了。刚好拦住雨涛的车。

晴红进了车,依旧回到老街坊胡同,在老邻居,老朋友的亲切感里,他们互相间的事都有耳闻,但没说破,似乎觉得无论什么样的情形都不影响他们的关系。

还醉在音乐里。我看那人靠不稳。

我知道。你呢,天津老姐还行。样子比我强。

我本应该告诉你这个新朋友,我是你大哥的哥们,不能哄你,我和那姑娘玩得有点疯。

没关系,不能怪你。我们当时处朋友谁也想不到它会拐弯,取消这层关系后朋友也许更熟悉,重新换回本初的交往方式,朋友实际也应该在时间里移动。不过我想问,雨涛哥,你真的爱过我吗?

爱过,现在还爱。我们太熟悉了,彼此变成了身上的零件,一条街住了几辈子人,亲情友情都磨得圆滑了。我和你哥是可托生死的老朋友,两家如果互相寻求保护,都可以为对方拼命。我们在一起说了几辈子话,说话纯粹为说,把声音的东西源源不断地从内心掏干净,终于找不到,互相不说也知道对方想什么,新鲜的东西没有了。人是寻找新鲜的动物,你对安在韵,我对慧慧都是如此。

我们看到街道,胡同,商店,包括我们平时一起享用的都是相同的东西,没话可说了,便把昨天的电视节目拿出来重复一遍,我们一起说话便是说时间,语言变成时间流动的是音乐,重复便是浪费,耗去的生命,我们用不着说了。雨涛哥,我们心里都明白,如果有一天我们又想说了。

我们又会走到一起的。雨涛从方向盘里伸过一只手同晴红单击掌,相约千年,老了梧桐,红了石榴。

车停了。晴红说,雨涛哥,我懂了。她第一次向雨涛付了车款,雨涛一笑,给她撕票,给她找零。

雨涛和晴红第一次成了真正的客人。

但他们的内心更加亲近起来了。

纸 风 景

柳芳和邵新文同居了一年,还没办结婚证。

柳芳的女友们都说,你怎会喜欢新文这样的烂崽?柳芳和新文的认识应该说是歪打正着。在小羊胡同口,有一家煎饼店生意极好,早点晚餐都会有人排队。那天傍晚柳芳懒得做饭,去买煎饼,她前面排了几个人夹塞儿,柳芳嘟哝,这么大人,自觉点,人家老太太都排队呢。那些人不自觉只管挤,后面有一个人大嗓门,哥们儿,不地道,都是有事的人,排队,排队,要不我也乱套把这摊子掀了,大伙都别吃。这一嚷,那几个人都排到队尾去了。柳芳回头一望,冲那背后呼喊的人微笑了一下。依旧等候煎饼,她觉得背后的人总拢着她,有一种接触的感觉,便挪出半边身体,没用,那人还是挨着,柳芳回瞥一眼,不高兴了。

那人佯装不知。在柳芳接近饼摊时,他几乎是贴着她的,柳芳回头轻声地说,你这人怎么这样?那人把头靠近小声地,姑娘,你的屁股真好,又翘又圆。

柳芳举着煎饼想骂人。那人说,别闹,这么多人,待会在胡同里没人,你愿怎么骂,便怎么骂,瞅瞅,你的饼快掉下来了。面对这种油头滑脑的人,柳芳没辙了。

也怪,夜里躺在床上,那句"你的屁股真好,又翘又圆",像长了钉子扎在心里了,不断出现在耳边。第二天,柳芳走在街上就意识到屁股,不自觉地摸了摸,自己也觉得大。

再次碰到那个男人便觉得有些异样,有一种既排斥又亲切的感觉。接触一二次便有了你来我往,知道他叫邵新文,住在宣武区,职业不固定,喜欢做大事。他和一帮哥们儿一块玩麻将,输赢一次都是万儿八千的,一根钓鱼竿儿也好几千元,柳芳这才第一次知道钓鱼也是高消费。他有时和几个朋党酒喝高了,便闹事儿。

认识柳芳以后,他还办了几件不寻常的事:在顺义那边办了个养鸡场,没想到鸡下蛋的时候,一场鸡瘟让他赔得精光。没多久,他又和几个哥们去承包旅游景点，收入还算不错，又因履行合同的矛盾，同旅游管理局打官司，把挣的钱又赔进去了。没办法了，他买了辆中巴车在城乡结合部拉私客，全拣大公交车的空子，没想也混得不错。钱在他那儿就像手指上的弹子，扑通扑通地乱跳。那种天天数钱的日子，虽然很累但很充实。就是年前的秋天，晚上10时多收车，新文把空车开到郊外的山湾，在空车上把柳芳"干"了。柳芳觉得这是迟早的事儿，便顺理成章地和他同居，租的是西单北大街的房。柳芳和邵新文就这样在闹市中心，开始他们的新同居时代。

新同居时代

在大都市，私人中巴生意还是很好的。邵新文经常遇上麻烦，例如公交、税务，有时也遇上一些无理取闹的顾客，邵新文觉得很累，一点也不自由，又把车卖了。换了一辆"夏利"出租车，三天打鱼，两天晒网，几乎连饭钱也没挣回来。邵新文的这种散漫，让柳芳一点儿安全感也没有。女友惠芷说，要拢住男人仅有家庭还不够，必须有孩子，孩子不仅连接女人的心，还连接男人的责任。

于是，柳芳力图把邵新文拉回到正常的家庭轨道来。

柳芳学着下厨房做饭菜，布置好室内的环境。到了春天，人的情绪饱满，有一股欲望的东西向外涌。晚上新文收车回家，她为新文扒拉衣服，推到洗手间，帮他搓背洗澡，给他从头到脚都收拾干净。然后下厨为他做好三菜一汤，摆在餐桌上，又拿出两瓶啤酒。新文吃菜喝酒的样子很满足，于是伸手拍拍她的头，芳芳，女人真是个好东西。还用手指捻捻柳芳的脸，一种细柔滑腻让新文的拇指肚很久都感到舒服愉快。柳芳知道司机在车上坐了一天，腰、背、腿很累，便让新文趴在沙发上给他做腰背按摩，摩挲着新文结实的肉体，新文便反手在柳芳的大腿上旅行，一会儿手钻到小腹，顺着胯骨往下摸索。

柳芳按摩也没什么技术，只是瞎捏，肩腰处偶尔用手臂压压，她趴在他背上，让乳房贴在他两个背膀上，晃动身体，她觉得胸口有实体感，有力量。刚刚沐浴之后有一种香水气息，香泽在鼻息里润滑，弥散开像障眼的雾，在印堂和眼眶都有些麻酥喷散，从中心喷至太阳穴两侧，顶部有泛开花的幻觉。她摸到了腰下那份挺拔，充实而有点激动，头脸有一种吮吸的愿望，喝茶，或噙着瓶颈，反复啰嗦地做一些细碎的动作，让新文柔和的身体渐渐变得充实坚挺，在这个火候，新文明显地发出要求，柳芳便把衣服脱了，坐在新文的腹上，回过头去和新文接吻。

新文接吻时,头脸还侧在电视上。柳芳嗔他,看你,做这事还不专心。新文突然耸耸鼻子,仿佛嗅到某种气味,不高兴地,以后晚上不许做饭,一股油烟味儿。还有什么味儿,你看闹得我心里直想吐。

不会。月经很干净的。我还喷过香味洁尔阴。这段也没感冒,又没吃什么膻腥味的东西。要不我去洗个澡。

柳芳翘着屁股离开沙发,她用短裤给新文的下体擦了擦,去了洗手间,洗洗涮涮地一身香皂泡沫,这时新文也进来,在芳芳身上搓洗。他们偶尔也在浴室里做爱。新文并不着急,抱着一身水淋淋的芳芳又放在沙发上。电视里放着《新神雕侠侣》,屏幕的银光一闪一亮地映在新文脸上,他看得很有兴味,而身体却在芳芳身上滑动。芳芳看几眼屏幕,故事一点儿也没进脑子,倒是那些打斗的超重低音震得脑子嗡嗡的。她忽然觉得这性爱不是他们自己的事,仅是别人的玩闹,新文把它和一切吃喝玩乐等同,柳芳做不到,这种动心动情的事,怎么能像操着茶壶注水似的呢?

她有些委屈,但还对新文抱了一些美好。

新文,咱们结婚吧。嗯,你看老悬着不是事儿。

哦,随便,这不挺好吗?女人就是麻烦,尽想一些不实际的事,什么脸面啦,名分啦,能当饭吃?

不结婚,我们怎么要宝宝?新文,我想给你生一个儿子。

这一下新文精力集中了。你疯了,我们才20多岁,要个孩子干嘛?给你一根杆儿还真爬,登鼻上脸不是。我是不会要孩子的,去,到电视抽斗拿一个避孕套来。

新文这么劈头盖脑地给柳芳一盆冰水泼去。一下子,她所有的欲望都没了,瘫坐在沙发的另一头,悄悄地啜泣。

邵新文气嘟嘟地套上衣服,这娘儿们,真败兴!跑到卧室摸索了一阵出来,横过厅房,出了门,啪地一声把一种空寂与落魄全关在屋内。

空　巢

柳芳感到自己是海上漂着的一篷孤帆,没有停泊的岸沿,也没有希望的海岛。她从沙发上起来清理屋子,收拾碗筷,然后打开电视,花花绿绿全然看不进脑子里,她打电话,刚好几个女友都去过夜生活了。

这是一个无人倾诉的夜晚,孤单是一件衣服紧紧地裹着她,她理解孤独只是需要时的无可救助,一种心灵的碎片。她下了楼在大街上游走,这个店面,那个铺子,街上人群熙熙攘攘,在五颜六色的霓虹灯光下,似乎在寻找一种东西:孤独。繁华都市的夜空,孤独并不指你身边人群的缺失,每个人都有父母,家室,子女,还有朋友,可宁静地一想,他们似乎都和你没有关系,每个人都有自己的天地,没人会理解你的内心。

  人生便是在漫长的路上行走,走累了便会找个地方坐坐。柳芳在街边的一个小馆子门边掀着帘子进去,有许多人,热气腾腾,都是一些朦胧恍惚的人,那些脸面大同小异,好像很熟悉,仔细一看又都不认识。都市里原来都是熟悉的陌生人,孤独也就是这样的人。柳芳想退出来。瞥一眼发现临窗的那个男人,托着下巴,独对窗外朦胧的夜色,她心动了一下,他也是一副忧郁孤独的样子,同自己一样。她匆匆地进去,坐在那人的侧面。那个男人的脸一直没动,忧郁,愁闷,软弱,孤单,成了他们之间的一种无声语言的联系,她希望男人侧过头望她一下,柳芳这时是一种自言自语的梦幻状态,情绪有些游移不定。

  又一个人掀帘进来,从那人身边过,空桌上有些残碗剩碟,菜汤在桌沿滴着。有人坐吗?进来的人问。那男人回望了一眼,不吱声,又盯着窗外,仅一瞬,那忧郁是一只沉重的铅球,推开了又会滚来。进来的人说了句,神经病,发什么呆?然后,坐在柳芳侧边的桌子和那喝酒的应答开了。跑堂的给那忧郁的男人送去一碗面,牛肉面。那男人脱了帽子开始低头吃面,柳芳一看,整个店里就他一人戴帽,现在还不特别冷,而且他一头好黑发,为什么戴帽呢?

  那人吃面急切而响亮。碗内热气蒸了他一脸,他的手还不断地去扶持肩上挎的摄影包。柳芳悄悄地把一把空椅推过去,那人没抬头,把摄影包放在空椅上,一手护着,吃面弄得格外响,有咝咝拉拉的声音。柳芳这才想起晚上自己做了饭可没吃,这时肚子有点空,便要了点凉菜,花生,要了一听椰子汁,她以为能吃碗凉面什么的,喝了椰汁又觉得饱了,便慢慢地吃几颗花生。这时,店里人三三两两地往外走,空出了许多清静。那个男人吃完面,停了会儿,又端着碗,居然把那面汤也喝干净了。

  结账时,男人在左边摸几枚硬币,右边掏几张皱巴巴的毛票,两手上下摸索,脑门还沁出星星点点的汗,在头发边际晶亮,看样子他是结不了账。柳芳在柜台边说,一块儿结吧,她给收银员一张50元的大钞票。

  最后,那男人打开帆布包,把相机也拿出来了,摸索半天也没能够凑上一碗面钱。他极不好意思地对柳芳说,谢谢。柳芳出了小馆子站在街口,那男人随后,他说,今天弄得挺狼狈的,下次,下次遇上了,我请客,姑娘贵姓?

  没什么,我叫柳芳,哪个人还能不碰上急磕儿?你是个文化人,背个相机,啥时候也给我拍两张。柳芳只是随口一说,并不真想照相。她并不觉得自己帮了他。

没问题,我常给报纸、杂志做图片摄影,最近《健康与美容》杂志还约了我的摄影。说实话,女人应该把美丽留下来,是一个纪念。就像这大街的牌匾,门楣,胡同里的旧院,还有牌坊都应该留下来。有时不一定是留着美展,是保留一种文化。你的照片也不一定留着天天看,而是许多年后,对往事的一种回忆。你放心,不是我吹牛,我能给你把最美丽的东西留下来,要不,咱们约个时间?

不。不不。我说着玩儿。她没想到这男人挺能说,挨着一路走,五湖四海的都说,把刚才柳芳在酒馆看到的那个忧郁男人的孤独全部打碎了。

不过,瞎聊天后,柳芳心情好多了。回家时,新文还没有归窝。怕莫又和那帮朋友玩一夜麻将了。

生活也是赌博

新文一连几天都没出车,除了睡觉便是喝酒,每天弄得醉醺醺的,早晨起来躺在床上,两眼盯着天花板呆呆地。柳芳说,你要不出车,咱俩也可找地方去玩玩。

他翻了一下身子趴在床沿,认真地看着地板,手指在地板砖的缝上画来画去,两个指头捻一捻,用指甲楔入拇指向空中清脆一弹,铮,指甲泥飞上了天花板上的灯罩,没头没脑地说了一句:真没意思。

转头新文用电话约哥们儿来打麻将。这样的日子天天重复着,柳芳真是非常累,她得为几个男人的嘴忙碌。这抽烟喝茶把屋子弄得乌烟瘴气,那些男人失败和胜利都喜欢喊喊叫叫,吵得柳芳一天到晚脑子昏昏沉沉的。柳芳说,新文,你把哥们儿带到别人家去打牌,我也清静一天两天的。放你娘的屁,哥们儿来是看得起我。告诉你,可不许给这帮朋友脸色看,得罪了我的朋友,我揍扁了你!

于是一天牌局开始。快乐时拿女人说说笑,上午大康是赢家,气足,高兴了给柳芳一二百块说,嫂子,我们吵烦了,这是茶水钱。而且讥讽小海,大男人,那么小气,不就输几个钱,又没输自家婆娘,犯得着嘟嘟哝哝的。

我那不入流的婆娘输了没啥,输了钱倒是让我心疼。

好咧,我们今天赢了钱,换你们家女人。新文和对家两个起哄。我作证,小海,敢不敢?对家补一句。

小海把嘴里的烟一吐,有什么不敢?不过今天到底谁输谁赢还很难说,大康,把你老婆也押上,陪我一夜。

好,说定了,男子汉说话算数,怕你不成? 新文说,我们以午夜12时为界,不许赖皮。

大康问,新文,若是你输了呢? 小海说,那也得押上嫂子。大康说,也不知嫂子同意不? 这时,柳芳端茶出来,大康望了柳芳一眼,我刚才什么也没说。

公平,就这么定了。说话算数,新文头也没抬地说。

柳芳一听他们拿女人撒野,一生气便跑下楼了。在灵境转了半天,过天桥到西单赛特,又绕到中友百货,这些百货大楼真是女人的天堂,各种金银珠宝琳琅满目,精致华贵,光彩照人,女人用品一应俱全,不说那各色服装,单就各种款式的鞋都让人爱不释手。如今的鞋也有几千元一双的,让人不可思议,难怪每个人都想做富人。

新都市每时每刻都在掀动人们发财的梦。

又是一个衰男人

不知为什么,柳芳又停在那家小酒馆门前。想进去,也许那个男人又在吃面条。不行,见到了又能怎样? 她在电话亭给惠芷打了个电话,惠芷说,我服装店忙,你没事便来帮我。柳芳不想和顾客讨价还价,双方心里都明白那种赤裸裸的金钱交易,而且还是帮别人赚钱。

她放下电话,也就失去了下一个目标,街上的道路是你哪儿都可以去,但哪儿都不是你的归宿。这时候,在胡同拐弯的地方,恰巧又遇上了那个男人。

我去那酒馆找过你好几次。

找我有事吗? 她望着他暗淡的脸,眼光有些闪灼。

哦,只是想还你面钱。没啥。

就这,还值得找? 柳芳盯着他,没别的意思。

做人得讲信义嘛,另外也想约你照几张照片。

那好,临冬了,找个下雪的日子。我喜欢雪景。

行,我们还是约在小酒馆见。我叫傅伟杰。

约好日子,却十天半月不见下雪。柳芳保持着雪中童话的期望。在等待中,她发现新文常匆匆忙忙地出门,不像去打麻将,有时又在家窝一两天,像躲在丛林的豹子,眼睛忽闪闪的,还有几次居然彻夜不回家。柳芳几次尾追,看新文是否又搞上女人了。柳芳几次试着问新文,干嘛,管我的事,你吃饱了饭撑得慌？

柳芳说，我只想咱们过得像个家的样子。

你看你，这个家不挺好的？家具，电器，装修都是最好的。房子有了，你嘟哝买衣服，首饰，你拉开柜子看看缺那样？吃喝，花钱，你哪样缺过？女人的欲望就是没止境，不成还要我这个男人侍候你？新文一通话喷得柳芳哑口无言。这邵新文的本事是不务正业，但家里却从来没少钱花，隔不久总有一叠钱扔在柳芳面前，这是一个谜，让柳芳挺纳闷儿。

柳芳是新文用过的一件家具，闲着时便置于墙隅。柳芳渐渐有些绝望，便不再以新文为念，也常去找朋友聚会，晚上也去夜总会玩闹，跳舞。行为一自由，心境也开朗了。

终于到了下雪的日子。傅伟杰没有爽约，那天找她时戴了一顶小红帽，依旧背着帆布包，老远便向柳芳招手。

他先带柳芳去了郊区树林子，雪中的白杨高大修长，在树干之侧，柳芳又是一番风采，在有拱桥的地方照相，然后是找市里的老胡同，牌楼，特别是破旧的院门，影壁。

芳芳说，全照一些破旧的东西，好看吗？

只要有一样新东西，让那些破旧作你的陪衬。

傅伟杰不停地奔走转动，还不时地指导柳芳的动作，照相也是有技巧的，一个非常漂亮的现代女性镶在旧式的庭院，是一种强烈的反差组合，用胡同的暗色调突出你身上的亮色还有这雪，构成多层次的对比，我拍的镜头避免平视，拍出来的一定好看。呆会儿，你全身着红，在纯雪的背景里，只用黑与白，让头发不经意地垂几缕，配上风衣，那种飘逸也会动人的，照相全在光影效果。

柳芳在伟杰的絮叨中，觉出了男人的效果。傅伟杰是一个很体贴女人的男人，不像新文总天然地居高临下和女人保持距离。她觉得心里很愉快，不停地在胡同的雪地奔跑，抛雪球去打伟杰的小红帽。

这个城市每年都有大雪，童年的时候，芳芳特别爱在院子里和胡同口堆雪人，玩游戏，用山楂果做雪人的眼睛，红红的，兔子眼。胡同里的男孩子把雪抹在她脖子上，她则捧两手雪揉在男孩子头发里，在大街上窜一天，也不累，那是一种单纯的欢乐，真是"少年不识愁滋味"。长大了一直觉得累，再没注意过雪地，今天和这个絮絮叨叨的男人一起重新抚摸雪花，让她又觉出了几分雪的洁白与充实。

柳芳开始有点新的思考，生活，外在的样式不是特别重要，关键是它要有一种品质。任何生活不论它另类与否,无论它变化多少方式,最重要的是它合你的心意,你就能感受到充实与快乐。

  几天后,照片洗出来了,真是很好,是照相馆永远也拍不出来的。在这种古典的外景里,她有时娴静,有时活泼,她被自己的美丽迷住了。邵新文也看了照片,拿姿作态,累不累?照这么一堆,什么意思?办一个摄影展。

  后来伟杰打电话来,说一家《健康》杂志登了她的照片,而且是封面人物。柳芳很难想象自己站在一家杂志封面,摆在那五颜六色的杂志摊上,和一些明星大美人站在一起,有很多读者对她指指点点,于是她也成了公众人物了。

  柳芳说,后天晚8时,我在缸瓦市烤鸭店请你客。你多带几本《健康》杂志,我要做个纪念。

  在烧鸭店,他们如约相会,伟杰在一个僻静的右角坐着,面朝大门,柳芳一推玻璃门,掀开软帘,他就看见了,随后举起杂志,引得店内客人都张望。柳芳第一次感到受人注意与评点是全身性的紧张,仿佛四面八方的眼睛都盯着她。哦,伟杰,挑喜欢吃的,点!她视线一直盯着杂志上的自己,很兴奋,摄影感觉不错,脸部醒目,身体有些曲致,视线仿佛是盯着镜头的,眼极亮只要望一眼照片准会和人的心灵沟通。翻开目录,封面摄影:傅伟杰。

  柳芳家几代人没上过杂志和报纸,她想,现在,自家那条胡同准是热热闹闹的了。

  柳芳也喝了啤酒,吃菜时伟杰很腼腆,总让芳芳劝他。他抬头嘿嘿一乐,眼镜片上有白雾,他取下来用拇指在镜面擦擦摸摸的,桌下他的脚偶然碰着了柳芳的脚,便触电一般地回撤,望一眼柳芳,侧着头不好意思。

  你干嘛像个小男生?比女人还扭捏。柳芳说。

  傅伟杰不置可否,认真地吃,把面片放在掌心,一片一片地夹烤鸭,然后夹雪白的葱,抹上炸酱,一只手的大拇指,和另一只手认真地卷着。他小口小口地吃,每口都有品尝的意味,然后喝些啤酒,极为陶醉。

  这时,店里新进来了顾客,有些骚动,开始伟杰只顾吃东西,后来几次她发现伟杰总侧着头,有意无意地用手挡脸。柳芳问,你怎么啦?伟杰说,我碰到熟人了。

  柳芳一回头,她发现邵新文和一个女人对桌而坐,很关注那女人吃什么,服务员斟茶,弄洒了,他便递过去餐巾纸,问烫着没有,很尽心的那种。那女人也注意到这边并起身移过来。

  艳英,你也来了。他像犯了错似的。

伟杰,你不是说去给人家照会儿像么,怎么在这里?那女人说话时,邵新文也注意到了柳芳。

嘿嘿,有意思,你也来约会了。唔,还上了封面照,不错,这漂亮样应该傍一个大款,就他,太穷酸了点。

你说话别那么难听,你说我,那你在干什么?

我谈点买卖,我只作金钱交易。

你那点本事,只会把女主人放在赌桌上。算我和他约会又怎么样?走,伟杰,我们换个地方。

没事,你以为我会吃醋?省省吧,别迷了路,早点回家。邵新文接着又招呼那女人说,这是我的老婆。

傅伟杰望着那个叫艳英的女人却不敢走了,对柳芳示意,你先走吧。柳芳气得眼泪一涌,跑了。

只听艳英说,伟杰,去安慰安慰人家。多好的姑娘。然后和新文去了另一张桌子。

傅伟杰跟在柳芳后面,唯唯诺诺地解释,沈艳英是我的街坊,小时候便照顾我,如今是一个教育杂志社的社长助理,很会做教学辅导书,能挣钱,常帮助我。

柳芳回家了。等邵新文,过了午夜,她都困了,邵新文喝醉了,才摇摇摆摆地进了家。她想给新文解释什么,可新文却像什么事儿都没发生似的,睡了。

第二天,出人意料的是,邵新文主动提出来要和柳芳登记,准备结婚,可芳芳却一点心思都没有了。

你知道一个人多少

柳芳把傅伟杰的事告诉惠芷,把惠芷惊呆了,接着便哈哈大笑。天啦,傅伟杰是我少儿时候的邻居,读中学时搬到西山去了。他经常来找我,我这儿也算他的一个饭店。你啥时候相中他的?不过,他人倒不坏。

傅伟杰永远是都市的行走者。

他有时一天能给惠芷三四个电话,有时十天半月连一点音讯也没有,仿佛突然从地球上消失了。待他冷不丁地从地里钻出来,准是风尘仆仆,好几天没吃饭了。

早晨他还在丰台卢沟桥,中午居然在《人民日报》和编辑、记者聚会,晚上可能在某大学,或地质矿产部,有人请他喝酒。伟杰的电话很有特点,你拿着听筒好一阵,他才"喂"一声。你问他正事儿,他却跟你说,忙呀,刚参加中央电视台的节目演播,又去共青团参加募捐活动,动员志愿者去内蒙古参加治沙防沙,防止荒漠化。又说某月某日有他的照片登在哪家大报上,你一定要看看。

几个月过去,你已经把伟杰忘记了,他会在上海给你打一个电话,说组织全国少儿书画大赛。于是过些日子,他会背一个帆布包,灰头土脸地从西部回来,拍了许多西部开发的照片。他找惠芷要喝茶,要吃饭,狼吞虎咽地吃一大堆,缓过劲儿来便说,我准备在《北京教育报》做一个专版,呼吁重视青少年的健康状况,肥胖儿童和农村贫困的失学少年是现代社会的病症。

惠芷说,伟杰,你不能总这么饥一顿饱一顿,靠吃胃药医不好那种饥顿饱顿的人,你会毁了自己。我看还是首先呼吁抢救艺术摄影家吧。

你这是什么话?青少年是祖国的未来。他把惠芷买的两盒饭都吃掉了,满头大汗,脱帽挥挥,不好意思,把你那一份也吃掉了。那种燠热的汗臭、锈污味在店里弥散,那种刺鼻味惠芷已经不觉得了,可她的店员却嚷嚷,有臭味。找了半天,原来是从伟杰的帆布包发出来的,那里是脏了的内衣短裤,还有,伟杰把臭袜子脱在货架的一角,女服务生捏着鼻子,尖着两个指头拎着臭袜子说,老板,这会把客人熏走的。伟杰脸一红,抓过袜子,我去泡澡堂子,迟了,晚上得赶中国妇联青少部策划的明年夏令营,我是夏令营的摄影师,明年的主题是爱护生态环境。我走了。

柳芳说,这样的男人一生浪漫,活在自己的爱好里,是个做大事的人。凡人都有缺点,伟杰是缺一个女人修理他,这个优秀的男人要成就事业,必须有个女人支持他。

于是柳芳成了伟杰的忠实读者,听众。

你知道北京的城门楼子有几个?圈拆恭王府围墙你知道发现了什么?北方四合院为什么不种松柏、杨柳,而种枣树、槐树和西府海棠?然后自问自答,见别人不爱听,便说,如今年轻人不关心这个,忘记传统怎么行?柳芳故意给他提问,北京胡同有多少?牌楼是干什么的?伟杰又来兴致了,北京胡同解放时有3200条,最长的是东交民巷,最短的是贯通巷。胡同不是用来做交通的,而是让四合院保持通风采光的巷道。京城那些叫坟的地方多,是因为旗人把死人与活人的居住视为同等重要,统称为阴宅。对称的叫法,便是阳宅。话说多了,倦累,他便打了一个盹儿,柳芳便给他盖一件衣服。可不知什么时候,椅上只剩下衣服,人却没有了。他也不招呼一声,没影了。

无人过问的地带

　　柳芳与新文的同居名存实亡,就像同租房子的伙伴,柳芳还是负责家务,新文负责家里的一切开销,俩人各住一屋。柳芳没有房子,又回不了娘家,因为当初家里人反对她和新文同居。而新文却很有耐心,等着柳芳回心转意,他从各方面了解到的傅伟杰比柳芳更清楚,他很放心,看着柳芳同伟杰出双入对一点儿也不恼。

　　一段时间,傅伟杰常去大木仓胡同,柳芳纳闷,那儿是国家教育委员会,还有学校,往西是民族文化宫,没特别的去处呀? 他常提到要带阳阳去参加什么比赛,还要拍电视专题片,还有绘画宣传,忙得四脚不沾地,出人出力地帮忙,还找柳芳借钱去为孩子办活动。爱问原因的柳芳也看不出傅伟杰有什么私心,她想,如今这样的人是绝迹了的,因此伟杰便显得宝贵了。

　　有一天,柳芳提议,我也去看看阳阳这孩子。伟杰说,好,我正在给阳阳做一个专题,少年天才,准备给北京电视台。柳芳说,我们吃了饭再去,反正离大木仓不远。伟杰说,不用,阳阳妈妈一定会请客的,她待人可好了。于是,他们乘车在辟才胡同下车,七弯八拐地,好像是绕到了国家教委的后面。柳芳一看像个大杂院,左手有两栋高楼,临小巷还有两道铁栅栏,涂得雪白,竖起很高一个亭子,有百叶木箱,或者风向标什么的,另一边有些低矮的楼房。拐弯进了一家院子,没人,伟杰带柳芳上楼,管理员老头客气地点头,来啦,阳阳妈好像下楼了。

　　他俩绕了一个圈,到后院,从回廊上楼,柳芳看到一排铝合金门窗,每间都装修得很好,干净、整齐。间或有些小牌,写着什么协会,她明白了,这肯定是部委的协会,民政部注册的群众组织,有些走廊七零八碎地堆着书刊。会客室没人,柳芳刚坐下,伟杰在另一端招手,她过去,一看有个大姑娘,她误以为是阳阳妈,伟杰说,这就是阳阳。十三四岁的姑娘,长得像个大人。和伟杰很亲热,说妈妈下楼去买东西去了。

　　他们等了很长时间,阳阳妈才回来,柳芳一看,天啊,正是那个叫沈艳英的女人。她记得邵新文常跟她通电话。

　　熟人相见,柳芳端详一下,沈艳英年近 40 岁,体态丰满,保养得不错,这个女人肌肤雪白,说话举动都能感到她全身的反应。柳芳说,我们来看看阳阳,打扰了。

　　没事,伟杰帮阳阳做了不少事。帮她修改作文,辅导朗诵诗歌,定期带她去见书法老师,阳阳的文章与书法都上了《中国少年》杂志。还有报纸副刊,前不久还发表了阳阳专访,登了阳阳的照片。我还没专门谢过伟杰哩!

都是街坊,甭客气。

礼数还是要讲的,改天我去鸿宾楼订一桌酒席,专门请你们两个来。看看这屋里乱七八糟的,阳阳,你也不帮妈妈拾掇拾掇。

这时,电话铃响了。

喂,我是沈艳英,有什么事?——哦,是社长,嗯,没什么事,哦?现在——她望望伟杰和柳芳,那好吧,我马上收拾一下,一会儿见,拜拜!

柳芳知道沈艳英有事,她起身到室外,伟杰却稳稳地坐着。这个小院有年头了。槐树枝伸到二楼的扶栏内,林木茂盛,房屋都掩盖在一片阴凉之中,凉幽幽的。这些楼挂牌是协会,倒像个什么文化公司,沈艳英做社长助理,一定有她特别能干的地方,不然,头儿是不爱用拖儿带女的大年龄女人的。社长可能是部委退居二线的老干部。

柳芳那么胡思乱想,也不知阳阳站在她身边。她一直以为阳阳是男孩,没想却是个内向的女孩,眼神有点怪怪的,眉眼嘴唇很清晰,像个十七八岁的大姑娘,皮肤细弱,可以看见淡蓝色的脉管,手指爱无意识地敲动,眼睛盯人挪而不动,她觉得有点神经质,这也许是天才少年的特点吧?室内沈艳英说,伟杰,对不起,社长有急事找我。沈艳英一边涂口红,照镜子,一边说,你替我陪阳阳,给她煮包方便面,我还不知道要忙到什么时候呢!

沈艳英说完,便匆匆下楼走了。

阳阳拿出字画和伟杰说话,很亲切,还抱了一个大狗熊,那头点点地敲着伟杰的肩膀,女孩儿头发垂下来,抖在伟杰的脖子里,伟杰在指指点点地说着话。

柳芳看看归于寂静的楼房,沈艳英和阳阳住的是办公室,没单租房子。那文胸、短裤在床头或沙发上都能见到,杂七杂八的文件、书刊在桌上、椅下,很零乱地散在一地。柳芳想,这个女人不简单,也不容易。伟杰给阳阳做完方便面,天已经暗下来,户外路灯亮了,柳芳不想再待下去,对伟杰说,我们走吧。

伟杰说,不行。把阳阳一个留下,怎么可以?

柳芳说,那好,你陪阳阳吧,我走了。

柳芳在院里转了一阵,从胡同上大街,夜市的人很多,苍苍茫茫的,她一下子又漫无目标了。个人渺小,个人的去向根本不是别人关心的,人心,是一块无人过问的空地。她有些孤独,有些落寞,她想到自己,怎么办?

傅伟杰已经30多岁了,他不能这样和沈艳英、阳阳交往,会弄得心理不正常的。她有了一个想法。

谁 人 留 下

　　喂,我问你是爱上了沈艳英,还是阳阳?花这么多心思,目的是什么?柳芳盘问伟杰。

　　你,你这人怎么这样?帮帮人家呗,她们孤儿寡母的。

　　帮人?大街上流浪儿多了,帮,凭什么?傻冒,那沈艳英是人家老社长玩的,你玩不转。阳阳是未成年少女,你在这儿白闹什么劲儿?老大一个人,生活不能自足,总忙不相干的事,你要和沈艳英有私,也不冤,把心思用在找媳妇上,十个八个老婆都找到了。

　　谁要我这个穷光蛋?伟杰望着天空。

　　我愿意做你的老婆,你不会看不上我的吧?要同意,明天去办结婚登记,就是那种红颜色的纸本本。

　　你嫁给我?!伟杰的眼睛圆睁得快要掉下来了。不可能,没道理呀?他非常惊惧,重复地,不能,不能,不可能!然后像见了鬼一般,逃跑了。

　　他把柳芳一个人孤零零地留在大街上,柳芳苦涩地笑了一下,我居然嫁不出去了!明天,我一定要从新文屋里搬出来。

向 日 葵

1

余波从办公厅出来,右边副部长的门开了,陈亦处长从门里出来。他赶紧侧着身从左边楼道上楼,在三楼拐角处几乎和叶晶莹满怀撞上。余波咕嘟一句,你急着投胎么。叶晶莹下了一节台级又返回来,对余波说,余,有一个去三峡的出差机会,你到司长那儿去争取。

你为啥不去,准没好事。余波对叶晶莹的话从来都是提防的。叶晶莹眼盯着余波,我去年在三峡库区做项目调查几个月。你是小弟弟,别说我不关照你哟。这会儿她眼里还流露了一点真情意。

余波到部里上班的那一年,何处长把他安排在叶晶莹的办公室,那时她是叶科长。你以后具体工作由她安排,当时叶晶莹在赶写材料没抬头,只哦了一声,余波站在柜子边等了一个小时。叶晶莹把材料处理完了,过来移桌子说,对不起,司长要的调查报告,何处长跟我说新分来一个大学生,司里办公会本来给你安排在三处,是我找司长把你要到一处来的,来来,我们坐对面桌遇事好商量。接下来便是给余波介绍司局情况,说一处的分工安排,你刚来,给我打下手,熟悉情况,过一二年你独当一面。

新到部里时,叶科长那个热情客气,让余波着实感动了一阵,后来司里的大小事她都让余波干。小伙子不要嫌累,这可以熟悉上上下下的关系,有人想做我还不给,你看青玲我每天都让她绘图、打字,专业之外的事一件也不准做,将来做死了也只是个技术员、工程师之类。遇上机关事务局分发福利用品,每次叶晶莹都多照顾他,尽管那只是一些毛巾香波洗衣粉和食品,这让余波一年到头不用买生活日用品。余波也分外用力去帮叶晶莹,休息日还去整理调查报告,有时通宵达旦地修改项目文件。

余波是环境地质的硕士生,部里《环境研究》杂志聘他做客座编辑。这有利于提高他的业务,对今后职称评定论文发表也有好处。这个差事便是叶晶莹帮联系的。余波是个明白人,在大庭广众之下叫她叶科长,私下两个在办公室便叫她晶姐,各省来机关办事的人,余波接待后便不遗余力地介绍叶科长的种种好处,在机关里的年轻人中宣传叶晶莹。这让叶科长很舒服。

那年秋,是一个午饭后,叶晶莹在戴梦得门口拦住余波,你说晶姐对你怎么样,余波不加思索,好哇。叶晶莹把余带出胡同口到府右街才说,余波,你跟《环境研究》文主编说一声,我给他们拉了一笔赞助,让他赶紧给山东汇发票。余波认为这是件好事,如今科研杂志经济紧张,他找文主编拿回发票,并有三千元回扣,余波代签了名。没想叶晶莹看到钱便不高兴了。三千元打发小鬼呢,我要一万五千元。文主编一听火了,两万元赞助,她要一万五,太黑了。我宁可退回去。两下僵峙了。余波在中间偏谁说话都不好,只好劝两下让步,直到元旦后的某天,文主编找到余说,小余,你把这一万五给那臭女人,够狠的,她居然让财务司长卡我们脖子。余波也觉得这件事有点黑。

春暖花开后,院里几棵桃树一片花蕊灿烂,余波提着暖瓶从水房出来,正好碰上欧秘书,闲说之中欧秘书提到了赞助的事,说他拿了回扣,这给余波吓了一跳,他赶忙找文主编,文主编咬牙切齿地,这女人够黑了。我原来纳闷她为什么让你给她办事,原来她想从中摘干净,连回扣签字都是你的手笔。余波出了一身冷汗,那时一万五要让部纪检委知道了可以开除公职。晚上文主编请他在女儿红酒楼吃饭商量对策,我说小余,只有一个办法,你给这女人日了。文主编是南方人,日字说得重,是舌尖抵着牙齿缝挤出来的。就这么办。

那我更亏大了。叶晶莹大我十岁你这是拿着肉包子打狗,还有部机关忌讳这些事。

文主编慢条斯理地分析,你还非得这样,你这是堵她的口,真让纪检委调查,倒霉的是我和你,这个女人关系广,你顺着她的竿儿以后有好处,你要真给她男人戴了一个绿帽儿,她也不敢乱来,看得出,她还在乎她男人在技术院副院长那个职务。你要把这事办好了,我那儿还有5千元赞助索性给你,算我这笔赞助喂狗了。这母狗。

余波这时才真正感到自己掉在井里了。便自嘲了一句,我这就成了井中男孩啦。

2

第二天上班叶晶莹跟何处长说好了,让余波走一趟,并把出差借款的报告都给机关财务写好了。叶晶莹把报告给余波时说,别不知好歹,这种项目考察的差走一趟的事儿,比在机关呆几个月强多了。出差补助是统一规定的,车马,住宿,餐饮补助总起来比一天工资高。你是去下属单位考察,而且是针对项目的,如今哪一个单位都伸着脖子盼项目,你们的吃住行下面全包了,到时还会给你红包,回来时还会送你大包小包的东西。这次有副司长带队,领导去了,市县都是最高规格的领导接待。我们司可管着项目审核、方案设计、工程预算,下面单位的立项只要我们通过了那便是钱。在机关待久了都明白。出差便是捞油水。如果上司要整人,不让出差便是一法。我刚到机关开始两年没出一次差,我在三处陈亦全给我一些鸡零狗碎的事,这不我从陈处长那儿给调一处了。

于是余波便同头头们从宜昌进三峡,说是去考查不如说是副司长和何处长的随从,大到行动路线日程安排,小到衣食住行,还好到宜昌之后这些事都不用余波操心。这次重点是乌江口,万县市,巴东城关,链子崖。副司长主要对应市县领导和长江委员会,水利工程的头;何处长负责业务,按理听听汇报,看看文件均可,何处长是个较真的人,业务极好,全国的环境灾害在他那里如手纹那般清晰如数家珍。他们先抵达重庆,顺江考察,每到一个实地何处长都亲自查考,在小本本上做文字记录,悬崖有些裂缝他还用皮尺手测,他不相信电脑监控,在泥石流的滑体上用铁锹扒开研究土质,研究植物的根系,还指导江沿种树的种类,还有各州县的工业污染都限定有最详细的资料,每次工作完毕他也不表态。余波从内行的角度评判,实在钦佩这个半百老头的认真工作精神。

一路平安,到了链子崖南岸,他钻到地下去看那些淘空了的煤洞,每次余波都弄得一身泥水,最后一天他们环行爬上了链子崖山顶,山体崩裂得真是吓人,如果有强大的地震山体崩塌,那长江必然会堵死。何处长提取了全部电子监控材料,还在山顶用仪器观测,余波配合工作。古寂山顶草木葱茏,小路被掩盖,有时站在悬岩边了也浑然不觉,何处长攀着一棵松树对山体最大的天沟观测,余波听得石子从岩边滑下去半天听不到响动。他看到小松树晃动得挺厉害赶紧去拉着何处长,把何处长拉上来后,他摄像机的镜头盖却掉下深渊,吓得他出一身冷汗。他同何处长从西坡下山,那是一段稍平的山路,他跟在何处身后,老头脚步轻捷,余波跟得紧,他的经验是踏着有草的地方不会出事故,心刚放松,何处一大步,余波接着踏的草丛软沓沓地滑下去,他半个身体斜下去了,哎呀!何处返身一把抓住他,那是一条草丛掩蔽完好的裂缝,余波脚下的泥石哗啦地响,一块大石坠下把余波的皮鞋也带走了一只,脚拐砸破了。何处把他拉上来,余波竟不能走路了,是工程部的人把他抬下山的,到了宜昌检查,腿虽没断,也伤得不轻。回到北京有半个月没上班。

在办公室见到叶晶莹时,余波说,科长,你真行,我这条小命差点送在你手里了。

你说你是不是很愚蠢,你怎么不说这些都是日后提干的资本,再说你这次同何头走一趟,印象特好。我也真是多余,无端培养我一个敌人。

余波被绕糊涂了。什么事儿在叶晶莹那儿一说都是对他有利的,他反成了一个不识好人心的小人了。

3

余波研究生毕业,学历高,按理工作一年后便可评助理工程师,材料一层层地报上去,何处说,余波你业务工作做得不错,以后可多在技术上发展,余波很高兴,他也自信以后做高工总工之类的没问题。可是好几个月了他的技术职称没批下来,他托欧秘书去高职办打听,欧秘书在饭厅里告诉他,你们科长说你评工程师不合格,让再考察考察,缓办。

余波真是火透了,臭女人居然卡他的前途,在办公室余波气鼓鼓地对着叶晶莹,只想找个机会发火,叶晶莹埋头干活,偶尔抬头一笑,她的笑只是一种意图,眼光亮一下,温和升起来,没待挂在脸上便消失了。她要真笑,她的眼睛会变得细些,眉扬起来后,嘴角才动。喂,我说余,你总盯着我干嘛,天天望着早该烦透了。

你想让我在你手下干一辈子。余波气鼓鼓地,但没点破。他想点破了。女人闹起来可狠了。

干嘛在我手下干一辈子,就不能我在你手下干。叶晶莹轻描淡写地,哦,不同你说了,我去一趟国家环保总局,明天国家科委有一个会议。有事找机会聊。叶晶莹走了。

余波在办公室坐立不安,这关系今后的前途命运,必须设法解决。他去找文主编商量。

文主编说,你到我这儿来,我杂志正好差一个编辑部主任。干上十年,我便顺理成章地把主编让给你了。

不干。天天熬文字,钱少得可怜,我不信熬不过一个女人。抓着她的事儿,让她栽一次。

征服她的唯一办法,便是把她日了。你说你真是没用,上次我就说你给她日了,都过一年,还给你奖励,办一个女人就那么地难,一个大帅小伙子连个老女人也拿不下，还想什么伟大前程。

老文，你也别激我，我这次要不狠狠地把她操了我就不来见你，记住，给我发奖金。

余波一赌气去红楼影院看了一场美国大片，再出门时华灯初放，本想在馆子里吃一顿，看看最少也得20元，还是买了一盒方便面又进了部机关大院，办公室有空调，也好除除汗味，进门开了空调，刚把方便面泡上，便听得门响，他赶紧把衬衫披上，是叶晶莹进来了。

唉，你怎么还没走，楼都空了。

我没赶上晚饭，吃个方便面，这不刚泡上你进来了。余波有些措手不及，这几天心里全是叶晶莹，咬牙切齿地想整她，可面对她时又有些慌乱。叶晶莹在抽斗里找文件，余，你看没看见陕西小煤矿乱采乱挖的材料，帮我找找。

那是一个旧材料，我记得在文件柜里，找它干嘛？

我准备把它和青海金矿滥采作两个例子，明天我在会议发言时做实例分析。叶晶莹手臂不停地挪动，长发在肩上飘飘，这个女人身架子很好，尽管生过孩子了，腰身还很苗条，屁股有些宽大。头发从肩上手臂滑走，后项在日光灯下粉白，肩胛有柔和的曲线，后颈椎裸露的皮肤细白，还能看到细细茸茸的汗毛，半透的裙子内乳罩带很清晰，稍有勒出的印痕，她很丰润，背弓成弧形，在柜底翻动，屁股翘起，腰的肉色是裂开的门缝，不知道是一股火从她的裙子流出还是从余波的眼里射出，余波从办公桌边悄悄接近她。

喂，小子，别看女人的腰和臀部。帮我找一找。

哦，我，我来找找。余波站在她身边，那女人身体的一切信息都弥漫过来了。余波猝然单臂环抱，叶晶莹侧过头略有些惊讶，瞬间，她把身体靠过来，余波便把她一下扔在沙发上，揭开裙子，拉掉杏黄三角裤，丝溜便插入体内了。叶晶莹慒慒的，向余波肩头狠狠砸了一拳，余波并没慌张，悄悄把叶的三角裤塞在他的皮鞋里。

余波在沙发上暴风骤雨地干了一通叶晶莹。

事后，叶晶莹找着材料，临出门说，喂，小子，老娘饶不了你。余波只是一鼓作气地发泄了，他倒在沙发上有一种野火烧过之后的山野，空旷而落寞，他没有达到目的，原以为狠狠日那女人，操得让她求饶，没想就这么草草地散场，直到三天后他们见面时，还是慒慒的。他问自己，我输了吗？

桌上那盒方便面也放了三天。

4

（我说你真是个烧包，狗咬吕洞宾不识好人心。你走技术职称将来最多是一个高工，多没劲。你年轻，学历高，走政工的路子，科长，处长，司长，部长地上去了。你没看到部机关都是一些老而无用的人，眼下正在挑三梯队的年轻干部，你干嘛不走这条路。还跟我闹，猪脑子，进水啦。你要真想当那个助理工程师我下个礼拜让他们把资格证书给你办下来）

5

晴红是部文印中心招聘来的。她的工作在一楼，半地下室，在工厂里干活儿总觉得憋闷，每天上午下午总要跑出来在大院的树木底下透透气，当然每次都避开部机关广播操的时候。阳光好的时候在玉兰树，龙爪兰，桃树一旁觉得气息特别好，尤其是那棵硕大无朋的银杏树，它高出七层大楼，使得大院里仿俄式的建筑空间格外敞亮高大，枝叶吞噬着大片的阳光和阴影，银杏树掩饰了西南楼一半形体，夏日像层层叠叠的绿云，日常便停着部长轿车与机关的班车，那浓阴如一只绿手挡着阳光。秋天叶子金黄了便有一些小扇形的黄叶飘洒，叶无杂质，是纯粹的那不勒斯黄，仔细辨认，有细纹理，如色泽纤细的金钱，远看又如查黄毡子盖着。晴红每站在树下都能感受到绿色的阴凉，想象中总有黄色的叶子滑来飘去的，落在她的头发上或贴着脸滑翔，柔纸扫描，那轻风隐隐，面颊便有了一种痒痒的感觉。晴红在银杏树下好几次遇到那个年轻人，夹着公文包，望望树叶，或者翻翻邮箱里的邮件，他爱在院内花坛转几圈，略有些心思，看人也不正眼总是余光瞟瞟，晴红知道他注意了自己，她依然骄傲地仰着头，在饭厅里偶尔碰上同桌吃饭，盒内菜食简单，倒是把那份碗勺儿洗涮得干净锃亮。每天都去开水房打水，拎到五楼上班。后来晴红做了材料员知道这人在环境司，而叫不出名字。有一次机关大院内的人发票看电影，她和惠芷一同进地质礼堂，在前厅橱窗处，惠芷拉着她说，介绍介绍，这是环境司的余波。

哦，总见面，不知道叫什么名字。晴红眼睛并不看他。

我倒是知道你叫晴红，文印中心，属办公厅管。

虽然认识了，打交道却让晴红印象不好。

在饭厅的窗口他们正好排一起，余波买了红烧狮子头和小菜，晴红买了辣子鸡丁，也想要碟小菜，可手上菜票不够了。余波，借一块钱菜票，待会儿还你。

余波翻了一下口袋,哦,不好意思,正好我没多带。

机关公务员在饮厅就餐每月有二百元的补贴,晴红打工没补贴,她一般也只吃一顿午饭,饭菜票很长时间才买一次,她便端着饭菜盘碟去售票处,收拾好出饭厅准备回院内银杏树下吃饭,正好惠芷从胡同口来吃饭,惠芷坚持去饭厅,晴红说饭厅闹得慌,惠芷说这几日店里忙不能端着饭盒满世界跑了。

那好,你去余波那儿坐着,我给你去买饭菜,想吃什么?晴红,惠芷,羽玫三人吃喝从来不分家,谁掏都一样。

我要两个肉饼。惠芷说完去另一柜买饮料和小吃。

待晴红端着肉饼来和余波坐一桌,见余波手边两碗紫米粥。喂,你不是没票了么?晴红惊愕不已。

我在钱夹里又找到了。余波掩饰说。

晴红在余波的神色中看出了小气抠门精于计算小事总划算个人得失。晴红挺不喜欢这种性格,打心眼里有点瞧不起这类男人。

6

余波本是河北邱县乡下穷家小户的子弟,好不容易考入了天津一家专科学校,早先分在黄寺大街的一个研究所里做绘图员。余波头脑灵活,手脚麻利,所里办公室常找他做点文字资料,类于所长秘书,并给工会做点文抄工额外补点零花钱。所里头头对他印象比较好,便保送他去矿业大学完成专升本,这余波一看形势,如今到处是企业破产,工人技术员下岗,大学生多如牛毛,他一咬牙又读了一个研究生。正好原来的所长调部矿务司当处长,余波通过他的关系分进了部机关,在叶晶莹手下做资料统计工作。余波话虽不多却爱走动,因跟副司长去三峡做过项目考察便经常借故走动,知道他的爱好便送点邮册,或在琉璃厂弄点假古董送去,关系弄得不错,他暗许提拔余波做科长,何处是一个正人君子有些看不惯,暗地提醒他尽力做好专业,提高业务能力,余波发现仅走上层路线不够,必须把何处和叶晶莹的基础打好。看得出来叶晶莹还是帮他的,余波来机关后一直是集体宿舍,买房他没这个本钱,分房,单身汉,门儿也没有,眼看福利分房也快取消了,急得余波火上房。那天下班,叶晶莹使了一个眼色,余波便留着杂志报纸,待院子里班车开走后叶晶莹从他的身后拿着一把钥匙在余波眼前晃。

我看你怎么谢我,我从服务局给你弄了一间房子,在大棒棒胡同,筒子楼,有二十多平米。

余波一听跳起来了,这真是一个天大的好事,这可比他长两级工资都强。

然后叶晶莹带他去看房子,前一个单身家庭刚搬走,室内零乱,光线暗淡,可空间挺大,可以隔成里外两间,余波用脚一踢,地下咣咣当当地响,还有破旧的沙发垫子,旧报纸杂志,破碗,瓶子,洗洁精,也许是女人住的房,还有几包卫生巾。余波想象一下,房子收拾得当,还是挺宽余的,这个叶晶莹真是有能耐,他在部里四下打听,连房子的消息都听不到,只听说,在部委机关想找房子得部长批准才成。这是几年来余波第一件高兴的事儿,他返身抱着叶晶莹旋转起来,我今日好好地补偿你。

唉,唉,甭转了,我的头都晕了。叶晶莹抱着余波脖子。余波直转得自己也停不住了,放下叶晶莹,叶天旋地转便倒在旧沙发垫上,余波便去慢慢地一件一件给她脱衣服,把她的乳房脱出来后,脸就埋在里面不动了,闻闻叶肉体的香味儿,眼睛也许有些湿润,他不愿让叶注意到,叶的乳房丰大,把他的两颊完完整整地护住,他的嘴唇在乳房上旅行,含着乳头用舌尖去搅和,没想到你生了孩子的乳房还这么挺拔有弹性,乡下女人生了娃,便是吊在脖子下的破麻袋,有秘诀吗?余波向上斜着眼。

我没奶孩子,我家鲜鲜吃大姨的奶。叶晶莹故意把胸脯挺起来,让两只奶乱晃动。

你可够自私狠毒的。

比不上你心里弯弯曲曲的花花肠子。

俩人调侃着把一身剥得光光的,余波双手在她身上摸摸捏捏,这女人真是一身好肉,手走到哪儿都是一满手的丰润,那叶晶莹的嘴在余波的头脸贪婪地吃着,手在下体做辅助动作,弄得余波激情澎湃,心急火燎地进入她体内。余波浑身在颤抖,控制不住地弹棉花那般。叶晶莹双手抚摸着他的背,喂,别紧张,脑子里想别的,你不喜欢的那种,这么说吧,你就恨我,前几次你不恨我嘛,咬牙切齿地报复我,想想我下套儿装你。

余波平静了,从容不迫地在叶晶莹身上耕耘,叶投入了,呻吟,哼哼,终于大喘,喔,喔,小崽子你还真恨,唔唔,唔,她终于大喊起来。

喂,你不能叫,这是一栋旧楼会有人听到的,他用手去捂她的嘴,憋得叶一脸热热胀胀地,一口咬住他的虎口,痛得余波身上一激,叶的双手还在他背上挠,余波感到背上被撕开口子了,这婆娘又咬又挠,要我的命。他一生气,动作又快又猛,狠狠地撞击叶晶莹,空气中一种钝击声,仿佛一个女人在不断被撞成碎片。

叶晶莹晃着头又喊叫又厮打,像疯了的母狗,余波只好从脚上扯了一只袜子塞在她口里,两人疯狂地抨击打闹,余波觉得背脊像崩紧了的弓,把力气通到头颈和尾椎,小腿肚紧张地抽搐向上提,把力量转换成动作,把动作转换成汗水,他把前几次恨叶晶莹的感觉找回来,这个女人是个黑洞,害得我够可以的,但每次又给点好处,这是你永远无法说出口的,正是这种憋屈让余波恨不得撕开她看看,把心中的怨气发泄出来,他用手揪着她的头发,提起来,翻了一个身子,双手把她的头和肩扭弯,力量在她的肩头,这样余波便可充分地传到叶晶莹的全身,这条母狗,我今日非撞死你,嗨,嗨哟,他手臂和腿形成合力,这时地板都有些振动,叶晶莹开始的疯狂厮闹渐渐减弱,手不停地在虚空中划动,偶尔也来几下疯狂地反抗,可力量不够,兔崽子,你,你今天想谋了我,哼,奶奶可不是吃素的,她一个鱼翻,趁余波不注意,把他翻在垫子上,双手使劲地卡着余波脖子,屁股把余波的下体坐得严严实实,让她全身的重量和力气了往下坠,坠得余波的腹部没机会抬起来,两条腿得不了力,一下被叶晶莹制服了。

俩人这样反复地征服,最后弄得俩人都没力气了。这时窗外有橘黄的路灯泄进来,他们两人喘着对望着,眼睛在黑暗还闪着狮子和老虎的目光。

他们把做爱变成了一场殊死较量的搏斗。

余波和叶晶莹打了一个平手,平手就好,也就是说余波总算把叶晶莹摆平了,铺了一条向上的阶梯。

7

(小崽子,你不就想要个科长么。小菜一碟,我给你,明年夏天我们便让你当上这个科长。到时不成,我把这个科长位置给你。只是你以后做了官儿别忘了我给你的好处,你要是个白眼狼,老娘也有办法,你就做了司长、部长我也能把你拉下来,这个时代要让人成就事业挺难的,但要坏人的事儿却很容易,四周围都是陷阱,掘个小坑就能把人淹死,不信你随便找个机关去抖落抖落。)

8

惠芷给晴红说,余波条件不错,嫁给他能旱涝保收。仅就外部条件说余波确实不错,高学历,公务员,人长得帅,不是那种酷毙了的扮相,却透出一个有潜力有前途的样子,晴红强调的是感觉,是怦然心动,她和雨涛那么好也没成,却稀里哗啦地倒在安在韵的音乐发烧中,不过她也觉得余波是个可选人材,跟余波生活一辈子可能是平淡的,但可能有大出息,他会成为一个大坏人,最差也能衣食无忧。晴红不置可否地,看看再说。惠芷很积极,她找余波,你觉得晴红怎么样?余波毫不犹豫地说,很好,人漂亮,能干,就是性格厉害一点。

这么好的姑娘,还不抓紧追,过了这村没那店了。你想像晴红这样的姑娘,追她的人还能少?

经惠芷提醒,余波真觉得自己该找老婆了。于是他试着跟晴红约会,尽量给她制造好印象。跟晴红相处上,余波发现一个好处:这个女人不用自己花钱。

晴红是独女,父母均在岗,她哥哥晴明也能挣大钱,她自己挣钱一个人花,重要的是她们仨从小玩到大的姐妹羽玫、惠芷都有自己的公司和店铺,只要羽玫高兴,一买服装、首饰、美容品,一准是三套;惠芷的服装店,有新款和品牌时装也是三人各一套,经常有人把她们三人弄成姐妹花了。晴红从不接受姐们的金钱,相反她也常请客,晴红工资不算高,够花,但她头脑灵活,常帮部里熟人做业务,再说部里的大宗对外业务也有回扣,做多了还有奖励,所以晴红的钱包里总是鼓鼓的。却没一分钱存款。

午后四点快下班时,余波匆匆忙忙地到工厂里找她,头上有汗,急急地说,晴红,手上有钱么,我有急事,先挪给我。快。

我手头只一千,刚刚惠芷电话说,我们去羽玫那里。

你先给我八百元,先用你姐们的钱,空几天我便给你,余波拿着钱出了机关大门,横过大街向塔寺药店。

晴红只好回家拿钱。妈妈平日给她保管钱,小红,我说你手紧一点好不好,给你保管钱,支取的比存的多,都大姑娘了存点钱,虽不让你办嫁妆,也应该有点私房钱。晴红抱着妈妈的肩膀,牛奶会有的,面包会有的。不用您操心。我要出门了,晚饭不回家吃,几个姐妹约好了。

半月后,余波还钱给晴红,这多少让晴红有些意外,看他挺高兴,便说我请你去吃湖南大酒楼,余波拉着晴红干嘛去那儿,太贵,我知道有一家蜀园酒楼,新开的,人气旺,今日我请你,单位发了奖金。

蜀园酒楼一时屋里热气腾腾,全是人头。闹闹嚷嚷的,晴红不喜欢,余波拉着她找了一个僻静的地方坐好。

看你乐的,准是有好事。余波是个藏而不露的人,很难得他这样,他抑制不住地说,我可能会时来运转罗。我们一处何头和三处陈亦是对头,互不相融,因为他俩都有争副司长的可能,但陈亦这个人表面热闹,背后很阴,总在司局头头和部长那儿说我们处的坏话。何处说,陈亦要提上去了,我们会永无出头之日,叶晶莹却说,难说,没有处不好的关系,没有永久的朋友,也不会有永久的敌人。看得出我们副司长有可能提正,那样何处会上一格,但不可小看陈亦,他和一个副部长关系极好。

嗨,你啰啰唆唆地倒饬,我都被你绕糊涂了,吃饭。

这么跟你说吧,我们司长可能调地球科学研究院当院长,副司长替上,何处接上,我就能当科长,陈处长要上我们都冇戏了。我得拢住何处,上次拿你的钱是因为何处在府石街医院住院,我给他送了一份重礼,老头很高兴,便把这些内幕告诉我了。上个礼拜一我给部纪检委写了一封匿名信,我当然不会去栽赃陷害,陈亦的业务能力不行,处里工作常有失误,他每次都悄悄地包着,我给他数落了山东煤田、江西铜矿的工作失误,那里的环境综合治理项目没跟上,也算一种责任事故。陈亦业务水平不高,没什么政绩,那他的司局位置便上不去。听说准备调他去水利水文研究所。这一段何处对我挺好的,我有盼头。

你这也阴险毒辣了一点。晴红瞟了他一眼,我看你也不聪明,再说你们何处把你当枪使了。

这是竞争,权力之争比商场利益之争更无情,我总不能当一辈子打杂的公务员。

你可以在业务技术上公平竞争,闯一番事业。

别逗了。业务竞争说得容易,我们部几乎百分之百的大学生,博士、教授级高工一大堆,而且两院院士数我们这个院多,一进高知中心,我头就矮一截,拼一辈子捞个高工,有啥?不如权力来得快,叶姐说,机关只有权力,没有别的。他漏嘴说到了叶晶莹,很不好意思,还好,晴红没有任何反应。

晴红不好再说,依她的脾性,只有在商场真刀真枪地干,睁眼看成败输赢,那才是本色英雄,用这一套弯弯绕的阴招,算是鸡鸣狗盗之类的,她看不上眼。

这一顿他俩吃了27元,结账单来了,余波只肯给26元,他说26元是个吉数,酒店总要优惠一点。那个小姐莞尔一笑,这位先生每次来都讲点特价。

晴红认为,多一点少一点,既穷不了又富不了,费这么多口舌,心里还不愉快,何苦呢。

余波说节约一点是一点,因为钱是一点点挣来的。

在晴红的印象里这是平生在饭馆里吃得最便宜的一次,除了忙碌时吃盒儿饭。饭后,晴红去中友百货找惠芷,闲谈中把刚才的一切告诉了惠芷。惠芷说,小姐,我们开店的衣服鞋子都贴了标准价,顾客买时总会讲价,那也是一元一角地砍价,这很正常。对于穷人三元钱一碗面条就不错了。正说话,孙小羊拎着盒饭过来了,晴红问,多少钱一盒。孙小羊递给惠芷一盒,八元。我这份五元。

惠芷吃着说,你看,我让他买十元一盒的,他非得省几块钱,照你说,他才真是老抠呢。我们站柜台常见顾客为几角几元争得面红耳赤,小姐你没吃过苦。

这不一样,孙小羊给别人买好的,自己吃差的。余波是自己要好的,抠别人,这可有质的差别。

哎,亏你还是个新潮妞儿,这叫善待自己,余波没错,你别只挑别人不挑自己,你呀,一身的臭毛病。

晴红思忖,苛求于人,或许是我错了。

9

(小崽子,我说使阴枪可以,你一定得防止反弹,下狠手,除恶务尽是干大事的人,但你太儿女心肠,计算得太精细,你那八百元一盒的补品没白送,但你也让人知道你是一个工于心计的人,大智若愚,以拙藏巧,你的出击让何处明白了,这小子要防着一点。记住,只要出击便非得打中目标,轻易不得暴露自己,这就叫该出手时才出手。行了,你不要管了,我说过,保你明年夏天当科长)

10

机关每个周一开工作例会,周二政治学习。政治学习有传达文件,念报,读白皮书,学完后要写体会,针对部站工作总结,要经验交流,一处的读书体会都由余波执笔,再相互传抄一遍,当然每一个抄袭人都改动一些句子,举几个个人工作中的例子,那些空头政治话都是模式复制的。余波最年轻,政治学习他是两头受苦,文件每次由他念,体会每次由他写,他也有偷工减料的办法,念文件时,每次都大段大段地省掉,没人会注意,写体会他找经典的政治教科书,或冷僻国际流行政治术语,抄抄拼拼地,所以每次政治学习体会都得到部里重视,这也作为一个经验上报。何处是一个古板的人,有时念报,他比照着看不时提醒,余波,你丢了一段,啰,又丢了一行。

这天下午政治学习余波念的是上级发下来的白皮书,奇怪,何处没插话,他拿张报纸在叶晶莹背后看,余波念了一阵,吐口气,喝口水,从那立柜的玻璃镜片反映出在墙角另一边的动静。把余波吓了一跳。他继续念白皮书,用眼睛余光瞅瞅玻璃片,何处在叶晶莹背后抬着二郎腿,竟是光脚丫子,伸到叶晶莹的沙发靠椅后,那是一根中轴,何处脚丫子在中轴侧边,上面是对开的大报纸,所有的人都看不到何处的脚伸到叶科的屁股后,可偏偏与底部对称的玻璃门出卖了这一细节,余波是从一个很巧的角度偶然发现,他倒不痛惜叶晶莹,这个风骚女人打情骂俏的事儿多了去,何处这人口碑甚好,且对余波不错,万一这镜头让处里别的人看见,那何处吃了一辈子斋饭,一顿狗肉便送了终。他得不露痕迹地惊动何处,于是丢三落四地念完白皮书,便把手伸到桌子对面找何处要报纸,并顺手接过何处报纸,何处没报纸挡住,脚赶快收回,这本是天衣无缝的举动,还是余波不老到,在念报纸时,偶有空地眼光瞟向玻璃门,弄得在他身旁的青玲也一个劲儿地看那文件柜,何处毕竟有些心虚,余波和青玲的细节落在他眼里,再看那玻璃门刚好看到叶晶莹的腰际,短裙上白白的一线,而且裙后拉链口也裂开了。何处一切都明白了,脸一红,他移到门边倒杯茶水借以掩饰,学习结束后,何处破例一句话都没说,怏怏地回到自己办公室。

秋天,院内银杏树一身金黄,阳光下满空飘动的都是铜质的金属片,相互追逐而霍霍有声,叶晶莹从劳人司出来气冲冲地上楼,把余波拉到楼道拐角,低声臭骂了他一通,问他为什么要得罪何处,这可好我半年的努力都泡汤了。

11

(你以为这个世界自己最聪明,其实只有你是个猪脑子,你连青玲的脑子都没有,那老何头不过是用脚捅捅我的屁股,干你什么事,你做好事,怕何头出洋相,他妈的,我都不在乎,你算哪根葱,其实人家青玲早从玻璃门叶中发现了,你的动作这么大提醒何处,别人还会不知道,而何处则认为你是有意把他晾在光天化日之下,他还能帮你吗?你等着吧,不定哪一天,你就从一处滚蛋吧。)

12

余波一下像掉在冰窟窿里,这盖在自己头上的两块板堵死了出路,再努力也没什么用了,于是变得懒懒散散的,每天都跟晴红约会,在京城大街小巷玩,各种不同风味的东西都去吃,一个月下来两个人合起来五千多元的收入都挥霍得干干净净,这让余波心痛之极。他思考几天,忽然觉得,这没准又是叶晶莹那婆娘给我布的一个局,我不能就这样死定了,最不济了我去《环境研究》最后也能熬个主编,再一想得花十多年的努力,又觉得不值,他找文主编说,我把叶晶莹操了,给你报了仇,你得给我奖金。

文主编说何以为证,我是早说过给你5千元奖金。

余波从口袋里拿出叶晶莹的三角内裤往办公桌上一拍,罗,给你。文主编哈哈大笑,这种老娘们你都操!你真行。有种,我服你了。当即给了5千元钱。余波接下来进入正题,看样子前途堵死了,只能来你编辑部。文主编说,不行了。我们刊物决定停刊。我去环境研究所当所长。那天他看陈亦风度翩翩陪着一个外国人进了外宾室,这个人背后很有门道,何不从他那儿撕开口子,于是余波主动接触陈亦,发现陈亦并非叶晶莹说的那种,他很有头脑,四方八面都弄得很妥帖,他对余波很客气,从侧面透给他一些不重要的消息,却对余波很有用,既然何处不能为我所用,便设法把他搬掉,机会,机会是最重要的。

广东勘测设计工程总公司来了客人,陈亦给余波一个电话说,我晚上在美丽新世界请客,你可找几个形象好的姑娘作陪,注意,不要三陪小姐,上档次。余波只好让晴红去找伙伴,正好惠芷和柳芳有空。她一吆喝姐妹仨打着的士跟余波跑,差点出郊区了。那个美丽新世界真大,正厅是廊柱式建筑,白玉大理石中柱,梁上雕龙刻凤,不中不西,后院是草原式拖檐,伸出一个勺斗是游泳池。一边是连着厅堂内侧的游廊,曲曲折折包着后院,另一边是临水的亭阁与抱月式小房,游泳池和建筑物之间是藤萝架,有垂式花草与藤结,四廊游走,间或有黑木雕塑,裸女,雄狮,铜牛,游泳池四周是几何形不规则环护,爬上游泳池有三三两两的躺椅与太阳伞,右手一片绿草地,中间青灰色钟乳石堆成假山,灌木藤蔓网状包围,有些孔道可容人。

晴红和姑娘们先下水,戏水扑腾,闹得很欢,陈亦先陪广东客人,然后慢慢下水,男女下水,游游玩玩,主要在下水之后的沟通交流。陈亦的暗示,让广东客人高兴,又觉得女人有档次。惠芷和广东公司的头头聊天,看情势似在询问南方生意,柳芳和客人说一些北京风俗趣闻,晴红自由地在水里钻进钻出,余波陪陈处长说话。

余波你还真行,一下找这么可人的小姐来了。我早听说你干活认真,很有业务能力。

从专科到大学都是学专业,又在机关,做起来业务很熟,读的专业书也多,又帮忙编环境研究。全国的山川河流,地下矿产在心里都是一盘棋,清楚着。余波意在表现自己能力,以后陈处长有啥工作,放心交给我干。

嗯,我手下就差业务人才,跟我干,我不亏你。

那我调你们处。余波就坡下驴。

不着急,等时机好了再说,陈亦眼睛在姑娘们中寻找,余波识趣地走开。这时游泳池又跳入了许多漂亮姑娘,在溅起的水花中,互相寻找有些费事了。晴红被水浸着的时候仿佛心在往下沉,觉得季节已经从她的腋下滑过去,身上似乎缠着一道道的水下植物,浸浸地凉,水从身体的各窍里涌入,又蒸发水汽出来,平日的焦躁烦闷都洗涮掉了,一下让她觉得怡静柔和多了,她把身体蹲下来,让水浸至口鼻,只有视线在水面晃动。白白的波浪变成一团黑乎乎,她以为是余波凑过来,便摁着那黑色的头,咕咕嘟嘟地冒泡,她的身体也被对方抱住在水下闹了好一阵,冒出来一看是陈亦,唔,是陈处长,不好意思。

够厉害的,是余波的女朋友吧,来认识一下。陈亦伸出手,很正式的那种。

我听余波说处长特别能干,聪明又有才华,是最年轻的处长之一,还是厅局干部的候选人。晴红故意说,这时她心里有些不自然,刚才还被他拦腰抱下,有了肌肤之亲。

过奖啦,官场风云变幻,不到最后没一个准。倒是小红年轻漂亮是我们机关大院一枝花,连部长们都注意了。

这话让晴红很受用,陈头儿哄我,机关好看姑娘多啦。

当然,说漂亮还有雪莹,雨陵,燕云。哦,还有余波办公室的青玲都不错,但你最特别,活泼,大方,穿着那件红色的裙子站在银杏树下,真是飘飘然,一种欲飞姿态,那种与众不同让机关小伙子着迷。陈亦说话不紧不慢,轻重得体,还说了个形象的细节真是让晴红开心。

水波晃动得厉害,晴红躺在水上说,陈头干嘛不游呢。

哦,我从小在水边长大,江河湖海都游过,都市游泳,假的,我也仅仅找个地方歇歇脚。你的姿势应该这样,陈亦顺势扶了她一下。晴红说,我们比一圈。没等陈亦表达一下游出两米之外,陈亦还停着,挥手示意,来了。

陈亦是侧身前冲,一手出水,姿势特别可速度很快,晴红的蛙泳也速度不错,她在前不管人群乱撞,陈亦跟上几次差不多要超过,但最后还是落后半尺。晴红停稳时,陈亦一个潜冲从晴红腋下钻出来,哇,我输啦。

晴红感觉到陈亦的手在她腰和臀部过滤了一下,她脸一红,看着远处余波和柳芳在打水仗,柳芳是迎面扑水,而余波是背向双手反向打水,很快占了上风,惠芷看柳芳要吃亏,扑过去把余波腿一拉,咕咚,余波倒在水下,柳芳顺势便扑了上去。

　　这时陈亦和晴红躺在游泳池的躺椅上,随后大家收场接下来吃饭喝酒,最后才进舞厅,在舞厅陈亦没找晴红跳舞,让她陪广东客人。最后终场陈亦才找晴红跳舞,我为什么最后请你跳舞。在暗淡的光中陈亦眼睛盯着她。

　　你的部下在场,还有客人,领导都会塑造形象。

　　错了。我敢做敢为,在官场我作最大努力,失败了也没关系,我当个小头头,是拼命换来的,做了好几个大项目。这么说吧,我是怕看着你这张令人心动的漂亮脸。

　　你只管看,处长大人。

　　我怕会伤害你哟,陈亦的手在晴红的腰眼上暗示了一下,贴得近了一些。晴红心里机灵,干脆一下贴着陈亦,反正是最后一曲了。我不是泥塑的,你搂不坏。

　　虽是贴身,但没贴面,晴红把脸侧在一边,不知怎么的,她这时不高兴了,从开始到结束余波都没陪过她。

13

　　天凉了,余波觉得在室内读书已经很久了,洗完脚上完厕所便上床了,躺在床上想心思,突然听得咕咕咚咚的敲门声,急切而熟悉,余波把门打开,是叶晶莹,她深更半夜敲门一定有急事。插好门,他去穿裤子,叶把他摁在床,躺下,今天我不想强奸你,有正事儿。

　　叶晶莹越是郑重余波越是提心吊胆,我都倒霉到顶了,还能有什么事,你找别人干吧,我连出差都懒得去了。

　　小崽子,有好事。你的机会来了。何处要调水科学院当副院长,调令已经发出,何处准备也做好了,只差最后到劳动人事司办手续了。但是何处还在犹豫着,因为司局里的人事也有微妙的变化,部里总工程师补为副部长,他对何处不错,环境司的副司长空缺,何处各方面因素有利,有望提上去做副司长,这样他就不必离开部机关了。我们得想办法促使何处离开环境司,这不,你的拦路石就没有了,你可以找陈亦,他要当上了副司长,我再给你使劲,别说小小科长,使把劲,破格提拔一个处长也没关系。

　　这真是个好消息。他跳下床,我们俩去找陈亦,于是打了一辆车到了双榆树部机关宿舍,进了院,叶晶莹说我不能上楼,陈亦很精,他会认为我们有圈套。余波嗵嗵地上了四楼,陈亦已经睡了,余波硬撞,陈亦说,什么急事。

余波把处里情况一说,何处本要调水科学院,现在调令到了,他不想动。

老何头业务上厉害,不调正好。

哎呀,处长大人,何处不调,他会顶上副司长的位置,最受影响的是你,你赶紧给杜司长打个电话,就说明天处司开欢送会,你还邀副部长来参加,促使他明天去劳人司把关系办了。

杜司长去安徽出差了,他回来怎么交代?

何处调动的事,司长早知道,暗地运作都几个月了,何头怕提不上去,所以去水科学院,这样可以提一级,干几年退休了,他要留下来干到一个正司职,你可惨了。

陈亦觉得何处是个死老虎,因为他年纪摆在那儿,他最近也知道总工程师补副部长,且还是常务,这何处闹上去是有可能的,但陈亦不动声色,小余,你回去,我会吩咐环境司办公室徐主任办这事儿,你可和你们科叶晶莹商量一下,明天的欢送会怎么开法。

余波下楼后,陈亦给出差的杜司长用手机通了长途,杜司长说这事我知道了,老同志想挪个地方,有个级别退休待遇好一些。你和徐主任一起办这事。

陈亦心中有数了,看时间已是午夜时分了,太晚了,他只好给副部长的秘书打了个电话,然后赶在第二天早晨又给副部长补一个电话。

余波下楼和叶晶莹打车回去,唉,糟了,何处明天不上班咋办?叶晶莹也头一轰,走,到你宿舍去再商量。

晚上只能用叶晶莹的手机,拨通了何处家的电话,余波马上夺过来闭上,不能,何处稳重,这么晚的电话,他心里会生疑的,你只能在明天早上去电话。就说办公室给各处发福利费和一些日用品,强调有钱发,何处的老婆贪财。明天早晨我去布置会议室和买水果瓜籽。一切都策划完已经是午夜两点,叶晶莹也没法回家了便一起钻进被子里,轻车熟路地在小床上做爱,这时做爱已经没那么多激情,性爱变成一种习惯,一种并不特别需要的发泄,因而他们做得冷静,这件事对他俩双方都有利,所以他俩都保持着一种期待的愉快,在床上已换了种姿势做爱,是那种从容不迫,又有点愉快,时间也来得持久。突然,余波又一惊,哎哟,坏了。叶晶莹以为把余波压坏了,干嘛一惊一乍,纸糊的人?

明天如果劳人司不给何处办转干关系,那咱们不就白张罗了,叶晶莹倒下来伏在余波身上,一会儿,她说,我明早给劳人司的王安打电话,或者开欢送会时我去一趟劳人司,这事就结了。

没想到第二天早晨晴红来敲余波的门,她要去山西大同,曾听余波说过云冈石窟,想拿点资料,也告个别。于是余波和叶晶莹便活活地被堵在被褥里了。

14

早上机关大院人来人往,陈亦提早到副部长办公室,说只借十分钟参加环境司的欢送会,正好在二楼遇上劳人司的王安,陈亦说,王安主任,一会儿何葵同志会去你那儿办调干关系,方便方便。

余波在街上买了苹果,香蕉,瓜籽,花生,饮料。又去西四百货大楼挑针织品,杂货,或纸品类,横过街遇上惠芷去她的服装店,余波塞给她一袋水果饮料,轻声说,我犯了大错,你帮我好好劝劝晴红,我有事,以后再说,便急急忙忙地赶回大院。

何处来办公室问叶晶莹,不说发福利品吗,人呢?叶晶莹搀着何处的胳膊,他们在会议室,我们去!叶晶莹陪着何处一进门便响起了掌声,何处有些懵,他刚坐下,陈亦陪着副部长来了。这时徐主任开始主持说,今天是何葵同志调水科院的欢送会。事先没通知何处,想给他一个惊喜,接下来便是副部长讲话,很简洁,但评价很高,陈亦,还有二处的处长都发了言,会议热闹,规格也高。何处很高兴,也说了一些热情动人的话。

这天,何葵便彻底离开部机关了。

几天后,何处觉出这是个阴谋,很生气,找到出差回来的杜司长痛哭流泪地说,我不去水科学院,明明人有整我,司长你要给我做主,不然我得找部党组。这最后一句话让杜司长不高兴了。老何,要调动是你的要求,决定你去水科学院是党组决定的。去水科院有好处,这两年机关改革,环境司可能要合并,下岗分流的会很多,早走一步去事业单位有利。你是技术权威,让成果早点转化为生产力。做好了,我以后到你那去退休。

何处去水科学院其实并不顺当,确定何处去水科院是几个月前的事,如今水科院改革也很快,机关合并调转也多,老院长在几个月内退居二线了,新院长是一个年轻的博士,整个班子也年轻化。部里派何处来他们知道,不能明着抵制,只有软着陆,先挂副院长,但不安排具体事情,类似副院长级的巡视员。心火上来了,常闹点小病。一次在西四的真维斯服装店,余波看到了何处,他躲到傻瓜相机总店里良久,却又在来福茶庄遇上,余波很客气地问他的工作,何葵说,这个世界要爬上去不能得罪大人物,想要过得平安不能得罪小人物。

15

　　第二年夏天。环境司的人事关系变了。杜司长调博物馆当馆长,王安来这儿当司长,陈亦被提为副司长,叶晶莹是春天当的一处的处长,余波改口叫叶处长很不习惯,三处变成了综合处,处长是一个比余波还晚分来的清华毕业博士,余波还在一处,夏天来临时,余波仍是无职无权。

　　余波比以前更不能乱说乱动,因为他知道了这个司太多的内幕,所谓怀璧之罪。提上去别人不敢用,退下来没后路,他只能祈求环境司保持环境优良,风平浪静,一有风吹草动,他又会被怀疑是一个幕后策划。

16

　　[向日葵辞典]:

　　向日葵,古称葵藿。俗名转日莲,又称朝阳花。或叫太阳草。一年生草本植物,茎高二米有余,互生叶,对称长柄心形叶。顶有圆盘状头状花序。花冠杏黄色。

　　葵花的故乡在秘鲁和墨西哥,是生长在山地的一种植物。1510年西班牙殖民者把它带到欧洲作为观赏植物。18世纪传到俄罗斯(然后中国),在唐代之前葵花叫葵藿也用于观赏,但种植于乡村野地。

　　向日葵,菊科,大概因其花冠类菊花瓣。顶部圆盘头有千百朵小花,聚生许多管状小花簇拥在圆盘里,整齐排列有序,均是斜线交叉排列。独有圆盘边的花冠宽阔鲜丽,它的任务是招引昆虫,让那些蜂蚁前来扑花送粉。

　　问题在葵花向日转,千百年来它的向阳性并非太阳的引力,没有太阳时也非地心引力,而是干茎上有奇妙的植物生长素。阳光下,干茎的生长素跑到背光的一边,刺激细胞迅速繁殖,使背光生长比光面快(即阴暗的东西总是更具有生命的活力),使得葵花盘向着太阳的移位转换,于是葵花便成了太阳的跟屁虫。茎杆中还含有一种叶黄氧化素,它是脱落酸生物合成过程的中间产物,作用和生长素相反,是抑制植物生长的物质,它们分别布于葵杆的阴阳两面,在受日光30分钟后,两种生长和抑制素分别作用,产生了转日作用。

　　由此可见向日葵其实是生长在矛盾中的异化物。

饥饿的天空

1

柳芳突然打电话找余波。约他去樱花餐厅吃饭。

这让余波吃惊,柳芳从不请人吃饭,余波想不到她要求自己干什么。他向处长叶晶莹打了个招呼,说提前点出门。从五楼下到二楼刚好碰到副司长陈亦。陈亦说,余波你下个月去趟广东、海南,考察一下那里海洋石油的项目。余波点点头匆匆地出了部机关大门。

2

光线依旧强烈,日炽,在墙根和墙壁不一样,在空中透过时过滤得特别干净,黄色或红色便从飘动的轻风中剪除,落在墙上便是锌白反光的涂料,没有反光,但让人眼晕,奇怪光线上为什么会没有雾(他不明白干燥的天空,水汽已从地表所有的地方榨干了,光线没有湿度,又硬又脆),把阳光搓在水中才有晶莹,从城市上空落下来的光线,他仰着脸像毛刺花花地扑着脸,用手捧住,不经意地一搓,那是一些冷冷的刀片,痛感从纹路里深入血液。

光线就这样散布在两睫之间,白得像一片尸布,间或幻化为灰色的蜻蜓,或者山间草丛中的虫蛹,在树皮之下钻出一些粉尘,他扑在贫瘠的山石上,褐色的草叶生硬地埋着他的脸,嘴里含着白色的阳光,天空很清晰,什么也没有,云彩去哪儿了,没有雨水的天空,阳光也是饥饿的,他清了清嗓子,使劲地咳咳想把生冷的灰尘吐出来,卡住了,张着嘴,眼用力向外鼓,白厉厉地,死鱼眼,咔咔,嘎嘎嘎,咳,颤颤灰色的声音本以为吐出来了,咕嘟一下滑进去凉气,不好,连阳光也吃下去了。

他整了整衣服,站在胡同口打量。

3

余波走进樱花餐厅时柳芳还没来,他上了二楼,那些熟悉的姑娘都给他笑脸,手势从腰闪动一下,老板娘眼睛亮亮地在吧台那边勾着他,她习惯叫余波为余秘,在她的印象中余波总给头头办事,常陪他们在酒楼出入,这个酒楼基本上是各省来部里办事的客人撑着,自然就对余波格外客气,余波要了一个雅间静静地等着。

一会儿柳芳来了。不过还带了一个成熟男人,清瘦而整齐。让座之后,余波说,你这里宰我呢,一人还不够。

别多心,我是真心诚意地请你,他叫吴名,你就当他没耳朵,不用管,只是给我跑跑腿,办办事。

新鲜,啥时候柳芳也带上了秘书了。余波惊奇地。

嘿,兴许男人带小秘,我们女人就不能。别臭贫了。刚认识的,有件事让他帮忙做。喂,你熟,你点菜,甭为我节约。芳今天化了妆,脸上修葺得很干净,眼睛点了油滑动得快,且亮丽,她打开镜盒看了一下,挪挪椅子,离余波更近一些,侧着头。看着余波翻动菜谱,余波要了一盘孜然羊肉,便推给吴名,吴名眼睛没动,用四个手指推向柳芳,柳芳没看菜谱说,来个松鼠桂鱼,一斤基尾虾,加一个莼菜汤,咱们三菜一汤,刚好一人一个。

喂,你发财了?早知你这样破费,应该把晴红、惠芷也叫来,你们几个姐儿们更喜欢这般胡吃海喝的。

不,今天我只请你一个,特意的,谁叫姐们用得着你。柳芳这时手机响了,她说话时,余波觉出她今天肯定有事。等着吧。一会儿喝干红,聊天开始。柳芳的话永远是听来的,所有消息都在她手机里聚会,上达中央政府的人事变更,下至歇岗练摊的趣闻佚事。同样的故事在伟杰那儿是罗罗索索,吞吞吐吐,柳芳能神采飞扬地说得生动活泼,未开嘴时三分笑,说完话了笑声还在满屋子走。

余波静静地听她叨咕。说的是延庆的牛羊,澳大利亚的袋鼠,香港的赌场,上海浦东开发,说凭祥有个越界饭店,镜泊湖的鱼。绒线胡同有一家平房,老板忘了关煤气,已经熏得七荤八素的了,他爬到玻璃窗前却没力气打开窗,正好一个小偷从窗跳进来,窗一开老板顿时清醒许多了,那小偷跳进来在屋里四处摸东西,老板便顺窗爬出了,末了又把窗带上,第二天小偷煤气中毒死了。老板为了谢他的救命之恩,给小偷葬得风风光光的。

余波听她说得兴致勃勃,认真地品,想不出她有什么目的,请他吃饭,倒让他不安起来。

生活中没有目的出现,余波的日子便失重了。

4

　　早先是树梢上飘着沙,日出了,草丛里便是亮晶晶的沙,原本是一条条弯弯曲曲的路,路没有了,白亮白亮,终于是一片黄色,大片的黄沙盖下来路来了,四处是路。山尖顶起来,风像一把梳子,有沙子和树叶,黄鼠狼跑过不见脚印,全是狐骚,鸡栏早已没鸡,羊群艰难地扒着黄土,狼的声音在风的梳理下嗷嗷叫上几声呜——呜幽呜幽的,头皮发麻,找不到石块,刀呢?刀尖映着自己否斜的脸,他的印象,只看到牧羊犬一前一后地追着,然后两个前腿抱着母狗的后屁股,狗在做爱的时候,羊在山坡悠悠地撕草,他看着动物做爱,早先是用鞭子打开,后来发现狗要粘在一块儿了,怎么也打不开,只能嗷嗷地叫,这声音让他脑子发热,他心里开始狂放起来,寻找女人,用呆头傻脑的方式找女人。

　　沙莫是邻居的女人,脏乎乎的破烂衣服包着腰,胳膊和腿上的衣服都有漏洞,那是白乎乎的皮肉,他挨她边用手指拎着衣片子,晃一晃,风中芦苇,他把指头伸进去,手指肚便有了一些滑腻的感觉,女人身体抖动了,先是耸着肩,咯尔咯尔地笑,很恐怖,如同鸡脖里拉出来的声音,女人说,小羊羔子,鸡巴没长全就想爬背。

　　他一生气,一柱尿,滋滋地飞起来冲过右边的沙梁子。他歪着头,你能。

　　吴名觉得童年的梦就在昨天。

5

　　几天后柳芳给余波打电话,第一句话让余波吓了一跳,喂,我借你用用。

　　你干嘛,发什么疯。你的男朋友还少了。

　　嗨,看你紧张着,我又不吃人,想带你到一个地方玩玩,陪我散散心,不过你得向头头请假。

　　你总不会像叶晶莹那样总给我下套,犯法违纪的事我可不干,我胆儿小。

　　你放心,就是呆烦了,想歇几天,姐妹们太闹,男人又只想着女人的身体,所以找你,彻底放松一下。

　　哦,我就不是男人了,我的七情六欲一点儿也不少。

　　你,你有晴红管着,借你一个胆儿也不敢,还有你别装神弄鬼,你和叶晶莹的一锅浑水,你当我不知道。

　　喂,别说了,小姑奶奶我答应你。

记住带好你所有的证件,别在外玩儿让人给扣起来了,让部里,你的上司叶晶莹去领人可不好看。

周五,余波忙着审看项目资料,还有地图那么大的图纸,叶晶莹在隔壁说,余波,嫩江流域的环境地质材料下周交给我。这时电话铃响了,柳芳说,下午三点去接你,你赶快把工作了结一下。

喂,挪到下个礼拜的周五,行么?

不行,我车都订好了,是辆公爵王。

下午三点那辆公爵王准时在部里停着,余波钻进车说,你比部长还牛,部长只能坐奥迪。柳芳拍拍司机肩,咱们走吧,出门玩儿,太寒酸了让人瞧不起。

余波一笑,还摆谱,我看你这一辈子也改不了那一点虚荣心,咱们说好了,周一早晨八点,我得准时上班。

没事,误不了。车嘶溜出了部机关,上了阜石路。转高速公路,一小时便到了涿州,车七弯八拐地停在《中国石油报社》的大院里,她让余波等着便匆匆地上了办公大楼,小顷,一位体态丰雍的男人送她下来,在车外小声说话,作别后,她让司机下了高速路,说我们去看看乡野景色。

她指挥司机开车来,余波这才发现开车的是吴名。这两个人捣什么鬼,把我弄到河北地界的乡村野地来干什么,这是他余波的故乡,那一排杨树,一片田野,麦后的田地,泥土散发出来的香气他熟悉了。

乡村路起起伏伏,颠得厉害,把余波颠得有些朦胧,柳芳这时抱着余波的胳膊已经睡着了。

6

一个女人出现在山坡上,袖着手,迎风站的时候,裤管有哗哗啦啦的响声,这时她的屁股很清楚,突翘而起,那种鼓胀惊得男人心里一跳,眼睛在那包子一样的感觉上狠狠地挖了几眼,咯驴日的,娘卖屁股的,娘卖屁股的。山体是绿色,灰色,黄色间杂的,左河道徒有一个形体,干涸之后,河床的卵石很光洁,它是水的浪游者,想象旧时候的牧羊女,甩着羊鞭,唱着信天游,影子拉长时日短,阳光正盛的时候影短,女人的屁股和羊屁股一样,白乎乎的,摸上去软绵绵、毛茸茸。女人不知道远方是一尘黄沙,她只觉得羊群瘦下来时,青草日见其少,羊奶子和羊肉构成了女人形体的雕塑,手臂划动一下,格外有劲,身体所有的地方都鼓鼓隆隆的。羊鞭勾着风响。

一个有月亮的夜晚,月光大朵大朵地如雪般飘下来,在沙堡,山峰,或者一块平坦的河谷,都披上了大朵大朵的白光,月光是重叠的,注定要下坠,地方它没法选择,这儿,那边,屋顶,头上,一切的空间之地,越空的月光仰望时用手摸摸,没有,只有在地上铺绒叠被时,你才找到月光的厚度,那个女人不知月光已经落在她手里了,融成手心的清凉,月夜如水,却是无法照影的(影子光子只有在两种光线交叉,在月下黑夜背景里可以找到,影子光子永远多于阳光下,月夜里可见的光明,因而所有的影子都不能肯定是一个女人或一个男人的投射,只能判断一个物体挡住了光子的穿透,在影子光子找到异于他的东西)。女人投影,是女人想象的虚幻延伸,你不能说她顶着月亮,或者踩着月亮,女人倒下来的时候,月亮便在她身上发光,他记得如何把沙漠给推翻的,那女人的衣服不用撕开,打开一个绳结身体的月亮便在零散的衣片上照亮,他摸着薄翼一样的月光竟也捻不碎,搓不烂,他希望发出的乳白已是声音,把亮丽的声音拉成薄片,用手指弹弹,那时声与色或许可传导出一些光线抵达的秘密,一只夜莺飞过衔着月光,冲天而起,一个滑翔,驮着的月光又抖出丝丝缕缕的天罗地网,那两个乳房在网中挺立起来,如柱如烛。女人是在沙地,还是草甸子上他忘了,反正如流动的月光躺着,他也不记得是捧着沙,把月光漏在她身上,还是把青草汁液搓碎在她身上,起初,她嗓子还是那般咯尔咯尔地叫,然后连成一片长嚎,这时月光真正是漏进去的,眼中漏出反光,耳孔是流线,口和鼻伴着声息,扑沙地进入,还有肚脐,陷下去,把月光储满,呻吟,呼喊,长嚎,身体抖动时,月光便溢出了人体四周,洇湿了草丛,泥下那些黑暗的地方,那个人突然说,进去了,进去了。

他站在她身旁,太奇怪了,他并没有去日那个女人。

进去了。凉幽幽的,带着水气的湿润,女人嘴唇轻轻开合,他奇异地看着女人周身,包括阴部的那个洞穴,月光漏沙一般地滑进去了,原来月光只有从这儿才能进入人体,难怪,都说女人是月亮。

是月亮强奸了女人。

7

车窗外,阴晴不定的光线在柳芳的脸上一闪一闪地拂过,路旁白杨树直起直落,树干粗壮,阳光的斑点贴在树干,从斜落和橙红的颜色判断,这一天又该腐蚀了。阳光在纯净炽白的时候,虽然烤炽却有母亲给婴儿洗澡的痛快,阳光洗出来的活力,阳光一天劳动久了,疲惫了,色彩变化,融进去杂质,阴影不定,灰暗从庄稼地里升起(在城里则从墙的旮旯角落浮上来),玻璃窗由明亮转得朦胧,光色氧化了玻璃还有那些树干,岁月的痕迹便那般地写上去的,在空气中一切物质也许只是和化合抗争(风蚀,氧化,溶解),还好总有绿色去擦洗,一种生机总是与衰退彼长此消的,余波看到了高粱地,离开冀南老家后很久一直没见到它,又见高粱,他看见晃动的秸杆,长绿叶霍霍地风动,翻动着的绿白绿白的起落,他记得少儿时读书总要钻高粱地,高粱杆是可偷吃的,有股青葱葱的香气,甜而不腻,爽口。嚼过的高粱杆渣雪白,在手中一搓便把脏乎乎的手擦洗干净,让手心红红的纹路洇洇浸浸地连着全身网络,长大后很少见到,乡下只有包谷和麦子,上大学后便没见过高粱,为什么不种高粱了呢?

久违了的高粱气息和它高飘的影子,在光线中变成一丛的梦一丛幻影,他忽然想到物种的扩张与萎缩,高粱也许是一个灭绝的种类,灭绝一词很清晰却很复杂,蚯蚓最爱吃榆树叶,然后变成植物肥,而知更鸟最好的食物是蚯蚓,植物的有机转化和知更鸟的濒灭不是人类要消灭它,是因为蚯蚓少了,蚯蚓少了是因为草丛中注满了农药。高粱少了是为什么?高粱曾经保存过他童年的记忆,村里那个丰满结实的香儿总在高粱地里干活儿。他读高中时,有空从县中回家时在路旁的高粱地都能见到香儿,他们说上几句话,也在田头坐坐,香儿头发油渍气息和植物的青果味一起揉进他的气息里,从侧面看香儿,胸脯很高,鼓得把扣眼儿裂开,影影绰绰看到乳沟,乳根,那是一种如高粱穗饱满的东西,他们小心翼翼地碰碰手,天暗下来,牛羊归栏,他们在高粱丛中指点穗头,高粱叶锯齿毛缘,划得皮肉麻麻,动作过大手腕如同毛刺拉了一下,他走在香儿背后,突然香儿哎呀叫了一下,头扭过来,辫子被矮穗头带住了,他帮她提辫子,那油滑的一把头发比玉米缨子更软和,他没松手,轻轻一拽,香儿倒在他怀里,他双手一合抱手指便在那厚厚的奶上,他像捏了一把火,亲嘴儿把唇角抿出了血,香儿的手劲儿大都把他提起来了,两个肉体汗渍渍地贴在一起,香儿胆大竟敢把手伸到他的腰裆之下,捉住他的命根子,他们倒在高粱地在相互触摸中把四只手弄得湿漉漉的,香儿把手指噙在口里宛宛地笑。

香儿的身体和植物一同生长。

这会车颠簸得特别厉害,柳芳醒了,看看窗外,一个集镇的工地,大概是道路改造,一个大坡跌,余波下坠时怕头顶上板,便弯着腰,没想跌下来的一个摆动撞在柳芳的怀里,对不起,他没看柳芳自嘲了句,不过我是有意的,柳芳斜了他一眼,就那么点小偷小摸的本事,有胆儿来大的,柳芳故意把身体挺过来,余波赶忙退一边。

过了集镇又是田野,往东,又像有些东南,方向有些像余波的老家,这河北平原哪一个地方都有些似曾相识,喂,小姑奶奶,你当真的是去我的老家,不行,我一点准备也没有。

怕什么,有我在呢,正好去看看你父母嘛。

余波没吭声,余波只有后妈,他不喜欢,往年他们父子想见面,便让弟弟把父亲送到城里来。

看你样,我还不想去见那乡下公公婆婆呢,柳芳调侃说,我们去冀东,一会儿便到县城了。

我说你会情人不至于来这么远,一个电话召去不得了,让我陪你受罪,余波试探她的行为目的。

别问了,只管走,我就是想陪你来乡下走走看看。她含笑地,隐约的光线中她歪着头看余波,柳芳同居过,有曾经沧海的经历,其实年纪比惠芷小,小圆脸,有孩子气,皮肤是白皙中有红润,是阳光中能看清肉色内的血液与经络,她比晴红更显年轻,余波不自觉地摸了一下柳芳的脸,你真是个宝贝,难怪那么多男人喜欢你。

男人没一个好东西,闻不得腥,你就更坏罗。你的坏是你心思并不全在女人身上,而是在自身的利益上,你太聪明,把一切都算计得太精明,考虑得太全面,所谓聪明反被聪明误,并不是说聪明有什么罪过,因为你聪明地计算,其实许多人是不要聪明的路径生活,于是你的聪明便出岔了。不是聪明误人,而是聪明没有对路,我不同,我并不把别人的事都想得那么聪明,反而我想得简单,在金钱社会里许多事就那么直接。你败在陈亦、叶晶莹手里原因如此,你对付一个何葵用那么复杂聪明的方法,用得着吗?你虽打败了别人,实际同时也打败了自己,因为人家知道你太聪明,他们撤到你聪明没有用武的地带,结果,你是死定了。

柳芳的话把余波说出一身冷汗,很清醒,这话是从她嘴里出来的,她有巫术,能把事与人的根本看透,你这个臭婆娘,余波狠狠地骂了一句。

说到你的痛处,恼羞成怒,骂人啦。柳芳吓了一跳,余波真要恼了,她这一趟便白跑了,你看我这张臭嘴,不知不觉地把你当知己,掏心说了自己的看法。别生气。

我是说,说你为什么不早告诉我,让我败了再指点迷津,那不是一个马后炮。

那以后你请我做你的高参。

8

那个女人铺在沙地上,与那低矮的土坯茅房没关系,沙子柔软地在女人屁股底下呻吟,男孩小心翼翼地盖上去摸索她颤抖的身体,原本那么多洞穴,小男孩找不到,他忙乱着,摸到湿润的嘴唇,月光落在牙齿上,白厉厉的,一团白色的女人在荒无人迹的山丘与沙地的间歇地带,女人和那咩咩的羔羊没差别,愚蠢地挪动,那种姿态像一些邪恶的动物,蛇的扭曲,狼的哭泣,刺猬的尖刺,将女人和沙比时,沙更加纯净,沙除了自身以外别无杂质,女人在瞬间都会有很多变化。

他觉得身体太紧张了,要绷开许多孔道,譬若说毛孔里散发出臭味与汗渍,而下面却是血的奔涌,女人把他的男根抓得太紧,摇撼中那是无处泄漏的挤胀,它很雄健伟岸。他掰开她的手,用那命根子指着月光,我要把那枚纸月亮顶破它,能冲出一条汹涌澎湃的激流,女人看着它笑,两眼是绿盈盈的光,她张口想咬掉它,男孩一翘屁股,滋滋溜溜地拉出一条尿线,牵入她的口中,月光和水线一起涌进她的口里,在嗓子内咕咕嘟嘟地涌挤,女人在沙地干旱很久,那童子尿让她无限快意,她贪婪地喝着,一滴也不肯浪费给那个沙丘。只让水液浸漫她的人生。

男孩很高兴,冲天而起的尿是那般愉快,月亮在水滴中看得更晶亮,更清晰。他想起平时撒尿,尿柱很高成弧形落下来,冲在草根或泥地,冲出一个泥窝窝,用指去搅拌,很绵软温和,捏一个泥疙瘩,泥人,创造另一个物体那种和泥的感觉是从心里流出来的血液,血流完了,身体便飘飘忽忽,他要找一个小泥洞洞。

在贫瘠的荒野里操一个女人,可以毫无顾忌,这件事平生第一次,它本身既是自由,又是诱惑。给他的幻觉中女人是在看不见太阳的状态下操作,一件纯白的事件,人的身上兴奋了便有许多外泄的力量,即便是一个男孩也是不可抵挡的,女人像狼一样嚎叫,一会起伏一会儿摇摆,身体绵软之后僵硬,僵硬之后绵软,开始是推挡向外散发力量,后来是蚂蟥紧紧地吸着你,冒出的汗水流湿了头发尖,脚底湿了,五个脚趾散开,脚心如同木板抵着,内力充足时那沙土在身体底下松动,慢慢地陷下去,一收一放的是诱惑也是挣扎,每次占有便是把沙子和汗水搅拌一次,他不明白这样抵死奋斗的含义,相互厮打又相互裹着,是一种从肉体榨出来的仇恨,他撕她,卡她,拧,抓,抱住拼命地挤压,他有一种致她于死地的快感。

女人把他扔在沙堆里,一屁股坐下来,山一般地压着他,用手疯狂地挠他,用沙子把他上半身埋下去,摁着他的头卡住脖子,他呼吸急促,两手抓住乳房,十指如勾,仿佛拉着海绵,拽得女人晃动,也倒下来,俩人没命地在沙堆里扑打,溅起的飞沙罩住了四周的月光。

9

　　他们进入冀东油田宾馆,刚到便有人来迎接。宾馆的房间早已安排好了,稍做休整便下楼去餐厅,在那儿有一大堆人在欢迎,围桌坐定,采油分厂的厂长便开始介绍那群人,什么书记,主任,销售经理,财务总管,余波很内行,这整个是一套工作班子,但他不明白柳芳和他们拉关系干什么。柳芳笑盈盈地把余波介绍给他们,这是部环境司的干部余波,下月便去海南考察海洋石油项目。

　　互相递名片,余波记得自己名片忘在办公桌上了,柳芳一笑从自己提包里拿出几张分给大家,她什么时候拿了自己的名片夹?然后是饭桌上的海阔天空,厂长很精明,说话条分缕析,我们油田总经理去东南考察去了,临行交待柳芳小姐要来,没想到还带来了部里领导,这个乡野地方没什么好招待。举杯祝酒时的余波只能唯唯诺诺,柳芳倒是落落大方,闲话中聊些京城轶闻,或官场小道消息,甚至还带点黄段子以助一笑。酒过数巡之后,余波才知道是羽玫的关系,接通了严浩,打开东南亚的直销市场,并把钻头分场的产品引入加拿大市场。这个柳芳来只不过联谊而已,可能顺手捎带倒腾点石油。但他依然不明白这点小事柳芳拉着他干什么?从部里打个电话就能办妥,现在油市打开了,似乎并不需要什么关系,一切都是价格因素。

　　厂长说我产采油分厂是最大的,有几万员工,人事繁多,应酬忙不开,今天洛阳炼油厂来了几个朋友,我得去那里,说完向大家敬了几杯酒走了。留下销售经理和财务总监陪他们,搞销售的人能说会道,和柳芳打得火热,听谈话油田的原因在大批量上还是有国家配额的,油田的自主权只是小部分的,那么说柳芳这趟关系是替严浩、羽玫走的。

　　饭后他们被带去舞厅。

　　舞厅是营业性的,也很正点,随着音乐变化步子,灯光是那种迷迷幻幻的,舞池里衣襟裙边意味深长地带出一些风声,那都是欲望的痕迹,跳舞是件随心所欲的东西,你可以尽量地按自己的方法,余波是头面人物,场内的经理有意找些姑娘来请他,余波不善舞,只能随着走走三步四步,柳芳在这种场合总是大出风头,瞅着和舞林高手旋转,于是便带来一些喝彩,那个吴名始终在一旁冷坐着,似乎成了柳芳的保护神。

芳姐，你自个儿快乐吧，我得去休息。余波想走。

柳芳说，咱们还没节目呢，来，我带你，柳芳用身体贴着他，在耳边悄悄地说，闭上眼睛，嗯，放松，闭上眼睛，不要想脚下步子，只听音乐，让身体随着音乐摇动，身体放松摆动，一种涣散的东西浸泡全身，灯光在额头散开像梦幻中的音乐，浸得你的头有点晕眩，噢，放松，正好，手脚不要用力，像扶着一只小船，或者在随风摆动的杨柳中，人在水上飘，缓解，身体有些融化的感觉，舞曲终了又起，他忘了自己如何同柳芳贴着脸的，柳芳真行，柳芳用一种诱导的方法，把音乐和灯光灌注在他的体内，让身体散发出一种妙曼，唔，这是柳芳第一次给他带来的如云卷水漂的感觉，你这个小妖精，他在她耳边骂。

柳芳也轻轻地说，小心妖精迷死你。

第二天分头参观钻头厂和采油厂，这些都是余波烂熟于心的，没兴趣，但交谈中，他的提问却让那些头头感到力量与内行。例如井喷带来的环境污染怎么处理？你们私自炼油，废弃的油渣怎么安放？超量的油量开采，带来的地面下沉有什么科学措施没有？虽然无心简单地交流也让油田的头目们汗流浃背，因为任何环境问题的灾害都得他们投入巨资解决。

芳芳问，田野上这么多磕头机做什么用，整天那么吱吱呀呀地，那一口井能出多少油。

余波告诉她，用磕头机提油，这表明井下油采得差不多了。油在地下是分层次开采的，如果能掘开新的油层也许一个磕头机能转上许多年。现在石油研究所有了新的科研方法，尽量让最底层的油提上来，至于油的多少要研究这儿的地质资料。

柳芳下午真找来了许多地下资料，包括那些磕头机装置时间与提油情况。余波只粗粗地看了一下，不用看资料这华北大大小小的油田，部石油局都有，在京津地区以南的油田，如果没有新的发现，或者新的科技手段，那冀东的一些油田该进入尾声了。

柳芳说，这些油井已经没什么价值了？

如果从全国大局来说，这儿自然没有西部、东北和华东地区有实力，南方地区的油田也是尾声了。可是局部小量开发坚持二三十年应该没问题。那就要找到超层开采的新的科学技术手段。至少目前是没什么价值，我说你怎么关心这个，想鼓动严浩、羽玫来这儿投资，想都不用想，你这是坑他们，首选新疆，次选山东，你可别坑朋友。

嗨，我不是那条虫，严浩做的跨国生意，用我去掺和么，羽玫、惠芷，晴红,她哪一个都比我强。我不过随便问问,给他们带回去一些信息。

这里也看不出柳芳有什么更深的目的。

晚上,采油厂长来房间看柳芳,柳芳说,我已经联系好了,让《中国石油报》宣传宣传你们,我已为你们组织了文章,已经交给报社老总了。我找你们两个厂的宣传科长要了些资料,争取年底在中央电视台做一次专题。

厂长说,咱们交个朋友,这些宣传过去做多了,没啥意思,当然一切看柳小姐的意思办。

客人走后,余波说,芳姐,你就为了拉点宣传费的提成,犯得着跑几百里么,还拉着我,浩浩荡荡的,弄点宣传版面费也就万儿八千的,还有我提醒你,如今油田低潮经济状态不好,油贩子都捞不到多少利,你就别瞎掺和了。

柳芳一笑,伸手摸摸余波的脸,谢谢,你放心,我能干那种大事么,什么本钱都没有,只是多收集一些信息,你知道如今信息也是钱呀。

余波第一次觉得这次是真正没目的行动,他放松了。

10

在沙漠地,女人是一棵树。

飞过的鹰,走过的骆驼,或者黄羊,所有的生命,跃进的动物都是一棵树,这棵树不是空中栽下去的,种子播种在肉体里,男孩居然也把一棵树栽在那个妇人的身体里,是月光催孕,孵化,不需要像鸟类,把生命的环节经过下蛋孵蛋为中介,绿色的树直接在体内生长。

月亮浇灌它,血肉糊糊中开始有蝌蚪,在钻出胚胎时有了肢体的动弹,是红色为绿色作准备,它是一个极小的五角形,或者一朵鲜血梅花,它在她的体内便长成了树。一棵遮天蔽日的树,天是树冠,因为月亮在天上。

他只能栽树,用生命的激情,在一刻的欢乐之中把树种播下去,肥大的种子,胚芽,一片叶可以招来一只鸟,但他不敢去触摸那三片四片的叶,待叶变成羽翼,是飞翔的翅膀,他害怕了,要他去保护树,在一生漫长的道路上,不能,他习惯看遥远,天,云,山冈,海峡,月,一切离自己遥远而无害的东西只和自己迷糊混乱的脑子产生一种隐秘的联系,他不能被这个女人捉住,因为她已经用欲望吃掉了两个男人,那些男人像一条鱼,一只鸟,一只羊被女人日积月累地吞吃了,时间本已从他生命侧翼的两肋流逝了,从世界逃逸中回来了,他记住了结果,也找到了原因,在这干涸的沙地,巨大的河流都可以没有,他也会被无情的沙子埋掉,走,逃,流浪,或者只向天的方向寻找,他就在一枚月亮落在沙丘的晚上走上了逃亡之路。

那是二十多年前,他仅仅是一个男孩儿,从沙漠走出来,带着狼性,一匹北方狼,去过深圳,海南,然后一寸一寸地爬向北方。

那个地方无名,这个人也是吴名。

11

浴后,柳芳用毛巾包着身体,她在灯光下宛宛地注视余波,喂,你怎么不跟我亲热一下。

余波的欲望经过一个大他十岁的女人叶晶莹的培养,已经枝繁叶茂,所有的水分与气息都从那大树冠上蒸发了,他以为自己对女人不再有爆发式的感觉了,因为平日和柳芳偶有肌肤接触并没有特别的冲动与兴奋,这时见她裸露的肩膀与脖子,还有一半的乳房,便觉得叶晶莹的一切又熟悉起来,他上前轻轻地笼住双肩,柳芳便敞开浴巾把他包住,天,一身的肉香全弥漫而至,他脑子有些晕眩,晃了几下倒在床上,他只能和柳芳慢慢地玩儿,居然不能马上做爱,他多少有些被动,怎么会呢,柳芳应该说比叶晶莹和晴红都漂亮,身体显得更清丽与柔和,但他却无法使自己坚挺起来,他怀疑,自己的性难道给叶晶莹毁了么。

直到第三天内回到市里,完成了一次没有目的旅行。但他依然没法和柳芳做爱。

余波这才开始真正的焦虑,真正的恐惧。

12

[调查报告]

冀东油田团体倒卖油井。自世纪末始,冀东油田党委陈龙林、吉治、方平海等借口为职工谋福利,集体倒卖油井36口,每口井以一万二千元低价出卖,暗中收贿赂一万八千元。实际每口井价值约十万元,这样便使国有资产三百多万元流失。采油分厂方平海厂长还私下倒卖原油,暗中获利百万元,这伙犯罪分子已被公安机关收容审查。

参与倒卖的福源公司,是北京一家私营公司,其公司专门从事倒买倒卖的皮包生意,数年里偷漏国家税款四百多万元。目前,福源公司总经理吴名已收容归案。

吴名是一流浪农民。1982年从沙漠地带的尚义县出走,其人游手好闲,流氓无赖,是个少年犯,曾强奸民妇沙英并殴打致伤,流浪南方期间不悔罪行,又从事小偷小摸,曾被深圳公安机关拘传,并予以罚款。他于2000年到北京,自己办了福源公司,为何白手起家能创办公司,据传他背后有一个神秘人物支持。并利用金钱贿赂,拉某部干部余波下水,为其倒卖提供文件资料方便,透露国家机密。

  余波日前已退回赃款,受到某部纪委的警告处分。

  沙英生有一女,二十年前沙漠已吞掉了多伦堡那一个小村,她无力养活其女,据说送给了一对去多伦堡旅游的中年夫妇,这对夫妇带女回北京,娇生惯养,没想许多年以后该女是一朵出水芙蓉,芳艳可人。出入北京的各种社交圈子,其名火爆,其利丰厚,为尊重个人隐私权暂不予公布名姓,据说其女日前投资百万在故乡多伦堡植树治沙,还半个世纪前的青山绿水。

河的第三条岸

紫色风衣

  同她的交往始于夏初傍晚的一次闪失。她在西四闹市穿过马路,走斜线插过来,上基督教堂。龙驿兵路过教堂,铁栅栏侧面正好一辆三轮车挤过来,他让到马路牙子上,赶上她也横过马路,后边是一辆大奔急速冲来,他喊,后面有车时,实际那辆车的前车灯已擦过了她的风衣,驿兵快捷地伸手一把抓住女人的右臂,女人前倾,驿兵失去平衡,脚在马路牙子上踏歪,倒下去时,那只黑色手袋便摔在水泥地。女人没倒下,是那辆车的后视镜挂住了风衣,那车也猝然而停,车内出来两中年人,连忙抱歉,给女人拍衣拍腿,伤着没有,要不去医院?那西装革履的男人很殷勤。女人说,没事,不知这位先生怎样。驿兵脚崴了,但和那辆大奔不相挨。驿兵说,没事。走吧。那男人还盯着女人,我能帮什么。小姐不在意,我今天请客赔礼了,和小伙子一起上车,行啵。在驿兵找手包时,女人拒绝了那男人,那人把名片放在女人手里,谢谢,以后有事只管找我。他们又钻进车,车嘶嘶地走了。

  驿兵找到手包,里面手机已经摔坏了。

  你看,不好意思,为了帮我,让你倒霉了。女人弯下腰关注他的脚。驿兵将脚尖旋了几下,虽有点隐痛,但无大碍。便让出道说,你进教堂吧。女人扶着他没动,你行吗,要不我请你到女儿红坐坐,也算我谢你。

  真的不用,我就住南街的胡同。过两个胡同口就到。他站在栅栏边看着女人进了教堂。驿兵走了几步,仍是隐痛,他干脆也进了教堂,很慢地走过一排平房,三三两两的人超过他,右拐,上台阶。在上台阶时他才真正感到脚是扭了,进了教堂他便挨门边的几排位子坐下来,他发现那女人就在前两排的第三个位置。这时他才注意,女人穿一件紫色的风衣。

  他脱下皮鞋开始揉脚脖子,酸酸痛痛的,至于讲经布道的东西他一句也没听进去,不过那种肃穆、神秘让人心里沉寂下来,在厅堂之内有一种回荡的声音,与顶灯布洒下来的光辉融成一种辉煌宏伟。

上帝与阳光

驿兵进过几次教堂,他只是为了感受那种氛围、仪式带来的某种体验,他不相信神,上帝是不存在的,不然为何这个世界蒙受苦难的人何止千万倍超过那些享受富贵的人呢。讲经快完的时候,他便第一个出了教堂,仰望星空神性旷远。他的脚还有点酸痛,在铁栅栏向右拐,身后有人,喂,先生。驿兵回过头看是紫风衣姑娘,长发披过鼻尖,一摆头,黑发飒飒地挪到肩后,脸部轮廓圆润鲜明,她加快几步和他并肩,怎么样,找个地方坐坐。他右手顺势左指,正好那边有一个天地餐厅。吃西点,情调不错。

他们横过马路,驿兵不能走快,姑娘扶着他右边。晚上吃西点的人并不多,且有屏风隔开厅内桌椅,往里还有许多小间,姑娘说,我们靠窗。倚窗的感觉很好,路边梧桐、槐树荫盖下来,灯影在绿色中燃烧,有白色纱窗隔出绰绰约约的效果,加上屏风一护,他们可以视线四散,但别人看不见他们。她淡淡地一笑,风衣,小包挂在椅上,一位白衣侍者用一布罩把衣物笼上。她用双手顺耳侧往肩后推推,点下头,仍在笑。她要了水果沙拉、咖啡。他要了扎啤。或许还上了一些甜点。

他说,这儿的特点就是能隐藏自己。

她点点头,其实隐藏,不过是在躲避视线的追缉。

驿兵重新打量一下,这姑娘说话不俗。你还相信神,或者说上帝?他道出自己的疑惑,也是所有俗人都向上帝信徒的发问。于是经常引出教徒的申述与辩解。

她没正面回答上帝是否存在,却反问,相信上帝是为什么。或者说那么虔诚,他们保护的是什么?

他说,他们把自己交给信仰。不对,不信上帝的人也有信仰,他们使自己的灵魂得到提升。追求人类一种至善。

嗯,你说要提升灵魂,追求至善,除了相信上帝,还有更好的办法么?

驿兵沉默了。这真是一个非常智慧的题目。这个女人有非常灵秀神性的东西,他有些惭愧自己以往的俗务。

我倒是去过几次教堂,我不懂引渡的经文,我也试着感受三位一体的飞升,信仰上帝,在教堂里面对自我内心时,透明纯净多了。但我找不到上帝。每次是那些诵诗、祈祷、听经的形式让我沉静下来的。

进入教堂是不要想那么多的,你每天享受阳光的恩惠,你从来不去验证阳光是否真正存在,上帝是不需要证明的。人选择了一种方式,方式便铸造他生命的形式,如果有灵魂,你的灵魂就在这种方式中提升。所有的感受与体验都在你参与的形式中,至善至美也在这形式的和谐之中。

你是说不要去追寻因果,只要把它当做生命体验的一种形式。她点点头,人生便是在寻找一种活着的方式。

他们谈了很久,突然谈到了肉身的清修与享乐问题。谁也没控制都是自由放松的话题,在语言之间两人有了打趣的动作,先是拉手,然后是隔着桌子用脚来触双方的身体,姑娘身体抖动得厉害,而且一脸潮红,公众场合,不要,不要这样,可她的手捏住了脚,摇动着,许是护痛,驿兵轻轻地呀了一下。唔,对不起,我忘记你的脚扭伤了。她轻轻地在脚面抚摸。

良久,他们头抵头地说悄悄话。

欲望的舞蹈

他们记不清如何离开天地餐厅,也无任何提示的语言,便默默地顺着马路边走,路过仁顺餐馆的大排档时,一个端盘子的姑娘叫了一声:驿兵。他本能地挡了一下紫衣女人,向端盘子姑娘抬了一下手,你还没下班。淡淡地,算是一个招呼。

他们从北大街向南,两个路口向右进入胡同,再向左,越过小院,沿墙根似是一栋古旧的楼房,再拐两个弯,绕了一个半圈,进拱门,回廊极高,上左侧楼,没有电梯,木扶栏已旧,扶上去手心清凉。在进入驿兵房间之前他们已经拥抱了,关上门,他们的嘴便没有离开过。她把紫风衣和小包扔在沙发上捧着他的头,那是一个潮湿温热的吻,双唇紧贴着,舌尖掀开牙齿,两舌开始不安分地搅动,互相堵得透不过气来,他抱着她,把窗户打开,纱窗上的灯光很淡,似乎树叶正好在窗叶之下,夜凉浮过来。

在未到达床前时,他俩的上衣都已剥离干净,驿兵从脖子上亲吻开始,舌尖点着她的肩胛、锁骨,然后是前胸的沟壑,手去推拿时,文胸自动绷开,乳头晶红地立着,他用双唇呷着,舌尖在乳头那凸凹不平的地方清扫,持续好一阵,女人浑身一颤抖,双臂环绕得格外有劲,俯头在驿兵肩头咬了一口,先是牙齿夹着,慢慢用劲,在驿兵感到疼痛时他把女人抱入内室放在大床之上,企图松开,女人还咬着,他忍着痛感,又压在女人身上拉开了她的内裤和丝袜,女人啊了一下,松了口,也来摸索驿兵的腹部。她的手带着潮湿的汗水,身体有一种雾水的热量散发,她的亲吻异常有力量,如一汪水注射入体内,那种强烈的冲动让她的肌肤有一些局部的弹跳,似乎膨胀的欲望把皮肤已经挤破了。驿兵把手伸到下体,感到那是一个潮湿的水湾,他急急地移过去体位,没想到女人突然夹紧双腿,把他推开,侧身坐起来。

这意外的变化让驿兵不知所措,是撤退还是继续。他小心地问,怎么啦。女人指指床头柜,我会怀孕的。

驿兵明白了。他抽开床头柜,拿出一只避孕套,刚要套上,女人接过去,对着嘴吹了一下,用指头捻一捻,然后给驿兵套上,接下来女人一切显得从容不迫,她主动要和驿兵换体位,把身体上的事慢慢地推向高潮,由浅声呻吟到大声地叫喊,驿兵觉得声音太大,用手去掩她的嘴,被她一口咬住了大拇指根,上齿是骨,下齿是肉,这一咬格外痛,本来紧紧相抵的腹部被疼痛放松了,他感受到女人身上一股强大压力,他在下无法后撤,手上的痛感传到手臂,浸到肋骨,在心里剧痛,大概是牙齿咬着了筋脉,他终于哎哎地叫了,女人更加兴奋在他的身体上如一个绷紧发条的娃娃乱蹦乱跳的,一头散发在灯光下疯狂地跳舞,一脸金紫,两眼放着晶晶的亮光。

他无论如何也认不出她是教堂前那个穿紫风衣的姑娘,她的身体也是一架会说话的机器。

寻找咖啡屋

驿兵在北大街有一家装饰材料店,每天都得进进出出很多材料,每个礼拜还得到城郊进材料,每天都弄足了一身材料气味:水泥、涂料、木屑、石膏。夏天忙得一身臭汗。不过,驿兵爱整洁,晚餐以后都会西装革履地在大街上散步,这儿有四家电影院,便可以随意躲进空调影院、歌厅、舞厅、酒吧、咖啡屋,新出现的什么聊吧、陶吧、茶艺馆,每天都玩到半夜回家。

自从和紫风衣姑娘一夜情之后,他便对漫无目的地玩闹没有兴趣了,每天都像在找一样东西,无论他坐车还是他对车窗的注视,都是找人的姿态,车身一拐弯人影倾斜,镜窗后静止的人影与飞快掠过的车轮,这儿有几十路车交会,驿兵仅是想象,她一定是从东而来,于是109、103、101便是他关注的对象,他在附近十来个站牌徘徊,看看上下的姑娘。那次在府右街观察55路车,看着西什库大教堂,心里酸酸的,突然一辆小公共从身侧开过,一个熟悉的脸侧靠着窗户,正好斜阳中的楼群把铜钱的光斑从玻璃上透射过来,晃住了眼,那脸一个正面,是她,眸子里发出微笑,很沉静,驿兵追了几步车,他急切地向车发出信息,其实他是用一种姿态表明对姑娘的注视。人流涌过马路,一个高个子姑娘挡住了视线,他举起的手晃到了她的脸上,毛病,这人,真是的。小公共车拐弯了。

驿兵摇摇头,确证了不是幻觉,便挨个儿在每个停车站寻找,没有,如同一日的阳光消失在黑夜中,他不甘心,那一夜,他在缸瓦市教堂门外静坐三个小时,依然不见那姑娘踪影。他去了仁顺餐馆,落座以后,一扎啤酒、一盘水煮五香花生上来。他顺手拉了一下端盘子的姑娘,依依,陪我坐坐。

不行,我在上班,老板会炒我鱿鱼的。

我付费,买你的钟点,多少钱都行。

我要过你的钱吗?依依一甩手进了里屋。

驿兵慢慢地喝酒,看着排档的客人散尽,他在侧门堵住了依依,不由分说拉着她去了一家咖啡屋。随后便有了咖啡散发的香味儿。

战争,或爱情

三个月过去了,那位穿紫衣服的姑娘依然未见踪影。如同夏天在街心跑过的雨点,水汽很快在炽热的阳光里蒸发,甚至连一汪水痕也无法看到,这不免让驿兵对小公共汽车上看到的她也产生了怀疑,那不过是一个幻觉,一丛旧梦,其实自己一直没看到她,只是看到了自己的心魔,或者说被那一夜刻骨铭心的性爱诱惑着。

他产生了一个习惯,每天傍晚都到教堂门前去站一站,看着那黑漆漆的铁栅栏如同一排省略号,内容是没穷尽的,但却看不到,那上面还有一些黄色的花纹裂开某些信息。日子久了,他望着伸向天空的十字架在蓝幽幽的背景里不过指示出一些人生的岔道,一些迷惘而已。现在已是最后的夏天了,它逼尽太阳最后的光芒,显得特别酷热,驿兵的那栋老楼夹在一些新楼中,不通风,夏夜格外闷热,空调开久了人又特别倦乏,因而每晚他都在街上散淡到午夜才回家,或者有时干脆很长久地坐在依依的仁顺餐馆,什么也不干,只看着端盘子的姑娘和客人们的情态。他偶尔庆幸自己没搞餐饮业,做装饰材料早早地关了门,白天虽忙,却有一个悠闲的夜晚,这也是他劝依依不要去餐馆打工的原因。晚餐在仁顺吃完后去红楼看了一场美国大片,他出影院时扫了一眼大厅的钟,晚上12点差十分,过十字大街时他还想,这美国人也真能整,珍珠港那么严酷的战争,而且是那么巨大的悲剧,他们总还忘不了一点浪漫的爱情,有谁信。和那紫女人激动人心地操了一夜不都烟消云散了吗?街景两旁绿色的树里有一个个黄绿的灯,看一眼,那就是一个句号,一种完结的标志,目光在那里停顿时表明一个重要的句子完成了,爱情,操,整个一傻B,信你。他进了胡同,曲里拐弯地进了院子,又摸上楼,在阶梯上有一个阴影,谁,哪家的孩子,这么晚。这楼里人没这习惯,就在他伸手之际,影子站起来,是她。驿兵一手抓住她几乎是拖着上楼进了自己的屋子。

她面无表情,带有疲惫,眼睫闪闪几下,似乎有泪花溢出来,嘴角微微动了一下,那是一丝不易察觉的变化,眼瞟向一边,有点恍恍惚惚,驿兵没在意,用双手捧着耳朵,拉近,双唇贴上去,十分强暴地侵入她的嘴唇。可她的反应冷淡,身体极不自然。他问,你怎么啦?

女人沉默。

你这一段去什么地方了?

女人继续沉默。

他不知如何处理这种沉默,在屋里转一圈,从里间走出来时,突然去洗手间打开热水器,用手试试,扶着女人说,你去冲冲澡,放松一下,一会儿说话。

女人像架机器听他摆布,在洗手间里听任驿兵帮她脱衣服,突然她哇地一下哭出来,把驿兵一下推出,关了门,不清楚里面是哭声还是水声,他感觉,她一定是遇到什么事了。但她是一个有主见的人,似乎并不需要人帮助。

他把外窗推开,奇怪,午夜有一种清凉的东西从树间枝叶里浮上来,屋里反显得闷一些,于是他只拉了乳白色的纱窗帘,把吊灯闭了,室外的星月淡光如同融雪般地沙沙地流进来,把室内的郁闷用鹅毛清扫了一遍,如果有一只昆虫飞动,反而是那薄翼振动的美妙滴成了内心的自由,再体验一次,气息并不在广漠的清空或妙曼的室内,它仅仅是你个人自由进出的呼吸,在鼻下或心侧轻轻地抚摸,这时他瞥了一眼看见桌上台历,今日白露。

她披着浴巾出来,情绪好多了。她望了驿兵一眼,有些不好意思,他倒了一杯水递过去,缓解一下,做个深呼吸,我去给你找件衣服。实际上,他早准备好了,是吊带式的苏州真丝睡袍,上面绣着淡雅的水仙,皱边还有绒毛。

试试,是新的。他说。其实曾经有人穿过一次。

她似乎并没注意衣服,让睡裙在肩胛滑动。不好意思,前些日子去康保做社会调查,这是我们的毕业实习。

哦,上次分手我忘了问你的情况,也没法找你,实际我常去教堂等你。他有心把信息透给她。

我知道。她含蓄地一笑。是我有意没留给你地址电话,也没告诉你我的名字,我叫嘉慧。

你知道?他惊呆了。难道你来了教堂?

我的实习还没完,今天回城的。没来,但我知道你等我,我不告诉你,你也不用想,我想你。

她像绕口令似的,驿兵奇怪,但没探询的意思,知道相互间想着这一点最重要。

接下来他们的性欲像林中的阴谋重重叠叠。在明与暗,激越与平静,起落与回旋之中持续,那是一个夜晚,当他们刚困倦时互相又摸索对方,把疲劳赶走,如同雨水驱散了暑热,旧楼外有油绿的长春藤,藤叶如一柄小羽扇,在窗侧窸窸窣窣,光影朦胧,这是一座想象的花园楼房,香息与颜色都有些梦幻般的,幻觉时是天堂,鸟飞过花丛,月光与星星都在追踪梦的脚步,欲望在那条小路上反复地徘徊,那一夜他们觉得把一辈子的性爱都已经做完,因为他们在长时间内相互等待,等到性爱把所有的力量都挥霍掉了,最后他们连互相之间拉手的劲也没有了。

他们再次醒来已经是中午了。

可　　能

嘉慧急急忙忙地起床,该死,我真是罪过,她推起驿兵。驿兵伸了个懒腰,干嘛,好好地睡一天呗。

不行,我妈还在阜外心血管医院。我得马上去。

哦,那我起床,陪你一块儿去。

你睡吧,我今天上午得交住院费。

我能帮你什么忙,甭客气。

她犹豫了一阵,这样吧,我估计还差点钱,你这里有现金吗。她打开手包,你看我这儿已有六万了。

驿兵打开柜子,拿出一个暗盒,我这儿有五万多。

你给我三万,估计做一个搭桥手术九万够了。

他没思考,把钱全扔给她,都拿去,现在医院黑,得给主刀的大夫塞钱。要用钱再来拿吧。

嘉慧匆匆地穿好衣服,背着包出门了。

驿兵翻了个边,又睡着了,醒来时,窗外的路灯亮了。他起床,收洗整齐,喝了一杯水,这才发现有点饿,一天没吃东西了。他下楼直奔仁顺餐厅。

他很兴奋,饱饱地吃了一顿。看着依依在忙碌,很想把她拉下来好好地聊聊天。几天后的一个夜晚,驿兵终于忍不住把他和嘉慧之间发生的事告诉了依依。依依没有反对,也不表示赞成,只说对一个人的了解需要时间。

与医生对话

嘉慧毕业后去了市郊的八十一中学做校长助理,驿兵和她的往来由情人变成了正常的女朋友。嘉慧的生活在他看来极是简单,除了上班工作,常规的是每个礼拜必去教堂,还读点宗教的书。她妈妈的病并没全好,隔三差五的总要带着母亲去阜外医院看看病,这次驿兵也陪着去了,自然他的任务是挂号,定的专家门诊,主任医师安华大夫,不到30岁居然是心血管专家,主治医师,诊室有些淡淡的药香,加上器皿轻轻地碰撞,医生和病人说话总是很轻的话家常一般,杨妈妈,怎么样?这段觉得好一点么?安华熟练地做一些常规检查,然后开出一些单子,血检,心电图、脑电图什么的,嘉慧说,驿兵你带妈妈去做检查,我和安医生聊聊我妈的病情。

血是在压力下生活的,身体的血管实际是个平衡器,在网络之间循环,回路往往是最重要的。安华医生说。

我明白,你是说压力便是生命的动力。压力大了超过了负荷,血管会崩裂。压力小了,又说明心力衰竭,人活着要找到一个最佳平衡点。嘉慧微笑说。

你真聪明,个体集合的界面最重要的是维持平衡,心脏,最平常的说法它不过是一个稳压器,或调节器罢了。

驿兵听着他俩对话,仿佛在讲着一个玄妙的哲学问题,声音不大,却构成了很好的回流。他扶着老人出诊室时,安华正好抬起头,听到一句,这就是你的男朋友。

嗯,怎么样,不错吧。嘉慧侧头说,一会儿把检测报告拿过来。也许是一瞬,他看到安华明艳的脸,产生了个人惭愧,他只是个高中生,即便有泼天的财富,也无法站在精神的高处。他记得嘉慧说过一句话,一个人站在皇城的高处,那种伟大是用东西垫铺出来的,真正的伟大是站在低处的智慧,由人创造出来的。

这一下午驿兵情绪相当低落。傍晚他们散步,驿兵说,世界真是对某些人特别偏爱,把优秀都给了他们,例如安华大夫。这也让我不能相信上帝的公平。

哇,你也欣赏安华。不错,你不必伤感,事实上有许多东西只能用来看的,像艺术品一样,欣赏就足够了,但他不能用的。记住这一点很重要。我们两个之间千万别搞成欣赏艺术品那样。生活,只有平凡之物。

也包括你相信上帝。

不,那是信仰,是内心的需要。

第 三 者

在新疆雪茶馆时,他和依依相对而坐,依依喜欢把两手放在双膝间搓一搓,把身体姿态放低,然后抬起头来望你,让你觉得很踏实很贴近。驿兵觉得放松,手放在桌上半握杯子,透明杯侧看到依依的脸接桌面,他伸手一摸,依依总忙回撤,脸腾腾地红了,哎,你怎么还那样?

驿兵喝了一口茶,切入主题,依依,你说我这事怎么办才好?比如说,你任何时候在我面前,我都是清楚的,嘉慧,她也把什么都清楚地告诉你,包括情欲,可你仍然永远无法弄清她。包括她的上帝。

我,我听说,嗯。依依话开始了,又停顿。

这可不是你呀,从来跟我说都是明确的,没关系说吧。

你,你给她的钱都用到医院了,我听说——

阜外专家主刀的心血管手术,一般都得十万,这不会错的,她妈的病现在还没全好,她还欠一些朋友的钱呢。我说给她还了,她不同意,说给她留些面子。

你这人太直,凡事多留一个心眼好。花钱也总是大手大脚的,这二年生意不好做,你的店也不如早些年了。

嗯,我知道,你情况怎么样,总不能老呆在餐馆里端盘子,再换个活儿。

我下个月不做了,老板炒我鱿鱼了。

我帮你,租个门面,你做生意准成,你不要不好意思,我们两个股份对半分,我出钱,你出力。

不用,我已找好了活儿。

他们分手后,驿兵不久发现依依在一家小店里干些油炸烧烤的活儿,早餐是面点果子,晚上是贴饼子,干炸素什锦。驿兵接近小店的台面,看着依依手脚不断地忙乱,鬓发处汗珠、油垢,见到驿兵点头笑着,橡子,你说我像个偷油婆哦,喂,我给你炸了一包小黄鱼,你喜欢吃脆的,尝尝。他接过来,味道很好,甜面裹得薄,特焦,特脆。他给她摊子上塞了200块钱,跑了。他不能再看她的眼睛,她叫自己小名橡子那声,像个棒槌敲得头一嗡。

那个秋天驿兵的店生意很不好,这不仅仅是这条街装饰材料店牛毛一样地多起来了。主要是人们的装饰理念发生变化,有一种返朴归真,特别喜欢自然材料,刚好这两年国家的环境意识特别强化,森林绝不准砍伐,那纯木材料价格飞涨,而且货源紧张。忙了一个秋天原以为挣了一点钱,结果因店与店之间相互打价格战,他的店第一次出现亏损。好在他并不在意钱多钱少,这点压力他还受得了。一入冬他们的生意更加平淡,那天午后,天阴沉沉的。在树杈间似乎飘下一些雪花,街面有点湿意,在北方的都市能见到湿意便不错了,这时依依匆匆横过马路,橡子,我有事找你。驿兵把她让进店里,她说,还是找个地方说话。驿兵点点头,我正想关店,起巧你来了。

这次是在北街的聊吧。

依依情绪还不错,很自然地和他说话,可让驿兵捉不到主题,家常话,市面行情,他们不习惯人生感叹,最多只是日子艰难,或者街上有什么好玩的地方,他知道,依依没重要的事决不会这个时候找他聊天,一般会选择晚上空闲时的。

他做了一个手势,依依,有什么话,你就直说吧。

依依不自然地笑了,没什么,唉,还是和你说吧,其实嘉慧还是蛮不错的,人漂亮,文化高,工作生活能力都很强,就她对妈妈的那个劲儿,那真是个好人。

怎么回事,你找我特意谈她。

我的意思,她是个好姑娘,你应该娶她,她会照顾好你的,这样我也就放心了,省得我总为你担心。

是不是嘉慧找过你。他感觉到一定是这样。

是的,嘉慧找过我,说我是第三者,开始很激动,我们谈了很长时间,后来听了她许多事,很感动,后来便很亲切地谈你,一个两个女人都喜欢的男人。

驿兵笑了。她说你是第三者,有意思,不过嘉慧确是一个不错的女人,我记得一个搞艺术的哥儿们说过,最优秀的男人或者女人,他们不可能只属于一个人的。没人能垄断优秀。所以嘉慧到底属不属于我,心里没底。

看得出来,她是真的很喜欢你。

有些目标当你接近它的时候,你才知道真正离它多远。我仔细想过,我身上没有一样东西是她所喜欢的。

橡子,我喜欢你的时候,是没喜欢你身上哪样东西,一个可以公开的喜欢,又能把它说出来,这个喜欢日子久了,就会变成讨厌。就像我们听一首歌儿,能说出歌名,说出意思的东西,它永远走了,只有听时的感动能留下来。

哇,我是第一次听你这么会说话,打小你就是笨嘴笨舌的,喊人名儿都只叫一半儿。

他们俩在聊吧说到了晚上,吃了一些点心,推门出来时,街上已经是雪白一片,屋顶上盖满了厚厚的雪,伸在屋顶上的树枝反而更加清楚,路面的白雪被人踏碎,有了泥泞,脚踩上去的时候能真正感受到了雨水是无处不在的。

驿兵伸手去抱着依依的肩膀,这场雪下得真大,依依挣扎了几下,也就没故意用力了,伸出双手去接那飞散下的雪花,双手一搓凉凉的,捂在脸上,她心里有些戚然,她侧面看了一下橡子,生活中真会失去一个男人吗?

问什么题

在大都市里做礼拜的人越来越多,是两极趋向,或者很年轻的,或者年龄在40岁以上的。这个现象很有意思,他就这事儿问嘉慧,嘉慧一笑,说得极精辟,很年轻的孩子来教堂一般受家庭影响,有教养,知识层次高。现代年轻人容易躁动,走极端,去教堂洗礼有利于孩子人格发展,而一个40岁男人事业无成,世俗生活多有打击,这时他清醒了,外在的东西无法寻找便来皈依内心。

这半年驿兵每次都陪嘉慧来教堂,大教堂上千人,安安静静,那么多人在祈祷,请求上帝的时候,真是让人感动。他觉得自己的心理结构也在变化,以前嘉慧多次说,驿兵,你什么书不读都可以,但得读圣经。不然,你相信佛教也可以。总之,念念经有好处。他不以为然,最近傍晚他也能看一点点。他进教堂的感觉好,这不仅仅是嘉慧在中间,他觉得进去是在接受一种目标,让心理和感觉都去靠近它。而出教堂时,大家都四面散去,离开那铁栅栏,望着大街泱泱人群和永远拥堵的车辆,心里又涌出许多旷野的东西,尤其是看着街上随时出现诅咒与打闹,首先骨子里无端生出许多罪恶。他对她说,你看看,上帝不会比人群多,他如何管理了这许多世间作恶。

嘉慧挽着他,不许这么说,每个人从自己内心做起。

那我做好了,让别人欺侮你,真是。我看你还是离上帝远一些吧,他不是万能的。我真有点嫉妒你,这上帝成了你我之间的第三者。

嘉慧沉默,看出不愉快了。你可以对我有意见,但你不能这样对待我的信仰。

哦,对不起,我这不是一时激奋了吗。其实我心里也开始接受上帝的了,能在心里把所有的事对上帝说,驿兵悄悄地问,你能把所有秘密都告诉上帝?

这叫忏悔,一个人要忏悔,说明他有罪,他必须把原本的罪向上帝忏悔,还要把罪告诉别人,请求原谅,其实有件事我一直想告诉你,请求你宽恕,我对你撒了谎,我妈住院只花5万元,你的钱,我用它还给别的朋友,医院的其他开销和手术是安华医生帮的忙。

这可是一个天大的人情。驿兵眼睛望着她,她睫毛下垂,我的罪过是利用了他对我的爱。

这么说,他成了我俩的第三者了。

不,不。你是第三者,不过,我选择的是第三者结婚。

驿兵觉得所有的语言都在嗓门堵死了。他成了一个可怜虫,分享的是嘉慧剩余的感情。他这时才想起,嘉慧那儿是经常有人送花的,那玫瑰花一定是安华大夫送的。

他不能说话,竟怕一开口就会爆炸,他们默默地顺着巷子走,上了楼梯,到家开门,他们一句话也没说,嘉慧依在他身边,靠着沙发,他不知道应该做什么。

嘉慧用牙齿咬着嘴唇,我,我会把钱还给你的。

我不会在意钱的,我更在意别的东西。

我,我确实和安医生上过床,但他不影响我们的关系。现代婚姻,爱情和性是分开的,我们不也是由一夜情开始。

驿兵真正觉得无话可说了,他觉得自己文化实在太低,这一切都思想不过来了。

这一夜,是他们俩认识以来在床上的日子里,唯一一次没发生性关系。

面向教堂

有十天半月了,驿兵没去找嘉慧,嘉慧打电话说,我今晚去教堂,我们教堂门前见。驿兵早早地把店收拾干净,依时站在那黑色的铁栅栏前面,嘉慧来了。驿兵说,我有话跟你说,找个地方坐下来,今天就不要和上帝见面了。

不行,没有事情比上帝重要。再说,我们礼拜完了回家说话不行吗?嘉慧说着进了栅栏,你快呀,迟到了。

今天,我就不进教堂了。嘉慧,我觉得我们,我们该分开了。

教堂里响起了音乐,嘉慧说,橡子,别开玩笑了。我先进去了,一会儿我陪你去巴黎舞厅。她碎步地跑进去了,驿兵在栅栏外,手握着冰凉的铁杆,那浅黄的植物图案在黑色中生动地浮起来,用指头一弹,很脆。驿兵顺着马路漫无目标地行走,他喜欢黑夜里在大街上作极端的行走,今夜,他想步行,横穿整个城市。

后来这个城市下了第三场雪,最低温度零下 17 度,驿兵在地铁口时,手机响了。

喂,是谁?说话——不然,我挂了。

别,我是嘉慧,你真的……

我看,我们还是分开吧。

为什么,是因为依依,第三者真的是她。

她不是第三者,她是我妻子,只不过我们已经离婚了。

哦,这我就无话可说了。我真的很爱你,我选择你结婚还因为你床上真的很行,我会想念你,在我读完博士之前,我一直都会等你的。

挂完电话,他站在华联商厦旁边足有一小时没动。

雪　　后

这是越千年的大雪。好多年来才看见它压断枝条,地上积雪堆成麦垛似的,那庞然大物的公交车像蜗牛一般蠕动,驿兵从车后横过,尾灯晶红,白白的雪,雾一样地蒙住,后面的车咕咚一响,碰了大车屁股,坏了一个眼睛,两个司机便在路旁吵起来了。马上有人围拢来,伸着鸭脖子,厚厚的衣服扑满了白粉,左晃右晃,像东北森林的大狗熊掰棒子,驿兵用手在一个大个子背后轻轻一摁,五指手印背着,他滑出人群,有人叫喊晚报。喂,给我来一份,驿兵付钱的时候一看是依依。

我的天,你怎么又当起报童啦,快,我们找个地方说话,他很想告诉她,我们复婚吧,雪停了,我们春天办。

依依说,我多找份卖报的活儿,挣钱,准备结婚。她一如从前,絮絮叨叨地跟驿兵说话,橡子,我那朋友就是一个摆报摊的,我带你看看,参谋一下。

不,我不耽误你卖报,下次一准陪你卖报。他向相反的方向行走,雪越发的大了,人影模糊,不过印在雪地上的脚印一个个都很清晰,有点像鸭蹼拍出来的。

异　　物

　　我负责去花都咖啡屋调查三陪小姐的情况。穿着便装在马路牙子上晃悠，黄昏的光线那么巧妙地把那些夜生活的人群打扮得模糊。我的眼睛不太好，特别对那些朦胧的光线敏感，容易出泪，那些开门关门的人影像幽灵一般出出进进，弄不清是闪动的灯光还是人群？

　　我实际已经走到花都咖啡屋了，却又走向丽华大酒店，这一溜门面灯光辉煌，路基上停满了各种小轿车，我往来两趟都没看到花都，站在一排用杉树皮装饰的墙壁，四面环顾：春香美容、足沐浴、桑拿、东北虎饭店、雅妹按摩。奇怪，上午我明明看到了花都咖啡屋的招牌，很小的门脸，我不明白分局为什么会注意这一家？

　　在转身之际，杉树片的墙动了，一个女人轻轻地撞着我的肩，她眼睛横了一下，一只呆鹅，想进还是想走，横着门脸干嘛？杉树片镶的门开了一条缝，里面的酒味香气便流出来，我和女孩擦身进去。进门是些植物装饰，类如榕树吊顶饰，低矮，地上蓝绿闪烁，有些废旧的农具，树与竹互相遮掩，让人看不清方向。这时有位小姐裸臂来挽着我，先生，想去哪儿，吃喝在楼上，洗浴在楼下。我喝点咖啡。那小姐领着左环右绕，上上下下走了好一阵，没想到这花都够大，有几十间房子。喝啤酒咖啡的小屋装着地灯，光线向上散射，中间小桌，一侧火车厢式的座靠，还有高脚椅。我静下来，四面寂寂的，小姐款款一笑，给先生请个陪伴。我像从梦中清醒，噢，多少钱？小姐又是一笑美如烫温了的水漾漾地浸化，小姐来了你们自己谈。

　　那我就让你陪，你说多少钱？

　　不能，我刚来的，不会陪客人，我们有规矩。

　　没关系，坐下说说话，你叫什么名字，家在哪儿，什么时候来城里？话刚说完，想起是职业习惯，这下准问坏了。没想她又是款款一笑，我叫度玉，从酉阳来的。她说出来走了三天三夜，第一次坐大轮船，第一次坐火车，第一次到这大的城市。她把头偏着脸上还有些稚气，但眼睛特别明亮，闪动时有光波流过我的额，她嘴唇动了几下正准备说话，楼道里的几间房子骚动起来,我听到有人惊走的样子,有人嘟哝,警察突击检查。

我赶紧下楼了,果真有警察在一些房间出入。奇怪,分局布置我来暗查探访任务时,要我只摸摸情况,不要惊动别人的商业运作,除了三陪小姐,还要注意是哪些官员经常来这儿。这警察一闹不都露底了。为了避免纠缠,我让度玉带我出门。度玉吓得浑身发抖,我给她手里塞了一张50元的人民币,说你不要干非法的事,就不会有麻烦。

一件命案

我去五星大街找派出所孙所长,大街在右拐之后是条小巷,一辆银灰色的赛欧吱吱地在我前面停下,那尖锐的刹车割着耳脉,一股刺鼻的油味散在灰尘中,那司机伸头出来,墨镜宽大,头仰着,嘴大得像只漏斗,我操,准又是车祸,丫的孙子,反正如今人多,多轧死几个,丫的。然后向后打手势,退出巷口。人流却涌来,胖胖的老人往马路牙子上,年轻男女从车的间隙往前跑,我跑到岔路口,没出车祸,但几个警察挡住路口,我上前问,警察说,8号楼出了谋杀事件。我急急忙忙赶到8号楼出示公安局的证件上楼道,那是70年代的旧楼,楼道狭小,我挤进小门被一个警察揪住了衣领,你丫孙子来凑什么热闹,滚滚,话没完一脚踢过来,腿肚挨了一下。我还没来得及解释,孙所长也上来了说,大王,住手。这是刚到分局的朱搏,警官大学硕士。然后笑着对我说,小朱,你来得正好,你是专家,看看。这家主人是个体老板,死者不是他妻子,是花都咖啡屋的三陪小姐。花都,我心里一格登,便在尸体周围察看,那个王警官在旁翻翻检检,一个鸡巴贱货,死了,活该。我侧头望了他一眼,王警官并不大,将近40岁,干练清瘦的样子,有几个人在检查。女尸裸露,上肢在床,一只脚在床下,一只手抓着被角,另一只手在床沿,头发乱一只耳朵被撕伤,脸肤白皙,脖子上有一道紫痕,肋下是水果刀伤,血流四面溢开但量不大,乳根有血圈,枕巾盖着另半个乳房,小腹平缓,血痕一线一线地,许是由于臀部垫起,那阴毛突出,一只腿在床的斜角,整个阴部是暴露的。有警员在拍照片。王警官说,这贱货,死也要快活,腿上有男人的精子。他说着,用手去搬床下那条腿,我示意不要动,让法医来检查,先用床单把尸体盖上。

刀伤几处,都在两侧,致命的一刀可能是扎着动脉,血从两腿内侧渗到床褥之下,所以床脚之下有一注血痕,整个身体姿态放松保持雪白,一道血迹像似随意掠过的,可以肯定背部不会有刀伤及划痕,女人的头向内,那是一扇窗,开了一页玻璃,顺一棵槐树可以看另外一栋六号楼,楼侧看去是一个铁路总站,许多机车在黑黝黝的轨道上,奇怪没有一点火车声,似乎有一个废弃的垃圾(五金)站,水泥墩,铁条铁板,垃圾车,钢架门窗,乱糟糟的铁器之后是巨大房顶的厂房,有旧式的链带车、卡车。有电线杆和变压器支架,电线绵延到灰蒙蒙的远山,独立支起的巨大烟囱,烟是乳白色的涂在蓝天上,这一切也许和案情并无什么关系,但和人的视线有关系,它一定和人的内心保持远而隐秘的接触。

我给刑侦大队打了个电话,请他们派人来。

擦干净以后

我 实在不适合做警官。这表现在我的情绪对立色太重,喜欢与仇恨,丑恶与美好,厌恶与容纳,在两种事物之间我的感觉是一面刀锋。我看着丝绸抖动,柔软和光泽荡动的涟漪在我心里是一首温情的歌。看到臭污的水塘上集满了虫蚋还有白色的涎液在蠕动,钻出一个个孔,暗绿色的污水泡破裂之后溅出的臭汁,尘灰结网之后粘着苍蝇的翅膀,那红头绿蝇拖着肥软的肚皮,用铁线一扎,叭,脓斑沫便在驳杂的木纹上蜿蜒出一条肮脏的道路。

所以我闻着血腥心里翻涌,想吐。斗殴打杀之后的身体是那么不完整,让人想起老鼠啃过的事物。看到的永远是被暴力破坏了的东西,于是心灵也开始残缺起来。

每次巡警完毕我都反复地洗手洗脚,把每日从心里丢失的东西找回来,看经典图画,提香和安格尔的裸女,梭罗,康斯泰布尔的风景,每晚我必定是在古典音乐声中入睡的,每天都会让一些美好的东西涌进来。用它来擦干净心灵。否则,我会疯的。

锈　　迹

五星派出所要搞一次突击扫黄,我去配合,夜幕以后,我们就三三两两地在丽华大酒楼游弋。这个街区并不繁华,人群总是三三两两的,女人的裙子总是在肚脐眼之下,上边无袖裙与下裙配合时有一条中缝地带,肚脐是幽幽的眼在黄昏中旋转,通常那种女孩都背一个小坤包,拿捏的方式不规则,有的拴着,有的嘭一扬上去吊在背后,有的斜挎着,总之都垂在屁股上。那里面是女人简单的用具,分类却很复杂。

王警官说,朱搏,今日个让你看活女人,还有嫖客。学着点,不然,给你一个女人也操不着地方。

警察进入丽华的方式很特别,如同流水浸入沙砾,很温柔,悄无声息。

夜晚的一切都照样进行,剧目总是千篇一律,我问孙所长为什么不开始行动,孙所长说,上半夜人们要吃好喝好,跳舞唱歌,然后洗澡桑拿,按摩,这些节目都要演完的,要等到后半夜,嫖客、妓女才去床上狂欢,现在,你什么都逮不着。

夜间光线朦胧而复杂,让人体界限模糊,游走的阴影是那么晦涩,每间小屋紧闭着让走廊显得异常空洞,楼下饭厅再没吃喝的人,舞厅也没有震得让头发懵的沉重,改成了柔柔慢慢的旋律,光斑停止在背景上,你会觉得朦胧的梦升起来,可你却从人的身上闻到了尸臭的恍惚。

王警官着警服进来的时候,我知道这座楼已在警察的包围之中。王警官对孙所长说,开始?老孙点点头,于是楼里开始骚动。一会儿把光溜溜的男人和女人捡出来,集中到洗浴间里。那些嫖客惶恐不安,反复央求。

我说,王警官让他们穿上衣服,你这是侵犯人权。

王警官轻蔑的样子,你懂个屁,光身子他们才跑不掉。

我同孙所长清理完各房间,下到浴室,有几个警员在玩笑,我看那十几个裸体女人,每个人吹着一个避孕套,含在口里咕嘟嘟,晃着泡影。我说,这干什么,胡闹。所长,这,怎么能这样?

这个大王,每次都爱胡闹,快,让他们穿衣服,回所里录口供。警员走出这家大酒店时,里面一片黑暗,只有楼厅前的霓虹灯标牌还闪烁着五颜六色。

我从四楼东北角向三楼走,看见4213房灯亮着,我去带门,无意瞥了窗帘一眼,闪动一角,感觉让我接近阳台,室内空了,窗帘抖动一下,我顺手一揭,那原来是一个幽暗的阳台,有个人影贴着墙,我从窗上跨过去,是个女人半屈着身。你别过来,再逼我便跳下去。声音轻而脆,反让我吓一跳,精神一下集中起来,迅速看了一下阳台及楼外环境。喂,有话好说,你看楼不高,摔下去也死不了,伤了,一辈子的事,挺麻烦的,不是。我装着漫不经心的样子,顺手一指,你看屋里楼里人都走空了。女人小心地向室内一探头,这一瞬间,我抱住了那女人,腋下使劲,把女人往窗内塞,她悬空了,两脚蹬着窗外护栏,肤体结实,手脚灵巧,身上闻不到香味。

女人站在床柜边,室内灯光写下了她的形体,她有些不安,不知手脚如何放。我看她气质清雅,庄重中又有些羞涩,茶色墙纸反出的光被她雪白的臂膀所吸收,云鬓有些乱,脸上有泪痕,头斜着视线向电视柜那儿。

我从侧面看着她的眉眼,觉得有很深的东西。却不便深问,只气恼地说,身子是自个儿的,何苦去糟蹋。话一完,那女人竟抽抽咽咽地哭起来了。

职责所在,我只好把她带回监视房,谎称是马路上顺手提溜了一个女人。

等我问完笔录,着实大吃一惊,不知如何办理。

那个姑娘叫雨图,是北方工业学院的老师,且结婚不久。她是教大学制图的。当下大学生出来做皮肉生意,或乡下姑娘被人拐骗,或北漂女迫于经济压力,这些都不奇怪。她却是一个品貌可人的高级知识分子,一个工科高知来做这种事,还那么漂亮,着实让我心里震惊。

我估摸这女人一定有难言之隐,而且抵死也不肯说出男方的姓名。我倒动了恻隐之心,从心里想放她一马,也没给雨图讲任何道理。我想说得再多,都是警官学校听来的一些格式化语言,雨图会有一千个道理来回答我。我眼睛像钉子一样扎着她,她见我态度和缓,反而有点慌乱,警官,你不能关押我,否则我一辈子毁了。

早干嘛不这么想,来这样的地方,是白的也染黑了。

我来的时候就是想毁了自己。我,我没说的,你想咋办就咋办。她态度一下又硬起来了,很倔的样子。

算了,你回去吧,罚点款,例行公事。我不会通知你们学校和老师,可下次不会是我抓你啦。我口气给人一种示恩的感觉,没想雨图却说,我不会感谢你的,你再也看不到我了。她走的样子很潇洒。

她走了,我却不能轻松,久久不能释怀,她像一个谜那样牢牢地吸引着我,或者想象着有一个隐秘的命运,我知道那是所有人都问不到的东西,否则,她就不会采取来这种淫秽的地方来毁灭自己了。

另类与谎言

制造一个骗局,哄哄自己。世界上没有另类,不同的分类都不一样,但所有的人事都保持同一性。特别是人。

另类是一种谎言。一种借口。

为了标榜自己,别出一格,你强调和别人不一样的时候,只不过用另一种姿态向大众做了一种取悦。这叫讨好大众。

要想媚俗,你就签名另类。或者酷,酷毙了。

哇塞,我是另类。我是谎言,相信我是真的,首先要辨别我制造的假的。

仿真时代,枪声也是假的。

笼头下的水滴

警官应该有性生活。这个回答应该是无可置疑的。

女人接近黄昏,光线从窗口落在她的裸体,没有拉上窗帘,警官想着在日光中的女人,本色,伪装应当剥除嘛。阳光如同水滴落下来散在女人的胸脯,太白,太白的皮肤有反射光,最好的皮肤应该有部分吸光的能力,雷诺阿是这样认为。光线和女人的皮肤矛盾全部用化妆来解决,把女人打扮给虚伪看,模特儿永远都不化妆,她把真实告诉欣赏艺术的人。女人身体的姿态顺着警官的手势调整。她平躺着,两腿斜成八字,由于脚是外八字,大腿内侧的凝脂也有弹性,阳光在上面跳动。女人感到警官的手有些凉,放在乳根的时候身体轻轻地痉挛一下,然后抓住乳房,小指无名指中指一握,食指与拇指虚挡一下乳头,红红的,闪一下,那是一个握枪的姿势,他指上有劲,女人眉头蹙了一下,男人在勾动扳机,乳房变形了,男人是个双枪手,乳房被捏成各种形状。女人啊了一下,胸部从挺起中后撤,腹部有些僵硬,双肩剧烈地抖动一下。警官笑了。我不是作审讯笔录,你要放松,我就是你的嫖客,所有嫖客中的一员,你喜欢的那种,有力量,你看看天花板和室外,室外的光线开始暧昧,女人突然打了一下响亮的喷嚏,胸部一鼓,男人手势抬起,突然中陷落,顺势在腹部以下。一个响屁随手势飘逸。

别揉我的小肠,有胃气,压得我不舒服。

看我给你按摩,我的手指能把女人的五脏六腑拎起来。他做了一个姿态,警官的手指修长,虎钳之势。女人本能地侧了一下身体使右边的耻骨向上,他把手势压在屁股上,于是肉体成了掌中之物。警官这才俯下身去,脸贴着小腹,然后闻到女人下体的腥香,两种毛发交织在一起,有些水液染上去,那个时间很长,女人身体慢慢起了变化,放松了,而且是在抖动,抖得室内空气有了一种荡溢的效果。

警官的嘴唇很近,长在女人身上,声音却很遥远。模糊中有唔唔唔,喳,够味,够味,那种气息流入到男人的腔肠,声音从体内返回却要经过深密的发丛,男人的皮肤开始变硬,绷紧,通常知道头发,并不记得胡子的感觉,这个警官的头骨,手骨很硬,他掰开女人的胯骨时,似乎要拆掉那个盆腔。这时女人只有呻吟,全是迷糊的哇哇啊啊,她想这次死亡是免不了的了,干脆闭上了眼睛,她听到嘶啦声响过,有金属环扣的声音碰击,只是几个零星的节奏,很清脆,响得暗光中有一种透明传开,然后是男人坚韧而持久地进入,他很在行,他要声音,让女人睁开眼,你给我喊,让声音超过目光,男人眼光凌厉,锐不可挡,有一种剥离物体表层的光芒。响声,带有湿意地拍击空气。那是欢乐颂,她可以死了。死亡也是一种满足。

警官说,男人的责任是给女人带来快乐。

声音的舞蹈

寻找坏人。我知道这个理念一定有问题,它会让我把所有的人都当成坏人怀疑,然后排除好人,剩下的便是坏人。这种思维时刻让人心肠硬起来,产生非常恶劣的态度。如果你每天看到的是好人与光明,坏人不见了。坏人失去了管制,许多恶性事件便会在好人中爆炸。

警官就是每天都在好坏中作出选择。

生活中你越是不愿记忆的东西,它越是让你铭刻于心。被谋杀的尸体,被强奸的女人、被绑架和诱拐的孩子,车祸下的碎片永远像漫天飘舞的雪花。那8号楼女尸一直缠绕着我。半夜惊醒的时候天花板上仿佛滴血,雨图的神情如小说家笔下编的一个忧郁的故事,那些瞬间飞来的印象压得我喘不过气来,有时我幻想一些美丽来排遣它,最近学会了喝酒,在醉意的朦胧中似乎好一些。酒就像爱情一样对人的伤害都是点滴入心。

下班后,着一身便装在五星大街走走,看看花花绿绿的人群,不必找坏人,很轻松,那些孩子总是脸红红的,圆嘟嘟的,很纯,只有天真与快乐,我在马祖巷拐弯和一个人撞上了,你没长眼睛,急急忙忙地干什么,大街上容易出事的。那个女孩儿弯腰拾一个小包包,抬着头说,大哥,对不起。哦,哎,大哥是你,你不记得我了。她眼睛透亮地望着我那么一笑,我有点熟,却记不起来了。我再打量有印象,实在不知道在哪里见过。

我是花都咖啡屋的招待,就是带您喝茶的,5个月前。

哦,想起来了。你叫度玉,怎么样,现在干得还好?

度玉脸马上阴下来,我想换地方,找不到新工作,再说身份证压在老板手里。喂,大哥,你帮我找个活,做保姆,扫厕所都行,她很急迫。

你不挺好的,干嘛换工作,我发现她清秀了一些。

不得行,那老板和警察都是吃人不吐骨头。每天晚上我都提心吊胆的。我求求你,大哥是个好人。好人做到底。

我也找不到工作,再说,你就那么信得过我?

姑娘拉着我到一个僻静的地方。大哥,我第一次见你就晓得你人好,有能耐,那次你给了50元钱,我是第一次,后来找你,想还你。再没见你去过那些地方,我。

别说了。准是遇到麻烦了,告诉我,看我帮得了么?

姑娘望着我一声不吭,眼泪流下来,眼眨一下,睫毛上挂着泪珠。大,大哥,我不给你添麻烦了。抹了一把泪,身体一侧跑了,出了小巷,在五星大街口回头望我。

天空是无可奈何的,街上的槐树绿得有些老了,厂房地铁,瞭望塔,我约着度玉在城市的另一侧,有风景的地方,山群向远方延伸、宝塔、佛寺、晚钟、电缆、风向标与吊车、古树、盘山的路,云间断山脊的怪石,鸟盘旋着。

你说8号楼的女尸案是警官干的有证据吗?

没有。花燕说是一个警察把那个女的带走的。

你不能因此判断警察杀人。

是那个女人要杀警察。我觉得这个说法很新奇,一个卖淫的妓女要杀警察,生活中真是有很多越出常规的东西,我盯着度玉,猜度她这句话的意味,这么反常的事在她那里说得极自然。你怎么知道那个女人要杀警察?

花燕告诉我,那个女人叫惠娟,是桐柏人,在咖啡屋做招待。年前来了一位东北客人要她,没想那客人是个性虐待。惠娟告诉老板,老板说客人是上帝,打你的左脸时你把右脸送过去。后来那客人又来了,点名要惠娟,惠娟不堪忍受。第二天便去告诉警官,哪知警官说,你们女人就是给人操的,并把惠娟拉到4222强奸了,也没给钱。惠娟害怕了就换到鲁园小区去了。老板倒是看重惠娟,她的回头客人多,于是又从鲁园高价把惠娟挖回来了,于是惠娟在这个区有名了。但那警官总来找她,也有暴虐倾向,惠娟到法院告过状,没用。后来那警官居然把他外地朋友带来,白日了惠娟不说,那警官还花惠娟的钱。于是惠娟便几次计划杀了那警官。

那个警官叫什么名字?

度玉摇头,这些警官我们都叫不出名字,不过是五星派出所的。她眼里有害怕的东西。

能不能认出他,让花燕做证人。

唔,度玉使劲地摆头,这里警官差不多都认识,哪个敢去做证啰?我,我还被警官强暴过,该死的。度玉说话的声音像爆米花儿在空中炸开,散成冰凉的雪花。

隐　　私

我从警官大学毕业,去凉水井做了两年片儿警,后考取公安大学读研究生,毕业了便分配到西区分局。开始做机动干部,分局哪儿有急活都得去。谈了一个女朋友,好几年了,偶尔也同居没结婚。同女人在一起就是把所有的兴奋与激情挥霍掉,然后是疲倦,连眼睛都不愿打开的困乏。于是女人便在我的两个极端之间行走,弄得很累,有时半夜从被子里被电话拎走,她便生气。很晚回来,她躺在被子里流泪。终于有一天,她把自己的东西清在一个包里,提到房门口说,生活有千万种,无论哪种都可以说出一些冠冕堂皇的理由,平常人是不管那些的,她要过一种正常的,不会被经常打断的生活。

女友说话的理念是无可辩驳的。朱搏呀,我说你总把生活分成好人坏人,自己永远站在好人的一边。一贯正确论是让人害怕的,它让生活失去比较。即使这么说,一个好人总同坏人打交道,实际他也成了坏人的一个部分。

有天深夜女友突然坐起来问,朱搏,你说,你是不是想坏人比想我想得还多?我凭心思索,确实是想坏人多些。女友是很平静地离开这个房间的。她劝我换一个工作,一个人终身同坏人较量,从概率上讲是绝对不会有好结果的。

女友很有文化,人品和能力都不错,几年光阴把他们磨合成一体了,相互之间想什么,做什么都能感觉得到,她想清楚了,一种生活你已经感觉过了很久了,厌倦是不可避免的了,分手便成为一种必然,但又有点舍不得。

他们分手的时候雨图出现了。想不注意她都不行,我给太平大街的派出所联系,企图获得一点特殊的消息,没有,几乎都是有关男性的,给北方工业学院打电话,那老头说,我们这儿没有芋头,要芋头上超市。

雨图像一缕阳光下的水汽,在这个城市上空弥散干净。

风中芦花 或指尖的阳光

在这个城市,西郊是一个遥远而古典的指称,含有落魄与伤感,也包括静寂安宁的超俗,因而寺庙多在西部,还有宝塔,许多古人都像芦花一样飘散,把灵魂留在高高低低的青松翠柏里,阳光也从这里隐没,山脊从暮霭里浮出一个轮廓,西方是一个智者驻守的地方。

记忆在黄昏中蒙盖了古雅的颜色,夜晚从发丛中升起。

我们的幻想随风飞去,回忆,连缀着小巷深处的故事。

城市的塔楼上门窗反射着橘黄色,水锈一般拉长越过给水塔,烟囱下的厂房,管道弯曲成桥梁,乳白色的雾笼着一群小楼,四合院的鱼鳞瓦摞上去黑色显得颓败,路灯星星点点在小巷里把影子一个个拉得细长细长,人的生存与死亡都变成一种对黑暗的讲叙,轻轻取消一个生命也不惊动这个世界的根本,反正死人的事是经常发生的。

我还是向市检察院起诉了五星派出所。这注定是一个没结果的铁案。

大　　约

半年过去了，我总是在寻找雨图，几次去北方工业学院，总是不好意思去那栋办公大楼。一身警服与那些老师、学生特别不合拍。雨图是一个再三被延迟的符号。

度玉见过许多次，她是一个小鸟依人的南方女孩儿，爱抱着我右边的手臂头靠左肩上叫我，朱大哥，我挣脱她，把那种冲动的欲望抵制在夜色里。你影响了查案，不利于我工作。度玉一笑，自己作案自己是永远破不了的。

我也很清楚，法不责众，在警察中没人找出具体的一个，尽管所有证据都指向王警官，但没证人，只是怀疑。如果花燕和度玉出面作证，等待她的将是去另一个地方流浪。

大约不会有人为自己制作绝境。

终于有了故事

我去花园巷街道办事处了解街区户籍管理情况，办完事我在二楼的楼梯口犹豫，作一个暗访还是回分局，这时一男一女也拐弯下楼，我见到雨图，俩人几乎同时说，是你。雨图有变化，情绪开朗，并指着已在一楼的那位风度潇洒的男士说，这是我先生。我赶上几步同他握手，很有气质的男人，手的质感弱，清凉。他笑着说，我还有事。你们聊，我先走了。说完在街边打了一辆的士，走了。

我说真巧，找了你无数次都没有踪迹，我已经不找了你却出现了。

那是有些后悔碰到我啰。要不——她很轻松，阳光轻丽地接送她的笑容，很成熟的气质，嘴角却有些顽皮。

不，不。今天你想跑我也不能放你走。我有一种终了的感觉。我们去那边的餐馆里坐坐。

有那么沧桑，那么无悔。男人总爱有些夸张。我同她进了一家叫等等的饭馆，临玻璃窗，光线迎面落在她的脸上，有些红晕，很快乐，吃着小炒，喝啤酒也能干杯。

这么高兴，是来办准生证的吧？我说。

不，我们办离婚证。她的脸笑圆了，有极浅的酒窝。眼睛亮亮的，闪烁发光，能感到她真的是一种轻松与高兴。

你知道吗，刚才从街办楼里出来，那感觉就像天热了，脱掉棉衣后，一种极放松的凉爽，云飘得那么高都要把我的身体托起来，伸手可以摸到蓝天，天蓝的时候原来没一丝牵挂,如果不是遇到你,我会在马路牙子上蹦跳几下。说来还得感谢你呢。

感谢我?我没回过神,有些发呆,不明白她的意思。

你说过一句话,身体是自己的,我们没理由不爱惜。人生有许许多多的事做,一两件没做好,不能太伤心,不然,一辈子都会做不好事,婚姻也是如此。朱搏看着她有些发傻和笨拙,我在想象我作为朱搏的样子,有点百感交集,但不知说什么好。这次我倒是找了关键,先问雨图要了电话号码。

最初我同雨图电话挺多,差不多每天都有,能在电话里交谈琐事了,这说明我们进入日常生活了。是一种随手的习惯,也约会过两次,但还是相见时难,每次都赶上时间不对,雨图是白天上课,晚上空时间多,而我则是白天偶尔能挤出空,晚上任务多一些,再者五星派出所的问题引起市检察院重视,真查,我协助他们做一些调查,关键还在派出所,孙所长给我说过几次,大王这个人背景太硬太深,没用的,五星派出所没一个警察配合,因为每个人身上都不干净。分局害怕闹大了他们也逃不了,市局的原因更复杂。这个案子有如机械钟的发条,拧紧了便常规地行走,松了,时间便凝止了。我灰心的时候,发现雨图电话少了,便主动约她好几次,都被她推掉了。我干脆跑去雨图的宿舍楼,推门进去,她一个人坐在床上发呆,神情懒懒地,我拉她去校园的试验餐厅,又喝啤酒,她竟一滴不粘,那种沮丧、灰心比那次在丽华酒楼见到的还糟。

我也感到老大不小了。一种感觉,一种情绪,只要是真实的,便不能放过,我眼睛死死地盯住雨图,企图寻找答案,她像南方原野上生长的青青葱葱的绿草,花开了,好看在其次,要紧的是它有一种摄人心魄的香气。

所有的植物在枯枝落叶的时候,大抵都差不多形状,只有散叶开花的时候才能清楚地发现植物的特点。女人也一样。我反复把问题提到两个人的情感上,她闪避,我不好意思逼着她做出姿态,但又觉出了她眼里有绝望的东西,这让我害怕,我下了决心,要水落石出。于是我红着脸说,雨图,我喜欢你,非常。我抓住她的手,指头有力。

你真的喜欢我?喜——欢,什么意思?她反复地。

你当然知道我说喜欢的意思,你,你要不反对,你一定要嫁给我,一定。接下来是沉默,空气的凝固。要把两个体态结合在一起的凝固。

她把眼光射向我,你肯定,再想一想,这段我身体不舒服,月经不稳定,可能怀了他的孩子。过几天我要去医院检查。要是真的,我得把孩子生下来。你还能结婚。

救赎者 与墓碑

我躺了一个礼拜,接下来便去找雨图,她总躲着。我有点像困兽,居然有时闯入她的课堂,终于把她逼出来了。雨图说,你真爱一个被男人抛弃而又有不洁历史的女人。

我是真爱。我早已发现你的绝望,只有我能拯救你,我的爱能拯救你,我充满信心,坚定地。

我们投入了爱情,有些疯狂又有些冷静。我拥抱她抚摸她,去亲吻她的乳房,可是每次都严格地守住性的防线。我想传统一点的女人总要守住最后的防线,尤其在被她爱过的男人伤害之后。也许只有婚姻才能作最后的了断。我催着雨图结婚,她总是长时间沉默。

雨图的情绪越来越不好,有时会公开叫我滚,你别来找我,我真是没法活了,我会死的。

你看看,何必呢,不就是怀了一个孩子,他不过是先于我而抵达的一个生命,能让你这么绝望。

就我一个人够了,何必还要拖上你呢?她泪飞如雨。

我乐意,即便我们死在一起,也无悔。我是真诚的,带有些许粗暴地和她同居了。

奇怪,雨图安静温柔。我每夜都同她享受快乐,她居然有那么丰富的情欲反应。

临近冬天,雨图住院了。她没有怀孩子。医院给她检查的结果是艾滋病。她有点讽刺地说,你还不后悔?我能回报你的只有死亡。

我叹了口气,救赎者的救赎如果是无可挽回的话,每一个人的救赎就只能在他的内心深处。只要你是幸福的,我无怨无悔。日子的本质:只是生存与死亡的循环。

梦境中远行

如果有了必死的信念,那一个人就会无所畏惧了。我在关照雨图的同时,向最高人民检察院提出了诉讼,我要确定一个逻辑法则,在好人死去的时候,绝不能单独留下坏人。如果死亡是对未来的享乐,那么你就应该加倍地热爱你的敌人。

度玉也来帮我守护雨图,两个女人说了许多悄悄话。那些寒冷的日子就在她们的住院中流逝,警官的案子依然没有结果,雨图便像冬天的飞雪消融了。

　　案件本来是险象环生的,我已经不在意了。可我奔走了一年,依然没有结果,渐渐感到身体疲惫,我也需要休息。有一次竟然睡了几天几夜,度玉把我拖起来,打车送到医院,我也得了同样的病,且不能久持。

　　那是一个午后的天气,我在沉睡中睁开眼,是五星派出所的所长孙劲松来看我,他的眼神很有力量,询问,安慰,待度玉去打水的一刻,孙所长说,邪恶的力量真是很伟大,他战胜很多东西,朱搏我给你说个悄悄话,他附在我的耳边,声音宛若吹气,你不是想知道惠娟是谁杀死的吗?我告诉你。是我杀死的。这个世界除了你没第三个人知道,你马上又要死了。所以,依然还是没第二个人知道。

　　我替你保守这个秘密。

　　去吧,也许梦境会遗传。

第 九 街 区

梅英从西客站地下通道出来一看,傻眼了,哇,这么多人,她寻找丈夫吴庆余,可眼睛怎么也不够使。她把儿子扛在肩上,卡卡,快看看你爸爸。母子俩找了半天也没有吴庆余的影子,只好跟着人流走。她不知怎么找丈夫。这时手机响了。丈夫急得跳脚,你们在哪里?我说你们出北一站口,这儿人都走完了。

吴庆余找到广场,才看到梅英和儿子,便带他们去地下停车场。梅英说,一个车站比我们县城还要大,在县城里我可从来没迷过路,这里一出站就迷了。丈夫叮咛,要紧紧地跟着我,小心被挤丢了。在地下停车场把东西放在后座,让儿子坐好,喊梅英时,她人又不见了。吴庆余说,儿子坐好,我去找你妈,他又打手机,梅英还在广场上。吴庆余爬了两层旋转楼梯又上到广场,找到梅英。梅英说,吴庆余你快看,快来看呀。庆余呆呆地,啥事?梅英指着,这儿,这,你快看,俩人,俩人在吵架,哈哈。吴庆余一看是两个乞丐在吵架。便拉着妻子,这有啥好看的,满世界都有乞丐。梅英嘟哝,北京还有乞丐?他们吵架却为的是美国总统选举的事,真新鲜。他们的面包车出了北京西站后,梅英便指指点点地问开了,我的天这么多高楼,上下还不得半天时间?这个尖顶是什么?那个塔形是什么?丈夫答不上来,不耐烦地说,你自己看招牌。车到西三环,梅英探出身来一把抓住丈夫的肩,丈夫急速闪了一下,差点没碰到右车道上的车。那么高一座塔,上头望不到顶。卡卡,你看。丈夫说,梅英,你别发疯了,小心车出事。那是中央电视塔。梅英很兴奋,我们每天看的电视都是从那里来的。

车曲里拐弯地走了一个多小时,丈夫说,到家了。梅英对这个租居的家没什么印象,倒是对家旁的一个古建筑寺院,及寺院的那棵老槐树很喜欢。

长 发 飘 飘

早晨,梅英醒来不知道身处何方,看看身边的丈夫睡得很熟,两室一厅的房子很安静,窗口帘子没拉严实,从缝隙间可以看到那棵很大的槐树,光影斑驳地涂过来,有一种飘动的感觉,移到了她和丈夫之间,她摇动了一下,庆余,你知道不?北京有个第九街区在哪儿?丈夫迷糊地嘟哝一下,不知道。梅英光着身子去卫生间,很轻地洗了一洗,突然想到她北京还有一个网友:长发飘飘。于是坐在抽水马桶上给长发飘飘打了一个电话,嘟嘟了很长时间,才有人接了手机电话,一听,怎么是一个男士。她一直以为这是位女性网友,夏琳琳介绍时没说清,梅英有些犹豫。但那网友很客气,很纯正的京腔,声音金属质地,他说,你来京我一定为你接风洗尘。没容梅英思考,对方把时间、地点定好,然后是一片盲音。梅英在洗手间发了阵呆,便开始整容化妆,她不知道北京流行什么,就感觉她应该穿那一套黑裙子。梅英很白,是那种瓷胎奶白的那种,皮肤质感好,别人都说她穿黑衣服高雅好看。梅英最早在容城县剧团学过戏,化妆很在行,勾眉染唇,浅扫淡涂,右额上际有一个浅浅的月牙疤,并不显眼,但梅英做了一个刘海飞旋,很巧妙地用一绺头发飞过去了,在镜子里梅英拍拍自己丰润的圆脸,感觉又胖了一点,她左右各侧地看一遍,嗯,还行。突然,她对着镜子尖叫起来了,哎呀,我的天,你不吭声,会吓死人的。丈夫悄然站在她身后,你发什么癫,清早就化妆打扮。还是那个臭毛病。丈夫说着便浙浙哗哗地撒尿。梅英说,我要去一趟华威东街的弘燕大厦。丈夫哦了一声,小停,去干什么?夏琳琳托我带了两包土特产给她的一个朋友。一会儿你送我去吧,丈夫不置可否,又抖一抖身体出了洗手间。

这时卡卡也起来了,嚷着要到城里玩去,儿子很顽皮,爱闹腾,在屋子里踢踢嘣嘣的,昨天来,在南阳台便打坏了一块玻璃,吴庆余便瞪着眼,这王八日的,你造反啦。这块玻璃二十五块八毛。梅英说,你别吓着孩子。如今家政装修哪还有论毛票的。你懂个屁,玻璃是二十五块钱,卡扣他们收了八毛钱。

早餐,梅英热了牛奶面包。吴庆余仰脖子喝了奶,正嚼面包,手机响了,看样子是客户的约谈,丈夫是电子软件销售的华北代理,卡卡这时闹着要吃香肠,而且是要川味的麻辣香肠,梅英说,我们下午去买。丈夫边对手机说话,边瞪着儿子,用手指指牛奶杯示意要他快喝。卡卡偏偏不喝,又跑到另一个房间去玩去了。你要有事先去会客户,一会儿我和儿子去弘燕大厦。

快吃吧,我用车送你们去,北京你们不熟,丈夫说完开始到卧房收东西,梅英心里很愉快,丈夫还是很关照她的。她喝完牛奶,又哄着卡卡吃东西,穿衣服。一块儿急急忙忙的,上午的车很挤,你方向感不强,很容易迷路,要是你和卡卡迷了路,最好的办法便是要出租车。卡卡在车上很兴奋,东看看西望望,总问一些老爸无法回答的问题,如北京有多少车,有多少栋楼,为什么叫四合院,那些牌楼作什么用的。梅英想,儿子和父亲很少在一起,陌生,得让他们多呆在一起。于是说,卡卡,爸爸开车,别让他分神,违反了交通规则,警察会把我们的车扣了。

卡卡吐了吐舌头,北京警察这么厉害,说话间,他们到了弘燕大厦,梅英带着两包特产下来,卡卡,下车吧。梅英招呼着儿子。我坐在车上玩。卡卡玩着方向盘上的中国结,没理妈妈。庆余摸摸儿子的头,不许调皮,我带你看北京城。你去吧,完了打个车回家。梅英也想让他们父子俩多些沟通,便说,你们要注意安全。这时车已经渐渐溜溜地给梅英留下了一个空地,上台阶入旋转门,大堂华丽堂皇,一位穿红衣服的服务生接待她,把梅英送到电梯口,在电梯里梅英纳闷了,怎么这长发飘飘住在大酒店呢?上了三十九楼,她没想到在楼层里也是曲里拐弯的,找了半天的房号指示牌,在 3939 号停下来。摁门铃的一刹那梅英有点恍然,或者紧张不安,她从来还没有这么冒失地去会一个未曾谋面的人。那是一年前的秋天旅游局的琳琳告诉她,梅姐,给你介绍一位网友,很有趣的。梅英在县文化局,办公室一台电脑没什么事,便和这位发飘飘聊上了。长发飘飘最能神侃,仿佛这个世界没有什么他不知道的。特别是北京的小道消息。其实这次琳琳也只搭了一盒灯芯糕,说梅姐去看看人家,北京有什么事不方便可以找他,梅英便配一包终南茶叶给送来了。叮咚,门铃很清脆。她的心也叮咚叮咚的,门开的时候,才发现门把手上有一张请勿打扰门签在晃动。请进,声音很清晰,是他,长发飘飘,让梅英错愕的他是一位才 20 来岁的小伙子,拉梅英手时让她看到手背外沿还有茸茸的一层毛发。梅英嘻嘻地笑了,一个留板寸的人居然自称长发飘飘。小伙子一乐,你是想一个长发飘飘的居然只是毛刺猬。板寸,可是北京特色,于是又神侃北京特色种种,一会转到了东风鱼店,嗨,看你是江南水边女子,我请你吃什么鱼呀,请你去吃黎昌海鲜。梅英说,我虾类过敏。这灯芯糕是琳琳送给你的,我给你一个绿茶。

小伙子很机敏看出了梅英的意图。就把话题转到眼下都市时尚上,女人的衣服,裙子,手袋,眼影油,晚妆,现代都市人夜生活丰富了,女人的晚妆很重要,不同气质,不同环境,不同灯光下晚妆配合要适宜,唔,香水,白天用的香水和晚上用的要有区别,香水也有长中短几个调,香型选择也要根据人的习性爱好来,他说着,从桌边递过一小手袋,看看,这是我送给你的。梅英被那精致的包装吸引了,是啥东西。她打开。很漂亮的小瓶,香水。握在掌中,手感很好,轻轻一喷,天,那种香息都透到肠子里去了。让人所有脏器都有些微动,梅英做梦也没想到好的香水居然和好的酒一样,让人沉醉在一种状态里,她深深呼吸一下,竟如洗了澡一般,这是一种梦幻香型,在梅英眼睛欲睁欲闭时,小伙子在她背后拿捏了几下,让梅英浑身通泰。她觉得人浮起来了,有一点眩晕,还有类如微电的释放,软软绵绵,娇弱无力。突然,梅英觉得被什么东西烫了一下,本能地抬头,小伙子压在她身上已经入道了。梅英试图挣扎但手脚软弱,接着她仿佛被那种波翻浪涌的情绪所淹没。身体在一点一点地融化……梅英觉得时间很长,像抽丝一样,但头在清醒的一瞬,又觉得极短,这个房间不过是一个关上的盒子,刚刚打开。小伙子坐在台灯下的桌边,抿着嘴浅浅地笑。梅英更加糊涂了,她和这小男人到底干了什么,从床上坐起来整理好裙子,这才发现自己没穿短裤。她赶忙跑到洗手间去。

良久,梅英出来看看小伙子,你你怎么能这样,没有一点准备,预兆,一切过程都省略了,直接进入结果,我可以告你强奸。梅英不敢再挨床,把椅子拖开坐下,整理整理鬓发。哪知小伙子说,你不必去找警察,我就是,喏,这是我的警官证,你只要把号码记住就成了。

梅英叹了一口气,小伙子,我30岁了,小孩子8岁,你才20冒头,你没占什么便宜。我只是替琳琳可惜。

哦,琳琳没告诉你,我们在武汉幽会过了。还是省旅游局招待的。你来北京,琳琳已经打电话告诉我了。

这下梅英彻底糊涂了。她不知道怎么走出房间,怎么下楼,反正站在弘燕大厦前,她觉得北方的阳光不一样,是那种傻傻地白,是一把锋利的刀子把人抵在平滑的玻璃上,人是在一个金属盒子里烧烤。转头进入阴凉的楼下,人又觉得很清爽,干燥,无论是在阳光的正面或者背面,人都会是那种一丝不挂的干干净净。

是谁拿走我们身上的一切呢?梅英这时居然还想到一件事,看我这猪脑子,我怎么就没问第九街区在哪儿。

临 街 的 窗

有了弘燕大厦的教训,梅英不敢轻易出门了,再说北京她没任何朋友,倒是落得安心在家做饭洗衣。剩下的时间便泡在电脑上,她通过电子邮件把在北京的情况介绍给好朋友夏琳琳,当然也暗示地说了她和长发飘飘的联系的经过,琳琳除了说老家容县的街谈巷议,并没有再提长发飘飘。

梅英家租居的一幢80年代的老楼,七层高,每层三户人家,和她对门的是在外贸部工作的女人,女儿在读高中,听说男人总在非洲搞援建项目,一呆三五年。中间门是一位化学所的研究员,50多岁了慈眉善眼,家里情况有点复杂,隔三差五的家里有些吵闹与撞击声,梅英不知道那是干什么,有一个女人往来,但不见常住在家里,梅英虽说爱热闹,絮絮叨叨地,但胆儿小,绝不敢随意登门说三问四。庆余也叮咛说,咱们是租人家房子,别让人家讨厌咱们。梅英上菜市场,晚上散步碰多了这两家人,便在没外人的情况下客气地招呼研究员做大爷,管对门叫大姐,在楼下碰上人家拎东西多,梅英便去帮人家一把手,或者下楼时顺手把人家放在左门侧的垃圾拎下去扔了。

秋季,卡卡去城府路小学读书,早晨由庆余送去,晚上便由梅英去接卡卡,所谓晚上指小学放学,一般在下午四点,她和所有的家长一样蹲在小学外的马路牙子上看着学校那涂了白漆的铁栏栅,栏栅开合中孩子们涌进涌出,卡卡总是会早早地出来,梅英带着他,可以坐二三站公交车再走二百米的小巷胡同回来,也可以不急不忙地沿街溜跶着,拐弯去菜市场买点菜回家。在路上或门洞里总会经意不经意地碰上那研究员,卡卡同他们熟了便叫大爷阿姨的,奇怪对门那位读高中的大姐姐对卡卡一家总是不冷不热地,露出一脸傲气。那次也许是周末,在楼下碰到了研究员拿一只风筝。他亲热地说,卡卡,我带你去天安门广场放风筝。卡卡脱口答应了,梅英有些为难,她记得庆余反复说过,在大城市里,你可以对人家客气,但一定要防着人家。那研究员说,我把孩子带去,你也可以轻轻松松逛一天街。梅英终觉得麻烦人家,也很爽快地陪着儿子同去。到天安门广场放风筝,梅英比卡卡还高兴。她做梦也没有想到风筝会有那么多种,长蜈蚣、大燕子、长龙在空中蠕动得竟是那么灵活,还有一些蜻蜓、蝴蝶之类的上下翻腾,北京还有一种掌燕,那么小竟也在空中自由飞翔,还有一些风筝做得奇形怪状,梅英看着研究员带卡卡放风筝,孩子和风筝有天然的联系,一带领很快就会,在广场上自由地奔跑,要注意的是不要和别人的风筝碰撞,有时研究员也鼓励梅英试试,梅英在研究员的帮助下试了几下,不成,风筝在研究员的手里飘得很好,在梅英手中便往下沉,梅英不好意思,研究员说,你要用手牵着,手带一点劲拉一拉,要不你干脆走动,当风筝下沉时,你牵着走。梅英发现边走边跑风筝反而飞得高,小跑,衣服飞起来,把雪白的肚皮露在外面,两个大乳房也像风筝一样地晃,不多久,她便累出了身汗,便把风筝交给卡卡玩,研究员望着她笑,嗯,不错,一下就学会了。他们在广场上闲聊着,梅英才知道那人叫吴月,挺女人的一个名字,在化工研究所退居二线,班上得少了,但钱倒挣得多了,常给一些厂矿企业兼一些技术顾问,甚至还给堡头印染厂做项目。

老伴原是赵登禹商店卖熟食的售货员,就是卖猪肉的那种,离婚很多年了,但总来我这儿找麻烦,实际是以孩子为借口要一点钱,她嗓门大爱闹,弄得左右邻居不安,吴月搓着手抱歉的样子,知识分子的白净的脸上有点泛红,眼睛很亮,看看梅英,转而望天空。梅英心里叹了口气,家家都有一本难念的经。只有天空的风筝,没麻烦,自由自在,飘飘一生。她的视线被风筝牵得很远,心思也在天上飘得很远。她不知怎么说了一句,这北京的天儿真蓝,让人只想伸手摸摸。

那天晚上是吴月打车带他们回家的,回家时,庆余已在家里坐着,梅英赶忙开始做饭,但忘了在菜市场买小菜,就着冰箱里的火腿肠,凤爪,六必居的酱菜,西红柿鸡蛋汤对付了一顿。

第二天,吴月亲自送来了一个自己做的风筝给卡卡。说,闲着了可以在院子里放一放。梅英不好意思,感谢时顺便问了一声,第九街区在什么地方。吴月说,可能在西郊,我也只晓得一个大概,吴研究员很认真,转头还写了一个大致地址,画一个方位图。梅英在某天乘九字头公交车去一趟西郊,她看着车窗外的街区,一会儿高楼,一会儿还有桃林,又有工厂区,最后能看到西边的山脉了,按照吴月绘的方位图,梅英找到了一片残墙颓壁,断砖瓦屑,她在那堵毁坏的墙里转了一圈,居然看到了一只山羊,一块空地上有个老太太在种菜,梅英问,老人家,这是第九街区么?老人不答,闹了半天老人是个聋子。

怎么会这样?一定是吴月听错了。梅英怏怏不快地回来了。

移动的人群

对门那位女的叫凌华英,经常会有一辆蓝色的雷诺车接她上下班,在部里她只是一个处长,北京的处长多如牛毛,在单位不会有什么优惠,那雷诺车是一家合资公司老板派给她的。凌处长管的是对外援建项目的审批处,这是老外们极关注的,另外,现在的援外项目工程的劳工也使用中国的,因为国外劳工贵,所以国内有许多建设公司想承揽对外援建项目,在凌华英这儿也是一个重大关口。凌华英很忙,天天被人请去请来的,上午凌华英收拾整齐,带着一个拖轮箱敲梅英的门,凌姐有事吗?梅英对人总是客气热情,她必定是先开口的。小梅,吵扰一下,不好意思,我们家需要你关照几天,我去上海出差,一点的飞机,雯雯中午饭在学校吃,只是每天晚上回家,你帮我照顾一下,开销我回来再算给你。华英是场面上活动的人,说话大方,但细节也会注意到的,梅英马上说,凌姐,你见外了,我们是邻居,日后少不了麻烦你,去吧,我肯定会照顾好雯雯。这雯雯很怪,对他们一大一小的男人很冷,对梅英却客气,两位女性也爱叽叽咕咕的,一会儿开心地笑,于是每晚梅英必定是等到雯雯才开饭。雯雯喜欢梅英做的饭菜,这样的相处几天一晃便过去了。凌姐从上海回来果然给梅英带来许多东西,小木梳,小香皂,小香水,还有一些小刷子。凌华英说,不好意思给你带小玩意儿,不知道喜欢么?她哪知,梅英是最喜欢小东西的,好玩。梅英高兴地像鸟一样张开翅膀去抱凌华英,真的,太好啦,你怎么晓得我喜欢这些小玩意儿。凌华英很巧妙地闪开身体说,你喜欢就好,你喜欢就好。晚上梅英做了几个菜请她们母女吃饭,说是洗尘。客人走后,梅英躺在床上反复抚弄那些小玩意儿,特别是那几个小毛刷,柔软而纤细,刷刷眉毛,眼睫非常舒服,梅英听凭那小毛刷在脸上走动,无数小光点在脑子里飞翔,牵得每一根汗毛都在动,扫到耳廓和耳垂突然她身上颤抖了一下,心里撞出一股情绪,有些欲望的冲动,那毛刷在耳朵反面的沟皱里走动,牵着后脑连着后颈锥,有一种异样的微晕从全身泛开,梅英没想到一些平时不注意的地方,小小毛刷竟能牵动全身。

丈夫洗完澡光着身子和梅英躺下。收起你那些小玩意儿吧,你以为凌华英真正对你好,给你买东西,这些东西都是上海五星级宾馆里的,每天送一套,她拿来做顺水人情。梅英还高兴,不许你这样说人家。凌姐人不错。丈夫起床从方格柜架上拿了几根棉签认真地掏耳朵,那种毫无顾忌的裸露是南方人不习惯的。梅英说,你套一个三角裤一会儿卡卡突然闯进来多难看。庆余不理会,掏完耳朵便伸手去扯梅英的短裤头。哎哎,你该把门插一插吧。

没事,让小崽子看看,他爸他妈才是一个统一战线的,省得这个小崽子一天到晚总跟我对着干,恼了我,把他送给他二叔去,他们正想抱一个孩子呢。

梅英不高兴了,她不明白庆余为什么那么在意金钱而不在乎孩子。接下来丈夫做的事,梅英没感觉了,仿佛受到了一次强奸,如同那个长发飘飘的非礼。这一夜她很晚还没睡,眼瞪着天花板,还有窗帘,街灯幽幽暗暗的光感传过来,如同染那种棕黄色的布匹,把整个空间都罩住了。在这种光感中,那天花板上的吊灯竟像一个窥视的头颅扫描着梅英内心的隐秘。

大约是秋天,中秋过后的几天里,凌姐给梅英一张保利大剧院的票,说是意大利的歌剧,哦,是莫扎特的歌剧。梅英不懂歌剧,但她喜欢听莫扎特的音乐。是入迷的那种。她欣然接收了。到保利大剧院看戏时,她发现凌姐并没去她非常感动,凌姐把自己的票让给了我,晚上回家还被莫扎特的音乐兴奋着,她要收藏这张戏票,再仔细看,吓了一跳,票价1888元。梅英便拿着戏票质问丈夫:你说人家凌姐小气,能把这么贵的戏票让给我,丈夫从鼻子里哼了一下,你以为这票凌华英会掏钱买吗,告诉你,这是人家公司给她的。梅英嘟哝了一句,不过这句连她自己也没听清楚说的是什么。

  元旦,凌姐给梅英送来一只澳洲大龙虾。梅英,这是外资单位给我送的,两只大龙虾,我一只,你一只。梅英不仅长这么大没见过这么大的龙虾,即便想象也不敢,因为在她的湖边,虾不过就蚕豆那么大一个。在梅英眼里凌姐就是没花一分钱,但她把东西送给我,我得心怀感激,因为她心里有我,这就足够了。何况这龙虾好几百块钱一只,听说在顺峰总店吃澳洲龙虾得好几千元一只。

想象一条街道

  梅英到北京一年了。她习惯了北京,倒不如说她习惯了一个人呆在家里,早晨她可以睡一个懒觉,九点多起床把电脑打开,浏览一下网上,看看电子信箱,然后去菜市场,买完菜必在街上几家超市、专卖店看看那琳琅满目的货架,这么多可心的商品,真好,可是她每次询问服务生,打听价格和质量时,那些女孩儿对她不冷不热的,目光有些不屑,后来她发现是自己拎着蔬菜,那些日常的家常菜出卖了她的经济、身份、地位。她叹了口气,如今的势利真是吃人。她便改成先逛商场再买菜。日久了,那些人也都认识她了,梅英便成了一道商场可有可无的风景,这时营业员反而注意她了。高个子姑娘嘀咕,她准是一个人家包的二奶?另一胖姑娘说,瞧你这个眼力架,能包二奶的,会这么酸?她是北漂一族。另一个说,凡北漂一族每天紧张地为生活奔波,哪会有她那么闲?这些话落在梅英耳朵里,心一惊,头也嗡了一下,跑回家痛哭了一场,我成了包二奶,不,连二奶的资格都没有。她开始想起了早年的欲望。她一个想的是自己有点文艺天才,15岁时是那县里名动一时的演员,戏唱得在她们那个市得过头奖。可是这一二十年花鼓戏再没人看也没人唱了。她最想的是在电视里能当一回主角,如今这愿望是幻灭了,以前和长发飘飘聊天时,他便说北京影视圈他熟,有哥们,可以让她上一部电视剧。这个愿望不成,梅英好歹是容县一枝花,她想嫁一个白马王子,但容县的白马王子她看不中,在市里寻觅,反正是高看低不就,慢慢都变成老白马了,王子风度没了,这时吴庆余出现了,庆余是市科技局的一名干部,国家公务员,梅英不知怎么被他看中了,便死追活追地追上了。于是白马王子的梦又破了。第三梦是梅英喜欢幻想,喜欢一点神秘,或者一点小冒险的刺激。在家里夏琳琳告诉她,北京有一个第九街区是一个神秘的街市,许多人晚上开着车去,玩到东方发白,便走了。说那条街浓缩了北京所有的娱乐生活,每个人都可以自由选择,放荡一次。梅英喜欢恩格玛的音乐,想象第九街区的味道,她好几次梦中都去过。但到北京一年打听许多人,也找了几次,均无消息,没有一个人给她肯定消息,都只听说有这么一条街道。她对庆余说了几次,庆余说一定打听,可庆余太忙。早几年在网上聊天时,网友们也都听说过,有些网友还去过,把那条街描得绘声绘色。

　　梅英想,我可怜得就这么一点欲望,一定得想办法实现。每天晚上都想着第二天去找第九街区,可第二天早晨又被一种习惯困住了,丈夫、孩子、生活也得按部就班,在家里收收洗洗,归整了自己的卧室,又去归整孩子的房间,再到网上泡一会,一天就在她的平庸琐碎中完结。凌华英也带她去过几次商场,西单购物中心,王府井商场,前门的各种专卖店,还有长安、当代商城、燕莎及友谊与秀水东街,她去了,凌姐可以在那里精挑细选,梅英只能傻看着,那些天价商品看得她头晕,她也咬着牙买了一条手链和绣品方帕,花了她好几百元。回家,庆余没少埋怨她,你说你尽买一些华而不实的东西,几百元买件衣服倒也说得过去,梅英嘟哝,一套衣服,凌姐随便拿的,都好几千元。庆余就说,你去天意呀,天意是商品批发的地方,几十元便能买一套衣服。不当家不知柴米贵,我把三菱的面包车换掉了,现在是一个国产的面包车,如今生意太难做,我们一家的全部开销得好几万块钱。

　　梅英没反驳,她知道丈夫为难,商场最是一个人际交往中心,心机狡猾的地方,庆余不行,他本是科技干部,更重要的是他的吞吞吐吐,办事不爽利,和别人谈了半天,别人不知道他的重点在哪个地方。她帮丈夫理过几次财务,那些数字跳来跳去无论怎么也抓不住,反而把账弄乱了。庆余叹了口气,你和小崽子两个都是我前辈子欠的债,你是想做,做不好,这个儿子我看准了,他以后什么都能做好,但他就不给你做。他只能早出晚归地跑生意。

　　梅英是一个极容易忧郁,又极容易快乐的人。往往被丈夫数落几句便痛哭流泪,可一看到卡卡在桌子上拨弄那几个京剧脸谱不倒翁,一下就笑了,鼻尖挂着泪便同卡卡一起玩不倒翁。在家闷得慌,她打个电话告诉庆余说,我今天去颐和园了,你晚上去学校接卡卡。在那个园子里她足足玩了一天,高兴得手舞足蹈,晚上天黑了才进门,庆余和卡卡等着她做饭吃,她闷声不响进了厨房,端了一塑料盆水放在屋中央,庆余说,你搞什么鬼呀?梅英让丈夫闭上眼睛,喊一二三,只看见梅英手中掉下一片叶子在水面晃了几下,沉入盆底。梅英在旁边格格地笑个不停,庆余不解,这有什么可乐的?

哎呀,你看看,有什么不一样,一般树叶都浮在水面的,这种树叶沉在水里,你不奇怪。庆余哭笑不得,大多数植物表层有一种类如纳米的保护层,不粘水,例如荷叶,杨柳自然不会沉入水底,但有些叶子超重,或者本来是水生植物,叶子无疑会沉下去。庆余这一解释便索然寡味了。梅英嘟哝着去做饭,这种人一点趣味都没有。

胡　　同

　　吴月家的状态很不好,那个老女人像个水桶似的,空几天总要来闹一场,那房子就似散了架的机器,到处发出声音,弄得梅英如同坐在一块烧烫了的铁板上,每次听到咣当一声地踢门,心便跳好大一阵,这吴月也许在做一项什么试验,家里装了一个类如摇摆一样的东西,有时在午夜之后便很有节律地哐哐,哐哐,哐哐。那声音连接了无数线索牵着梅英头发拽得脑袋也哐哐地晃,她好几次想对吴月说,可是声音与老女人的侵略,又不是天天发生,那天赶巧梅英出门和吴月出门同时,吴月眯着眼说,小梅夜里没睡好,眼有些有肿,梅英说,你们家夜里怎么总有声音。吴月红着脸,不好意思,那女的总来吵闹,弄得四邻不安,下次我想办法。后来那老女人来吵得少了,可他家里的那哐哐声依旧还有,梅英实在不明白那声音作什么用。有几次隔着门窗的纱窗儿想看看,看不见,这倒激起她的窥视欲,她几次试看都没成功,倒是有一次吴月对她说,你们吃的椰蓉面包中有一种成分不合适,最好改成豆沙面包。北京的豆沙挺正宗的。哦,还有在地板上坐卧不好,北方的风贴地走,容易引起局部神经麻痹。梅英开初听了很感激,觉得吴月挺关心人的,后来细想,有问题,吴月怎么能知道我爱吃椰蓉面包,还有我的室内习惯,席地而坐,早晨丈夫儿子都走了,梅英光身冲一个澡,在卧房走动,清理床上用品,窗帘虽然打开了,但卧室对面没有楼,街对面是巷墙,除非胡同有一只会拐弯的眼睛。她在同凌华英闲聊时说了一些细节让她帮忙判断。凌姐,你说我们有办法看到别人家里的情形么?凌姐没正面回答她,某天送给梅英一张光碟,名字叫《偷窥》。梅英看后,吓得在室里每一个角落里都看看,是否有针眼镜头。还好只有白花花的墙,后来她知道有高架望远镜,于是对阳台注意,那天早晨梅英擦窗,她把玻璃窗叶推开,单手抱住铁窗棂,用毛巾在窗叶反背擦拭,隐隐看到玻璃折射的是吴月家的窗口,她吓了一跳,再换角度时,发现室内的部分影像叠在玻璃上,想一想,那边的窗叶打开,在玻璃上,或者一面镜子,那岂不看到了梅英的室内。这个吴月还有偷窥癖,不过在梅英看来没什么,顶多也就能模模糊糊地看到一个她的身体,还挺费劲的,我的身体那么金贵吗？只是吴月去翻她家的垃圾袋,这让梅英百思不得其解,研究员吴月总不至于去吃梅英扔下的半块干面包吧,或者是女人用的东西。

从这以后,梅英生活倒是检点多了。吴月同卡卡倒是玩得来,他教卡卡许多化学上的知识,有时那种变化法像魔术一样。她想让卡卡少与吴月来往,可没法说,再者也想不出吴月有什么地方对卡卡不利。上午10点多,梅英正在网上聊天,听得有轻轻的敲门声,除了凌姐和他们家雯雯,她这里不会有陌生人来,她去开门,一看是吴月。

我可以进来吗？吴月扶了扶眼镜。梅英点点头回转过身子把睡衣换了,另穿了一套便装。吴月文质彬彬很有礼貌地说,不打扰吧？我们可能有误会,想同你说一说。

梅英倒想听听他说什么,哦,不碍,邻里之间都还很关照。吴月沉默着,不知说什么好。梅英见状,您只管说,我在北京没熟人,你就当跟自己说话一样(梅英后来回忆这也许是她一生说的最智慧的一句话)。吴月便说他的南方当兵,东北童年,说他读大学,然后在工厂,在研究所,说他一个人如何寂寞地奋斗,不幸找了一个卖猪肉的老婆。娓娓道来似乎吐出他一生的苦闷,说着便清泪长流。弄得梅英也不能自控地给他捶捶肩,用小手帕给他拭泪。她同情吴月,她无法想象一个人居然如此和任何人都没关系地生活着,他是男人,50多岁,看情形已十年多没有女人了,这真是很没人性的。吴月想从窗口里看看她的身体是再自然不过了的。吴月向梅英赔礼道歉说,你肯定知道了,我从镜子中反观你们家,不好意思,我有15年没看到女人身体是什么样子了。我只能在家里墙上贴几张裸体画儿。我看到你的时候便想起你很美的裸体,我知道你最爱卡卡,所以我和卡卡关系弄得最好,心里想的是通过你儿子,拉拢你的感情,其实也没什么坏心眼,就是想看看你的身体。

这种诚实直白让梅英震动极大,她慢慢地解开衣扣,双肩,还很饱满的乳房,梅英的肚脐圆如旋涡,很美。腹部也没坠肉,她是学戏的,常常劈腿,大腿小腿比例也很好,她慢慢地脱掉便装,她想让吴月看一次身体总比让长发飘飘诱奸一次要强多了。吴月如痴如醉地看着,他很规矩一动不动,静静地如同看画。吴月说,小梅,你真是世界上最美的女人。看了你,所有的女人都可以不看了。

吴月离开以后,梅英锁上门,在屋子里赤裸着身体,在衣柜的立式镜里反复地看自己的身体,确实很美,吴月的发现使梅英重新发现了一次自己。

过了几天，吴月在胡同里碰到了梅英，塞给梅英一个信封。拿回家一看，是一万元钱，这让梅英很生气，难道我是卖身体，她敲开吴月的门把钱又给他扔回去了。

影像　飘飞的空间

梅英从长安街坐公交车，拐弯到金融街，眼睛漫无目标地寻找，月坛，礼士，布政胡同，她突然被一个目标扎了一下高楼上有一个广告牌，第九街区，车匆匆地过去可那几个大字在脑海里定格。下午她接完卡卡回家，卡卡做家庭作业，她很快地做完了几个菜，卡卡，好儿子，等爸爸回来，你们先吃饭，我出去一下，晚点回。梅英打了一个车，沿途寻找那块大招牌，司机觉得新奇你找它干嘛？那是一个品牌广告，梅英没有说出心中的秘密，让司机拉到那条街，在与胡同拐角相连的地方果然看到了第九街区，没错是一家大百货公司的广告，梅英默默记下了电话号码，这个公司一定知道有一个第九街区。第二天丈夫出门孩子上学，她便给那公司打电话，一位女孩儿接电话，声音清丽。梅英说，我找第九街区。女孩回答，我们就是，但是不知女士要哪一样物品。梅英解释，我要找的第九街区是一条街，您能告诉我吗。女孩说，我们是系列产品。

梅英整个一天都在琢磨第九街区，她想这个公司一定知道的，下午又试着给那电话拨了一遍，还是那个女孩接的电话，梅英反复解释，小女孩吞吞吐吐，我也，不能知道，准确，准确的地方，公司有员工说我们的品牌与一个街区重名，梅英恳切地求她告诉地方。女孩说，好像在北郊市场，安定门外的一个地方。梅英第二天先去地铁，坐到雍和宫出来，很快找到了安外，可这儿和北郊市场没关系，她便顺着安定门外向北走，慢慢打听，大多数都摆手说不知道，极少数的给她指路，总是向北走，这里街道无穷无尽地重复，无数相似的楼房一栋连一栋，梅英把脖子都望酸了。大致到别人指的区域、方位，这儿没有第九街区，那个卖冰糖葫芦的老太太被梅英反复问得不耐烦了，便顺手一指，喏，北街向前，左拐，再右转。梅英去了。街景迷离，每个摊贩都极不耐烦地回答梅英解释与盘问，在黄昏中，她终于摸到了老太太指示的地方。

梅英抬头一看，傻了，是一座精神病医院。

时光耳语

今天的市场，正版软件竞争不过盗版，大多数私人客户都贪便宜花几十元钱去买一套软件,客人们的说法是如今软件多如牛毛,更新速度快,那些正版软件昂贵,这个版,那个系统,收集得多了,软件的钱便比一台拼装电脑贵,不合算,可一般国家单位害怕盗版,银行、医药、交通等系统都有自己的软件专家。吴庆余的销售代理只能走国家正式单位。一是私人销售盗版软件也有一个自己的系统他打不进去,进货与出货都成问题。二容易被工商与公安逮住,罚款便是让他血本无归。庆余只能跑一些公家单位或各城市的二级批发,如今高科技人才如同草原上的羊群,随手捻一个都比庆余专业水平高,连那些大学博士都去做科技市场,庆余争不过他们,他只能去跑单位,如今机关行政,或者各种服务局的人比猴子还精。京津地区各单位的信息都很灵,有些单位用量大,打上几个电话,派一个工作人员,可以到科龙,硅谷城批量订购,或者直接与各软件公司商谈直销。早两年庆余利用两部委关系,主要是他的过去同学与老乡做了几单生意,凡做电子产品需求都是有限的,一批产品要用许多年,慢慢庆余的业务少了。首先是把自己的奥迪换了,面包是人货两便,梅英来后生活开销上升好几万元,顶不住了就把日本面包换了国产面包,最近连面包也不要了,道远的坐火车,城里的业务便打车,没有车,费用是少了,但联系面也少了。最近两个月一单大宗生意也没有,每天晚上回家便唉声叹气。连梅英也觉出了紧张,在北京呆了两年,她喜欢这个城市了,如果再回到江南的那个小县城她没法呆,关键是县文化局的那个岗位早就没有了。梅英发现凌姐在部委里能量挺大,于是利用傍晚马路上散步的机会对凌姐说,现在好几个部委更换办公设备,电脑、软件系统可以通过机关事务局推销一部分,凌姐门路广,帮帮我们家庆余。凌华英说,我已帮过庆余几次了,要不早滚回江南老家了。只是他稀泥糊不上墙,我给牵了几次关系,都被他弄坏了。看你的面子,我再帮他一次。凌华英带着庆余,在市内走了几家单位,情况不妙,各部委办公系统早已更新了,庆余下手晚了,华英说我们最后找两家,碰碰运气。

就在三里河东路,找了一个部,一个总局,利用她同学的关系拉上了线,并把两个事务局的有关人请到月坛北街最好的酒楼吃了一次。凌姐很够意思,连请吃饭的几千元钱都是她掏的。庆余先给那个总局供货,忙了十天半月,这一单更换电脑液晶显示屏和办公系统的软件都价值几十万,这下能让庆余打一个翻身仗。梅英家里又多了欢快,她提醒庆余,你得感谢人家凌姐,她还真帮忙。庆余,喝着酒,鼻子里哼了一下,你以为人家真的给帮忙。话没说完,便听到急促的敲门声,是凌姐,她愤愤地进来,指头抵着庆余,吴庆余,有你那么办事儿的吗,你这一下坑了好几个人,你的电脑办公系统软件是盗版的。还有你这个小人,过河拆桥,那么多人帮过你,你一点表示也没有。

　　吴庆余一听头嗡嗡地响了。怎么会,不能够呀。我是在中关村电脑城配置的,而且我同那老板是好朋友,长期都是正版生意。凌华英哼哼地,人家总局有的是专家,这种检查还会错,你连带我那几个朋友都受处分,责令重换软件系统。你自己去堵那漏洞吧。第二天吴庆余去了电脑城,那家老板已经换了,他的老朋友已撤回南方了。他最后一单生意便是坑吴庆余一把。这家总局和中国工商是一家,吴庆余有几个头也不敢乱来,他只好全部从总公司进正版软件系统,给他们全部重新安装上,这一正一反地折腾,吴庆余所挣的也就不多了,更不用说给他们几个人打点回扣了。因这件事没办好,那边一个部里的合同关系也没法履行。任吴庆余怎么去求那个办公室主任,人家也不答应。吴庆余回家躺在床上生闷气。梅英在厅里喊他,庆余,吃饭了。

　　吃,吃,就知道吃,总有一天大家都没得吃了。

　　梅英知道丈夫没做成生意而生气,把他拉上桌,劝他这一单做不成可以再做一单。丈夫说,没下一单了,这单大要做成了我们可以彻底翻身,还可有周转资金做别的,我原想做完这一部一局的,不做电脑和软件了,改行,开发可视电话,在大城市开发可视电话,只是时间问题,我们可以提前做的。这下完了。梅英说,你给我一点钱,我去找那个主任试试。丈夫摇头,这些人岂是万儿八千拿得动的,梅英笑了笑,不用,你给我几千元钱,我买点小玩意给他,行,就成了。不行,也不伤害什么。

　　庆余说,你疯了。瞎子点灯白费蜡。梅英不管,她按自己心思去做,真是买了一些小礼物,去了那个部委,在门卫那儿她给主任打了一个电话,说有事约请他。没想到那主任竟下来了,一见梅英,不认识,梅英说,我请主任喝下午茶。她带着他,笑嘻嘻地同他说话,全问一些好玩的事儿,那主任也松弛了,只和她说说笑笑,在茶楼里梅英送给主任一些小小的礼盒,主任打开看,很惊奇,也很喜欢,接下来的话便好说了。说到更换办公系统,主任犹豫了。梅英说既然主任为难,那就算了,我们也算交个朋友,她跟主任握手,梅英手很绵软,无骨的那种,主任把手伸到梅脸上说,当然这件事也不是不可以。

　　哦,我明白了,主任是要我身体做代价。梅英肯定地说,这不成,我不能背叛我丈夫。那主任微微地笑着,你忠于丈夫,丈夫他忠于你吗。梅英有些诧异,你认识我丈夫,当然你认识的,吴庆余,他找过你,那主任说,这之前我并不认识你丈夫,但我认识凌华英,我们是同学,还有总局的金燕姬我们关系都很好。

梅英很奇怪,这和我有关系吗。那主任默停数秒,抿了抿嘴,华英为什么会帮你们。梅英说,我们是邻居。主任搓搓手,仰起头,其实华英早和你丈夫有关系。

不,不可能,我丈夫那人是不会跟别的女人有事的。

哦,别的我不说了。去年在保利大剧院意大利歌剧票是金燕姬弄的三张票,我们三个人,临演出时是你坐在我们中间。华英没来,你没觉得不妥。梅英回忆,那次听歌剧后梅英很兴奋。回家后想和丈夫做爱,丈夫拒绝了她。原来是一次调虎离山。只是让梅英不明白的,丈夫经常说华英的坏话,华英也经常在梅英面前表示对她丈夫不屑一顾。这很奇怪,两个彼此不满中伤的人,还能做爱。这个世界真奇妙。

梅英说,其实我是可以和你做爱的,我有精神准备,原本为丈夫办一件大事,献出一次身体算不了什么,就算被强奸一次吧。可是我不想办成这件大事了。我同你做爱也就没意义了。谢谢你能来陪我喝茶。梅英付了茶钱出店时,风白得耀眼,时间滑得比风还快。她在这个城市一眨眼便已待了两三年了。

晚饭时,庆余问梅英,那单生意谈下来了吗。梅英说,谈下来了,不过人家有一个条件。庆余很高兴,什么条件我们都答应。我明天再去见他。

梅英很冷静地说,人家要日你老婆。

[移民辞典]

乡下人从地球表面的这一边跑到那一边,如果说这种人口重新安置的现象不容忽视,那么乡下人成群结队脱离农业的情况就更令人吃惊了。人口流动与都市化形影相随,19世纪下半叶,处于都市化过程中的主要国家。其城市人口集中的速度超过了除英德工业区以外的任何地方。

人口流动与工业化形影相随。现代世界的经济发展需要大量流动人口,而新式改良的交通条件又使人口流动更容易,更加便利。当然,现代经济发展又使世界养活更多的人口。

《资本的年代》江苏版,260,263页 艾瑞克·霍布斯鲍姆著

永恒的钟摆

梅英这些天终日流泪。她倒不会因为经济的困顿而绝望,她不相信这

么一个大城市会没有她吃的那一口饭。许多问题她想不明白,包括她自己,那年是法国文化在北京举办中国年,她独自去了美术馆,有四五个展厅,各种各样的美术作品有几百件,旁边观看的人议论,这是法国艺术品在中国展出得最全的一次,包括把罗浮宫的镇馆之宝也拿出来了。梅英不懂,只觉得眼花缭乱,许多画她都一掠而过,往往她会注意一些小细节,例如画中的小矮人,流动的色彩,为什么会有一些破碎的拼贴画儿。突然,梅英在一幅画前停下来,呆呆地看了两个小时,《我们从何处来?我们是什么?我们往何处去?》婴儿与狗,流水与树,那么赤裸的女人,洗头,摘果子,私语,凝视,还有神像,人们的祈祷,背后是一片大海,鸟不飞,猫不动,在左手边有一个白发瘦弱的老者,她面对死亡。这画特别对梅英的心思,一幅画是一个人生的过程,那么细致,一片叶子,一滴水,都能触发人的心灵。她站在画前默默地流泪,她想自己演过无数场花鼓戏,一曲戏也是一个人生的命运,可惜那时年轻体会不深,今天,一幅画把心里全部秘密掀开。让梅英没想到的她看完之后是吴月站在她的地方,吴月也流泪了。

梅英还没到老而不死,这幅画只有过程,却不提供答案,现在她该怎么办?也许去第九街区去看看,会有一个满意的答案。这次她反复查询,首先把方位弄准,第九街区在这个城市的东方,从地铁站去钟鼓楼,南行,地安门,锣鼓巷,再转香饵胡同,一上午把东城北边找完了。再向东,张自忠路,海运仓,出城东北角,听说第九街区就在这一带,有一个朋友在三里屯酒吧玩,曾有人神秘地带他去过,据说仅十多分钟车程,以三里屯画圆,大至方位应该不错。她找到傍晚了,很累,暮色中灯光灰昏她看到了街区字样,但数目不对,她又从三元桥往城中返,口里默念着第九街区,也不知道走了多久。她进入了一个幽深的胡同,极安静,有三三两两的人行走,脸色肃穆,相互不言语,她和别人擦肩而过,墙头的街灯极为暗淡,仅仅是一个淡黄色的晕圈。梅英相信,这次肯定找到了第九街区。她已经被一种神秘笼罩了,走了不知道多久,也不知道拐了多少弯,看到了几个门廊,没有牌匾。倒是偶尔有一两个军人,她估摸着这就是第九街区了。她向那人打听,第九街区怎么走?那人说,这是一座监狱。梅英不信,那人说你看看,墙头上还有铁丝网呢。梅英抬头一望,可不是,蛛网罩住了天空,梅英心中大恸,在墙根下徘徊良久,突然有所悟。不找了,回家再说,下次再找让一个老北京带着我,我不相信第九街区就这么蒸发了。她耳畔突然听到钟摆的声音。

吴庆余的公司倒闭了。最近一段在中关村卖盗版光碟,突然发现一张碟叫《第九街区》回家兴冲冲的对梅英说,我已经找到了第九街区。

婚　　床

　　那栋塔楼高得万分寂静,光从很窄的胡同透过来,阴影切断了从教堂那边传来的颂诗音乐。

　　杜闲又站在那棵老槐树下眺望,疏朗的树枝偶有几片叶子掉下来,晃得他一脸的斑驳,有云的风景已撤退干净了,高楼或者蓝天。

　　他还在瞭望,但倾听又不是来自注视的方向。日影渐渐移得遥远了。于是站立只是一种愿望。

站　　立

　　我说你有完没完,又在这儿呆立,连这棵老槐树都感到厌倦的。燕伸手去挽杜闲,像带拖斗车似的。胡同只是对一种旧闻的陈述,凡属昨天发生的都生机勃勃。

　　燕说,还不如院中掉下来的白玉兰,闻着也是一种季节的感叹。这时杜闲侧过脸,眼睛飘过来一缕亮光。

　　你终于能把感受说出来了。

　　放你娘的臭屁,我是跟你学的呆话,挖苦你,傻帽儿。燕一笑,浑身都在抖动,她今天没穿文胸,乳头在那件鄂尔多斯羊绒衫上凸出,她口里散发出轻淡的大蒜味。

　　走进四合院,杜闲又站立在院东首的那株西府海棠下,树成了干渴的鸟,叶子都随风飘散,今年是绝对不会掉下果子了,注视成为树枝向天空的延续。

　　想象这座城市有各种各样的事物站立:电视塔,烟囱,立交桥,楼顶歌厅,旋转广场,还有各色广告牌。

　　站立是城市厌倦的姿态。

　　如果没有想象,人只能看到玻璃橱窗飞来的微笑。

　　明天,太阳来到之前,一切事物都在黑暗中亲吻过了。

床上用语

　　杜闲从来不拿电视遥控器,这个遥控器像个玩具,总是在燕和她妈手中抢来抢去。电视节目一晃一晃地从黑白晃到了彩色,晃出了燕妈头上的白发。

　　杜闲注视电视屏幕,清宫戏错综复杂,于是母女俩轮流争执,猜测可能的结局。你说玉兰还能被皇帝宠幸。

　　答案是肯定的。

　　没道理。闲,你说呢?哎,问你呢?

　　杜闲从沉思中回答,喔喔,好,好。嗯。

　　好你一个头。你看的啥?喂,妈别换台,那个亲吻的镜头看看,他的舌头是否伸出来了。

　　非把舌头伸出来才过瘾,像个吊死鬼。屏幕红红绿绿地一闪,又开始抢电视遥控器。

　　杜闲这时望着用各种纸糊的天花板,注视。

　　我是一条美人鱼。我的乳房像旋转的馍,我的手指像白玉,我的腿是搅动湖水的桨。我的。

　　整个一个傻B。

　　你是个傻蛋。只有女人才是用来看的,哇,你看我比那起伏的麦浪,麦浪滚滚,滚,为啥滚,你知道么?燕把指头竖在圆嘟嘟的嘴上,上升,在鼻尖停顿一下让视线在上爬,又看你的天花板,我倒瞧瞧。

　　燕光着身子压着杜闲,如同晃动一只小船。

　　摇呀摇到外婆桥。河水涟涟,弯弯的小桥,外婆家的老屋,青石板,木门窗,杜,到了你们乡下,看你妈拎着篮子系着围兜。整个一个土鳖也。

　　杜闲猛一翻身把燕压结实。今日管你浪够。

　　怕你没那本事。

　　我看你城里人到底是嘛东西。

　　床上的东西。嗯,嗯嗯。

　　哇塞,哇哇塞。

　　不准你说,不准,无聊之极的词,哇是开口之词。床上用语。

　　我偏要说,哇塞,哇塞。看你脖子上筋都垒起来,你生气恶狠狠的样子真好看,酷毙了,哇塞,帅呆了。

　　咚,咚咚。崩咚。燕儿,都五更天了,我求求你,你还让妈活不活呀。我明日还要上班呢。莫叫了,好啵。

城　　市

电缆是城市的血脉。在这血脉之上闪耀着火花。还有电车的长辫子嗞嗞啦啦,司机把头伸出窗外骂了一句,你丫的。另一端有人围观,不是打架就是碰车了。警察拦住一个外乡人在掏衣兜,站台上人们都伸着鸭脖子。

杜闲在马路牙子上。

大街上所有的人只有一个目的行走。

O城少雨,渐渐被风沙侵蚀着,灰尘浮上去,阳光在浸泡中有些锈迹斑斑,秋冬里长街满是黑色的长衣,至少性别在外形上难以区别,橱窗,沿街的摊点,门脸里有人掀动棉帘或塑料帘,人们在一瞬便是这样擦身而过。

推车卖糖葫芦的,还有吃喝羊肉串的孩子,旧式的门面刷新朱红油漆,糖炒栗子正在一个铁锅里搅拌,女人和孩子围着,那个弯腰的女人,屁股升起来在小孩的头部,一个硕大的蘑菇菌。只有挤在墙角卖红薯的男人袖着手眼巴巴地望着行人的光顾。

如今这泥里长出来的贱货也贵起来了。

正宗泥里的东西才金贵呢。

大嫂和男人讨价还价。

杜闲袖手出神地注视高楼,一块玻璃的反光正好落在他的脚下,鞋并不行走,它是脚的附属品。

城市的本质＝交换。同货币一样。流动是它的生命。

阳光与池水

城里没有池塘。但嘈杂的话语是它的池水。

人声在大街的每一个角落詈骂,诅咒,争辩,吵闹,耳语,倾听,窃窃,滔滔,长长的呜咽,或者回荡的吆喝,颜色改变音的短长,一阵风引起的滞阻,流水带过后畅达纯净,一切活泛的东西都会有堵塞,喘息便是在流畅与窒息之间,建筑物站立得太久,是声音加速了节奏。猝然响起,抒情的延续,毫无由来的停顿。

太阳光芒布置于上,弹动一下,细若游丝。

短瞬与绵延,抑或同黑白棋子飞出和停顿,也许只有阻滞才是一种缓慢的延长。

时空变化的时候,阳光是剩余的东西。

阳光像石榴样裂开了,红色便是影子。对比出现缝隙是时间冲刷的,空间的展示暴晒在顶空肆虐,阳光这才滔滔不绝地讲叙,男人伸出手掌,时间和阳光在掌纹里轻滑地流淌,看一眼是凝滞,注视中它是懒惰的猫咪,散漫而软弱无力。

妈,杜闲出走了。

他怎么能这样呢。找哇,傻瞪着干嘛。说了别欺侮人家,这可好,看你闹腾。

妈,你帮我找。

男人眼光女人身体

杜闲如一汪水迹在这个城市的上空纯净。燕没有找到他着急上火,月经也来早,量也特别大,连那防侧漏的舒而美也不管用,她在寻找一样东西,街上本来是不可以丢东西,行人的眼睛太多,谁都可以看见,但一个大活人儿就这么没了,只有在这个时候她才有丢失感,才明白一个人若是要藏起来,不是在天涯海角和荒山野岭中,藏得最好的是这个庞大的都市。

丢失永远不指小物件与器官,因为它是不会丢的,只是你的记忆在哪个环节出了问题,是遗忘缠上了你。某物一定还在那个地方。在,物在便有了看风景的女孩儿。

一个人在生活中或缺了。如同电信的声音发出去,任燕的声音多么清脆响亮,她喊出的所有床上用语,再也没有回声,所以才有了销声匿迹的词。因而声音发出以后的丧失,是真正的丢失。她不知道打了多少电话,一切和杜闲有关的单位,朋友,他工作相关的一些业务部门,曾经做过销售业务的客户甚至一切可以回忆起来的零星细节,电报局,电话厅,手机,公用电话,电话听多了耳廓有一种灵敏的感觉,那声音也是一种静电,嘟嘟的盲音先于话筒提前抵达耳边,对着电话说仅是一种姿态。

燕有些绝望了。这孙子,跟姑奶奶来这一套,我自个儿找乐子去,新街口的蹦迪惊心动魄,没结婚她常去,疯到深更半夜回来,刺激,一切刺激的话题都在那里,喝洋酒,抽洋烟,在五颜六色的头颅中摇摆,有天夜里蹦累喝醉了被一辆宝马车拉到友谊宾馆,那驴日的老板竟然把一根鸟巴塞到我口里撒尿,滋溜我一头尿潮,我也狠狠地咬了一口。

后来才和杜闲谈恋爱,那时他在北大读研究生,学生自己的舞厅到底文明多了。杜闲只是这欢娱场中的看客,从没见他跳过舞,我常常骂他土鳖。他便回骂我一句傻B,他挺文静一个小伙子,说到骂人粗话常是恶狠狠的,逼急了,脸成了猪肝色,口吹白气,咬着牙对我的耳朵说,我日死你。

往往那种怒气冲天时,杜闲才是最可爱的,她便用手绢给他脑门擦汗,把鼓得圆嘟嘟的唇去吻他,竖着指头在他眼前晃,哇塞,酷,酷毙了。

杜闲经常是把语言省略而浪费目光,盯着那些不相关的物什傻看,燕最气他这一招。你若是看一个女人,也说是本能,是欲望。读各种各样的女人是男人的享乐。燕儿身体是女人中最有代表性的,乳房高大屁股圆,腰软,大腿粗而小腿长,她站在大橱镜前裸体地看半天,还特意蹦几下,燕能把自己当做另一个漂亮女人看,陷入了自恋。可杜闲宁可看天花板。闲,你看看我这奶真是酷毙了。乳头像水晶枣,红红殷殷,高脚杯里看到的法国葡萄酒。未喝先醉,来,来嘛,你吃一口,不,你用舌头尖点一下。杜闲还在看窗外的风景。气得燕儿一屁股坐在他身上,双手扳着他的头,硬把一个奶挤到他嘴里。

注　视

一个爱注视的男人。

阳光在 O 城是衡定的,无论是在摩天大厦的西侧,还是在胡同四合院的东厢房,塔形的玻璃大楼阳光有刀锋的力量,而古老的青砖灰墙上阳光从墙缝的线条渗透进去,让你眼里充满光亮。老人在槐树下躺着,阴影从早到晚地移动,你在一个瞬间注视是无论如何也看不到阴影的实质,长时间地注视阴影便充满了运动的神秘。

或者是一个老太太弯腰在槐树下扫落叶,那树叶飘下来的姿态,飞升,斜飘,下坠,在阳光或风息中保持瞬息的停止,它是在一个空空游荡的无形白光中飘浮,白光中有许多让人不易察觉的游丝,两个老人看着空中,太阳或者雨丝都是天空和大海的衍生物,注视它实际有许多类似的境界,长长钓竿下凝止不动的丝线延伸到水下静静地等待。老道在玄门观静坐,他修的是一种内心的静止,拂尘之于灰尘只是等待中的修辞符号,还有一个特例,在相峙中的棋局,棋的目的不应该是胜负,他只是个人内心移动棋子,棋盘只立下规则,不能在规则下运动,否则一切事物只是你的敌人,你和一切有形之物较量,你如果牵动棋子在无形中运动,那么你便会和时间下棋,和个人内心对话,那时候,棋的残局便是无数诗意的汇集。

注视人生的棋局也是如此。只在注视。

男人,杜闲注视,包括他睡觉的时候,每次他支起身看着燕在睡,姿态是螃蟹似的,她终于静止了,光线从窗帘中过来,他便顺着光线寻找,注视在空间可以无限延长,白光朗丽时,他便如梦初醒,发生过什么他一概不去思想,将要发生什么只是一种钓鱼似的等待,灿烂如日。在细雨如丝中,通常O城是不会有这种南方的湿润与缠绵的,这不影响偶尔中有一种湿度浸润,嗅出来,让感觉和鲜花的香味在临空中飘舞,绝对不能在室内像燕那样洒下香水。香水仅是女人的性欲表达,具有淫乐色情的标志,当然也和女人下体的气味有关,在腰部停顿下来观望花园,不应该是田野上的鲜花,这时注视才有意味。

静静地嗅,一种书香,一种空气,一个地方,生你养你的故乡,你只能静静地嗅,那是嗅出的注视。长久血肉地注视。你说嗅是一种内在的注视。

聆听,一种轻微的声音慢慢地爬上来,来临了是一种期待中的抵达,远去了是一种漂浮浪踪的遥远,鹤鸣长空一掠翅在山冈之外,一棵松树在悬崖上弹动,那都是摄声远游,你无法看,所以聆听代替了注视,松针一声,鹤啸之音,或者是阳光捕网的声息,动物和植物有多少种类便有多少种声音,甚至,宇宙抵达人类种类最多的是声音,仅听是不够的,你只有长长的注视。

注视奥妙无穷的声音。

续男人眼光女人身体

寻找杜闲是一个孤独的过程。无意识地走到街的尽头,胡同无限幽深,如今的长安街东至通州,西至石景山,东西贯通一百里,她在夜幕中漫无目的地走,她相信众里寻他千百度,蓦然回首,伊人正在栅栏处。没有,一如夜晚凝重的光线。杜闲如同歹徒劫持走了,奇怪连挣扎的痕迹都找不到,始初寻找杜闲,关注的仍是杜闲,一丝一缕地都牵着她,妈妈在找女婿的时候崴了脚,差点掉到护城河里。然后晚上母女便变成一种诅咒。

这驴日的,要找回来了,我一定割了他。

这种男人不是东西,一点责任都不负,当初你们谈恋爱时我便说,蔫不叽的男人心思重,会有麻烦的。

得了,不找了。该干嘛干嘛,两个脚的男人有的是。于是燕找过去追求过她的那些男人。祥是个舞坛高手,霹雳舞,走太空步,在细雾迷漫中真正是凌空的王子,跟他跳舞那手指便是音乐的节奏,和面似的在女人腰后挪动,贴在屁股上,那小指头像勾弦似的,咚咚,铮,女人先是倾倒在他的手弯,然后是一朵云在他怀里散开,他的脸从一开始便是微笑,直到光彩变成褐色融入角落,他的笑便是洒洒在女人的脸上,燕儿问,你干嘛不贴着我跳。

不,不好意思,我下面的物什不老实。他一扬手几乎全托起燕,一个滑步,随音乐飘,这种腾空便是滚滚的浪花,不过永远不会拍击礁石与沙滩,依旧在水中回旋。

跳完舞上酒吧又去听宁静的音乐,在狂躁中凝止,她的头伏在祥的臂弯,柔柔的头发在朦胧的光线中散发着香味,燕儿,你真是一个梦,读中学时我便追随着你的身后,我从后面看你。燕奇怪,为什么从后面。

你的屁股好看,真的,让人想象得一个晚上睡不着,是圆旋式的但有劲。那功夫多好。还有从肩后也可以看到乳房。那真地让人眼晕。祥说这话时把舌头伸到燕的耳边,扫着耳沿,两片唇夹着她的耳垂,有一种感觉从空中砸下来,那是一种毁灭的危险,燕儿摆摆头,调整角度把嘴伸过去,用唇去碰他的舌,软软的,有点凉,但在接触的一瞬便膨胀了,瞬间,他的舌顶着了牙齿,碰撞中叩开了牙关,于是口腔之内便是两种琥珀色的光线融合。

后来在车上,进四合院,进入自己的房的细节都忘记了,似乎听到祥和她妈说过几句话,打小的街坊邻居,又是同学,妈就像自己家里人出门归来,没特别反应,好像问了句,杜闲有消息么?

在室内祥还是那么微笑着,那是许多年来保持期盼的眼光,燕儿寻找的饥渴已经让她有一种吞云吐雾的吸入感,连他的微笑也一下吃入口里,她把祥当做一种食品,吃下去时,哇塞,哇哇哇,哇塞哇塞,这才是真正的哇塞。

他们手忙脚乱地剥衣服。哇,你的奶举世无双,饱满是夏熟的桃,还有出水的晶莹,摸一下,燕便开始呻吟,捉住它便拥有了世界,祥是一双世故老练的推拿手,十指流氓,赶狼抓羊的行家,他用掌沿不停地在乳根下挤压,似乎防止乳房自上而下的滑落,推挡之际十指不停地搅拌,牵着燕头脑的神经不停抽搐,他们在床上不停地翻滚,顺理成章的该把一棵树栽下去,栽在那个早已湿润的欲望之坑,突然,祥说,让我看看,看你的举世无双。哇塞,我见的女人没一个赶得上你。祥也是和燕一样有着哇塞的惊叹,不过随后是燕沉重的一脚把他踢下了床。

你个驴日的,还是去操别的女人吧。

燕儿站在席梦思床上不停地蹦,那乳房真是美妙,它也在跳舞,腰间那个肚脐如旋,还有隆如小岛的三角区。她让身体不停地弹动,笑声响亮如阳光照遍了所有的角落。

一　棵　树

燕在绝望之中突然想到一个人,雪梅。雪梅是个慵懒倦怠的姑娘。在屋子里趿拖鞋走路，声音是连绵不绝，屋子里所有的东西都是自然状态，最初放在那儿只要身体不抵达永远都是在那儿，雪梅也永远记不清楚屋里有多少东西，她躺在沙发里像只肥胖的小花猫，她的室内永远都是凌乱的，但不是有意地弄乱。这个杜闲性格相反，杜闲喜欢简洁、干净，所有东西都有动手的痕迹，也可以说室内的静物每件都被他的视线反复抚摸过。

这一切都不影响他和雪梅成为好朋友。而且是双方对于性格和习惯都不认同的好朋友。

雪梅有一个公司，是她的一个精明能干的法语朋友打理，因而还扩大到做国际贸易。燕把电话打到法意公司，那边说，真新奇，有女孩打电话找她，她可是从来不上公司来的。你是哪儿，找她有什么事？

我是高能物理研究院。是雪梅最好的朋友。

我知道，你们数学所经常有个男人来电话找她，我说过无数次雪梅的手机，可他总爱打到这儿来。

燕知道闲的特点，永远对第一个信号敏感，你告诉他第一个电话他会永远牢固地记住，可更改后，他还是打第一个，他无法改变。燕拍了一下自己的头，真是个傻B，我怎么把这碴儿忘了呢，杜闲一定在那儿，只有他们俩在一起时才爱呆呆傻傻地互相注视，不过雪梅是惰懒散乱的那种人，而杜闲是盯着每件物体，那年看雪梅家的水仙花看半天忘了落座，退到沙发上竟然一下坐在雪梅怀里，雪梅懒懒地一声不吭，用小指勾一勾他额前的头发。

妈说，燕儿你得看着杜闲，他和雪梅俩关系出格了你咋办？雪梅可是个美人，性格又柔好。

瞎操心，杜闲和雪梅俩睡到一个床上也不会有事。瞧他们一个傻子一个呆子。燕虽这么说，心里还是悬着的，还好，他们结婚好几年并没发现什么蛛丝马迹。

燕去体育场路找保利花园，B座2202号，找到雪梅的门，慧敏守屋，说小姐出门好几天没回。问她看到杜闲没有，她说杜大哥来过一次。燕一再追问也没什么线索。

燕儿觉得院子里丢了一棵树，人是空的。

失踪真的是意味深长。

也　　许

如今大街连起了许多拱桥，城市是一体的，其实大街并没隔开，隔开的是人群，或者车辆。

桥梁没在水上,如果没有了飞驰流逝的时间感受,倒觉得是断鸿零雁的遗址,如果沙漠终将湮没城市,冬月高悬汽笛变成一种空旷的回声,可能有几棵树,或者一丛芦苇,水洼慢慢地干涸,那如殷墟废址再也不会有马匹,铁铠,盔甲等碎片式的意象,河流变成了一种缺失,人与动物走过瓦砾,另一端只是一种期待,候望,那时的注视让人倍觉落落寡欢,白杨树犹豫不定地孤立。古城再也不会因时间短长是否皇城而决定意义,它的改变仅在城楼某个伟人无意识的手势。

杜闲日复一日地在这个城市行走已经十多年了,也许差三个月零两天便是二十年,他还记得进城的那天刚好十六岁,居然在大学里读了八年。无数的书籍像淹没在水下的桥墩,注视是一片汪洋,可以走得很远,文字铺设的路到了古希腊和古罗马,注视是一种中子武器,穿透所有的物质平面,只有中子无所不在,它改变一切物质的平衡,他蓦然想起十多年前认识燕,她还是一个高中生,那时是几个女生一道去大学里玩,魏玲、胡珊、王雪兰都觉得杜闲乏味,太书呆子又土头土脑的,燕儿一眼便盯上了他,她说我家八辈子也不会读他那么多书,他说的我都不懂,不懂的便是好东西。接下来约会,把他带到香山去在树阴下亲吻杜闲,杜闲还觉得她头上有一种槐香味儿。口里亲着便伸手到了裤子,嘶拉一响,拉链裂开了。

杜闲是第一次之后不会改变的人,从此便只知道进入燕儿洞中。那次树下的泥土松动,俩人抱着滚下坡,幸好一棵松树挡着,石头硌痛了他的腰眼,燕掉了一只鞋,四周的风把她的头发吹得竖起来,她嘟着嘴时活像只肥猫。燕儿的胃口好,有时来了月经也找杜闲,杜闲说容易感染,燕一摆头,没事,只要洗干净。

燕拍着杜闲的宝贝说,有快乐便要享受,人到七老八十了想乐也不成,她就是一只永不停息的鸟。

她的出生便是为了飞翔。

杜闲以为世界是控制的,人亦如此。

控制使收与放在掌握之中,燕你不能无休止地消耗自己。春天打开,夏天放纵,秋天收藏,冬天贮存,事物之道有自己的法则。人的一生有许许多多的事可以做。包括痛苦和不幸也要经受,苦难也是一种财富。

放你娘的屁。我的一生不知道有多长,连快乐还顾不过来,哪像你在那些毫不相关的物什上注意。

杜闲摆摆头,一个人的内心只和那些特殊的事物有关联,而这些特殊的事物是需要寻找的,有时可能用去一辈子,例如修行之人悟道,漫长的是修炼，而悟只是瞬间事。也就是这个瞬间他找到了特殊，个人全部隐秘的情感与智慧全部凝结其上固定为一种永恒的象征。

燕倒是挺认真地听杜闲那些精粹的废话，那些永远听不懂的东西，杜闲还那么认真，神情肃然，燕觉得好玩，开心极了，认真地在杜闲脸上吻一下，你是个傻蛋。

手　　势

手是行为中最具有目的性的器官。

手既伸出意味目标是可以到达的。或者手势也可以是对某种目标的回应。

杜闲伸出手却是一种独白。

手以一种姿态向目标走去，（物体或指事）在运动中行走，眼看将要抵达目标，突然凝止，是空间瞬时的冻结，如同德尔沃绘画中的动作理论与表情特点。

手势有回撤的无可奈何。

手势的动作有如注视的目光。

燕说，闲你的手势永远是神经质。你，你只是用手看。

杜闲说，燕，你真聪明。

手势是一种地方性知识，它包含着集体性记忆。

时间残留的感觉　或印证

时间残留的感觉或印证

燕这次去找雪梅有一种不祥的感觉。她问自己要印证什么？杜闲与雪梅的私通，这不是目的。

在通往B座的途中。高层的阶级一节节摞去，往往爱说向上的台阶，只有回望，台阶是一种回旋，一个永恒填不满的洞穴。

理解阶级，向上是阳性的，向下是阴性的。

燕在明朗的街道突然有一种孤独与忧伤，一种离去的感觉，包括她出嫁，因为是杜闲进入她的家门，那是一种增加的感觉，生活中多余的部分是一种馈赠，过去万事万物都是一种到达，一种拥入怀抱，很充实，把杜闲的脑袋压在她的双乳之间（杜闲不爱洗头，总有一种油渍味），她爱男人那种浓重的味，一种刺激。

这时午后的阳光开始后撤，大街的人群开始匆匆后撤，黄昏是削减光线,让记忆发暗,沉入黑色之中。

关闭院门,树上黄叶掉下来没有声音,灯光一隐一现,街角或胡同总有些出其不意的动静,一个人影,一辆车正在远去,流逝的声音与时间一样,永远无法兑现。

琐碎,零星,散乱,片断,单一。行动是一种联结。

燕用力拍门,杜闲你这个王八蛋,你给我出来。

门是一种删节的静止。

嘭,嘭嘭。嗵嗵,当当当。燕儿又用脚踢,你丫的孙子,这次捕着你,非割了你不行。你把我害苦了。

拍击。响声。长时间静止。突然一个咣啷,门开了。是雪梅懒惰的表情,还打着哈欠,伸一个懒腰,乳房从睡衣缝隙里滑出来,燕,你永远闹不够,不就是一个男人,搁哪儿不都一样。看你急的?

燕儿冲进卧室,杜闲还一身光溜溜地躺着。

天,该杀的,你还真和雪梅搞上了。燕一屁股坐在地上呜呜地哭,我怎么这么倒霉?

雪梅松散着四肢倒在床上,静静地看着燕,这时杜闲和雪梅都在微笑,闲去浴室冲澡,脚步没有声音,只听雪梅说,燕别闹了,找到了,就领回去吧。

我还不稀罕,送给你!她冲出门,连门也没带,雪梅懒得动,门便那么敞开着。

离婚的那日,杜闲走进街办注视着蓝天,他的问题产生了。燕儿,我是不能再去你们家了。

不,我的门永远对你开着。

哦。我是一个注定没有家的孩子。

其实,我没别的,只要求你也把我当成了一件事,是那么长时间地注视我,而不是那些没意义的物。这比你操了雪梅让我难受多了。女人最重要的是让男人注意她。

讨 论

一个日光惰懒的下午,雪梅来四合院,燕躺在床上发呆,眼睛盯着天花板,她突然发现注视并不是目的,想起了杜闲,他为什么要这样?

雪梅告诉一个让她震惊的消息。

其实杜闲和她并没有发生关系,一切只是杜闲要求做出一个现场,让燕给捉住。

杜闲说,离婚便是一种躲避追缉。那是他逃逸的一种方法。他需要的是注视不会经常被打断。

这个天杀的。他就这么讨厌我。燕恨恨地把手攥紧。

不,不,杜闲是最爱你的,真的,最爱你,他是为了爱而分手的。他说你是天底下最单纯的女孩子,单纯得连欲望都那么简单。只是为了一种欢乐。于是他给你一种自由。

我更不能饶他,他不明白,别的男人给不了我,我只对他有感觉,一挨着他的身体我就激动起来。那天来捉你们是一种错误,明知你们肯定在一起,捉到了只不过把一种结果提前,我真愚蠢,其实,杜闲是不可能再和第二个女人发生关系的。至于你,你只是他注视的一个对象。

你还是不了解杜闲。

男人和女人在一起最重要的是快乐,理解就那么重要?又不是做学问。理解是一种纵容,一种放任自流。

生活,你们选择非如此不可,而我却选择怎么都行。如果执著一种理念它就会碰到他不可克服的难题。

随后的流逝

记忆是在不断征服遗忘的过程中前进的,眺望过去即便是一个古典的城市,城墙上的野草都保持农具时代的风貌,现实不能去代替那些东西。

(电脑不可以去复制一切,不是不可能而是不可以)

一个女人走过漫长的时光,在丰满的肉体一点一点地晒干了欲望,她在槐树与海棠树之间拉出一根绳子试图晾上衣服,湿漉漉衣巾水渍洇在庭院里在地砖上滑动,砖缝的泥土钻出几根嫩草挑不住水滴,空气飞化了湿润,女人脚的肤肌依然白皙但可以看粗绿筋像条蠕动的条丝虫向腿上移动,裤管内没什么激情和欲望,女人这才慢慢抬起头,看看天体,宁静,光滑得如同白胎瓷瓶,往事已经从上面滑过去,光明留不住,黑暗淹没一切。

那根晾衣的绳子依然空着。

(站立,表示一切事物还活着,如是站立就是生命,新型的建筑物倒塌

了,死亡,它成了废墟,也是一种站立,只不过它的生命以另一种形式延续)

这个男人依然站在阳光之下,只不过落日的余晖给他涂出一个长长的影子,山冈上有一棵树,西郊一种散淡世俗生活,片刻不停地拼贴他各种站立的姿态,或者说在永恒不停地注视。

(也许这些注视还包括对女人零散式的回忆)

站立与注视成为那个男人的日常生活,东望长街或者巨大的电视塔,建筑物像火柴盒那样垒起来,他突然发现在视觉中最多的物体相互挤压中它变形为一种垃圾,有用之物也变得毫无意义,它产生一种幻象。

注视停顿,动作凝止,一线流逝的午后斜阳,一丝行色匆匆的风,一片缓缓的飞叶,宁静站立于星空的树,一滴飘然而下的水珠,山上废弃的古堡,峡谷之中的空地,还有举手的姿态或者欲言又止的意念,终将化为万世的空洞。他想,该有一次远行,最好是从小路,那种看不见草长的时光里,徒手一挥,卓尔不群的银杏树旁,一个溶点,消逝在山野,或者城镇,在拱桥上坐起看云叹水的女人,一切都是蚀刻画般地凸现,风格乃出自一声遥远的叹息。

(燕说,既然注视与站立都是毫无意义的,无意义的动作为什么要发生,省略,使日常生活简洁起来有什么不好?

杜闲说,只有在无意义中才有最特殊的,不易被人察觉的东西.因为意义终将要被使用完毕。功用培养人的贪欲。百无一用便浮现艺术的精魂。

你真是一个十足的痴呆,愚不可及。

痴呆与沉思为同一语)

一个对话的延续,停顿,交叉,重复,终结……(这是个无可奈何的符号)声音在飞扬之后,徒然静止。

又是一次声音的交错发生。我已经不恨你了。你给我的快乐足够补偿我回忆中的满足,你为什么选择离婚?难道仅只是躲避一种追缉。

不,你错了。我以为离婚,正好是一种真正的婚姻。不过它应该是在有离婚的基础上才能产生,否则只能是伪婚姻。

静止,删节——

一切声音都是随后消逝的。

空中墓园

早晨,罗长鸣起床后以习惯动作穿过客厅,推开阳台门,神情严肃地望着远方,本是泛白的天空绽出一些蓝色,云雾一缕一团的,地平线边缘有呈上拱的抛物线,似乎旋了一下,以开翅破雾的一种氛围为某种期待准备一天的开始,豆芽,半圆,最后是一个晶莹的圆环,有一种铮铮铠铠的金属质地,然后抛出强烈的波动,光芒四射。

长鸣喜欢早晨在这里看日出,他说,这才是真正的阳台,站在26层高的阳台,太阳是从这个城市底下冒出来的,有种向上拱突的力量。他妻子小邵穿着睡衣从背后抱着丈夫的腰,瞧你美的,我们都顶着天了,你还在那儿摘星揽月地抒情,我看不过是座空中阁楼罢了。

房子是小点,你看这多好,半个城市都在我们眼底,还有太阳,这空气也,他话没说完,空中掉下黑糊糊的粉尘,扑在阳台的钢丝网上,弄了长鸣一脸黑灰。

妻子在旁边幸灾乐祸地笑。

长鸣觉得这是一个不祥的早晨,果然在设计院传达室收到老家的信,说父亲已去世,等他回去奔丧。这个意外打击使长鸣的头有些晕眩,去年父亲和继母一同来身体还挺硬朗,开玩笑说活80岁没问题的,倒是继母有些虚胖,血压和心脏都不太好,父亲担心老太太熬不过他,实际继母小父亲10多岁。没想到父亲说走便走了。

长鸣急忙给医院当内科主任的妻子打电话,就赶回家里收拾东西,在楼下物业那里又接到一份催促电报,他赶紧到小街学校向课间休息的儿子叮嘱几句,说晚上妈妈来接你。便直奔长途汽车站去了。

坐了一天一夜汽车,才赶到那个叫繁峙的地方,再走几里山路便到老家了。这时太阳已经下沉,贫瘠的山梁上都笼罩了几分薄暝,树木由黛绿转成苍黄,梁谷之间逼出来的风扫得褐色叶子一阵上扬,一阵下坠,斜着在灰色的岩石上如同缝隙间卡着翅翼。长鸣从一道斜梁爬上村寨,山坡上便是他的家,没有人群,也没有丧事气氛。似乎是一阵暴风雨洗劫以后的空旷,那种宁寂使他听到自己每一个脚步,低矮的屋子越发显得颓败,两边厢房还是麦秸杆盖的土坯房,坪场上干净,堂前整齐,这让他觉得父亲可能没有死,在缓慢滑落的时间中生活偶尔也会开开玩笑。

继母坐在堂前石门坎上,两手拢在前襟,头与身体是静止的,如同堆塑的静物,如果不是看见她眼睛一轮一轮的倒会认为她已经死去。

妈,我爹真地去了。长鸣质疑地在正堂和厢房找寻,室内整齐干净,人真的不在了。

大鸣,不用找了。我昨天把他葬在山里,那个高处也许能看到你和泽泽。老头子在屋里停了好几天,不能等了,我带你去山上,于是长鸣扶着继母上了山。她气喘吁吁地说,多亏了村前村后的乡里乡亲,他们用缆绳把你爹吊上山梁,说是挨着你的亲妈一起。

夜间继母做好了饭,自己只喝了一点水,我吃完饭在堂屋和厢房里仔细地察看,到处是父亲母亲的痕迹,还有我童年的印迹像流水一样浸满了屋里缝隙和墙角,那个早夭的姐姐也是记忆的一个重要部分,只有在这个特定的环境里我特别鲜明地记忆姐姐的形象,母亲做饭时头上总爱缠着一块白毛巾,抬头看姐姐和我的时光是从头发缝隙里透出来,那是一个透亮而漫长的亲吻。继母来代替她时在子女中留下的是心结,尽管继母还是母亲旧家的表妹。

黑暗如流水冲刷着山梁,石头也沐浴着清凉,从山折和树杈送来的夜凉,很新鲜的空气,心里有长长的忧伤但很均匀都在腑脏里游移。

继母依旧坐在门坎的黑暗里,大鸣扶她进屋,她摆摆手说,你累了一天,先歇着。我等你爹,老头子走路不稳,每次过门坎我都要扶他的。

看着继母凝止的静态,他眼里这时才布满泪水,仿佛父亲在黑暗中摸摸索索地找回家的路。

夜深了。黑暗从继母的指间滑落。

长鸣收拾好一切准备回城。他对继母说,您同我回城住些日子。继母说,不用了,你爹你妈在这个空屋里要人陪着,还有这几张照片,你爹说留给你,这两千块钱是你爹存下来留给泽泽读书的。你拿着。他执意不肯收钱,继母独自一人没任何收入来源。放心吧,我手脚能动,养猪养鸡活我一个人行的。

他走到坪场之外,继母叮咛,放假了,把泽泽送来住些日子,乡里饭菜也养人的。

长鸣倒是满口答应了,但妻子能否同意他心里实在没底。

妻子是京都人,有种莫名的傲慢,说话往往是判断句,自以为是一种典型的皇城人心理。罗长鸣没办法改变她,就只好牵就,凡事让妻子做主,弄极端了,长鸣也生气地打击她,你祖上也是土老冒,那衡水乡村的老农穿了龙袍也不会像太子。有时讥笑她在商店看了一天的金银珠宝最后还戴一根假项链。罗长鸣办事自有一套办法,他去买十个大虾油烹,然后选上好的牛肉红烧,再加土豆,他还烧上一个很好的糖醋排骨。妻子一见好吃的,便呀地一叫,趴在桌子上吃个不抬头,高兴了便说,长鸣,你真好,让我办啥事都成。长鸣说,父亲去世,继母照顾他许多年,想把她接来住一年半载的。

这时邵大夫口齿间含的骨头停住了,伸着油乎乎的指头,晃得如同风吹蜡烛,最后是一个简单明了的判断:不行。干嘛,干嘛,咱家成养老院了。门儿没有。

罗长鸣知道这事一准不行。便透出第二个目的,实际是他说话的真正宗旨,夏天放假了把泽泽放到乡下呆一段,这样有利于身体,我们又可清闲一段,你在医院总是没完没了的加班,也歇一歇。

妻子犹豫了。有戏,长鸣便反复游说,儿子爱新鲜,叫嚷着去乡下玩儿,于是,泽泽去奶奶家的事就定下来了。一家人高兴,竟把一桌菜吃得底朝天。

泽泽假期一到,长鸣便让老家来京打工的乡亲带回去,悄悄地捎回去在设计院帮别人旧厂改造设计所分的红利,也有好几千元,他虽然和继母没什么感情,但也知道她不容易,人和钱都去对老人是个很大的安慰。

他留了几百元,回家对老婆说,这个月奖金。

他们结婚后有了泽泽,十年没外出旅游过,这次邵大夫向医院请了轮休假和长鸣一同向北——长白山,镜泊湖,兴凯湖,五大连池,最后干脆跑到俄罗斯去了。

傻玩了一个月返京,儿子在乡下还没回,直等到9月1日泽泽才从乡下回来,身体看上去结实了,关键是儿子兴奋地说,他看到了牛,知道它有两个肚子,一个装水,一个装草。分清了麦子和草,还有菜地里的蔬菜很好吃,水井里的水是甜的,最好的矿泉水。

泽泽说了奶奶的种种好处,然后说,奶奶一个人在乡下很可怜,把她接来一起住吧。

儿子说话了,邵大夫没吭声。

长鸣写信说,他们一家都同意继母来城里住。

没想到继母真地不来,还是那句老话,在乡下住惯了,你父母亲的老屋要人看管。长鸣有点伤感,她成了一个守墓人了。

日子不耐过。晃晃眼两年过去,长鸣对妻子说,今年春节咱们去乡下看看妈。邵大夫白了长鸣一眼,不就是一个继母,和你又没有血缘关系。

还有我爹娘的坟,我也得去看看,扫扫墓。

再说吧,春节我要在医院轮班。妻子说。

那我带泽泽去。儿子也附和着说去奶奶家玩。

不行。大过节的把我一个人扔下。要么在城里过完节,去你们那儿闹元宵。

成。罗长鸣苦心积虑地,好不容易策划着把一家人拉去乡下,他有点高兴,这对继母很重要,乡下人爱面子,他们这一去,全村人都会抬举老人,老人心境会很好的。他能做的大概也只有这些了。

说话到了年根,如今城里不许放鞭炮,也没什么节日气氛,外环的街道更是清净。别看这几十层高的楼,每天上上下下的人并不多,祖籍外省的北京人都回老家了,老北京都一家往一块凑,罗长鸣和邵大夫也准备年三十去岳父岳母家,家里就没什么过年准备。买了些礼物大都也是送给妻子娘家。傍晚,天渐渐地暗下来,家里吃饺子,罗长鸣在桌子上包饺子,邵大夫在厨房煮饺子,突然叫起来,大鸣咱们吃饺子,没醋了。泽泽,去楼下小卖铺提溜一瓶醋,要山西的。

哐哐当当地,泽泽刚出门,又嘭嘭地拍门,爸,妈妈快开门。邵大夫伸手拉开门,泽泽,你干嘛领来一个乡下老太太,如今讨饭的也真是,给她一毛钱。

长鸣一伸头,哎呀,是妈,你咋来了,不先说一声。泽泽扶着奶奶进屋去,邵大夫这才说,嗨,是你们家老太太,你看我眼睛走神的。她从不管继母叫妈,客气了说个老太太。倒是泽泽总奶奶奶奶叫得亲热。

老太太背的大包小包,有腊肉、咸鱼、盐蛋皮蛋,还有切得细细如丝的茄干,瓶装的豆腐乳,还有老家的陈醋。长鸣安排老人坐下,倒茶。邵大夫扫了一眼说,老太太,看你带着这些杂七杂八的东西,城里有的是。

继母不好意思的,乡下这就是最好的了。大鸣,你不是最喜欢吃茄干嘛,我是挑鲜嫩的茄子做的。

长鸣说,大老远背这些东西,累坏了,我们说过两天回老家去看你,没想你能来过年最好。

这一晚倒是挺热闹和谐的。

第二天过年,这让长鸣有些犯难,小邵肯定不愿继母去东城她家过年,把老太太一个放在家情理说不过去,没想继母说,我怕生,我给你们守房子。长鸣给继母准备好吃的,并告诉她怎么加热。去岳母家,人多热闹,亲戚间闲聊打麻将,相互拜年,一乐和把继母给忘了。两天后回来,继母躺在沙发上休息,屋子里收拾得干干净净,长鸣一看柜子和冰箱给继母准备的食品一点也没动。

妈,你这两天吃啥。

我把你们剩下的饺子慢慢热着吃了。蛮好。还有一点剩菜也吃了。老太太认真地坐着,也没开电视机。

您看看电视解闷,白坐两天,您?

没事。这么大个电视,费电。

长鸣一看厨房锅灶继母都擦得干干净净,还有那些脏衣服也给洗得干净晾在阳台上,她不会用洗衣机,一件衣一双袜子都搓得那么干净。他心里有些难过,突然妻子在阳台上叫起来,我这料子衣服不能水洗呀,真是的,你看这好几百块钱,就这么废了。

继母立马紧张起来,站在厅里,彷徨无主。长鸣在阳台上关好门说,不就一件衣嘛,弄得老人手足无措。

妻子嘟囔着,这个乡下老太,给我帮倒忙,还不如把她自己一身洗干净,都有味了。

继母在城里呆了几天,坐立不安,想帮忙做点活儿又怕干错,时刻注意小邵大夫的眼色,又顾忌大鸣情绪,最高兴的莫过于泽泽带奶奶上街走走。妻子说,你们别在街上瞎跑,这大街不比你们乡下,人多车多,你们一老一少,动作不灵,要是碰了撞了可麻烦了。吓得老太太再也不敢出门了。

破五。这年也就过得差不多了。那个后半夜,邵大夫也许是医院倒班的习惯,醒了。春节里走东串西也没房事,十天半月的停顿让她情绪活跃,长鸣睡得香,她便在丈夫身上摸索,把长鸣的欲望弄得迷迷糊糊的,于是妻子便在他身上闹腾起来,先是哼哼唧唧的,好一阵才把丈夫的精神集中起来,于是轮流变换体态做爱,那小邵兴奋了便乱喊乱叫,长鸣捂着老婆的嘴,老太太在厅里睡呢。我不管。多个人就是不方便。

　　折腾几个时辰,妻子的洗涤习惯和医院器具消毒一样,房事完了得在洗手间磨蹭半天。她打开房门拐弯去厕所,突然,哎呀一声大叫,吓得长鸣也光着身子从床上爬起来。怎么啦。妻子说,老太太木柱儿似地站在厅里。长鸣披着睡衣出来。妈,咋啦。都后半夜了,干嘛不睡。

　　人老了,觉少。躺久了身子乏,站一站,舒服一些。没想到吓着你们了。

　　第二天继母坚持要回老家,长鸣让她过了元宵节再走,老太太倒是铁了心的。长鸣拗不过,把继母送到车站,买好票,又给她一些钱。继母很不好意思,小丽会不乐意的,让你两口子闹事。长鸣说,不会,这是我自己的私房钱,小丽也愿意让你多住几天。

　　其实老婆子早该死了。何苦弄得媳妇不乐意,你看为了我,你们昨夜还吵架,让你为难了。

　　长鸣赶忙解释,不,不是,妈,我们争别的事儿。他也无法给继母说房中之事,只好这么搪塞。

　　继母回去以后好长时间没消息,长鸣其间写过一封信请她来城里住一段也不肯来。

　　加入世贸后厂矿形势更严峻,设计院也在调整,有许多人下岗,罗长鸣算是设计院较早的一批大学生,信息量大,压力很大,知识更新快,只有业务上去了才有实力竞争。他把精力集中在业务和管理上,偶尔也想到乡下继母,并不像亲生父母那般牵肠挂肚,有心就算不错了。他是怕继母大病,或者死了。老家山弯,七沟八梁,土地贫瘠,石头都是那么瘦,营养不良的一些树杈连鸟窝都筑得少,树叶都布满烟尘和灰泡土。这些年找矿,挖煤更厉害,山里水土流失,绿色植物也渐渐少了。老屋的正房还是50年代翻修的,厢房是70年代重盖过一次,父亲去世的那年就听说漏雨,峡谷的风大还揭跑了不少麦草,墙上水渍都是黄泥色的。老太太虚胖,行动不便,一到天冷哮喘格外厉害,有时彻夜难睡,长鸣给捎去的药,她舍不得吃,就减量吃,几乎没有药效。邵大夫说,老年哮喘无药可治。缓解控制就算不错了。

　　妻子医院效益还算不错,钱拿得多一点,但人命关天的事也很累,有时半夜三更医院和病人还来电话找。这种累确实很烦人,她对继母态度不好,长鸣也不怪她,如今的新药、新技术多如牛毛,推销新药的跑到家里来说,邵主任,我们这药对尿毒症有特效,你们医院用我给百分之三十的回扣。我们的肝宝、五行针都是中西结合的特效个例,如果在你们医院试行,我们制药厂算你们股份。

妻子被医院拖住没法管泽泽,学习和生活都是长鸣来张罗,也是不胜其累,长鸣说,泽泽反正是读小学,放老太太乡下小学读一段,让我把院里业务考核搞完后再接回来。妻子睁着圆眼,你有病,误了孩子学习,便是误了孩子前途,亏你想得出,不行,坚决不行。

泽泽爱踢足球,每天都是一身泥汗,脏衣服总也洗不完。他想让继母来帮忙一段,小邵说,你还嫌不够。

那泽泽的学习和生活你来管,我得准备业务考核。

妻子泄气了,同意老太太来住个把月。于是长鸣便跟继母写了封信,没想到继母病了。

泽泽爱动爱闹,学习只是个中上等,粗心大意往往使极易得分的题错了,或者审题不仔细,呼呼啦啦地做一通交卷。无论长鸣还是邵丽带他出门都是提心吊胆,抓不住他,一眨眼人就没影,总在你不及防范的时候,噌一下钻出来。撞翻别人的自行车是常事,有时他笑着说,今日我的两个圈儿和人家四个轱辘亲嘴儿了。邵丽便在他身上四处寻找,捏捏骨头,手腿上常是青一块紫一块的。他不在乎,把一头汗往他妈怀里一顶,这叫顶球。

讨厌,没一点正经。随后邵丽又笑了,一脸母性的光辉。拍拍脑袋,跟妈亲一个。她拉着儿子进了楼道去坐电梯,泽泽说,我跑上去,没准比你快。看看谁先到家。

你疯了,上去有300多级楼梯呢,我得爬一小时。邵丽话没说完,泽泽的脚步声早在安全通道里嗵嗵地响了。

邵丽自然很快到了家门口,她等不久便听到楼道里儿子嗵当的脚步声,她一笑,便掏钥匙开门,双重保险的防盗门要开一阵,儿子气喘吁吁地到了身旁。门开了,儿子进去换拖鞋再接妈手里的东西,他得意地说,怎么样,妈妈,我赢了。邵丽说,我在楼里等你。儿子说我在家里迎接你呢,还不服输。邵丽一怔,然后笑了,儿子聪明。

这时接到老太太从乡下来信说,想孙子,让泽泽假期去乡下过。邵丽觉得孩子太淘,去乡下呆呆,可以清净一阵子。眼瞅着假期快到了,邵大夫接了几个重病号,一个下了病危通知,一个得有专门陪护,忙得不亦乐乎。邵大夫在医院里还算个肝肾权威,尿毒症、肝硬化的重病号她都亲自过问。那天她在透析室,护士小华急急忙忙地找她,邵大夫,快,你儿子出事了。吓得邵丽手一抖,赶忙接电话,儿子出了车祸,已经送阜外医院了。邵丽打车到阜外,儿子在急救室,丈夫在走廊里急得团团转。

邵丽赶紧向医院熟人打听,且喜情况不太糟,是自行车和小轿车撞上了,伤在腿部,正在做缝合。邵丽得知儿子不会有性命之忧,心里总算轻松一点,到天下黑时儿子出了手术室,腿已上了夹板。罗长鸣看儿子能说话能笑,也就放心了。邵丽找到主治大夫询问,孩子的腿会不会残废。大夫说是粉碎性骨折,问题不大,但要观察一些日子再说,看高位的腿神经是否出问题。

接下来,便是长鸣和邵丽两人轮流看儿子。

这一忙乱自然想不起继母,晃眼到秋天,儿子腿是全好了,但不能剧烈运动,两口子便死死地盯着。继母那边断断续续有点消息,她是老年病,秋天厉害一点,另外,一个人孤单,没亲人,这种心病也加重了身病。听说大鸣要带儿子来过夏天,她在家做了许多咸蛋、腐乳,把家里家外都收拾干净,还在镇上买了白纸把东正房糊了一间,床单、被套都换了新的,那是长鸣父亲还在时,儿子媳妇孝敬的,他们舍不得用,逢年过节她只拿出来晾晾晒晒,跟乡里人显摆一下晚辈的孝心。泽泽同她呆过一夏天,她喜欢他,如同身上的一块肉。那个夏天,老太太整夜整夜地替泽泽摇蒲扇,摸摸他的胳膊和腿,生怕蚊子叮了。毒蚊子叮了,泽泽便长小泡,老太太早晚都给他用清凉油擦。她觉得自己马上能看到大鸣和泽泽了,便喜笑颜开,逢人总多说几句话,儿子要从京城来看她。那菜地的瓜果蔬菜也收弄得绿油油的。每天红日倒阳后,她便去梁上或顺着小路走一阵,手搭凉棚地望望,一个夏天便在她眺望中溜过去了。

眼见秋凉了,老太太真是老了,身体移动很困难,基本上不到山里山外走了,偶尔在屋檐下坐着晒晒太阳,腰膝之下盖个小棉被,偶尔有邮差叮铃地从小路上去村里她都抬起头,期盼着邮差说,有你的信。

罗长鸣写家信永远是写父亲的名字,父亲去世,去信依然还是写父亲的名字,邮差有时玩笑说,老太太你改了男名了。其实村里和长鸣一家没人知道她的真实姓名,有时长鸣也想问问她的过去,面对她不好言及往事。

长鸣说,小丽,我们冬天去乡下看看,老太太病了。你是医生,那儿几百里也没你这种名医。我们只要去了她的病都能好一半。

那么远,要坐一天一夜的车,还要爬坡上岭地走山路,看病还得带器械。再说乡下又脏又冷的。邵丽反对。

这时继母托人打电话来了,说她躺在床上,三天两头难吃一顿饭,如果他们不去,这一辈子可就难见了。长鸣说,等忙完这一阵一定去,主要是泽泽遇上车祸,不然早去了。他让对方转告,泽泽病好了,奶奶别担心。

电话的当天,长鸣从邮局寄了一些钱,匆忙之间居然忘了附上几句话。那一段设计院进行功能性调整,各科室进行新的人员组合,长鸣想继母能熬过这个冬天,那么新年一定全家下乡和她一起过,邵丽反对也不行。

晚上他给泽泽做工作,组成同盟军,过年一定把邵丽劫去乡下。儿子和父亲性格有相同的地方,加上两个都爱足球,经常守着体育频道看,遇上赛事半晚上父子俩起床看,多数情况下儿子支持父亲,反抗家庭的女权主义。

长鸣所在的集团公司的篮球队全国知名,有时很晚了他还看篮球赛。那晚有风,呼呼嗖嗖的,他盯着预告准备看午夜的篮球赛,不巧,停电了,他估计是线路维修,便在厅里和儿子闲聊天,三两个小时过去,都是午夜之后了,眼瞅着没戏准备睡觉。夜静极了,除了窗外风声几乎都可听到自己的心跳,长鸣感到楼道里窸窸窣窣地有动静,步子极弱地移动,他没在意。泽泽说,有人咳嗽。奇怪,这高层楼停电了绝不会有人来,他闲时和儿子说,住这个楼的人,肯定没人知道这个楼有多少级台阶。儿子说,拉倒吧,我知道,总共316级。

一会儿楼里有一个沉重的滚动声,像一个皮包袱从上一平台滚到下一平台,真正是有人的喘息声,长鸣说,泽泽拿手电筒,我们出门看看,他操了一把大活动扳手开门,门外没人,泽泽电筒顺楼梯扫动,发现有竹篮,背篓,还有散乱的干菜。长鸣脑子一惊,顺楼梯下,在25层平台的墙弯,那个倒垃圾的楼口,老人斜躺在那里,先看到的是毛蓝色的布鞋,一身干净的大襟衣,白头发散开盖着脸,背上的背苑还挎着,里面有咸肉,干鱼,还有中草药。

泽泽电筒照脸时便大声地喊,奶奶,奶奶。长鸣赶紧背上继母,一步两台阶地跨上去,放在沙发上,这时邵丽也被惊醒了,起床进厅,赶紧抢救,忙乎半天,老太太再也没醒过来。

邵丽说,她能坐一天一夜的车,爬这300多级的楼梯上来,已经是奇迹了。

继母死了。如何安葬,我委实不决。死在城里只能火葬,但老人都愿土葬,乡里老人捎话说,老太太有话,她死后愿在城里烧了。把她的骨灰撒到荒山野岭。她死后千万别葬在长鸣父母一起。说是这一辈子已妨了长鸣他妈,我活着可以守着他们俩,但死了不能夹在中间去拆散长鸣他爹他妈。下辈子再给长鸣一家看屋守门吧,把我烧了。

长鸣把继母火化了。他违背了把继母撒到荒山野岭的遗愿。他自己搬出这套单居,在西郊买了个四合院。他在这个单居里设了灵堂,也立了牌位。但人名空着,让老太太住了这套房子,在门楣上立了一匾:空中墓园。

2002年2月2日繁峙市日报副刊载有一篇短文:

这个冬天阴云锁空,大雪镍繁。一位大校军官正在询问,查访,小心翼翼地接近一座高楼,正巧碰上一位中年男人带着孩子出楼。

先生您知道罗翔宇的儿子住哪楼哪门。

中年男人一怔,警觉地问,你找他干嘛。儿子咱们走。

哦,我从西北来,在某军区工作,想知道罗翔宇和他后来娶的老婆。听说老头子死后,那老太婆来城里了。我是替一位老将军打听她的。

那老太太一生不幸,去年死了。我只听说她曾是一位将军的发妻,解放后那将军在西北找了一个年轻女人。50年没音信,后来她替表姐顶了房。

那军人沉默良久说,其实那女人还有个亲生儿子,一直是她带大,后来参军跟着了老将军。如今也是个军官了。

那为什么20多年不理自己的母亲,那老将军怕莫也快要死了吧。想起了年轻替他守节的女人。

军人继续沉默,望着天空,雪花落在他的脸上,嘴动了几下,哈出的热气与雪相融,扑——哧,她,她后来是当妓女养活儿子的。

你说什么。那中年男人失态地抓了军人一下,马上放下手,冷峻而平静地说,那更应该尊重他的母亲。

军人低着头说,等到想明白了再找她,便找不到了。

中年男人叹了口气,人犯过的错是永远无法补救的,他只能永生欠下这笔良心债。他感叹尤为深切。

听说她后来那位儿子对她很好,没有血缘胜似亲生。

中年男人凄然一笑,其实那个儿子犯的错比她亲生儿子犯的错还大,只不过乡下人不清楚,它深藏在心里。

我想见见那位儿子和那老太太的墓葬。

不用了。老太太灵魂已高在天堂,只是听说她的灵牌空着,一直无人知道她的名字。

哦,她叫文若兰。

啰,她在空中墓园。

这时候的雪下得越发大了。望望那座入云的塔楼,撒满了白色的纸钱,风把鹅毛大雪牵成斜线,便是那摇动的纸幡,那是一些天宇的精灵。

散文

心 疼 春 天

在北京我常常弄不清春天到了,还是过去了。

眼瞅着山弯积雪,或者树根残叶,双手搓着轻寒的空气便以为那还是冬天,其实这时已透出了杨花柳絮的轻狂。过几天便山青水绿,有了香山树影的婆娑和樱桃沟里的花草弄秀,于是人们收拾着打量春天是如何长高,不承想,翻过日子便要单衫薄履了,夏天没等你伸手便躺在怀里了。所以许多旧人都说北京没有春天。

季节是如何转换的,你到达之前为何一片空白?即使有清脆的脚步,也在泥土里沉寂。一声鸟鸣,歌声在空中敲响,水滴云湿飞溅着蓝色的语言,在远天之外纠结为无数的网络,轻风一阵虚构,动摇了山体的沉重,只好隔着季节叹息。

什么鸟在都市之侧?一翅鸽音。云雀翻过天外,苍鹰开始奋翔,从未在乎季节的变化,只求峰颠与云间的盘旋,一树遥指隐深的地带,燕山古典,宝塔春秋,细细聆听那里也许有人忧伤的叹息。

不为诉说,因为不是所有的鸟都会说话,只有燕子啰唆春天,手势随流水而去。

触摸一下羽翼,在青草上翻身,不管蜂飞蝶舞,视线穿过北方的平原与大河,透出江南的绿意,山群醒来时最好的表达,黛色波涛,繁花烂漫。

有一片丛林,用手提弹,抖落的全是朦胧羞涩的欲望,词语一经抵达,那里便是焚烧的春天。

用春光叩问冬天的围墙,黑暗可退,寒冷依旧否?眺望云天的边缘,江南已老?记忆连成折叠的光线,明朗为红的雾,紫的霞。在那个无人喝彩的早晨,把梦中的故事翻耕,别遗忘呼吸,重来一次。你跟在季节脚步之后。

所以春天归去。

遥想去年那一树熟悉的脸。你躲在紫藤后恋爱,伸着舌尖舔一下花蕊,红光泅透了帐篷,讲述一个唐代崔护的故事。怀念很久以前的一个女孩儿,季节安静,光线平和,她一身都是民间的线条,吻一下袖手的姿态,指尖划过发丝勾勒日常生活的朴实,从你身边背后犁过,脚步从没惊动你的眼睛。

时间想好了。在四合院门边,影壁挡住了她自上而下的光芒,但槐树过了墙头,她回头一声叮咛,全是金黄色的梦想(我辜负了那个姑娘的深情厚谊,全因有过婚姻的恐惧。她说,都是你在八大处,要在什么菩提树下照相?我说只要心疼春天,又何在乎千年古刹?1999年5月30日她眼含清泪看我向南方逃亡)。

睡去是火车穿过山南水北的梦境,醒来便是江南水库里波光溶溶,享受春光一早一晚都是灿烂芬芳,回到北京时,姑娘已经离去,寂寞关山,在山顶吼一嗓子,古塔依然沉雄。树叶如同心脏,纷纷坠落在城市的钟楼。

曾经抚摸过你的身体,包括影子。飘过山峰散发的全是温柔的忧郁,咕咕嘟,叮叮咚,是谁弹过的丝竹管弦,惊动晨光,或者暮色,效仿孤独,吹奏一下,嘹亮掠过心底天空,回肠荡气,你已经把爱粉碎在那次春的山上,深渊,河谷,田野都碎响着金属的词语,为什么又回眸去寻找那依恋的踪迹?讲述石头与松枝在冬天未曾诉说的心思,阵风从沟壑吹散词语,一片葱茏上山,带走

  石头与鸟儿的情节
  如果光芒 你记住肯定有的人心里流血
  在都市的四合院中 有个姑娘张望
  为何昨天种下 一树的飞翔

(心疼春天,香山有她吻过的痕迹。)

童年是祖母牵手走过树荫,鸟声落在屋檐下,头顶的天空左边荷花右边桃红。隔水张望全是朦胧的屋脊,坪场上一边是柴堆,一边是草垛,流水的溪沟绕着小镇走。

从古老的街市寻找春天,黑色的瓦片在光线中层层叠叠地浮动,历史的曲折复杂都流进了残院墙缝,后窗那条小径雨丝细细地敲打着竹林,湿一片视野,水晶滑过叶脉,竹叶的尖梢滴成一脉语言的溪流,阳光不曾修改,古老

如烽火台,一阵阴翳,老屋仍旧呼吸潮润。

老祖母一阵吆喝,阳光还是你掌中的事物,她不知道孙子已在指隙之外流淌生活细节,把春天的香艳转化成呼吸。那个曾在瓦窑边亲吻的女孩儿至今仍无消息。

那个姑娘长大成人的夜晚,四合院墙还流着春天的雨水,坎墙(共13层)之上的玻璃总是闪闪烁烁。姑娘一挺胸脯,推开院门,外面的世界真精彩,瞧,那儿红杏出墙来。

走出小巷,或者胡同。春深如许,春沉如许。

看看姑娘唇口的颜色是否改变,湿了昨夜的枕巾?她从枣树下走过。院外还有一株枣树,窗棂上民俗的剪纸是否和胭脂有关?丢失了红头绳,女人为什么把口齿夸张到与话语无关?唇纹的作用是什么?那里流动的欲望为什么用口红遮挡。(那个姑娘用口红特别讲究,特定为法国的一种,而且是随时用口红修正唇纹,我认真看时,她笑着,都是你咬破了我的唇纹。)口红挡住入侵的暴力,掩盖内心的自我残忍。也许不是。口红正好是欲望的请柬。举起唇膏那是女人的内心象征。嘟着嘴吹奏,以鲜艳红润,光泽和柔软闯入男人的禁区。一支象征的唇膏在口的边缘滚动,从不深入齿内,掩饰内心的犹豫彷徨,舌尖伸出来形成比喻。

为谁寻找嘴的归宿?在人与人之间借一段距离游戏,一支唇膏进入,让欲望流出来,红唇在自由的光线中尽情地舞蹈。不要在商店、手包、广告牌或者门窗玻璃上寻找镜子,借来一双男人的眼睛,照亮你内心全部的含义。

古典真的过时了吗?

新的不和谐的美学原则产生了。

用唇膏涂抹,唇线是欲望的比喻,在纹路上舞蹈都是网络的陷阱,唇红绘下的弧形,词语确定飞翔的路线。

(心疼春天,一片树叶的口红,西府海棠)

用词语呼风唤雨,改造春天。我和那姑娘相邀,走过西边那片桃花林(曾把一片桃花撕下来,采那根粉嫩的花蕊插在酒窝里),她的笑声落在时空外,其实山外并无青山,楼台歌榭依然愁伊人。到南方去跋涉,在野地芦苇中幽幽吹笛,旋律还会点燃篝火。

在黑暗中潜伏太久,都市囚笼几许,一日驱驰奔走,没在意黄昏蚊蚋的嗡嗡嘤嘤,太阳海潮那般退却,捉住黄昏中的心思,商量如何由少女变成老妪,青春从跳荡中的绿意红韵中跌落下来,踱躞而行。人生就是如此由绿嫩的藤蔓熬成荆棘,还有走过花丛之后才能明白的失误,置于山顶,撕一片云,作无奈的潇洒。

在世纪末的圣诞节,我不巧在缸瓦市的教堂碰到姑娘,她寂静安然,素袖清风(她说,我一年中什么都经过了,包括结婚和离婚)。谁不甘山野的寂寞,都教她坠入夜市的红楼,酒香灯影里一抹彩晕,再看幽幽的红唇,被男人舔干,雷霆震怒,烈火燃烧锻炼了一只新生的凤凰。

教堂钟楼有几缕白雪滑翔,她站在阶级上,背景是看哥特式窗口,侧影中乳房高隆而突出,那里依旧盈满欲望。

我在清寒的街道上行走。似乎雪花一阵催促,春天从地下涌起,拱破冰层,回眸一眼那姑娘还在门边。

季节又改　何必常守古典情怀　拉开神话　帷幕后都是万世的空洞　一次内心的腾跃　力量把这个时代鼎举　憧憬辉煌　那不过是所有人的交叉口　权力的祭坛　淹没在庸俗的口红里　是谁问　桃花依旧笑春风

　　　　春天　男人用躯体播种　庙堂钟声叮咚
　　　　鸟出发了　把飞翔钉在云中　编录
　　　　遥远的情节　两翼掠过燕山　想不到
　　　　和南方有什么关系　大地展开肉体
　　　　两唇之间　是生命空间　春已笑过了
　　　　浪荡从春到秋　凭记忆的力量　意图
　　　　把事物浮起来　选择石头对话　演绎
　　　　一生的爱情　让春作证　风景是
　　　　大地上的手抄本　约会是一次夜晚的语言
　　　　时间把物质磨蚀　让心底希望高一次

雪 的 精 灵

　　两千年的头一场雪是晚上来的。

　　黄昏刚刚退却,天地间笼罩着白乎乎的雾障,北京街头的灯光三三两两地抖落下来,只管捕捉那不紧不慢的雪的精灵。我仰望着天,内部的白,飘洒,都是流动的期望。在脸上把视觉浸得柔柔,驱散人体四周的温暖,仿佛那只是一翅鹅毛打扫早已麻木的肢体,那也许是身体散发的一种病毒,罪恶也许是人唯一的不动产财富,只有这临空白色的词语才能消融它的躯体,夜光里还能看见风,抽丝剥茧地吐丝网住我搁浅的思想。

　　在雪地上慢慢地行走,别让道路蒸发,找到夜晚的途径,我仔细看清那些白色的痕迹,那里叠印着人生。

　　童年爱在雪地里打滚,南方的雪松软而易化,于是一身便滚成泥浆。有一年冬天大雪,祖母说我带你去板桥湖边玩,在沙滩上把我堆成一个雪人,她说让你玩够,便独自走了。雪在我的额头和我的肉体上堆成小镇,堆成湖泊,堆成道路,我只不过是白雪的一个制品。

　　这就是人生始初的信念。包括矮墙下潮湿的霉味,小镇的棒棒糖,湖里的荷花和野地里开遍金黄色的油菜花。

　　雪夜把房屋瓦舍的寂静都挤出来,压缩在地面白色脚印之下,如是厚厚的白雪便把脚悬在空中,让潮湿的清凉在脚下滚动。伸出手一个六棱形的纹路在滚动,或者是一个米字的折痕,滴一点闪烁,人生不过清凉如许,让它流进预感的心灵,把血液冻透,在你起步的时候,血会在涌泉的位置泗出心跳的状态,我等待着皮肤上有一个缝隙,把洞庭湖边的感觉绽开,我祖母依旧是那个雪中的航标。

　　停下来,脚踏实地时,才知道我在雪地上跋涉了 40 年,寄出一张纸品,祈祷母亲的灵魂。

　　雪地上的运动,有色,有形,有声,有湿润与阴冷,重要的是它有弹性。把身体贴上去,脚下便是一片开花的事物,折合的压力让叽叽嚓嚓的声音弹出来,雪在跳动记载一些不规则的角度,四溅而飞散的雪光,我看到苍白的徘徊,在凉风边缘,声音飘过眉毛,滑下去,净是脚下的窸窸窣窣,只要我小心轻放,就听到颤抖的低语,细线完美地抛出,追踪白色的迹象。在碑基回忆,童年仅是雪中的一个段落,告诉自己,抓住季节的花叶。就能听到雪地有灵魂的声音。

黑暗居然能在这里中断,听听雪花飞去的方向,唤起路的经验,那是对自由的需求。

在雪地上行走,痕迹便是你感觉坚实的基础。

无论多远都可以看到雪的精灵。

在雪地才有行走的印象。也许大街马路上日光和影子把你的往日覆盖,雪却不可垄断,它属于每一个人的自己,你只要出发,它把一切内容都告诉了地上的白色。行进的方向,奔走的姿态,脚步的力度,与内心的距离,还有你抬头远望那想象的痕迹,包括你以什么速度逃离自己的空间,白色把你记载下来,叠出一个踪影。

思想在路上逃亡,或者一个停顿。

视觉在调整中许诺,等待梦想飘香。

雪地是看不见的手臂,把你人生全部的珍藏掰开,只要看看大拇指纹印,何必制造历史隐秘。

脚印,你把自己留给了别人的追踪。

最重要的,是你在缉拿自我的追踪,谁粉碎了表象,全部信息都从雪原下的潮汐发出。

吞下一口雪,把自己照亮,不必企图隐匿,都是锋刃的词汇,谁能精确描绘都可以遍布人生的厚度。

我一生都在行走,只有雪上的脚印与空间显示无情的张力,人生找一颗星星,雪中的环境把你溶成一体,清凉结构你梦中网络,必须记忆,大雪满弓刀。

许多年来我一直在思索,为什么看不清人与事物各种隐秘的关系?那一定是我的智力低下。雪包容了天地,没有谁能逃出它的罗网。这是一次白色的天体运动,把人与事物的嘴脸都筛选出来了,描摹得纤毫毕露。原来只有雪能告诉你这一切的本来面目。

行走,是雪地一个意味深长的比喻。

一棵大树在雪花中飞舞,那是一种迷人的峪峣,雪花在温柔地抚摸我挽住我驻足徘徊。京中传统的树是槐树,树冠散得很开,叶小而细密,冬天掉尽。间或也有不少大叶杨树,除一干冲天的白杨能认准外,那大叶杨、青杨、黑杨、胡杨全闹不明白,这种银白杨高大威猛,树干落枝便留下痕迹,如一层一叠的眼睛,树皮灰白到春天树叶间柔黄花序长成细小的籽连成一串,风一鼓噪,散出许多花絮,和冬日飞雪毫无二致,还有一种白杨,略有风声便哗哗拉拉地响,比拍手掌还脆亮,我估计叫响叶杨,俗称"鬼拍手"。杨树在雪中总是那么目空一切,高高地指天,引出向上的神秘,抬头一望树,天倒是一些孤寂一些悲怆。近两年在东单西单改建的街面移栽了些许银杏树,长得极慢。北方风大,易于歪斜,长得成熟的唯有国土资源部院内的那棵几百年的银杏树。我无数次在它的身影下驻足,1950年代树旁还有华亭,曲池假山,是陈圆圆住过的宅院。地质部起初把那个院子征用盖了西南楼,成了机关办公的场所。我有近十年在那儿办公,每每总隔着窗子呆望,看那棵大银杏树超尘出俗,仿佛只有那株树才是满院的灵气,冬天落满地的都是杏白色果子,故南方又叫它白果树,学名可能是公孙树。我无数次看到它雪中的姿态,也许是枝桠清瘦总挂不住雪花,只在大躯干上刷上白亮的一层冰,那是一种怀人的古典,反倒不如院内新栽的那些桃树、雪松、玉兰树,还有那些任人搬动的大盆景,透出一些活泼和青葱。

今夜风雪太大,迷眼,莽莽苍苍的燕山望不尽,雪久了,街景中的树木和建筑一下倒成了迷茫雪景中的剩余,这时候踏雪,倒是一腔子的生动情况。

长舒一口气,雪化在脸上,脚步在冰雪之上不停地改变,即使冻成了冰晶玉清也没把人生固定,只要你一身热血便带动内部溶液,白色给你自由和放纵。

京中大雪连续下了三日,我在京十余年极少见到这般盛况,踩上雪地脚便没了,有些旮旯雪都堆成了墙,用手一摸哗哗啦啦坠下来的都是冰凉。

雪在高处纷纷扬扬地飘,掉下来就是叮叮咚咚的音符,白色网络四野,清脆地缉拿树木草地的影像,即便有笼罩的黑暗依然掩饰不了青蓝色的天。

雪落久了,换回来暂时的间隙,天青地白,你啜饮一口空气把腑脏清洗。雪便可以唤起,吹弹,抖索一下,雪浮泛为一掬的润滑,在指掌之外朗丽,疏爽,从发丝传来的感觉像从心里流过的音乐,溢于耳廓之侧,那是可以聆听的绿色如何从枝头长出声音。

也许是不可捉摸的风,不对,是一种飘然滑翔的凉气从燕山深处打扫,我还记得少小在南方竹林里读那"燕山雪花大如席",那书页间是绿色的想象,柴扉草庐,静候那风雪夜人,一丛梦的月光,细雨般地漫过北方平原。没想到就在今夜,燕山高高地隆起却不雄伟,雪只是一只冲天的飞鹅滑翔中落满了五光十色的千家万户,只一瞬,便布置这大地的差异。仰望清凉无际,银黛的天播种着月辉,流过远奥的荒野,岩石也不能阻止这流动的韵律。

无论这街道怎么延伸,这夜仍是燕山的古老,任白色剪裁,街市也许有一束色彩的光芒穿透夜的心脏,还是能抚摸到万顷雪涛的细节。在小巷的院子刮一线墙硝,也许树杈上还长着明清时代的故事,只要行走,定会寻找,远古虽是一丛旧梦,却是一位由来已久的痴怨情人,也许人心不古透出了社群的冷漠,本真世界也许还站在古典的一隅。风景本来就是那样,只是人事皆非,变迁太快,把1999年都流完了。多少人过去了,能挽住什么?未来的世界也许连风光都不再,因此京中连续几日的白雪也变,变出特殊的意味,这几日的傍晚我都到雪地上走走,想想许多人事,真是过眼云烟,慢慢地把心贴近雪地,把感受净化。这些年明显的温室效应,好几年只能看到的雪的浮光掠影,也许若干年以后,再来雪地上行走倒成了一种梦幻。

雪,真是个好东西。唯有它把世界简化得如此美妙。

黑白对比之后,雪。

雪是名副其实的白衣天使。细细想来,它也只是徒有其表,擦掉白色,它连痕迹都没有,再望天只有蓝色如故。突然觉得,你长久地注视白雪,她便透出蓝色的精神,雪的精灵一起飞,都是夜的蓝色,灵魂便从内部提升。

有歌声飞来,倩目巧笑,把燕山的古典改造,心疼飘动的洁白,今天青年人谁会注意下雪的日子,我却许多年都不能移动这雪中的情怀,伊人独行,雪夜的红粉,都融化为历史典故。今天下白玉,摸不到印迹,望雪野,怀念我一位过世的朋友,他的名字叫李鹏九。

长望东北吉林松花江冰挂,能否守住,这长安大街上的独步,怀人伤感,又是夜晚的忧愁。

雪还在飘,大地也无法移动影子。

酒吧卷帘,何时佳人望月,敢问月光如许?

雪飘入,惊动这夜的音乐。

雪于这黑色的夜,许是太质感,可以触摸,可以探看,可以嗅闻,可以品尝,给你一份由来已久的心肠。雪的自然,都是神圣的历史。

雪最不愿意接近人情:你想拥有,它便是流走的溶液,你爱它纯粹,它便把清纯在阳光下羽化,你想留住那洁白光辉,它就是飘浮不定的月色,披一身轻纱,抖抖身子便是飞翔,掬一捧,如此纯净透明的女人,贴在胸口分享,那是冰雪入骨的美人,冷却你一颗放荡的心。

雪,只给一种人,只有热爱寒冷的人,它才给你入骨的深刻。漫山遍野唯有这雪的宽广博大,斯斯文文都是白色寄寓的纯粹,它为你铺设陈词,延伸到你的视觉之外,寻找想象的边界。雪只表示世界的无限,抖索一下它都去大地的怀里,即便把脸贴在云天,寒冷才能让它怀孕。

雪来了,它所想象的大地,如果志在高山峻岭,便也是青松翠柏的情怀,撒遍大江南北,山峰,平原,丛林,湖泊,它也能层层叠叠地卷藏,把春夏秋冬不分层次收入腋下,如果要把事物一层层揭示,只需雪中的阳光,就把事物的本性洗清。都市似乎和它无关,白色也掩盖不了酒色和灯光,鱼肉和脂粉奇妙地组合,贪欲一点,也坏雪的清白。

雪也害怕,飘过这街市的寓言。

一片清冷的月光,不惊动都市的恐惧,闪亮一过,不是蜻蜓,乌鸦也有双翅,扑动琉璃瓦下的冰挂,碎出声音,与那醉生梦死无关,惊动的是雪光,它是幽幽而逃的古典箫声。如此冬夜,雪落的情怀,你别去触摸,拇指还保留那丝惊悸,炙伤你一生的清寒,想象你走过许多夏日的清凉,就是雪在你心里流淌,也只需用器皿承接,手掌下流出白色的梦想,它会润透你的思想,即便你把全部江河湖海省略,你依然固守雪中的收藏。千万别去收藏水滴,只要有一朵雪花便能浸透你永恒的忧郁。不必担心未来,月下飘动的一片叶子,黄昏蒸上去的一缕炊烟,朝霞中的一朵云彩都是雪花创造的痕迹。雪光不知去向,你找寻一下。

冬夜在黑暗中埋葬了一枚月亮。

它在土地的底下发光。

翼 上 日 落

一

傍晚时分,长沙市下了一阵急雨,我坐车去长沙机场,车轮辗水乱飞,雨雾中看到一排绿树被窗口抹杀了。

在候车大厅等候雨歇,天阴阴沉沉,暗淡而压抑。我看着那些广告招贴,机场亮了许多霓虹灯,我猜度这一定是次夜航,等着上了飞机睡觉吧,安心地等待那些上机繁琐的检查,设想升上天宇后四周光辉灿烂,但依旧是灰灰的雾,找不到任何清晰的轮廓,如同一只潜艇在水浪里钻过,隔着机舱口什么也看不见,我悄悄地闭上眼睛。

良久有人小声说话,这么大的雾,机长如何看得清航线?另一个人说傻瓜,导航是在地面,靠无线电遥控呢。我想在这地球之外是一个没有氧气,没有路的世界,飞机应该是完全自由的,尽管万里蓝天任我行,规则多了,自由便变成了死亡。于是在飞机上既有自由的高兴,又有死亡的恐惧。这时眼盯着窗外,心里却是空白,疏朗的雾时断时续纱丝一般从机翼上滑过,一团乳白色的雾扑来,云从视感中涌现,瞬间散出空地,长翼也没法挽留一方绢纱,云雾洗过之后一番清丽透明,机体便在水液上滑翔,等候一堆浓云浮过来,堆若棉,蓬若絮,叠若一座孤岛,那种软绵篷的堆叠就算飞机压在上面它也不会崩溃,划过一叠浓云之后,那些皓皓的白光似乎被一个什么巨大的器皿收去了,全是灰蒙蒙的混沌状态,似乎会有万钧之力劈空而过,远远地透出光与影在云堆里闪动,如鞭、如烛、红黄色的光线如树杈般在无可凭依的空间掠过,迅疾地在云翻雾涌之中向飞机逼近,那是一道美丽的光环,如果扑向飞机那会是粉身碎骨,飞机微微地震动,隐约有雷电的声音从座位底下传出来,这时我才感到雷电的威严与伟大。

天体是毫无目标的,我的观念之中飞机是向西的,也许开始进入云贵高原,或者还在雪峰山一带,感觉中飞机是天倾西南,斜飞而进,慢慢有些金色的光,只有一种淡而轻的鹅黄意味,千回百折地透出浓云密雾,浸透一些色彩的空间,类如一枚时间的指示器,其实我明白,这时绝对没有阳光照射我们,感觉中我们进入了夜晚。

云中漫步一词是人生最为闲逸潇洒的,它透出自由豪迈,雅致高贵,可你真到水云之中,沉在一片茫茫迷蒙里,心里最急切的是想抓到一种东西,希望依靠着实体。云雾的浪漫不过是一种虚无,它催生的是一种孤独与焦虑。视觉在悄悄地寻找,企图回到大地日常经验的参照之中,没有,空中什么也没有。在一个星体之外,你看的色彩和光明或者通常概念里的物质都是靠不住的,人在空中,实实在在一无所有,我这时才明白空虚一词真正的含义。

二

飞机肯定在行走,而我们却是静止的。你无法在空中看到任何行走的痕迹,有天空,但你不知道它在什么地方,有光明,但你的眼睛对它没有任何作用,有云彩,但你身不能依,手不能捏,它只不过是大地海洋蒸腾而上的水汽而已。我们也肯定在行走,在空中,谁也不知道自己在什么地方,我们在何处,都是无法命名的,这是日常经验无法判断的,因而有可能是我们最真实的感受判断。

在空中,人生也许不需要行走一词。

(太空,我们的生存正是以我们的不在何处而确证。居于大地我们从光线的改变,风景的移动,十里百里的位移绘出了人我生存坐标,地理上制造遥远一词,我们用居住熟悉了运行的宇宙,用行走证明了遥远的观念。在空中我们刚好相反,静止证明了遥远,行走知道了居住)

飞机有些震动,身体随着飞机自由起伏,看看空中的飞云流光才知道自己在另一时空。我知道舱外浓云翻滚,光芒被层层叠叠的云彩裹起来了,机内亮起柔和的灯光,显示一种平和,可机体时刻告诉你的是不安宁,时时浮出云层,一种巨大的震动扑向飞机,声音沉闷,外空沉闷的巨响是从机体颤动中所传送的,它并不入耳,只在金属外壳上滚动,贴着飞机的皮肤,抚摸着冰冷的凉意,太空声响的宣言是从体内传送,每一个细小的颤动都流进了手脚细密的纹路里,把空中复杂的情绪从表皮流入血管,耳朵这时似乎只是用来阅读、想象声音的抚摸,心脏频率的变化泄露了外空的奥秘,于是声音从内心产生。

在空中看到的闪电和云彩与大地遥望的光芒质感都不一样,云层是没有高低远近之分的,它只是义无反顾地包裹你,那种翻涌是从江河湖海的深部咕嘟咕嘟地冒出来的,一股动力从下面冲腾两旁便卷帘一般地翻卷,用手贴着机体能判断云彩的浓淡黑白,机体似乎在闪避什么。一种不容思考的金色从手掌里浸透,网状的橘红色把全部灰暗的云幕燃成火海,不好,天空要烧毁了,那成堆成堆的云便是熊熊燃烧的火山,那种强烈是前所未有的,把我的视野撕得一片血红,这时飞机内一阵骚动,那种血光布满的恐惧,每个人都相信等待的只是飞机燃烧成碎片。屏住气,我等待,直觉告诉我还会有一阵惊天动地的巨响,在响声中我也只是一羽飞鸿,好久,等待的是没有,居然没有丝毫声音,只是团团簇簇的云被撕得乱七八糟,碎裂之后又在重新组合,卷扬中又分裂,相互撕咬着,都是一些不规则的连接,凝成一个黑色的团体向飞机狠狠地砸来,我在窗口下意识地闪退,飞机居然也没动摇,在重力后倾中,感到飞机在抬升,一场空中的纠缠便散脱在机翼之下,再看窗口风云雷电的机遇,把物质碰撞的演习辉煌地挤压在我们肢体之下,很快那场战争已在我们视线之外。

我们的上面依然是蓝天,任你如何行走,蓝天没有高度。左顾右盼还是一片灿烂,奇怪,天并没黑下来。

三

天蓝,水洗之后的那种蓝色,和白一样地透着纯粹,让我理解到蓝和白的本质是一样的。日常我总理解蓝是有重量的,浑成而厚实,坚硬而不与人合作,这时的蓝,薄如翼,轻如丝,明如镜,那种晶莹剔透让我们担心天的蓝可以吹弹破碎,让我不敢抚摸它一下,只要将拇指贴上去蓝色便粘在看不见的罗纹上,弹一指,蛛网附形,推而脆,拉而软,蓝色的汗液便顺着手脉滑入内心,我睁大眼睛仔细分辨那浩渺无际的蓝,希望可在某处找到破绽或层次,没有。天是没有线索的,因为有蓝色的保护,或者说,蓝就是天。偶尔飘来一朵白云动而不摇,静而变化,也许是因为蓝色太光滑云永远是挂不住的,才在蓝色上迅速地滑翔,正是由于蓝的严密无懈,云朵又不见其飘移。只是有了白云才给蓝一种遥远,这个遥远没有距离,只有一种观念。

飞机在运动,你弄不清它送走了一朵了无痕迹的云,还是一片轻虚不可留的蓝。你明明看到的是白云,可在视域中依然是纯净的一片洁蓝,那白云只是蓝体中的溶液,把浓的蓝又化淡了一些。这蓝色的美好,就是上天的黑夜。这与大地上蓝色星空一样。飞机在侧身的时候,倾斜出一个遥远的地方,仿佛那里膨胀一些金色的泡沫,或溅出了云层的花团锦绣,有灰暗浓重底架,一忽儿飘衫舒袖,一忽儿浪荡枝叶,感受到是轻浮弄巧的云,实际它是一片氤氲混沌的气,有光与影在中间颤抖,挣扎而出的丝线升成千绢万纱,线条织成片锦,然后连成焰质,近如灯芯外层的黄而淡蓝的火网,那种结构不稳,动荡不安的形态变化,汪洋壮观的一群渔岛,推波助澜一变,又是大漠戈壁上滚涌而来的海市蜃楼,风云变幻里展现出草原的一望无际,刹时间万马奔腾,铁蹄席卷,鹰鸟掠空。你感受到苍天的另一部分在膨胀,有一种力量从那里冲破胞衣鼓涌而出,极像黎明前日出的景象。

　　视线一直是顺着飞机方向前视,风云流动也是从前翼而判断,身后发生什么我无从知道,在没任何意识导向的情况下,我把脸贴在窗口向机尾瞭望,把我吓了一跳,我以为坐的是日本班机,机尾有日本国旗,不对,细看那一个红圆盘滑到后翼,是竖立的,如同银盘上端着一个火红的球体,边缘干净整齐,瞬间从机翼上滑下,如同飞机拖拽的红气球,我真糊涂了,是太阳,还是月亮,是日升,还是日落,看看手表应该是刚进入傍晚,长沙市这时应该是华灯初放,虹灯霓影。我们从那里破空而上。西行,我们是追赶时间的班机,理论上我们是和太阳同步旅行的伙伴,云贵高原应该与内地有时差的,我明白,刚才的不过是翼上落日。

　　只是太阳和我太贴近了,似乎是从我手指上滚过的,我疑心是银色机体的反光所至,便四面搜寻,不错,只有这枚太阳从机翼上滑落,良久它还是光鲜灿烂的包裹,我仔细地看着红日数分钟,红得灿烂一点也不刺眼,看久了,它不是一个平红,圆形,边缘有坡度,它的滑动随时有云层接济,红色也一路渲染,一堆一团金色的云,上下错开层次,清晰中慢慢有些朦胧的边翼,云层的形态千变万化不可描述。但在太阳的底部有一个浑厚的结构,弄不清是把太阳往下拽还是使劲托着它,反正那红红的气球静止着,挂在机翼的后部,机身一摆动,太阳不见了。

　　我在天空中寻找竟然无影无踪,这时的空间倒有一种看不见的力量流动,把几根廊柱式的茎体拉得很长,迅速上升为擎天柱,把浮在空中浑成的团体冲开,白色的光芒是从底下泄露,伞状地向上喷散,光在蓝白之间渲染成一种极淡的黄色。只有当云层的结构破坏后,被明确地肢解成各种形象模型,你从边缘才能看到镶成的金色,奔马的鬃毛,堆叠的绵羊在一动一静中组合山体,明明在蓝天堆好的白雪罗汉,跌下去便滚成个镶边的娃娃,那些非人非物形体披挂着鳞片;偌大的森林或者山群都嵌上一个个鱼鳞帽,金光并没有连成一片,只是不经意地在太空窜动,极远的下端有光线散漫地抚摸物体。云体相对精巧,有些琐碎变化,边缘是光的梦想,线段随形变化,绘成不规则的装饰框,似乎有一个不露面的设计师,隐身层层叠叠的云端拿捏变化,那些形体在拆解与组合中你怎么也不能明白这云彩是多了还是在减少,我极希望在无际的云中看到一个翠翠的山尖或者一线红色笔法的泥土,云挪中我隐约觉出了高原面貌,这一闪一闪的云隙有些人间轮廓,这时我才真正清醒,我们的飞机未进入黑夜,这是一次雨后高原的日落。但我这时依然找不到太阳,真奇怪。

寻找太阳,我以为它一定又包裹在那严实的云团里,因为有混沌发光的岚气,那是一个网络纠结的整体,透着火舌与光焰在中间燃烧,今天也许就掩埋在云下的墓场抑或烧毁这世间的浮云亮出最后的光华。我极力在那些有高度的云团里寻找太阳,红日始终只是想象中的虚拟,这使得我对翼尾昙花一现的太阳也怀疑起来,在茫茫云空中漫游,太阳成了个人追求的目的。

我知道这一定是西去的窗口,只要找到地平线,风景便可以定位。在天空一切均属虚幻,你无法从云团定位,它的变化使自身也成为虚构,我们只能被动地从机翼下的变化,用视线清理那些破败的云雾残局,如果能找到云层边线外一些疏朗的空间,视觉便可以似幻似真地拼接一些连绵起伏的山群,河流与公路是那么细密地把那些绿色的整体缠绕得透不过气来,那就是云贵高原,可并没有我想象的那样雄伟高大,只不过是一片轰然倒塌的林莽,机翼之下不过就是一个平面图。在机窗看地球与台桌上看地图没什么两样,多出来的那些只不过是没被雾遮罢了。

稍远的绿色边缘连着云团的散漫与轻柔,一会儿淡白变得红艳,大地上隐约的建筑群闪闪灼灼,似乎有一个圆形的反光球,类如一个足球从地球弹出,仔细看是一个红色的晶体,怎么也没想到太阳在那里,是那么小巧,光焰柔和,有弹性,普通得像一个器皿。它不是我们日常见到的太阳,地球人被它的强烈感染,给它布置得崇高伟大,通常我们都是不可仰视的,太阳就是一个把自己与周围严格区别而又最独特的形象。其他万事万物都受它的吸引而存在,太阳与人,太阳只作为人的高高在上的神。

这时太阳是在人之下,虽然光线和色彩还充满了一些强烈的东西,依然还喷发出张力,可它自身萎缩成一个小巧的水晶球,如果愿意你可以拿到手中搓揉,或在脸上胸口滚动,那是一份冰凉的温暖,催发心灵那些特殊情怀。

奇怪,太阳并不下坠,倒像那个羞怯躲闪的脸,一笑之后又低下头掩藏,它从绿色和云朵里钻出来,努力地向上,在蓝色背景中它就是一位明艳而温柔的女孩儿伸出双手。也许地层的物质垫得太厚,底衬出它一个上升的姿态,不过在瞬息万变的描述空间里,太阳确实是摇摇欲试地升起来了,光彩一下播散在漫天的云端中。

我明白了，日落与日出其实就在同一时空里，升降并不作为分割的标志。太阳只是按照自己的性情行走而已。

四

太阳是那重叠堆浸的金色云朵里煅造出来的发光器物，一旦你想从云朵中把它拿出来，便发现那是绿色草丛里长出来的花卉，镶嵌在起伏波折的群山峻岭和连绵悠长的森林中，太阳已成为大地密不可分的事物。把心情收拾好去贴近那些灿烂的光线，山峰与河流是那么遥远，天地交际是那么暧昧，连篇累牍的土地与建筑越发朦胧，云层燃烧得清淡了许多，空间变得鲜明了，大地作为底衬尽量地拉出幅员，太阳便从蓝色海洋中突突地浮起来，仿佛只要有一柄木勺伸手便可以把它舀起来，张网一捕它就顺着钢绳拎在手中。太阳边缘是一抹青黛与橙黄垫着，那些光照倒是离开太阳，在它的远处扩散，强大的汽浪把另外的云丘拱起来，十分随意地拍打形体，这时的太阳似乎与四周没有关系，如果在那个红圆盘上钻一个小孔，缀绳，便可以佩戴，拎起来用嘴唇贴着一吹，会灿灿亮亮地发出珠玉的清脆。

在太阳的下面，大地肆无忌惮地铺开建筑与田野，绿色撕碎后，裸露的泥土成了一种浪费，河流也是时断时续，这是一个不完整的自然形态，抚摸一下才知道这是一种惊心动魄的伤害，土地全是被划割了的痕迹，那些极不规则的板块散乱地拼贴，那些线索早已织成罪恶的网络，在视线中被拉成另一个遥远。或许还有一大片黄灿灿的东西，实在不忍心把它看清楚，人类刚刚又遗弃了一片沙漠。太阳面对苍天后土默默无言，原本充满硬度和锋锐的勇气也散射成柔和的光彩，脸色也是那惭愧之后的红润，四周的光芒开始有些不稳定，分割为不同光区，有的次第暗淡，有的调换角度绕射物质，有的不同层次染色，最近处有一串银光闪闪的珍珠精品，内环绕中，炽白燃烧尽，换成金黄，当金黄复盖红色时，渐渐便出现水晶红，鹅黄，淡白。环外的光网结成汽团，散射之后变得厚实，推拿按摩把周围的事物变成宅院或城堡，植物或动物都染成紫色、粉红或金橘，然后空间开朗处变成纯粹的茜红，事物密集的地方凝成厚重的绛色，敲开坚固便有一种化不开的黏稠，视线没有光芒的压力寻找物质会变得轻松随和，光照保护的那些大局部可隐约透视黑暗的结构，松动一下内部物质在层层叠叠中行走不同的路线，在非线形网络中互相吞噬，或者把黑暗咬得更紧，或者敞开一段疏朗的光明，在遥远的大地上红土和绿林开始与黑暗结网，有轻寒收缩的凝固气团，轻薄的云层开始三三两两地游弋，集结中把那些强光粗线卷成程度不同的团队，掩饰着一张暗淡阴谋的嘴脸,甚至把云流带成巨大的山群与河脉。光线与色彩的亮度在不同层次发言,可内容变得复杂,在遥远的地方清晰鲜明,而机翼的近处云海却慢慢地失去轮廓,光的强弱就这么对比地改变。太阳没动,可它四周的散射渐弱,抛物运动的感觉渐见娇弱,你若站在人群中,从云层中扑下去,准能捉到那枚光环,它便如一个弹动的球体,随着进入童年打雪仗时把它抛得漫天飞舞,云彩也如散花那般盖住天空下的事物,只有这时才能发现太阳是在下沉,那是一种看不见的滑动,只觉得在稠密的物质之间有一种收缩的力量,把太阳尽力地拉到某个地方去,原来,太阳也脱不了引力。

五

太阳滑动得从容,反而我的视线变得紧张,眼睛要尽力地追踪空间的变化,这时的空间真是叹为观止,每一微秒都会发生复杂而精致的改变,且不说那个千斛万斗的云海,单就大地的植物和建筑,它在光照的反射中闪闪烁烁,仿佛收藏了无数晶亮的珠宝在其中,颜色可谓千奇百怪,还有那些河流与道路在流动闪光中变得飘忽不定,原本郁郁葱葱的绿色丛林变成紫檀绛红,转眼又是青黄不定,再变为青灰玄晦,黑暗也一片一片地刈落下去。山峰林莽在失去清白的时候,便相互掩饰缺陷,收束的错综复杂的屏风,河流与道路在黑色中沉静下来,顽固地守护白日的成果,又是它延长了昼与夜的交结地段,即使还有微弱的光线也挽救不了大地和太阳的分裂,那片被结构化了的大地终于变得黯淡而成为宇宙一个苦难的底座。

天体无所作为,云层开始从迷蒙的山河上后撤,清理出大片的空地,蓝色幽幽地散发青光,那些稀薄轻柔的云幔还透着黄黄红红的光丝,感觉中云体还浸着轻润的水汽,质地依然如苏杭的丝绸透出女人丰盈的胴体,那些纱丝不易察觉的飘动深积厚藏一些狰狞一些邪恶,那些不可告人的部分厚重起来,慢慢沉淀为阴谋的局部,这时候就是有圣者举火天使布光也无法看透积云的内部构造。学会等待,这时候的等待具有无穷的机会。你看那团庞大的云山轰然倒塌,移动中与另一团云彩结亲,分裂组合中有了空隙,疏朗处依旧是太阳的质地,有亮光变化,金黄与红艳争抢,厮闹得太久变成水晶红,散淡成一朵二朵的花,浩荡之中云丛会留下一丝一缕金黄的线索,可以纺织成蓝色、紫色的彩缎,最后淡化为飘在远空中的白绢,良久,太阳便收走了对云雾的宠爱,或许另一个空间里云溶解成另一个水的精灵,可太阳也抵制不了终结的诱惑,把自己藏在另一个时空,一个上升到飞机高度也不能知道的地方。

六

  天空依然明朗,清晰。天体的蓝色依旧如晶莹的冰盘。在滑动中激出珠玉的音乐,滴下一点仍是牢笼天地的蓝精灵。与大地高山上仰慕蓝天不一样,机翼下蓝得那么深邃辽阔,那么晶澈透明。视线之外还是蓝色的遥远无极。略相似于我80年代在青藏高原的日月山看到的蓝天,色泽略有相近,遥远则是不可企及。云朵已变成蓝色之下的玩偶,你可以把云朵堆得很高,但它挡不住另一片星空,化下来依然在蓝色的容器里。飘逸散淡的云彩,自由浮着,它是悬浮的器物,球形或条状,从机翼下看,云在身体之下,风荡动不安,蓝天只是一块扩放到无穷大的毯子,不规则的云如坐佛和尚顶礼膜拜,如拂尘挥洒。僧人远游,他们在蓝色之上聚散不定,青衣道袍可作遮天的云,袈裟广袖可布大地的雨,那是风云的自由与隽永,谁能真正理解呢?最高境界是蓝天白云的一种圆寂和羽化,虚空的幻化是天地之间的一种纯粹,干净得只剩下白色与蓝色对接。我发现词汇陡然从视野中坠落,甚至连最为广博的绿色也不能作为参照,颜色竟然退得那么干净,只剩下蓝色为正宗的创造。蓝是一种修远的翼护,一种无限遥远的叙述,蓝构成了虚空织成神秘,挪动一下支架,蓝色中泛出几点星光,白色的羽纱,轻云或许还会流动,它只在寻找蓝色不同时空中的构架,显示于天穹地阔中,蓝也是一个游走运动的色彩,它布置万里长空的不同剧目,白昼留下种子,夜晚绽放内核,你会发现这天地之间什么都发生了变化,可有一样,蓝色永远那样,开幕了,蓝色背后全是神秘的故事。

  天,蓝得永久,集中精力注视便集中产生虚幻的奇观。

  云,有参照的只是天空,天太像大海,比海大,覆盖天地,可蓝比天地还大,包裹了人的全部视野,宇宙只是蓝色的屏幕:归帆与海轮是从蓝色里浮出来的,载着不同的物体,散开罗网,羊奔兔走,龙蛇飞舞,大象无形,飞马易变,演化着云的形象却播撒着蓝色的精神。

  天体太广阔,动物群体抢占了西方的天空,在机翼背后起来却是惊涛骇浪,卷成白色的浪花扑向午马神牛,恶狠狠的黑云雄浑地推动,高成峰,低成漩,把东方分割之后,云彩碎成一片狼藉,蓝色也被分割成碎块,凸现出秩序,黛蓝、玄蓝、墨蓝、靛蓝、湖蓝、焰蓝、翠蓝、孔雀蓝、海军蓝。蓝到虚幻便成为白色,所谓雪青白里实际含有蓝,黑色要发亮便熔入少量的蓝色,蓝也显示出无穷的变化,蓝以坚硬的姿态,在云层中射出箭簇,毫不犹豫地破开云雾,碎成折断的响箭,射落云中生物,射成海岛的飞鱼龟甲。沉静的天变成喧闹的海底,蓝色的海岸,石头也蓝得坚硬,等待云涛的袭击。天覆盖下来,蓝是人类的传统,太阳不过是天宇中某一区域的幻想,它站在蓝色云中改变颜色的命运,金色一现,华贵,时过境迁,唯有海天一隅都是蓝色的宠物,再现一次太阳,仍旧改变不了海洋的天空,蓝在太阳死亡之后永久。

七

我是八点十六分观看那次太阳演出的结束。它的魅力在于充分展示了变化的过程。光线在物理空间神奇地演义而不放过任何捕捞事物的机会,哪怕是在一个极为细小的缝隙也不放过表达的机会,即便如此光线也还是无法追踪那瞬息万变的色彩。光与色、形与影组成了这奇妙的黄昏,我曾说过一天之中只有黄昏最具表现力,演绎着最丰富复杂的情绪。在时间刻度上,也许一昼天感受不到事物的变化,朝霞挥放太快,日午太阳杀伤所有的视觉。夏天阳光给你外层空间的压迫与力量,物质在光与色中关系万分紧张,冬日又变得那么生硬,光线那般冰凉地涂抹顽固的事物,春秋之中阳光又透出许多污秽。只有到了黄昏,太阳坚持了一个白昼,在黄昏到来的时候,一个读秒的倒计时,每个纳秒都在变化演义超过了视觉追踪的速度,神秘根植在那些清晰转模糊的距离中,视觉滤过光线寻踪,物质形体与色彩在变化中移动,你在把握物体光色变化,注意光色时物体却已变形,手脸上的热度刚褪下去,脚便踩着了阴影,那些明确的声音刚传过来,倾听时又模糊,你刚追踪清晰,树下小路与湖畔小舟便把你拖向夜晚的语言。任何捷径都是测不准的,黑暗不急不忙地张结网罗,先把一切归于沉寂,慢慢地拢上阴暗,黄昏并不急于葬送自己。飞翔的高空依然有清晰微妙的变化。太阳可能看不见了,黄昏还在蓝天与白云中纠缠,我竭力寻找太阳遗留的痕迹,云层不规则地堆成各种生物:鹤立湖上,天鹅引颈一歌,云雀亮翅一展,还有山头院落跑出来的猪狗牛羊,或者扑腾打鸣的鸡,伸手指点,它们归巷入栏,天体还是不改初衷地演变,白色像群白色蘑菇白色棉垛白色绢绸,蓝色一如既往地间断它们,顶空是青蓝罩着,远天是水晶布置。太阳失去许久之后,我想黑暗应该如期而至。在你回眸之际,大地的边缘有金色的毛边把蓝色脱开。天与地生出一种摩擦,毛茸茸的金线淡扫拉出不清晰的连接,只是雏鸡羽毛那般淡黄的温柔,不待仔细分辨天体与大地的媾合,黑暗便从我身边潮水般地向远空推去,黑暗布满的时候,飞机已切入它的幕后看到霓虹灯影与车水马龙的流光,贵阳便是黑暗之后的故事。

黑暗前最后一线金光烙在脑海里,别的物质都关入意识的黑箱。直到我上了李含正、陈国栋厅长的轿车,我依然不能明白,太阳丢失了许久,还反演一道金色的生命,如果那是水汽折射,人类永远只能看到虚幻。天未必能解读太阳的一次欺骗,但愿我这次飞机旅行是一次错误的假设。

午后阳光

在城市只有阳光把差别抹平,不分贵贱地照着行走的人群。有一段时间,我格外爱在小胡同里注视阳光从藤萝和爬山虎的空隙里穿过来。阳光一起飞便把光明布染,这倒不分缸瓦市教堂,或相邻古老的砖塔(相传元代建筑,很多人往教堂走,却不见有人回眸这古朴的灰塔)。阴影于是钉在巷墙根部,剪接为一个个阴谋的镜头。伸手一摸砖缝,感到物体的内部有丝丝缕缕雾气,氤氲这古老的四合院。

城市阳光,把温度提升,热情藏在世人内心。

城市阳光,把一切事情粉碎,凝固为幕后的激烈厮杀。

城市阳光,它不指向远方,没有从野地逃亡,是固体的栽种,一切街市的细节便在它的裙下融化。

摸着那雕花的门楣,阳光斜过去落在影壁上,我突然想到,院内皆是午后的阳光。

午后的阳光,这意味着都市成为错落无序的背景,把这一天人与事的行为提拔到最高峰值,然后残酷地下滑。在一天最旺壮的拼搏中突围,无可奈何走向自己相反的方向,于是午后的阳光改变了人生行程,包括观察的角度。城市的物质和人顽强地寻找自己的机会,尽管太阳挪向午后,在大街小巷,在楼顶窗台,太阳要释放它最高的威严也是最高的辉煌。注视地面,影子改变人生,或许就在欲望的高峰之后向平稳和成熟,抑或奔向的仅是衰老与死亡。午后的阳光,实在只藏匿着人生的一种变化。

午后的阳光是另一种行为的使者。

阳光牵线一般地把影子拉长,而不改变自己的行程与速度,在街市的某一角落体验,阳光速度最快时力量也就最大,极大地浪费事物全部的热情,而丝毫不给喘息的机会沉淀人生,所以阳光无法反思,峰顶的辉煌并不代表生命的辉煌。所谓追悔莫及,实际是在追悔午后而莫及阳光。

北京老了。这些年正在迫不及待地更换年轻的器官,也许是这午后阳光的启发,它带来生命高峰的活力,光影流逝带走那些不可避免的悲剧因素,午后的阳光一经滑落你得独自行走黑暗的旅程,因而必须改变,光线也要反思。

午后的阳光实在只是这个大都市的隐喻。

我知道自己注定走进了午后的阳光。也注定了生命的辉煌在躯体内慢慢退却,人生的总结业已成为一种需要,回忆始成,四十不惑实在是一个精彩的概括,那是历经沧桑访问之后的回眸。虽然你不能准确判断那些生活痕迹中对个体或世界具有什么意义,单这巷墙院后的下午阳光便够你终身思索,抑或长叹一声捧着抖落的光线,强度在变软,角度在改变,映像在拉长,视线也有了恍惚迷离,你瞻前顾后便生发出万分的惆怅,万分的迷蒙。

始信人生二百年,会当水击三千里。世事如何?人生如何?今天可以说是在一次行程中的重新开始,警觉为一次新的找寻,但不可以疏忽为一次错误。大概这午后的阳光提示给你的人生仅是一系列的唯一,机遇和启示也不会再生,更不能散淡自己精气神儿。如果你还是那般漫不经心地走过街市,贪恋于大街小巷的灯红酒绿,分不清昼夜交替,就在你贪心的等待和享乐中,午后的阳光便在不经意中滑下去了。

午后的阳光移到你的身后,别误会,它不能作为光辉的背景,你在继续朝前行走,背景在渐渐消失。我曾注意阳光从午后开始也显示它的魅力,光与影,色与彩在瞬息变化,丰富多彩而且极难捕捉它的微妙与极致,它的反射也是惊悸不定的。在行走中,我想尽量与阳光保持同步,或者抓住一点什么,不能,真的不能抓住午后的阳光,稍不留神那便是无奈的等待,在都市等待的后果,那只能是你万分不情愿的另一终端。所以你也不能等待,在你略为分神地等待午后的阳光流逝时,你再也抓不住机遇了。

蓦然回首,人生在逃亡中已经行程过半,今天才明白不是你的逃亡可怕,最可怕的是那午后的光芒在逃亡,世人谁也无法追赶,原来最可怕的是光明的逃亡。

我久久地注视午后的阳光,它在都市的交叉口或屋宇墙角悄然无声地逃亡,站在院子的树下看看滑动的影子,我即便是没有等待,其实黄昏已经接踵而来,黑暗便紧随其后,生命也就淹没其中了。

其实我曾站在都市的高楼,提前迎接午后的阳光。居于阳台尽量不要远眺,那会让你心疼,因为你只能看到流逝,一种更为强烈的午后斜阳的逃亡,光芒可能在这个城市,这座高城,这边阳台,在你注意的那一刻还在你身边,你怀抱,你掌中,你的指纹,你可以展开双臂拥抱它,牵引入怀的温暖与情思,它依旧还有那般激越和强烈,握住它,抓紧它,千万不要放松,千万。

只有这午后的阳光,提升你人生盛宴的启示,只要松手它便会从玻璃上滑下去,碎了一街光芒。

午后的阳光,逼尽生命最后的光芒。

抓紧了,保存能量,也许还会有晚年一次璀璨的散发。

我通常会迫不及待地掬一捧午后的阳光,仰天凝望,午后是一个多么曲尽心肠的词,它警告所有的人生,欸乃一声,长河水响,振臂一招,山中甲子。无论浩天的云或苍莽的山,阳光一浩荡,把最纷繁复杂的人生纠葛拧紧,引出人生向往的目标。午后一词滴落,阳光掠卷,街市如风山野如风,散尽烟云,散尽风流。

我通常也会驻足午后的长街,那长长的公交车,或红或蓝,唑唑拉拉,掠身而过,还有那豪华的轿车,锃亮玻璃驻光风流,车夫与乞丐,荡妇与商人都浸泡在这午后的阳光里,你以为这是世界的交道口,城楼未改,碑匾依旧,行走,行走却是人的根本,也是阳光的根本,它在你不知道的时候改变准度,只留下影子在讲叙自己过失。

我通常还会小心翼翼地在午后的街市(在地矿部上班每天午后总去西四那个十字路口,那里有书店和光碟市场,还有几家电影院),搜寻特殊的事物,在中国佛教协会听梵音,广济寺的香客、僧人和许多午歇的店员拥挤在一起,在街的一隅,细读这部三轮车,或那个夹公文包的文员,背行李卷的人从大街溜进小巷,刚好叫卖糖葫芦的出来,大爷,老太太在自己的四合院前张望,那古老的小巷小院便是这阳光的寓言。我想那里汇聚了人生最后的海岛,抚摸长满苔藓的围墙,青砖的灰缝全是被遗弃的愤怒,枝叶从墙上垂下来,阳光把胡同里石板燃烧,烫着人生的脚步。不要在意弹下来的几滴水痕,或零星尘埃,植物和古墙都萎缩了,光线依旧在不厌其烦地啰嗦,未来也许并不那么恐惧,光芒可以吟唱不朽,尘土未必不是一种辉煌。

阳光,只有到了午后呈露出它的反复无常,才让人难以防范,难以捉摸。失去了朝阳的执著,多了一份跋涉的历练,和人一样曾经朝气蓬勃的心这才多出了几层厚茧。我独立小巷,不独立午后的阳光。风起,掀动绿叶,寺宇上敞开蔚蓝,星云天定,古树摇摆典雅风韵,阳光与叶影在都市上空散落词语,潜入大街无痕,播种在院内或为青瓦,或为翘檐,拱梁之上燕雀,阶级之下虫吟蛐织,声音在修整那些古墓的指甲,或一眼可望的白塔。我有时候也去仰望那西什库大教堂的神圣,阳光在临窗的地方,玻璃闪烁惊醒我一度迷幻的梦境,十字架遥指,悬于神殿之上圣光,喝彩福祉。从大教堂去看小四合院,都是神秘的阳光,只是前者多点威严,后者多点儒雅,无论是槐树的古老或枣树的民俗,都会有鸟儿从那里唱出世纪的声音。

    槐树挨着教堂　枣树在小院中　都是圣人讲述
    万劫不复那个古老的故事　很久　很久　不是以前
    未来你无论走到那一段　前世的影子在阳光中
    你总能观察到自己　徘徊巷口　一片宗教的落叶
    大街上　午后的阳光晒干　人们匆匆地赶往
    用宁静锁住　阳光也有无奈　把午后测量

  午后的阳光,是城市的一种修为。人生的火焰燃到今天格外不易。我在行走的途中听到我湖南家乡的铃声,尽管那可能是从牛车上发出,衣襟带风终不悔寂寥的飞越,在贵州苍莽的山群里,我歪歪斜斜地用文字打发,乌江的波浪翻过山川,它还是归于长江,我终于回到楚地三峡。南方叙事如梦如幻,在宜昌的港口停泊追踪民俗风谣,当告别熟稔的故乡以后,没想到一脚踩在这古城的小巷,脚步莽撞地滑向大街,踩着车声,踩着阳光。

  时间已经午后,我站在西四大街人流如潮的十字路口,这里可以走向四个方向,恰巧,我上班的地矿部在西,我只能顺着午后的阳光行走。

  追赶的呢?还是午后的阳光,或许这就是我的寓言。

迷宫行走

童年离开碑基小镇，便迁到洞庭湖湿地。旧时洞庭湖是潮汐性的，有涨有落，有了围湖造田便把湖水逼退围出许多堤垸，分成内湖外湖，我便生活在内湖的小村。于是我的生活便变成了沿湖出走，向东是团洲小学或层山学校，往西三五里是一个叫西河渡的小村，村旁小河叫西河。

童年时便有一种奇怪的东西在心里，往东走很轻松，无论路怎么复杂也是清楚的，只要西行便糊涂，偌大的湖泊芦苇丛丛，湖沿水沼地尽是蒿草、水茅、灰艾、水牛草，绿油油的一片草地并不能轻易行走，那下面可能是沼泽，尽可能地选庄稼地的田埂走，野草对于孩子来说是高过人头的，往往是用手拨拉着茅草、野蒿前行，走着走着便迷失了方向，好几次都是祖母把我从湖边找回来的。在那里望着落日在草尖上滚动，滑下大莲湖，心里便升出几分神秘。由此也就认定了迷宫是在西方的，无端多出几分恐惧。

后来才明白迷宫与神秘是互为表里的。

迷宫最早是与方向有关的，这说明它是空间性的，提示为一种路的概念。因为有路，路的歧出，才有迷失。所有的迷宫在意识里都是回环曲折的圆形，回旋式、罗盘式、网络式，它制造的是混成，取消起点与终点，中心与边缘。那是一个弥漫性的网状世界，直线与透明是它的敌人。循环是迷宫的核心，它有重复、交叉、分歧、叠合、紊乱等特征，只有途径的概念而无路径的终点，令人常在直觉中迷失局部，在理性中又无法索解整体。日常生活的经验总是依靠许许多多的标志来判断人生所处的位置，实际上这些标志是不能作为解码符号，相反所有提示都是非名的制造，是另外一次迷失的陷阱。

西方文化中的迷宫多少带有科学分析精神，属于认识论问题。它产生于不可知论，表明个人对世界认识的局限，针对于人才有迷宫的存在，所以英语叫 maze traders(迷宫探索者)，真正意义上的迷宫应为一种自然生存，是世界自身现象的显现而不是人为的，若为人所制造的迷宫，那刚好说明是可以认识的，特别是作为空间迷宫实体。这启发我们，作为文字语言的迷宫那一定是叙述的结果,是一种手段是一种方法,迷宫最后是不可以解迷的,可以解迷那刚好说明迷宫是不存在的。

写作者本人在叙事时是无解的,深迷其间不知归路这才可以建立叙述的迷宫。

中国的迷宫与宗教有关。佛教的循环观念,道教的八卦圆形,这些不仅是一个图像绘制一个人事暗示,重要的是一种思维方式,六十四卦的无穷演变象征人生和世界众多事物的复杂难料,因而诠释是隐喻的、预测的、不确定的,这种非精确性的表述是一种非理性直觉把握,是一种无解的思维。迷宫深奥曲折。复杂多变,制造了认识上的障碍。在抽象符号中它往往与阴性事物相连,如子宫、洞穴、棋局、废墟、古宅、深渊、阴谋等,或借助错综复杂的图谱,晦涩古怪的文字。在理解中迷宫是一个放置在别处的东西,具有独立性,进入一词表明认识论上的一次机会,迷宫它是世界上的一个不可认知的局,作为存在客体有制作的痕迹,这种客观也表明了迷宫的局限。

时间迷宫意义或许会更大一些。它更多地指向精神中的迷失与错乱,认识中也是那种无维度的混乱,实际上它又取消了时间,复指时间为非存在物,还暗示为心理因素对日常习惯性判断的消失,从基本经验上摧毁人类感知的昼与夜,包括探索日月星辰的一条以太阳为中心的认识路线。视觉与行为可以走出世界空间的某个迷宫,而在精神感觉里还保持敏锐的直觉判断,即迷宫实质不应该有进出这样的词汇,时间也不应该是人们生活的支配关键。

时间自身为一个漂流的海洋,人就在那个无底的棋盘上任意地流浪。迷宫告诉我们并没开什么时代列车,或生活之舟,刻意规定该驶入什么区域,人仅是他自己的精神俘虏,并不需要用时间去导航。

这表明了时间迷宫是对人类最基本视觉经验的反叛,因此,人只活在自己幻想的迷宫里。这也表明精神世界指向与维度的缺失,确定某种精神目标是文化认同的结果。说到人的本性,只不过就是一个意识的迷宫罢了。

迷宫意识不过是人的一种本性。中国人最常说的一句话:人生无常。言其变数之多而不确定,人不知自己的命运,这就是迷宫。还有人在冥冥之中有一条神秘的路线。我在童年时,算命先生说我水命,主漂泊,我不信,三十多年来不幸被他所言中,十几岁教书时有个学生叫刘传锡,他亲戚算命很灵,他给我的命运线路预算的是将离乡背井,西行,然后北上,将有所发展,果然大学毕业分配到了云贵高原,然后到宜昌三峡,1980年代居然北上来京,这很奇怪,但我仍不能相信命运之说。在贵州水电部八局的邻居是一个姓张的体育老师,他家住北京通州,春节探亲刚回,大家在一起聊天,我同他开玩笑说,日后我也去北京工作,大家都觉得是一种玩笑话。在宜昌市我有两个北方朋友滕新华和尚德平,他们特别不适应南方的炎热,寻找北方的城市调动,滕夫妇是北京人,活动调回没成,调丹东了。尚德平跑到吉林的城市,我是南方人在北京没关系,翻看地图寻找,大城市我肯定进不了,看到京津之间的廊坊,我想自己是可以调那儿的。九十年代初尚德平调丹东去了,我研究生毕业调地质矿产部而他们的文化中心正好是廊坊,无意中真走到了廊坊,两年后杂志迁京,止于2000年断续在北京呆了十多年了。回忆这一条人生线路真是让我目瞪口呆,我所处的盛年不是一个可以自由行走的年代,这命运的玄机谁也无法解得。

西方有个皮格马利翁(Rgmalion)神话,他想干什么便一定能干成,于是成了心理学一大谜,有了所谓的皮格马利翁效应,说的是你心里想干什么,就能成功。这是一种直觉的预测能力,用中国人的话说就是心想事成。这说明了心理暗示力量的伟大,如果此言不谬,那就是心理迷宫。

迷宫意识源于客体的强大,大千世界错综复杂并有一条不可知的认识路线。保持着远古时代人类童年始初的认识状态,并让那时的记忆成为一种遗传,于是有了部落和家族的集体无意识的传承。上古之世环境的强大恶劣,且又千变万化,人的认识局限无法从整体上穿透世界的奥秘(这并非古代人认识水平的落后,他们超常的直觉感比现代人更精深透彻,即便有了望远镜、飞船等现代科学手段扩大了人类对客观认识的疆域,也并不能表明现代人比古代人认知的世界本性多出了什么,同样也会感到整体世界复杂与无法把握)。所以,迷宫不是一种被描述的东西,而是人类思维对世界的一种认知模式:迷宫思维。

现在认识迷宫意识,是人类精神领域里一次重新开发。它保持古老神秘的超验精神现象学,又立足于现代科学的非线性研究和数理逻辑,包括现代混沌学,其意图是在轰毁什么,或者是破解人类与自然世界之谜,重要的是重新认识迷宫意识作为人类本源,它是人类精神史诗中的一种动力一种本性。在人类最初思维的那个神秘洞穴里迷宫是符号性的,它作为一种象征暗示人类命运的反复无常又无以归宿。伴生于人类之初它表明世界跋涉之艰难,所有生命都须经历巨大的磨炼,迷宫因此而成为世界探索的一个神秘象征。于是在认识模式中它可能演化为一则神话,凝固为各种符号科学,而在长期的遗传中它又成为一种迷宫的思维方式,呈现于日常交流中我们还能看到这种隐喻的痕迹。

因此,迷宫意识对人类最具原型意味。以太阳认识为轴心的,关于圆的概念、定义、征兆。以洞为意识的隐喻有门窗、子宫、入口、路径等意象。从本源说太阳自身及其轨道构成的圆周式的思维和时间循环了人类基本经验。洞穴构成的空间认识有了黑暗、潮湿、无限、终极、曲折的许多衍生观念,这便是始初最重要的原型,它们是迷宫意识的,人类文明发展长河中许多重要的思想范畴都始于此。如宗教,理想,时间观,信仰图腾,开始与终极,宿命观,漂泊感,孤独与焦虑,恐惧与怀疑等基本概念。

迷宫意识也是人类最初生存的出发点,规则或人生目的。是他制造了从人类童年至现代的所有游戏规则。表现最突出的是体育运动与歌舞表演,这便是人类早年的游戏。它们的一切规则都是迷宫意识的,是自由而非目的。在不尽的时间长河里人们按规则活动,其实这些活动世世代代都是重复的,是一场迷宫里的游戏,生命不息这场游戏便永远不会完结。所以迷宫一词又不仅仅只是一个认知模式,它也是世界的本体,是人类本性生活的一部分,是人类生存的一种手段与方式。迷宫在焕发人类智慧光芒的同时也带给人类游戏的愉悦。

迷宫行走还有一种是以语言的方式。最常见的是谜语,这是游戏性的。我说的语言迷宫是一种艺术活动,缩小而言,它指的是一种语言叙述活动,是一种文学行为。在技术上指向错综繁复的修辞手段,它打通语言内部各种隐秘的联系,词语的无限丰富组成了它的路径。语言迷宫除了词语内部的繁复组合引出无限广延的含义外,单就汉语的语象而言也是这个大千世界事物的形象概括,它表现出事物的繁复奇奥,语言自身也是一个迷宫。

但我们要明白,最重要的是文学迷宫,它是语言规则制造出来的,仅为一种修辞术,一种迷幻术。我们说叙述迷宫大致有这样一些类别:一种纯游戏性的语言布置,词语不在意义上联合而强调它的装饰效果,能指上的技巧有循环、复指、叠现、歧义、拼贴。类如孩童的跳房子,捉迷藏。一种为解构式的分析语言,这里有一个先验的结构意图预伏在人们思维之中,在用语言拆解结构关系时,互相征服,互相消解,其间有图谋不轨的制造,有叙述干预,故意诱入歧途,省略删节,环顾左右而言其他。一种为零度写作方式,这是一种故意隐藏术,即不把感情与意图外泄,铲除一切暗示的手段和比喻的技法,把人物与事件从背景中剥离出来使文本中的东西缺少稳定感,是一种冷漠而平面的语言叙述风格。一种是破碎式的语言片断。文本中人物与事件,连贯的故事与思维方式全部打碎,使之形成一个杂乱无章的平面。目的是让打碎的玻璃显示多面的菱形,让碎片在不规则的叠合组织中相互映照、折射,这种破碎技巧后的零乱是让读者自由地组合一个任意文本。一种是锁孔式的窥探,这种方式常与缺席式结合。它指语言陈述中要把大量的东西掩盖起来,只找一个极小的视角,每次都只能看到局部,而全局到终场也无法知晓,甚至我们通常认为的主要人物或核心事件也不出现,一切都是偷窥的方式,它使整体像一个迷宫,作者和读者都无法找到头绪也无法知晓整体的奥妙,而任何局部都只提供一种可能性。

这五种叙述迷宫仅作为一种提示远非全部,而且任何叙述迷宫也不是单一地使用某一技法规则,它是全部修辞技术的综合运用。同时这五种叙述迷宫仅从文本的整体结构上或陈述风格上划分,要具体说到词语组合的技术那是千变万化的,并不是说这些修辞术为语言迷宫而存在,而是它们具有这些功能,迷宫为它所制造。

在语言的迷宫行走,我们不可追究一种终极的本意,呈示为一种观念的表白。迷宫是一种叙述效果,意图在作者和读者内心深处而不可言传,大体上说叙述走的一条曲折道路而不接近本意,是一种言此而在彼的法则,语言迷宫不断凸现事物的神秘最终又不破译它,使语言与事物本性保持那种神秘的同一。

雨季的感觉

在北京十多年了,一直没找到雨季的感觉,我觉得奇怪,细细琢磨,原来北京并无雨季。可我常常冒出雨季感觉的念头,那些都是从南方带来的雨水意识。

南方下十天半月的雨水是常事,一月数月的雨季也不足为奇,南方称之为梅雨。我的童年便浸泡在这种雨季之中,离开洞庭湖20多年了,雨季却一直在我的心里缠绵。在北方我抬眼一望便希望有一条河,或者一个湖,没有,永远保持的是干燥,是渴望。于是我把南方的雨季带来了,写成了长篇小说《蓝雨徘徊》发表,后来花城出版社改成了《蓝色雨季》,至今我依然喜欢前者雨季中的颜色与动态。

南方人是雨水做的生命,携带了雨质的全部细节。

蓝色雨季,把雨水的感觉时间化,它像一条悠远而绵长的河流牵动着我的生命。细雨微风中的感觉只能是那种蓝色的轻柔、缓慢、丰盈、飘逸,还有一种挥之不去的朦胧,一旦被雨丝包裹了,你会曲尽心肠,消融入骨。雨水洗涤你的生命,那种溶液润滑感陶醉你的灵魂,那时外部的感觉会深化为一种精神体验,在轻风细雨中你所有的器官都会被它销蚀融化,粉碎为无数闪光的细节,雨水化成你的肉体在大脑里织成思维之网,从此你是雨水,雨水是你。

如果划开皮肉滴下来的便是那细雨如丝,如果举起你坚硬的骨头那是雨水凝固的精华,在生命的脉络里感觉辉煌那全部是雨水的词汇发光。

雨季的感觉。

雨滴在沉思,它悬于高空无牵无挂,投向大地的怀抱,让牵挂联系生命,透明在空中凝固为精灵。

雨水是什么?何年何月因何产生?它凭什么结构生命的精华?在日月山川间旅行,雄视古往今来,找遍大江南北,你找的还是洪水滔滔,鱼龙化石,谁是水的源头?

祖宗便是活着的灵泉。

每一滴雨水,自古到今都是这般离乡背井,在故乡长成躯体,却在异地撕裂自己。

雨水永远是那么不定地游走,却是一个不归的魂灵。

很久很久以前它就是那么滴落,很久很久以后它还是那么循环,生命也是相互因袭,构成生物的网络,谁在言说,不是人类的执掌,也不是自然意图的革命。

谁也不知道,天地间到底谁来制订规则。

曾几何时,人类狼烟四起,烽火连举,一切以毁灭对方为目的,于是每个毁灭都是自己。他们获得欲望的满足,灾难也因欲望而开始,阳光下,土地是负债经营,奉献裸体,泥土也被竭泽而渔,百年之后的结果,土地死了。最大的损失就是那年雨水落下来,人类坏了它的贞洁,污染从单个细胞开始。人类与水。

污染与疾病,从此开始病毒的基因遗传。

把雨水分成古典和现代,无拘无束的自由,只能交给历史潇洒走过,人坏了,事情也坏了。

现代因此湿得太沉重,负有历史的巨债。

现在比任何时候都需要雨水的纯洁,只有它结构的生物才能供养人类。可雨滴哭泣,污染见血,环境也就心神不定了。宇宙也免不了怯懦柔弱。

无论你在空中作何种努力,胎记都是在地上长成,尽管你不停循环,终身流动也只能是对着苍天哭泣,大海兴叹。

这就是人类最大的痛哭流涕。

唯有小风凉透了冰清玉洁,把好心情殷殷吹送。或许人们被多年的温室效应烤炙得眼晕,抑或是那无法退热的欲望,尽管有风和雨的调剂,至今也没办法把记忆阴凉。

站在阳台上用手接住南来北往的清风,举起双手接住空中的滑落,指缝里全是丝丝缕缕的幻想,拥抱第一束雨丝,不必长久张望,深情注视的依旧是你窗口的信念。要明白人类也需要那许许多多变幻不定的风云,它是治疗人们头痛脑热的凉风雨滴。

雨水受不了风云的怂恿,喷发为雾,挥洒成丝,耸身一摇珠鸣玉脆都是金属的音质,让润湿潮涌,原来只有水是所向披靡,那是一种真正的天网恢恢。催动风云扬毛振羽,布丝溅珠,鼓舞天地间的广大,让雨水笼罩四面八方。

站在城市的顶端看天浪,一场炎热的革命。

天地间的风云雨水,在上天网恢恢,在下江河行地,那是一种累世的纠缠,雨水在独白、倾诉、呻吟、冲突、和解、对立、融和、厮闹。在一个地方分崩离析,迸溅飞散奔向四面八方,在逃逸中又慢慢地聚拢,纠缠咬合透出那种生死不依。狂暴与温柔瞬息变化,放荡与纯情移位组合。雨水也会守到云开日出,光彩灿烂,于是它会弥散在无形无色的天空,也会化为甘露,救赎一次内心的危机。雨水的潮润赐予生命,一次浇灌,一份养育,一份铸造,化成血与肉的再生,那是一次生命的狂欢,是一次祭典天地的仪式。生命不是熔铸的事实,所以不要相信火中凤凰,那仅是一个再生的神话,真正的生命是春风化雨的滋润养育,从水的源头孵化生命才能源远流长,万古长青。

古人说云雨交合,不是一种比喻而是写实。

在北京许多年,我见过一次最大的暴雨。1996 年 7 月 3 日午后天气有些郁闷,我把一袋大米用单车给树才和亚萍送去,骑车到北太平庄邮局对面,呼地一下我被一种力量掀翻,暴雨以迅雷不及掩耳的方式盖下来,我对面一辆吉普车戛然停下来,雨水喷泉般从车上展开,我在水浪中一步一步艰难地挪到马甸桥把米送到树才家。那次暴雨持续到后半夜还淅淅沥沥地落,让我真正认识了雷雨交加一词的含义。

7 月 3 日后半夜风静雨止。街旁树叶还点点滴滴坠着雨水,树丛翠绿织成一个伞状网篷,路灯中闪烁着黄色的斑点,潮湿濡染了这夜晚的清凉,黑暗里有无数阴冷向我周身辐射,这些年我在北京居无定所,幸好在北京师范大学居住了三年(不包括读书的时间),这个美丽的学校也慢慢被严酷和繁杂所代替,自那以后我再也没和王一川先生在藤架下散步的机会了。世界布满凉意,雨水洗却了我仅有的财富,夜到一定的深度,水滴入心头,化成阴冷与湿意,通过日渐松散迟钝的感觉,于是雨水又在我的灵魂里鲜活,在风云之中舞蹈。潜入根须,溶入一个模糊的影子。

蓝色的雨季,把秘密沉入湖底,一丛迷人的水草浮出词语,测量距离,安排足够的时间,雨丝笼罩人生感觉的盛宴,囚入一间单身牢房,并不把水意缩小。

雨季的感觉其实不用寻找,只要站在山野平川之上,伸出双手,仰天长望,你便能呼风唤雨。只要用心去接纳你会感受到那扑面而来的淡淡风,蒙蒙雨,溶溶水。有了那种轻盈温润的笼罩,你的感觉自然勃发,或者只要你感觉雨水来了就会融成你的人生。天地间收藏男人的情怀,它变风起云涌,推波助澜,雨水或许会成为男人的一种武器。

女人,女人是更冰清玉洁的水。她爱独坐高楼,在有阳光的地方慵懒,伸手抚弄阴影,心情便有了雨水般的奔涌。或者她仅作凭窗的瞭望,引颈而盼是一种姿态,有小风从阳光和窗口透过,感觉在你的周身流动,细雨便催化你身体长出灵魂的丰盈。

于是会觉得钟灵毓秀那只是女人的风雨,男人则是骄阳下一个奋斗的影子。燕山的人是不会去耐心品尝雨季的感觉的,风雨送舟一词说得好,你还是把那堆感觉的材料运去南方的水乡泽国,放在小船上在洞庭湖里播撒,那会长出如画如诗的梦境。

张家视界

可能的序

只有张家界的山峰永远保持行走的姿态,它包藏一部森林的历史,把赤橙黄绿青蓝紫过滤成泉水,浇透那块夸张的地表,顶天立地的将军柱一挥金鞭把故事镂刻在旋转的天空。在天门山以远,或西海的尽头,遥指南天一柱,唤醒每个人心中那棵树,古老如银杏,民俗如枣树,在植物的家园里任它点点阳光,斑斑绿色。怀抱梦想的化石,三叶草或鱼龙,走树林后窗的那条小路,飞越古往今来,计算象征的花叶掉在一条时间的河流,这一部分,也许永远都无法总结为后部分相加之后的和,超越自己内心的堤坝,河岸形成之后词语改变新的航道。

站在川上,一座山峰牵动你的视野,心外又一座更高的悬岩,都是寂静中纯粹的事物改变生命的流向。重新来一次跋涉,闻闻草木的气味用指头弹弹寂寞验证石头变成的歌,让心灵贴近山中硕果,透着婴儿质朴的欢愉,再说一遍故事,你便站在风景的彼岸。

黄石寨叙事

阳光拍打着果酱,晨雾一牵手,投下一个幽默的山影,梦来了,幻想的爱,于是有了拥抱的欲望,山峰成长起来,泼一杯水,清空激荡着树叶的情结,站在任何一个顶端四周都散落时间的细节,无人提起你的矫情,醒来了山根底下的松涛,唯恐花语,睡去一片鸟鸣莺啼。

(1989年,黄石寨的初夏依旧很安静,没有亭台楼阁和索桥,古朴得像个衣衫褴褛的流浪汉,我从鄂西到湘西流浪)

引颈张望,你觉得人生已经高过一次,竞走的山峰潜入流水的低谷,嗅嗅飘动的田野词语夹在你们中间,在某一个间隙浮起那张民俗的脸,留下来虽是一个角落的颂歌,推开山墙绵延的部分,人生,醒了,又睡,如果在这绿色凝固的地方放一个惊天动地的响屁。

人生如此,世事又当如何?

后花园有塘、茅棚、房屋拖沓一堆的零件,这树和那树之间的石头,咫尺间都是绿色屏风,不为遮风挡雨,注视叶子:扇面、倒卵、锯齿、鹅掌、凤尾,都是树丛生命的窗口,伸着舌尖舔一下湿漉漉的空气,一根青藤盘旋而上你伟岸的躯体我真实的生命,盈如月,耀如星,灿如火,远去了,山静水止,唯鸟歌当哭。

松影朦胧,松针绰约,松涛阵阵。

(1989年,我在永顺的一家客栈知道少年时的那位美女得了乳腺癌,那时我真觉出自己和童年告别了)

邀访一遍青山绿水,旷世奇迹也不要让自己感动,凭直觉抓住怪异的锋刃,不要怕那首哀而伤的歌变幻言辞,焚尸之火,融骨之水,顶着鼻尖闻闻那是夏日狺狺吠吠的气息,那个盛装俏丽的女人羞怯掩饰也藏不住情欲饱满的种子,倒下如浪荡寡妇敞开双乳竖起这遍地山峰。狂暴淫逸蕴藏得太久,用绿色也包裹不住,假设用另一种方式虐待就会看到人与山的秘密,没有如梦如影,从风景里反观自身,这里的青春,也只不过是人类的例行公事。你依然还要坚持,在绿色的丛林上滑翔,把梦折成纸鸽,托举一次闱门岩,小心啜饮,一口毛尖,一片花冠,摇摇摆摆的山崖下,还是那个歌女把风骚散布,岩石的洞穴危机四伏的篝火,流出来,泉眼汩汩,水滴蹒跚,叮咚一声,空洞成趣,弦起,那声孤雁掠空,千里之外港湾平沙,帆影丛丛,江鸥点点,在山里忘记,那次水边初恋的故事。

(1989年我在大庸火车站的公厕里病倒,只好去宜昌寻找旧友陈顺武,他在纺机厂的宿舍照顾我)

我只是一片风景的过客,关于这山峰,这丛林,让雨滴洗过,在绿叶上成熟,即使枯萎明日也要和山群泉水相依为命,你明白么?

石头也是你全部的听众。

金鞭溪语汇

流动若果是水的生命,你须让心灵萌动,打开想象之门让记忆之水涌进来,一束光芒,触手抚摸的都是绿黛诗意。泥土和石头都是你午夜之后的恋人,留给你一片湿润,一生中发生的事件,只要停顿,细节便分割成无数水滴,从岸到岸,从水到水,全不思索那是水与岸的矛盾,站在危岸,让脚踝浸透,你才可以感到地心的阴凉,刻骨铭心地是那次,枝头掉下毛毛虫。伸出一枝鸽子花,采集岁月写成那本诗集,翻开册页却没找到一页开花的诗,不是天空太大,只缘个体渺小,孤独在草丛和树根下窃窃私语,那件奇妙的事儿发生了,从山顶上飞下来一只金色红唇的山雀,双翼剪过视线,风景在掌中发生。

(1994年,我在这儿主持地矿部文学改稿会,悄悄地在金鞭溪逗留,想在溪水里听到生命的秘密,流水无痕,卵石凝固,我想寻找警句,词汇已成废物,突然一只鸟停在我身边的石头上,我不敢动,所有的短语格言都已失踪,只能等待)

你再触摸一次流水,鸟在岸边饮,水激石空,泠泠相环,水来了又去,我赶紧记录水的节拍,它也不在意追求运动的自身,在岩石的纹理和大地的层次间,它也不在意追求运动的目标,散漫于自身结网的崇山峻岭,郁郁寡欢地织在星空,仅在文人的梦中网络成故事。它的起源或者成熟谁也没法讲述那种循环,赋予你去无形而悠远的地方漫游,静静郁结时便成必然归宿,用目光打开童话或寓言的匣子,碎一次自己,吐纳于山中明月,绿色的火在内部燃烧蒸腾四周孤寂的星空。让水站立着,约会在落叶期,迎着风,烧碎从洞穴传来的蹉跎,彷徨枝叶,仰望悬岩。

呼吁我心灵中的树神,记录汉字笔画,叶子飘动了。

把语言收藏好,待到成熟季节,就能编撰大山的神话。风行水止,挽留一次目光在水与岸两端改编。方能拥有世纪跨越的寓言。

(1994年,我在溪边绿树浓荫之下拍了一张照片,散落的是那飞鸟滑翔的记忆,一个抛物的线段)

春天在雨中失落,从另一条路去寻找水的踪迹。驻足岸边,溪上的紫雾浮动一个梦中的故事,不用落叶惊扰,水里燃烧绿色的线索,找不到阅读的背景。我再讲叙一次北方恋人的情节,谁会料到时间也会结网,捕捞已然流逝的文本,紫草潭已成为五年前的遗址。一根树枝牵过溪岸勾连彼岸倒悬石壁,裂缝处都是鼓噪的小妖,一滴水也能涂改爱情的本质湿透远方多年未被耕耘的田野。水声在笛孔里飞越,鸟雀在山间枝叶里哭泣,都是自然的神韵,张网而散的声音滴落在婴孩腹部,在童尿里搅拌阳光与色彩,耸耸鼻尖那也是山峰丛林间一缕信息。

山折处都是带火的醒石。

越过山峰,在丛林的背后有神殿的廊柱,堆砌着残叶与石骸,庙堂的檐下早已不适合翔鸟的窝巢,关于繁衍后代,只要讲述春夏秋冬总会有魂灵往来,不然无数石头如何记载这远古神话的铭文,这茂林嘉树又何以送递那群绿色的精灵。

石头也有历史的纹身,林木挂满了叙事的硕果。

山间有无数窥视人类的孔道,小心翼翼。

千万别说大地上的事情。

(1994年的爱情付于溪中的流水,不知归于哪片土地?5年后我与那位北方姑娘劳燕分飞,只保留溪中洗手的镜头)

  关于流水我们能说什么　大地上全是植物的　踪迹
  山中的小路想象　延伸到心灵都是交叉的大街　伸手遥指
  无法固定绿色的角度　叙事在雨丝中进行　猛烈与温柔的距离
  是传说泄露了金鞭溪的风流韵事　岸边的秘密开始默写自己内心的世
  界　牢记树上的飞翔　移动山上草木弯曲处便有草民低语

黄龙洞穴学

是谁保留了洞穴的全部秘密,谁知道被一滴地下的水泄露,更何况那条洞中的长河。

  神秘是水滴的书写　还是石头的创造
  也许到了海洋的尽头　终于发现了
  人类自身的出来

西海岸猜想

全部是神话的愿望,峰攒如簇,林深如海。

永远不要寻找一座山峰或者一棵大树,全部都是共工与颛顼争斗的遗址,天倾西北,东南尘落水潦。幻想远方的惨烈,尸骨碎裂,血浆迸溅,凿裂这无数的苍翠绿野,粉碎飞禽走兽之后树杈也汹涌着黑色血泊的泡旋,赤身而立,裸体而行,留下这万千幽谷万千深壑,埋葬千万年腐朽溶化为几声呜咽几声抽泣,保持挺拔的姿态向远方疾影无声地驱驰,哪里是城廓?哪里有人群?全是树杈勾连的巢穴,某次果熟,煮烂你口齿唇舌。

持续沉默,持续行走,西海岸。

埋没在峡谷里都是那夜晚绿色的果香,或是飞鸟滴下的血腥,独立于天外,招手西天的云彩,人生恍惚,魂魄悠悠,独立悬岩,一步之差的念头,无法错开思想的脚步,等待亿万年仍旧在灵境的幻觉,那滴水,何时融为大海?

(1999年,武汉市《芳草》笔会曾夜宿天子山庄,我和评论家樊星在黄昏中品察西海,独钟那芦苇丛中的植物气息)

采一支芦管插入海底企图吹动昨日的材料,停顿与展开,西海沿岸陈列着黛蓝色的文件,只是格外多了几件晶莹剔透的商品,制作的绿色标本,无论谁搬动屏障,都是神话中的玩具,何其相似乃尔,不要企图翻越峰峦,你注定走不出自己的视野,搁上一只手抚摸其所指,天地交媾的神器,哪怕仅此一次,也是振动世界的碰撞,烈火熔岩从地狱底下生长出叙事的欲望。

林下的空地叶簇透明滴下一点幻想,保持背脊上湿润的感觉,那时从指缝里看睫毛,时间是毛发上抖动的佚事。云彩浮现,雨丝飘逸,光线一束一束地舒卷,你在时空的程序里缓慢地移动,那一刻完美的交合,仅注释为辉煌的浪漫,任何人都无法从头讲一次诞生的故事。

从前有座山,山上有座庙,庙里老和尚给老尼姑讲故事,说是从前有座山……循环无数次之后,又是从前。

西海只有从前。

(1999年,我到这儿来看望梦魂牵绕的朋友,他从遥远的北方移居在文字的风景,另一个在给宾馆打工,为生计奔忙,从前已在他们的指缝省略)

在根部播种传说,无数的峰巅都生长神话,大树撑开绿天的云,所有的植物枝头都挂满永恒,别害怕抖落一段史话,春秋迎代,寒暑往来,四时成岁,将兼日夜,相添足浃辰,还缘一神贤圣,智慧自然常定,无亏无盈,喻如善响自在,故自然还自应,一神圆满自在,自然教令胜于天地之外,造化天功只补地灵不足。

谁又不是西海岸边呆坐的男人?

幻想古往今来,世界的缺陷便是人类自身的缺点,床笫之欢,美食之足,轻车暖裘,仅为时间欲望的小补而成大缺陷,把贪欲关在心中享受,置身于山岭、树丛、峡谷,抚抚摸摸青枝、树叶、青藤、落果,如果有一泓清泉,你不能洗濯,那会污染山间林木的娟秀与峰石的雄伟。矛盾置于你裙下,取悦天地,时间会包容你广漠的虚伪。

走进峡谷捡尽寒枝,拍落松针再想象一次梦中花园,你失去本初的巢穴,泥墙斑驳,檐梁凋落,幽谷与枝丛流窜着时间的猛兽,一不小心在岩壁上碰落牙齿,那是密集的空间碎片,戏拟万花飞谢,消弥狂暴中的宁静。

无有这空寂的恐惧,我只从词语开始跋涉。

天长地久原本只是洞穴里的一种歌声。

（1999年，我在张家界火车站和朋友分别，几乎怆然泪下，望着他横过铁道，身体有些失重，冷风刮着他不曾弯曲的头发，我知道，这个世界他并没有多少开心）

西海的梦很美。它用单色腾空一切时间，还有山峰回应人生的困倦，重复得太多，该考虑如何剪裁山水，不能只带回去一堆感觉，无法回答含混的命题，山里山外都是事物的丛林，让物质都镶嵌词语的幽灵，复活叙事规则，无论岁月多么冗长，除了绿色的故事之外，应该讲一遍，新的，不要梦里真实，哪怕黄昏临窗那声夜的叹息。

叙述因此而终，风景又可复活。

（1999年踩碎了世纪的门槛，谁告诉我你的安康）

水绕四门后的神秘

谁去叩门。我想，如果在刀丛中觅一首诗，没有锋刃的力量还不如在地下锈迹斑斑。

伸手，没有门，甚至没有窗，一切都记录在荒芜的廊道。把一切石屏制成样本，缝隙会阻止你前进，一扇神秘的门，触摸荒原的古冢，想象移动山峰，抖动绿色的窗帘影影绰绰，不必照顾前朝的古奥，上摘星台，或去天下第一桥幽会，后花园里踪迹隐隐，拾衣提履的美人不见了。如果持枪在悬崖上抢劫，疯了，那都是自己的树丛你的绿色。暮色苍茫，不看劲松，四门之外胡笳阵阵，一片呜咽。

（1991年，百花文艺出版社笔会在这里住了一宿，那是首届中篇小说擂台赛在寨楼里讨论小说，其实关于文学的门径都在这四环绕射的山间神秘的小路上）

听一次幽谷水声，羽化为山体的绿色覆盖古典骨骼，黛黑色的植物把影子收藏在水下，精神散落成光洁的碎流，崩裂为阳光下的事情，更换夜衣，无可瞭望到远方的沉寂伸手一摸全是鼻息下的岩石，向前，只能认识空气中的途径，爱做梦的孩子，欲望在山间神秘的气氛里重复，山静鸟止，听凭树叶讲述，白昼飞过蝴蝶的妖艳，蜻蜓竖在狗尾巴草上，亮翅站着蔷薇的花粉，那次是动物与植物的爬骚，象征人类不规则的繁衍生息。

（1991年，为我个人生活的穷途末路，一次赌博式的婚姻始于风景的背后，又终于这神秘的山谷）

流水绕过山的记忆，路无所谓高尚与渺小，只为驱使灵魂的一次途径，雨水滴了很久很久，将军柱太陡峭，对天体刺出一个斜角勾起嫦娥的情欲，花开花落,从树杈和叶隙里看月亮,横竖都是古怪的事典。

告诉我在何处相约,文字之外。

上帝也很累了。我从都市的楼群里逃逸才知道荒野并非梦想的花园,神魔妖怪并非好事者的想象杜撰,生命从洪荒时期便已制好谜局,去留皆罢,无限没有开始也不会结束,听证这古老的四门,给自己讲一个故事。

明天上天门山去听一首山歌。

静静地远去,不可返回,没听说过一次的返回。

(1991年某夜,我在水绕四门独步。峰石如磐,布于我头颅的顶端,那姿态俯冲如箭,游翔如鹰,盘旋、交叉、分支、汇聚于黄昏,那种神秘彼此缠绕,四条水流的日日夜夜是声音的时时刻刻,我不知它从何处来又终于何方?巨石的缝隙里有它短暂的停留接着又插入嶙峋诡谲的深谷险壑,黑暗保持着潮湿阴凉,如同地下廊道行走,突然想到举烛是圣人的愚昧,只要内心洞明如烛,何惧黑色毒蝎怨鬼,也不怕它藤蔓那般纠缠,颅空一线劈开山谷,那不过就是四溪八岸,各自分散又聚拢,你若无所谓这东南西北,和上下左右,那种神秘会引领你去漫游,你的命令会弥漫这直立的空间,用潮湿与孤寂的心去品味,迷宫的奥秘不可拆解时,时空是无效的,人在选择中不知所终,那便是一种无望的混沌。试想,惊惧原本是人类谋求出路的暗示。

果若泰然,你只在迷宫里漫游,你会明白世界本初便是一种神秘的缺失,迷途的妙处只在执迷其中,不可知返)

托举山峰　面对天空吹奏　树叶与云彩直裸裸　寂静煮熟了　山的神话在肠胃里调试另一番街市　天外流云或水滴制作成旋律　峡谷吟唱　唯一美妙的歌声　刀石切断流水静音　在植物中保持民间姿态　误了约会　诗画在山的皱纹里　如果阳光并不那么奢侈　无悔这永恒的装饰

宝峰湖童话

谁想到那是土匪的田园风光。

匪徒把诗画与血腥拼贴成艺术,实在高过了现代都市的审美。太阳从湖底升起,剪贴得如此熨帖,目光涨潮了。在相互掩映的枝叶空隙窥探白昼的奥妙,枝杈中的霞光起落镶了这叶簇的边缘,或黄或白,闪烁为棚寨窝巢的光环传来历史的刀光剑影,一声开宰的吆喝。

湖水的鲜红把白昼抹平了。

夜晚再也看不到年轮,唯有篝火闪耀,梢头的月亮溅出湘西民间的歌谣。

在刀锋镀上阳光,罪恶与黑暗同时熟稔地成长,手指上燃烧诗词,石头制成的人体标本,化石汲古以来都浸染人肉的芬芳,在山背折叠处和弯曲的树杈上觅一块空地:

坟茔于是诞生了。

为什么无休无止地讲述湖中的水滴,滑竿下全是脊梁的声音,草鞋赤脚在两个季节之间踩出那条泥泞小路,与屠刀无关,墙上也挂满兽皮鸟羽,于弹孔中窥探,并非史料从天而降,现实亦如洪水猛兽,生活挂满山中的荆棘,扎出一个缝隙,树叶与石穴的空间布满鸟语。

你会盼望日子退潮,拆除人生晚宴。

(2000年,北京古城的一次幻想)

张家界是一部被拆解的科学幻想的历史。火山爆发或洪水泛滥,白骨遍野而瘟疫蔓延,如果保留宝峰湖的童话,手指弹动,日出金属的清脆,日夜便这般无穷地复制,飞鹰拍击着金色的波涛,碎断的时间全部葬在湖底的春天。

一只小船撑开抖擞的帆影,船歌从山间的肋骨里疯涨,那是色彩的波浪,叮咚一树青翠满山黛绿。

山峰的希望,在时空的轮胎里潮湿,注定会被黑暗燃烧,阳光是出膛的炉边碎片,烤红土家与苗族的丫头,到了夏天才会在胸脯长情欲。

每一个都是自身的匪首。

(2000年日子都是如歌如潮的行板)

这是水巢。你无法理解山峰何以在水中生长?在尾注中解释水汽如何蒸发而又提高到虚幻的高度,继而成云化雨。何以布于这一方青山翠谷,何以聚于这峡谷的洼地?地下水为什么上喷山间泉水又何以不绝于石穴?水,山的精灵,在山上它隐身于草丛和泥土,在树下它荫翼沙砾和种子,在注视的地方它分散在不可透视处集会,只要听到淙淙吟吟的声音落下来必定是山的歌咏,悉心地找找,你会意外地发现山的心藏从水可以触到脉搏,拨动青春攀援树丛在悬崖吊果的地方有小小的山窍,幽凉清新从那里扑面而来,山用心灵和你对话,水是语言。

水汇成溪。在森林的根部寻找词汇,语言的泥土和沙石潜移默化推动地表的裂缝已成凹槽,运输日积月累的香料,冲涮大地的骸骨,吼声中掘出洼谷(这难道是山溪的形成么)。泛滥的流水绕过山侧,或淌过的沟壑,在筑坝的地方溢出,提升的高度,把毁灭转换成培养。

倾听山的诉说,流水永远的洗劫,淹了峡口填了幽谷在山峰之间拉开弹性的距离,保持丛林之外的宽敞,于是有了这湖,湖,湖的田园。

(2000年,在北京看到在张家界拍摄的西游记,神话在那里还原为某种现实的真相)

鹰与鸽贴水一掠,引颈升空,飞翔于视野之外,再回首是悬崖的诱惑,水中无数幻影,人在水边,不小心便堕落在自己的深渊,保持罪犯的警惕,再向山攀爬风化为高处的石头,也不愿做水的俘虏,期待险峻的山峰一点点成长,不在乎时间羽翼下人生散漫的碎片。

在天地之间

南方的夏天暑气消散之后,便是清清凉凉的夜,躺在竹制的凉板上,只能看天,凉幽幽的,知道空气是头顶上的事儿,大树冠盖出一片清静,月亮坐在那儿,对着树叶或者屋檐观察,旋转的是一片蓝色,天是什么?是那片没有图案的蓝色记忆。

在天上,人无法摸到诉说的文字。

到北方以后也有这个望天的呆毛病。坐在办公桌前,心事却在窗外,尤其在地矿部大院从五楼最易看到那棵大银杏树,眼睛看着绿色溜溜地爬,小顷,视觉便爬在天上了。望久了视线撤回来,心里充沛了无限的感受。

然后认定了古人是伟大的。孔孟的书童年就背诵过,年少无所体会,翻过四十岁,突然领悟,那些绝妙的语话几千年都管用,男三十而立,四十不惑,五十知天命,六十耳顺。他为什么以十年为一阶级,说得那么准。天命不可违。小人不知天命而不畏也。不知命无以为君子也。年四十而见恶焉其终也已。人生有许多话让他们说完,便不可再说了。例如老子说,无名天地始,有名万物母。仅十个字把天地的界限准确得如同仪器量过似的。天,是在所有的确指之外,与实体无关,我们视野里的星系云团,太阳月亮都只是视域中的几个方位,天是无可见,所以也无可名,这才是天。无名才是最高的权威,在所有的文化体系中天都具有这样的象征。

天命。上天有好生之德。天威不可犯,一切名称都在天下,所以天父,天皇是东方文化的话语核心,它是皇权与父亲的符号。人权之外,神权。神权的至高无上也是天,上天决定一切,其实云空之上什么也没有,天是一个空虚一种理念,但神话中的人物都居于上天,无论神人都逃不出它的力量之外,中国传统中最高的威严在西天。

天神,天子,天父这一系列指称,无论人神都是超验的权威,具有广大、慈祥、无限、救苦救难的含义,在文字传统中为父亲的强权化源头,于是人类有了天在的观念,西方最高概念是上帝,上帝也是天,天不可理解为神话,是个宗教观念的信仰。你一出生便建立了至高无上的超自然的主宰:天是辖制生命的象征,你的生与死,命运好坏,甚至功名利禄都掌握在天,你在天之下作为一个无可逃遁的隐喻。天又是一个大度能容的开放性概念,人在大地上的一切事物都是交给天的,你可以倾诉,你可以呼吁,在中国的传统中天是不可超越的,无论怎么离经叛道,天马行空,你都不能超越天,因而做了坏事会天罚,民间话语叫天报应,天把善意一同包容但又有天的判断准则。天可以赐予你一切,大地和人都在它的腋下。为何天如此伟大?因为它是万物之主,不可违逆,所以天讲势。

天势,是讲天的运动,天运动的规律,人不可违只可以顺从。顺天,即是与天的和合关系,于是产生天人合一的概念。它决定整个天地之间的生态环境,违者必然受罚。势,是一种趋向、姿态。也是直觉的无可言传。天势便处在一种无形神秘的力量控制之中,人与大地在天下依势而行,所谓天理如此,人生即在其中。

天命,天有意志、使命。天在无形中给人与大地制订了规范,没有人能更改这些理念。我们可以作一种宿命的理解:命中只有八合米,走遍天下不满升。天命所归。这不仅指人,大地亦如此者,乃至于天。天决定天的一切,所以人与大地只能顺应。人定胜天,指人违天理而作的创造。西方尼采讲上帝死了,人是中心,把人从天的意志下解放出来,人定胜天是毛泽东的手笔,他改变了传统。人类有许多逆天而行的事,往好的说,确实创造了许多财富,后患也就依次在人类身上报应,天理虽是意志的东西,但是千万年以来的自然,天势不是一夜之间形成,它在自然磨合已久,形成了自己的习惯,意思即宇宙大爆炸之后,经过了200亿年,它已经搭配好了自己的物质关系。人是不可改变的,改变只能是人自取其灭亡。也就是说天地之间能量关系的总和是千万年来给定的,你改变它,或制造成另外一种功能,它产生的力量会毁灭你。可见天命、天势、天理讲的都是天体运行的一种规律。老子所言的天道更彻底,基本不带人的理念。天的律道是无限之大。这包括天体物质、太阳、月亮、地球的运动规律及由此而产生的季节气候的变化,天体中的物质如光合,云雨,生命生灭,为天的主宰而不可更改,天命一词也要讲科学。

中国历史变革的关键时刻都有人打着顺应天命的旗号,这只能是人事,人事借天命,所谓帝王将相宁有种乎?这是人定胜天的理念,借天说话。真正的天命不是人规定的,它是宇宙自身的一种内在结构,这种结构并不单一地指向某物的存在,如日珥、彗星、月蚀,而是宇宙中一切事物之间的关系,亿万年来不可改变的联结关系,大地物质,人类生命都是顺应它的规律而产生的。因它对人类的决定作用,人本能地对天有一种亲和感。人类有那种顺天应命的根深蒂固的思想意识这不奇怪。在集体无意识中它已成为人类的原型经验,天,是最重要的原型之一。

这一切都是天道。老子说人法地,地法天,天法道,道法自然。天道自然是讲的天体有一个自洽系统,量子理论不能解释所采用的电子质量的数值,场论不能解释电子电荷的大小,相对论不能解释光速的数值,测不准定理不能解释粒子运行的准确值。这说明任何理论都无法解释自然界的基本常数的所有问题,但自然界物质不坏其常道仍然和谐运动形成网络结构,这说明网络的任何一部分的性质都不是基本的,它们全都是从其他部分的性质推导出来的,宇宙是它共有的相互关联的事件的动态网络,而决定这个网络结构的是它的总体一致性。而总体的一致性是自洽的。天道便是遵循这种自然法则,这种法则是事物本性所固有的,不受任何外在力量的干预。

天体运行决定了大气环流,大气环流决定了地球的风雨分布。日月星云决定了大地季节变化,于是地球的生命便交给了天。没有雨水只有烈日,那就注定地球和火星木星一样没有生命,全是一片荒漠,仅有雨水没有太阳,地球只能是一片洪荒,从循环的周期证明了地球有冰河期,你不可以用核能去改变它,否则核热能可以毁灭人类。中国的楼兰文明是一个极残酷的例子,罗布泊大耳朵之谜显示湖泊干涸的历史演变,小河墓地是沙漠化后人类最后的惨境。历史上这种演变非常缓慢,进入新世纪人类加快了对地球的改造,生态恶化的速度比历史上千百年来要快得多。可见发展自然,培养自然的调节能力要比发展人类自身重要得多。

大地和人类是天体的产物,对天是一种自然的吁求,天地人有着本能的亲和感与认同感。人本身是无意识地对天产生一种顺从,甚至存在某种交感,只是因了人的欲望膨胀才产生对天体的反抗。

天,无人状态的天体也是如此,它以其伟大照顾其他生物,有无数生物早于人类在天的关爱之下存在,人不过是天体一个意外的客人,而且是晚到的不速之客。人的参与,始初是以自身的本能顺应天命,以适者生存的状态保存下来的,接着便开始与其他生物争夺位置,至人类成熟时,人类便开始和自身斗争,于是同类也成了敌人。

人和天始终没有成为彻底的敌人，它容忍了人类的卑劣与残酷，而且人类在天体的生理结构中逐渐培养出来了亲缘感，经过无数代人的生命演化，人和天的环境融化成为密不可分的整体，也许受的伤害反倒多于人类。天怒，也许并不是一个神化了的词，它切切实实地体现在人类的日常生活之中。第一个愤怒也许就来自水。

地，是天的对应物。中国传统中始初便对它给出了阴阳两个概念。在直观中地是天的属性的一种派生。地由天生，虽是二元结构却是具有某种等级关系。

地是一个和人血肉相连的词。感情中人与地是一个连体，可以触摸、听闻、注视、行走，大地是一个丰饶的实体，那种实体感决定了地球是可以称名的，而人的一切实在之物都来自它的恩惠。

大地以其自身的明证，她还生养了无数别的生命，那些动物、植物都先于人类接受大地的滋养，对大地的亲缘超过了人类，那种方式往往以群体死亡的方式明证。

生命来自大地，这是一个不假思索的直接认识，可见大地对生命具有本源性。把大地比喻为母亲，实际是一个很笨拙的修辞术。大地是一个不用比喻的母亲。

地自身为一个生命结构，她不是作为信仰的标志，也不是人类观念的附加物。地，生命是他自身存在的显示。人生于地，不仅仅指植物从地下长出来，动物在岩洞，地穴居住，草丛里保有更多的生命群体。所有的生命，都由大地直接提供了源头。适合的水，适合的空气，适合的物质环境便产生了氨基酸，蛋白酶由它组成了有机物，地球便催产了生命，人是顺应这些基础而产生的，大地滋养了一切生命并不是比喻。

所以人对大地的亲缘感直接来自她的生养关系。

人对土地格外具有情感，是不需思索的事情，人必须依靠土地提供养分。除此之外，任何生命形式都具有一个时空的存在方式，也就是说生命必须存在于一个形式之中。肉体和精神或许作为一个标志，说明生死有无问题。精神寄存于肉体之内，肉体呢？肉体存在于土地之中，不会有一个生命长期悬在空中，它必须立在土地的基础之上。

人对土地具有怎样的情绪，则以人在土地这种供养关系上所得到的全部要素为准。人，在母腹只给出了一个生命形态，他落于某地，生命的成长就关乎大地一定的空间位置,空气、水质、日光,大地环境提供了生命的练习,及至一个生命成熟,土地也就长入他的骨肉和血液之中了。这就产生出个体生命一种自觉的本土生命感受,那是一种万变不离其宗的本土神秘的亲切感。至于家族、宗亲的生命认同,居住习惯的亲缘感,多少有些外在于土地的理性意识介入,土则显示一种本性,人依恋于土的本性。

在古代传统中对大地这个哲学重要概念论述不多,这多少显示出人与土地是亲和的,矛盾不突出。上古之时,《论语》中少有言及,《孟子》中多言田,土地已经价值化,属社会学范畴,当然孟子也格外强调,诸侯之三宝:土地、人民、政事。宝珠玉者,殃及其身。这是很有见解的,但他的土地概念,不是我说的大地,作为主体论的含义,而是价值化了的,以占据土地的侵犯行为而言。在中国极广阔的土地上,对于远古人民而言土地矛盾确实不突出,争田夺地仅在一些熟田上,可垦之地是数不胜数的。不可想象今天13亿人占有的土地,而环境的恶化远甚于古代,土地无法供养人民,而且土地污染也是空前之严峻。半个世纪以来人民几乎没有养过土,竭泽而渔的后果是土地坏死,也许有一天长出的东西不能吃,或者根本长不出东西来。

人的欲望,功利过分地把土地价值化了。土地是供人休养生息的地方,是不能过分价值化、过分掠夺的。土地虽然无私,但她是母亲,那就更不能挤干土地最后一滴油。

大地,母亲把她们并置、缝合成一个实体,实际是把生命的来源的各种因素综合为一个整体,从而透视生命的各个侧面。母亲仅为生命的个体,每个人只能各自注视这个生命实体。大地,大地不同,她是一个生命整体,是人类无可逃逸的地方,最重要的是人类生命从那里来,在那里产生且最后还得于那里归去,这具有特别的力量,她宿命地规定生命的起点与终点,都只是与土地有关,成为了人之为人的唯一寓言。

大地在人的生前死后都给你无限丰富的感受与认识。个体的人在土地的环境里生存了几十年,她培养出这份亲缘感,甚至提供了你的生理结构,在终极点上你要和生命在土地上吻别,人是大地唯一理性明白这种惨烈的生命灭亡,这种残酷使得人更进一步认识了土地与生命。

人,只能在大地,是她提供了人的全部物质形态。大地不仅赐予人生命,还给予人丰富多彩的生命方式,人类活动的无限广阔形式只能在大地上实践。人的精神活动居于肉体之内,这不用怀疑,但是它外显于身体而置于一定的物质形式或语言符号,在人的领域里构成交流关系。于是精神也是寄寓大地的一种物质,大地的丰饶生产了精神的丰富,因而大地是一切精神之母。

天高地远,地久天长。这是居于两极的永恒。

人呢？人在天地间只不过是一点小小的灵气罢了。

太阳话语

　　通常认为太阳居于室外一个不可知的地方,因此光芒总是外在的赐予。某日我觉得体内金碧辉煌,视线所及灿烂皓白,书柜与抽斗、床角,包括置于墙根的衣架都那么清晰透彻。弄得我不知身处何方。

[第 七 日]

　　这个早晨声音吸得干干净净,只有一丝夜岚的湿意,我似乎发现有个东西悄悄地潜入室内,羽毛般轻盈的身体居于我床头静止地观望,有一点温柔暖意,那种感觉从我的肤肌上掠过。是谁?我警觉地发问,四周静悄悄。

　　我明白她是梦中的一丛幻影,记忆昨夜的雨点,一丛小风从客厅时缓时促地梳理带走夏日昌盛的暑热,抚摸我梦中的声音,她在窗外抖索一件神秘的外衣。

　　是一线金色揭开我的眼帘,我环视虚空阳光携带宇宙第一份营养布于我书架的一侧,而室内还基本沉溺在昨夜的暗淡之中,窗帘纹丝不动。

　　第一个念头便是万物有灵,连高贵庄严的太阳也只能是在我的体内运行,火与光是灵者。养育我们的身体而又不依附于我们的肉体,在天地间辉放的光芒那只不过是人类精神的反射。我们在第六天的黑暗里摸索,天与地也在六天里孵化,所有生命的分娩都经过痛苦的创化,在地狱的迷雾里犹豫、徘徊、恐惧、绝望,如果不是心灵中轴的顽强,那种神圣的一轮红光也无法照亮我们的轨迹。我们在天空底下等待,在巨蟹座取火,摄进红色的圣灵,是谁打开了生机的枢纽?一刻间生命光芒四射,灵魂在火与光中诞生。

　　这是第七日,太阳的日子,与诞生有关。

[天　　空]

　　你珍藏在高空极端的地方,于是有了高于云层的心情,也许是风,携手你的温馨,在夜空的衣襟下独闯我心灵的家园。那是天的意识,为什么不像站在山冈之上用高于树的声音:铜管丝竹,播入亮丽韵律,呼唤一片沉睡的头顶。

太阳鸟在守望我枕旁的一片沉默。

为什么不在河流上升起,在山巅上落潮,用风梳理,一阵阳光的潮音。它不悠扬却有欣慰的喜悦,应该佩鸣却忧郁地抚摸,低回在树下或草丛,唯恐一只飞翔的鸟,几声啁啾可打破两个世界的平衡。

阳光自是一份天籁,寄托天空全部的寓意。

全部发生在大地的空间,在生活里寻找抚慰,昨日是一面打碎的镜子,粉碎为梦中的混乱,一桌一椅守护时间的孤独,水杯之外,一汪文字的痕迹,语言循环往复在天地间播种意义。刀枪呜咽,笔墨疾啼,唯有一线光明穿透高空蓝色的帷幕,从下面开始讲述幽冥的故事。

物质在黑暗中呻吟,整理一下生命的羽毛,事物按秩序生长,只要天空播放光芒,你一定能看清人类成长的痕迹,站在大地上喊一嗓子。

你不在天空之外。

[敬　　畏]

太阳记忆来自最初世界里的第一份新奇。

在童年的原野,我伸出双手欢呼:太阳出来啰,太阳出来啰。在山坡,在墙角,在田地间一直活动着那个影子,她低头弯腰地采集阳光,兜回来发光的故事。

那是太阳,不,那是祖母。

太阳在祖母的手指上闪闪绿意,晶晶莹莹,有板桥湖的水滴超过头颅,那种荷叶下的润透兼有水质的光亮,太阳确凿无疑是红的。是火、是血、是热的天。

祖母总会说,伢崽莫看罗,看久了太阳会把血传给你,眼睛就会把血流出来。

不能偷看太阳,这是第一次敬畏。

[日　　晨]

谁在山冈划燃一道亮痕,照亮梦境中的脸颜,在海上把水域滤净,吹响金色的号角?人类还在睡眠。

太阳意识还在漫长的黑暗中爬行,祖母把家园辛勤地打扫,彼岸早已炽热,南方的田野一片繁忙,镰刀一挥割下一片太阳,缺了云霞的黄昏,甘蔗林在晚风中曜曜地扑打,水牛蹄扎扎地踩过,一鞭哨响,虫蛩蝉歇,潮湿覆盖高高低低的村庄。

许多年以后我才知道灯红酒绿的都市把夜晚当成了白昼,欲望在日晨之际才睡去。

在童年的山村,一声鸡鸣狗咬,那些潜入丛林或水泽的生命苏醒了,黑暗依旧不肯那般流利地退却,在古朴的风俗中悄声噤音地笼罩父母的菜地与水田,山冈野地最是那绰约的影子惊出飞禽走兽,捕捉湖鸟和野兔又是一天的喧闹。老屋、小巷、山坡、湖畔全都荡溢着奇妙的生物应答,那是一首浑然天成的歌。

姑娘站在田野上,黎明让她的乳房熟透了。

是谁破坏了大地一夜的安宁。

选择,往往进入误区。我不知道是保持昨夜的梦境,还是惊醒在晨光中的日常现实?

我已厌倦那只永不疲倦的飞鸟在前面引领,人生总是从一个目标飞向另一个目标,把搏斗白日化,我只能作明确无误的挣扎。在阳光下行走,累了。渴望沉迷于自由梦境,让灵魂无拘无束地漫游,寻找一个永恒栖息居留的寓所,不要漂泊流动,把一生行走一次性中止。让纯粹的宁静守护你的肉体与精神。

生命无法承受永远的飞翔,仿佛高空那轻柔的飘云和盈涌的潮润,我只能伸手,永远是抓不住的,最好是站在山冈或大地上长期的凝目,驻望自由的内心。

可惜,每一个人都得在日晨中醒来(睡去的与此同质),太阳鸟掠空飞过,让我认真察看一次阳光的质地。那是一次真正的光明洗礼。

长期以来我只知道,水是庄严神圣的,只有它才为人类洗礼,因此罪孽在水液中流逝,人得以净化。

我错了,只有太阳,才是血与火的洗礼。

《沉睡的吉普赛少女》

很早以前读过卢梭一幅《沉睡的吉普赛少女》,惊讶于强烈的内在矛盾中突出画面和谐的统一。和所有欣赏者一样,那一枚月亮有奇异的效果。岁月真是个很动人的东西,遗忘与记忆那么无怨无悔地纠缠着,脑子里常浮现那幅北非图画,从来没有人怀疑过黑暗与光明平分了时间之流。在偶然的机会里一个细节惊动思维的极限,取消那些日常称之为真理的东西。

1985年,我在水电部作为记者采访青海龙羊峡水电站。接我的车在青藏高原的日月山停下,司机告诉我当年的文成公主就从这儿入藏,在高山立一日月镜以反思故乡。

我在山上汲古幽思,发现这一带群山荒凉而平坦,青草稀稀疏疏,连手臂那么粗的树也找不到。天远到极点,蓝透了有水晶的光泽,极轻的几片薄云如水彩染出来的在山下或峡谷间浮动,我伸手也那么小心翼翼害怕碰着了天顶。秋冬之际的太阳,洁白的,如一枚极圆的月亮,在天幕上平坦地滑地,太阳不仅没有血红,也没热量,那种凉幽幽的感觉比夏夜月亮还少温暖。那太阳竟像贴在脸上的薄荷冰片,伸出手指一摸,指肚纹也有一丝丝阴凉在斗箕里流淌。我突然想到了卢梭的《沉睡的吉普赛少女》画中绝不是月亮,甚至连卢梭本人也没意识到,那是一枚太阳,日月山高原太阳和它一模一样。如果一个物体和所有人感知的同一,那创造性也消失了,卢梭便是画的一个与众不同的太阳,在画中可资佐证的是那狮子,太阳和狮子在象征艺术中是文本对举,只有在奇异背景下少女沉睡才有梦幻的色彩。如果是一枚月亮那画幅只是一种写实,只有在太阳下特殊事物的非逻辑组合才是卢梭的北非幻觉。

[城 市 日 光]

阳光是厚厚的窗帘的窥视者,映出紫罗兰图案与一些蓝色植物。在阳光的背后是真正的黑暗长河,汇积了污泥浊水,在那些暗淡的隅角,或城市的下水道里长出霉斑与青苔,黑暗的羽翼保护那些阳光下的罪恶,欲望和压抑,邪恶和欢愉与生命同步生长。玻璃窗后的疯狂、残酷、恶毒、仇怨在一片阴暗的内心展开,最后结成罂粟般美丽的果实。女人和大地在享受夜晚的阳光,我们成了硝烟瓦砾中幸福成长的那代人:跨世纪的人群。

我记得阳光应从木格的纸窗里渗透进来,那样才能把草民的人生过滤。太阳鸟唤醒你的时候,光芒四射的人生洗礼从童年便开始。

只有阳光的洗礼才能透彻你所有的毛孔与骨质,光明穿透重重叠叠的肌肤抵达你内心的牧场。

那天是午后的斜阳,我从雅园迎着光芒注目瞭望中央电视塔。糟了,这城市的阳光已经变质,红黄的色质已变成了生锈的酱质,那污染早已不在高楼大厦之间而在一个庞大的天体覆盖之下,粉尘和黑绿把阳光浸泡得干燥、生硬、麻辣、酸脆,古怪的光线如角刺杀伤视力。我知道在我发现污染时,内心的阳光早已污染。

纯净阳光,从灵魂出发。

我看到高原一支驼队,还有马匹在山脚探索,那是地质勘探的苦旅,用标尺与铁锤敲开岩石采掘地下的阳光。茫茫雪域,背景是一尘不染的蓝天,那些地下的金块和宝石与天空太阳融为一体,那才是锻炼了的阳光质地。

行走在平坦广漠的荒原上,一片绿色的草地展开一汪湖泊,水意在草场上浮升,阳光一缕一丝地泻落,化合为生命养料,抚摸牛羊马背,这时阳光如同泉水点滴渗入生命的内部,这才真正照耀了个人命运的历程。

我们出海,一篷帆船在浩浩荡荡的大海之上,一丛毫无由来的风掀动着衣襟,扩散浮泛的水层,阳光是千千万万只手掬起来的金色液体,让光芒超过头颅,滴下来,那是生命真正的渴意。

我理解纯粹的阳光,那是具有水质感的光芒。

通过清纯之水过滤,阳光和生命一同抵达永恒。

我渴望,一次灵魂真正的渴望。从天空滴下那点水质的阳光,那才是我生命所期待的觉醒。

纯净我们的阳光,因为人类只有一个太阳。

[原　　型]

太阳是最伟大的原型。

原型由具象到抽象成为特殊的符号代码。原型是一个联合群体有复杂的可变性。它的语意也是多义的。

太阳是独一无二的。谁能找出另一个太阳?艺术家创造了太阳的不同侧面,而目的还是那个太阳。

太阳,古希腊叫阿波罗,印度叫苏利耶,埃及叫瑞,西方神话又叫菲比斯,每个民族都给太阳一个名字。

但太阳还是那一个。

太阳原型的翻译、衍生、释义、注解产生一系列文化模型:彤红、火热、力量、鲜血、热烈、残酷、杀戮、生命、正义、崇高、庄严、牺牲、英雄、革命……

[红　圆　盘]

这是太阳诞生的原型,在生命之炉大地岩层经过一次惊心动魄的碰撞,精血四溅,溶液在各种蜿蜒曲折的脉管里炸出一片星空,新生如卵芸芸胎动,每一个角落都飞散着芳香的生命碎片。在天地间播种希望,词语在山谷,在荒野,在荆棘丛生的洪荒之地开花、结实。

我们可以把米罗的《红圆盘》视为宇宙火爆炸时留在岩石间的最早遗

址,它不是,它是米罗头脑里的原始意象,一次超越时空的太阳生命的远古想象。

兰波则用文字把它固定为《太阳与躯体》

[画　　家]

米罗把太阳藏在画中,构成神秘的意境,《红圆盘》不过是太阳始祖的一次平常分娩。

莫奈把太阳成为一个画派,《日出》是一种印象,照耀在卢昂教堂上是一堆流动的色彩。

梵高让太阳燃烧。阿尔的太阳燃烧着《向日葵》,包括那片《收获的风景》,或者《阿尔的吊桥》。

只有霍克尼的太阳是缺席的,他让阳光从画面反射出强烈,保留日光暴晒的建筑物、游泳池、椅子,还有烈日下静止的棕榈树,包括《大水花》中的玻璃影射,在《一个艺术家的肖像》里,这阴影也显示出阳光的咄咄逼人。

画家让太阳在心灵燃烧,却让光芒在画面流淌。

[雪　　日]

1997年7月我去川藏腹地甘孜采访。从康定出发,那种号称沙漠王子的日本三菱在高原上颠簸一天,傍晚赶到甘孜县,正好一夜大雨。第二天早上我们去贡嘎拉山地质队金矿,明明看见太阳爬上山,车在峡谷转了一圈,在山坡的木棚房停下来时却乌云浓盖,一阵寒冷让两膀发麻。昨天热得背心挂不住,在贡嘎拉山脚却要烤火驱寒。早饭后我们上山是雨雪霏霏,到山腰望着乌青乌青的山峰,太阳明艳得如同贴在雪峰上,雪太阳实在是一个冰盘,或一柄圆弯刀,锋刃在雪峰裁划,太阳的白和雪光不一样,略带浅黄,晶莹有硬度,在视觉中它是燃烧的,但辉放蓝青的焰质。反出的光映在地质队员王开中、张象林、谢大军、王道斌的脸上,你怎么也想不到他们的脸竟比太阳红,只要在雪山呆一年的工人脸上都会留下这种高原红。

我与周江陵爬到雪线之上,山腰之下竟是冰雪飞舞,峡谷白茫茫一片,太阳这时像一个不懂事的孩子玩累了搁在山头的某块石头上。谢大军说不能往上爬了,一会儿雨雪会从山的背后袭来。我不相信,天气晴朗,山坡上的绿草似毯子盖着长满了紫色、黄色的小花,挂着水晶晶的泪滴还在开心地笑。我看完两个金矿堆场,望着雪峰上的太阳发呆。我在南方长大从来就没敢这么清晰地注视过太阳,而在雪地上你可以把它看透,太阳的眼光是冷

· 195 ·

却的,有锋刃切割这飞来雪飘去云。一会儿我觉得临空布满潮湿,雪在不紧不慢地飞,我随杨钧滑下一个坡,太阳却一跃在另一个山峰上。新的高度给予的微笑,让这流畅的雨雪也不那么阴冷。真奇怪在雨雪纷纷中,太阳清晰得你可以从山头拿下来,还有山桠的那几朵雪莲花,一同含露娇艳。

无论你如何热爱她,雪日不会自己赐予,你必须走出屋子,在生命代价的交换中,雪太阳在另一个高峰迎接你。

具有冰雪质的太阳,才是最纯净的光芒。

[日　　记]

日记不可以别解,他只是关于太阳的记忆。

自祖母的怀抱里认识太阳以后,太阳便和我的生命一同成长继而成为我生命的一个部分。可是累日所见,太阳的新鲜感消失了,日渐变得麻木,甚至有所厌倦。

童年上学堂,太阳成为一个时间标记,日出,上学。太阳沉入湖泊草丛我便急急忙忙地赶回家,那是和太阳争路程,一个幻觉,仿佛我和太阳拥有同一居所。

长大了,太阳,红太阳成为一种文字写满各种书籍,同时也变成人们的日常话语,我早早地成为一名教师并依样教给孩子,红太阳。

学生问,为什么叫红太阳?我说,你仰望苍天。

学生说,天上的太阳并不总红。我猛然发现,这时太阳已不那般鲜红。

太阳变淡了。它是一个真太阳。它的亮度太高远,光芒被轻浮飘动的云彩搂走,悬在一个很远的地方。

红、黄、白变幻得无法指认,渐渐和血也没什么关系,可是它反而变得炽热猛烈,向人类榨取最后的纯度。

于是我又怀念儿时的太阳。

小时候,我伸手便可以把太阳挡住,满满一小手鲜艳的红色浸到骨子里去了。一挥手线条光芒散于无形,把手攥一下太阳留在掌中,有温度,有张力,只要用手指一弹,太阳的金属片,铮铮叮当,脆如银光音质。

太阳扑向大地,祖母用手隔在中间轻轻地一拉,一片青葱的绿色拾起来,太阳的光辉便和现实剥离开。一片荷叶戴在头顶,那是人生最难得的阳光绿意。

这种太阳的浪漫,一直保存到1981年5月23日。我在贵州乌江水电部八局工作,每晨我都从山腰跑向山顶,山间小路上青草湿漉漉的,站在一处大山断裂的悬崖边吐纳,伸手抓一把潮润清凉,侧身之际觉得有个明晃晃的东西从我腋下钻出来。我仔细一寻,太阳是从乌江的乳雾中浮起来的,山回路转,刚好落在山中峡谷,我站的悬崖刚好是个S型,太阳从拐弯处跃上,似乎只要我一伸手,太阳垂手可得,如果我接上一柄剑,便可以用太阳在乌江里捕捞鱼虾。也许是高兴,无意识地双手拍击,呼呼清脆的响声吓我一跳,那种金属声中荡溢着水质,我以为真打着太阳了,实际,不过是我用力太猛,手掌带有水珠,拍出的声音从峡谷里回荡过来,就像从太阳那里碰响流动的旋律。

那天,我写成了第一篇散文诗《乌江晨曲》。

[生　　死]

在灿烂中生命起航,山谷金碧辉煌,流水晶莹剔透,晨曦把夜晚照亮,在树丛中迎接第一丛玫瑰色,你是新娘站在漫漫的海隅,事物在光明中低语,唤醒千帆竞发,万户鸡鸣,大地在你的目光中生机勃勃。

1986年秋我从宁夏到北京。先是在腾格里沙漠边缘飞奔,渐渐到了一望无际的戈壁滩,石头竖起刀枪如林,山没有规范的形体,错错杂杂显出一幅狰狞面目,走过一片石头的丛林,地上没有树木和草丛,连石头也圆如卵,尖如刀,平地小石头散乱如飞,干净、发烫,车轮轧着石头卡嘣卡嘣地飞弹射出,叮叮咚咚不知打响了什么?

太阳这时已在视平线下,在平坦的戈壁上它如圆环,弄不清是蒸汽还是阵风卷着细沙,太阳是流动状,行走极不稳定,红如锈、黄如酱,那是一种惊悸不安,彷徨无主的样子,眼看着一下撕碎,在昏暗的风沙中扭曲,割裂,这是一枚死去的太阳,它只有苍凉,并不见悲壮。

我想,没有什么东西比太阳死一次更惨烈。

[太阳与人]

我以生命为代价换取了一次泸沽湖的行走。

1997年8月10日,我在泸沽湖的丛林里看到一种白杜鹃和紫红杜鹃。在江南杜鹃是三月的花事,我问泽仁·品初,他说这儿一年四季都会有花开的。

这儿的庙宇很高大,却荒凉,近乎无人伺奉,但寺庙上的阳光像敷上去的一层涂料。农家与宅旁的草木显得有些恍惚不定,我和几个小孩说话,总是答非所问,在村里我曲曲拐拐地找到一户人家,门虚掩,我推门进去迎面是蚊子和粪臭,在院中站着,楼上扶栏伸出一女子头,但马上缩回去,我顺左侧上去,一男子显得有些慌乱。

我善意地说明是随意走走看看。他开始友好地让座。

男子叫阿万·次尔,摩梭人,走婚在家。那女子在十里之外,是来镇上办货,顺道来了次尔的家。看他们忙乱地收拾,大概刚在阁楼做了一次好事,女子脸色有点红,我说给你们照几张照片,他们高兴了。

俩人站在院中,阳光落下,他们的脸红光奕奕,几张照片都很自然,女的说,可惜今日没带娃儿来。

阿万·次尔说,我们走婚几年了,有了小孩,她来办货是不能上我家的,我每月都有固定的日子去她家。

那个导游泽仁·品初是一个大户,很富有,两处小院,且一律是藏式楼阁,菜地和花草各占半院。看那些土并不肥,花却出奇的娇艳。我看他家的建筑,菜地,矮小树丛阳光奇异地在上面重复演义:太阳在大红花上使得红色柔和而冲淡,幻觉中像假花,纯白色的粉墙太阳侧射,调停出一些暖黄的调子,其实墙壁并不黄,悄悄的取消色彩,树丛和藤草植物的阴影变化极缓慢,似有似无,因角度改变而似幻似真。

有的村子在泸沽湖洼地,有的在山坡,小镇在平地上,在那里行走得太久,连高低起伏的感觉也有些恍惚,山弯的折皱很大,间隙处浮着雾岚,太阳的硬度便被这些湿润纠缠得柔软,所以太阳的光芒也失去劲锋凌厉。我总觉得阳光与这儿的事物结合,是通过中介而显示变化,阳光是触手可摸的事物,但又那么恍惚不定,你存心去捕捉却无法抓到任何一点阳光,阳光都在具体的物质上。

我久久地思索,想找到一个准确的词说明阳光的性质,可一切词语从我记忆的仓库里搬出来,都锈迹斑斑,没有一点活力。我知道在永宁乡的黑瓦洛村是永远也找不到的。

返回泸沽湖边,有许多独木舟在水面游荡,女人服饰奇特,一篙水响,阳光的水珠溅在她们身上,脸上,她们爽朗一笑仿佛湖中的山岛都在挪动,人与岛,舟与人,还有阳光你都可以尽情地感知。那阳光下女人明艳的脸,你可以抚摸,可以拥抱,你却不能带走这儿一点点什么。

我极力想用自身的器官去珍藏一点什么东西,哪怕是阳光,或阳光下的花色,笑容。我不能。

车已启动,转眼间又进入崇山峻岭,又是一片绿色丛林,我搜遍全身,全是澄明虚空。

我终于明白了：太阳之谜。

太阳之谜不在太阳，在太阳之下的人与植物。

［白　矮　星］

太阳必死，这是一个常识，人们大可不必太急，因为这是20亿年以后的事实。

一个发光发热的恒星，当它能量耗尽，物质熄灭，它便成为一个死星：白矮星。20亿年后太阳便是白矮星。

太阳大于地球无数倍，而且无法进入里面观察测量，最低温度也有4000万度。但人类对太阳的深刻认识了解却永远多于地球，这是地球能认识他者，却不能认识自我。

自我永远是个谜，反之，太阳对地球相同。

太阳不是用煤炭做燃料的，否则它只能活1000万年便死亡了，可太阳活了50亿年，由变温到恒温后数亿年不变。太阳是天上的核电站，它是氢原子聚变为氦原子释放核能来维持太阳辉放的辐射。氢原子耗尽，太阳就是白矮星。

太阳燃烧到最饱和的极点是红巨星，它会膨胀大一倍于自身，热能也会把地球海洋煮干，因为太阳表层热能抵达地球仅仅只用8分钟，后果难以想象。

太阳是福音又是终极毁灭的暴君，我们是摧毁这个暴君，还是保护他呢？答案实际在人类自身。

宇宙中有4亿个太阳，但人类只能使用受惠于它仅用8分钟发来的能量，而且永无尽头地受它的引力所控制。

人类对太阳是无可逃脱。

人类不可向宇宙另外租借一个太阳，唯一选择便是爱护每一丝阳光。

实际上人们不是直接受到阳光的恩惠，他向地球寻找中介，最重要的第三者是植物。人对太阳的全部需要都是通过植物，最浅的道理没有植物人就得饿死。

人们只要保护了绿色植物也就保护了和平。

也就保护了太阳。

也就保护了人自己。

听　　雪

　　雪照亮天空,飘下来的羽毛都化成梦境。在一旁等待,抚摸冰凉的古老,侧耳听,雪在播放冬天,用宁静写下暗蓝,漫天都在燃烧神秘,阐释大地,布满的都是白色事物,那就是风吹遍的音乐。

　　在南方很难理解燕山雪花大如席,童年在桃花山看到的雪都压在绿枝翠叶上,轻如棉絮,白若槐花。眼盯着雪花斯文地飘下来,是斜送的仿佛刚接近地面又飞起来,总是见不到地下积雪,只有在丛林草垛之上,黑色瓦脊之侧能掬下一捧捧的绒白,于是我总爱在山岭或田野上奔跑追逐着雪的飘落,落英缤纷便变成了掌中的故事,吹口气它化在横横直直的手纹里,感受到一身的清凉,可白色在心里总不融化。那时想象北方真正是徐寅说的,大雪濛濛,繁云镞空,地洞洰而履不得,天飕飗而飞不通。

　　在南方用注视写满蓝天,遥远的北方仅是冰雪的童话。

　　站在北方的时候才真正有了雪的敏感。燕山的冬夜不需要计较,只要认真倾听,雪花在屋子或者树梢呻吟,却不惊动这大都市的温柔富贵之乡。

　　雪的宁静,埋葬了酒肆茶楼的喧哗,消融一片市井俗气。雪花是一枚鹅毛淡淡清扫人类蒙难已久的心灵,灵魂便从这夜的高楼大厦起飞,把那些勾心斗角的热情提升到广寒远空,还有随之净化的幻想,都变成遮天的云做一次白色的漫游。俯看这夜的雪原便想起南方秋的夜晚,那时的月华万顷便成了一种象征,沃野千里都是晶莹剔透的雪月。可以坐冰船滑翔可以举鹅毛飘飞,贴着胸口可以亲吻,掬一捧都是闪闪烁烁的萤火。月光化雪有夏天的清凉和秋夜的幽静,那时可以把心抠出来捉迷藏,滴下心血在雪野上冷却,那一汪红的痕迹也许会泄露关于魂魄的奥秘。

　　只有北方下透了的雪,冰水才可以从地下渗出来浸着人性的根本,阔了这人生的经验。还是掬一捧雪,那也许是流动的月光,滴下一点便有了指头的闪亮,溅在燕山旷野或古镇丛林,无论城市的灯光,还是乡村的篝火都燃烧着人类的精神。升到太空,也许正是灵魂闪灼过的星星。

在北方的雪原,遥想南方的月夜,雪是另一种象征。

山东一位姑娘打电话来问,你在干什么？我说,听雪,于是那姑娘的形象也飘飞在燕山的高空,凌空而来的是她的姿态:沉静而忧郁。她注视的眼睛,是雪中的精灵,化成雨水,滴下来是柔情(她说,我把情人丢了,是人家从我车筐里拿走的,还有钱包,我在办公楼贴了招帖说,你把钱包留下,将情人还我,谢谢。可十天半月过去了也没音信,怎么办？我说,再给你一本《梦中情人》,她说一定要题签。我说,那是四十万字的题签)。那是一个很入骨的姑娘,想象和雪飘一般地洒在我的生活里。

还有前几日,我和一川去海淀图书城,他从多伦多回来,给我带来了《心中最后的棕榈树》是霍莉女士编选的她父亲的选集,英文版。清冷的冰从脚下浮起来,洁白的雪花落在我们的头上肩上久久不化,我们行走,那是低头沉思的形象。我们1994年在北师大乐育一楼居住做邻居,三年后我搬到西四,他早于我搬到志新村塔楼,我们是经常这么相约于书市的。我有洁癖,包括交朋友,所以真正的朋友总是雪花一般地在我生命中飞舞,然后融化在我灵魂的深处滋润我的精神,从而丰盈我的生命增强我存在的勇气。

雪也总如我读不完的书籍,弹动无数文字,在眼前闪烁亮点,思维深处便流动那精神之花。雪飘忽而去或悠悠而降,都不能作为原野上事物的记号,它闲散而率性,烛照的总是事物的外部。这一点它和月亮一样,可它可以化成透明的水滴浸透你生命内部的秘密。踏雪归来披一身月光,抖落的满是闪烁的星星,只有你的器官的寓所内部透亮了,才会发现白雪代替月光照明,你才有冰清玉洁,才能看清你全部脉络中的阴影。用雪与月的清凉触动神经的末梢,发散为梦想,人生又有了理想的光辉。想象掠过丛林,飞越山冈,一丛青翠一丛花叶,便有了一线感情一线精神,于是燕山雪花大如席便充满了各种含义。

雪,飞翔,飘出古老意味的流韵。

雪,静下来,融成新液,洗出新型意象的轮廓。

雪液是人类潮润的眼泪,把苦难与疼痛都滴下泥土。来年长成了鲜花,还有萋萋的杂草。我不知道这飞舞的雪花何时有它的终期,但相信这远古的恒温期是不会有的,变温时代产生了雪的伟大,冰河时期也就伴随它来到,是它规定了雪的本质:寒冷与洁白。

最近一二十年我也看出了雪的稀少,这才渐渐担心它的灭亡。一旦这入心入骨的雪从此绝灭,我不知道人类的希望何在？你的情感何在？你的梦境何在？

雪花，你来，又将向何处去？

你回答，那将诞生另一首伟大的月光，保留洁白却缺少湿润，那时候，我将不再听雪。

在雪中想念朋友。雪使个人和朋友在思念中净化。把一些属于他人质地的东西浮起来，他人形象更加鲜明，你也在净化中更加纯粹。于是诗意产生了。

踏雪寻梅。隐喻人生的另一种境界。透视古人的一种精神向往，把人格隐喻地展示，精神质地便散落在雪地或者梅花之上。士人爱以自喻，各取雪梅边缘，或美艳，或香彻，或傲姿，把个人对境遇的不妥协特立独行展示出来，闲适的士人在语境挤压下有了一种绝望的自况，我说那是逃逸中的一种进取。

雪的操守，梅的精神。如今赋存已经枯竭。因为梅花早已栽在植物园，或布置在画人的长卷里，不在雪地的梅如何进取？它点缀的是一种萎缩的精神反照，于是雪也残鳞败羽。现实不仅是强大的灭绝，它要以新的方式替代，电脑、电视业已克隆新的雪地，新的梅花。

我还是固守那古老的想象：一树梅花只要铁枝如故，漫天飞雪只要洁白依旧。香山的丛林，一侧一弯构成雪浪月涛，一枝一朵缀成散淡阴影，雪铺到的地方，梅枝横斜逸出，展延到岭外，或者大漠，孤月抚平叶的原野，一任铺平雪的梦幻。这时候静静地听，塞北江南，黄河泰山，都是雪的灵魂。听一片飞雪，板桥湖边浣纱的女人掠起丝巾，惊动临空飘下的羽毛，那洁白的动人你不知道是在平野的雪涛还是布染的月空，姑娘翘首以望，她噙过的梅冠或者吹响竹叶都是月的音乐。在江南湖边听雪，洁白不压翠绿而是相映生辉，只要不改变望月的角度，雪在竹枝惊悸，你不小心地弹动光芒那便是一片雪绒裂开的雾月，女人的心就是那梅枝疏疏颤动，那模糊跃动的乳房又是一首夜曲，嗫唇而吐的便是丝竹流韵。

燕山在京城的北部。从西向东延伸，雪飘下来的时候，天空已成梦境，那是山川旷野里的一个大比喻。白色铺展我梦中的意象，不要弄清它是夜月，还是雪光，一任光芒把我的视线牵向无限遥远。注目那卵形的山峰，悬崖一侧逼出一个岬角，清风在岩石上铺出一些洁白的粉尘，松枝倒挂映衬的山的屏障，雪和月交映叠出白纱般的折皱，在它的幕后山舞银蛇，缠绕着古老的京都。认真谛听，雪原下涌动着隔年的潮声。

也许我是一个不甘寂寞又爱追踪寻迹的人，为了仰慕北方的瑞雪而逃避江南的酷暑,千里迢迢迈进这京都的门坎。每临冬季都在户外追赶白色的精灵,也曾有过几次刻骨铭心的记忆。1990年春节,我一个人守着鲁迅文学院的大楼写作"长江楚风系列",大年三十日晚爬上大楼屋顶听着北京惊天动地的鞭炮声,我就那么搓着空中飘下来的零星雪花,文学是那么一个美丽的幻影。第二天,一场大雪把北京盖成一座冰城,我去红领巾公园,盘着腿在冰冻的湖泊上滑,爬上湖心岛,躺在雪地里,看着树梢挑着飞雪,我就这么孤独而沉寂地听了两个多小时的降雪飞花。

今年京中连续半月的大雪。据说近几十年已少有这般朗丽,少有这般清寒。从高楼看这冬夜的雪还惊动高悬的月,伸手一弹,长弦清辉,一片青蓝,一山微茫,一塔朦胧,四野为平沙落雁,推远了边际。塞外大漠,岭外江南,飞来一轮冰盘在清清朗朗的天幕辗动,它什么也不惊动,用一泓清辉掀动这大山与都市,拖拽着那灯火辉煌中的浮躁心灵,唯有雪夜才能这般超尘出世。

这些日子我每天都踏雪而来,踏雪浪而去,溶月涛而归。在这巨大的雪月中凝思结想,收摄这往日的浪漫情怀,面对灵魂,还有这夜的雪与夜的月。收一束长风,卷我生命千堆雪,精致为一点,全部从眼睛里闪烁。

我也是雪的精灵,我也是这月的魂魄。

翻译绿色

　　车过了雅安，便是高山峡谷，林木葱郁。
　　（一路的竹林，只见箭叶，不见竹枝，绿成一簇星，照亮洞穴的空地，手势划出一个痕迹，熊猫藏在什么地方？林深路远，在绿荫之下，那个憨态，摇摆着一枚历史的徽章，珍贵的事物搬不走，还在卧龙保护区）
　　山只告诉你架子搭好了几千年，好不容易合好了绿色的缝，依旧还被刀劈斧削，支上去撑住蓝色，把白云裁开，落下来却把河流踩坏，断了一脉流水。果然是白云深处有人家，青瓦小房闪闪烁烁，一星包谷地，一垄红苕田，欲藏欲露地串联在绿色的折叠带中。大约午后，司机告诉我，已经到了二郎山。是那个歌里唱的："二呀么二郎山，高呀么高万丈。"在清衣江边行走还酷热难受，心里直发慌，不到十里地之后，清凉便从四面八方涌进来，那绿色扑棱朴棱地打着眼，上山的路转折很多，植物品种丰繁，锦簇丛丛。花色也多起来，一枝二枝的百合花朝天吹喇叭，藏在绿底下的地锦蓝花偷着炎夏的阴凉。野生的栀子花恐怕是这一带的特产，或红或白并不显眼。山花多了，便惭愧自己平素拈花惹草太少，面对美丽也叫不出几个名字。车往高处走，树木干矮了许多，倒是山坡上的花如满天星一般，弄得眼前色彩错乱起来。胡乱给那些小绒花叫个名，珠儿花。很称意，纪念一位和我相爱过的女孩儿。

　　据说二郎山是一个契口，地缘学上可能为一个气候带的界碑，再往前走便是入藏的风景，川西盆地的特点也就留在车后的痕迹里。
　　渐渐有了一些原始森林的迹象，那些巨大的乔木，只见横斜的粗枝，却少见绿叶。松树、杉都没有婆娑的树冠，虬枝斜躯，表情怪异，隐约网了许多藤条，或一些蛛网，由于山陡林深，许多树木看得清晰，却是无法攀爬的，因为它们站在绝壁险谷的地方。也因了它的站立，千百年躲过了人类的刀斧手。渐渐二郎山也不见了，又看到一些次森林相互扶持，蓬蓬散散，牵拉成一道绿色的屏障。

站在山顶张望,不见大地留下的青春。

贴在悬崖边,呵护自我的阴影,祈祷山神保护生命。一声吆喝,没想到给我一场大雨倾盆。

旁边一位姑娘说,这就是高原气候的特点。

脚底下全是深壑绿谷,目光不能透过绿色的奥秘,阳光照耀千百年的损伤,被一场雨水打扫得干干净净,一个人在时间的河流里跋涉得再长久,也无法具有大山的深度。

倒不如摘一片象征的花叶,把个人心情打扫。

泸定桥架在大渡河上,把一段历史牢牢地锁定。

两岸高山依旧是绿色,这儿树木和内地没什么差别,人群是三三两两地躲在树荫下,我顺山坡树林走走,有一种阴凉逼人,似乎是大渡河水淋湿了山脉,找到一个词语,顺着高空缆索拉上去,时间也会滑下来。

只要绿色成为一张地图,删除裸露的沙石,把没有使用过的河水留给后人,鸟儿依旧在树上筑巢,即使给我金子,也不能买回跨世纪的栽种。绿色,是一件永远不完的事件,恰好是田野浪费了泥土,把长出的青春都抢收干净。

在这儿只看到山林,田野在什么地方?

大渡河边淘金者众多。在烹坝几乎家家户户都有土灶、洗床、水磨,旧时候作坊式淘金。许多人都是一时的暴富,在席梦思床前却养着一头两头猪,到处是沙石、土渣,还有土法炼金后的化学药品,据说一切弃之不用的东西都倒入大渡河,长江便享用这些弄脏后的污水。

这一带河边很少能看到绿色的树。

从鸳鸯坝拐弯,顺折多河而西进,便可以进甘孜地区似乎听到有藏族韵调的民歌了。

折多河流水清冽,沿河沿山都有树木和茂盛的草丛,带有野味,用歌声惊动河水,你才可以看到绿色的线条,发生在山上的事情,用绿色流下来,水是蓝色,旋转一次讲解在丛林中的经历。故事就是那朵浪花。

寻找水的源头,便可听到远处传来的康定情歌。

康定情歌是我们五日以后的事情。

在甘孜州首府可以听到许多汉藏的传说故事,藏族风情也充满了大街小巷,错综镂刻的雕饰,银器饰品名目繁多,藏族姑娘周身一摆动,全是珠鸣玉脆,仿佛压倒了在街心流过的那条折多河的水声。城街在河两岸,北少南多,南边几条街建宾馆饭庄,顺势而上是跑马山,这山正面不可攀援,得绕到侧翼才能上去,我想它相对峙的也许便是折多山。两山脉中夹着一条河,而且城就建在河上,流水湍急的时候,水便在街心流淌。据去说去年水大,上大街是赤脚而行,水清澈见底,湿衣而不脏。

康定镶在两山的绿色之中,盛夏极好避暑。

出康定西北行,站在折多山,上了高原还倒觉得是丘陵地貌,路极平坦,除了偶尔有欲近欲远的汽车,再也看不到人影,而且连树木也看不到。野草倒像绒毯式的在地面薄薄铺上一层,偶尔看见那些裸露的石脊,乌乌青青。据说这儿已是海拔三千多米,我曾在云贵高原生活过,那莽莽苍苍的大山,每座山都好几千米高,那才叫高山。老家湖南的山,也高大得让人望酸脖子,可真正到了高原,那山反而倒小了,那样的山在南方也许顶多算一个坡。下车,站在折多山口,有一阵舒展的凉风,路侧便有许多土堆,似乎是一个陵墓,乱石并不规则地堆着,插了许许多多的经幡,如五彩旗,还有片石砌成的拱门,环护着的都是松柏枝。可在山上一眼望到底也看不到一棵树,除了山,依旧还是山的脊梁,真是第一次看到纯石头的山,如地震崩裂了的,呀呀嵯嵯,极不规则。山上有白色的反光,高品金说,那是雪山,当地人称神山,视线平行一掠,那冰雪也奇怪,都齐刷刷地在山腰,不上不下如同缠的白色腰带,我一脸疑惑。司机说,那是雪线,雪线之上是海拔四千多米了。我怀疑自己已经到了这样的高度,挥挥手,跑两步,便一下栽倒了,头晕目眩。

缺氧不能剧烈地活动。

炎夏,在折多山还是有一股浸骨的凉风,这里是极平常的山川关口,可在地缘学上却是极重要的分界线。我举着相机四下寻找,企图找到某个标志,或者是活动生物,没有,这里是一无所有。但它特别神圣,神秘,还有神奇,我是无论如何也想不出来,这感觉到的神秘它到底藏在哪儿,视野里什么都丢失了。

但我是下决心要找的。

车过了山道后,弯弯曲曲绕着山往下走,慢慢有了些草地,还有河谷,据说是八美的地方,路的回环也多起来,山谷里森林也渐渐浓密。林深草长,看得出有许多是古木,宝塔松居多,我奇怪,为什么山上没有树?那里阳光充足终年积雪不化,但地表湿漉漉的,四处是水洼,别说长草,多大的森林也可以滋养,高原这么好的条件,可惜没有绿色,这是为什么,下山也不过几十里,峡谷一片葱绿,森林繁茂的地方阳光也照不进去。

难道这绿色也要存心躲藏在隐秘的地方?

阳光穿过丛林,打碎一些叮叮咚咚的绿环,凝视良久突然一拍腿,哦,原来绿色和人的生命同步,它需要氧气。

看到这草木繁盛的峡谷自然也明白了在折多山峡口的神秘,只是因为高原神山什么也没有,没有才逼近了世界的真相。有真相的地方便有神秘。

雪山　草地和牧羊犬

　　　　把大地铺满　让云彩高高低低地栽　绿了
　　　　又绿 在天地的缝隙里 损伤石崖　观察草地
　　　　所有的比喻都在泥土里生长 星朵在草上跳动
　　　　以相同方式接受　呼吸阴阳 一次太阳的欺骗

　　　　在那个寂静的地方 站住 保持黑夜的深度　沉思
　　　　从地下长出来　用脚吸收乳汁　在头脑里放飞
　　　　谁装点铺天的云　一个音符弹动 倒影无法看到
　　　　只有雨水洗涮自由　河流的感觉 带走香气开放
　　　　　　　　　　　　　　　　《绿色的云》

　　在川藏的腹地,塬上的草地,没有风吹草低见牛羊,倒像是地锦,三三两两的藏族孩子在羊群里奔驰。第一次看见牦牛,不高大却很壮实。江南的牛,头角环抱两个圆弧,在头的上方,向脖子后盘,牦牛的角从眼睛上方向前伸,两个锐利的尖角,指向他者,它一动不动地盯着对方看,于是我成它眼中的景物。我伸出一只手,它不动,像凝固的塑像,我试图再走向前一步,一位藏族姑娘给我做了一个手势,她过去在隆起的脊上拍拍,示意我,我用身体接近它,牛毛很柔软,可手心却感到牦牛饱满的力量,我也在牛背抚动一下。对面的姑娘不见了,我纳闷,看到草地另一端,有牦牛在打架,牛角声音哞哞地响,一群小孩围观,我从牛后转过去,看到那位姑娘蹲在牛肚之下,我问了一句,她开口却是藏语,我只能笑笑,举起相机,她偏着头淡淡地一笑,于是我留下了这张照片。

　　红色包头,从肩胛披到腰,头上有八九个饰物,或绒球,开花的绢品,银饰,每一个小饰物边又有一些细小的铃铛,头摆动那铃铛便摇出一片细碎,她把翘起的臀部落下来,双手伸到黑浓的牛毛里,一松一紧地挤牛奶。

　　脸颊是常见的高原红,单眼皮,鼻梁略长,眼神柔和而多情,眉心舒爽,薄唇未合,我退后几步,相机一闪亮她全身静止,身体的每个部位的力量都集中到我这儿,那是一瞬间的情感,如同闪电击中了我。于是一个连拍,把她定格下来,但我感到的心灵现实里,蓝天、白云、草地牦牛、羊群,全部化合在她的神情韵调里。

　　哟——忽葱。姑娘突然飞身而起,向一个我丝毫没注意的方向奔跑,在十米以外的一只牧羊犬也追着姑娘,那红缨闪闪的头巾在绿色中飘动,那只白狗一蹦一弹地几乎只是眨眼中突出的事件,姑娘已在几十米外,发出悠长的吆喝声,把十来只羊收拢,嘘嘘拉拉地催促羊群,也拍拍狗,一扬手,掷出秽物,那是一块干牛粪,落在一头羝角的羊身上。羊群又自由地在草地上翻闹,那条狗在中间窜动。

　　我实在不明白这突发的集羊的方式。

　　但我注意了那姑娘的跑步,步碎,腿脚有力,臀部耸动如同一个硕大的蘑菇,腰肢扭动实在太灵活,弄得她的屁股像一个旋转的罗盘。

　　　　一个人　持久地站在草地上　注视任意的地方
　　　　用手指弹一下寂寞　让孤独意味深长　动心的一刻
　　　　长久地体验,不要说出天地间秘密　感觉叶子长大
　　　　花落果实　一样的春秋　感觉生命　把灵魂抠出来

　　　　只要在泥土上锁牢　散花落叶　也有无人欣赏的
　　　　灿烂　不取悦一切敌人　在夹缝中生存　分岔的地方
　　　　有稳定的音节连缀　我流动的脉搏　把泥沙也化为
　　　　临空的坚持　顺从一切暴力原则　最后一个分享青春
　　　　　　　　　　　　　　　《绿色的云》

　　在高原行走,除了草地、原野,还有河谷,风景长久地注视我们,却无人喝彩,宁可浪费清纯的气息,从垭口进入之后,我们习惯称的内地便再也看不见了,在森林居延的地方,河谷开阔而平坦,一淙流水漫过高山草地,有时也挂成瀑布,更多地潜藏在草地内部,滋养人群与牛羊,车跑上几百里也见不到多少牛羊,人,是三三两两。更多的是一道绿色风景线。

　　突然一座白塔擦亮我的视线。仔细注意远山近弯倒是一座二座。在北

京我的办公地址和白塔寺斜对面,很习惯那个白塔形象。没想到在这山野之外的草地上又见到了白塔,既亲切、又陌生。白塔本应该以大地绿色作底座,在都市里我只能见到白塔的坛状和顶部。这儿的白塔如同清晰的鸟,停在高山脚下或河岸之侧,往往有一两棵树,或者竖有林立的经幡。标准的白塔层次很丰富,底座纯白立方体,或方形平台,或菱形墙角,底座之上是平台逸出,平台之上又是灵台,四环凿成佛龛,有十多座佛像,佛龛之上是琉璃拱檐,红色,如同若干居屋,再上便是塔的坛体,像一个白肚子,上圆下方,犹如拱门之顶,只有在这白色坛体之上才有真正的塔形,塔形是阶梯的台级,上到最高层便有一种垂络的装饰,如同贵妇人的面罩,那实际上是铜质或铁器的佩环,风摇摆动,便有啴啴叮叮的声音但不是铃铛,如果有飞鹰惊动它,它最多只能惊起塔内魂灵。再上去便是一个微缩的白塔形,只是极顶乃为金瓜状,以金针度人,我直指苍天。

大型的白塔气势恢宏,周围是一片寺院,有许多僧人守护着,晨夕便有一片诵经声音,梵音缭绕。

据说白塔是藏传高僧的陵寝,从外观能看出这些高僧的等级,在塔内还藏着历代师祖的舍利子。

僧人在旷野之上云游,不过是这绿色中一红一黄的点滴,没想他的死亡倒铸造了一个辉煌,把他消失的灵魂铸为一个象征式的固体。

有时在一片山脚下看到许多小白塔,层层叠叠好几十个,或者经院庙堂的后院也有许多小白塔,把历史上稍有名望的僧人封入塔中。据我的猜度,僧人一定要得道而有所修为才能进入白塔的象征,如果所有的高僧,平头和尚都在塔内,那如今的雪域高山只能是白塔的海洋。

佛教宗旨:众生平等。普度众生。也是一句虚妄的话。把灵魂筑成阶梯,让死者也按活人的意志奴役,思想一下这个世界,在永恒的长河里也是很荒谬的。自由平等也就成了普通平凡人的一种乌托邦想象。

把灵魂安放　在山冈上抚摸空气　流水依旧
涛声波纹 毁灭一种姿态 不能在河谷漂泊 或
从草地到雪山　选择寒冷的居住　普天之下　众生
如何守住开始与终点的同一　相信宇宙守恒　你在

生命不容栽种　都是独自的操守　花卉与落叶
即使有最古老的开放　也找不到相同的气息　青铜

>   的性质　不要带思想回家　预防亘古以来的野蛮
>   失忆的天空　物种已经迁徙　我还是固守有草的家园
>
> 《绿色的云》

　　车从炉霍出发就已经傍晚,透过后视镜被山堵住,前望也是山坡,没有直线,总是上上下下,于是在沟谷的地方是昏暗的,爬上山梁子又是一片敞亮,光线很古怪,不透明但可以看得很远很远,雪山的峰顶棱角分明,冰雪如洁白的哈达系着山腰,头脸显得严峻,这三菱车左环右绕弄得我不辨方向,但始终能看两个神秘的光点,是反射过来的光斑。我纳闷,这卓达山还会有居民么?起起伏伏的群山都是灰乎乎的,临近夜晚这光点穿透得异常深远,像两只狼眼睛,人烟稀少这倒可以理解,这么多山都看不见绿色,真是让人心里无限惆怅。直到第二天下午我上了卓达山顶,才知道是地质队在那儿开金矿,砂石料厂悬着两个雪亮的大灯,由于在雪线以上,两山对映,在冰雪里反射,那强光炽白无比,靠近了冰雪灯光反射的让眼睛流泪,山上人告诉我,不能盯着冰雪久看,容易变成雪盲,第一次听说雪光能让人瞎眼。

　　在嘎拉金矿,山下的仓库管理员把我们接进院子。盛夏,这儿凉嗖嗖的,得坐在火炕边取暖。在我们抵达时雪山天气还是一片太阳,几分钟便听到冰雹砸着工棚咚咚地响,糟透了,一会儿怎么上山?高品金挺安然地聊天,他正在了解情况。我在聊天之中,看着一黄一黑的两只大狗进进出出。年轻的小伙子告诉我,四月底他进来时,山上的雪还有四五十公分厚,赶在太阳天向堆浸场出运砂石,突然从山谷里窜来一股强风,把十几个人挤进芦席棚,冰雪呼呼啦啦地把棚子包住了,每个工人的头上捂上白帕子,大家互相望,都笑了。他给身旁两个伙计几个耳光,拍打得伙计晕头转向,他也扑打我,其他人都呆住了,瞬间我问他,这是为什么?他说再晚了冰层会粘掉一层皮肉。等到雨雪一停,太阳又鲜红地照着,那次从内地来的几个民工连夜跑回了甘孜县。

　　上了山,雪线之下是浅浅的绿草,有黄色的满天星,有紫冠独伸的夏枯草,还有很多一尺以上的蓟草,茎红杆柔柔地在松软的沙土上伸出来照顾一些茜草,还搅绕着玫瑰红的太阳花。马齿苋科的小草层层叠叠,多是紫花和红花,我实在想得到一种稀有的草:藏红花。没等我问,有人告诉我,一伸手便在雪线之上,几米之遥翻过冰层雪堆,在那悬崖峭壁的地方就有雪莲花,这真是让我神往的圣物。可惜老高说,夏天的冰雪上最没准,要是陷下去了,没准就是一个深渊冰洞,无法救援。

我后来倒是采了一大把花,夹在采访本里。返回北京对照植物学,竟没有一种花上了官家的辞典。

　　　　没想到绿色家族如此众多　谁也不可全部命名
　　　　无名的生活　才有自由的探索　分享黑暗中的幽冥
　　　　治疗岩石的疾病　抚摸一下伤痕　古典如婴儿
　　　　如果不照亮白昼　夜歌会长久芬芳　事物永恒生长

　　　　肯定是从边缘生长花朵　不用思想虚构　风景从
　　　　源头来　在原野上布置　梦的家园　允许烧毁黑暗
　　　　太阳被雨水淋湿　幻影在泥土下结晶　凝成符号
　　　　矿物是个冒险的想法　坚持个体闪光　又是原上春天
　　　　　　　　　　　　《绿色的云》

　　雪山的高空幽幽地蓝,蓝得点滴晶莹,哈达悠长擦一下天体,有蓝色风吹皱山下青草,踩着草地摸天,不小心惊动折缝的冰棱花,一刀劈下去洁白,锋刃全是银色瀑布,在卓达山北是雅砻江缭绕而去,远望还能看到金碧辉煌的寺庙,灿烂的琉璃瓦鳞次栉比地从山脚下摞上去,到山顶便是寺院供奉的佛塔。比较县城那些低矮的房屋,才相信人们信仰虚幻的力量远比现实更为强大。在空空的大地上只能抓住冰雪那样的洁白,或者远望天边漫长的蓝色。

　　我从山上的太阳里走下来,在山腰绿草上坐了一会儿,拿着那把花,坐车到了山脚仓库。刚在峡谷空地站稳,这时候卷起一阵霏霏雪雨,瞬时之间让我感觉了好几个季节,穿着衬衣烤火也算雪山奇景了。我呆呆地站着南望,似乎是石头砌成的隧道,乌青青的,石头之间折缝是砍断的,但没一块石头倒下来,云雾从缝隙间如水流那样自由地卷动,我想大声喊一嗓子,又怕惊动神山,据说这里是限制声音的,一次呼喊就会诱发雪崩。地质队刚进山,放了一炮,远近几座山都雪崩,结果他们被藏民包围得水泄不通,差点闹人命官司。我明白了,长久地寂寞以后,声音也是一种恐惧。

　　一阵风势把我逼到院内,觉得后腿有人拖了一下,回头一看,那两条大狗愣愣地望着我,我吓了一跳,悄悄从院门边操了一根木棍,两狗毫不在乎,只绕着我转,弄得我退不能退,进不能进,雨雪渐大,头也湿了。那可黄狗竟然去扑我的木棍,小黑狗在我的腿边蹲着,鼻子嗅嗅,我试着进院子,两狗一前一后包围了我。管理员出来说：没事，你上山之前喂过它们肉，它这是亲切你。我弯下去触手摸摸，阿黄耸身一摇，水珠飞溅，弄得我一身浇湿。待我在火堆旁坐下来两条狗身上突突地冒热气。

雪停后我在院后溪边想找点珍贵的野草，顺便行使了几个命名权力。**七星草**:花或黄或紫，花喇叭状，花冠五星尖角，一茎之上，叶随茎生，灰紫色。**水蒲**:一丛蒲草数根十根不等，上指不弯，叶尖如针，偶有铜钱大的花，花冠金黄，而花心是黑色，水边石缝连成一片。**红楸**:叶儿肥软，有如莴笋叶，更绿，叶丛生而簇，丛中钻出半尺略短的花束，全是枣红色集结在花柱上，但南方红楸有半人高，茎杆细长，它没有。**柱顶红**:叶阔大如烟叶，叶茎鲜明如脉，三叶成簇，中生花柱，柱顶紫红粉腻，紫红裂开，中缝露出的是绿色米粒，高不盈尺。**水苋**:一丛约二三十叶，叶如灰苋菜，茎杆细长，一茎叶，叶圆如篷。**蓝叶草**:草若耳状，叶绿亮而发蓝，叶挤在一起，伸出一茎长数寸，柱顶开黄花，如黄梅花一般，花冠掉后留下玫瑰红的花籽，实际出现两花现象；黄叶花，红籽花。在溪边的小花小草灿若星辰，无法清数，甚至两草纠缠地长在一起，你无法分开，有时异花并在一起，在密集的草丛，无法弄明白，此花属于那一种草的。还有蕨类，蕨草的品种也是那么繁多，日常的蕨从口头说出，只是一个轻贱植物的概念，细分辨，叶儿是那么丰富多变，形态各异。水石之上还有花纹般的苔藓，长得和柏树枝头的柏叶一模一样，触手柔软，津润生液，似乎是水石之上伸出无数的凤爪。

我在给花草拍照的时候，阿黄阿黑一直在我左右跳动。偶尔从山弯来一个藏民，它们便汪汪地呼叫几声。这两只牧羊犬在它的童年中，是被抛弃的记忆，在雪里快冻死了管理员把它俩抱回来养大。今年阿黄六岁，阿黑四岁。我和它们相处不到三个小时，竟有一种永恒的亲和。

汽车在路边等着，阿黄阿黑绕着我转，用头蹭我的腿，我不时去摸摸它们身体，实在想不出来有什么可留给它，管理员说，真神了，它俩从来对外人没这么友好过。它们四眼圆溜溜地望着我，很温顺，这让我很惭愧。我拍了一下它的头说，以后再送你一些文字。可是四年过去了，我完成了一百多万字。也没提到它。今天送给它们这篇绿色的文字。

花 的 布 施

在室内关了一个冬天,便想在山野上走走,气息是绿的,身体也是轻曼舒展的。山间多松,没摆脱旧年的沉重,山坡上倒是芳草萋萋,躺上去柔软,看着蓝天白云,借问春天踪迹,听取黄鹂隔山。

崖旁蓬散倒垂的是几丛迎春,在两石之间长出蔓生披绿,绿的小灌木,凭阑长枝,部分灰褐部分青嫩,在向阳处保持一种迎接的姿态,嫩黄破萼,细枝婀娜,抖如丝带,吐纳清香(迎春为木犀科迎春属的落叶灌木,先花后叶,细枝长条,蓬散四披,绿时如垂带,枝节间横生小叶子三枚,圆状卵形,互生,长三厘米,叶厚深绿,边缘光滑,无齿,花苞管状,端发殷红,绽开之后鹅黄如茸,花冠六瓣,状若喇叭,花期长,南迎春为常绿灌木。伴属品种有探春花等)。迎春当阳一站,一个绿色的词语长在两石之间,点上一些繁乱的黄色文字,你想象它把漫山遍野的鲜花诱发。她在风中悠悠荡生,在视线上弹一下,轻岚淡云匆匆流过,春来了,带着清明之后的弹奏,惊动花冠一片,淡黄悸动了山溪草尖,季节的音乐从她开始演奏。

1997年清明,阿芳说,我陪你去踏踏青。我们去了紫竹院,在幽静的小竹林里她给我讲述,弯腰去摸摸那青嫩的草叶,抬头之际头发如竹枝从我肩上拂过,淡洒我的脸颊,她很青春,一笑亮丽,发声清脆,那时她才24岁,是真正的清纯,很坦诚地说自己世俗的想法,她靠着我,贴近,偏着头望一眼,亮透心中的情绪。我们在假山中闪避,话音隔着石头传来,我问她一些生物知识,或野草花朵的名称及特征,她说着,我便插入一两句。她惊讶的眼神,很精神地透过我的脊梁。你忘了,我是干什么的?我小时候就爱植物。于是轮到我在院子一侧给她讲迎春和报春花。告诉她我国报春花有500多种,迎春分南北,报春是伞状花序,迎春是草生花。报春还是遗传学中的典范,花在不同的温度环境里改变花的颜色。阿芳说,我学生物的反倒露底了。于是好一阵她不说话了。我说,因为写字的需要,仅仅只观察一种状态,论到门亚纲目科属种,我就打乱仗了,还有生物解剖我就不懂,你做专业是一种科学精神,我哪能赶得上?认识花草和认识人一样,只要有心多接触便成,我也是到北方才认识迎春、丁香、白玉兰、樱花的。她听后又恢复自信与欢乐。就是那一天,阿芳便像一朵花儿栽在我的心里,香气外溢时,一晃,流散有三四年了。

我记起阿芳时,一并便捡起那年的报春与迎春。

崖上的迎春。它以词语的形式站立,姿态成为一种描述,任我怎么排列词汇,迎春依然无法在信函中示人,我想说每根迎春的枝条都抛出一个自己的弧形,在崖上垂钓,给一个绿色的诱饵,能否钓来一个春天。

迎春抽枝修长,由枯转青时黄花点点,一如文房四宝中的笔墨,鼓苞的花房一绽开,枝条上便染出一些绿意,三叶吐绿,渐渐大过花冠,花片就那么不小心,抖落时,因风的规则伤害了流动的鹅黄。

什么是迎春?

是那拖曳很长的绿枝条,还是绽放喇叭的黄花?

迎春的枝可以盘拢,可以缠绕,迎春的花绽在枝头,萎在泥下,如何说清它何以迎春命名,那么和春天一同抵达的还有金钟、杏花、白玉兰、茱萸、三色堇、桃花、杜鹃、兰花,它们不是一族宠大的迎春团队?

迎春不能作为一种植物,它应该站在迎春之上,重新命名那个属迎春的枝,迎春的花。真正的迎春应该是一种开花的事物,那么迎春呢,它等待。

谁能告诉我迎春一词产生后它的形体,色泽与气息,花有几瓣,叶有几片,是何种属?黄花绿叶不是一种表述。它抹杀了所有花草的特征,这个真正叫迎春的植物只能自己开口言说,春天到了,也许和花叶无关。

一个与春光无关的日子,阿芳来了。那个日子让云烟弄脏了,缓慢滑动的黄昏,天空没有翅膀,树上的果子终究未熟,泪水湿了阴影,不知山间还有持续不断的流水,反正听不到鸟唱,我们沉默在车声灯影里。阿芳说,我向你告别,也许有一天还得来你这里。我说,你如果不追求奢华,平平淡淡地一生,你留下来。她坐着,凝望着灯光自言自语地,我还是去上海试一试。

她有两年在进行自己内心的战争,许多次都试图嫁给我这个师长,每临最后抉择时都否定了。我没能给予她战胜自己的力量,我喜欢她而真正又怕误了她,我只能平静地说,你什么时候落魄无处可走了,你一定来找我。我记得是用自行车把她带到地铁口,她伏在我的背上,我说你就这么把日子带走了。她说,我这一辈子可能都放不下你。我看着她走进夜色。

那天我把她带到商店,让她自己打扮,挑了一身衣服一双鞋,我说你就自己做新娘打扮,嫁给远方。那年夏天我去了川藏高原,在甘孜的贡嘎拉山,神山飘雪,绿绿的草地尽是黄花红花,我采了许多夜晚的花种,把那些花儿夹在书页,止不住在风雪中想念阿芳。在甘孜县招待所,缺氧头晕,我一夜包着被子,听着暴雨打着窗页,头中眼里全是行走说笑的阿芳,那夜我下决心,回京后把阿芳留下来,我相信能厮守终身。

那时她在京一所学校代教英语,她常来,我见着她奔波劳累,依然是清纯精神,看着她我又默默无语。

四年过去了。每到清明前后我都去山野里看迎春的花。想想阿芳过得怎样?迎春还是那般活在自然里,枝条、花朵、花蕊、嫩叶。词汇永远没法把它说准确,还别说它在阳光中,在春天的气息里的光与影。我企图在黄色的花儿中找出差异,不行,它普通得和黄瓜花一样,在花的海洋里无法品评它的姿态形体,探索它的香息倒是让人难以忘记,那是从它肉体上散发出来独一无二的,你不可以说清香,它香入息得慢,在鼻孔里延移一下,在嗓子中驻留,香中滑过一丝甜腻,在腑脏里浸润成养料,这时体验一下迎春花带雪的清寒,绿的清纯,在你神经中枢留下一个深深的记号。待你叙说它的清香,迎春早已不在,那是一种妙不可言的神秘,原来迎春只能在人的记忆中永恒。

八大处的迎春旁站着许多白玉兰,清明时节和黄迎春一同播放,它站在枝头吹奏出个大喇叭(白玉兰为木兰科落叶乔木,高8米左右,枝干粗壮,斜枝稀疏,一枝一花,叶绿厚肥大,冬结蕾,花九瓣,白如玉,状如酒盅。微香如兰,花期半月,落冠叶从蒂中抽出,叶倒卵状长椭圆形,花后有菠萝状果实,秋可提取玉兰油)。白玉兰高高在上举着自己的身体,让空气饱满,它何时受孕,只要白色从苞房流出,张开羽冠便把爱情泄露,随风散去的都是迎春的词语。白玉兰在南方也叫迎春花,名字很诗意:但有一枝堪比玉,须保九畹始征兰。古老得和屈原也拉上了关系。它和黄迎春站在一起,春季便成了一笔糊涂官司。

许多年迎春都换一次衣裳,在大自然的怀里活得茂盛,白玉兰把清明节托得更高,欲望随风散去,只有这杏黄雪白常栽在心里。有天傍晚阿芳打电话,幽幽地说,想你,30岁我若没嫁出去,一定去北京找你。我的手有些抖,我说,我倒希望你离一次婚以后嫁给我,多点公平,减少我对你的愧意。春节我又听到了她的声音,遥远,在原野上传播,越过千山万水,但和迎春的花没关系,全部都是她内心的香气。

海

然

看海。听到这个词的时候,它是从洞穴里低沉地传出来,带有一种幽冥神秘的气质,紧贴着你的耳根如一滴水浸入你耳中洞穴,等到它浸透了你头脑的每根神经之后,再爬上你的额头,集结为一种晶粒,透着神奇的亮光,它是词语的眼睛,同样是两只洞穿黑暗的精灵:看——海。

看海的时候什么也没有,只有水液从内心流出。我站在沙滩上,远远的眺望,海,什么也没有。突然从脊梁上生出一种感觉,凉意从后面没过来,词语产生了。后面是海。只有后面是海的感觉,人才有一种彻底的淹没。

看海,要有置身于海的感觉。你成了海的囚徒,海才真正给你看。泗一词是一种真正地深入海中,人被四周包围着,四周是水。人,仅仅是一个海泗,或者四方流浪的海球。在海里你才知道什么是天涯。人在天涯。不去看海,你怎么能知道?

什么是海的序幕:沙滩。

沙滩也是海的陈列馆。沙滩还是陆地的细胞。

在沙滩上行走,面对海的前庭,背后是陆地的后花园,沙是水与岸的临界,沙也是整个世界的临界。

在沙滩上寻找,你就有了根本意义上的选择。

老人、女人、孩子三人去看海。三个人看到海时都呆了。天,海这么大。三个人异口同声地说,够了。老人说,我这一辈子完结在海,够了。孩子说,我这一辈子开始在海,够了。女人说,我这一辈子自身是海,够了。

海叹息说,老人,你是我孙子,你只是退回海湾的一个兵,我把你打败了。收回的战利品,是你人生所有的水滴。大海对孩子说,你是未来的航海家。我对你一生唯一的忠告是,永远不要使用陆地的船,因为你的身体是最好的武器,只有像鱼一样游泳,那才是真正的航海家。大海转头对女人说,你是一个女妖,我怕了你。古代所有关于海的神话都散落在你的石榴裙下,你在海里播种生命,生产一个海的儿子,他来闹海才使我永生不得安宁。

一次关于海的对话,居然不用波浪注释,就把所有的含义都淋湿在陆地的树上,生存原来还真有奥秘。

我以为所有的黑暗都会先投下阴影,站在海边看影子,远方怎么也看不到,只有黑暗不绝如缕地盖下来。乳白色变成浅灰,浅灰一会儿便是黝黑,这时远处的目标不复存在。为什么会没影子呢?影子是事物的标杆,光与影合谋创造了事物的形态。难道海上没事物吗?我睁大眼睛寻找黑暗,期待某种影子,突然被一丛白色撕开了视野的黑暗,影子,海的影子是白色的,在我瞬间明白的时候,我只注意了沙滩与海的连接,殊不知这时要看天,天在与海连接,这才有了康拉德说的阴影线。

海影不是船,船是陆地的儿子,海影是浪,是海自身的明证,或者说看海中的天,倒影中的天不是天,是海自身,海洋是它自身的天空。

潮音。站在沙滩上看海浪拍拍拉拉的走来,声音清脆亮丽。我说,看一次潮音,那应该是简单而壮观的调子,无外乎巨浪推涌着,一阵阵咆哮地冲浪,拍击沙滩。从波面,我们听到的是钟声不停摇摆的清脆,只有俯身沙滩,海内部的节奏才汹涌而来,一种低沉的调式,使全部的空间都在颤抖。在无限远的地方涨起了潮,一次遥远的风云际会,波与涛相击,浪与花并生,隐含的是千军万马的厮杀,雷雨暴风的呼啸,传输光缆中的电流触动一切生命细节,真是潮来天地白。有海螺的呜咽,水族的呐喊,海鸟的啁啾,所有嘈嘈杂杂的声音都起伏送来,你感受到的是海的心脉在搏动而化成共鸣。那是一种生命的基调。

杂沓纷至的音响扑上沙滩,你会觉得埋葬你的是声音,在声音的后面才有湿意,当让你感受到水液的抚摸与滑动时,声音已经消退,似乎被一种无形的力量卷走了,声音逐渐消退。先是那雄浑壮大的低音寂灭,再是那清脆的波音,有些摇晃的波音似乎发自那些盛水的金银器皿之中,潮音,仅是远方放飞海燕的哨声。听出的是蓝天,白云,大海,孤帆,一片渔网捕捞的碎浪,一个女人在海上的挥手指挥了这合奏的旋律。潮音便是在一送一退中产生于海,产生于海的灵魂。这样才有了我们对海的聆听。

我们所言的看海,实际上只不过是听海。

听海,才能真正懂得海的话语方式。

海从何处来？为什么它竟占地球表面的十分之七？人与海是什么关系？在海边任何人都会这样去追问：这么丰饶富足的水，难道人类还会缺水吗？

回答当然是肯定的。

据说地球已经存在了 45 亿年。它原来不过是宇宙星辰微粒的集结。始初它也仅是一个宇宙的垃圾，演化是时间的本质，地球表层发生各种各样的变化，大约在 40 亿年前有了绿色植物，因而可以判断水产生于这个 5 亿年之内。一种说法水来自彗星，因为彗星主要由水冰构成，所以彗星撞击地球会形成了地球的冰河期。但冰河期是离我们很近的时期了。最重要的是小彗星的碎冰无法带入地球，在大气层之外便已经飞化了。地球在 10 亿年以前的大气层是以氢原子为主，只有大彗星撞击地球产生环形山式的坑道才有可能带入水。可在 30 亿年前单细胞便组成双细胞，进行有性繁殖。这表明水存在了几十亿年。另一种说法，环绕地球的大气层是由火山喷发释放的气体形成，地球渐渐地冷却有了硅石和铝岩，大气层有了水蒸气浮游，浓缩为水返回地面成了海洋。因而地球有一段是被原始海包围着，成为一个水球。在 10 亿年前大气层慢慢由氧元素为主，这种氧化使大量的原始生物死亡，在氧氮构成的大气层基本是由生命物质构成的，生命在天空转换。

生命也许经过了 30 亿年的长途跋涉，有绿色，海藻，有空气，但生命由单细胞、微生物阶段开始有 30 亿年没有进化成为动物，直到 5 亿年前才有了三叶虫。可以肯定的是在寒武纪爆炸后，生命相继在海中产生，而且种类繁多，最早的生命形态在陆地是三叶虫，在海洋是水母。因此，水母成为海生命的源头。

水母，是一个美丽而伟大的名字。我在南方的水泽生活时便知道洞庭湖与长江中段有一种桃花水母。它戴了一顶透明蘑菇状的乳胶帽子，所有飘逸软体触须都是器官，我以为它不过是在静水里的花，没想到它竟是最古老的生命。以最微小和柔弱来凸现生命的美丽。

在水湾和岩石上你可以看到水母如一束美丽的飘带，自由地在水草中浮动，如果用五指去捉，它会随水赋形地溜走，让手掌沉下去，轻轻用掌心托起来，那种半透明的胴体便成为你掌中之物，它散开的裙幅还在浅水里蠕动，似乎散发一种浅浅的虹晕，极淡的色如同一颗果冻在颤动，在水中它自然地散开，如蘑菇状漂浮，脱水之后下垂一切触须，那是一种毫不反抗的纯洁，只有一些触须偶尔的悸动，这时你会怀疑，它是生命吗？把它放归大海，它随着风浪起伏，它有一种独特优美的姿态。

海中水母比桃花水母大得多,不过它仍是水中的小美人,在海里它游泳的本领几乎只是绿叶上的昆虫爬行,但它有随波逐流的本领,在礁石、海草间,它沉下去,瞬间你就找不到它了。我很奇怪,水母是如何控制自己的升降起落,作为海中最小的自由精灵。

水母以它的弱小构成了两极的神话,一方面它缺少反抗和猎食的能力,一方面它又是丑陋邪恶的象征。

水母(Meduse),译名:美杜萨,希腊神话中的海妖。是戈耳戈姐妹,头长毒蛇,口生巨齿,翼生双翅,还伸出利爪,它盘驻在塞浦路斯的海礁上,它用目光伤人。是佩尔修斯借了姐姐雅典娜的反光盾牌,趁美杜萨睡熟之际杀死了它,救了岩石边的安德罗墨达并结为夫妻。许多年之后佩尔修斯又去寻找美杜萨,雅典娜救了它,恢复美杜萨的美丽,在佩尔修斯来到时,它从大海的波浪升入星空永远相伴在天堂。

水母的生命是被动的,没有取食的器官和消化的循环系统,它只能把海中一些浮游生物包裹起来,它放射出身上的一种液体,使食物麻醉,昏迷。水母在食取动物的时候,也食取自身的液体。它这种可怜的取食方式成为了它为大海动物所取食的常规,它为各种鱼类毫不费力地吞食。随着海浪推向沙滩,搁浅下来又为各种海鸟的食品,据说在金色的沙滩上它又白又胖,美丽异常地散开身体,海边的贝类和飞鸟可以自由地叮取。

对于水母来说,岸是它最危险的敌人。在海上它可以随着旋流自由迁徙,它散开的须触可以漂荡,可以升降。在岸边所有的坚硬之物都会碰伤它。甚至埋葬在波翻浪涌的沙粒中,或者随着水草掠在沙滩,或礁石上。

水母具有最美丽的艳体:桃红与紫色,还有乳白透明的胶脂。同时它又具有最悲惨的命运。

只有水母是一种最美丽的死亡。

在海里唯一直立行走的是浪,所以浪才是大海的主人。

八月十日,我和朋友站在海里,看海,水不在视野之内,应该让水从心底涌出来,这才有了海浪的感觉,水液对全身弥漫性地笼罩。看海,是你潜入了海中,眼中没有了水,只有身体浸泡的感觉,海才会在你体内循环。

海其实在恶狠狠地看每一个人。

鞋是陆地的船,载着生命行走。可见人的一生都在航海,等到鞋站在船头时,人生便停止了行走。人生的港湾是船,站在船上也就走到了生命的尽头。

海,古人有一种妙解,为天池。许慎说,以纳百川。从此有了海纳百川的成语。海的名词并不见常用,仅有《文选》中木华写的《海赋》作为艺文,然后多是与国家和权力有关,是一个形容词。于是有光明之海、黑暗之海、脑海、四海、欲望之海,今天有了商海。海言其众多与广大,在大山、大地、大海的称谓中大海是最为准确生动的。只有大海才能给人无可奈何的感觉,因为它是液体,给人浮游悬置的状态,又因其随时可移动,无根的漂泊实在是大海的神恩。

海在东方人的思维里几乎是一个容器,难怪古代酒器有喝一大海之说,而会喝酒的人也叫海量。四海之内指国家,也指包揽的方位,有容人雅量也称之为心胸如海。海思维仅取其一点作为象征隐喻,真正看海却成了一种梦想,从文献记载看,有点奇怪的是秦始皇,四次去渤海湾看海,并建有行宫。多次看海、祭海说明秦始皇这个旱鸭子是真正的热爱大海,而曹操东临碣石只是一种沧桑悲凉的抒怀,在毛泽东的博大深广里几条小渔船也不见了。海思维里是一种霸权,一个强盗的逻辑。窃取的是国家与人民的利益。

把海借用了,中国人施以一种扩张的想象,与权力结盟,海只能叹息。西方人给海一种创造,编撰了许许多多神话,海在西方人那儿是一个美丽的神话,他们用思维在玩海、弄潮,把自己的身体和海亲和起来。相比较古代神话中,希腊罗马传说里的海神命名各种各样,东方没有海神的名字,而海外置于一种神秘的想象。

夜晚,无人的海边。无人——海。寂静的海和天边的黑暗同样难分大小,黑暗与水汹涌而来,低回地摇动着大地。黑暗中的海,陷入了归零状态,真是一种无可表述状态。假定我也不在大海边,空寂的大海会怎么想呢?其实很简单:大海成了自然真正的主人。

大海的颜色。从太空看地球,蓝色星球。我们幼稚的语言词典里装了蔚蓝色的大海,或者湛蓝无垠。蓝色的海无可置疑,它和我们坐飞机看蓝天的颜色一样,湛蓝、蔚蓝同样是天空,这很奇怪,为什么海天一色呢?问题就出在这儿。天与海其实本无颜色,不信你盛一盆海水再看,纯透明的,无色,若论颜色,海翻腾的时候顶多是白色。海天为什么变成那么好看的颜色,而且几千年前的古人发现的天体与海,还是玄青色,是比我们今天见到的蓝要深得多。所谓天玄地黄。这是为什么?是我们的视觉误差,还是对象本身在改变?关键是我们的大气层,亿万年以前大气层含氮成分高,人类社会以后含氧成分高,仅仅几千年大气层成分变得更加复杂多样,但氢氧含量不断增高。我们视觉是通过光子作为中介,于是有今天所谓蔚蓝的大海。当然也与海生物的运动吐纳有关,因而蓝成了海的象征,成了天的象征。其实,蓝不过是我们的视觉幻象而已。

我多次看海,海的颜色并不一样。在山东半岛的海湾,我站在蓬莱阁上,传说那是八仙出海远游的地方。天空没一朵云,蓝得轻纱般的透明,蓝的水液感似乎要从指尖滴下来了,阳光和那种蓝色交融,有时闪闪烁烁地浮出一点金黄,如星点坠落在海中,海蓝似乎更为深重一点,但由于有白色的浪花,大海从脚跟下铺开,推向遥远,如同水皱的丝绸,很均匀地重叠抖索。在极限处如果不是有银白的水线,海与天的蓝是无论如何也分辨不出的。当时我只能认为是天体的蓝色复映在海中产生的效果。因为转头看大雨天中的海,那种蓝色看不见了,蓝色有了许多青黛。说得明白些,蓝深沉得变成苍青色了。

再一次在青岛看海,天空同样出现了单调的蓝色,可是海平面多数高出我的视野,有点像海蓝的帘子挂在我的眼前,铺展的蓝色有时会皱出一点亮度,阳光下水的耀斑,或者白色的浪花,这时的金黄或者雪白都在瞬息间轮换上演,在撕开蓝色的缺口处流出来的依旧是蓝色。我在海的岬角一直呆到下午,天转阴,黑色的云把天遮住了。沙滩边也长长短短地推出了许多细碎的浪花,扑上去咬着沙滩,撕拉一卷,潮水走后一片平浅的细沙。视线跟着海浪走,白浪成了灰色,灰色在海面像雾一样罩着,灰色的雾与灰色的海纠缠在一起,使视线滞重起来,这倒与海上浮泛的那咸味与腥味特别切合。在海之外有一种浓重,接着是威压而来的灰白,在视觉里不见海,而海的灰白成为残存的印象。海味一如粘贴在鱼网上叮咚的声音,敲碎在我思维的沟纹里,如是一同也把那些灰色织进去。这两种颜色的差别在心理感觉上,海灰是浓重的,有粘质,似乎挤下的都是不干的水汽。海蓝是透明的,又轻盈浮飘,水液在蓝色上挂不住,滴滴咚咚地掉下来。

今夜,我们看完电影再去看海,我的朋友赵杰信佛,他在内心祈祷。我从他左侧远视,海的颜色怪异,并非纯黑,而是墨翠与玄青之间。海的表情并不一致,这时我蓦然想起赵杰白天开车在秦皇岛市绕一周,从树岔的缝隙间看到的海,我以为在绿叶中铺挂了一些灰蓝色的斗篷。蓝色若向灰转换时,一种翠亮欲滴便变得有推抹不开的滞阻感。这一点与我在青岛海看到的大抵一致。

朋友说海的颜色比天体云层还重。我回答,颜色是有重量,但只要放入大海,凡人是无法把它拎起来的。

我们看到蓝色,蓝蓝的天,蓝湛湛的海,还有蓝色的湖。一切遥远而含有充沛水汽之物都会是蓝色的,这是因为空气的介质中含有很多氮,氮产生了蓝。还有燃烧不充分的甲烷也产生蓝,火焰顶端蓝色的焰质便是明证。

对于普通人来说,只知道海里的三种东西:水、盐、鱼。因此对普通人来说,他不懂海,他无法知道海史,无法明白海水为什么飞不起来,海水是否流动,海水用什么单位名称与计算?据说古地球被海水包围,其平均深度为彭克所计算的 2.64 公里。大陆漂移后,海底不同深浅日益明显,太平洋最深,为 4028 米。最深处可达 6277 米,全球最深的海沟也许到一万米,即使大海有这样的深度对地球而言也没什么奇怪的,因为最深的大海也不到地球深度的千分之一。对地球而言这微不足道的大海却占有地球表面十分之七的面积,而且真正生命的产生始于大海。

许泰曼说,恐怕不会有人真正怀疑淡水以及固体陆地和空气中的生命起源于海洋生命。

我们无论用一个多大的盆子盛水,在容器中的水是不会流动的,除非人为的作用力。但海洋却有自己环流的规律。这很好理解,海洋太大,在他身体内有各种运动的力,地球自转、海啸(地震)、潮汐、台风、巨大的鱼类运动,都会带动液体运动,海洋旋涡之大,我们乘快艇绕行一周才能看完。海是一个流动循环体系。

海水还有一个隐形的增长与消减,陆地上各种河流永无休止地把淡水注入海洋,海洋无数水滴又被太阳蒸发变成雨云播撒在大陆上。这种增减也会引起水运动。

奇怪的是海总处于守恒状态。这是因为海洋中的水滴受到引力,还受到包围它的粒子的压力,而水面又受到地球自转中向心力的牵引。水静压力随深度增大,使作用于粒子底部的压力增重反抗引力,使其向上,也不能完全平衡,其差额足以使位置每天绕地轴旋转一周。在赤道上的水,是以每秒400米速度旋转的(这也没使水飞起来),相对地球自转它还是太慢了。由于向心力速度的作用,重力正好减少了一个量,正好产生圆形轨道运动所需要的加速度。水静压力也随尝试的增量,稍微减少减弱了一些。这叫做把地心引力的变化吸收进重力复合量中。

因此大海的水不会飞起来,而我们盆中之水在摇动中却会飞起来,其道理在重力复合的规律中。

面对大海我们是不能说理论的,但还必须得补充一点,流体静力学平衡:地球是一个快速旋转的球体,对固体而言受重力和引力作用,加上本身的质量,固体在地球自转中没有变化,这很好理解。可大海是液体,随时处于飞散流动状态,为什么也紧紧地约束在大海之内呢?我们空间大量分散的物质被地球引力所牢牢地吸引,成为一个球体,这时内部产生的压力大到足以使向内的运动停止为限。所有重力都会指向地球中心,与它反向的压力梯度由球心一直指外层四周。这两个相等且在同一条直线上,而方向相反,于是物体全都静下来了。最后大海便随着地球沿着一个固定方向持续不断地转动。

我羞愧和大海谈论博大与宽广,因为无人能超过它的极限。广大:有实体的广大,空虚的广大,透明的广大。我们见过广大吗?沙漠的金黄隆起来顶住了天空。草原如同海一样纵横铺开,人在视野中找不到它的边界,即使鹰的飞翔,也没超越广袤草原,这是一种实体的广大。在太空中飞行,无论飞机或者导弹,还有宇宙飞船,都不能飞出我们称之为太空的东西,最绝对的是,光速是目前最快的速度,但光依然没有飞出宇宙,这是一种何等程度上的虚空广大。天空,我们可以穿过云层,大海,我们可以透视海底的动物与水藻。水液在大海是一个连续的整体,但许多物质都可以穿透它,我称之为透明的广大。

广大,历来都蔑视人群的,它以无穷无尽的集合体(在终极意义上也许是有限的),说明任何单一物质的孤单,人们个体的孤独就更微不足道了。但人的孤独并不来自广大,广大在对立意义上只产生渺小。人的孤独源自人自身在广大中的无可皈依而产生的痛苦。人与广大,船与大海从比附上是一致的,大海上的船,永远是没有皈依的,只能在水上作永恒的流浪。如果让船进入港湾,船便变成了岸的奢侈品了。船在陆地上是废物。船,在人、岸、海三者中选择,船永远都是过客,它没有归属,所以船在岸上是最孤独的,把船葬于海,或者大地,它都和人一样是一个永恒的弃儿。

　　死亡是广大中的一颗沙粒。死亡是广大中的一滴水珠。死亡是广大中的一缕空气。广大面对一切,无可匹敌。这也包括大地,大海,太阳、月亮。天空是广大的,广大包揽一切。可是我们要理解广大,都是从他们中任何一者开始的,特别最细小的事物。例如一粒沙见世界,一滴水见太阳,这样广大又成为了我们掌中的事物。

　　大海,亦不过是我们手指弹动的一滴水珠。

　　在沙滩上看海螺。海螺是一个神奇美丽的名字,给人以无限神奇的想象,又具有神话的奥秘。海螺,"螺"字给人有视觉上的旋律感,晕眩、迷幻一样的感觉,而"螺"的声音也包藏着复合的节奏,不如水,或者不如光单纯。在直观感知中"螺"是一种高于海的东西,具有更广大的含义,或者暗示生命的迁徙。海螺有各种颜色,洁白、金黄、紫蓝、花斑等等,海螺是海水生养,又是海移动与洗净的。大海生产每一个具体的海螺,形貌各异,难以数计,以致大海都无法分清它的子孙,而给予精细的命名,但每一个海螺又都是大海的代表,在海螺的每一道纹路上传输着大海的信息。

　　我凝视着海螺。任何一个海螺都无法把自己一次交给视线强暴,且不说那些细微无比的螺纹,单说那些螺角,谁也无法分类命名。我在寻找它美妙的折皱时,无意中看到海螺的面,螺的内部有着无与伦比的光洁,每一分一毫的光洁面上都闪烁着五颜六色,原本以为是纯白,微微晃动你会发现粉红,淡紫。或者还有液体的蓝。红、黄、蓝融于海水却混成于海螺的体内。海螺的颜色是典型的,内与外截然不同,外部平凡的螺线暗藏世界生命的本质,内部精巧地展示蜗居迷人的优雅。

　　螺线是我们世界的奥秘。

　　海螺,无论在大海,还是在沙滩,总是最本质地展示了它的形式特质,螺旋式的纹线,是世界在隐喻状态下延伸。

　　螺旋形式是世界的一种结构方式。

　　大到宇宙的星云,银河系,小到人体内的 DNA 组织,都是螺旋状结构。所有动物的波质纹路,植物内部的肌体组织,更不用说藤蔓植物也是螺旋构成。世界事物无论外形与内部都由这种螺旋式组合。

螺线优美流动,旋转,环形,拼贴出各种圆形、弧形、锥体,不规则几何形,花纹、波浪、叶缘……螺线可以永远无限地迁延与接续。

螺线有锥体螺线、纺锤螺线、运动螺线。大海自身也是一种螺线。并把螺线推广到世界的抽象:星云,旋涡,眼睛,兽角,皮毛,旋风,软体动物,乃至于人的一切秘密,头发与肌肉,器官与身体或者花叶与楼梯,波浪与云朵。螺线是海的形式,也是世界的结构。

螺线便是这宇宙神秘的线索,它沟通世界时,也形成了对生命的一种表达。原来是螺线缠绕着我们这个大千的世界。

螺线,我们世界永恒生命的象征。

人类热爱大海。大海是一个镜像,是一种本能,是一个处所。在大海中每一个人都是双重影像,真实与虚拟,伪装与纯净,你看到了自己另外的东西,当你不明白的时候,大海是一本自我的说明书,个人在大海里透彻无疑,和大海的透明相比,人似乎太污浊,因而每个人都要洗涤,让自我从透明中裸露出来。在海里行走,人仅仅只是一种本原,什么也没有,才能和海融合。水浸漫你全身肌肤,从汗毛的末梢,从皮肤的纹路包围起来,这时你才知道人是那么轻盈地揭开了水的皮肤,让柔滑在无数自由之路上行走,灵魂从水里浮起来,在蓝色里漫游,望望澄明的天空,水在无形的螺旋中搭成了走向天堂的阶梯,你可以清楚地看到灵魂顺着乳白雾丝爬上去,飘散,浪游。你本能把这些骨血掏出来,洗净,洗——本质到底纯洁否,如果本身不纯,洗净一词只是人体垃圾上的一朵动人之花,一种灵魂出游的想象。

任何人在大海镜像与水洗中都保持着神话般的想象,我与自我,我与他者,我与世界保持同一。所谓质本洁来还洁去。大海,便永恒地上演这人类的同一性。

从起点到终点,保持归零状,在蓝天与蓝海之间,有太阳照着你的灵魂。

其他,纯粹与空无。

光,水,色,汽。去看,去体验,去感受。在太阳底下一切都是旧的,你只要伸出手,一切都是新的。

太阳,我的太阳。大海,我的大海。一切,永恒。

突然,我不在了。无,在天地和大海之间,人是可以没有的。人变成空无,零,空洞,没有,缺席。

无,因了人的没有,这时虚无才有书写的意义。

在大海里，人什么也没有了。无，让人一切从头写起，只有无才可以有真正意义上的第一个词，第一句话，第一个动作。在无中，我们才知道获得什么。

无，在大海里，我们获得什么？我们仰头又俯思，真是什么也找不到，什么也拿不出来，感叹一击，噗，浪花丛生。我们获得了有。有水，我们拥有了水，生命之水。生命之水藏于自身，发于大海，归于大海。

偶然中，大海浮动叶子、树或者草。水中浪游的叶子，或者叶子上的一滴水。这是夏天，竟有绿色的落叶，其实大海也有自己的叶子：藻。

藻是从海里面漂出来的事物，记载的全是生物的信息，生命从此便浮在水上，飘、浮、飞，游这时成了物质的根基，风与水由事物变成一种介质，叶子便飞在它们之上。

我有一个朋友，叫叶子。

看到水中的叶子时，我只想到一句话：滴水神恩。

我们认识许多年了，或者还会认识很多很多年。她让我明白了滴水与大海的关系。

面对大海，我们不需要很多。仅仅是一滴水的阳光。

我去看海的那天，北京落了十年以来最大的暴雨。车在雨中箭一般行走，闪电划开前方的黑暗，雷声从我们的头顶削过去，我以为那就是大海哭泣的眼泪。

雨水泻落在华北平原，连成了水的汪洋，透过雨帘，我看了陆地的大海，汽车于是变成海中的船。

违反常识的理解，海只不过从天上来，在渤海湾时，海居然出奇地平静，这让我异常感叹。大雨落幽燕，原本只不过是大海把曾经遗失的首饰自己收了回来。无论挥洒多少泪滴，填满多少江河湖泊，那也只不过是大海手指弹出的一滴。挥挥手，一丝雨线，一串晶亮的珍珠，在海的怀里画了一个美丽的弧形，最后跌落在衣裙的边缘，听一下环珮叮咚，那只不过是海淫荡的笑声。

看海，便是把欲望交给海。你永远无法看到海的广大，那是因为你绝对是一个视觉的盲者。面对海，眼睛永远都在把海缩小。海不仅仅是对大陆的包容,还是对天体的笼罩,所谓苍海一粟,并不特别,闪亮的永远是那只眼睛,只有当眼睛掉下泪水了,你才知道,那才是对大海多么深刻的嘲讽。

沧海是一个无限的延长音,最后收在粟字上,仅清脆一顿,沧海——粟。沧海一粟,又兼沧海一粟。

海岛,我们不知道在哪里?因为它是大海的船。我们从婴儿时便在寻找,没有。没有海岛。站在海边我对大海做无穷的眺望,海岛在远方,它是万顷大海底下的一个童话,一个窃窃私语的梦。

每一个人都在寻找那个心中的海岛。因为只有它才是大海真正的船。我们出发了,到了海上,蓦然回首,啊,天啦,大陆就是海的船,我们走进大海,才知道我们已经离开了船。人,总是到别处去,寻找自身。

我的感觉,海岛永远是一个和海螺、渔网相关的地方。呜,呜呜的螺号响了,那是大海在说话,并把声音传到海外。就声音而言,没有海外,只有大海,而且是大海的噪声。寂静的海其实只是个骗局,海永远都是有声音的,最基本的是水声,那是海的运动,还有地的运动,还有海生物的运动。各种复杂的声音综合在波浪底下,吠声,哼声,嗥声,嘘嘘,唧唧,哗哗,大海是十足的交响曲。最寻常的是一种咬虾,小甲壳动物将爪子咬在一起,当一致动作时便产生一种协力,那是油炸的噪声,琵琶鱼鳔上的肌肉在紧张中会发出猪一样的哼哼。海里所有的鱼类都有自己的语言,不停地发声,为寻找食物而交流。海豚和鲸鱼发出的声音很大,很规律,鱼也有自己的生物钟。

唯有海螺的声音是一个替代品。

海螺响了,那是海中最虚伪的声音。

海声在水下,它有四种秘密声道:混合成声道、影区、深海声道、汇聚区。海声是一套秘密语言,记录着海的密码。海不能在水上说话,只要大海对陆地宣言了,那一定是一场巨大的灾难。

今天的海声已经污染,留下了人类强奸的痕迹。

你听听,大海在低回的哭泣。

在海的边缘,你摸不到大海的心脏,你就看不到大海的辉煌。学会游泳,到大洋环流中去弄潮,你才能触摸大海的脉搏。望洋兴叹,真是一种刻骨铭心的准确,在海的边缘眺望,彼岸便成了人们永生的期待。弱者感受的海才是海的真面貌。最本质的说法,海是自己的暴君。

　　扭着海的头颅,把它摁下去,让它喝自己的盐水,呛得它浑身抖动,再踹上一脚,你以必死者的信心去蹈海,顶风破浪地去浪游。无论飘浮或者行走,彼岸都成为一种目标,我们只有跨越。在与大海搏斗时,大海会悄悄地告诉你,什么是大海的精神。

　　大海不会在你看海时交出它的灵魂。因为,你的观看永远都是一个旁观者的贪婪,海里耀眼的珍珠是在深海蚌壳的内部大放光彩。

　　到海的中心去搏浪,或者在海谷做一个秘密的潜水员。那时海会告诉你,只有我才具有最博大的胸怀,最广阔的自由,最动荡不息的力量。

　　弱者,到大海去死吧,你不要回家,你获得了大海。勇者,从大海回来。你会弃家流浪,永远在途中。大海恼火地说,混蛋,你折断了我的肋骨,多少偷了我一点精神。

　　真正的大海不是人类的。在海产生的时候,人类还没有任何踪影,是它抠断了自己的肋骨,做了一个自己的敌人。人类,你是我的子孙,为什么回头还要弄脏我一身?这一点,我至死也不会原谅你的,孙子。

　　什么是海的语言,波浪。一切海声都在它的腋下。波浪吐露的是大海心灵的感受,无论多远它都敢去,无论多高,它敢升上天空。波浪是大海性格与情绪的传感器。一切喜怒哀乐(残暴或者温柔)都化成了无数浪花。抓到了波浪便摸到了大海的脉搏,海的一切心思与疾病都可以诊断,在波涛汹涌的浪中我知道海的弱点,无论海多么博大广阔永远都有对岸的吁求,这才有水与岸的对话。这才可能对海洋自我证实。海在流浪中永远不知道终点,只有在它看到了岸,它才知道,喂,陆地,是我赐予你生命。你要用一生来回报我。大海这时充满了内心的骄傲,水的一切回答都在岸,也只有岸最了解水的性格抑或情绪,它把无限丰富的内心通过波浪传给了沙滩。

　　大海与大陆的对话:波浪。
　　波浪:长波是海的旋律,短浪是海的节奏。

　　某天夜里,我和梅站在沙滩,还有细风如丝,一阵浪涌上来,扑上脚趾、脚背、踝骨、腿,由腿爬上了膝盖。水浪从沙滩上推过去,潜入一片沙地,感到湿润的滑翔被卷走了,留下来的是沙滩上细碎的皱纹。梅的脚埋在沙子里,她说,只有在沙粒里,脚心才能感受到海的节奏是如何涌动的。沙滩上一叠一丛的螺线,在月光和水浪下保持优美的平等关系。我想时间就铺在这月下的纹路上,让海浪无休止地卷走。生命也就变成了这细碎的浪花,散碎的沙粒,月光中的海滩,依旧透出贝壳惊人的美丽。

那是秋天,海潮退得很低,沙滩变成了一里多宽的长廊。我拉着梅的手,走过了这月夜无人的海滩。

她说,这是我一生中看到的最美丽的海滩月夜。

对人来说,海是一个悖论:喜欢与恐惧。没有人不喜欢水,人类对水保持着亲和这太正常了,因为他产生于水。可是海洋必然会让你恐惧,海的力量,海里的迷乱,海里的噪声,海底的黑暗,人是没有办法不恐惧的。你去面对巨浪与旋涡,包括你去面对巨大的鱼,面对你无法把握的东西,你只能被它吃掉。也就是说在海里你时时刻刻都可能失掉,所有的勇气也仅仅是一滴海水。

我做了一个试验,在海边我信心十足,这没什么,和我家乡一样,洞庭湖便是内陆的海。我勇敢地去游泳,岸边有浪,水里很凉。但海水浮力很大,向着海洋游泳,这很豪迈,前面什么也看不到,包括死亡。我奋力地游,向着深海,累了,我想在海上歇歇。问题来了,涌浪扑来的水,你无法吞咽,又咸又苦。在浪里你无法总是高出海面,这时候,你寻找岸,再回头看的时候,你知道自己无论如何也游不到岸边了。

恐惧来了。它像水滴一样包围你,浸泡你。你会奋斗挣扎,创造一种可能,可是你摆脱不了恐惧。我问自己,是对死亡的恐惧吗?生命的终结是人生来就明白的一个问题,从母亲的怀抱里告别生以后,你每天无时无刻不在向死亡迈进。死在海里不也正是一种合理的归宿吗?有什么可恐惧的,但是不行,你还是恐惧。

恐惧既针对事物,又超出事物。

恐惧是对丧失的反应,也是对无可把握的惊慌。如此一说恐惧也很正常,但细细分辨,恐惧没那么简单,按常理人们会对产生、起源、开始抱有极大的热情,因为它不同于灭绝、死亡、终结。是一种毁灭的恐惧。在海里每个人都明白,死亡随时都可能发生,俗话说的,怕死不游泳。人不可能永远在海水里,海是一个不适合人生存的地方,每个人面对海只是一种生存的期待,都是一次出发,保持着对生命起源探求的兴奋。

海仅仅是人生的一种梦。

但人还是要恐惧,海的迷茫,不知所终。在海里运动时你才会明白,恐惧才是海里真正的巨兽。

黑暗有什么可怕的?人来自于黑暗,海水有什么可怕的?生命起源于水。人有什么可怕的?你本身就是人。

可人还是恐惧,恐惧之海。

在大海里不可言说,本身就是恐惧。

大海的水苍蓝,但苦涩。洁白,但又是黑暗的深渊。干净,但又无限的迷茫。阳光下的大海是透明的。但深入水波之后,却阴森而嘈杂,险不可测。

水把岸截然分成两个世界,站在岸上的人看海,烟波浩渺,弘大雄伟。温柔平静的时候,像一匹蓝色的绸缎,永远也飘不完自由的疆域。如果有月色万顷,你在银白色底下,任想象去那些神奇的海岛,聆听海螺的韵律,海里清脆而迷幻的声音,那是塞壬的歌声,你以为是大海美丽的召唤,其实那只不过是人类的一种幻觉。

阵风之后,水翻波浪,一片混混沌沌,朦朦胧胧,海水顷刻便露出了凶暴的嘴脸,旋涡如一个飞盘似乎要把你吸进无底的黑洞,波浪像山一般扑来,撕碎你所有的想象,谁也没法描绘海上的惊涛骇浪。万吨巨轮也是它手中的玩具,如果这时把人抛入海中,还不如一滴水的踪迹。大海原始的面貌一定是泅泅冥冥,昏昏沉沉,甚至还会是粘粘稠稠,糊糊涂涂的。因而初民便保持了对海的震惊与恐惧。这还不用说海洋上的热带风暴,那是残暴剧烈,摇撼震动的海上运动,海咆哮了,愤怒了,喊叫了,疯狂了。海,惊天动地地哭,吓坏所有动物,因为他的眼泪可以把地球湮没,再勇敢的航海家也不要与水计较。

海又有另外的神话,海蛇可以长数公里,鲸鱼比船还大,海怪从圣河里走出来,人变成鱼又化成了女妖,连海神也管不了海的暴烈,神秘的海岛还有吃人的生番。谁说海上有仙山,荒凉幽冥中摆放的全是人与鱼类的骸骨。

海潮拥起,流峰一个一个地推来,随后又一个无情地压碎前一个,盖过无数海岛与船只,风驰电掣,呼啸奔腾,海这时强烈而低沉地涌动,无边无际地更迭,潮涌浪叠地覆盖,你只要细细地听听来自浪中的吼声,那邪恶无比的旋转诅咒,比闷雷更加沉重,波翻浪涌中有多少贝壳、多少鱼虾、多少水生物也惊恐于大海的汹涌澎湃。一种撕裂与毁灭的潮音带着多少生命的颤抖与哀怨。

大海就是这种暴力的典型。

海的细节:水滴与螺线,还有波纹。

大海有最复杂的动态,环流、旋涡、波浪,带来浸润、滑动、摇撼,颤抖的质感。海的生命在大气层内无处不在。叶子有一个形象的说法:海水蒸包子,人就是包子。海把自己散发到各种事物之中去,拉长,笼罩,又对万事万物进行清理,然后采集一切事物的细节,收拢,归之于海,海是人类全部细节的坟墓,包括每个人吐出的唾沫。海也永不停息地制造细节,然后不停地分解,重新结构,创造出多种的形象。

生命发源地产生生命又播种生命。一切动物与植物最终都归结为海的书写,包括树木、草虫、沙粒。据说水族生命丝毫不比陆地动物少,他们享受了海水永恒的自由。

生命变成了多种多样的形态,其实不过是海的细节分裂了,产生了水与岸的迁移。海循环播种了陆地生命的旺盛,海成了生命的摇篮,也是生命的原动力。

因此海的细节又是世界的,也是人的。

海把自己变成世界,世界又归之于海。

海把自身的细节全部刻录在世界的轮盘里。世界在细节中舞动,一粒沙,一丝风,一线阳光,一根草,一粒米,一朵花,一个生命……我们在世界的任何地方都看到了海飞,海飞了,我们再去看海,便完成了关于海的全部想象。

同时也是关于海的梦。

海的自然,是海的力量塑造的。海力,一切海力都会转化一种形式,那就是海浪。并以发声的方式告诉你海的能量。海力,冲浪是直线的,旋涡是弧形的,沉降又是一种力量的起落,只有螺线是一种隐形力量制造的。

海的力量是矛盾的,它产生力量又可以化解一切力量。在海内把各种力量揉成面团,在水液中消解,然后又把它撕开,拉长,掷出去,某一种扩散的力,借助太阳,把海身细节抛出去,脱离水的轨道,变成气。海力在转化中看不到了,但海在捡回自己灵魂时,又产生无与伦比的力。

谁与上帝对话?最有力量的只有海。

彗星也许只有固体的水,如果能找到,那就是海始初的味道,一定不咸、不苦。为什么成又咸又苦的海呢,正所谓苦海无边。这种味道一定是大陆的。有意思,水自身来自外空,味道却是地球的。

于是我们很容易测出大海的年龄。

唯一的方法,便是盐化。

最初的水是不咸的,汇聚成海便携带了大陆的盐。原始海盐化仅在百万分之二百左右,盐度在百万分之五百的水是安全饮用水。意思是任何水中都含有低量盐。

我们知道海水盐化的事实时,盐化量在百万分之三万五千左右,应该说,现在海水在继续盐化。

根据海水盐化的速度我们测出了大海年龄还不到一亿年。而地球年龄已经45亿年了,那我们的地球海是在什么时候产生?这连科学家也无法准确回答。

大海是一个集散地。

水循环是生命与世界赖以生存的唯一链条。据说是大气层中水蒸汽浓缩成海洋的水。这有个悖论,到底是先有海还是先有大气层。要把大气水蒸发成现在的海洋,多少水,得要多少年才能形成。一滴水汇成大海从历史来看真是没错的,我们不要讨论来自太空,或者地球自身。单就水的形态看就是让我们目瞪口呆的物质。

唯有水是三种形态:液态、固态、汽态。而固体密度是低于液体密度的,最小的一滴水也由6个分子排列组成。真正能千变万化的不是神话,而是水。据说月球上有800亿加仑水,相比地球它少得可怜,但月球没有大气层。水无法在月球循环。水循环不是简单地说海水在大气层中走一圈回到海洋,而是水通过地球的生物体系进行循环,水汽升到15公里的高空(其实很低),然后在大约5公里的深处自我调节,这时大气里的水,是各种复杂的综合水,太阳从一个库房提水到另一库房综合,只是一个整体系统的动作,时间短到几个小时,长则数千年。最终归于大海,水在空气,大气层,大陆旅游一次谁也不知道花多少时间,性子急的,十天半月地归海,贪玩的千万年也还没回到海里去,能计算的海水现在大约有14亿立方公里的水,其余上亿立方米的水是一种在路上的状态。

如果将14亿立方公里的水铺满地球,地球海平均为2.7公里。这似乎比原始海的2.4公里更多。很奇怪,水怎么又会多出来了。在太阳系内唯地球有大气层，维持一种均衡状态，一切都会不多不少地居于地球，水同样跑不出大气层。这是为什么呢。地球底部是否还有大量的水，跑到了地球的表面来了呢？

如此众多的水，但能使用的淡水仅占 2.5%，至于人类的饮用则少得可怜。关键是大量的淡水被污染，人给自己所使用的水下毒，无可救药。

十年前我在南中国看海，在视线里沙滩比海还宽阔，当地人叫银滩。在沙地跋涉，向海洋出发，这时觉出了许多河流、溪水、大洋也在向海洋进发，海洋成为一种目标，隐隐约约如同沙谷挪动的声音，光是一种塞塞窣窣，你会觉得草丛中有许多动物冲突奔走，然后才是虎啸龙吟。不是声音向我扑来，而是我去接近声音。很长时间，我把脚印叠在沙滩，看着一线银白的卷帘，层层叠叠地向远方散开。大海呢？那蓝色的大海应该是千军万马奔腾而来。为何听不到阴沉低回的浪涛？我回头看陆地也在撤退，一个人的沙滩，比站在海中更显空旷。如果不是偶尔的海鸥声从空中掉下来，我也觉得太寂寞了。

没有居高临下地看海，海失去了汹涌博大的气势。若没有一方悬崖，一个高丘，一个岬角，或者飞石与悬桥，于是没有海鸟的俯冲，翩然奋飞，翼点浪头，洁白的羽毛，抑或长长的黑翅膀铺着水波掠过去，水击三千，浪遏百尺，海不在犬牙交错的悬崖边，也没有低凹危耸的悬空石与暗礁，也就不会有站在北方海边的惊心动魄。

我觉得只是去阵阵涟漪的湖边玩儿，放心地向海奔跑，一跃而扑入那细碎的浪花，还未及出声，水被一种低回的潮声给埋掉了，再钻出来全是排山倒海的浪，一伸一拉，我已在海中几百米了。这时才知道自己被神奇蓝黑的大海笼罩着，声音与水浪合谋，推上去扫荡了整个沙滩，然后铲平沙岸一切，摧枯拉朽之后把我像一袋沙子带走了。

海在瞬息间变化，竟不给出闪电与雷声的预告，仅仅只是一种黑色的笼罩，那是一个巨大无比的灰色凉棚，隆拱起来，牢笼天地，于是我在它的网络中左冲右突，那种亮蓝也不知什么时候变成阴郁的黑色，扑喇喇地盖过去，海水是一种雄浑的吼叫，潮湿地扑痛你的耳膜，我看不到海水的沸腾，只听到凄厉的水声，我只能在水网中落荒而逃。

只因今天还活着，回忆时才知道大海的威严。

人是陆地的动物，看海，是视觉对海的侵犯。海与人各自的感受是不同的,海接受的是窥测,是调戏,是你把一切脏东西都扔给了它,还那么色情地注视它。海只有愤怒,用所有的力量来震动你站立的根基。

人去看海,是一种目标、吁求,是一种内心撒娇的方式。人向往一种不可抵达的梦境,于是海成为一个梦,海岛,大船、渔民、螺号、灯塔、珊瑚,一切都是诗意梦想,大海被想象成了人的生活方式,海的浪漫,海的激情,海的欲望,海的梦幻。但是海并不为目的所存在,它演绎的是海生命的方式。我们看海,是看自己幻想的海洋,可是大海超越了想象。它的激情,它的力量,它的色彩,它的声音,它的味道都不是人们想象的结果。真正地看海,应该是我们一次想象的历险。因为大海本身就是一种想象。

海不是我们期待的,这才有看海的意义。重新思考关于海的意义。海永远都是一种源起,海没有结果。结果只是我们对海的触抚,是我们找到了海,而不是海找到了我们。

人类,只不过是海坏死的部分,把你置于陆地,我却还要用乳汁来喂养你,你却把尿撒在我的怀里。

海倾诉的时候,也许只有太阳和月亮知道。

我们看海,其实与看无关,那实在只是一种本原的召唤。不仅仅是我们的生命起源于水,还有我们今天的血肉。

大海神恩并不是一种象征隐喻。

爱伦·坡的寂静之水,惠特曼的大海之歌。水是一种激发想象的物质,水是一种智慧的赐予,或者说是水给了我们智慧。因而古语说,仁者乐山,智者乐水。康德拉把一生献给了海洋,雨果写出了《海上劳工》。文学来源于水,海洋成就那么多诗歌或者小说,于是我们可以理解有一种水的文学,还有水的绘画,水的音乐,水既然与生命有关,那么它就与万事万物有关,电影《水的世界》。水成为渊源,它是大地的血,植物的汗,动物的眼泪,水成为我们的无意识。脑海,既是形象的又是本质的,没有水,脑又如何运动? 智力源于水并不是比喻,生于水,也死于水,是一种宇宙生存法则,万事万物都无法逾越它的规范。

水,我们的生命之源。是整个世界的纪实。但水比生命活得久长,大海只不过是水的一个形式。当大海盛水时绿色海藻已有30亿年寿命,但生命并没有在它那里突变。

生命突然产生时,水吓了一跳。大海其实在不怀好意地微笑,我以为生命不过是一个点,没想到分裂成那么多怪模怪样的东西,看样子我戏弄了他们几十亿年。

现在他们在用文学艺术戏弄我。

在人生暮年的时候,我一定还会和梅来到这个海滨,拣回几十年前遗落在沙滩上的手链。我知道那时候看海已经没有意义了,那只不过是看一个归宿,人生沧海。人一生都说去看海,其实到了临终的那一天是不需要看海的,你以一生的精力在实践海,一如前文说的,你是被海打败的一个兵。我会悄悄地跟梅说,人生进过丽兹酒店住过一次夏奈尔套房这就够了。什么东西没带来自然什么东西也不用带去。大海的房门已经打开,摆好所有餐具,把一生归结于海。这是人生难得的完美。

海已替所有人都写了它的结局。

海是个女巫,她替世界预言一切。

鄂西风物志

在山川河流上行走,如果要把风景带走,便把它的名字刻在青铜器上,不能,也只是一件将来的文物。假如把它绣在苏州的织品上,也只是美人手中的一把团扇。我们写在羊皮卷上,用最珍贵的保存方法,那又会招惹洋人蓝色的眼睛。怎么办?只有用生命的刀,把它刻在记忆的矿井里,仅供后人挖掘。

腾 龙 洞

在山的怀抱里插一根管子,通往地心,把握地心的脉搏,向蓝天吐纳,那是无限的光阴,无穷的回声。洞穴是一只无限生长的耳朵,天籁是束蓝色的影子,投在无人觉察的永恒之中,很久了,才听到肺部流水涌动的波涛。

洞穴,不用挖掘便成了人类生活的模型,一栋房子的门,一个人的口袋,装流液的瓶子,从地球的窗口看,那里是天的奥秘,是人类心灵的叙事音乐,也有邪恶阴险的陷阱。不需要挥动铁制的铲子,在一个霹雳中,便沉沦鄂西远古的神话,飞走的真是龙吗?

在洞穴中看天,用加法那是通向天堂的阶梯,用减法清理出地狱中的邪恶与妖魅。如果把人类的爱都装下去,水洞的血液一定流速更快、更远,在清江和长江之外,将全是龙船调音韵的涛声。搬掉一块石头,拔掉一颗钉子,把季节流放到洞中的天地,春天夏花,全是梦中灿烂的笑容。

这是一个双链洞,走旱洞的步伐,用卡车运进去树枝,花草,用词汇叙事,触摸一下洞壁都是蓝色的诗章。这是一个采掘不尽的矿井,所有人都迷失它的位置,在几十公里外树枝撑开了新的天地,用花草编织一个情人卡,所有能赠予人类的都是洞中多余的东西。

不知道哪儿有神秘的泉眼,流出的都是大地的热情,试着把洞界翻过来,惊动了时光的碎片,在水中寻找梦中情人,你只能把自己拥抱,一尾鱼的故事,让少女讲述星天外的流浪织女,在石头上擦出尖锐的火花,照亮洞穴人遥远的记忆。齐岳山下一条小小的沟渠。

谁能在大地上踩出一个洞穴,用脚下的泥土挖出千年的古墓,喜玛拉雅山的造山把巴蜀湖分家,埋在地下的秘密都是晾晒的地质勋章。把地下讲述的阴谋,亲手做成一个个人类童话,把梦想丢进洞里流出一个幸福的倒影。到家乡走一次,腾龙洞是一条童年永恒的金带。

鱼 木 寨

很遥远的地方,我上了天路的阶梯,去一个没有栅栏的寨子。抖动一下羽翼便到云彩上飞翔,回旋着云浪,把白色扑落,湿润像风景那样挂在悬崖峭壁之上,抖索一下,闪动云空中的包谷和树叶,那才真是白云深处的人家。

不信,有叮咚的铃声与泼水的庄稼。

一二声狗咬之后,便有三四下鸡鸣,听不到门轴转响,却传来人的吆喝。

那个夏天,山上有绿色勃起,幻想有一个村姑引路,去神仙抵达的地方。天空太高,云彩无法相伴,只有独行的时候,你会在树下形成个人的看法,一切风景的图案都被太阳照耀、把意识中的墓园与水稻都拍成胶片,带到莲花洞用歌声冲淡,反复叠印都是未被剪接的影集,一位大嫂背着婴儿在茶树下寻找生存的技艺,我才明白记忆太多均是个人幻想的垃圾,如果那口乳水不是流走孩童,一定堆放漫山遍野的山花。

一只鸟飞过杉树的尖梢,把绿色拍落在山茶的塘边,水清涟漪萍藻浮动,照着有尖顶的房子,黑色瓦片在草上,屋檐泌出的青烟,散成牛粪的香气,树上蝉鸣,草虫萤织,绕塘蒿草匆匆沉寂,影子或水汽,雾散成丝织,当石头里吐出第一片绿叶的时候,雨水便变成了夏天的农事诗。

那塘边的瓦房,瓦屋边的牛栓,牛尾巴后的孩童,一切脚步都踩成了年轮,听一下山上的声音,那不是云里的歌声。静下来,把耳朵贴在门槽上,是山寨人入眠的鼾声。

谁想过他们内心的韵律,田里稻熟,水中鱼游,山弯松子落,回家吧,那是一双布鞋,走惯了山上的石板路,听到人与牛聊天。

一条去天堂的路,用阳光把脸洗干净,守住白云,还有绿色和流泉。等到冬天也许会下雪,一片白色落下来又升上去,手凉了,插进口袋摸一下越冬的粮食,把手伸上天空,撒一把词语,阳光,水汽,大地说我们在你们的中间,从指缝里掉下来叙事诗:水稻,玉米和红苕,农事桑麻,来年的雨水是关键话。

天 主 堂

　　一树梨花一路春，一片雪白一滴青，在青翠的山中只能埋下寂静。让石板路浮起来，一个佝偻的老者，一位豁牙的老妪，低着头的山民牵着孩童，把全部的心思装进口袋。

　　他们要翻过无形的栅栏，踩上天的阶级。去梨花岭的道路，站着都是神圣的仪式，只有钟声敲响头颅，只要是为了人类洗涮罪孽我愿意跪上阶级祈祷。在梨花盛开的地方，一切都是雪白的圣洁。

　　白昼滑向午夜，面向黑暗最能看到光明的烛照，太阳不能只照在圣徒额顶，把光辉像命运一样分配，在艰难的路上跋涉太久，太久，鸟是天堂的使者，都是流水运载我的躯体，在这里移动是的灵魂还是命运。谁能知道？

　　教堂的钟声，把一个个声音排队，数着那黑色的头颅，切开生命的果核，春雨来了，还有夏季的阳光，没有分清楚季节，所有子民都唱诗如歌，手势也如歌，日子这么光滑地流走命运依然清凉单薄。把血流到根部，淹没内心丑陋，月光照着脸庞，仰望高高在上的十字架，所有的灵魂都成雕塑。

　　我已向上帝交出了最后一枚铜板，但依旧神经如割。试问神在午夜开花，谁能在白天收获？

　　大道如雪，房屋如盖，我们来做和平的使者，望一眼教堂，那是上帝的窗口，在仪式中塑造灵魂，钟声会搬动我们的命运，为什么都在神的后面排队？等待什么？遗失的罪过？还是收拢的光辉，找到了宗教的舞台，都把自我运送，从夜晚流向白昼，但愿我的请求如管风琴散出的上帝声音在漫山遍野中飘落。

　　孩子，告诉你谁也不能把灵魂切开，谁也不能把命运任意移动，只有物种流传，长春树边有一堆天堂的篝火燃烧。

第 一 杉

　　太高了。所有的民众都向你仰望。你是山林中遗落的一颗化石，可你为什么偏偏会栽在平原？失去保护以后，明天的雨水，还有那云后的太阳他怎么能像诗人一样照顾你。

　　那是来自海的声音，沙滩搁浅在远古时代，一浪一浪地纠缠，鱼群也成了岸上的谎言，石头都成了草叶之下的泥土或者另一种宝珠。谁把你从海边栽在沙滩，栽成了一个绿色的群体？又在那个热闹的季节把你丢失？隐蔽自己的方法，便是把自己孤立，无人知晓，你才长成了大树。没人敢把你做成旧货市场的标本,因为你成了树中的无冕之王。

在雪地上赤裸地行走,群山森林拒绝回答你的提问,起源太古老了,无人能给你做证,所以你只能用绿色织成猜想,所有的神话都因为被历史扎伤,才能疗养好一个丰富的故事,你展开夏季的想象,让词语在石碑上温暖你冰凉的历史,某个偶然的机遇你碰上伟人干铎,这才有了你的子孙满堂。

你行走得太久,也太苍老,谁能给你做太太呢?谁也不能搬动你。除了情人的偶尔约会,你永远只能形单影只。

许多人在你身上划出了口子,苍劲的手臂依然抓住绿色不放松。在宁静的土地上你只能大声喊着:我才是真正的第一道风景线。

千百年留下来的传说,只能是岁月如歌,没想到还有一棵树做伴,人是多么脆弱,总是不断寻找历史,每个人只能找出几十年,水杉居然对几百年历史不屑一顾。岁月以落叶的方式记录,还你一个苍白的背影。但愿你能搭上返乡的古船,哪怕折断筋骨,或者面对楼群的一次燃烧,你也能让自己的身体轰轰烈烈一次,强过你站在这儿等待永恒的千秋。

不能再看树下的风景了。因为任何人物与事件都只是你看见的那次春天短促的约会,所有的时尚都像你身边的渠水,流过去了。依然是那个古老的春天,时间是从幻想中打开的一个缺口,总有一天鸟也无法飞越我的身体。

我的永恒实际就是我的死亡。

水韵 喀纳斯

中心地带

[相关链接]地点:新疆布尔津县。历史:冰川刨蚀,冰碛物阻塞山谷,形成湖泊,距今20万年。名称:喀纳斯湖,呈弯月状。数据:长24公里,宽约2公里,平均水深90米,极深188.4米,面积为45.73平方公里,蓄水40亿立方米,海拔高度1374米。因山蓄水,以水养山,北欧地貌。

树

起起伏伏有山有树,胖胖瘦瘦是山是树。从冷杉的空隙望去有雪松,白桦,白了又绿,绿了又蓝,高高低低的树枝摆动,细细碎碎的绿叶说话,向它走近,切忌不要用手抚摸,先听,绿叶与杆枝,闪烁,错动,羽毛摆动的声音,鸟音不掩兽声,一切私语,都是生命的倾吐。再靠近一些,细雾从树梢滑落,山爬上去的时候,雨水渗成点点滴滴的幽光。蓝揉碎了红,洗成乳白,暗成草叶的湿润,不用伸手,还是听,听一切色彩如何变成声音,这才真正走近了,把脚步放轻一些,别把声音踏碎了,让它连成一组旋律,响起在心中,这时你便到了喀纳斯湖边。

湖是从山根与植物间浮起来的。湖是雾,是漂浮的丝绸。有了声音我们再看湖,喀纳斯从音乐中升起,这才有了湖的高尚与典雅,才有了天使升起的姿态。

站在弯月上看,喀纳斯湖东线腆出了六个平台,分布在约30里的长度上,你可以分段观看。我看,2004年7月24日,看湖的潮涨潮落,用人头连缀起来的时间,清水涟兮濯我足。水,你只有置身于水,才知道有湖上风景,湖上的风景不是水,是植物。岸边有塔形云杉,不同于秀丽的冷杉的珍贵,是它牵连着苍劲的五针松(东北也许叫樟子松),或者还有花楸与白桦,所有植物连成一个家族,它们组成西伯利亚谱系。植物有了摆动,是风把绿色一层层铺开,叠成厚厚的褥子,还是不要用手触摸,因为绿色会从掌中漏掉,任着绿色铺得悠远,把无边无际的湖包围,这时你才知道,是水照亮了那山那树,那草那花。最后才用视线从彼岸去迎接,看山还看倒影,看涟涟漪漪的波纹,只有这个时候,你才能看湖心,知道湖的心灵是照亮。

峰

骆驼峰,海拔 2030 米。北望,友谊峰,海拔 4370 米。在有山的地方你是无法看到山的,山是连成一片的群体,这个群体被绿色覆盖着,在北疆它还被银色包裹着。山是什么?山仅仅是一个藏头露尾的男人,喀纳斯四周都是山,山是环抱的,绿色的树,绿色的草,长成山的毛发,山的男人只能把身体扩大,相互拥挤着,伸出一片手掌的丛林,这时候的湖,不过是男人掌中的水。

从水里看下去才有千姿百态的峰。倒影便从天上飞来。

骆驼峰在喀纳斯湖的西南,再西南便是一片雪峰,远远近近都是雪白的,一柄柄雪白锋利的剑,挑着云,挑着雾,顶破了也是白雪的反光,蓝色的天压下来便逼出一种刺人眼目,夺人心魂的岚(挪威的山峰均如此)。回望阿尔泰千里山峰,便是一把冰雪雕刻的梳子。云雾从齿隙流过,这才有了白发三千丈。

在夏天的雨后,清晨从南端爬上山峰,骆驼峰突然高峻,一切都在眼底,山根浮出水气,丛林飘着丝带,湖面浮起柔絮,推推搡搡地聚集着,潜移默化,云雾浮到一定高度停顿一下,休止一下,下部的山被遮蔽,柔软的白雪切割了山的肢体,只有 2000 米以上的白色语言:峰。峰峰如玉,白银盘里托着的晶塔,瞬间,从云雾的下面透射出无数霞光,乳白间杂着橘红,慢慢形成一个巨大半圆的光环,赤橙黄绿青蓝紫七色具现。南北两端插在云雾中,拱形如彩桥,在光环的中心显现出巨峰,山亭。在光影辉放的时候,你站在骆驼峰的观鱼亭,你的身影也在光环中,你会感到神佛显灵。这种笼罩的光影现象便叫佛光。大约 20 分钟,太阳圆环一般在云海滚动,直爬上山峰,四散的霞光潜入山体,落入丛林,被湖水淹没,光环消失了。

7 月 25 日看湖,很冷,爬上山顶要穿棉大衣。我穿的是一件短袖衬衫,差一点就被佛光收去了。

人

林中狩猎者。在森林中,人与兽矛盾地生活。这里有图瓦人出没。他们过着打猎,放牧的日子。

夏天,喀纳斯湖边都是空房子。巨粗的松木搭成的木屋,四周都是原木砌起来的,山中原木伐来后,在相对的两面少许锯出一些平面,堆砌时便于咬合,缝隙用石灰、泥、草屑捣碎糅合成浆状后泥牢实,屋顶大拖檐,但尖尖地上去,顶端刀锋一般,这也是北欧特点。这种尖斜坡顶不会被雪压坏,雪滑下来,屋顶也不结冰,屋内木地板,天棚,厚木屋内生火,烟逼到屋顶,从刀尖上释放雾丝,屋子却是暖和的。

图瓦人和蒙古人一样喝的是奶茶,吃的食品是面食,但做得精致,有三角,五角形,油炸,松软,叫馕。当然绝少不了吃羊肉。图瓦人春秋皆在十里之外的牧场生活,天放晴,两匹马带上全家,包括帐篷,赶着羊群就出发了。牧场在一些开阔的山野,大起大落的山形,有开阔的草原,为了保护森林,他们串地而养。很舒服,躺着地,盖着天,口里还吹着一种苏尔的口笛,声音尖脆,悠远而漫长。我看图瓦人颧骨宽,鼻梁隆起,脸上也有高原红,他们胸脯宽实,但身材反显得矮小。男女的臀部都有一些显得下坠,便觉出了上身长下身短,这倒适合在马上躺着睡觉,或许这仅仅是一种民族学的感觉。

图瓦人是蒙古族的分支,成吉思汗1202年跨过阿勒泰而远征欧洲,此后六次远征,每次都在阿勒泰地区停留、休整。1204年成吉思汗便在喀纳斯湖区域活动,还有一次大的军事战争,这支图瓦人就是那个时候驻留下来的。长期生活在山林湖泊边,信仰的是自然神,所有动植物都有神。神山,神水,神树,神鱼。又笃信萨满教,有完整的敖包仪式。崇尚火,同时还像喇嘛那样吟佛诵经。他们的节日和信仰是相结合的,春节叫查干。每年5月7日敖包节,最特异的是邹鲁节,其实是灯节。秋季点灯,延续整个漫长冬季,是长明的火种,这一定与上古火种保存的仪式相关。

白哈巴村是典型的图瓦人村。民歌唱:喀纳斯啊有七个哈巴,白哈巴最美好。在群山峻岭的广阔原野上,仅有这2600人骑马带羊地奔跑,人才是喀纳斯真正的神。

另有一条注释,阿尔泰山像一个人字,站在西北高原。蒙语,阿尔泰是金山,如此在阿尔泰的都是金人。

图瓦人则是站在阿尔泰山下喀纳斯湖边的金人。

水

看湖,是看湖水。水荡荡悠悠连成不同形状的纹线,波送急了浪会自然地拍击,当它从高峰塌下来,便只是懒散的游泳,在送去与归来中嬉戏。水无论是呐喊与沉吟都是一种倾诉,把说话演示得淋漓尽致。水的语言,直线是力量,在弧形与曲线间拉出弹性,纠结成声音的时候,你伸出手,把手放在水里,凉幽幽的,从罗箕与沟纹里感受手掌,水是一种侵略,那时候你才知道水的节奏是从血液传来。

看水,水透明,没有可看的,可见看湖是一种自我欺骗。水不可写,水无形无色。因而水只能去听,去触摸,用手去撕开。在水与水之间,抓住浪花,在手心手背的拍击中,你改变了水的节奏,声音也在水中透明,有了一种金属般的质地,水的响动才勾引你的视线,这才知道喀纳斯湖水的颜色是不一样的,湖水是蓝色,因为天是蓝的,可它分明又画出白绿色区域,不必用浪的改造,它又变成灰白与深绿。也只有到了喀纳斯湖以后你才知道,湖水也能演出川剧中的变脸,科学上有各种解释,但没让我信服。

我看湖那日,天上在下水,用手触摸,湖水比雨水更冰凉,我不知道是天上的雨遥远,或者湖中之水更久长,20多万年,人或为鱼鳖,水为什么不变?它一定是个妖精。

于是有了水的传说,水播种的浪漫,谁敢不信?

它是水的精灵。

鱼

人鱼童话,便有了美人鱼。鱼化为人从生物演化而言也许不是传说,生命其实也有它共同的祖先。因而演出了人鱼飞翔的歌舞。

喀纳斯的民间一直说有两条巨型大鱼,一条50米,一条30米。曾有个巴依带马到湖边饮水,回头去照顾自己的羊群,结果马不见了,湖边只有马蹄印,始有湖怪的传说。今天传说在继续,1985年新疆环保所考察队在湖边发现大红鱼,露出水面的头有汽车那么大。1994年新疆司法管理学院有15人看到湖中大红鱼。来人说红鱼,去者谈湖怪。这是一种真正的传说。这么大的湖难道没有怪鱼?有是合乎逻辑的想象,没有才让人感到神奇,经历了20万年的一个大湖,没有?会让世界黯然失色。

无论是东侧的六个平台,或者西边骆驼峰的悬崖,它们才是最好的见证。鱼能和事物一样活得久远,这才是来喀纳斯湖的收获。如果有死亡,你一定在湖边捡到死亡的骸骨,如果死亡是没有痕迹的,那生命的成长也就不存在。不知谁有幸拾到鱼的骸骨?

大红鱼是这个湖的真正的主人。

大红鱼学名哲罗鲑,属鲱形目鲑科鱼类。鱼体有十多米长,重二吨以上。是世界上内陆湖泊中最大的鱼类。属于冷水性淡水鱼类,以小鱼虫鸟类为食,在湖边觅水的动物也是它的美食。大红鱼头型扁平,有黑圆斑,背部为深褐色,腹部银白色,但生殖期通体变成赤铜色,由于湖面阳光效果,被人们误视红色。大红鱼在传说中成了一种伪装色,动物凶猛,竟没人能捕。大红鱼是怀疑论者,不合群,出游时彼此保持距离。其他的北极茴鱼,江鳕,小白鱼,河鲈均逃得远远的。它也不轻易以面目示人,鱼翔潜底,不知大红鱼害羞呢?还是人类凶猛?还好,反正湖底永远都有弱小的生命送给它。不知道的是,在千里冰封之后,水温中的零度便成了水底的极限,请问大红鱼,你也是否怕冷?

人,肯定是怕冷的,我们可向鱼讨教防寒的方法,这样,在下一个新的冰河期来到的时候便可以避免人种灭亡。

据我所知,宇宙空间的零度,是接近地球零下的三百度呢。难怪众多物质以凝固的形式出现。升温才是一种解放。

但发烧又使人鱼毁于无形,特别是剧烈的高烧。

边缘地带的补白

湖　北

湖北是什么?湖北还是湖,阿克库勒湖。喀纳斯湖的大量水源来于此处。这儿湖水更白,因为阿克库勒是白色的意思。其水来自友谊峰的两大冰川。冰川岩块均为白色花岗石,冰川运动时,冰雪之水把岩石的白色粉粒带入河湖,因而阿克库勒的白色有些混浊。这个湖长 6600 米,宽 1900 米,面积有 8.5 平方公里。这个湖坐落在千山万嶂之中,全是茂密的云杉,天气一日四变,红日高照之时转眼便是乌云大雨,刚看到绿林山花,转头便是瑞雪飘飘寒气扑面。这儿的冰雪之水蜿蜒南下,顺着河谷注入喀纳斯湖。湖北"丫"字正是注入的形态。那是一大片诱人的处女地。沼泽,河滩,湿地,水湾,平坦的三角地带,水草与灌木丛生,飞鸟与马鹿共存。

湖　东

湖东,是月亮湾的弯。羊背石,地名,石名,远古时期这里布满了冰川,因温度升高,冰川退缩坍塌,便留下了丁字形的擦痕。在高处 90 米的陡崖上遍布这丁字痕迹。

羊背石有吐鲁克岩画。这可是数千块无人达及的岩画。从湖面仰视可见,用望远镜可观看细部,从岩画山背往东也就是湖东的东部,那是一片夏季牧场。

第一片岩画在羊背石背面磨光的刻石槽内,画幅 3 平方米,岩面是一些野生动物:雪鸡,山羊,野猪等。

第二片岩画,与第一处间距50余米,在羊背石背后小坎上,图案清晰,上排8个图案,下排9个图案。同样是动物,有狼,马,狗,羊。最大的为梅花鹿,角上指,眼视前方,神态安详。岩画手法朴素,细腻,构图和谐。

湖　西

湖西,是骆驼峰西,那里更是湖的世界。鸭泽湖,双湖,千湖,最特别的是有个百花园。百花园是典型的山中森林草甸草原,在一个缓坡上,约有3平方公里。这里的北欧韵味最浓,在群山所围之中有高大粗壮的雪松,云杉,在坡地上兀立几株巨大树木,没有灌木丛(亚洲南部的山地是灌木丛中有高大的乔木,有此起彼落的层次),这儿山上没有灌木,类如桂林的山势突然而起,大树是长在草毡子上的,然后漫山遍野的鲜花布在草地,有吊金钟的黄罂粟,红得灿烂的太阳花,带刺的蔷薇花,白藓,金老梅,龙胆草,还有兰草一般的葱,各种独活、柴胡、芍药等中草药,花儿高高低低地争相绽开,花冠弹出芬芳的香气,逸出山岗,泻在平静的湖面。

百花园挂在骆驼峰,与雪峰相望,众多山峰在西边荡开,拓出许多平坦的草甸或海子,各种各样的湖泊相距不远,有三四个湖分布在50平方公里内,喀纳斯村也在湖西不远的地方。图瓦人选了西方最美的地方居住。

湖　南

湖南有一条坦荡的大路,喀纳斯湖水沿着这条路南行,汇成长长的布尔津河。在河与路同步的地方,有龙泽湾,月亮湾,圣明,在丁字水流汇合处有大桥风景,站立在风景的高处看不同颜色的河水,望不同形态的山势,论其秀雅均不及喀纳斯湖的美景。在快要离开林区的时候,有一个阔大的高山牧场。草场顺着有坡度的山势缓升,类如绿色沙滩,两山相接成为平地,是一条十分宽阔的绿色走廊,两边望山都是遥远的树,西边陡峭,岩石挺拔瘦劲,有响雷掠过,拍击在石上,云飘过去上了东山却缠在桦林,或者成片的松树与云杉林,山尖清晰地指着云层之上的天。

马群涌动,奔涌而起,流进东边的山谷,惊起草地上羊群,看样子山雨欲来,风势顺着南面峡口流走。

往南,再也不能说湖南,而是草场之南,据说从喀纳斯湖往布尔津县要拐108处弯,人生的弯道或许更多,把每一个弯道看成一次次反思的间歇,回头再看一眼喀纳斯湖,你就会满足一次人生清凉的历险。

到了布尔津镇,你便正抵额尔齐斯河,在丁字交汇处有一片不见尽头的白桦树林,水从树丛中入河,流向了哈萨克斯坦,然后北去斋桑泊,再汇鄂毕河,然后归于北冰洋,喀纳斯河起于阿尔泰山,归宿却在极北的异域,寻找的是更为寒冷的寓所。

在北京我巧遇了20年前的朋友周宪,他从韶山来,在甘家口商场他告诉我,这是亚洲唯一一条流向北冰洋的河流。我听了大惊,他从未去过西部,是一个搞兵器制造的专家。

理论

野
竹

完美的罪行

法国让·博德里亚尔最近著作《完美的罪行》旨在揭示模拟的社会现实取代一切真实,它是一桩完美的罪行。这本书几乎包括了过去著作所使用的概念,分若干问题或现象论述实在与模拟,真实与幻象。他的著作几乎是不可介绍的,你不能寻章摘句,找出几个观点说明他如何论证,他有一个什么结论。不是,他写的不是这种传统的理论著作。他不做实证分析与概念的限制与区别,都是抽象的断语,你可以说他的语言是最哲理的,但也是最肤浅的。单篇可能流畅地表述某个问题,到一部整体著作却是絮絮叨叨,惊人的重复。所以西方有人把他贬得一钱不值,可又有人却把他推为最伟大最杰出的思想家。这个矛盾不仅是价值评估上的,在他的文章中实际也是如此。我所取的态度是抓住他最新颖最有启发的思想洞见,和极为漂亮的感性化的理论语言。

据于此,读博德里亚尔最好的办法,是剖析他提出的一些概念。他的新见蕴含在概念之中,说到语言最好是在读他的原作时去感受那种机智与富赡。

表象。我们把它和现象类合,已成为我们熟视无睹的东西。后现代主义者非常重视它,表象成了人类的幻觉,成为世界的一种误导。表象是什么?是阶层和团体的代表,是一幅画或艺术品的再一次摹写,是影视胶片或照片的复制,是书写者语言文字对思想的复写,是律师对当事人在场缺席的替代。一切社会领域都可以找到众多的表象,表象已取代我们所说的实体,它的复制出来就是为了替代实体,实体的功能已经符号化。表象若单独指向游戏,或成为实际事件的替代品,成为能指表演,这倒没什么,它只需要我们的识辨能力,把表象与实体的关系处理好便行了。

可现代社会表象不并这么简单。它已经是结构性的,众多领域的表象在替代该实体因时因人因地的不在场,转移过程中产生内容的缺失和意图的扭曲,表象成为一次新的制作,它的强大它的作用取代了实体。在表象面前没有什么公正严明,合法真理。但是这种表象在今天社会现实里它已经结构化,是公认的合法化,表象成为真正的生活之流。表象的存在始初只不过建立在一种假定的关系上,是任意非稳定的,但技术社会的发展,表象却成为必需的真实的替代而不被人所怀疑,因而这种双向构涉便合法化使之成为一种荒谬的假定。所有表象又涉及另一表象,便不存在终极意义上的真实物。博德里亚尔认为表象假定了某个摹本的有效性,那个摹本只不过是一个模拟物,一个摹本的摹本,一个不存在原型的摹本。表象成了一种客观合法化后它与实体之间的真假便消失,现代技术信息社会这种表象是可无限复制,复制的真实也无可怀疑,于是骗局和实情具有同等可靠的真实性。

这仅是理性认识表象,但实际表象力量远不止此。表象是以词语、图像、符号、信号、数据方式活动,它进入现代信息系统,在计算机网络上形成网络性结构关系,成为一个表象的世界,而人们更多的是依赖这种表象成为统治日常生活之流。如此表象便成一种生活的真实。

因而表象看起来那么完美,实际它不过完成一次对实体的谋杀,这真是一桩天衣无缝的谋杀。博德里亚尔说,事物本身并不真在。这些事物有其形而无真实,一切都在自己的表象后面退隐。他许多语言都是这么单独站立的,如果不能在一些根本性的问题弄清楚,他的著作也就没法读了。他说事情都是已经发生了的,因此它也不再有终结。很经典,所有的事情当然都是过去时,终结的结束又是终结的到来。这种认识的幻觉是不会完的。是什么东西产生这一认识呢,是时间,不带着思想去读他的作品,或一无所获,或者是读天书或者是读一堆废话。

只有站在所有事物的高度读博德里亚尔,博德里亚尔才是一个智者,才是一个发现者。

博德里亚尔(Jean Baudrillard)1929年生于法国东北部的兰斯,从1960年代至1987年担任巴黎南特大学社会学教授。研究德语文化,对尼采、荷尔德林都有研究,一直有摄影爱好,曾出版过摄影集;上世纪九十年代还举办个人摄影展;六十年代初做文学批评;七十年代旅美讲学,写过不少游记;1990年在美国蒙大拿召开过他的学术讨论会。九十年代居住柏林、巴西等地。早期受他的老师列菲弗尔的影响写作了《客观体系》(1968年)、《消费社会》(1970年)。此后一发而不可收,又写作了《生产之镜》(1973年)、《符号交换与死亡》(1976年)、《论诱惑》(1979年)、《幻象与仿真》(1981年)、《冷酷的回忆》(1981年)、《符号政治经济学的批判》(1981年)、《交往的迷狂》(1983年)、《缩命策略》(1983年)、《在沉默多数的阴影中》(1983年)、《忘却福柯》(1987年)、《透明》等二十多部著作。

他是一个镇上出生的孩子,一直读书,27岁开始研究德国社会学理论及文学,1966年在南特大学读社会学博士,然后留校教书。《完美的罪行》以散文笔法谈理论问题,是针对一个具体事物或问题来谈论实在、幻觉、仿真等问题。我们有必要回到他的《幻象与仿真》一书。

《幻像与仿真》主要体现他的商品文化理论。他认为代码已不再先行于消费客体而具有优先权,客体与表象,事物与观念之间的区分不再有效。他提出一个由幻象模式建构的新世界代替以前的区分方式。幻象除了自身以外在任何现实中都不具有所指对象。幻象没有基础,没有所指,是无根的。

仿真呢?仿真不同于虚构与谎言,仿真把缺席显示为在场,把幻象显示为实在,并从根本上瓦解了与实在的任何对照,把实在吸收于仿真之中。这是博德里亚尔提出的著名的仿真文化。我们还是从理解概念入手。

幻象(simulacra)有的译为仿象,有的译为类象。怎么译不重要,关键要明白它是什么含义。幻象指的是一种虚幻的存在,是没有根源和基础的(与现象不同),它是一个由文字图像和语言符号构成的幻象世界,它是一种超现实和超真实的。它和前面说的表象有相似之处,但又不一样。所说不一样是没那么强的实体概念,仅为符码化的世界。西方文化里有一个根深蒂固的观念,即任何表象都有本质,指向实体,表象符号化但它仍指向深层意义,符号可以与意义交换,而这交换是依赖于一种文化契约(或许是上帝保证)。上帝死了,上帝也只是个符号,那么我再寻找表象与本质,符号与意义之间的契约关系,就变成无意义活动。那么一切都只是无意义的幻象世界。

仿真(simulation)又译为拟仿、拟真。真实这个概念怎么来的?如果世界永远是客观物摆在那儿,就不会有真实这个概念,正是因为有了虚拟,有了谎言,真实才登场,表征与实体之间是有差别的,表征作为代表,如同符号的指称,相信表征和符号是真实的,那么便可以把实体和意义进行交换,实际上表征与实体,符号与意义之间的关系是一种假设关系,由于这种假设的支撑,长期以来它成了文化传统,仿真便是利用这种假设的可能,它进一步代替了表征与符号,如果说符号代替了现实,仿真则又代替了符号。使之成为符号的符号。

在信息时代幻象与实体中间的真实已经内爆。过去人们对真实的感受和体验都随之去了,真实没有根基而漂流起来,所以世界是一个幻象之流的漂移。不仅如此,仿真的产生表明有超真实的存在。真实与非真实的界限取消之后,超真实却表明它比真实还要真实,便如照像模式,电脑仿制,生物复制,环境再造,这些仿真不是过去所说的失真荒诞而是比原本的真实效果更好。因而仿真制造了真实,这样真实一词就不再具有传统意义中的那般神圣,那般具有真理性,那我们今天将如何面对真实呢?

仿真与真实的界限消失,人们便开始按照仿真构造生活,那仿真丝、仿真皮成为生活常规,成为另一个仿真制作的标本,你又何必再从逻辑上追问真实呢?况且真实已经找不到了,因为仿真便是真实。而且现代生活也证明形象比实质性的东西更重要,例如美容术制造的漂亮。现代美容术也是对实际身体的一次谋杀,现代高级美容术所制造的漂亮比真实的漂亮更漂亮,这真是一桩完美的罪行。

因为长期的仿真美容是以摧毁你真实容颜为代价的。

值得注意的是《幻象与仿真》一书中对仿真形成的分析。仿真之所以成为时代的一个特征,成为一个理论问题,自然不是我们说一句仿真时代可以解决的。仿真,首先要明确的是符号与现实的对应关系,即他所说的意象首先被看成是一个宏大现实的反映。表征代替实在。在一套符号系统中操作,久而久之,现实的本体消逝了,把符号系统视为自然而然的东西,那就是第二系统。宏大现实不在,事实本身已不被我们意识,我们已习惯了符号思维。最后便是纯符号的置换,符号引出新符号,符号又代替符号,如同一个信号灯似的,能指符号与任何现实都不发生关联,只是一个纯虚拟的幻象世界。所以博德里亚尔把仿真与幻象形成分四个阶段:即一、意象首先被看成一个宏大现实反映:表象。二、宏大现实被遮蔽起来,使之非自然化。三、把宏大现实的缺席再遮蔽起来。四、与任何现实都不再发生关系,它成为自己的幻象。《幻象与仿真》是阅读博德理亚尔作品的一个基础,不清理幻象与仿真,《完美的罪行》便无法阅读。

在传统中一个不受注意的词:消费。它成为认识当今社会的关键。雷蒙·威廉斯说,消费一词最早的用法是摧毁、用光、浪费、耗尽。这是说过度使用,花费干净的消费和资本主义生产既相矛盾又相适应,作为社会要对消费注意疏导和控制。传统消费是作为生命必要和工作补充,消费代表缺欠短少,短缺引起生产,这样生产、增长、短缺、消费形成一个循环圈(一定的经济价值观总是和短缺相连,因为它产生供需矛盾)。个人从日益扩大的商品范围购买商品最大地满足人们所需,使消费成为产品的目的,这样资本主义已成功地建立了生产与消费的无限循环。这是一个传统的消费现象,它已被视为天经地义的合理规律。

如何发现他们的问题呢?生产是一个起源,它推动了资本逻辑的运作(没有生产的产品当然就无资本可言)。这是一个增长的规律,但它相伴地必然要有消费逻辑,而且必然是一种社会性的结构方式,因为消费,即使纯个人的,它的购销也牵动社会活动,所以一切商品消费都把社会关系裸露出来(生产的社会性,广告推销的社会性,社会群体购买的社会性,积压与短缺的社会性)。这时有一个特别的机制显露出来:媒介。商品形象原本只作为生产、市场、设计的象征物。媒介,特别是现代媒介,它会利用商品形象,重新创造和整理,使商品脱离原有的价值系统,形成了一个高额的交换价值系统,也就是说它能无限超值,这种超值商品显示权力地位,阶层品味,甚至非商品化,只作为社会象征,如同著名品牌是一种身份的象征,形象的象征。

媒介(Media)也可译为中介,其含义是连接两个界面的中间环节,在生产与消费之间,在商品与人群之间都有中介。过去这种中介只是少数人行为,影响界面有限,现在可以称之为媒介时代,日常生活领域到处都是媒介,即媒介引导了日常生活,改变了人类的生存模式。媒介即信息,媒介即权力,现代社会人无法超越媒介而存在。

媒介使现实与真实、历史与政治都失去稳定性,无法作真伪判断和意义追寻,它将一种新型文化植于日常生活。它是一种极少数人行为向极多数人传播信息,即所谓播放媒体,它带有强迫性,非理性广告,暴力和性对个体进行压迫与操纵的外加形式。播放型模式主导的第一媒介,在播放媒体中是压迫和消解主体的。这时受众的抵抗能力还存在。这说明媒体被一个中心控制。媒体只是对个体施加影响。事情并非如此简单,信息社会有了电视商场,有了移动通信,有了赛博空间,人不是被动地受播放媒体的影响而是每个人都进入媒介,有了交流关系,是双向的去中心化,这样每个人在网上都成为一种媒介。这就产生了第二媒介现象。

过去生产以后的再分配形式是商品价值规律所制约的,当今社会媒介却发挥了超乎商品自身价值而发挥更大的作用,这样生产以后的再分配便有新的逻辑关系,如何给出一个说法呢,我思考了几天,昨夜梦中惊醒突然有了一个词。

媒介的后殖民主义。

媒介,它取消了幻象与实在,仿真与真实的界限。

媒介既是敌人，又是朋友。

媒介它引导了大众消费市场，个体又从媒介制造新的信息。他受制于媒体，又创造媒体。

媒介是自我消费心理的流通站。

媒介也就成了实现自我欲望的一种方式。

博德里亚尔说，消费的社会逻辑根本不是对服务和商品的使用价值的占有。它不是一种满足逻辑。它是社会能指的生产和操纵的逻辑。这就是说资本主义所以能疯狂生产是因为媒介操纵了大众进行不必要的消费行为，即巨大的浪费带来的巨大生产。这个循环机制有一套我们看不见的符号系统在运作，我这里分析这些符号揭示其新的结构。这是一个社会悲哀吧，即一个社会商品价值不由生产决定而由消费决定，也就是说一个国家的财富不由生产而扩大是由消费增长来扩大。

浪费决定了财富。这已成为文化观念，被多数人所接受。

晚期资本主义社会的合理逻辑。

幻觉。一种幻觉只要不被公认为是一种错误，其价值就完全等同于一种实在的价值。而一旦幻觉被这样公认，它就不再是一种幻觉。这就是幻觉的概念，也只有它是一种幻觉。这是《完美的罪行》中定义的幻觉。

他提出了根本性的幻觉，对世界的客观幻觉。

客观的幻觉是这样一种自然界现象，在这个世界上没有东西能在实时共存。因为距离，一个东西从不真正出现在另一个东西面前，距离告诉我们，不可能有同时发生的现象。

博德里亚尔谈论这些话究竟是什么意思呢。我们过去一直都认为幻觉是主观的，是主体发出的幻觉，而他认为客观也能自己产生幻觉。我们应该顺从客体的计谋和轨道让客体独立起来，产生能动。他以测不准定理说明物质属性，其实人与社会属性是等同的，客体赋予自主的权力，能于社会生产关系的网络里独立运动，客体拟人化后它也实行一种策略，而主体失去了能动性就处在漂流的位置。

在现代性中，传统的物化理论是保护主体的，即在人与机器的时代，我们要防止机器对人的物化。人这个现代主体是中心的位置，因而人的异化是要批判的。就博德里亚尔看来，主体不必抵制客体的异化，相反要主动物化，使之走到一种极端。这样人类自身便能摆脱那种主体性幻觉。客体取代了主体地位并主宰主体,人向客体投降并学习客体的策略。所以他提出了一个宿命策略:追逐某种行动过程或发展轨迹直至极限,而且要突破局限,超越界限以后便产生某种新的东西。我称他的这一策略为极端手段。

《完美的罪行》后一部分实际上是接着等级世界互相征服以后的结果,我们所谈的死亡、性、他者、冷漠、病毒、仇杀等罪行原本是有对立面的,但是主体消失了,取消等级后一切沟壑已经填平,那么罪行也失去意义,罪行是在超越极限以后丧失的。所有一切都只是行动策略,不必追寻什么终极意义,世界仅此而已。

性 的 历 史

在中国的文化传统中没有性的观念历史,也就是说没有一个类如西方所说的性概念。性 sexuality 一词表示性活动、性欲、性力量、性状态、性爱、性功能等观念性概念,在中国文化中没一个对应性的名词,就连性 sex 比较狭义的动作性词汇也无可对应。勉强能说得上有关系的是色,传统中色是性的部分称代。然而通常是在伦理道德的贬义之中使用,另在国色天香中却指称美丽。我们从食色,性也,说起食色,指的是饮食与性,而性则指本性、本能,含义与人之初,性本善含义相同。与色具有同样含义的有欲、淫、奸。中国涉及性的词五花八门,如且、阴、云雨、敦伦、周公之礼、面首、阴阳、交欢等,但没有一个统一的性概念,这和欧洲不一样,在英语和法语两大系统中性一词是同一词根,sexualite(法文),可以说在西方 19 世纪就有了统一的性概念和观念。中国旧传统中仅把性限于房中术,用道德伦理的旗帜掩盖它。性一词作为研究仍是从西方接收过来的体系。

为什么说性呢?我仍是想把它作为观念的历史讨论,明白地说是想作一个理论问题来认识。最著名的理论是弗洛伊德的性压抑理论,在西方性压抑理论已成为一种传统,并产生了精神分析学派。性压抑是一个假设,弗洛伊德用大量的社会的个人的事实来印证。证明性爱压抑这个事实并不难,但意义不寻常,明确地说也不构成理论问题。他把压抑引入意识理论中,考查人类的精神动力系统,于是发明了本我、自我、超我。确定人格的三个基本层次,本我是基础,是心灵底层的潜意识区域,非理性控制的本能系统这个本能是性本能。自我本能是根据环境反映来调节。超我是人格最高层面,以社会伦理道德来规范。三个人格层次又是相互调节转换的。并相应确定潜意识,前意识,意识为心理结构基础,在这个基础上建立人格理论。

性压抑这个假说对人格理论有什么用呢?因为弗洛伊德发现生命的原动力系统叫利比多(Libido),这种性的东西是最本源的力量,从儿童开始起便有,它要正常宣泄,形成生命力,是一种本能的、自然的。可是儿童在家族环境里这自我便受到压抑,与本我构成矛盾,特别是在社会层面,超我是以社会要求的至善原则,符合社会规范从而形成更大的一个压抑层面,这种对抗与压抑形成张力,影响到潜意识,影响到自我人格,形成了人格内部的冲突,性压抑因此而成为人的问题。如果仅作为一个人的事实,也许不重要,但性压抑集结了诸多社会问题,如家族、习俗、文化甚至包括政治、权力、知识等,而且这些问题是相互连接的,成为社会与人的一个运动系统。如果仅仅把性作为一个事实,我们只是去描述它便够了,但它是一个问题,它使我们需要思想,需要我们去解决,我们必须要有一套相应的方法措施,无论解决与否都要有一个思路,一个涉及众多方面的策略,于是性被理论化了。性超出了性行为本身而在各领域各阶层发生交流关系,形成一种循环运动的力量,这就成了体系,成了理论,成为人们广泛关注的科学。

弗洛伊德的性成为一种理论,被人类社会承认,时间又使他成为一种传统,这种传统有人批评有人发扬不足为奇,我们说的是在这种理论基础上所构成的新理论。福柯继续抓住性,从批判证伪入手,首先否定性压抑是个假问题,那么精神分析理论也要随之倒塌。福柯否认性压抑有三个理由,即性话语数量激增,话语中的性多样化,性科学的产生。他证明性非压抑,而是活跃而自由的。因此他认为性不是一种被压抑的自然的东西,而是一种错综的理念,是由社会实践,包括文字言谈所制造出来的性。性是话语制造的,它被谈论时作为各种复杂现象的起因,许多问题集结起来才产生了人们所称为性的理念。这样性集结为一个角色,有了新的重要意义,并成为个人本质的秘密。这时候性是一种结果而不是一种起因。性是一个力图描绘、分析、规范人类行为的话语产物。福柯在这里先做的是一个性的前提分析,然后导入性产生的历史状态,在其间推导出一般公理的原则:即性是话语建构的产物,而不是别的什么。这样他超出了历史,超出了性,而提出了知识话语建构以及知识与权力的认知模式,这才是福柯的理论意图。

弗洛伊德的理论说性是压抑人性的,目的在于鼓励性自由解放,而福柯则认为性本来就是自由的,它和权力一样无处不在。这两个人的理论在西方知识系统产生了巨大影响,倒不是说这两个理论天衣无缝,尽善尽美。福柯批判了性压抑假说,并非说福柯理论没有问题,他批判性压抑时实际上也证实了性压抑的存在,例如中世纪神学统治中性压抑是空前的,但福柯举例说,人们向神父倾诉性的隐秘,人们在话语中进行性宣泄,他用的萨德的例子说教士要和盘托出地忏悔,这不能说明整个宗教时期所有的教士忏悔都是性的话语宣泄,因为福柯的类举没有统计学的力量,再例如性科学和研究机构产生丝毫不能说明无性压抑。性压抑作为一个普遍的事实在世界范围内不可否认，在中国几千年的封建社会里性压抑是无可否认的事实，如果你要找出统治阶级性开放的例子却不难。但这不足以说明整个历史是一个性开放的历史。可见福柯的理论根基也不牢。

性是不是一个被制造的观念呢？在西方也许是，而在中国却不是。中国有许许多多与性有关的词，但只说明性的某一侧面特征，而且词义不稳定，绝对多数是比喻借代，较多的具体指向性行为。许多与性观念有关的词至今也没有文字表述，仅停留于口头，或者是从当代国外借用而来，例如女性生殖器便没一个标准的学科意义的词。所以中国现代在性理论研究上，要达到准确的共识，还没有一套准确规范的属于自己的概念。基本上是向西方借用。

那么是不是说中国便没有性观念呢？不是。作为性的心理事实，文化事实在文学艺术传统中是不少的，在正宗的思想史中确实没有，性仅是为传宗繁衍后代服务，所谓男不孝有三，无后为大。性是不可讨论的，只有极少的民间传抄，也没有建构成性的话语系统。倒是有一个极好的词：欲，所谓存天理、灭人欲，含有性，又不全是，中国的欲字其实是一个很准确的词，也是当做人的基本本能理解的，性就是欲（但还带有贪和邪念），中国的性一词更是本能化，例如性灵、性命、性情，奇怪的是它并不指向西方性的含义。

性最初不可命名，源于一种心理冲动的本能反应，它作为一种暗示、一种口传、一种心理体验，所以对性的称谓是模棱两可的。旧时典籍和文学作品中有关性的词在日常生活中是无用的，这与西方不一样，性在书面和日常生活里是一个词。性本初作为人的基本欲望，它与社会无涉（在中国甚至与爱情无涉，自古而然是父母之命媒妁之言，文学作品中楚楚动人的爱情是编撰的结果），欲作为基本本能它是一个力量的发源，要对外辐射，在传统中性首先是和伦理发生关系，在权力系统中要除欲，所谓万恶淫为首，在超我层面宣布罪状，把性作为邪恶和害人的东西，在中国的文化中它成为一种理念，于是性压抑开始。它是从道德领域里成为一种理念，现在我们认为这是一种文化恶果，但在传统中它是作为一种美德颂扬的，例如坐怀不乱，发乎情，止乎礼。其次性作为生殖，有种族遗传功能，说的是生男育女，女人的兴奋点在于生一个男孩传宗接代。由此而发生的第三个特点，性是利他的，是服务性的，女人性功能讲的是让男人舒服与满足，这样女人也获得了幸福。其四性与美有关，美使性一词特别含有选择的性质，古代选美实质是选性。美在性中是一个矛盾的东西，正宗的是女子无才便是德，以德为尚，美却为红颜祸水，这是说美可以坏事。第五，性在传统中是不平等的，纳入一定的纲常秩序,男人有性的主动权,女人则从之,所以夫为妻纲,男人还可以纳妾,可妾不能改变家庭秩序,地位则根据儿子来确定,所谓母以子贵。性作为本能,做人的生理事实渐渐远离它自身而作为一种观念,作为一种文化传统,为秩序、为伦理、为宗族、为权力渐渐变成一种制度化的东西。中国传统的性是在这个过程中潜移默化地成一种文化观念,这种观念已成为传统,成为集体无意识,所以中国是有性观念的,只是在文化心理积淀着而没成为一个概念史一个范畴史。

从中国的性压抑看还是一个权力的结果。一定的社会形态所带来的特殊形式的性压抑,在中国的性问题还特别能看出一个权力与知识结盟的压抑过程,以知识为主的孔孟文化对性的压抑在一定时期内超过了权力的作用。这当然不是说中国就完全屈服于权力对性的压抑,性以权力的关系来表现,性、知识、权力三者结合成为社会的基本力量在中国传统社会也能看到,例如性政治中有公主和藩,贵族集团之间的联姻,婚姻关系中的门当户对。性质不同的社会网络也成为权力关系。

福柯在研究性与权力时有两个反常的看法:一是性是作为结果而非起因,性不是一个先于自身而存在的东西。二是权力绝不能以国家集权、监狱、法律、警察或统治整体作为出发点,这些只是权力的终结形式。权力应该是多重力量的关系,存在于他们的运作领域并构成自己的组织,权力是持续不断的斗争较量而转化,而增强或颠倒的过程,权力之间的力量关系相互依靠。权力还是一种实施策略,在国家机器运作,制度化的惩规条文,各阶层的领导权具体化运作过程中,权力无所不在,但又不是均衡稳定的,不是一个中心一个结构,而是由各个点的关系之间散发出来,所有的地方都产生权力的不同状态。权力是按特定社会中复杂的战略形势所取的一个名。简单地说权力是无形地存在于一切事物之间,而我们看到的只是权力的象征和结果而不是起因,权力刚好相反,权力是起因布散在一切事物之中,不是我们称之为权力一词的结果。这个见解很精彩,形成公理以后具有普遍指导的意义,所以它是理论。

但福柯的性理论与权力理论也有它最要害的缺陷与矛盾。然而在这有限的文字之内不能解决它。

性如果仅作为个体生命的行为事实,它没有历史,只是在一次次求偶行为中解决的,它是描述性的,它存在于所有生物个体内,它是起因。性从四面八方涌出来并构成观念的历史。即便中国没有性功能、性状态、性虐待、同性恋、性倒错、性政治这些有关性的观念的范畴概念和命名,我们同样可以清楚地看到,性作为起因与结果,性作为一个观念的历史,它也根深蒂固地成为一种文化,烙出一道鲜明清晰的心理痕迹。

因此,在中国性观念史作为事实现象存在于人们的潜意识,而没有一套性的知识的话语系统。从文化理论来说,也没有一套作为性观念的历史的相应概念。这给我们研究古代的性文化带来相当大的困难。

历史的幻象

历史是什么？站在今天，历史是一种不存在的幻象，因为没有站在今天的历史。历史是过去，不在我们面前，无法复制与摹拟，一切均为记忆，它不存在了。

我们偶尔找到历史，在编录的档案中，博物馆文献资料存有所谓的历史遗物，或者发现了遗址，是那些化石记录了周期，是那些文字说明编录了人物与事件，甚至还可以用历史的电影或复制的电影把历史客观再现，于是我们相信的历史成为一宗遗迹，那是一些闪烁不定的点，一些变化不定的片断，说明他们曾是实在物，具有客观存在的地位，我们相信实有其人其事。可是当我们追踪细节而企图找到原貌时，一切都是乌有，一切变得难以置信，即便那一个个真实的点也变得模糊虚幻了，就连那一点历史的痕迹，也在我们的存在中消失了。

在今天的现实中历史不过是一种幻象。

它是一卷发黄的档案，一部戏说的电影，一段我们想象中的故事，至于历史的真相你是永远也无法找到了。

现实是一个时间词，它指向当下，它是你触摸的物质和对话的人，现实是你生存的一个境遇。所以历史是现实的对应物，是过去删定的一个结论，是业已成为的事件结局和灭亡的人群。现实正在展示，它是发生发展，具有过程性，是运动状态，但历史静止了，是一种虚无，你再次寻找或阅读就是重新发现。其实你发现不了什么，只是重新想象一次，创造一次，历史与你知道的大相径庭。于是产生了一种解释历史的方法。历史和现实在保存和删除功能上是一致的，它把大量的细节性生活性的东西都抛弃了，不会有人把生活重演，历史一般只记录重大事件和重大人物，这种保存以极简易的方式进行，所谓抚千年于一瞬，弹指一挥间。而这些重大的历史对于个人不具有相关意义，在现实中，人们也许会忽略国家大事和伟大人物，相反的会注意那些与自己切身相关的小事，更多的是具有偶然性事情的影响，个人生活高于政治，生命高于理念。

现实日日夜夜地不断凝固是因为那种被称为历史的东西,现实让人与事成为历史,可见现实具有时间性。这告诉我们当个人现实凝固为历史时,重要的是他个人的那些感性层面,而历史学家刚好无法找到那些个人现实中偶然的东西,他也不在意那些感性的碎片,反而注意那些历史大事大人物,即所谓的宏大叙事。宏大叙事在一定的阶段它必然是那样,例如一个皇帝在位几十年,而其中几年的变更,仅为无意义生活,只有当一个时代转折变化才有性质上的关注;而对于一个艺术家来说,政治重大变化并没有直接影响,反倒是他身边的亲人朋友的生老病死让他刻骨铭心。这表明了我们注视历史的一个方法论的错误,我们关注了我们以为重要而实际上是不重要的东西。这是历史陈述的错误。

由此推衍,历史留给我们的只有极少数是重要的,大多是荒谬的,历史的陈述有历史人物事件的局限。简单说,人类历史中发生的社会性事件没有一件是纯客观的记录。

历史是虚构的,非真实的,这并不一定只针对文学。

历史是一种观念,一种事件。作为事件可能是真实的发生过。你注意,观念是一种由内在或外在需要而虚构的,可是观念则往往直接形成事件,或作为社会主要虚构的,或作为社会主要推动力。也就是说按纯客观而言某事件并不成立,而因观念的导入形成了事件,于是发生的事就性质而言它是虚构的。

中国社会主义就是按马列主义观念构成的。

把历史认定为一种必然也许会犯错误,因为往往有更多的历史现象由猝然而发的偶然事件所左右,改变了历史的进程和面貌,你不能非此即彼地判断对错。

对于历史,其实我们不必刻意在乎它的时间性。历史是连续的或断裂的,或早或晚,对于现实,对于今天的人来讲它是微不足道的。漫长的历史或省略十年百年,几个世纪,现代人都会不以为然,许许多多的岁月流逝了,成千上万的伟大人物成了白骨,现实并没注意它,或者说连遗忘都算不上。倒是时代转折,历史突变,那些影响人类日常生活根本变化的历史,不得不让我们思考。如恐龙的突然灭绝,古楼兰的文明短时内消失。从石器到青铜器的变化,从手工业到集团工业,技术时代改变人们的思想,火车飞机到宇宙飞船改变人们的时空观念,人类得在意他居住空间的生态环境。历史有时候留给我们很残酷的东西,例如历史上几个世纪里可以不必在意他的变化,可20世纪中期的20年你不可以小视,信息时代来到,媒介的作用改变了人们日常生活的性质,你得重新认识世界,思想观念会发生很重大的变化,因而历史有许多叙事你可忽略不计,早几百年晚几百年的都是一段历史故事,包括那些我们认为的宏大叙事你都可以不必理睬,可是人类关键性的转折,重大历史事件和那些改变人们日常生活方式影响人们思想交流的变革,我们不可等闲视之。例如现代交通概念带来的经济发展,却使地球再没有一个宁静空间,科学技术革命有了高度富裕的物质社会,但它使工业污染渗透到人类每一个细小空间,现代电讯改变了人们的联系方式,电视改变了人们的视觉方式,电脑网络改变了人们的交往方式。20世纪已经变成历史,未来呢?未来更让我们无法把握。

历史叙事是现在对未来的一种幻想。

历史主义最重视时间序列上展开的纯客观,相信历史已经发生过,相信历史有一个发展动力,是纵向的、前进的、是进化的。历史是社会事件性推衍,历史叙事也许是真实的不可更改的事实。今天记录的历史可能会更准确客观,我们可以把事件与人物事无巨细地都拍摄记录下来(当然永远不会有一种纯客观,因为是由人来记录历史,历史按人的意图留存下来,况且从时空而言,无法把一个历史断面整体地截留下来)。你会相信历史是稳定前进是客观而不容更改的是有规律可控制的(实际上多元现实已和历史有差距,也就是说过去的历史和今天的历史不可比,过去的历史可以记录却没能记录,今天的历史不能记录却可录制)。我们还相信历史是可以认识的,具有一定的模式,有规律的方法。历史主义认为历史是由这样的方法构成的,我们摸索到规律便可以找到主与次,现象和本质,意义和符号,还有主流与支流,主要矛盾与次要矛盾。历史是社会,社会是阶层化的体制,于是我们又找到了中心与边缘,上级与下层,领袖与群众,那是一套历史的认识模式。

历史可否这样认识呢?或者说人们所认识的历史本身也是一种方法,历史是被制造出来的,如何相信其真实?

历史主义也是一种无可辩驳的认知历史的方法,它在一定程度上还原了历史现象,找到历史线索,它既有认识意义又有借鉴意义。可它也带来误区,它让我们太相信历史而依赖这种方法以至并不怀疑它。前面说过历史是不可以特别相信的,特别是作为过去的历史,科学不发达,可载录下来的极其有限,我们认知它的时候靠考古、虚拟、假设、推断,借助的只是历史上极为有限的真实来作的假定性研究。你得来的历史便是一种猜想一种假设,是设计了的历史。

历史主义的方法论,用一套模式推衍、考证那是简化了的历史理解,也许正是它掩盖了历史的真相。

历史主义准则是离不开人类历史的特定环境、性质,特别是从重大事件和人物的精神烙印里去读解历史问题,以点击的方法找到人物的关键要害,他认为以此能找到人与世界的最高境界。他采用的是个体化的抽象方法代入整体的历史语境中,把错综复杂的历史通则化,于是历史主义便有了一个理论取向,历史是可以整体化研究的,因为决定论认为,历史的推动方式有一个动力系统,决定的是本质,是主要矛盾,核心事件,而次要矛盾和边缘事件是派生的,历史有动力有规律是发展的,因而历史是前瞻性的,可以逻辑地预测。历史主义相信历史发展是影响一切的,它决定了全社会走向,影响一切人和事,经济文化包括生活方式,所谓一切命运逃脱不了历史的制裁。把这套方法用于思想、文学、经济、战争的研究已成为中国的传统。

历史主义从历史中求真,企图解开历史疑团,探索历史发展的成因从而还历史本来面目(历史已经消失任何一种还原都是猜想)。历史学中最有效的是考古学、版本学、原始资料分析的方法,还有语言学的分析方法,这是一个恢复历史的方法而不是历史,历史永远也不能恢复。因此这种历史方法是值得质疑的,因为历史的形成发展是具体可感的事物与人的活动,它并不按一个后设的方法而存在演进,这只是今天人们对它反思时才产生的一种阐释方法,即便这样我们对历史重新编码不都是一种方法的结果,而是多样化的方法综合,也就是说它是一种远远大于历史的方法,例如有政治经济,文化心理的方法,也有现代技术手段和现代思维的观念。这些方法都是为一次具体的文化物质的再实践服务,可以叫它为新历史主义的方法论。

文学中的历史方法是把文学家和文本一同纳入历史过程按当时的语境分析,对一个作家做历时性追踪,包括家族、出生、个人生平、交游以及社会政治活动,这是从社会事件与人物交往中做历史动因的考查,从而分析出一个作家的社会成因,他的行为方式多大程度上是社会现象历史事实的反映。把文本也置于特定的历史语境,确定它在多大程度上与社会政治,经济军事发生联系,使文本成为历史的手稿。这样,作家与文本是一个历史社会的反映,它被锁定为一个等式,相信作家与文本与社会历史同构并相互反映,于是文学与历史便对等为一种镜式关系。

文学自身是虚构的，文学中的历史也是虚拟，是想象化了的历史，具体的文学书写要求有更多具体可感的人与事，即不是史学中抽象的方法。文学更多地保留文化史的痕迹，我们在研究中找到的是不同文化文本中的异同，找到文化文本的互文性是最重要的，因此文人所处的时代真实生活仅有作家传记意义。在文学中寻求历史的法则，一方面是在历史的求真中牺牲文学本身的特征，文学是虚构幻象的，它又如何求真？不可以在文本与历史中找到推论关系，使其二者合乎一个更高的真理意志。另一方面用历史方法要求文学，那么每个文本都是一个判断句，即文本是什么。例如《红楼梦》是封建社会百科全书，杜甫是现实主义高峰，李白是浪漫主义，源头却在屈原那儿。一系列文本判断实质上都歪曲了历史面目，历史在历史演进中不是判断，而我们现在是按意图和观念命名的，历史本身怎么样，我们今天不可以用方法去回答它。文学呢，有没有真相可寻。

新历史主义的基本前提承认文学是在历史中凸现出来的，无疑是历史的产物，在我们见到文学文本时，它是个完成式是一个历史性文本。有了这个假设，我们思想一下：它不是找到一种与历史相联系的方法而是找到一个观察的视角，作家与文本在历史中一个独特的视角，这个视角与阐释者相关与主观意图相关，谁阐释历史文本？用什么样的哲学态度阐释？那么这个历史文本推衍出来的意义便会大相径庭，每个接受者那儿又有一个自己心目中的历史文本，所以历史不是你告诉别人的那个样子（历史是每一个阐释者的结果）。另外，你不能相信历史对你的承诺（实际没有这种承诺），不会有一个什么历史真相等着你和一个亘古不变的真理，不仅历史无法回答你，今天，现实也无法具有一个你所找的真相。再者文学文本不能只作为一个历时性过程，不是一个线型发展，它是有几种，甚至是相互作用的合力冲突的产品，主要的是颠覆和遏制的矛盾冲突，即文本、话语、权力和主观构成的关系，文本在意识形态宗教上含有颠覆能力的方式。文本和当时历史形成结构系统，你寻找的只是文本间各种可能性。作家与文本是共同影响下一个合力的结果，文本是一个共时的，特别的艺术结构。既然是话语留下来的历史，你就不能把历史和话语结构成一个等式，构成反映关系，因为话语是一种组织化，是编撰的结果。那是一个叙述的圈套，它制造了历史。

历史与文学从发生学上说它们是不可分的，因为一切文艺形式都从历史出发，可历史求其真，用的是考据推理的方法；文学求其美，用的是想象虚构的感性方法。历史是空间，一个结构中装载许多如政治文化经济的东西，是结构性的相互关联的。历史已经发生，文学也在其内发生为历史。它们是那么紧密地纠缠在一起,但又是不可通约的,在物质活动中它们可以视为一体的实践,在思维构成中又是泾渭分明。理论上怎么规约不重要,你面对它们时必须认识到一切历史都是当代史,在你的生命活动那些感性的体验与幻想中并没有真正的历史,最多只是你在阐释它时发现历史是多种可能性的联系。文学是你对遥远未来的一次想象,是你梦境中一次跋涉,一个不经意的手势,一次失意一次疼痛。个人命运发生变化可能和环境发生联系,但你精神意念转变时却是超越环境而内化于心智。文学产生于灵魂,产生于生命激情,产生于一次往与返的途中。

在历史主义中一直存在一个假设,那便是历史有一种动力,决定着历史有规律地朝着某一方向,持续不断地前进,无论遇到什么挫折或激变历史运行不会改变其固定不变的方向,人类是向着某种目标由低级向高级发展的,这种人类目标是决定历史动力的,因而人类是有希望达到一个理想构设的美好社会的。历史是按规律有逻辑地向目的(人类自由构想的乌托邦)发展的。那个社会一定是富裕的,是真善美的理想社会。

人类必须相信,因为历史的部分发展已证明了这一点。追求完美的社会一直是人类由来已久的幻觉。于是这个大写的历史是让人确信无疑的,这叫宏大叙事,大历史的陈述。西方的知识系统也是按原则构设的,与历史保持同步有规律的有基本动力的一个宏大的系统、知识、历史、客观与世界与社会保持严格的同一,人类在这个过程创造并取得了辉煌的成果,假如历史不是这样发展的,例如希特勒想扭转历史,我们就得按历史自身的意图恢复并推动它向前发展。

后现代主义对这种历史观表示强烈的质疑(包括阿尔都塞批判本原历史主义和目的论历史主义,尼采式的反历史主义,存在历史主义都对历史表明了自己的态度)。他们把历史视为极为多样性的,且具有持续变动性,非确定的可能性的开放事物。历史化的连续体能被消解,历史客体只存于表述模式中,除此之外没有什么历史客体,历史只来自对文本的阅读与阐释,是过去历史的一种幻觉,历史在现实的经验之中它是一个永恒在场的组群,历史在我们今天的书写中,而这种书写是对任何共时模式的可能性条件进行叙事重构。历史是一个被重新建构了的猜想与假说。

后现代历史观遭到伊格尔顿激烈的批评。他批评的方法是后现代历史观所批判的历史主义前提已经不存在,或者马克思主义社会主义者本来也不是这样的历史观。另外选出一些历史事实经验,证明后现代历史观理论上的不成立,例如后现代认为历史是不连续的是完全随机性的,伊格尔顿指出人民大多数受苦和被剥削的顽固持续的现实,无疑作为社会历史连续统一的铁证。后现代认为历史是偶然的,他便说人都存在一点点好和坏,按平均规律,历史应该时不时地产生些道德上具有示范性值得赞扬的政权,显然这种情况没有发生过。伊格尔顿的批评一部分是正确的,大部分则是意气化的和错误的。

我们很明白,任何历史都已经过去了,是一个不存的在场,无论由哪些人来讲述历史都是其自身观念的重构,所谓纯客观是一个靠不住的东西,我们书写我们想象的历史,故而历史是一种幻象,而且也只能是一种幻象。

知识分子田野

知识分子素来关心知识一词,世纪末的几年里,中国突然关心知识分子一词,这恐怕是中国知识分子对自身境遇反思的结果。说到知识分子,我认为还是从知识一词说起,使讨论有一个逻辑起点。

知识(Knowledge),一提到它我们便想到最有名的格言:Knowledge is power 知识就是权力。培根的这句话是一个叙述起点,也恐怕是西方知识社会学的直接源头。西方知识包括两大系统:一是科学技术知识,以牛顿、爱因斯坦为线索;一是人文科学的知识,以亚里士多德、柏拉图、笛卡尔、康德、黑格尔为线索。在西方知识一词的概念很明确,特征与内涵及其宗旨为每个知识人所掌握,特别是到 19 世纪知识被学科化与专业化,分类使知识更加系统更加专业,有了产生和培养新知识的社会体制,知识也就纳入一个永久性的制度结构之内。从知识学来说,西方知识是客观的具体的,而且逐渐被科学化系统化,于是西方知识有了精确的可供分析的特点,因而西方知识具有强烈的理性精神。知识社会学的祖师是孔德,随后有了以卡尔·曼海姆的德国传统和以杜尔凯姆的法国传统,他们探索的是社会与形成知识之间的关系,提供一套分析方法。杜尔凯姆认为社会自身有其客观性、集体性、强制性的基本性质、道德和价值,宗教不是个人沉思的产物。简单说思想知识是社会环境创造的产物。是社会组织产生思想。曼海姆以为知识社会学是一个中性的分析工具,知识产生于一个群体的集体的历史经验,思想产生于社会过程之中。于是曼海姆写作了《知识社会学》,杜尔凯姆写作了《社会学研究方法论》。

知识一词在 20 世纪前半个世纪以前也许都是统一而确切的,近半个世纪以来却发生危机,传统的知识受到了巨大的挑战,1960 年代利奥塔应魁北克省大学委员会之约提供最发达社会的知识报告,该报告在 1976 年在威斯康辛大学讲演时取得了巨大反响。他对知识进行了精辟透彻的分析,肯定知识作为首要的生产力。知识具有对生产能力而言必不可少的信息商品形式(知识是商品)。它是用于支付的知识和用于投资的知识,即一方面为维持日常生活而用于交换的知识,另一方面是为了优化程序性能用于信贷的知识。利奥塔是立于后资本主义(曼德尔)时期重新估评知识,阐明后现代语境中知识发生的变化而提出新的要求。

按西方知识一词的含义,中国并没有一个对应的译词,中国旧时知识一词是动词,所谓知书识礼的含义。又如,亲见知识,有个人处,也是动词,当做见识讲。传统的知识系统在中国恐怕叫学问。只有到了当代知识一词才与西方通用。中国知识系统是纯人文科学的,五经四书和十三经是它的源头。中国旧时代的儒生做学问就是这些,这也是传统知识分子的正宗。汉代以前中国知识分子保留了自身行为的自由而品尝了社会生活的压力。唐以后科举取仕,知识分子有了新的名称,曰士、寒士、穷知识分子,不过知识分子性质是与官结合在一起,而且是制度化的,这倒应了西方知识与权力的结盟的说法:据说法语中权力与知识同一词根,有看的意思,福柯的 pouvoir—savoir 结构,倒是还原了东西方知识含义的本性。知识与权力结盟,于是知识分子的独立人格因此失去,这使得知识分子拥有许多优厚的条件而参加社会活动,真正体现了学而优则仕。1905 年科举废除了,知识分子首次放开,有了现代知识分子的概念,然而 1980 年代以前的 40 年中国知识分子又被体制化,虽然受过一些政治磨难但体制结构和权力护佑产生了一种超稳定结构的心理。本世纪末中国知识分子有半数在体制之内,半数则在体制之外,摆脱体制外衣的知识分子的身份却日渐暧昧起来。这种分分合合的关系造就了中国知识分子的一些基本特点:首先是学而优则仕,使知识分子产生优越心理,这种等级制度在一定程度上也是知识带来的,知识的有用性在于服务于社会政治、权力、体制,使知识分子总产生代言人的感觉,肩负的是国家社会重任,改变时代历史命运,即旧时所谓的穷则独善其身,达则兼济天下。这种优于他者的自尊与傲慢,正合乎等级制的本性。

其次,是个人对知识与权力的依附关系,知识对他是实用的,目的的而功利,趋炎附势的知识分子的人格是应对权力崇拜的,这种奴隶性决定了他的独立性差,所以很难形成社会的集团力量,也很难说形成一个知识分子阶层。

第三,在知识权力结构的后面,知识作为敲门砖后奋斗的是非知识因素,知识作为工具,作为交流手段,影响了知识分子对知识纯正的追求,影响知识的系统化,专业化,甚至难以产生大学问家,知识分子也可能是极少主义者,精英分子,可在社会价值取向中,他可能含有反讽意味。

第四,知识分子由于热衷于对功利与权力的追逐,反而又削弱了知识的力量，因为没有创造性的知识，缺少体大精深的知识体系，知识也就失去转化成果的能力，知识不能作为主要生产力，这样无论是精神财富和物质财富上知识就失去优势，也就谈不上对人类的贡献。

还是回到对知识一词的探究上，知识何以产生？它的根基是什么？有何存在的理由？最早知识一定是口授传承的，只有到语言文字的产生它才固定，才模式化。东西方略为不同的是西方以语音形式流传，中国以象形形式流传。知识是现实的客观的具体的事物作为反射对应关系，基础是客观世界。知识是一个镜像，一个摹仿，一个现实的方法论。很明显中国知识从语言文字上便以客观现实为基础，以摹拟的方式产生象形、指事的特征。知识与社会的关系上也是这种对应。所以中国知识最高标准文以载道。在西方西塞罗说，词语是事物的符号。赫尔德也反对语言神授的观点，以羊的发现为例分析语言产生于客观事物，为语言制定了四条自然规律。人是有理性的动物，在许多语言里词和理性是用同一名称表示的，这表明语言发生学根源有其外在客观依据，也有人的理性依据，知识产生于客观事物也产生人的理性。科塞把知识分子称之为理念人，真是绝妙。笛卡尔有个假说，自然与人类，物质与精神，物质世界与精神世界之间存在着根本的差异，他在《第一沉思录》中说，物体和精神在性质上不仅不同，甚至某种情况下相反。他指出人的灵魂实在有别于肉体，然后又结合得像一个东西。笛卡尔的二元论成为西方知识体系中划时代的经典，具有神圣的地位和革命性的影响。在这个源头下产生了许许多多新概念：主体与客体，一性与二性，现象与本质，中心与边缘，对立与统一，内与外，矛与盾，有了决定论，反映论，更重要的是二元思维方式。东西方知识里客观世界与知识形成一种源与流，反映与被反映的关系，知识是针对世界自身而建构的体系，前者决定后者，后者与前者保持质属性上的同一，让人相信知识等效于世界自身，是真理是信仰是象征，世界与知识由同一性作为平衡木，世界自身也有内部外部，本质与现象，它是一个共通的结构体系表明世界具有结构，有自身的同一性，知识是对应性产生，知识也具有这种同一性。既然客观世界不可怀疑，知识世界也是不可怀疑的，知识还和人的个体保持同一，知识由人创造，是人的理性的抽象，人的理性主宰了知识，于是理性的逻各斯中心产生。简单说，知识体系是客观世界和人的一个拟仿。客观世界是第一性的，个人居于中心位置主体和中心至关重要，只要把握了这个核心，其他一切都是派生的，可认识的，这就是二元性的认知路线。

对这个现代知识体系进行大胆的怀疑是近半个世纪以来的事，他们是利奥塔重新提出关于知识的报告,另一个是华勒斯坦接受古本根基金委员会约请,重建社会科学的任务。对传统知识的怀疑和清理以福柯、德里达、拉康、巴特尔等人用力最深,对当代后资本主义时代知识的认识分析是德勒兹、博德里亚尔、墨菲、杰姆逊等人更为精到。对于资讯时代知识的理解分析又数麦克卢汉、波斯特、霍尔等人。

知识是启蒙开智的,可是它却成了人的误区和牢笼。我以为这是一种知识的异化。这个异化又何以成功呢?一门知识创造性地兴起,人们相信他是世界的反映,具有真理性,有实用的合目的性,于是把这门知识条理化系统化,最终体制化。知识如何体制化呢,这门知识经过交流和许多人传承,经过审查,由专家学者门类化,于是该知识便进入学校教育体制,成为经典、成为每个公民必读之物,在传统的教育中该知识是长久流传的,如中国孔孟学说传承几千年,直到毛泽东把它打倒。这种体制化经过长时间转换,首先让人们相信它是真理,从而取得经典地位,在推行知识的过程又具有实用性有效性,人们是自觉地相信和接受该知识的,所以知识也具有审美的属性,知识构成一种巨大的诱惑。于是这门知识在人们头脑里就是天经地义的。因此知识的制度化完成,人也因此成为知识的奴隶。例如在传统文化中孔子便成了圣人,每个儒生都得顶礼膜拜。于是知识的合法化也就这样悄悄完成了。要注意的知识的体制化合法化是人们内心需求和生活需要完成的,更重要的知识是通过国家教育机关,特别是大学教育,和政府的专门知识的研究机构达到体制化和合法化的。谬种流传实际也始于此。

知识分子具有这样一种性质,他产生于知识之中而又创造新的知识,每个国家,每个时代都有自己的知识分子群体,他们在社会中扮演各种各样的角色,散布各种知识他们是特殊的个体。李普塞特在《政治人》中是这样定义知识分子的:所有创造、传播、应用文化的人是知识分子,而文化是人的符号世界,包括艺术、科学和宗教。这里强调创造者和传播者都是知识分子。科塞的定义简洁,称知识分子为理念人,受韦伯的启发,为政治而生的人是政治人。为理念而生的人,不是靠理念吃饭的人。科塞这里所说的不是指向具体的知识分子工作,而是强调一种具有知识分子精神的人。即如希尔斯说,他们对神圣事物非常敏感,他们对宇宙的本质和控制,他们对社会的法则进行不同常人的深思。对知识分子专门研究的书在欧美也许不算少,科塞的《理念人》与兹纳涅茨基的《知识人的社会角色》恐怕得认真读读。《理念人》尤为重要,它考察了欧美知识分子产生及其历史,分析了知识分子在社会结构中的位置,特别是与权力的关系,另外他从大量的材料中分析了美国知识分子的现状。《知识人的社会角色》一书详实地剖析知识分子的社会分类,试图找到思想与社会之间的联结关系。这两本书可称之为知识分子社会学。从他们的研究思路出发,中国也完全可有自己的《知识分子社会学》专著,也并不难做而且会相当有特色。其原因是中国知识分子从孔夫子开始便走了一条特殊的路,而且几千年知识分子与体制和权力的关系分分合合而错综复杂。其社会思想基本上以知识分子思想为基础,因而儒家路线成为准宗教,至于近代西方思想影响中国,左翼和右翼的思想也都分头通过中国知识分子确定而成为社会正宗。或称为一国两制。20世纪结束,中国知识分子面临一次巨大变革,许多知识分子逃逸于体制之外。中国知识分子很长时间里都在体制之内,知识分子职业化,知识分子成了政府的食客门人,实际绝大多数已经非知识化了,最多只能说有些知识传播功能,在一定意义上说他们和公务员、工人、商人、农民没有什么差异,他们拥有的是死知识,仅作为工具和谋生的手段,知识也成为日常处理事务的形式。知识丧失活力,于是出现了大批由学校分配的教授、研究员,分配的作家与诗人。所有知识分子是分配制,他们不具有人类真正的知识世界与知识价值体系,没有特别的分类知识和独立价值,甚至连研究的知识课题也是分配的。他们没有属于自己的独创知识,所以体制内的知识分子只能是伪知识分子,或一个知识工具。知识分子的危机是由于他们没有知识,没有独创与贡献,没有专业精神,他们是伸手拿来派,把国外的中国的古典拿来转抄、挪用,在人类知识总和里做资料工作,他们因偷窃知识而使自己器具化。况且他们所做的知识职业化,就知识而言是非增值的、僵化和死亡的知识,可见中国知识分子走的是一条职业化道路而非个人智慧兴趣的道路,他们不为理念而奋斗。体制管理知识分子形成的是位置产生人才,是分配的知识,这分配决定了范围。主题、方法和知识的专业方向,它的后果是扼杀了创造性知识,另外也堵塞真正的知识分子人才。

欧美知识分子走的是平民化道路,每个人享受自由民主。针对知识也如此,所有人都可以接受知识教育,以自己的才华和智慧奋斗,包括高级专科知识你都有获得它的自由与权力,个人命运不为情势所挟,知识也不为个人所独断,制度也不能限制其发展,因此知识成为人类共有的财富,为所有的平民和文化人共赏,国家体制或知识市场挑选的是你创造的知识,有创造的知识才能是人才,你的知识只有进入市场循环,你的知识要提供创造性成果,你才能被选拔,不是由人选知识,而是由知识选人才,这样知识才可以进入体制,才可以与权力、政治、经济结盟,知识这时才会受到规则和方法的制约而又保持独立自由状态。其间个人与知识形成交流关系,是一定独创性知识的回应。知识分子凭着个人的兴趣才华,最大程度地发挥天才能力,自由选择了知识的发展,这样的知识分子个体就会有更伟大的创造与发现,因其个人选择知识领域里某种既是独特的又是合乎个人兴趣的方面,这样知识才能作为个人终身信仰的归宿。正是因为这种机制西方科学知识取得了巨大的发展,使他们的知识具有科学化、系统性、准确化、分析性的特征,而且是各学科属类都能平均发展,取得巨大成就。

对于客观世界认识是无限的,因而知识也是无限的,然而人受生命的影响,认识又是有限的,所以人对于知识世界的追求是永无止境的。除了认识到发现新的知识系统任务巨大,还要认识到过去知识的总和由于人类认识的误区,那些旧知识有许多是错误的,这包括我们曾认定为真理的知识也同样如此,这就需要我们证明其伪,重新认识与发现。这也是人类知识探求中的一个艰巨的任务。所以知识分子有许多工作要做,知识分子用人制度,便是一个重要关键。知识的概念和内容在时代变化中有了新的特质,所以知识分子用人制度与国家民族的知识系统是紧密相关的,古典社会是一个产生、创造知识的时代,也是个命名时代。人类出于对知识的推崇,把它上升为一种信仰,一种奋斗的精神层面的目标。古典时代充满了知识创造的快乐,而今天的知识时代更多的是鉴别、总结,使巨大的知识变成财富,因而知识也趋于实用,具有工具性质,为一定目的服务,知识也就变成了一种生产力,具有再生能力,因此新产生了知识经济的概念。知识进入市场有了交流循环的作用,知识也就可以商品化。因而知识也有一个自身的转化过程,即把原来知识中纯精神性的东西除幻使知识成为一种物质创造的使者,知识成为生产力,它的再生产自然是物质财富,这多少也转变了一些传统知识分子观念。这是中西方知识分子共同面对的历时性矛盾。虽是同一个问题可处境和效果并不一样。西方资产阶级由于一直重视知识的科学性,他们的社会传统是重视技术知识,强调可视可分析的实证,知识的转化是为改造物质世界的手段所用。知识再生时是要增值的。即使西方的知识分子坐在书斋里他们的使命也是明确的,他们是为解决问题而来是为修正观念而生。中国的知识分子一直偏重在社会理性,特别是针对自然知识贡献甚微,历代以来知识产品不少,而科学化、系统化不够,中国知识分子讲的是经国济世之用的大道理,知识用于社会理性管理和过去典章文献的研究,中国知识分子具有形而上的特点,又不完全是那种思辨性的,或者说他更多的是具有一种文化知识。中国知识分子有一条文以载道的传统,至今仍忘不了对政治对社会的参与意识,所以每在社会重大变革阶段总有许多知识分子站出来出谋划策,宣传自己的主张。比较而言中国有一批旧时的学者,倒像真正的知识分子,他们独自操守做自己的专业学问,也很有自己的精神追求,在知识领域里的贡献也很有特点。

从这里我们似乎可以看到一个重要论点,不同的知识体系对社会性质具有决定性的影响,不同的社会性质又造就各自不同的知识分子。看来在中国目前当务之急是要创新知识,振兴知识,尽量使知识分子脱离体制化,发挥他们的创造精神和聪明才智,如若说强国不如说强知识,提倡高科技园区便是一个知识兴盛的措施。

自然,一个知识强国,知识分子的培养是首要的,但我以为真正的知识分子要强化他的几个特征。

首先,知识分子是独立人,具有独立品格,才会具有独立精神。这可能要把知识分子先从体制的依附中挖出来,破坏他们那种超稳定结构的心态,使之具有某种紧迫感,弘扬一些传统知识分子的人格精神,如正义、自由、信仰、真理的观念应成为知识分子活着的理由,知识分子应该是真正的理念人,于是他才具有独立的人格精神,具有独立的观念与知识系统。

其二,作为现代知识分子重要的是具有怀疑和批判精神,这样才能真正面对传统。才能敢于否定僵死的知识系统。当然这不能理解为对某一知识范畴的批评,而是对整个理性时代的怀疑,对社会历史的批判,重新鉴定知识,反思原有的知识建立,即便是经典也要重新认识。或许可以有一个标准,如不能进入媒介的知识便是僵死的知识。这种清理也许是相当无情的,那么我们可以让大众传媒来自然汰选,知识快餐和知识垃圾自然会在时间里自动流逝。但我所言的大众,应该是国家整体水平是一个知识强国的子民,他具有高度的鉴赏水平,在这一点上后现代时期的西方知识分子基本都是怀疑批判的,说得更明白点批判理论已成为二战以后西方知识分子的传统。

其三,也许是知识分子最重要的本质,他必须是一个创造者同时也是个传播者。历史上伟大杰出的知识分子都是一个博大精深的知识系统的创造者,而今天的创造更严酷艰巨。知识分子要创造新知识,知识要增值,新的知识要为解决问题而生。即不仅解决门类问题而且是解决更综合的整体问题,这样才能抽象为一种理论。这与传统知识不一样。技术性知识的创造要能成为一种生产力,成为解决社会生产中一个全新的方法,它启发甚至是提出一种新的认知方法。

走路的思想

走路的思想。这个想法一冒出来,我自己先吓了一跳,思想永远在路上么,那么思想也是一个永恒的漂泊者。哪儿是思想的归宿?路。不对,思想不以路为归宿,思想在思想的怀抱里,哪里是思想的出发点?也是思想的归宿。如此说来思想真是在循环地走完一个怪圈,回到自己的起点上。因为思想者要修正他的思想,思想再一次出发。思想归宿到底在哪儿?不在路上,不在思想者,而归于思想的海洋,思想如何抵达它的居所?走路,不对,思想永远没有路,思想不能沿着一条路行走,那样结果是死亡,思想为开路的先驱,它走过以后才有路。

我写思想,是作为一个行走的姿态,动词,它是使者,它是运动。其次再把它作为思想的思想,作为行走之后的结果,作为一种名称,一种凝固实体,指向精神意志的结构,名词。绘命名探索总图。这时候的思想已经物化。

走路的思想,不是观念,不是真、自由、意识、历史性、权力、乌托邦等概念标志。思想是关于真、自由、意识,乌托邦名称的运动。所以思想永远是一个行走者。

运动是思想的本质。真正的思想运动(不包括观念革命的社会行为)。不是从一个点到一个点,一个平面到另一平面的距离,这种运动是物理的平面,有起点,给出一个支架,产生力,趋向一段空间,然后抵达终点,运动始成,力量始成,它们之间结构成许多东西。思想运动没那么简单,它不是一个平面行为,而是一个复杂空间的多维运动。以浪花为例,浪的前趋体现了运动力的作用。但是浪花有高度,它在一定的高度粉碎,水点四散而进入空间的一切位置,浪花是弥漫性地散入空间,思想运动在空间也是弥漫性地侵略。更重要的是你始终纳入思想的轨道之中,思想,是在其中的运动。也就是说人在浪中融为一体,才能获得真正的思想。

思想出发了,思想永远是动词,是及物的。

我不知道思想形象是什么意思。思想在运动里要伴随形象,还是说思想以形象的方式运动？那么应该为形象命名，它是一个概念，概念是抽象的，于是思想成了抽象形象，它是符号化的、概念的，是非稳定的，它无法使称谓与形象所指保持高度准确的同一性，于是思想形象是艺术的而非科学的，思想便无法保证在科学论辩中的力量，无法作为类型的代表而构筑总体，这样思想形象受到质疑。

假定思想形象中指形象携带的思想，这是一个语言修辞术，这指象征、隐喻、夸张为标志的艺术手段，这里假借形象的手告诉我们思想什么，思想所指靠它事物旁证而确立，思想是什么？它的所指无以定位。

如果我们接受思想是运动。在我们视知觉中只要思想刚一胎动，接下来二三四的思想信号接踵而来，最后凝于概念。以真为例，第一触觉它是一个实体概念，它不是思想，只是寻求一个判断，马上第二个分析跟上来，而且有典律作为判断标志，接下来才有关于真的比较、鉴别、选择，真始而得以确定，什么是真？客观的真，还是想象的真，或者仅是与假的关系。假是一个设计的东西，因为有人的介入才有假的产生。真于是和假在一系列冲突中存在，可见真是一个制造出来又被操作的运动，只有无穷无尽的真的东西集合，才有关于真的思想。

所谓形象含有思想，只是一种表达手段，实质上它与思想一词没有关系。因此我们必须树立思想与形象无关的观念。再来重新认识思想形象时，才可能接近它的边缘，进入对它实质性的理解。

说思想是一种运动，即所谓运动必是有方向与维度，思想居于一个空间它的运动便有趋向性，遵循一定的思想轨迹，更重要的它是一种扩展性的联系运动，是共时性的，显示为思想运动的时空线路，或曰走向。思想形象是在思想运动时应运而生的。思想形象附着概念，它的运行有一套自己的逻辑运动，在思想形象的比较、选择、推理中最后凝固为一个思想结论。这个结论是一个概念，一个判断句，一个表述思路，思想便一路生产思想的果子。

哲学的全部意图就在于创造概念。在不停的思想运行中催促新的思想形象，创造了新的概念，新哲学也就产生了。新思想一成为果实，便要播种，它重新上路，它走过去便有路的痕迹，不过，思想还是在行走。

思想告别了20世纪，便告别了知识的真理性。这是一个判断，也是一种思想。思想跋涉得太久，一路上它凝固为无数的思想真理，书写成文字，固执在文化物质上，它是一条知识的长河，传统让我们相信，知识等效于客观世界，知识便有不可动摇的真理性。

思想依然在行走,在更为漫长的路上,永远没有止境。即便是走路的思想,它也危机重重,不断告别自己旧的身影。思想只要不停地行走,它就脱胎变质为新的思想,结成新的知识。创新也是一种怪物,一条发疯的狗追着人类不停地向前跑。也许有一天思想也会变成人类精神一种厌倦的想象物而枯萎。

走路的思想不仅毁掉了自己往日丰采,它还极大地打击了科学知识。以物理学为例,人类迄今为止是经典物理学与新物理学打开了这个世界的物质大门。从宏观和微观两个向度为我们敞开了物质世界的奥秘。物理世界带来了人类世界有史以来最伟大辉煌的成果,抵达一切高精科技领域,同时也发出了人类彻底灭亡的预言。如何说明物理世界知识的真理性,让我们来清理这一条思想之路。

物理科学是试验性科学,它以铁证如山的事实证明宇宙物质的科学存在。实验证明了言说它的科学性与真理性。物理科学就是谈论世界自身,它具有客观的真理性。

实际上物理学知识也是一种思想的物化。

我们知道一切科学都来源于一种假说,即先虚拟一个可能存在的模式(思想的结果),然后以各种实验的手段去求证验明。带来的后果是一部分科学给予证实了,一部分没能给予证实。没能检验的是理论上可以成立,而实际找不到。例如有一种夸克在实验中怎么也找不到,但它一定在。

宇宙大爆炸现在成了一个不被人怀疑的事实,它有两点铁证:

第一,我们无论进行怎样程度的真空处理,在最纯净的物理空间里依然存在了K宇宙微波背景辐射,它无处不在而且是宇宙大爆炸那一刻残留下来的。

第二,我们认识微观世界的基本粒子结构是按序列推进的,我们通过了分析粒子形成可以反演宇宙的起源。这种反演很有力量。粒子的分裂,我们观察到的事实它必须在强力高温下才能获得,这种高温高压无可形容,最最高温下的粒子我们现在无法知道,因为我们无法模拟一下1000亿度那么高的温度,但在一定范围内的高温下对撞机所给定的强力使它产生了夸克,轻子,极高温下的等离子体之后,温度再降低,形成夸克与反夸克的结合成介子、重子,始成强子。这个复杂过程是宇宙大爆炸的一秒钟内完成的,然后在180秒开始质子与中子结合形成原子核。到了38万年而成各种分子、原子,宇宙在时间中完成这一粒子演变过程。

这个反演也是一个由变温到恒温的过程。

这是许多假说中的一个,具有真理性并在科学实验中得到证实。如果我们确信无疑。就必定存在另一种学说,从这一知识系统中找出它自身的矛盾性击破宇宙大爆炸说也是肯定的,许多学说之间互相都可找到对立的矛盾。

宇宙大爆炸也有它自身的矛盾。宇宙大爆炸后的结果是宇宙不断地膨胀。它在什么地方膨胀?肯定是在空间范围内。于是我又可以说,宇宙是在宇宙之内大爆炸,因为它的膨胀是不断向外扩展而抵达另一边缘,于是便有了宇宙膨胀边缘之外还有宇宙,不然它如何向外推展呢?

现在的光谱观察表明:星云系统的光是向我们撤退的,故可推断各星系也在向另一边缘退却。要知道宇宙膨胀的速度是以光年计算的,那么大爆炸以后宇宙的历史大约为200亿年,而且是永无停止地向边缘外扩展。宇宙多大似乎是一个不可提的问题,但我们可以肯定说它不是终极的宇宙大爆炸,它仍在宇宙之内爆炸而在宇宙之外扩展。

这说明,即便物理科学的知识也不具有最后真理性。

守恒定律,对于人类是一个非常可怕的定律。

物质不灭,万变不离其宗。世界永恒即不增加什么,也不减少什么。物理学铁的戒尺表明能量守恒来自时间,动量守恒来自空间,角动量守恒来自方向。这些变化在量上是保永恒的,说明不在彼即在此,表明存在的永恒真理性。只要是存在,它一定在,而且永恒。

人也不可例外地遵守这种守恒法则。世界守恒源自何处?物质内部的结构也许是一种启发:物质由分子原子组成,原子以下又是复杂的微观世界。今天我们发现的基本粒子有452种,分三类:玻色子、费米子、希格斯(Higgs),这么多粒子只有光子、电子、质子、中微子共11种是稳定的,其余都是不稳定的,它们都会自动衰变,变成其他的粒子而且相互湮没。原子核是物质的结构轴心,物质能量、属类、性质是由质子数目决定,中子没有性质意义,但它和质子共同构成原子构造的平衡,这是质子与中子的强作用,这种高能比电磁相互作用高出100倍,故而物质世界的平衡由中子决定。也就是说物质无论怎么变,新的结合中中子使你保持另一种平衡。粒子是不稳定的漂移,稳定是暂时的,世界便是在这种不断分裂的新组合中但能量又是守恒不变的。

人呢?人来到这个世界便是一种新物质,他自身产生能量,常理推论人使世界增加物质能量,他会破坏这个世界的守恒,人破坏之后他又灭亡了。

于是人会觉得他对这个世界有所为,人破坏了平衡法则增加了什么,例如各种思想。

世界是先你而恒定,你的来和去都不改变世界的性质(能量结构),也就是说人生不带来死不带去,全部留在物质世界,民间俗话真是具有科学上的真理性。

我是想,这行走的思想如果合乎于世界能量守恒规律那又将如何办,思想还是只能继续行走。虽然,从能量守恒而言,思想也处于自身的十字架,唯有行走才是它可能的出路。

这样才能叫走路的思想,也许能逃出能量守恒,也许。

文 化 物 语

传说底比斯王国拉伊俄斯王和伊俄卡斯达皇后久无皇子向神庙求子,阿波罗神谕说,今后有子,但会杀父娶母。后来皇后生下一子金光灿烂,俊美漂亮。国王以为不祥之物派人抛入荒野,而送婴儿的人觉得孩子可爱便送到邻国的土地上,正好波吕玻斯王和墨洛珀皇后没有孩子,收养了他,取名为俄狄浦斯(oidipous)。底比斯王国出现瘟疫死人无数,拉伊俄斯王也死了,新任国王是伊俄卡斯达皇后的弟弟克瑞翁,许多年后在神庙附近一座山上有一个怪兽,美女脸,狮子身。缪斯密授他一个谜语,怪兽便讲给过往的行人听,回答者生,答不出来便被吃掉,他说这个东西早晨四只脚,中午两只脚,晚上三只脚,他是谁。新国王的皇子也被吃掉了,于是国王颁令,有能猜出此谜者,赐给他皇位,并把姐姐伊俄卡斯达嫁给他。俄狄浦斯在科林斯王国长大了,在生日那天群臣祝贺,有人泄露说他不是国王皇后的亲儿子,酒宴之后俄狄浦斯问父亲母后,我是谁的儿子?皇后安慰他,别听信谣言,你是真正的皇子。但俄狄浦斯到底心存怀疑,郁郁不乐地出了城,走到了底比斯王国,遇上了司芬克斯的谜语,他随口答出,这是人。于是人面狮身的怪物滚下山去粉身碎骨,俄狄浦斯被拥进皇宫,做了新国王并娶了克瑞翁的姐姐伊俄卡斯达。

这是古希腊关于人的起源的神话,流传无数个世纪之后才被弗洛伊德发现人的奥秘不在那个谜语,而在俄狄浦斯情结,昭示的是人的性欲本能。这是一次深刻的读解阐释,古往今来多少人注意点都在谜上。实际要注意整个神话故事,谜只是这个故事的眼睛,告诉你的是从那儿发现人的秘密。我的解读有如下几点:

一、人是什么?人只是一个谜,而且是不可译解的,译解的结果是死亡与灾难。故事在译解人,但客观告诉你,人是无解的,特别是不能做一种解释,这个故事的启发真是绝妙的,古往今来对人的解释千百种,科学的说法并形成学问体系的也有数十种:人是猴子变的(达尔文);人是符号的动物(卡西尔);人是理性的动物(洛克);人是一切社会关系的总和(马克思);人是身心二元对立的(萨特);人是说话的动物(海德格尔);人是需求的动物(马斯洛);人是环境的产物具有行为能力的动物(斯金纳);人是一种自我具有绝对精神(胡塞尔);人具有先天性内在侵犯行为(洛伦茨);人是无意识动物(弗洛伊德)。可这么多人的定义并不能破解人的奥秘,因为还会有新的人的定义出现。

二、人与时空的关系。在空间里他是角动的,用不同的脚行走,只要行走便寻找方向,那就有了人生。而且人的一生只有一个敌人,那就是时间。这多少对人也是一个讽刺,人在童年四脚着地,手脚并用,脚多速度慢力量小,人至中年,双脚有力。晚年三脚,有只脚是假的,假脚实际宣告了人的死亡。人在时空关系中实在行不了多远。

三、人的本性是性本能,潜在地恋父恋母。弗洛伊德因此而演发了精神分析学派,探索人的无意识。

四、人类的弱点始于脚,脚站立的地方是最易攻击的,故事强调人的变化是脚的变化。同样的神话说阿希尔(Antaeos)刀枪不入,英雄无敌,敌人最后找到了那破绽,使阿希尔离开地面,母亲甘黛迪丝全力保护他,却忽略了脚,因为阿希尔出生时母亲是双手拉着他的脚出来的,那里留着母亲手的温暖便容易受伤害。

五、人生而有罪。这是原罪,每个人都逃脱不了必须向人倾诉(教父),人要向上帝悔过,一生都要这样做,以减少原罪,注定了每个人都要受到惩罚,这就是人的命运,或者是肉体的惩罚外在于环境,或者是精神的惩罚内在于心灵。故事和谜语都在展示人的命运。

六、人类需要英雄。因人是不同的,绝大多数的人是环境的被动,他有罪他无法自救,只有依仗他救,每个人都向上帝忏悔,即请求上帝的救赎,这还不够,这只是自我精神的吁求,他需要很实际的救赎,以摆脱人类的灾难和痛苦,俄狄浦斯就是这样一个英雄。

这不是一个小小的神话而是整个西方知识体系的一个入口,从那里去探索人。自然我首先还是把它作为神话解读去透视另外的问题。神话起源肯定是人类生命受到了某种威胁需要借助一种超自然的力量救赎,一种强大外力的恐惧压抑。我们不能把神话单纯作为古代发生的事,它作为话语方式在文化传承中,在今天的现实里依然产生,现代人生存境遇更加严峻,人际关系空前紧张,高度工业化后人的失落,这里既有深层恐惧,也有内在精神压抑,于是现代人也要以幻想形式解脱精神苦难。于是神话变成了现实压抑后的反弹,这个起源神话与今天的现实依然存在同构关系。其次,神话是对理想化的吁求,渴望一种神性,即人格神,既满足一种未来和彼岸的幻想,也映照现实人性中的不足(人性与神性是相反的互补,人不足的找神,神不足的找人,都市人的生命神话便是作这种超越性的寄托),神话穿越时空依然透射现代人的精神现象,也暗示一种理想模式。这并不是说我们要向神话复归返回古老,而我们是在解读中寻到他的精神结构,现代神话的模式实际也是如此。再次,神话是人的一种异化形式。它采取了两个方法:古代神话主要是放大法,夸大人的功能使之神奇,这是幻想的结果。现代神话主要是缩小法,人的能力萎缩,异变为非人,如变成甲壳虫,变成苍蝇,变成机器,及各种形式的科幻等等,人的功能性萎缩,寄寓的是被压抑后的无可奈何,是一种反讽一种批判。这里说的神话不仅是对古代社会的映照,更重要的是对现代社会的透视,人们在其中找到存在的依据。

什么是神话?就是人的文化放大。

神话不能简单理解为幻想、蛊惑、迷信、谎言、信仰等,它是以幻想形态的程式而加以价值化的表述,是对社会习俗、财富的神圣化教条化的表述,也是人类自身的一种愿望,即人本性中的梦境,集体无意识的烙印,遗传性习惯与恐惧,先天智力,欲望的一种释放。

神话是投射到人类的一种内在的生命形式,他们执著地追求个体和氏族生命的辉煌,源于一种生命冲动把这种特征放大(现代神话相反,把生命特征缩小,异化,共同点是变形),所以神话是人的一种精神投射,实质上也是一种自我表现。神性实际是个体人性的外在形态转换,把个人生命夸大或缩小,看到的客体不近情理地变化,实际你必须按个人的主观世界去解读阐释它。政治社会的神话也是个人精神的幻想,如法西斯热情、乌托邦模式、英雄偶像崇拜。神话正是以爱与恨、和平与残暴、失败与希望等情感基质为原动力,幻想创造一种特殊的表象世界,特别是把人内在的残忍、暴力、邪恶在非理性的诱发下转化为一种社会形式,那是幻想形式重构的社会组织结构,未被经验验证过的,幻想一种超自然的力量颠覆人与世界的关系。继而阐释世界这些奇特古怪的现象,达到把表象世界神圣化。或者把心中想象的神奇完美的理想的世界,在客观世界里重现,输入个人的目的与价值观,是神话的但又是人格化的。未经证实的社会理想也是一种神话。

现在再读这则起源神话,既不是寻找故事,也不是梳理西方知识系统,而是要看看神话表象的背后,我们已经看到了支撑起源神话的人的本质与社会基础。现在要说的不是神话这一概念,而是神话之所以为神话它的其他要素。一是它的文化构成,一是它作为一套话语规则。

人,无论如何定义它都包括两个侧面:一是生物的,是生物就有进化规则,就有生命遗传的痕迹,所以人是生物进化的积淀。一是社会的,人不能永远活在子宫里,他一出母体便进入社会,在社会的活动中肯定有方位、维度,有关于他之后的其他人群,上有长辈下有子女,他一下进入结构网络,社会已先于他有了分层等级的规则,人肯定得遵循这个规则。这也是个无可奈何的事实。

前者是生物的,说的是体能,是遗传决定的一些东西。后者是社会的,说的是社会塑造,实际上是文化造型问题。说到文化又是一大堆定义与规范。这里不讨论形形色色的文化派别,以格尔兹的文化含义为基础解读。他说:文化是一种通过符号在历史上代代相传的意义模式,它将传承的观念表现于象征形式之中。通过文化的符号体系,人与人得以相互沟通,绵延传续,并发展出对人生的知识及生命的态度。

简单说,文化是表达观念的符号体系。只是这个观念是价值化了的。

中国的文化概念是由"观乎人文,以化天下"而来的,其文指五色成文,即色彩杂陈的意思,说的是人互相感染影响的,因此世代因袭也是如此。化,指造化,改易。指向事物形态性质的变化,化天下是空间的广博,推及人的整体及社会。实际也是讲的观念价值化以后相互影响传承的意思,这与格尔兹的说法暗合。

说到人的本初实际他是非文化的。人是生物,在出生时,在人类童年时,人,本来是没问题的,最早人与自然世界一切生物保持同一,即一体性。但这个时间极短,人类和社会都发生变化。人第一个接受的事实是物质化的,人看到物欲的事实,由于生存的追求,在物质中人的分裂产生了。人想到自身的问题,人是在危机中思考的,人的问题,扩展到人性、人生、命运、人道。内格尔便从14个方面谈了人的问题,司芬克斯之谜昭示的正是人意识到了危机,这才思考人的问题,对于俄狄浦斯而言更是深一层,他在出生危机中产生对身份的质疑,于是他要寻找自我,破解人生。实际上他解透人以后麻烦更多,他和母亲结婚了。

人知道存在这一事实,他物并不明白,我们从人物的属性中走出来,人与他物产生距离,与自然产生沟通。人知道了自己干什么并学会了思索,一体性与分裂性同时摆在人的面前,于是有了我与他,因而我在与他在成为了新的关键词,人最先接受了这个事实,人是关系的动物,并在关系中发现自身,这是一个复杂的网络的关系世界。人在这个关系里很容易迷路,甚至连自己也迷失,最先你发现你是受关系制约的,你的生存是受限制的,一旦你没有了,世界还是这样远行,可以说死亡让你有了新的发现,只有你才关心你的存在,别人并不关心你,别人只关心自己,这样于你而言,别人并不重要。你一生便在这复杂的关系网络里搏杀,你必须和他者有一个点即接触的位置点,或者是一个时空点,在争权夺利的点中产生道德与价值观,这是由你的生存决定的,一旦脱离这个关系,面对死亡,你会觉得一切都和你没有关系,你是孤独的旅行者,你会产生强烈的失落感,怀疑那些存在价值的虚伪。人是在定位中价值化的,你在关系的世界里行动,或者拥有责任,或者逃避责任,这表明你的存在总是在失去与获得的两极冲突中。

人,推衍下去便有人生、人性、人的命运等问题。赫舍尔说,人的关键形式是人生。超出人的个体范围而普泛为社会化,人生本初应该是没问题的,人在社会生活中构成人生,意味着你的生活必须在社会中。生活使你的存在定型化,它赋予纯粹存在一定的形态。存在根据价值评判可以分为有意义与无意义两种。生命是一场追求意义的争斗,于是人生总是会或赢或输,人生当然也有价值无法衡量的东西如情感,或精神的追求,一般说来创造性的根源是人不满足于单纯的存在。

文化是作为一个重大问题介入你的人生。

这里说的文化介入,其实包括人的一出生,你的家族、你的命名、生活、学习,无处不是文化的影响。只是就人生阶段性而言,你的青少年时是受文化的影响,塑造了你的文化人格,可你长大成人后你与文化的关系就复杂化了。人生可能驱使你反抗某种文化,又因你的智慧而创造某种文化,你使原有的固定文化形态成为一个活的流动结构。

文化是同质异构的,这种性质决定了每个特定时期的文化是相对存在的。可视性标志性的物质文化,它是一种象征如自由女神、埃菲尔铁塔、故宫、金字塔。还有部分已经器具化风俗化如饮食、服饰、用品、筑居,这些是凝固了的文化形式,它是一种结论。最重要的文化是那种非视觉型精神性的观念文化,是它影响人的内在变化,甚至决定人生与命运。西方的文化一词源于拉丁文 colere,是培植与创造的含义,指的是土地开垦耕作后长出谷物。与中国的"观乎人文以化天下"很不一样。西方文化的源头大约在公元前2000年爱琴海第一代希腊人生存开始,然后随时空扩大到地中海到全欧洲,然后发展到罗马时期。西方基本上是宗教文化,分为圣经文化和伊斯兰文化。古代西方文化的特点,在于针对宗教统治呼吁人性解放,追求个人主义的自由平等,它也认为人生而有罪,要不断忏悔,主张博爱,讲究秩序、理性、追求科学的方法和规律,认识自我,个人是中心,社会化首先是个人化,社会管理讲的是法律、民主、权利、政治分立、经济上自由竞争。由此可见西方文化是追求个性的,开放多元的兼容文化。现代资产阶级在这面文化旗帜上写的口号是自由、平等、博爱。

当代西方文化很难在上面写上一个统一的口号,特别是出现了现代和后现代的分期讨论。但总体上它还是技术文化,是多元分裂的,是实用价值化的。技术的是指高度科学,知识成为生产力。分裂的是指个体与大众,性和无意识,阶级与政治,诗与政治及权力构成的公众世界的分裂,大众精英文化合流,文化是一种商品。在这样的文化语境中来认识人。

起源神话成为西方文化的核心。即西方文化万变不离其宗,它首要的是讨论人。引发一系列的文化主题,如史诗般的酒神精神;人是要觉醒的但命运却是悲剧性的;人生而有罪必须忏悔,二元对立中的精神分裂,理想主义与悲观主义并行于传统之中;追求人的价值与尊严与寻找精神家园的矛盾;自然欲求和道德律令的两难选择;物质世界中人的异化;孤独忧郁的世纪病;现代心理的无序与错乱,需要精神治疗;现代悲观意识中的荒诞与变形,人的主体失落;现实的真理性破灭,幻象仿真成为客观世界;人再没有一种终极意义的归宿,在路上的过程给人的是漂泊与恍惚感;世界的无意义与本质的荒谬,英雄和大众都是如此。

中国文化基本上是由一套话语规则建构的,它虽然不像西方神话提出一个谜,让人永远去破译人的奥秘。但中国的话语规则是由圣人立言,产生于最早的孔子、孟子、老子、庄子等先贤圣哲,一方以孔孟成为中国的主流文化,一方以老庄成为中国的出世文化。主流文化基本上是伦理道德的政治性文化,讲的是善恶和治理的道理,培养的是家族伦理的社会基础和谦谦君子的萎缩性人格。基本精神是追求一种和合关系,尊重天人合一,讲究顺应于势,要的是自然的和睦相处,尊重以人为本,重视人民的生存状态,主张养民富国,实行中庸之道,讲的是调和人际关系,无冲突,主谦让,人格的形象塑造要外柔内刚,这是告诉我们要有内在的坚忍奋斗,要有承受灾难的能力,逆来顺受。这一套文化策略是在闭关锁国状态下实行的,是理想国的内部规则,所以它适合教化民众,无为而治,最终达到一个国家的安定团结。中国文化是一个治国安邦的文化。

说中国文化是一套话语策略有一个鲜明的特点,在日常现实生活中的文化现象我们都可以归结到一句话上,即古代先贤的语录。第二个鲜明特点是我们古代文化典籍最早都是语录式和谈话方式的。论语就是这种方式,而且话语方式极为简练精彩。人们用这一套话语塑造人,指导人们的社会生活,所以这套话语策略便成为了系统的体制规范。

首先中国文化定义人。人者,仁也。什么是人?仁就是人。仁字是人字边加二,意思是有两个人在一起互相确认便知道人是什么了。所以中国文化的人是关系的人,等级的人。于是孔子讲君君、臣臣、父父、子子,在君臣父子中确定的是一种角色关系,这是从社会属性、社会责任来判断人。既然是关系的人,孔子特别规定(樊迟问仁)子曰爱人。人与人既是爱又是被爱。于是便提出一系列关于人的措施,如民生、民本、养民育民。人民是根本,要爱民如子。应该说中国文化是重视人民的,口号是:民以食为天,君轻民重,把君与民的关系比喻为水与舟的关系。但这个口号关心的是身体,给老百姓吃的,培养的是生存物质的现实。于是人民也有了重视身体的传统,如土葬木葬,身体不朽,人与人之间的嘘寒问暖是关心身体,主张安身立命。重视身体无疑是一种口腔文化,吃是核心,因而中国饮食文化居世界之最,连计算人都以口为单位,几口人,人口问题,你那口子,食是一种人生的简单化,所以民好养,真正复杂的是以心为主,关心灵魂与精神,关注自由与平等,刚好中国文化忽略的就是人的精神状态。

中国文化中的性压制是一个最突出的特点。孔子说到了爱,这爱是分等级的,对长辈是敬爱,对妻子是恩爱,对晚辈是慈爱,妻妾之爱是由恩生的,就连性爱这样的词也没有而且明诫:发乎情,止乎礼。最高要求是存天理,灭人欲。婚姻只是一种价值取向,与性无关,性只解释为男不孝有三,无后为大。性是繁衍的、道德的,所有的罪恶都比不上性的罪恶,所以说万恶淫为首。这形成中国千百年来夫妻关系仅作为义务的维系,忽略了性本能作为一种生命力量,性对身心的改造,以及性与人生幸福和快乐。

中国文化的自我是消解的,传统中也没人去找自我这个概念,因而产生了心脑混合,认为智慧是由心生的,以心代脑,自我的头却不知去了何方?古代有一个笑话真是很深刻,说的是一个差人智力不够好,他负责押解一个和尚去异地服劳役,妻子临行告诉他,你每天早行早宿,出发之前要记住四件东西,马匹、光头(和尚)、枷锁、自己。差人上路后记住了妻子的话,每天出门先摸摸马,再摸枷锁,摸完光头和尚再摸自己,于是才放心上路。这个和尚发现差人有点傻,于是在晚上把差人的头剃光了,将枷锁给他扣上,第二天差人摸完马匹,又摸枷锁,还摸摸光头,不缺,可是他摸自己的时候,自己没了,于是一路他都在找自己。这个故事表明自我失落是一种外在的后果,是对中国文化的反讽。自我是个体的事,自我的在场应该是认同来确证的,自我认同既是一种文化指认,又是一种主体与客体之间的同一性的寻找。中国文化本来强调了客观对立的作用,因为主体意识的消解,二人关系中的自我便缩小得连自己也找不到了。中国文化塑造的人受社会政治、经济、军事、历史等各方面复杂因素的影响,带来的负面效果很大,影响了中国的发展,影响了中国人的成长,这是事实。但并不是说这种文化不能创造伟大的国家,伟大的人民,其实任何文化都有正面与负面,只要清楚地认识到,反省自我,中国文化也依然有伟大而辉煌的创造力。

现在回到主题上,文化是什么?文化是镜像,是相互映射的镜像,不能把文化视为固定的符号标志。不错有形文化都具有象征性,以固有的形式表示存在,但那是一个文化结果,也许文化作为硬件是符号化表意的也是价值化的固定形态。但我们看到的是定型,什么东西使我们称之为文化的东西定形呢。所以我们必须看到文化形式的背后,那里是一个流动形态,是一个相互发生影响的结构,那个影响与流动过程中相互之间有一个运动系统,有各个点发出来的力量。我以为这便是文化之力,这种各自发出又相互映射的力使之成为物,文化便包含在过程之中。文化的绝对意味使它带有设计、制造的能力,也就是一种文化虚构的能力。文化是一种促使所成之物的运动不居的力。这表明文化永远是一个未到达的概念。龙是一种文化,作为象征标志,现在说它是一种文化,那是结果。作为真正的文化含义,我们要的是它如何演变为皇权,如果作为习俗,如何与人的生肖相连。龙是一个神话,是一个想象的动物,它不存在,人们用书画构筑它,用话语规则组织它,又从精神层面进入实践中,有了舞龙的狂欢,关于龙还有无数的属于观念的和形体的话语来表达它。我们观察文化便是找到它各个点之间的映射关系。镜像是通过无数次反复才制作了龙这个文化结果。

也许有人会从文化的表层和深层结构来研究它。这是一般的文化分析,是阐释的方法,我所言的是那种使文化成为文化的力量,那才是真正的文化。人在文化镜像中也是相互映射的,在无数次反复中,他便成了特定文化形态的文化人。

人是把文化作为镜子的,首先他就迫不得已地置身于一个特定的文化环境里命名,父母给他命名便是他第一次照镜子,反复多次以后他开始知道,人首先始于一个名分,他在文化镜子中被角色化,他很清楚这一个角色会不断有文化力量促成他,他干什么,喜怒哀乐,他的责任,意志行为处处都有文化的力量影响他,特别是他在家族中,在学校的环境里不断习得,不知不觉和文化镜子映射,在各种文化合力下,他成为了文化人。文化不断将他的能量转化,也不断地注入他力量。他通过对他者的欲望,把全部文化环境的知识变成一种中介,与自己合作又与他者合作,他是在一种抽象的文化物中构成他的对象,自我也逐渐转化为那种文化的器具,这一切都是在时间的循环中完成验证的,个体不断在文化镜像中映射铸造成型的,要注意的是自我在映照时主体在对象化中产生(即主体成为异己的东西),这是一系列的幻想过程,主体在对象化时依然被自我在投射中认同,在文化镜中自我是被碎片化了,既是身体的也是精神的,在反复不断的过程中构成总体形成,被纳入整个文化语境中。所以在文化镜像中的自我,是互相映射而无法孤立地割裂出来,特别是在文化人格形成的过程中尤其如此。更明确地说,文化是一个他者,人作为主体不断地在文化镜像中不断映射,在这个相互过程中他者和主体的位置是经常互相转换的,主体无意识在他者中得到确认,他者又反过来融入自我主体之中。

只有这样分析动力结构才能明白人是文化塑造的动物。

纸 上 寓 言

30岁的时候,我调到水电部的一家文学刊物,从此开始了专业的文学生活。那家杂志社在宜昌市葛洲坝。陆续认识了宜昌市搞文学的吕志清、陈顺武、张兆松,我们形成了一个文学沙龙,每星期聚一次,轮流做东,主要是谈文学,互相读作品。空闲时便去书店。那时的一个小城市竟有六七家书店,常去的是东门口旧书店。宜昌市顺着长江东岸形成,江边街道向西,东山大道是宜昌最大的长街,在东,我每次从东山大道到市中心书店后,再西行很长一段路才到东门口旧书店(明明在城市西却称东门口,直到离开宜昌市我也没弄明白,为什么把城西街称东门外)。东门口旧书店的老太太是熟人,每次都恨不得让我把她的旧书买完。那天下午挑了一大堆书,算算钱也就十多块,老太太最后不知哪儿摸出一本书说,给你,两三毛钱的事我就不找零了。是本很新的书,上海译文出版社,那时候很注意出版社,特别是一套套的丛书,上海的外国文艺丛书是我要找齐的,就是有《橡皮》的那一套,《橡皮》印了15万本,我也是从老太太那里得到的。如今三毛钱给了我一本《博尔赫斯短篇小说集》。我的习惯是购书到手都要泛读一次。晚上读博尔赫斯我产生怀疑了,这叫小说么?如果小说可以这么写,那小说的规矩是什么?很奇怪。大概也就是一两天把作品翻完,多半读明白了,少部分却不甚明白,印象中觉得有些怪,有的小说如同我给中学生上课做课文分析,更多的却是我小时候读的民间故事那样。或者是一些寓言。记得也就在沙龙提过一两次,并不重视它。

1980年代后期我来北京读书。文学领域里红火的大抵是昆德拉、卡夫卡、马尔克斯,有许多议论和摹仿,其中拉美文学成为中国的热潮,而博尔赫斯只是较少的几个人注意,我还是没重视,只是我又找了一本上海出的《博尔赫斯短篇小说集》,但一篇也没读。1990年代初期很多人注意这个老头了,但译本少,不久花城社出了《巴比伦的抽签游戏》,云南社也出了一本《巴比伦彩票》,时间是1993年,博尔赫斯终于在中国发烧了。我陆陆续续又读了几篇博尔赫斯的小说,读得很细,包括眉批、尾注,印象没有好起来,而且在篇后作了些批评性的文字。例如在《南方》这篇小说的标题空白处批注：人是全部环境的顺从。表明小说的客观主题，而在尾批中写道：为了观念写作而设计的偶然。意思偶然是不能编造的，是生活中自然形成的现象，这样才有人生命运的思考和人性某种深度的揭示，他在大多数小说中都设计这样的偶然，于是破坏了文本的真实。这篇小说的观念在小说中直接呈示了。即现实生活喜欢对称和轻微的时间错误。《巴别图书馆》首批：我叙与自叙结合的手法，写无限、永恒的光明。结尾是这样批的：图书馆里的永恒，写在纸上，永恒是前人的言说。无限的观念应该是自我感悟的而不是从逻辑上层层推设的结论。循环一层层地组成，全为分析性语言，在文字表面构成互文，真正的互文应该是不露痕迹的形象互文。《巴比伦彩票》首批：生活也是翻手为云覆手为雨，暂时性的两极运动在赌博中结果暗示一切。尾批：对存在及存在力量的多种可能性的猜测，生活也是一场赌博游戏，毫无意义可言。写的是赌博形式技巧的完善也就是历史的形成，暗示人生与祖传只不过在无限赌博中循环。小说使用假设、推理、分析等方法。全部的建构都在彩票的动作这一事件上，综合抽象出来后如同一篇论文。赌博更应该是一则个体心理本能的展示，在人性的诸多要素中开掘深入，由个人事件演绎为公众力量的矛盾运动。这里表现为推论游戏，作者在一步步使它完善，出发点是乌龟式寓言，为观念而写，整个小说变成了一个观念的游戏。所以小说里看不到人。没有个体的人，公众也为观念的符号。最后连共性也丧失，沦为观念的奴隶。《圆形废墟》首批：生活是一个梦，梦中人的再生与毁灭不断循环，动力是火是颜色是一个炼狱的象征。梦中的无可救赎是人，是人的生活的必然悲剧。作品主要写梦，使梦成为一个自我生成的系统。梦的创生与毁灭均来源于自身，即你成为你自身的原因，这是内部循环的关键。全文多是象征与隐喻的技法，这是一种寓言创作的方法。尾注：梦中形象在火中再生。类如中国神话中的火中凤凰。是对但丁《神曲》的微缩。尾评：这部作品的要害是从书本出发从观念出发。受一个庞大的知识理性控制。甚至每个局部细节都作为梦中造型的论证基础，使真正的梦的鲜活韵味、本能荡然无存，看不到梦的非理性与无意识，梦若不能作为原型则与梦的本质没关系，于是梦成了人生哲理的一个产物，是观念的派生。这样的梦与神秘、体验、征兆、预言没关系，与作家自我指认的迷宫表达也没关系。梦是一个作家的恩惠，梦是他个人自身的事情，不能全部作为一个公共象征，梦若是没有个人特征那也就没有梦可言了。

1993年上半年我负责《新生界》的业务工作，跑了大半个中国。文学渐渐失去了宠儿地位,博尔赫斯还只是圈子里所热衷的,也只是少数几个人模仿。奇怪的是类如卡夫卡、昆德拉、博尔赫斯、卡佛、巴塞尔姆这些作家身后慢慢多出一些疯狂的追随者,如同影视和歌星的追星族,这些作家作品我多少也读了几篇,怎么会发疯地爱上它呢?我纳闷了。于是我问了几个作者,你们喜欢博尔赫斯什么。有的说喜欢那些莫名其妙的故事;有的说喜欢他的看不懂;有的说喜欢他的语言。我说语言是翻译的,故事是民间或梦中的,看不懂是一个说话的迷宫。喜欢一个作家无可厚非,能疯狂吗。后来倒是有一个作者说,喜欢高雅的作家是身份,一种象征,赶潮流,说不上几句跌份。后来我算是明白了,因为《尤利西斯》和《追忆似水年华》出来后许多人一套一套地背回家去就从来没看过。时尚、附庸风雅,是我们这个时代的一个重要特征。

　　我也看到许多崇拜西方大师的文章,或者作一些解读。弄得我在北京师范大学教书的时候也给学生把大师当书单开出来,并且萌生对这些大师作一些专题研究的念头,也许是基本理论课多得讲不完那种摹仿写作的课也就算了。1997年冬天,我因病在北京医科大学三院住院,于是把博尔赫斯小说及其他有关的书都带到病床上,下决心研究一下。首先读他的传记,又用了一个月时间基本上把小说、文论都浏览了一遍。但看法依然没好起来,不过在我所读的许多外国作家中,博尔赫斯的作品确实有特点,可以肯定他是一个精巧的叙事者,语言和小说都很纯粹。后来又读了他很多诗,但一个新的印象产生了,他的诗歌比他的小说要好,我判断的依据是他的诗率真,很是感性,剔除得很干净,那是博尔赫斯自己心灵的感悟和体验,你可以从诗里触摸到博尔赫斯的灵魂。真是让人奇怪,走出他的诗歌,一看小说像是另一个人写的,仿佛和他自己毫无关系,小说和他的生活没有任何交叉,故事来自书本,是寓言和传说的翻版,或者是那个地域中历史上流传的民间故事。他的诗是自然而然地来了,又自然而有韵致地离去。可一到小说他就端出一个虚构的架子来演说观念,布道似地告诉你一个理念,或者设一个圈套钻进去,然后一看是个寓言。而这个观念又是来自书本,或者根本来说它只是一个词汇,如无限、迷宫、宇宙、时间、循环、观念的梦、圆、镜子等等。我想该有必要写篇论博尔赫斯的文章,讨论他的创作得失。

　　一直没时间研究博尔赫斯。但怪圈产生了,评论家在1980年代末说我受马尔克斯译文风格的影响,楚风系列是受拉美魔幻小说的影响产生的。1990年代说我受乔伊斯、普鲁斯特、博尔赫斯、巴塞尔姆的影响,我很纳闷。

应该说我还喜欢这些作家,但作品只是零星读过,而且总是萌生批评的念头。很自然我批评的正是我喜欢的作家。你不能找一个很糟糕的作家去批评,那会没任何意义,批评也会没价值。一旦动手批评我就会认真去研究。2000年的上半年我专门做了一些小说家、哲学家、画家的批评,断断续续中又读博尔赫斯,还零散地做了一点笔记。但是我认为有些根本的东西要解决,如幻想的研究,寓言的本质,叙述的含义等等。

首先我思考寓言一词。

寓言是西方知识系统的一个关键。寓言是个客体,整个语言系统构成的西方庞大的知识系统均是自然世界的一个大寓言,它们是二元的,即自然世界=知识体系,主体是自然界,客体是知识系统,它们是一个决定与反映的关系。在这个意义上说知识就是一个寓言,它反映着自然世界全部的结构。这个世界如何起源、发展?动力是什么?如何构成历史?向什么目标前进?结果如何。相应地有语言知识来描述它,把它结构成一个系统,于是有了宇宙,包括它的整体结构和局部细节,一切都需要命名,于是有了起源与终极、现实、幻想、发展、循环、时间、空间、人类、大地等概念,讨论这些范畴的便是元叙述。社会相应地产生了它的知识系统。我们说客观世界的知识系统是自然科学知识,人类社会对等产生的知识系统为社会科学知识,用这些知识系统来讨论一些基本的重要的范畴,如世界、历史、社会、起源、动力、规律等便叫宏大叙事。从一定意义上说解决基本理论问题的便叫宏大叙事,扩大来说,语言指向公众领域、社会历史、自然世界的根本问题,如生态环境,资本主义经济,社会主义发展,时代重大变化,乌托邦等等均为宏大叙事。

寓言本质上是一种宏大叙事。

从发生学上看,世界与人产生了知识,但人类活动的知识阐释刚好是悖反的,通过知识去探寻人与世界,于是一切写作便是重新寻找世界与人的过程。寓言写作或隐或显地指向世界与人的某种结构方式,让你相信寓言等效这种世界与人的结构方式,而作为真理的象征,作为规律普泛适应性。寓言作为公理,特别是作为世界与人的主体,寓言它是一种最高抽象,如永恒、循环、无限。这是博尔赫斯极爱在作品中演绎的观念,作为寓言它是世界与人的象征,人要相信它,无可逃遁,或者批判它,人要面对的是天,无可奈何。是宿命的。它是一个哲学问题,作理论上讨论是一回事,作为故事陈述又是另一回事,古典时代提出来或许还有意义,现时代再提出来讨论,它是一个假问题,理论上提它不会有逻辑后果,于是也就不具有意义,它是一个可以永远争执的理念。人生与世界不能把自己束缚于这样一些根本的理念上,如果它是真理,即是自明的,自明的真理不需要再讨论,例如你不能再去讨论太阳发光地球在运动。如果你说是谬误,直接指证便可以,但不能讨论。例如你否定永恒一词,只要说你不相信永恒就够了,它不可讨论,对于短暂和永恒双方可以提出无数现象论争一万年以后还在论争,不会有结果,它是宇宙本体论的观念,不是一个讨论的事实。寓言是目的性的,是一个主题观念的设计,特别是寓言指向世界与人的本体,作为一种基本观念,是宏大叙事,它是自明的,无需取证,或者是循环论证而无逻辑之果,这样的寓言写作是无意义的。

现代写作,为什么要摒弃寓言式,特别是有关世界与人的本体论寓言?除了理论上的原因,还有结构上和语言关系上的问题。寓言肯定是二元论的,它的层次结构必然是等级的。它有核心与边缘,本质与表象,现象的背后凝固的是隐在意图(观念性的)。一种深层作用的结构,是以微言大义支撑寓言,与之相关的概念是历史、文化、社会。寓言的核心充满了意识形态的喜悦。言为表象,意为结构。内外构成的关系是隐喻,或者反讽。无论它积累如何充分的意义,结构内总是一个循环系统,内外之间的讽喻,言意之间的沟通总是要豁开一个口子,从中找到读解阐释的缝隙。

问题出在这种二元结构关系的非稳定性和任意性上,比喻关系有公设,也有私立。在主体与客体之间的比喻关系没有科学的逻辑性。而本体是科学的,现实的,寓寄体是想象的,幻觉的,由于这种不稳定的关系所以不能作为真理言说,只能作为认识的一种参照。只是一种修辞术。

世界的真相有可能因寓言而掩盖了。

寓言直接指向历史陈述,即过去已经发生过的事实,寓意(目的)却要指向一个未完成事件,即可能性世界,指向将来,那么寓言便有可能是一个悖论,正反寓意都可以成立而相互并置必定是矛盾,它的象征与未来实际也可能产生矛盾。

我们应该摒弃本体论寓言,但并不是说绝对不可以进入写作,有部分这样的写作也无需奇怪,如果一生在纸上构筑这样寓言便值得思考了。

寓言写作也可能是非本体论的,非社会化的。仅作为个人生命意象或超验痕迹,指向原始意象、生命原型,那是一种极端个人化的寓言。注意,这种寓言写作应该不是预设的意图,在述说的进程中,事物自身带来许多含义在文本中集合,无意识地构成了一种寓言语境,自然而然地弥漫在文本的一切符号之中,而不是外在于文本人为的意志。有时一部作品成为伟大的个人寓言,如爱伦·坡,狄兰·托马斯高峰时期的诗歌,便是一种绝妙的寓言,作者在写作过程中自己也不明白它是寓言。《乌鸦》一诗是爱伦·坡的命运寓言,《麦田上的乌鸦》是梵高的死亡寓言。博尔赫斯的寓言写作中也有少数是可取的,是指那些观念意图并不明确的一部分作品。

在已发生过的文字历史中,寓言写作是绝对意识形态的,它对世界本体的观照,反馈社会层面的信息,折射历史事件和各类人物的映象,形成了寓言写作的模式化,它为现实主义和现代主义所热衷。

解构主义写作便是针对寓言模式的一种破坏与反叛。

寓言是一种指向他者的写作,工具性的,寻找外部世界的伤口,无论是隐喻表达,或反寓言的寓言,都是他者的叙事。任何寓言都会有反殇的,寓意会无意识地指向叙述者本人,艺术品自身可能构成新的审美结构,寓言如果成为世界与人自身的,寓言也是一种本体。语言会在意识结构里自动形成关于某事物、某人、某存在的一种寓言,人虽未察觉,但在一段时空以后,寓言会自动浮出水面。

我说的寓言不仅仅是故事,而是指整个叙事艺术自身,还包括世界与人本体上一些根本性的幻觉。

最重要的还包括西方传统文化的知识体系。

寓言的性质是说理,衍生观念,从这个楔口进入博尔赫斯的小说就抓住了根本。还有一个是幻想的问题,这在他所在的国土上已经有许多研究,并将他的文学定名为幻想文学。幻想是在超越现实之后对异常的突现。幻想文学是超越现实的想象产物,写的是那些神奇诡谲的人与事物,有神话、梦境、幻觉、神秘反常的特征。贡布里希认为文学作品中的人物和动作有一种奇特的非现实,或者是与我们现实有着特殊距离的一种奇特现实。莫瑞·克里格认为文学是一种幻觉。意识到它的假托性和似然性现实,而这种现实不应该同我们往往会把它与之联系起来的事实性现实相混淆。我们以幻想或幻觉定位于文学,主要的根本点是它与客观现实的差别。古典的幻想文学是人物与事件变形以后而在现实中不存在。现代的幻想文学则只是要求对人物与事件作超现实性的处理。文学是否为幻想的?这不能作为一个创作者的判断标准,现实的文学与幻想的文学并无优劣之分。数千年以来幻想文学数不胜数,古今中外都有杰出的伟大作品,《神曲》、《西游记》等等。博尔赫斯无疑也是一个幻想文学作者,但我们不能以是否幻想而作为对他的价值评判。

博尔赫斯构筑的文学乌托邦无疑寄托了他的思想理念,尽管他在《布罗迪报告》序中说,他不是有使命感的作家,他写故事旨在给人消遣和感动,而不在醒世劝化。他在不同场合下反复强调他只作讲故事的游戏。这些个人宣言没什么用,我们只要阅读小说便看到他绝大多数故事所带来的理念,而且是他在小说中反复强调的观念。这表明他的申辩和他作品的矛盾性。只不过他小说中的这些思想理念没有什么新颖的创造,也不具有特别的意义。

说到短篇小说的叙述,博尔赫斯倒是给我们带来了一些启发,同时我们也可以发现他作为精巧的叙事者的奥妙。

首先是一个叙述手法:**元叙述**。在博尔赫斯的短篇中这是一种具有绝对优势的手法。除了早期的《世界性丑闻》这个集子以外,自《虚构集》开始,元叙述便成了他的一个习惯性手法。元叙述是一个重要的理论问题,这里只交代这个概念的含义。任何散文性作家都在叙述世界上所发生的人物与事件,讨论对人与世界的看法。作家在叙述,是毫无问题的,这时候的叙述无论是真实的客观还是主观的虚构都是一次文字制造,客观世界是包罗万象的。文字制造也是包罗万象的。现实和文字制造的,有的是反映、重合、摹仿,有的则是编造、制作、做假。可见叙述本身也同大千世界一样错综复杂,于是作家不仅想在作品中告诉你世界原本的面貌是怎样的,而且还要告诉你,他是用什么方法告诉你的,谁真谁假。于是元叙述产生了。元叙述的目的在于告诉你,我的叙述目的是什么?用什么方法?叙述进程如何?古典写作只给你陈述一切现象,而元叙述要告诉你作家为什么要这样写,包括他在现实中实际陈述的状态以及头脑所设计的陈述方法与作用。一方面是注解作家为什么陈述的动机,一方面告诉你所有陈述都是虚构,但做得跟真实一样,他在向读者揭露叙述的阴谋。一方面交代作家叙述的真实状态包括时间地点及生活细节,把现实和虚构交融起来。

博尔赫斯最习惯的做法是告诉你,他如何从书本发现秘密,引发出来研究,构成新的幻想。另一个借别人的口,作道听途说的传递,即作家托别人来陈述。还有是作者直接表明动机,进入陈述状态。也有类如民间故事和传说的来源。再有就是直接从观念、格言警句导入陈述。他的这些元叙述通常一开篇便体现出来。这种元叙述已成为博尔赫斯的叙述模式,翻开他的小说集到处能看见。

为什么要使用元叙述模式呢?博尔赫斯有自己的理由。我总喜欢在我们的短篇小说里营造不很确定的地点,而且故事总是发生在许多年以前。想象自由要求我们,在时间和空间里面寻找久远的题材。他认为如果不这样会被现实束缚住手脚,而文学也就像新闻报道。博尔赫斯这些观点意图是很明确的,要求小说要与现实保持距离。尽量不要和现实发生关系。我们现在看他的元叙述手法,便是成功地把小说从现实中拉开,把你引到书本、传说、民间、历史中去。

博尔赫斯在大量的短篇中要加入观念讨论,小说中的人物因身份所限,不能直接展示观念,这些观念只能由作家导入,元叙述就是一个针对观念说话的好方法,在叙述进程不好推动时,人物的转折,地点的变化,靠元叙述转移,这样他就很巧妙地把观念曲折地演绎进去,或者把平常事物通过观念提升使它们发光。或者小说中某个关键性事物它本身就是观念的象征。这样元叙述的插入就是顺理成章的。

同时需要明白一个属于创作学的深层问题。元叙述已成为博尔赫斯创作中的一个本体性问题,即元叙述在他那儿是本体性质的。什么意思呢?博尔赫斯爱思考一些根本性的问题。他说《圆盘》写的是几何学的圆。《代表大会》最终同空间的宇宙和时间的天数混淆起来。《另一次死亡》是有关时间的幻想。《神学家》写的是一个梦。此外他还有写镜子,无限、永恒等多篇小说。这一切基本的观念都是他小说的第一陈述。然后小说便有了一个关于梦、关于圆、关于时空、关于无限的一次阐释性元叙述。因而博尔赫斯的元叙述便是关于本体的意义探索。一般说来,小说不能成为观念的演绎,这样会产生观念代替或大于形象。观念是直陈的,它不能作为小说的灵魂。所以说这是创作的一个问题。对这类元叙述也许不能责怪博尔赫斯,这是一个西方整体知识系统问题。它是一个根本性的理论问题不同于前两点元叙述仅是作为一个常规技术来讨论的,最后一点是有区别的,仅作为一个叙述理论问题提出来,以此引起写作者的关注。

把寓言、幻想、叙述问题弄清楚了,我们便可以进入博尔赫斯小说的具体研究。我列了个研究计划:

(一)博尔赫斯诗歌与小说的异同考查:

来源:Ⅰ.美国诗人惠特曼对博尔赫斯的影响。

　　　Ⅱ.史蒂文斯诗歌中沉思、纯净、庄重优雅、智慧等因素决定博尔赫斯诗歌后期创作的主要特色。

　　　Ⅲ.民间地域文化中的民族因素决定了质朴、幻想、神奇等特点。

比较:Ⅰ.诗歌中的个人特征与风格,家族、传统、自传、日常生活细节与重大遭遇、爱好、习惯等。
- Ⅱ. 小说摒弃生活之后,追求论辩与绵密的质地从卡夫卡、爱伦·坡那里吸取营养。
- Ⅲ. 属于博尔赫斯个人的精髓绝对地保存在他不朽的诗歌中。对他的诗歌和小说作横向比较研究。

研究博尔赫斯的小说不必研究他的传记材料,他把一切属于个人的东西全部排除在小说之外。仅有一次例外,1938年圣诞前一次小伤感染的败血症。这是一次的他人生寓言,他担心失明,果真晚年有20年的时间在失明中度过。这改变了他写作中的某种趋向,因此由写诗,转向小说创作,于是有了后来的几本短篇小说集。

(二) 博尔赫斯幻想小说的背景:

1930年他认识了卡萨雷斯和他的夫人奥坎波结成了文学的三人行。卡萨雷斯小说精致不如博氏,但非常大气浑厚,精品如《捷径》、《莫雷尔的发明》。另一位是科塔萨尔,他是位极现代又极为技巧化的试验小说家,他的巨著《跳房子》是登峰造极的代表作。这几位朋友在小说创作上都取得了很高成就,都有超过博尔赫斯的地方。

(三) 故事形态研究:

A 命题:指推动小说前进的一种力量,成为陈述的交叉点。
- Ⅰ. 乌托邦制造:《特隆、乌克巴尔、奥比斯·特蒂乌斯》
- Ⅱ. 梦境循环:《圆形废墟》、《有为和无为》
- Ⅲ. 时间幻术:《秘密奇迹》、《另一种死亡》、《另一个我》、《门槛上的人》、《叛徒和英雄的故事》、《永生》
- Ⅳ. 虚无游戏:《巴别图书馆》、《神学家》、《菲茨杰拉德之迷》
- Ⅴ. 意象重叠:《关于犹大的三种说法》、《另一个我》、《小径分岔的花园》
- Ⅵ. 戏仿复述:《堂吉诃德的作者皮埃尔·梅纳尔》、《长城和书》、《赫伯特·奎因作品分析》

第六条可以不作命题研究而作形式分析,归于命题是因为原作者作品已成为他写作的直接动力,这种戏拟很大程度上有改写性质。对于原作者和博尔赫斯都是命题性的。

B 序列:是一种真正的内部结构研究,序列的基本点由命题构成,题词与谓词推动了一个序列。基本序列逻辑是一种三组合体,即情况形成,采取行动,行动成功。序列组合形态是指一个文本之内各种序列的组合关系。大约有六种组合方式。这里只选典型的组合。

Ⅰ. 导入接续式：用书本、传说，讲述方式导入故事的起因、背景、动力。再接着陈述故事。这种方式占博尔赫斯小说的绝大部分。《阿威罗伊的探索》《武士和女俘的故事》。

Ⅱ. 循环插入式：不同序列的陈述交叉进行。这是博尔赫斯最常用的模式，《等待》《萨伊尔》《阿莱夫》。

Ⅲ. 中间插入式：在第一个序列后插入不同序列，但全篇都保持第一个序列的完整线索。《永生》《阿莱夫》《瓜亚基尔》。

Ⅳ. 共同结果式：陈述中是几个不同序列但结果是共同的。典型文本是《死亡与指南针》。

C 角色：博尔赫斯小说的人物都是化妆了的，不具有本体论意义，他们是功能性的，因而不必作人物性格研究，只需分析他具有的角色功能，简单地说角色是如何推动故事与观念在文本中运行的。

有一个细节，博尔赫斯无论作品抑或生活场景极爱出现《一千零一夜》这部民间故事总集，这是影响他终身的书。我说过1980年代对他的书第一印象是民间故事，现在读了他许多故事以后更相信最早的直觉是惊人准确的。分析他小说的人物也可以按民间故事叙事法，角色一词来讨论，所以应该把他小说纳入结构功能分析，而不是人物本体论的研究。

普罗普将人物划归七种角色：

1. 反角；2. 捐助者；3. 助手；4. 被寻求者；5. 差遣者；6. 主角；7. 假主角。

现在分析《刀疤》的主角位置变化。首先我，叙述者是主角诱发助手讲故事。助手成为主角，讲叙中穆恩是一个反主角人物，一直揭露反角的怯懦，竟至叛徒。最后真相大白主角变成了反角，故事在角色不断的地位移动过程中完成。这是角色位置变化确定了故事性质。方式是从主动到被动的完成式。同样的模式也使用在《马可福音》：埃斯比诺萨被表哥丹尼尔邀去白杨庄，他是假主角，表哥走后，古特雷上升到主角位置，他一直是事件与人物的观察者，从讲读《马可福音》他成了具有支配意义的主角，他的话语对其他一切角色发挥作用，他代替了耶稣位置，最后主角被钉在十字架上，该篇小说中角色位置是潜移默化的，每次变化都推动故事向前发展。而不去揭示性格变化，这表明角色仍是功能性的。

再一个有意思的角色，那就是博尔赫斯的角色是书本的语言构成，一个物件，或象征性事件，或者是作家的镜像投影，神话等等一些形象。《巴别图书馆》中的角色是书，是图书馆，它充当角色在演绎一个无限循环的观念。在奎因的作品分析中，作品成为主角。其他小说中主角有镜子、塔、梦、圆，或者迷宫。角色的非人化也算是博尔赫斯小说的一个特征。这一部分角色便是结构上的功能作用。

　　我是在20世纪最后一年的某个雪夜拟订的这个研究计划,实际我已把博尔赫斯所有的文学作品泛读了一遍,极少几篇精品已经读过三次。我认定博尔赫斯是一个杰出的诗人,大量的散文也写得很漂亮。说到小说,他仍是一个精巧的叙事者,是与社会历史及个人生活没有关系的幻想制品者,是一个知识图书馆的守望者。在拉美他创造了一笔丰厚的文学财富,是不是要尊为什么大师和泰斗似乎不那么重要。博尔赫斯自己认为,也许,许多年以后唯有他的诗歌成就说明了不朽,或者说在诗歌上他还有一些贡献。他只把自己的小说看做游戏工作,编个故事做消遣。公平地讲,他的小说在世界短篇小说长河里还是别具一格,很有自己的特点。

锁孔里的艺术

罗布·格利耶说：法国有两样东西世界有名，新小说与萨冈。新小说应该是法国文学的一个独特的贡献，半个世纪以来在世界文学界发生重要影响。在中国最熟悉的是萨洛特、格利耶、布托尔、西蒙四位新小说派代表，其实法国这一派别中还有极具特点的作家罗贝尔·法耶，当代法国的新小说作者更多，如图森、巴雅、奥斯特、雷东内、德维尔、塞雷纳、萨维茨卡亚、谢维拉尔等。新一代的新小说比过去老作家在形式上更活泼、也更有创新。

我曾把几位新小说作家做了一个比较：

萨洛特是写心的，是用来听的，她采用一种倾听的方式，以独白或对话的形式展示心理流动过程，具有短句、断续、碎片的特点。

格利耶是写形的，采用静物画方法展示物质细节，是用来看的，特点是织锦那样紧密，具有青铜亚麻的质地。

布托尔是写动的，不断变换观察视角产生空间变化和时间变化，是用来行走的。他的结构错综具有鲜明的节奏感。

西蒙是写感觉的，特别注意那些破碎的幻觉：破碎、杂乱无章的颜料，时空错乱的联想，是用来体验的。

这种比较目的是让我们找到一个更好的孔道来进入他们个人的艺术世界，有利于把握他们的艺术特征。在一种新的艺术现象面前我们通过这种比较会有一个良好的判断意识。

新小说的源头应该说在萨洛特那儿，1939年她出版了《向性》；1947年又出版了《一个陌生人的画像》并得到了萨特的夸赞，并为她写序称为反小说。罗贝尔·潘热继其后也写出了新小说《玛禺或材料》、《在方多瓦纳与阿加巴之间》。整个1950年代新小说便大量出现了，格利耶被公认为新小说派的代表作家，他的最重要的代表性作品也基本在1950年代完成，包括《橡皮》、《窥视者》、《嫉妒》、《在迷宫》。此后岁月他除了小说，另一类作品是电影,以《去年在马里安巴》为代表,还有一类自传体的综合文本,以《重现的镜子》为代表。止于1990年代共创作了二十多部作品。

《橡皮》是1953年出版的小说,小说借用传统侦探小说的框架,写的也是侦破过程,但重心不一样,传统侦探小说立足于分析作案动机,作案时间地点,特别注意作案中的关键细节,富有凶杀的悬念。而《橡皮》中大量的是环境事物的细致描写,不停地假设被杀者的死亡状况,人物相互之间构成的是无意义联系。作为侦探故事极为简单,实际在序幕中已经把全部故事讲完了。测量员街二号7点钟发生了谋杀案,法学院教授杜邦被杀,侦探瓦拉斯去调查此案,凶手格利纳蒂失手,杜邦受轻伤但他觉出了阴谋而伪造死亡消息让商人马尔萨去取家里的重要文件,凶手第二天同样时候等着再杀杜邦,马尔萨害怕逃走了,杜邦只好自己偷偷潜回来取文件,瓦拉斯调查了许多人和局长罗伦作多种推测,瓦接到一封信说凶手要再次害死杜邦,瓦拉斯去等凶手,局长正好推断杜邦没死电话通知瓦,但没人接,杜邦上楼时被瓦拉斯打死了。作为侦探故事你无以评述,但是你深入到细部,在那些繁琐的物质描写中许多特点便像沼泽里冒出的气泡,有许多让你疑惑不解的东西。题记中说,时间自己决定一切,不由你做主,它就提供了问题解决的方案。而杜邦的死亡却正好说明,时间不是解决了问题,而是重重叠叠地掩盖了真相,否则他不会被瓦拉斯打死。橡皮被无数次提起,你可说它是个暗示性象征,不断把讲叙的痕迹和案情线索擦掉。潜藏的是一个心理患者的怪癖爱好,或者橡皮自身的特点与整个文本内部的东西构成呼应,还有橡皮人呢。文本中橡皮的不确定正好说明它是多义的。杜邦死亡作为一个结构点,与之相关的正反两方都在寻找真相,而对真相叙述每个人都带有强烈的心理痕迹,更多的都像一个精神病患者在编撰自己想象的故事,因而可以说《橡皮》提供的是一个精神分析文本,醉鬼让人猜谜,俄狄浦斯的框架,狮身人面像,瓦拉斯对女老板的某种心理情结。传统侦破故事中人物是有主次等级的,事件也有核心与边缘的,而《橡皮》中每个人物都是平面的并置,都是凶案的讲述者,而凶杀这件事只不过是他们所做的一个话语游戏。《橡皮》是按每个人的叙述视觉讲述,细心注意,每个人的观察,述说都是一个偷窥的角色。故此文本中多次写到锁闩与锁孔,提供了一种特殊的观察方法。局部细节的观察琐碎无遗,故意放大或者变形,而且拆散它们的逻辑联系,按纯物理方式放置,测量员街很有意思,如同一个测量员记录街上的细节,记录术语是平面、三角、立体、长方形、梯形、斜角、矩形等等,对物质他是个建筑师,对人对事他是一个视角分析派,测量头额像个生物解剖者,那些回忆、想象,与现实没有关联的叠合又像是心理精神患者,即便再真实细腻的物质,在长久的注视中也是一种幻象。使得时空循环,重复繁琐你无法找到一个现实的依托点,所以文本中的描述都是以人物窥探方式去构图,各物体在相互关系上搭棚而成。

《窥视者》是1955年出版的,叙说的是一桩奸污谋杀幼女案。马弟雅思去一个童年生活过的海岛推销手表。他回忆往事,小时候他们爱收藏绳子,并把它卷成8字形,他利用渡海旅游带了89只手表卖给海岛上的二千多户人家。上岛后他租一辆自行车带着表箱去了一水手姐姐勒杜克太太家,看到镜框里有一照片像自己少年女友维奥莱,那是这家13岁的小女儿雅克莲。这太太另两个大女儿分头成家立业了,但一家人恶毒地咒骂小女孩为坏孩子。马弟雅思又去一家旧相识马力克家推销手表。手表没卖完,他想回去却误了船点,打算租房住下来,他发现口袋有早晨捡的绳子,并少了三支烟。第二天渔民发现失踪的雅克莲的尸体躺在海草上,其女友推断为谋杀。马弟雅思再次见到女尸两手绑在背后,嘴里塞着衣服,还有两个烟头。他去马力克家听到一家人吵闹,认定儿子于连是杀人凶手,于连一声不吭只注视马弟雅思。主人公推断不在场的时间证明,但总不放心,再去案发地扔掉红毛衣、糖果纸。于连在岩后窥视,并拿出第三支烟,拽平糖果纸证明了杀人凶手是马弟雅思,于连虽目睹这一切,但没先告发杀人犯。马弟雅思又推销了两天手表然后回大陆去了。这一个故事框架是阅读后梳理出来的,小说中并没有一个如何奸污如何杀人的过程,追捕与逃亡的矛盾,没有法官、律师、证人的辩论与评判。简单说没有构成一个探案侦破的故事,也不具备人物、情节、悬念、侦破等矛盾冲突的戏剧因素,最详细的是叙述了手表推销过程及海岛上一切风景。而刚才归纳的故事只不过是散落在大量详细的事物描写中的碎片。这表明作家严格按照主人公运动线索事无巨细地展示海岛的日常生活形态和图画般地描绘自然本身面貌。作者如此精确细致地雕塑生活与事物的表象方法,是与传统小说一次巨大的决裂。传统的刑侦故事重点在探案过程里显示人物关系与矛盾冲突,案情的谜底越隐蔽越好,而《窥视者》违反了这一切常规使之变成了一次对传统小说的戏拟,而创作了一种新的小说范式。

格利耶又一个反传统的特色是一种零度写作的原则,那是一种冷峻的中立客观而不带感情色彩的叙述方式,他让生活事件与人物完全中性地裸露自身,使之成为一幅凝固效果的静物画,我称它为一种存在性叙述,他告诉你客观世界本来就是这样,不需要我们进行主观评判。在《重现的镜子》中他说:"新,是研究自身严密的一种叙述。新,就是把不可拆散的部分理顺,这些部分的界限是不明确的,而且是互相不适应的。还有,新就是要把织物变得如青铜般坚实的一种毫无希望的企图。"《窥视者》是在光天化日之下停格,静止来取得特写效果,这一切在视觉上运动,你看到的大海,它不仅有蓝色、鸥鸟、礁石、船帆,更重要的是用放大镜观察的细部如船板凹糟,帆布缝隙的连接,水浪的水珠,飞鸟游翔的角度变化,总之要极尽详细包括测量出来形体尺寸,手表准确的差价,小麻绳的质地与扭结方式,一切事物在其细部体现它坚固的青铜般质地。格利耶严格地只写看得见的东西,而且是以生物学家、统计学家、建筑师那样的观察方式把海岛码头、防波堤、街道房屋拼贴为一组雕塑群,人物关系也是机械木偶式的连接,无法分析人物心理、情感及动机。在文字上尽量剔除形容词判断语及情感倾向,取消观察者与物质的联系距离,这些事物都是功能性的,使目击者感受到纯粹物质的形态与力量。

格利耶还认为作品应该取消主题探索,消解意义世界,因而结构原则也应该发生重大变化,即不以社会历史和人物命运的意义而作为结构原则的主体,牢记以客观事物为中心,小说的结构以物质世界自身的质感和功能为其结构服务于视觉感,或者叫它透视焦点的结构原则。当然也不能简单理解为自然本身结构展示,在《昂热利克或迷醉》中说:"它不在于用外部镶贴的固定和虚假的严密性来使我放心。恰恰相反,我始终注意安排生命物的运动、空缺以及无法解释的偶然性。"因为在艺术手法上他特注重视觉效果上的剪接、组合、分裂、回溯、内现,然后织成一个严密的整体。《窥视者》作为结构一方面以主人公行程推销手表的线索展现一个日常生活流程,案发于第一天,前三部分详尽地表现环境、时间、证物等等,最后一部分与核心事件无关,主人公继续推销手表又逗留了两天,按心理原则作案人理应逃逸得越快越好,但是一切生死事件也不改变日常生活流程,摒弃了按主题意义和社会事件的约束处理长篇结构。另一方面于连作为一个偷窥视角,来反射推销员在海岛的全部生活,这是生活自然流程中一个想不到的偶然插入,作者叙述时借了另一个锁孔来反射海岛人单调平庸生活在一个弱智者眼中的随机性出现或消逝。

格利耶在技巧方法上首先是着力处理简单与复杂的矛盾。任何人都会认为作者的文字叙述是纷繁复杂的,其实是作者对传统习惯反其道而行之的措施,即对人们认为重要的故事、人物情感矛盾、谋杀过程的复杂多变作了简略化处理,那些日常重要的几乎不提,相反人们认为无关紧要的被视觉所忽略的却用力强化。于是他大量地运用时空颠倒,模糊界限,重复闪回的技巧,把人们生活的环境编织得密不透风,人物关系处理得若即若离,冷漠陌生。这也是一种违反常规的做法,其效果是使读者对社会、事件、人物失去准确的判断。作者在有意地违反一些理性逻辑,例如于连作为窥视者并不揭发马弟雅思,反而承受了家庭指责他为杀人犯,他却要向主人公证明谋杀中有第三者在场,并一一出示证物。作为奸杀案,没有一字词的奸污和谋杀的痕迹,反而无数次强化海岛自然形态的风景。再者侦探的技巧是使凶案的关键细节隐蔽以造成悬念,而作品中则不断反复闪现作案中的证物细节。

《窥视者》写成时作者命名为《视野》,为纪念雷蒙·鲁塞尔,后改成《旅行者》,此题是魏尔兰的题铭,最后出版时定为《窥视者》。格利耶是小说史上开宗立派的人物。他的存在表明小说有一种新的可能性,或者说表明了小说可能有无数种写法,绝不会有唯一永久的形式。创新往往落入这样一种悖论,一种新的模式创立同时又表明它的灭绝。格利耶自身的小说你读其中两三部会体会到一种创造的伟大,如果你有毅力读完他的全部作品,那将是一场阅读的灾难,推衍一下世界果真盛行他的小说模式,那便是小说自掘墓穴,所以新的小说模式为经典时,他也成了自己的敌人。

《窥视者》是格利耶所有创作中最富有诗意的一部长篇。那是一首海岛生活的长诗,留下作者童年记忆的影子。那些关于鸟、礁石、船、塔的描写都可以视为精致的短诗,你在那里可以感受到黑与白,蓝与灰,阳光与阴影,海生物的游翔,海风的腥咸,那是关于大海及其岛屿的风景区。

《嫉妒》中女主人公 A,在非洲的香蕉种植园的庄园里的露天阳台上,傍晚时分与邻居弗兰克闲坐。弗讲种植园的事,A 愉快地听。又是傍晚他们一块喝矿泉水、聊天,相约明天去一趟城里。依旧是阳台上景物 A 梳头,有关黑人的话题,弄死一只蜈蚣,反复各种场景,A 看弗兰克看过的小说,说到进城的事,A 在城里购物返回,汽车出了故障只好在旅馆过了一夜。吃晚饭时他们还在交谈,A 写信,户外已经黑了。他们谈到了汽车抛锚的细节,相互说些天气、种植园等无关紧要的话。山野卡车声音、灯光、墙上的挂历画一艘船。A 一夜没回来,早晨室内和阳台都是空的。现在柱子的投影,傍晚夜色越来越重。小说反反复复地便写这些东西,利用丈夫窥视角度不断回忆、假想、重建、幻觉拟设一个妻子、弗兰克、丈夫三者之间可能出现的事实。

A和弗兰克谈那本布漆封面的书,小说话题正好与叙述的现实文本相互映带和关联。小说是在我的视角来写三个人的关系(多次写到三个杯子、餐具)但我又不出面,一直只给出一个窥视的角度,其他人的身份、面貌、年龄都不交代,连丈夫和妻子的关系也是影影绰绰的。这样的一部小说把传统中的小说因素冲涮得干干净净,读者除了窥视以外恐怕也只能迷迷糊糊地感受文本中的事物。

首先《嫉妒》是一个殖民神话的文本,这是没有问题的。在非洲女主人的庄园里看一切细节有白人与黑人(种族);主人与奴仆(阶级);男人和女人(性别),黑人奴仆服务性的工作,环境中的等级差异,包括说话的语气。包括事物精细的观察者的身份地位,富贵闲人,对微妙的两性关系的把握,人物在话语上所占居的优势。在这一系列的关系和环境里存在一个隐在的强制性权力。这便是殖民神话的实质。琐碎的环境,不严格的人物关系刚好透出了这个殖民地里一种内在的紧张关系。选择窥视,用主观视角构图正好是一种精细的心理图式,这种心理分析也与殖民性质相关。

其次说它是心理分析文本,而不仅仅是用百叶窗(嫉妒)这个词语来分割所有的局部。嫉妒是一种占有心理,强烈地征服、占有、凛然不可侵犯的控制,这种欲望心理也是权力,而且把这种权力散发在一切反反复复的事物之中,使得阳台、室内、窗、桌椅、远山、光线、杯叉、蚊虫都浸染嫉妒心理的暴力,原本只三四个场景,而在窥测中不断反复、想象、重建,这种心态被夸大、扭曲、变形为一种超强的欲望心理,这和文本的殖民神话环境的构成是吻合的。这使一个纯客观的写物文本显得具有特别强烈的主观组织因素。

其三,这是一套性态心理的话语系统,自然带有压抑与反抗的因素。弗兰克的话语每次有诱导、摹拟、试探性质,借读小说文本,虚拟一个元故事,其《嫉妒》的二度讲述不过是对他与A谈的那个文本构成对应关系,连人物、故事、车祸、船都是一种互渗。在相互阐释的过程中透射压抑问题,如谈到人种的性欲问题,弗兰克欲言又止地,和黑人干那种——,而A却脱口而出,和黑人睡觉有什么了不起?这情绪表达的性观念。另外庄园表面平静,通过观察者视角表明过去在这里发生过许多有关性的故事。

最后,格利耶总是极爱重复某些带有精神症状的,而平常看来又极无意义的细节,如橡皮、绳子,在这里重复的蜈蚣。统计中他九次提到蜈蚣的细节,而叙述细部有七次也就是说他七次解剖了这个生物。有论者认为这是一种象征性的妻子偷情的描写,那蜈蚣扭曲、抽搐,有如疯狂的性冲突,留给丈夫极深的印象。也可以视为一种与压抑有关的话题。弗兰克多次反复地用游戏而极具暴力的方式弄死那些蜈蚣。蜈蚣在香蕉种植园里是一个让种植者很恼火的东西,弗兰克有三年的种植经验,他无意识中有欲望反抗倾向,暗含的是殖民神话中的权力问题。

接着我们可以看到殖民神话背后,格利耶的暴力美学。他着力下笔的故事总是与性、凶杀、士兵死亡、强奸、纵火、幽灵有关,这些主题的选择都是人性偏执的一方面,它们是与暴力联姻的。格利耶使这些暴力充斥于事物之中,只不过他不同于传统的暴力叙述充满激情,而是用暴力把事物撕碎,剔除情感,然后极为精细地展览过程,这特别表现在他后期一些作品里。

锁孔艺术是格利耶一个比较鲜明的特征。那窥视的孔道极容易聚焦,同时又与他精细的物主义相吻合。《橡皮》中除了他多次提到窥看的锁孔,每个人物在杜邦死亡事件上都在采用锁孔观察法,即只从一个主观孔道设计杜邦被杀,陈述中却津津乐道。在那个城市各街道上的人,在看人与事的时候(个人观察点)都带探寻质疑,定在一个点上把某物放大,这个观察锁孔在不停地移动。《窥视者》更是直接在命名上告诉你:他这个窥视的锁孔很巧,并不在马弟雅思这儿,而是在另一个少年那儿,他从一个更隐秘的地方窥视,而主人公及被奸杀的女孩儿的活动都在他窥视孔的另一端展开。在马弟雅思这儿呢,时刻都感到有一双窥视的眼睛看着他,所以他总不断地想到罪证的问题及如何处理。《嫉妒》这个锁孔是百叶窗,从百叶窗处观察室内一切。看到什么不看到什么,即与锁孔有关,因为它是有限的,又与观察者用什么眼光选择观察有关。这个锁孔在文本、作者、读者潜意识里隐含一种象征,性具的内窥镜,带有强烈的欲望色彩。形式上它是一个观察名词,却带有器具性质,实际上它是一个心理名词,偷窥确实是人类的一种隐秘心理状态,可以说是一种本能(儿童期的窥视带有好奇)。偷窥带有一种对规则的破坏与反抗,窥视者带有隐秘神奇的心理冲突,又是一种探秘带来的幻想期待的兴奋剂。锁孔把这特征更加器具化,带有隐在的制约,因为整体在孔道被锁定时它藏在背后,大部分的遮蔽只能从局部入手扩展移动,另一些看不见的只能是想象。锁孔可以探幽入微,你从孔道盯住一个局部长久注视,视觉会使原物变形。锁孔艺术还是人类心灵隐秘欲望不易被发觉的渠道。从那里可以参详长期不为人所道的人与物的奥秘,因而窥视过去一直都作为人类的病态心理展示。但在格利耶作品中扩展为一种叙述原则和方法,是用窥视打开另一个艺术世界的大门。

格利耶给我们提供了许多精彩的东西,特别是那些非确定性局部的陈述,他是一个技术化作家,如纯粹的物质性、人物的幻想性,空白中的缺席,冷峻的暴力,不动声色的欲望,记忆中的重现与叠合,剪接中的不断切割与巧合,差异性拼贴,短句的节奏,尤其是他一以贯之的舒缓性展开——展开那些不明之物与不明之人。

但格利耶也为我们提供了很好的教训。他写作了几百万字,一生都遵循自己确立的叙述原则:纯客观叙事法。是一个物质性视觉派,所以他的叙述原则形成他的风格。

格利耶风格是格利耶自己观念所制造的,他用一生心血奋斗完成这一叙事观念。他在形式上基本没有变,甚至连他的小说、散文、电影、传记的叙述方法都是一样的。这种叙述观下的物主义,被读者掌握了便会感觉到我们在不断地重复阅读。他的生活内容也按观念固定下来,用文字描绘精细的物质艺术,这种还原物质的方法,怎么能超过现代的影像手段,人物物化以后抽空心理便成为他笔下的木偶,即他说的人物的幽灵性。格利耶的作品最好的都在1950年代基本完成,我们读两三部会有启发和收获,去读他的几百万字全集,领会那种重复我不知道会有什么后果?如果把人物、生活、叙事全部观念化以后,制作的也只能全部是观念,原创性作品是不能这样制作的。读格利耶,大众都认为难懂无法阅读。其实只要抓住了格利耶的叙事意图,他的作品是易读好懂的。

词语的植物园

　　1987年读西蒙的《弗兰德公路》时的心境是难以形容的，它几乎粉碎了我关于文学的梦想。首先是把一切属于文学传统规范的东西都打碎了，小说竟可以这么写，真正具有诗的性质，绘画的技法，是个语言的迷宫。那种强烈的感觉色彩冲击着心灵，那种斑斓缤纷有如阳光下流淌的色彩的河流。特别清晰地记得小说最后一部分中写性爱，有好几千字，特别大胆而刺激，那种细腻与暴露是那一时期最色情的文字描写。多年后我问许多朋友几乎也都注意到那一段强烈的性描写。但当时也极为悲哀地认为，若是中国人写一部《弗兰德公路》别说得诺贝尔文学奖，在中国连发表的可能性都没有。反正20世纪是不会有希望的，后来也正如我所预料的那样，文学最终只能成为大众的快餐佐料。

　　西蒙为世界文坛提供了一个极好的例子——叙事的合法化。西蒙是新小说派作家中最前卫最具试验性的，无论在哪个国家出版他的小说，他的成功都是极困难的。西蒙的叙事首先是由午夜出版社给予合法化，准确地说他被罗布·格利耶认可而隆重推出的，这也是个合法化过程（但他俩在文学上是有矛盾的），西蒙在1985年获得诺贝尔文学奖，这又使得他在世界文坛上进一步合法化，可见这种合法化就是一种权力运作。正因为有了这种国际合法化，中国便省略了一切评判标准。中国对国外文学历来是一种自然合法化。

　　在中国，许多年来都说没有大作家没有杰作，其实并不是汉语作家中不能产生伟大作品，而是这种叙事的合法化，使小说平庸，质量下滑，也是显见的事实，而在汉语作家中写出的作品具有龚古尔文学水平真是大有人在。

　　我读的蓝色书皮的西蒙不知被谁从我这摸走了，后来又买了一本红皮的，挺鲜亮，内文还增加了《农事诗》，不过我几乎有10年没读克洛德·西蒙了。再一次拿起西蒙是因为给报纸写书评，1999年8月的一天，我接受了《植物园》的赠书，粗略一翻，西蒙创作发生了形式的变化，后来又为研究西方20世纪超文本写作，便详细地再次阅读西蒙的作品。

《弗兰德公路》用西蒙的话说,是一场灾难的片断描绘。全书三个部分,但相同情节部分地反复出现在各章节,只是在构图、色彩、层次上稍加变化。事件主要集中在骑兵队长雷沙克身上,但打破了时空关系。一部分雷沙克在马上带部突围。二部分他被打死。三部分他重新活过来又在马上突围。小说是借乔治对战争经历的回忆,乔治和雷沙克是远房亲戚。雷沙克是贵族,曾祖父是第一帝国的将军,在大革命时背叛贵族,加入国民工会,投票赞成处死国王,最后被西班牙革命队打败。波旁王朝复辟后他在负罪的重压下开枪自杀。1940年德国入侵,乔治随骑兵队到比利时国境的佛兰德地区撤退,一场惨烈的战斗中骑兵队溃不成军,两个战友被俘:布鲁姆是犹太人,伊格雷齐亚是他家雇的赛马骑师,在这次埋伏中雷沙克绝望死去。雷沙克作为贵族150年后重蹈曾祖的覆辙,他无法接受法国的惨败,一切理想都幻灭了而且他的妻子科丽娜小他20岁,轻佻放荡与伊格雷齐亚和乔治都有枝枝蔓蔓的关系。雷沙克渴求解脱的死亡。而关进战俘营的乔治与骑师忍饥挨饿,经历了那些非人的折磨。战后,乔治又与科丽娜重逢,他过了狂浪的一夜。

　　小说极尽真实具体,精确细致地描绘,是感性化写作,写的是战争、死亡、搏杀、性爱,主题含义和他选择的材料高度统一,没有什么隐喻等级关系,画面是什么也清楚准确没有任何难懂的东西。西蒙后来解释该小说时说,总之,这种对一个形象的特性及派生或从属的特征的考虑,是对基地周围固定参考点,周围土地的探索。就像说《弗兰德公路》那样,游荡的骑兵(或无数画面里游荡的叙述者)总是重新走过,又回到那个固定的点。这些点是科丽娜,或地理志学的角度,是路边的死马。这样骑兵是沿着一条呈梅花状的环形路线游荡,好像手里拿着笔画出一条线路,但永远不能使这条线路离开纸头的表面(西蒙《逐字逐句解释小说》)。

　　两年后,他又写作了《大酒店》共分五个部分,一章列清单,二章带枪的人叙述。三章帕特洛克罗斯的葬礼。四章黑夜里。五章失物招领处。小说中有5个人物:大学生、意大利人、带枪的人、美国人、小学校长马尔内蒂。在大饭店内看到报纸谁暗杀了圣地亚哥司令。他们讨论推断谁在暗杀。并在阳台上观察了葬礼的经过,叙述者晚上不断地猜测凶手是谁,分析推断,幻想但没结果。这部小说从逻辑关系上比较好理解,前面的清单列出来而最后一章作实物招领。三章写司令官葬礼。二章是标明为带枪人叙述,这说明是凶手叙述的这一凶杀事件,发生在火车站那儿。四章里的凶杀是陈述者的一种猜测,并未目见杀人。西蒙说这不是写西班牙革命的书,而是我的革命经历,对巴塞罗那发生的事的模糊回忆写出来的。

　　西蒙的写作是与他的生平及爱好有关的。1913年10月10日生于马达加斯加的达纳纳里弗,父亲是个骑兵军官,阵亡。少年是在法国南部庄园长大,去剑桥学习绘画,1936年参加西班牙内战,1939年在31骑兵团服役,次年被德军俘虏,死里逃生回老家定居。几十年间创作了20多部小说。生活经历决定了他大部分小说写历史战争和种植葡萄园的生活。也许由于他是学绘画的,小说的艺术特征也就带有绘画品质。
　　我们先谈一个属于艺术史上的问题。
　　巴罗克(baxoque)艺术。现在要说透巴罗克的范畴及其渊源恐非易事。词源上是葡萄牙语 barroco,意指用于手饰的一种大而不圆的珠子,从这个词上派生出一个时期的艺术特征,如何命名已是个谜,但已派生出 baroque 一词,据赫尔·奥斯本说,在像声价值上看,baroque 一词发音隐秘而含蓄,暗示出沉重,浮夸臃肿的形式,而这种形式只有进入运动状态才会产生的效应。巴罗克一词的含义是奇特,怪诞或者离奇。艺术特征是具有一种欢快的动感,有纵深的空间,是现实主义的动态描绘,具有浑厚阔大不平的质地。简单说它是灌注于块体之中的运动。巴罗克艺术起源于罗马,为天主教会和富裕的宗教贵族效力而产生。绘画上米开朗基罗、卡拉瓦桥、鲁本斯、伦勃朗是其代表。建筑上最重要的是以伯尔尼尼,柯尔多纳为代表。巴罗克在绘画、雕塑、建筑上表现出鲜明的物质形式,表现人类精神与心理状态,走出古典主义以后又沉湎无边无际的梦幻创新之中。
　　一般谈巴罗克偏重于形式上研究其特征,从色彩光线看明暗阴影,从构图上看对和谐平衡的破坏产生重力与动感,在线条笔法中看繁复多变的装饰效果,具有透视效果的阔大深厚的空间。这当然是不会错的,但极不全面,不深刻。对巴罗克的理解还应该从地缘、心理、艺术传统上来看,巴罗克有一种人类始初的欢乐精神(包括忧郁和愤怒属于情绪范围的),在心理素质上,是有冲动有激情的内心奔放,于物质形式之上体现为动态的力量,喜欢冲突与变化,喜欢雕饰繁复和变形的夸张,地缘上是相对南方的温和指向北方的粗粝大气,浑厚朗丽。更深层地看还是人的因素第一。1995年,我请德国文学专家叶庭芳到北师大讲课,他谈到德国教堂时提到德国人有巴罗克基因。这是个绝妙理解,人类文化传统在人的精神领域里转化,那些热爱巴罗克艺术的不是巴罗克有那些艺术表征,而是有许多人有那样的精神素质:巴罗克基因,内心深处对它具有一种吁求。

于是，我们很好理解克洛德·西蒙便是一个具有巴罗克精神素质的人。又因为他学习绘画，巴罗克便非常充分地表现在他的小说中。他的小说均浓墨重彩，色彩是斑斓缤纷的战场，各种声音混成交响乐，充满流动的感觉，溃败时马匹、刺刀、铁蹄、枪声、呼喊、刀闪的银光与喷涌的鲜血，车站凶杀及混乱门厅内的桌子，人们在杂乱无章地奔跑，如同有成千上万个镜头在中间闪动，大到画面的各个角度的重叠，小到一滴葡萄酒，发丝，各种器皿门窗的凹槽，总之一切细节都被网罗起来充满杂乱的色彩，破碎的物件，混合的响声，还有四方八面的涌动。在那条公路上历史与现实战争，情欲、回忆和梦想，幻觉和联想都变成一个个词组，仿佛那些破碎的彩色玻璃装成几车厢，从空中倾倒在大路上，坦克履带给轧得粉末一般，随风一扬都是色彩混乱的词语漫天飞舞，这些飞翔的词语也就是飞翔的情绪与感觉。

解决这个问题之后，对他小说的无头无尾，时空颠倒，结构紊乱，甚至在句子叙述时都随意中断把不同时空的事物任意连接，总之，把传统小说的习惯抛弃了，你都能很好地理解了。关键在于把握他的叙述句之间，只有感觉勾连而无逻辑上的因果联系，你不必考虑主题、人物、情节、故事这些传统因素。

《植物园》是西蒙1997年的作品。《植物园》是一本什么体裁的书这颇费读者脑筋。在阅读中你或许会认为它是一部回忆录，一部关于战争历史和世界各地风物的回忆录，一部关于个人特殊经历的回忆录。可你在细读时又会否定这个判断，这个文本中包容有审讯笔录、新闻摘要、访谈录、电影剧本、文论随笔，还有幻觉梦境、突发的奇想，突然插入的引问，最显著的是那些文字排版组成的各种几何图样的装饰画，又似一种拼图游戏，这么多文体综合于一起，它组成一种什么东西，作者明确地标明为长篇小说，我以为这是一部跨文体长篇小说，它提供的是一种新的小说类别，这应该说是西蒙在文体上的一次新贡献。

《植物园》一共四个大部分最后加一个电影剧本。它的四个部分只是结构功能性的，而在内容上四个部分又是彼此渗透相互重叠穿插，四个部分只能大致可感地判别它的文类形式：第一部分重在文字版式的装饰效果上，这些图形有并列、挖空、镶嵌、咬合、非平衡对称、条文标题、笔记及字母拼图，还有独词独句，它体现的是文字游戏式的东西。第二部分是双重文本的互相征服，一个文本是战争历史中的自我回忆，另一文本是普鲁斯特的小说片断插入，戏拟文本中的人物与战争，回忆中人物的对映比照，不同时空不同文本不同人物穿插交织构成的回忆，是时间重叠建构的立体空间，即时间的空间化。第三部分以谈话录方式，把西蒙的战争独白和童年中学生活重叠，地点却是在日本乘飞机转拉斯维斯加的飞行途中，以俯瞰的方式插入回忆。第四部分写在旅馆，关于战争期间的巴黎逃亡，关于《弗兰德公路》中细节引发的问题的讨论。关于一个剧本的写作与讨论。这一切构成了植物园里的全部风景。

这部小说首先是一个非故事的历史战争，是一个对回忆的想象，是一个反传统小说诸要素的创新。它甚至不提供连续的历史形态，也无自传体中亲历事件的故事，从根本上说它缺少我们认为传统小说中那些属本体性的东西，那么西蒙在小说中纳入了什么呢？它纳入了一种变形的新历史，是关于战争的历史，是过去历史破碎以后重新建构的历史，在这个历史中作家的企图要展示战争历史的心理深度包括它的变形，要戏说的是历史战争的巨大荒唐。因而可以说植物园是一个记忆的历史肖像。其次是对小说叙述权威的粉碎，建立叙述者各种可疑的身份，由于作者主观是对历史（过去的和当代的）传统中作为叙述权威的作家的怀疑，因此作品中的我并非一个叙述权威统一的代名词。他只是一个不同时代不同地域不同语境中一个分裂的具体的有各种身份的说话人。实际作者的"我"已异分为"非我"。在《植物园》里西蒙是一个技术高超的园丁，他巧妙修剪、栽种、嫁接、拼合各种植物图形，他在不同时空里巧妙地游走，转移他的身份，如某街区的中学生，关于毕加索、塞尚，印象画派的艺术批评家，关于普鲁斯特，福楼拜，康拉德的注引者和阐释者，1940年战争中几个行将死亡的骑兵感受者，还有审判布罗茨基的见证人，还是一个历史档案的管理员，提供德国将军隆美尔在战争期间的笔记，他是城市街道一个精细的观察者，西班牙内战时的现役军人。西蒙在植物园中便是以一个灵活多变而自由游走的叙述者，他粉碎了一个权威视角之后，便可在各种不同视角中切换、插入。因而彼此间人物属性也是多样的，这是一种运动中主观性的多样化叙述。

我记得十多年前，在和百花文艺出版社的王立兄讨论西蒙的《弗兰德公路》的叙述特色时，我们认为他是一种以感觉滑动原则，连接各叙述细节要素，如同一块碎裂的镜子又重新粘合起来把它放在阳光下，既五光十色又变形多样。《弗兰德公路》是一种混乱崩溃的叙述，人物、事件、背景是五光十色而杂乱无序地堆积着，作者用想象、梦幻、感觉把人与物编织起来，那种连绵不断的感觉组成一幅印象派的图画。《弗兰德公路》是一种浓墨重彩的色调，主观强烈的情绪，立体积木式的时间所形成的一种交混的手段，方法上则是巴洛克艺术的。今天我们读《植物园》在一定意义上说几乎是对《弗兰德公路》的一种重读。艺术上甚至内容上都保持着延续性,只是《植物园》艺术方法更趋向一种综合建构。这种建构性叙述艺术,一方面表现为自反性艺术本体探索的元叙述,一是跨文体的多元综合,具有重奏式的结构特色。《植物园》中保留着各种文体碎片,并使它们相互拼接镶嵌,各局部之间彼此印证,关于绘画、小说、新闻、笔记、图案、标题、剧本它不仅构成植物园缤纷多彩的形式,同时还昭示回忆的复杂多样的内容,这一切又构成《植物园》一个新的重要特色,即作品的互文性。这种互文性既来自植物园中的各种文体,也来自西蒙不同时期的众多小说文本,同时还超出作家之外与所有的新小说作家的创作构成互文性,以《植物园》为例可以参阅萨特的《词语》,萨洛特的《童年》,格利耶的《重现的镜子》三部曲,舍此他还和塞尚的画,巴洛克艺术,普鲁斯特小说及历史战争的档案也构成了错综复杂的互文性。

《植物园》里所有局部细节都是独立的、碎片式的,一定要用技巧把它连成整体,西蒙的方法是从这个地点滑到那个地点从这一时间滑向那一时间,或者使时空交混起来。事物之间的滑动不依靠逻辑组织而靠非理性的感觉联系,类似于意识的直接呈现,间或在中间使用些插入或者跳跃,于是那些繁复的事物细节便在时空中撞击起来裂成碎片,或消失或聚合。由于使用了绘画的技法,事物间相互重叠彼此掩盖,那笔触不断地涂抹、勾勒、力图凸现物质的色彩、光线、声音、气味,这样物质世界中的人与事均相互渗透为混沌状态,使之不可分割和撕裂。因而西蒙的感觉是细腻敏锐、复杂多变的,那是综合了回忆、梦境、印象、幻境、想象后带有的强烈主观情绪感觉。这些感觉最突出地体现在他的语言风格上。格利耶语言是客观冷静的带有一种分析实证的味道,语言的精细与物质的精细是同步的,西蒙的语言调动了丰富的艺术感受,引入绘画色彩与音乐节奏的要素,比较其他新小说作家,西蒙的语言更加五光十色璀璨夺目。西蒙的感觉注入了充沛的节奏与色彩,便带有强烈的生命体验的痕迹,这形成了西蒙的长句特色,这些长句相互缠绕而连绵不断。他最突出的是两个感觉区域:仰观与俯视。他爱用飞机下和马背上角度,如同运动镜头不断在战壕、楼群、飞速掠过的子弹、迸溅的血液中反反复复地推进或拉回。这种感觉充满了色彩、速度、力量、声音、距离、光波,各种事物都集合在视网膜上飞溅,在神经中枢不断炸裂,它们化为一种运动状态进入植物园的艺术细部,致使那些长句汪洋恣肆,汹涌飞动,充满了叙述张力,如果大声朗读那就是交响乐。

这种语言色彩的传导,我想与余中先先生准确而富有特色的翻译有关,他使西蒙的语言和其他新小说派作家的语言很明确地区别开来。虽然是一种碎片式文本,但《植物园》却保持着庭院整体的优雅,各部分的光明敞亮而又连贯沟通形成统一的整体。这部译著自始至终都保持了统一的译文风格保持那种酣畅淋漓,既有绘画的色彩又有音乐的节奏,有效地传达了西蒙原作的艺术效果。西蒙小说中有一种很连贯的东西,如态度上始终保持一种对专制的批判嘲弄精神,始终强调五月阳光下对战争的记忆。从内涵而言他还保留着对那些抽象观念的反思,如对恐惧、忧愁、痛苦、死亡、疲劳、性欲、时空、记忆的先锋姿态的探索。在众多复杂的局部里,西蒙依然强调它的准确与精致。在《植物园》里你不能盗走任何东西,也不能移动他单株的植物,即改动或偏移他的词汇与句子,甚至如他本人所说的:你不能移动它的色彩与声音。

西蒙的小说提出了我们应该深思的一个问题:创新与重复。西蒙形式创新确实给人启发,例如《大酒店》实质上在完成一个对革命词语的诠释。《拉罗斯》词典给出的是革命的本义,他真的是用革命作《大酒店》的内核,甚至还用革命一词作为结构关系。革命是一个循环的周而复始。而小说五章构成的也是一个圆周,首章的尾是下一章的开头,词语是重复叠合的,革命时期的几个人分类很怪,美国与意大利人是国别问题,大学生和校长是教育问题,带枪的人是凶手。几个人交叉的回忆与联想在革命地多次写白鸽的飞翔,暗杀的惨烈,革命便是这种动荡不安的历史,不同国籍的人在不同的国度发生。带枪者暗杀司令官,革命是一次成功,葬礼很隆重。革命是一次事件却无法评判,所有的个人和革命与司令官都被时间湮没,历史在回忆的一瞬间也没有了。历史也不是普通的流动,而是一系列的内部变化和分子变化构成的。即使这样,西蒙也没嘲讽革命只作中性叙述。

重复也许是西蒙一个致命的问题。这倒不是说他每本书是重复的,而是指他在习惯思维里感觉意象和局部细节的重复,战争经历骑兵搏杀的生活,还做过俘虏这印象太深刻了成了他的思维定势,于是写战争生活时词汇、印象、幻觉在他的不同文本中重复。所以一本书的结构与故事可能不一样,但你读句子、词汇、联想与拼贴的方式都是一种似曾相识的感觉。你读他五、六部与战争有关的小说,仔细读完你会觉得和读第一部小说没什么不一样。最新的超文本《植物园》形式应该是最特别的,可是一到战争的局部细节你会以为在几十年以前曾经读过,感觉重复、意象重复是西蒙几十部作品的一个情结。这个教训在所有新小说派作家中都存在,这告诉我们:一个作家要不断地成为自己的敌人,一次次超越自己,即使是国外的大师也难逃脱对自己的重复。

阅读的危机

童年时我特别喜欢雨季。那淅淅沥沥的雨滴坠在墨黑的瓦楞，檐下全是水渍的痕迹，窗外的竹枝在疏疏雨漏中弹动，充满生机的绿色便涌进来，连老屋里的生命也长满绿色，我把椅子静坐在后门一边望山望水，一边看那些蝇头大的文字，不必去山上地里干活儿，大人见你认真读书也很满意，并不呵骂你。我那时便觉出阅读是一种躲避，是一种生命的逃亡。

冬天在火坑边读书，让情绪在书页中间燃烧。文字便成了一种浸润而上的水意。

只有那个时候的读书是忘我的。可以觉出生命的丰盈。长大了，读书多了，麻木也就跟着来了，心智也不那么灵便了，便觉出有越来越多不懂的东西，所谓人生识字糊涂始。等到读了几十年书，便真觉出了它的危机。从小到大我也不知道读了多少书，但计算起来却很方便，因为我是一个从不上图书馆的人。我12岁开始收藏书，15岁在一所中学教书，工资不高基本上都花在购书上，30年来大抵也就万把册书，加上借朋友的书读一些，我估摸所读之书不会超过两万册，而且更多的是浏览泛读，不求甚解。只花过几年工夫发奋读中国的古籍并做点研究，那点知识怕是还往心里去，多数的书还是只看了文字，无异于浪费生命。某天，那是个冬日的下午，阳光日见稀薄，我蓦然回首，墙上单影子立，心里一惊：也许有一天光阴再也不来了，那该是一种怎样的感叹又是怎样的一种遗憾？对自己也该有点约束，于是这几年又开始认真读书，几近贪婪，怕是在寻求一种心理补偿。

读书是要拆除有形文字的篱笆，让读者与作者的心灵相遇碰撞出火花，在文字之外能体会人生，探询世界真正的奥秘。

大概是诗人史蒂文斯的体会，读书应该在黑夜时进行，让灵魂在世界中漫游。我想阅读不是我们去追寻文字，而是让文字进入你的骨肉浸蚀你的肌体，那是文字在阅读你的内部结构，只有这样你才能获得真正的阅读生命。找寻到一种灵魂遭际。

1998年9月10日,我送一个朋友去柳州,在西客站得闲便购了一本书慢慢读,第二天我把书读完了,打电话告诉一川说,你一定要读读《现代性与自我认同》。他笑了,告诉我夏天带妻儿去宁波,在火车上和岳父家里把书读完的,确实是本不错的书,他的三本书我也就要了这本。今年4月14日,我和王一川约好了去西直门书市,翻了半天,他说买一套《中国文论批评史》有七、八本,我说等降价再说吧。他也就算了。我准备买一本麦独孤的《社会心理学导论》,一川说,世纪初的东西,甭要了,倒是可以要一本埃里克森的书。一个月后我还真买了一本埃里克森的书,同时购了一本W.西瑟的《自由民主与政治学》。

关于现代性与同一性

1998年夏天,各大书店都摆了安东尼·吉登斯的书,一时成为热点。同时还有埃利亚斯的书和比基埃主编的《家庭史》引人注目。图书的热闹是一轮一轮的,沉静下来仔细一询问,却没有几个人认真读书,大多数人满足在闲谈中交换一下信息,于是我又真觉出了读书的悲哀。

现代性是我们读书的一个关键概念,算起来得从启蒙运动开始。现代知识体系中无疑含有现代性这一极具内在矛盾冲突的词,现代性是美女与恶魔的双重化身,是诱惑又是压抑,直到有人打出反抗现代性的旗帜。吉登斯没有对现代性作一般历史性描述,而是集中在晚期资本主义文化现实上来勾勒它的特征。即它不仅仅指组织的种类,还指组织过程本身,是指跨越无限的时空距离而对社会关系进行规则化的控制。吉登斯认为现代性生产最为显著的社会形式是民族－国家。它是有特定形式的领土性和监控能力,并对暴力手段的有效控制实行垄断(见于《民族－国家与暴力》一书)。他看到现代组织的特征不仅仅在其规模或者是科层制的品质(传统模式特别注重的),而是在于受其认可和必须承担的集中式反思性监控。而这种现代性的动力系统,一是时空分离,二是抽离化机制,三是制度反思性。理解这种高度现代性要特别注意日常生活的转型(日常行为的操作化演变,经验传递实质性的变化,现代危机的非线性)。这本书中现代性研究只作为参量,更多篇幅在讨论自我认同。对自我一词我们极容易找到弗洛伊德那儿的源头,吉登斯讨论时,他重新划定范畴,概念内涵也有变化。本我、自我、超我是不能令人满意的术语,我不相信这些术语特别管用,宁可代之以分层模式里包含的三重部分,即基本安全系统、实践意识、话语意识(见于《社会构成》一书)。对自我认同的诸多问题吉氏进行了详细深入的讨论,如风险与安全,存在性问题,恐惧与焦虑,经验与传递,内在性参照,日常生活、生活政治等,尽管如此吉登斯的重点仍不研究自我,这本书的目的是在考查现代性与自我认同的关系,即高度现代性的社会里自我认同的产生机制、表现特征,如何解决自我认同的问题。自我认同的问题在埃里克森那儿表述为自我同一性。

埃里克森一生都在致力于研究同一性。他是自我心理学最杰出的代表,他研究同一性是基于同一性的混乱,自我同一性丧失的原因。他从个人的心理的角度去关注人与社会的关系,想提出一套解释发达资本主义社会所出现的问题的严重性。例如青少年,妇女、种族等诸多问题。以自我同一性为基点提出人的生命分八阶段的人格发展渐成说。埃里克森的同一性(identity)说白了就是一种认同感,一致点,必须建立一个他者的介入,是在比较基础上建立的同一。个人面对社会、文化及自然的一切领域,他要找到一个合乎自身的一致点,各事物之间或个人内在的比较中都可以找到一致点,这就生发出许多的同一性。同一性也许不是绝对的而是辩证的,外在的物质世界同一性是由事物类的规定所确定,只要介入人的因素便具有内在的同一性,它内部有两个重要概念:一致性与连续性。真正的同一是具有时空不可改变的特点,同一性有参量和比较的系统,人只有自己存在的事实还不够,还必须有对自我存在品质的指认。即要认识到同一性。所以他者也是同一性的关键概念,这样研究同一性便得使用比较,反思,认同等概念。

个人同一性始终都在同化与异化中间成长。个人不是外在于环境,或者说环境也不独立于你之外,你和环境是融合又冲突的统一体,时刻都在相互征服之中。

在人文科学中或艺术语言和日常生活中使用同一性都不是严格意义上的指认,同一性一般指称的不是语言逻辑上唯一所涉及的绝对物质,而是某一对象在那一个种类意义上的代表,以个别代表那类较高级别的对象。因而同一性在上述领域只能称为相等性,类同性以及主体间性的相互对应关系。不能视为严格的同一。

同一性表述为:一个命题函项被置于一个符号而成为一个真句,被置入的另一符号同样也成为一个真句,两个符号就可以被认为是同义词。(卡尔那普《世界的逻辑构造》)

符号所含有的同一性是由事物各侧面的一致性决定的,即事物两个不同的称谓都指向该事物,或在不同时空中的同一事物。宽泛地说事物的同一,是指那类的代表,严格的同一性必须建立在可以替换的位置上其标准不变,但在不同时空内严格地说又不能有绝对意义的同一性,绝对同一性其实就是指事物的纯一性。如果两个东西同属一类,而本质上这是一个事物的自身指涉,因而我们说同一性只能找到大体一致的东西,没有纯粹的同一。因为纯粹同一只能是一个反身代词。这里揭示的是世界的单一与重复的基本矛盾。

　　如果有灵魂那自我一定是先验的。基于此自我也是原始所给予的事实,它一定有传承的模式,一切肉体和精神的都会有本初的来源。和达尔文一样伟大的海克尔他认为灵魂是物质性的,灵魂细胞包括在躯体和生命实体之间,最近英国的克里克也承认有灵魂可能是一堆神经元的复杂集合。这两个观点分别见于《宇宙之谜》和《惊人的假说》。我理解如果灵魂有其物质形态它一定永存于我们的知觉模式之外,一定有其先天的赋存,相反,如果灵魂是非物质的,那它只能存在于猜想之中,是一个假问题。人的一些根本的属性都是处在无意识的黑箱中,所谓人类拥有本性那是指先天性的。可自我又确实具有后天的因素,即所言的人是全部环境的顺从,性格是可以改造的,这就是说自我不可能脱离一些基本要素和基本关系而存在,否则也不可能有什么基本经验的表述。基本的要素和关系无疑是后天的是构造性的,也就是说人是文化环境的自我。自我是在区别于他人的基础之上更高等级层次而构造性的存在,是在与他者区别中自我反思化的结果。我被对象化,是指主体在被认识的过程中,自我被看成一个对象化主体,即指自我也是一个行为主体。自我被意识时自我为一个能动过程,因为是由我去认识自我,这个活动是双重的,也包括我的主体对象化后作为客体,这也叫主客体的同一性。

　　同一性是世界非常重要的基本属性。在逻辑上的同一性是解决思维的问题,世界之所以被言说,是因为有同一性的基石,否则那世界就不可表述和无法交流。心理学中的同一性是自我认同的问题,也标识人与他自身保持同一。它既表明主体与客体之间的一致属性,也指各个体内部的意识与无意识之间的确认。文化同一性是在一区域一类属上保持人类群体相一致的东西。中国文化里人们在思维、意识形态、社会角色、风俗习惯包括种族传承,行为认识都具有自己的同一性。从不同的角度透析它,个体与文化相联系的同一性表现为个人在这种文化中可以自由地展开本性的自我,而不同文化则对自我发展具有排斥性。文化同一性是一个变化运动的辩证法,但它的变化是非线性的,又不同于技术参量变化与向度的增长,它的变化是有机的,各部分的融合中表现为整体的变化同时还内在于思想精神状态的潜在变化,外部变化表现在形物质上,如一个城市面貌,服饰、媒体传播等。

同一性指向世界基本物,在其边界之内其规则标准则要保持高度的同一,这注定该事物具有永久性活力,证明世界本身的单一性、重复性,即便发生时空方位与向度的变化也不影响同一性。它是由物质的根本一致性(内在属性)所决定,同时又表明人或事物在其分类变化上的同化或者异化的基础,客体关涉主体时对于人的精神意识或体验性的瓦解标志着该事物彻底地变化而作为另外的事物。如果从同一性出发世界是一个整体,任何分割或单一局部的解释都不是全面的,因而也是无效的。由此可以推论社会科学的分类是对同一性的分割,从科学史看它是逐渐完成这种分割的,率先分割的是数学,继而物理学,化学,生物学。在社会科学中最高的是哲学,然后是各门类艺术(音乐、绘画、文学)在另一端则表现为历史学、经济学、社会学、政治学的依序独立。晚近才有古典学、地理学,而心理学最晚,各学科的独立除了认识模式上的深入,为研究的方便推其发展,但实质上所有社会科学均受同一性制约,在后技术时代社会趋向综合,这种学科分割是否还继续具有意义呢?

当下后现代主义是以反同一性的为己任,据说利奥塔是全面对同一性发难的一个人。

肯定世界的同一性,对认识世界具有重要意义,同时又是一个陷阱。首先,以语言构成的知识系统与世界本身保持同一,这是一个抽象的符号系统,把世界缩小到书面或口头,这已构成意义生存的二元结构。其次,个体内部、事物之间带有共通的、类属的、一体的统一系统,这表明世界具有结构,世界保持自身的同一性,因而世界从根本上是不可改变的。但因了同一性事物之间,人与物之间保持通约关系,因而世界是一个自我调节循环流通的自足的结构系统。再次,同一性表明了世界的纯质性,在时空中是同质的重复,因而世界是可认识的,可以找到规律,也有必然的归宿。同一性给人类提供了幻觉,世界是一样可以认识的东西,它如此的美或丑,世界成为前人知识的总和,理性的逻各斯中心主义也因此而产生。我想世界不是这样,它没有一个同一的万物本源,不被一个中心所控制。世界内部没有人类虚构的同一性。世界的认识只源于它的差异性,在不同中区别。差异性只提供某种认识方法并不作为世界的本源,知识虽由来已久,世界终将发生什么又是不可推导的,它的来临是它自身过程的显示,并不具有真理意义,价值在它的运行过程之中,同一性在本体论位置上漂移。

关于后现代理论

我接触后现代是在十多年前。1987年刚到北京,一本小书引起我的注意,它是《后现代主义与文化理论》,它是著名的马克思主义学者杰姆逊于1985年9月在北京大学的讲演稿,第一版由陕西师大出版,十年后北京大学又重新出版。这本小书十多年来我最少通读过三次,曾买过十几本分别送人或被人拿走,我每读一次便把书中串点得密密麻麻,我曾把一个圈点本给了大举,嘱他一定要细读读。我从那时候认识后现代,准确说是认识了杰姆逊,通过他来加深认识西方的知识系统,那本小书启发给我的是无论何种程度的艰深晦涩都是可以用畅晓明白的表述来交流的,真正博学多才的是能把那些高深莫测的学问浅近地解惑传道。此后凡见到杰姆逊的书我都买,至今已有六、七本,竟然也喜欢上他书中间的晦涩包括他在论辩中阐释问题的风格,阅读杰姆逊在一定意义上是因为他提供了进入西方文化知识的孔道,既提供认识意义又具有方法论意义,从那儿可以找西方知识的构架与体系,也可以从个人局部打开研究方向,从那里出发读阿多尔诺、戈达尔、拉康、本雅明、卢卡契、萨特和马尔库塞,还能进入西方知识系统的问题研究,如意识形态,乌托邦,形式主义文论、后现代建筑、先锋电影、快感、时空、精神分析诸问题,作为一个高层次的起点会对个人学问的提升补益无穷,当然研读杰姆逊的书首先得掌握他的思维方式吸收他的研究方法:即认识测绘的方法。

杰姆逊自称是一个文化批评家,最早研究萨特,尔后研究马克思、黑格尔,最重要的理论著作是《政治无意识》,最创意的考察是《晚期资本主义文化逻辑》,他抓住的核心概念:生产方式。它决定了历史事件又决定了我们对历史的陈述方式,历史叙事和阐释行为都是一种叙事分析的方法,体现形式的意识形态。这注定了杰氏的研究关注政治、文化、经济,因而注定了他的总体论的方法。在历史和现实中找到它隐在的联结点梳理出社会网络中最关键的因素,因此系统是最值得重视的概念。杰氏善于从总体和局部及局部之间的关系给出认知的总图,从总体论的高度考察事物。关于后现代杰集中在几个点,即打通高雅与通俗的界限论述审美通俗化特征,取消深度以后的平面化原则、杂烩拼贴原则,还有抹平历史广度重新建构历史的方法。杰并不一般性地描绘后现代文化现象而是分析该现象产生的根源,对各范畴作精到的分析评论,在论争中建立自己的观点,在文化分析中导入政治、经济、思想诸多因素的阐释发微。对我们而言,杰姆逊可能是一个很好的文化传道士。

1994年春天,我在北师大和一个后现代的研究专家王治河聊天,他说后现代如果说到根本上它是一种流浪思维。这话很准确地表明,后现代是一种思维方式,我以为这种思维方式既是流浪的又是反思的。

解构西方逻各斯中心,摧毁形而上学体系,主体漂移了,意义也消解了,深度也荡平了,思维便一定是在无主体状态下漂流的,那么一切等级化、制度化,同一性都在流浪思维下瓦解。这对西方知识体系应该说是有史以来最大的冲击,为此利奥塔作出关于知识的报告。在所有的后现代理论上并不保持整体上严格的同一,它们有各种标牌,如怀疑论的,激进的,建设的,批判的,生态的,政治的,重构的各种后现代主义,他们有各自使用的概念,讨论的理论命题归纳的理论特色都不尽相同,这也符合多元多维差异思维的特点。但无论如何立论,企图把握它的核心,描述它的状态,都保持了一个叙事上的特定向度,即它的反思性特征。

我们理解后现代都是前提性的,或者说我们阐解后现代必然含有对前提的认识理解。假如我们从现代性一词作为切入点走进后现代,那么我们便从现代性源头理解,追索对启蒙的重新认识。重新认识现代精神:即肯定个人主义的中心位置,强调人本主义人道主义,坚持二元论,主体和中心是至关重要的存在,自我在追求市场竞争不受伦理束缚而获得更大利益的道德观,确认我们自身是存在的目的。现代精神下的社会机制是二分化的,分离式,机械化和实利主义特征。现代精神本意是提高人的中心位置和自我价值的实现。可是人在经济活动和互相的角斗中却完全异化了,这是现代性的直接后果。我们看到个体的私人生活脱离分化社会大机构以后却纳入一种机械化程式之中,社会是台高效机器,追逐财富成为现代社会生活的核心,而分离化作为重要的社会特征,社会过程是以传统为基础的社会向理性分析的社会过渡,习俗社会在向契约社会过渡,于是伴生的社会情绪与心理是焦虑、孤独、恐惧、恶心,人们又一次追问生存的终极真理。这一切都构成种种前提性理解,是在与它的比较中开始后现代的认识,由此也可以看出哈桑把现代和后代的概念术语列出一个并列的图表比较也是基于一种前提性理解。这些前提从时间和经验的层面它是已发生过的总和,这样理性上我们便有一个对过去的反思,只是这种反思是怀疑的,批判的,否定的,摧毁的。这样我们再理解后现代审美通俗化和大众化必定包含着对精英高雅文化的反思。对平面化边缘化的推崇就是对深度模式和中心化的摧毁;杂烩拼贴零散化碎片化原则便含有对整体性和确定性的否定。重构历史就是把历史移置于现实中再重新编码,而不是重现历史的价值,过去的历史只是叙述者一些观念的痕迹。重要的要看清现实不是历史的延续或必然结果,过去和现实发生的问题没有本质上的同一性,相互也不形成逻辑关系。

因而后现代精神在反思之后可以这样表述:个体并非生来就是某种自足的实体而是借助他者表象上发挥相互作用。个体关系是极为内在性的和构成性的,个人身份是一种社会文化、自然的复合关系的结果,简言之,人是构成性的。人有非凡的自决能力。人在交往行动中获得对社会与自然的态度并和环境融合。

杰姆逊把后现代称之为晚期资本主义的文化逻辑。从表层看,他讲的是文化现象及它们之间的逻辑关系,实际包括对技术资本主义时代政治、经济、思想、技术、历史、语言、意识形态及一个合乎逻辑的发展。我们从杰姆逊的锁孔而进入西方知识体系的房间,研究它的历史与现实,文化形态及社会理论,进而分专题或个人研究西方知识的各个局部。这也是一条学习的捷径。去年冬天我把卡勒的《文学理论》极力推荐给一川,并购赠一本。今年春他电话与我商量,给博士生开课在杰姆逊与卡勒二者中选一,谁合适?我说这两本书都极好。他在去加拿大讲学前告诉我,说选《后现代主义与文化理论》。我想还是他的选择对,卡勒的书仅十万字不到,研究它必须是读了百十本西方的理论书,而且必须熟悉那些前卫人物的文化成果,学生还要有创造性思维与文学作品阅读分析的实践,这对博士生教学来说,是本有难度的书。而杰姆逊这本书对西方文化梳理是具有引导性的,把西方思想文化的问题都提出来又有由浅入深的特点,学生可由此深发探微。

如果是研究后现代理论的专题或人物可以选择直接读原著,但如果读了许多后现代理论家的个人专著之后呢,我觉得选择读一读《后现代理论》是十分必要的。这本书是对后现代理论的比较与批评,大有后现代理论史的轮廓,除了对后现代诸多概念的产生发展、内涵及其局限作了精到的评析,还对后现代的各主要理论取向、特征、意义及作用作了清晰的梳理。后现代理论产生于西方知识文化的内部的一场论争,一次转型,是对传统理论、现代主义理论乃至整个西方知识思想体系一次整体性的否定和摧毁,他们所论争的主要问题让我们清楚地看到西方文化的内在矛盾,因而也是对东方文化的一次极好的反思。

德勒兹与加塔利合作写过两部书:《反俄狄浦斯》、《千高原》。他们使用的中心词是欲望,这如同福柯紧扣权力一词那样,作为他们理论的全部根基。欲望是革命性的,是颠覆一切社会形式的力量。欲望总是动态的、片断的、非中心化的,有巨大的生命能量。因而驯服和压制欲望是首要的任务,把欲望置于一个封闭结构里使它"辖域化"。欲望具有充沛的能量,它是积极的生产性的,既是破坏性的又是建设性的,要控制欲望必须找到它运动状态下一种新的联结。欲望是主体也是社会存在的基本实体,他们由此而提出了微观的欲望政治。所谓精神分裂一词不是生理疾病的陈述,而是资本主义社会产生的具有潜力的解放精神,它使主体逃离资产阶级的现实原则,逃脱压抑。欲望理论是解码化的产物,它否定主体性中心化,废除等级制,反对认同,认为没有什么统一整体的东西,主张差异与多样性。要特别重视的是他们的后现代思维方式。

在西方思想知识的传统中一直存在着这样的比喻:认为现实是透明地反映在意识之中,有如镜像直观,所以有反映论与摹仿论。还有把知识系统比喻成树状,按这种大树隐喻,心灵是按系统的原则和层级原则来组织关于现实的知识,即所有的知识都扎根于坚实的树根基础之上。所有的知识有如一棵树分枝叶那样分层分科而条理化的。因此树状思维西方知识体系便是那种层级化,中心化,体系化,它依托于一个再现性主体的基础之上,而枝叶成为形式、规律、系统、真理、正义。于是西方知识思想可以牵一发而动全身,有其内在严谨的逻辑性。后现代理论的目的是要废除整体中心,铲除基础,解构二分法,使之成为多元化,非中心化的散线状态。于是他们提出块茎思维,即以块茎对立于根胚。块茎是解辖域化线的非层级化系统,它通过随意性的,不受约束的关系同其他线相连接。这些关系在一个光滑的无边无际的平面上,而不是有纹路的有方向的连接如蚂蚁,狼群及精神分裂者都是块茎的例子。这是一种非线性的思维,产生出来的是差异与多样性和非确定性,非逻辑地组成许多新的意想不到的连接,这对西方思想知识系统是一个非常有力的理论清理与批判。

博德里亚尔是最激进的后现代主义理论,他是结合当下高科技成果对技术资本主义作详尽分析的一个。他著有《客观体系》、《符号政治经济学批判》、《生产之镜》等。他的主要视点集中在社会政治经济批评和思想批判上,创立内爆理论。他扣住的关键词:真实中的不同含意,及真实的本质,真实的制造。他对真实一词的质疑引起我们对仿真时代的警觉。他是具有最彻底否认意义的,对消逝模式的评析也极有贡献。在他看来当下社会处在一个新类象时代。类象实际也就是幻象,是一个没有根基没所指和本源的"象",是一种虚拟的存在,一个由语言符号构成的幻象世界。表征一词是我们认识的关键,有表征便有了意义这个深层模式,符号可以和意义任意交换,符号等同真实,是谁规定这种准则? 恐怕只有上帝,如果我们拆除这无形的保证,我们的语言符号便漂移起来,它只是一个笼罩的幻象,它不再指向真实、基础、意义,它只在循环体系中与自身进行交换,表征也成了一个无根飘飞的纸鸢,于是他相对地提出了仿真一词。

当下充满了计算机,电脑电视,媒体信息化,自动控制、高科技工业,完全变成了一个技术时代,于是一切都可以按类象符码和模型组织,构成庞大的社会网络。这是一个非物质化社会,一切均被信息编码取代了生产地位继而成为社会化的组织原则。在这个信息与符码的时代,一切形象或类象与真实的界限均已内爆。内爆一词我们可以理解为过度膨胀,取消界限,铲平意义,使社会一切等级化的东西都处于同一平面,这种内爆使得社会政治经济、文化技术的界限崩溃,过去西方工业社会的特征是外爆,表现为资本的向外扩张,商品生产和科学技术膨胀式发展,遍及社会各领域,包括领土的侵略,话语及文化价值不断分化,这种外爆典型方式便是世界的殖民化。内爆相对于外暴不同的是指一个社会内部各个领域、各个系统的界限崩溃,在各种意识形态,阶级科层之间,各文化之间包括媒体信息之间界限均已内爆,这种内爆表现为各事物之间已没有意义差别,政治与娱乐,资本和劳动,精英与大众都处于同一平面,内爆已充满于社会一切领域。我们传统指认的真实及其对它的体验与感受都发生了根本性质的变化,往昔指认的真实基础已全部消失,这个电讯时代,媒体和信息能制造真实,仿真完全可以批量生产,类象已构造为现实本身,制造的真实比客观的真实更加真实。仿真成功了。

当后现代社会仿真超过了真实,一切物质生活变成幻象之流,我们活在一个直裸裸透明的外显的,变动不居的类象现实中(意义内显于深度模式有维度方向和框架如今它又没有依附的基础),谁还在这个世界里追问终极呢? 人变成了一个随着时间漂移的符号,他活在自己的或者仿真的幻象世界里。

利奥塔的研究起点和德勒兹一样,都以欲望政治为重点,只是利奥塔颂扬一种肯定的欲望话语。在《利比多经济学》中利比多一词就是欲望的强化与流动。指欲望凝固为价值、思维、特定范畴与行为模式。也许由于现象学关于意义的领悟,庞蒂关于视像的思考,结构主义语言学的启示,利奥塔使用语言哲学、政治哲学取代了欲望理论。话语一词成为后现代理论的关键词。他认为一切话语都是叙事性的,即便理论本身也是一种隐蔽叙事。利奥塔致力于否定真理、历史叙事、元理论、宏大叙事等,他认为所谓精神史诗、辩证法、意义阐释、历史命运、创造财富、人类解放,总之一切与真理和信仰有关的叙事,在后现代社会里失去了有效原则。在《公正游戏》里,他致力于对公正一词的分析。所言公正是按照同它相关的某种游戏的具体规则而界定的,所以任何公正都是语境性的,相对性的。政治话语的性质也是局部的、特定的,是一种策略的介入,政治意义也是随语境和规则而定。这就像一局棋那样,法则制约棋局,斗争在语言内部从事游戏,这叫话语政治。后现代政治更明显地表现为一种语言的介入,重新提出一些规则、标准、形式、原则,重造一种生活方式和理论模式。那么我们会问到底是什么样的政治?真伪如何界定?以游戏方式对一种理论的质疑。政治斗争既可以在语言内部展开,也可以在语言游戏之间展开,所以政治不是制度与思想的控制而是一种修辞性艺术。所言公正都是一种暂时性判断,不具有普遍化原则。

利奥塔产生巨大声誉是在1976年的威斯康辛大学的后现代研讨会上所作的关于知识的报告。知识是按一定规则而建构的一套语言,也就是说它是话语模式,是人类科学文化的总和,甚至还包括对生活的理解,是一个诀窍一个能力问题。长期以来知识的合理性被自然化,现在要解开知识背后的东西,如福柯找到了知识背后由权力制约。利奥塔重点考察知识的合理性及变化的原因,西方知识的合理性是自我论证的,指向科学与社会及国家之间的关系,这样知识本身的合理性实际依托在知识服务于民众与国家,含有实用的目的性的合理性,这在传统中是不会有怀疑的。而在后现代语境中知识位置发生变化。他认为知识产生于歧见,产生于对现代范式的怀疑与对新的范式的发明,知识从普遍真理的囚封中逃逸出来,知识不再对真伪陈述负责而是关于对错是非的讨论,手段与目的诸关系的陈述,时下知识与知识服务的对象密不可分,这意味着知识总是对新的区域提出要求,具有一种生产的力量。这也许是他把语言和言说政治化建立新的话语规范的目的。因而语言政治和语言哲学是从语言的缝隙里寻找差异政治,动摇现存的统治关系。

于一般人而言《后现代理论》是不容易读的,要读过一些福柯、墨菲、杰姆逊等代表人物的著作,在比较思辨中来读该书,而且始终建立在批判性与反思性上来评估他们,这样你就会明白整个西方思想系统中,他们在干什么?意义作用何在?那样你也许能绘出一个西方知识的总图并把自身提升到一个很高层次。这本书对做文学的人或许有特殊的启发,它扩大视野增加信息。该书侧重在社会政治、经济、历史、文化思想内展开论争,与我们一般文学中理解的后现代和关注点不完全相同,文学中注意的后现代是德里达、拉康、福柯,再推及杰姆逊、哈桑、巴特尔等。而该书是真正让我们把握到当下的后现代主义的理论状态。相应还有一本可读的后现代状态描述性的书,即上海译文出版社的《后现代主义与社会科学》。

关于纳博科夫

大约在1980年代中期,我在湖北宜昌市的旧书堆里弄了一本脏旧的《洛丽塔》。那时我住在宜昌市最大的东山大道北端的葛洲坝机关大楼里,那条大街如同流动的长江,每天都是声音的浪花,几乎24小时都是震动的汽车轮子从我头颅压过,无休无止地碾过我的灵魂。记得那时我端一个小矮凳坐在临街的阳台上看落日和长江,看高高的葛洲坝电站船闸,把《洛丽塔》抱在膝盖上,视觉里便是一组组运动镜头,牵着你向前迅跑,我几乎不停地念着洛丽塔的名字,在倾诉,在独白,翻开第一页,那个固定的基调是汹涌的主旋律:生命、欲望、罪恶、灵魂。我是亨伯特,我也是纳博科夫,一个性变态患者喋喋不休地自述,这个独白世界总是封闭的,讲述性的,因而我理解这本书是渲淫的书。

洛丽塔是谁?她是人物、性别的名称。我们不必分析人物的品行与精神、人物的命运与文化含义。洛丽塔只是一个符号,一个淫欲的符号。她是生命之火也是欲望之火。只要洛丽塔一出现便点燃读者的欲望视野。这个淫欲玩具还有个特定的年龄规定,这是纳博科夫的特殊心理并在《阿达》中得到同样的证实,全部作为我渲淫的工具,她是一个对象化的自我,老光棍心理与幼女性意识的觉醒的不成比例组合是一个极刺激的工具。这里的一切隐喻象征都表象化平面化,那种淫欲心理调动的是猎奇,窥淫,恋童,一种扭曲与暴力的展览。在这里并不寻找什么美国文化象征,或非道德化的解释。这是一条直陈宣泄的语言暴力的河流。

这就是纳博科夫的渲淫。

1980年代的后期中国都市充满嘈乱,东西南北的人奔涌串连,所有路都塞满车,所有的车里都是拥挤的人头,大街上便充满这种躁动不安,那也是一条欲望的河流,人们也要借另一种形式渲泄,而纳博科夫采用的是语言的暴力,又借助洛丽塔这个特定的对象宣泄心理意图。也许是译文的拙劣读得不畅达,对该书印象不好。后来重读是由于期待视野消逝,更因为我注意到其中那个忏悔主题,便觉吃了苍蝇似的,那是一种似是而非的道德自我拷问,用中国人的话说,又当婊子又立牌坊。忏悔中隐藏着一种自我标榜,这种自我指认绝非陀斯妥耶夫斯基的灵魂式的袒露与鞭挞。后来又读了纳氏的自传、访谈和作品,发现纳根本不是那种自谴自责的人。忏悔是要具有那种宗教式心灵的伟大情怀,纳刚好是一个极偏执的顽固攻击别人而又自我的恋物癖者。在纳博科夫身上伴有一个悖论。在《洛丽塔》中无论是恋童癖,还是变态行为,性心理分析,都可以算得上精细的精神分析,包括一些精神分析学的概念。他的内省分析和心理独白是小说一个至关重要的方法,某种意义上这也是成功的一个要素,但纳博科夫在各种场合总要恶毒而不遗余力地攻击弗洛伊德,说他是维也纳的骗子,巫医,弗洛伊德的东西一文不值,纳最恨三个医生。有人认为他是对精神分析的滑稽摹仿,这种戏拟是暴露是批判是反讽。我认为只要不强夺词理,纳并没有戏拟,而且是带情感体验性的倾诉,且不失为精彩的性心理分析,剥开细腻而准确的性动机,还包括性冷淡、性嫉妒、性暴虐、性矛盾,性的象征物是洛丽塔,亨伯特便表现性意识的暴力的全面奔涌,亨伯特的观察视角全部是性的细节,洛丽塔语言比较少,主要集中在她行为、服饰、身体特征的变化。作品里比比皆是性征化的细节用以激发读者的欲望心理和性想象。

纳博科夫只是极为自私地生活,关注别人对他的评论,关注个人生活的微末细节,他仿佛和世界其他关系无涉,很难读到他的情感世界,这点有些和博尔赫斯类似。这种个人生活原则是否值得我们批评,或者说我们不应该苛求他。他明确说我不为群体、社会、群众写作,更不关心政治,而且厌恶国家民族的概念,极为淡化公共领域的活动,最后连教书都不乐意了。似乎一生只关注写作与蝴蝶,他倒有些像自然科学家,对个人这不构成对错,提到具有人类良知的伟大灵魂,你只能从纳斯科夫所厌恶的作家中去寻找,例如萨特、陀斯妥耶夫斯基、帕斯捷尔纳克,他对福克纳与海明威评价也不甚高。他甚至认为没有现代世界这个概念,因而他写作也没有目的。只作为一种自由的语言活动。

对于纳博科夫我们不能苛求,至少他提供了两本在20世纪供人阅读与研究的书。从艺术上讲他是有成就的,美国评论家认为他的作品比德莱塞的小说漂亮多了。但莱德塞是美国文学中至关重要的作家。他提供的另一本书是1962年出版的《微暗的火》。

《微暗的火》是一本特别的书,是否以小说命名并不重要,你得信服纳博科夫在文体上的标新立异,他提供了一种绝无仅有的把诗与散文体奇异混合的叙述体,绝对一个新类型。这是一个由前言,一个999行的诗,正文是注释,最后索引的四个部分组成的学术文体,重点在评论部分,用逐行印证诗的内容并杂以片断描写或考证的叙述方法。文本中虚构了一个幻想的欧洲王国赞巴拉,这是个乌托邦,被废位的主人化名金波特逃往美国教书,邻居是个诗人谢德,金希望自己被写进他的诗中,一名罪犯格拉杜斯误以为谢德是法官,判了他的刑,报复地杀害了谢,金却吓坏了以为是赞巴拉革命后派人来杀害他。他代谢编选遗稿《微暗的火》,可诗却是一个零乱的自传拼合,大都是一些日常琐事与观念讨论。这部作品谈不上故事,极力整理之后也只能说出这么一个平淡无奇的梗概,据我看来那首长诗也是平庸之作,这部碎片式的作品与作者卡片式的写作方法是吻合的,他的智慧包含在那些局部的随感之中,其间对文字、音韵、翻译等问题的考证,对蝴蝶标本的迷恋,对某些环境的细部描写,对一些生活琐事的玩味流露出一种休闲心理,还有大量艺术问题讨论,是一种典型的碎片文本。如果硬要找点影射如赞巴拉追杀金伯特(一个寄生于别人成果而活着的人)而错杀了一个诗人(独裁者对艺术的迫害),纳用此来自况隐喻,乌托邦、强权政治对人们的谋杀,这些都是比附式的,从访谈中看纳对这些不感兴趣,即便有也被这种碎片拼贴的方式把隐喻消解得干干净净,如果从那些舒缓贪玩的风景片断中寻找微言大义是徒劳的。这个文本只有局部意义而无整体上所言的主题与象征,这也是合后现代文本的宗旨的。那则贯穿的故事其实是功能的,作为构成拼贴艺术的一个线索。如果要说那只能是文体创新的成就。

这部书我是1999年4月15日购到的,那时我正写作《梦与诗》没时间读。5月29日我去《芳草》参加笔会,带了《后现代理论》、《文学理论》和这本书。5时从北京西客站出发,我翻书作消遣,这本书弄得你不能安宁。过道骚动,来了新的客人,刚好是去武汉的邱华栋,太巧了,这种碰巧还有我们都带了一本《微暗的火》。我们相视而笑,那次还有武汉作家刘晖,一路很愉快。在武汉华栋忙着会同学,到了张家界他也没来得及读,后来不知他读了么?我离开张家界去了长沙、湘潭、岳阳。在各地断断续续地读,几次要终止阅读,岳阳的夏季阴雨连绵,把个人心理冲刷得万般愁怨和焦虑不安。也就忍着慢慢地读。它远没有理论著作的精彩、智慧、逻辑,也没有散文的优雅漂亮和诗的抒情,正是由于非连贯的碎片即读即止,不要寻找微言大义,也不要连成故事反而方便了阅读,有时我仅让文字流过视线,让那些无意义的符号给你擦亮一些印象和感觉。这个文本或许重心在对过去传统小说要素的怀疑和反叛,特意使结构散淡、人物镜式平面化,略带荒诞意味。于作者更多的是玩弄文字游戏和强烈的孤芳自赏。他爱使用复现和镜像的手法,即两个人物互为参照以为镜鉴,或许多人物是同一人物的不同外观。他总在作品中设置一桩富有动态性的事件,如一桩谋杀案,还有小女人的变态恋。《阿达》也是一个十几岁的女童变态恋,他的功夫用在局部的精心雕琢上,精彩只是划空的流星。这类小说我以为有两种读法:一是吃透文本的总体特征和真正创新所在,然后和读通俗小说一般。另一种也是把握整体框架而不刻意考察寓意象征,只要精心研究那些杰出的局部或叙事的技巧。

纳博科夫的小说人物与故事在其结构和范式上均是一个漂流者,在一个庞大无序的偶然性世界里生发出各种随机性的变化,行为方式是环境偶合下的产物,人物大都偏离常规,如疯子、变态狂、骗子、杀人犯、学究、诗人,所以文本中看到的是游戏戏谑的成分,无法找到纯现实的客观生活,不具有生活实感。他提供的往往是一个幻象一个超现实的虚幻超验的投影(有时纳本人的生活被真实地记录其间,如教书,蝴蝶标本之类的),他们被分割、挤压、重叠、放逐,或者本身就是一个游戏的世界,沉醉在纵情声色上,在转瞬即逝的事物里达到感观的狂欢,细细地分析他在对自己进行模仿(写自己)又对过去自己作品的模仿,这从作品里人物不断重复设置和叙事方式、结构的重复采用可以看出。《阿达》就可以看成《洛丽塔》的改写和摹仿,他的小说大都还是传统的结构与叙述,只有那些形式试验的东西才真正透露了纳博科夫在小说上的革命意义。

他的小说固定地印下自己的痕迹。他极为陶醉欣赏旧式的田园风光,搬动考证文字和认定译文优劣的癖好,或者把自己的研究搬到文本中去,还有对形而上的思考与研究也罗列到他小说的局部,例如549行金与谢关于上帝原罪的对话实际是作者的内心辩证讨论。人物成了纳氏凭空驱遣的木偶,是一个意图的传播者。故事的要素在文本中也只是功能性的,在《微暗的火》故事只具结构作用,《洛丽塔》中故事作为一种叙事动力。故事本来没隐喻什么意义,写的暗杀故事幼稚而简单,甚至故事也不具有情节的本体意义,《洛丽塔》吸引不少读者并非故事的因素而是一个中年人诱奸一个12岁的幼女变态的宣泄,格拉杜斯的追杀一点也没人物命运的紧张感。这本书不是那种故事曲折,情节引人入胜的小说。

但我们不能因上述的一些问题而指责纳博科夫,而正好因此透露了他反叛小说传统因素的一些意图。也许纳博科夫的成就和失败都是那么突出,都极有他的个性特征,因而我们更不能用一般的真伪优劣来评品估价,他就是那么一个有特色的作家,至于是否为大师根本就不重要了。

阅读的危机是双重的,它源自著述者的危机。更多的著作只有表达的欲望,而无创新与发现的欲望,形成抄袭者甚多而真知甚少,这个世界伪劣之书太多。于是在选择读书时便充满了凶险与危机。把阅读的职责引向著述者从而提出更高的要求,他们既是写作者又是阅读者,如果提供伪劣产品,这对他人和自己都构成双重犯罪。

在阅读者那里的危机是因为有太多的人做书籍的风雅之士,而不做反思批判的诠释者。另一种人只做知识仓库的储藏者,无鉴别无发挥。书籍其实要为你所用,做引你前行的工具。读书的目的主要是训练你的书写而非作为言说的附庸。

我喜欢在静夜里阅读,删节光线的缉拿,一个意象飘来,遮挡黑暗深处杀来的危机,把注视引向遥远的天际,让内心跋涉得更远更远,握住午夜的梦,别惊动它的双翼,唯恐纷纷扬扬坠下来跌伤了书页中的词语,那里是你用全部心血喂养的事物。保持美好的灵魂,让危机从平心静气的阅读中悄悄地流逝。

生存还是毁灭

"生存还是毁灭？这是个问题"。这句话是哈姆雷特经过长时间激烈的内心挣扎后所发出的呼吁。千百年来这已成为经典语言，对它的阐释和评价数不胜数，我不是在阐释哈姆雷特这句话的意义，而是顺着这个句子结构的分析，谈一些理解《哈姆雷特》这个剧本及其阅读的理论问题。

一个人为什么阅读？从广义上的阅读看，阅读是一个人的本能，从婴儿开始至老年，人的一生都在对世界阅读。为什么？这是人的探索本能，人总爱对未知发问，要寻求回答而且理智的人总要找到一个满意的答复。如果阅读指向未知的事物，他的阅读始终都在认识过程中；如果是指定一个已成定局的文本，他会问已有知识的文本是什么意思？具有何种意义？如果没有意义他会觉得上当受骗。

所以，人生的阅读是一场追逐意义的游戏。

要在千差万别的事物中找到意义，实际是一个认知路线中的二元论，把客观与主观、具象与观念分成等级，置于一个相对位置，阅读阐释是从一个立体的位置找到另一位置上的东西。一般说来纯粹自然是不能这样追寻的，你不问太阳、大河、山、树、草在它居住的位置有什么意义或者是为什么，只有婴儿也许会问为什么是太阳？从哪里来？为何发光？如是这个追问总是无穷的，太阳在天上，天在哪里？天在宇宙中，宇宙在哪里？所有事物的追问到最后都只有一个追问，即找到事物的第一因。问第一因便是问宇宙的起源，因而对所有事物的追因，最终都会找宇宙的起源，于是这个提问是在提问过程中自行消解，失去了意义，终极不是我们可以问到的。

人类有几千年历史，他自身在宇宙中与事物构成各种关联，制作出了许多客观自然原本没有的东西，即一个新的知识世界，是一个新的已成文本的大定局。每一个人出生后都得阅读这大文本，于是便有了关于这个文本的话题，从文本指涉另一客体时，就会有关于这个文本存在的理由，为什么，有什么理由，我们可以把所有的阅读都归结为这样的一句话：关于这个文本的意义。

用话语方式结构,人生就是一场关于(　　)

"关于"是介词,带有动词特点,它后面涉及的是一个巨大客体。我是主体,是出发的源头。

任何"关于"文本都没有一个绝对值,问题出在两个方面:一是文本在场时,作者死了,即便那是文本的第一创造者也不能提供唯一的意义解说,文本是超作者的多边构成,创作者只知其一,不知其二。二是文本是语言的,语言本身不是绝对精确的,语言是从差异中找到特征及其含义,在能指和所指的组合中是非确定性因素。所以我们不能从文本中找出所谓唯一的意义。这也告诉我们,阐释是无限的,每个人总在从不同角度寻找,涉及的只是一个侧面。

所有人的阅读都受制一个预定的文化模式,即按一定的理论思路来解释文本。所有的理论又都产生于事物之后,实际上理论是无法解释一个创造性文本的,因为创造性文本它自身会产生一个理论。因而我们阅读所找的任何意义只是一种参照,一种自我确认。

现在我们回到"生存还是毁灭,这是一个问题"这一句话来说,生存还是毁灭是两个句子模型,即是 A,还是 B?或者是 A,还是非 A?简化后,前者是,A 还是 B;后者是,A 非 A。事物的性质是一个钱币的两个面,或者说是一个事物的二项:前者是选择的,二者择一;后者是矛盾的,不这样就那样。我们可以把这两个模型引入阅读理论之中,先说 A 非 A,这对我们阅读文本具有论争意义,逻辑前提很明确,而结论是我们阅读之后的回答,意义在回答之中。我们说《哈姆雷特》是一个丹麦王子复仇故事,单一提出这个陈述是不成立的,因为作品已经直接明白陈述了。但马上就有一个说法为,不是丹麦王子复仇故事(A 非 A)。这就有意思了,在阅读中必须回答是什么,意义在矛盾的回答中产生出来,那回答是性压抑,是争权夺利政治斗争,是历史再现中的善恶矛盾等等,这可以有许多种答案从文本中延伸出来。A 非 A 是阅读后的回答只能是一种,而且是排斥性的。引入论争的阅读是既可以针对整个文本,也可以针对文本中的局部,是一个很细致的逻辑推导,最后追寻出来的意义很明确。这既是一种阅读方法,也是一种文本的批评方法。

再说 A 还是 B,这对文本内涵是选择性的,是多种判断,因为是多种判断便可以讨论、商量。每一个项都是可能性。《哈姆雷特》文本的实质是爱情还是权力?是欲望还是理想?是存在还是空虚?每个项的设立都是我们的探索标志,我们会对文本所有的细节作分析,尽可能地提出多重复杂的含义,然后在整体框架内来评判。这个评判还是各种关系的模拟,我们的选择回答可能是单一的,哈姆雷特是一个性压抑的典型,也可能是多种选择的,相互并不矛盾的观点。哈姆雷特是文艺复兴人文主义理想的代表,哈姆雷特是一个忧郁多思而缺乏行动的典型,哈姆雷特是俄狄浦斯情结患者,哈姆雷特的复仇过程仅是自我发现的过程。这表明关于哈姆雷特人物意义评判的观点都可能成立,他有利于我们多层次多角度来理解文本的多重含义。对20世纪以来的经典文本分析和阅读,我们更应该采用这种方法。

关于文本,我们提请注意的方式,或者说我们之所以把它提出来就因为我们的指向不能是一个描述:关于奥菲利娅爱情悲剧的故事,关于乔特鲁德乱伦的过程,关于哈姆雷特复仇误杀他人的戏剧,这种关涉没有意义。只要是描述性的,文本中已提供,不需要我们复述。我们阅读也好,分析研究也罢都不能这样,这中间似乎有一个更深的道理。我们锁定关于《哈姆雷特》文本的复仇故事。阅读者,评论者作为主体,哈姆雷特文本作为客体,这种直陈方式表明我们活动的无意义。这不仅是一个阅读问题,而且是一个知识创造的问题。我们必须确定,我们关于的逻辑前提是什么?有何意义?使逻辑前提不是一个假问题。如果讨论的结果只是循环论证,或者逻辑上是无解的,这一切会把我们引入误区,最后是白忙一场。

我关于所介绍的客体在存在本体上有可能被提起。

"关于"不能随便使用。

"关于"提出客体,是我这个主体强烈关涉的,更重要的是"关于"指向的客体,它要在后一句话中成为主体,我称它为客体的主体化。《哈姆雷特》是我所阅读研究的客体,可进入文本以后哈姆雷特是一个主体,他是一个复杂的主体,他的活动带动客体,引起其他客体联动,产生效果,这时哈姆雷特才有意义。如果"关于"的是观念形态的东西更要谨慎,如关于真理,关于物质第一性,关于文学定义。都是无意义提请,或者是个假问题。真理是具体的,直陈的,你提出来之后,又得进一步提出真理的具体命题。物质第一性是一个不可结论的事,如同先有鸡还是先有蛋,使讨论失去意义。文学定义各家各派都有假说,你关涉何种?它没有一个典律作为判断标准,甚至文学定义是否能用肯定判断都是可以怀疑的。所以这里的论题没有意义,或者是不完整的,你在提出问题时,一定要让客体主体化。例如我们可以确立这样的问题:关于真理的讨论。这时真理成为对象,客体主体化后,很多问题都被提起,真理的标准,真理的相对性,真理模式,解构真理等等。

"生存还是毁灭?这是一个问题。"为什么会成为经典性语言?生存还是毁灭？我们从句子模型看，它提供给我们方法论的东西，这是语言形式的，内容上它关涉世界本体和生命意义问题，它是一个重大命题，在时代中，在文本语境中，它的提出都有重大的人生意义。语义学的评论已很多，这里不展开论述。我们谈"这是一个问题"。如果我们只是提出生存还是毁灭，在语境中它是一个质疑，一个选择，在文本中它是一个描述的现象，那么它只有叙述上的意义针对文本，针对人物，它是一个客观的展开，文本在陈述中自行完成这个选择的回答。在作品里它是现象学的，是《哈姆雷特》剧本中的对象。关键是哈姆雷特把它提出来了，不是作为一个陈述对象，而是作为一个问题。

世界本体或人生主体的一些基本观念、范畴，最初的发生只是一个自然的对象，如地球运转、太阳照耀、个人出生、结婚生子它们是对象，是一个自身活动。自然和谐状态依规律而行，它就不会被提出来。只要被提出来便被设定为问题。这是客体主体化后而派生出来的，这就非同小可，即所谓问题被提起，便要有解决问题的方法和最后结果。问题解决与否，这个结论都会给以后解决其他问题以启示。例如生存与毁灭的这个问题我们如何解决，作为实践是一个操作，提升为一套解决它的方法，是一个思路，一种观念的动作，它形成一套理论。对于哈姆雷特来说仅为一个特殊个案，他遇到了生存还是毁灭的危机，这是个挑战，演绎到整个剧本所有人物都面临生存与毁灭这个问题，那就是一个普泛的现象。脱离剧本我们把生存还是毁灭提到社会人生。无论在什么时代大家都发现原来生存与毁灭的选择是我与大家与哈姆雷特所共有的，于是生存与毁灭成为人类社会共有的大问题。于是这句话的经典性因社会历史的演进而流传，发展成为大家共识的公理。

"生存还是毁灭？这是一个问题"的不平常，在于它已成为一个理论，一个公设，具有普遍提示的意义。

我以为：生存还是毁灭，这是一个问题，它是一个理论命题，它提起注意、探讨、解释，最后要回答它。

关于"生存还是毁灭？这是一个问题"的（　　）。这是一个理论。它被提起、证明，按照一定方法阐释，有一个研究的结论，为解决这个问题形成的一条思路，提供以后解决其他问题的启发。因此，关于生存还是毁灭，这是一个问题的（　　）它成了一个完整的理论过程。

那么，关于《哈姆雷特》是什么的选择，我们可以提出许多假设，然后在文本中去求证，依次可以推衍出一套模式。

关于爱情婚姻和家庭复仇的游戏故事。

关于压抑欲望的假说,是一个俄狄浦斯情结。

关于社会历史中王宫贵族各阶级利益的冲突。

关于遏制一种预谋力量的颠覆。

关于语境压力和语言策略的运用。

这给我们提供多种分析的可能:作为游戏故事可以进行叙事分析,作为性压抑可以进行精神分析,作为阶级利益冲突可以进行意识形态分析,作为遏制颠覆力量可进行新历史主义分析,作为语言策略运用可进行话语分析。可见《哈姆雷特》这个文本是无限可分的,但我们不能望文生义,要尽可能地根据原创实情及莎士比亚的意图,作出合乎历史实情的判断。

这儿尽可能地提出一个综合分析的文本。

《哈姆雷斯》是莎士比亚四大悲剧之一。也是通常评价最高,歧义最多的作品。这个剧本大约1603年在伦敦上演,此后便有单行本问世。这个故事最早见于13世纪撒克曼·格拉玛斯的《丹麦史》,以后演变为法国的《悲剧故事集》。

《哈姆雷特》的故事并没什么新奇之处,以鬼魂显灵,英雄复仇,最后同归于尽。这些基本的构思点都源于失传的老《哈姆雷特》和西班牙悲剧故事的程式传统,最重要的是莎士比亚把一个古老血腥的复仇的传统故事改造成一个情节生动、人物典型、思想深邃的近代戏剧。哈姆雷特这个人物形象的塑造,是莎士比亚的一个伟大贡献。哈姆雷特无疑是个古典人物,倘若只是写一个古典英雄怎样为父复仇伸张正义,最后夺得王位做一个开明君主,这出戏最多算一个优秀的传统剧目。首要的是莎士比亚将哈姆雷特塑造成一个人文主义的理想形象,他是一个品质优良的知识分子英雄,然而他又有矛盾复杂的性格,这种复杂的性格特征与他个人命运,国家利益息息相关,使这个古典人物的形象焕发出具有现代性的光辉,既是有特殊个性特征的,又是一个时代转型期的普遍代表,他是一个人们内心冲突的范例,因而对当今时代也不无启发意义。哈姆雷特和罗森格兰兹对话说,丹麦是一所地狱/世界是一所牢狱/丹麦是其中最坏的一间。这可以视为伊丽莎白时代的社会象征。这样的时代有无数难题摆在哈姆雷特面前:政权的争夺,维护国家利益和个人学习的矛盾,伦理道德的败坏,爱情与友谊,王权与民众等问题摆在英雄面前,在这邪恶凶险的现实面前哈姆雷特应该怎么做?国家前途,家族荣誉,个人命运都处在成败攸关的时刻。这对一个刚出学校的青年知识分子,一个王位继承受到威胁的王子实在不堪重负。在这个焦点上,哈姆雷特的性格显示了丰富性和复杂性。

作为知识分子哈姆雷特是个人文主义思想者。他认为人是"宇宙的精华,万物的灵长",他呼吁"谁甘愿忍受世人的鞭挞和嘲弄,让恶霸欺凌,受豪门白眼。"他颂扬人的伟大强调个人修养。他认为应该把理智和情感高度结合,控制自己的欲望才是幸福的人。因此他对人性的堕落极端愤恨,面对极端个人主义的野心家,为权势敢谋杀兄弟的叔父是深恶痛绝的,对母亲淫乱违背伦理的行为视为"卑鄙无耻的背叛"。他虽然一心想复仇,但他内心是反对邪恶和战争的。他得知挪威和波兰为了一小块徒有虚名的土地而发动战争时,他说:"为区区弹丸大小的一块不毛之地拼血肉之躯,二万人为博一个空虚的名声……争一方不够埋骨的土地。"他认为这是一个国家富足了而内部达到溃烂的程度。作为人文主义者哈姆雷特形象,奥菲利亚给予充分地形容:朝廷人士的眼睛、学者的舌头、军人的利剑、国家的期望和花朵、风流时尚的镜子、文雅的典范、举世瞩目的中心,因而是当时英国文艺复兴的形象的典型代表,推演而论也是欧洲文艺复兴的人物象征。正是就这个意义上说哈姆雷特作为一个时代的人文主义代表,他是划时代的。

哈姆雷特不是一个理想说教者,不是一个时代精神的传声筒,之所以如此源于他性格的丰富性、复杂性、矛盾性。哈姆雷特作为政治人物很有头脑,他有理想目标,有道德准则,在危急关头挺身而出果敢出击,关心民众朋友疾苦,也是一个能干的实践者。他把除奸灭贼复兴国家作为首要任务绝不因爱情和个人安危、私利所动摇,很注意周围的人群。为复仇他装疯卖傻但又很机敏地用语言打击敌手的精神,对母亲又恨又爱,在母后的寝宫里尖锐地批评母亲,揭穿叔父的阴谋。但是哈姆雷特毕竟是一个封建时代的英雄,他既代表文艺复兴的"新",也含有从中世纪过渡而来的"旧",这形成了性格的矛盾性,由于单纯带来的鲁莽为复仇误杀了波洛涅斯,从怀疑女人的脆弱到怀疑恋人奥菲利亚,面对敌手的强大,复仇的困难而怀疑、低沉、忧郁、有严重的宿命论宗教思想,所以柔弱和忧郁成为他的主要特征。致使复仇多次难以成功,即使有复仇的极好机会,可以杀掉克劳狄斯,他却又动了君子之仁。对叔父的多次的阴谋诡计识破不了,很多次是险中求胜。把关键行为巧设在机遇之中,在这种深刻的矛盾性中,哈姆雷特头脑始终是深刻新颖的。他还明确提出:"生存还是毁灭。是一个值得思考的问题。"更明白地说这个观点一直是他性格的支柱,贯穿于他的思想和行为的始终,他对奥菲利亚的自我独白,关于生存还是毁灭的自我分析表明了他一种独立自主的理性意识,他认识自己的成功与失败,优势与缺点。如果从艺术的单纯性看,同样也不可以否认他作为忧郁而不能行动的典型认识。这是因为贯穿整个剧本都表现了,哈姆雷特的这一性格特征,而这一切失败也因这一性格导致的,所言悲剧从根本上分析这个戏剧只能是哈姆雷特的性格悲剧,这在他本人性格的自我指认时也充分揭示出来了,他说:"我在大言不惭地说,这件事需要做,可是始终不曾在行动上表现出来,我不知道这是因为鹿豕一般的健忘呢,还是因三分怯懦一分智慧的过于审慎的顾虑。"他高度敏感,沉思困惑的那种优柔寡断的性格特征,也正是一代知识分子的代表,知识分子怀疑、犹豫、沉于思、慎于行,往往难以成大事,这不仅表现在文艺复兴时期的知识分子身上,于当代文化精英也如此,这显示他性格特征的现代性。与这种观念相连带的为另一压抑理论。他是一个俄狄浦斯情结患者,这从母亲乔特鲁德和恋人奥菲利亚的关系中可以分析得出。哈姆雷特对其母改嫁叔父行为反应过大,自然反映出恋母情结,他对叔父的仇恨是双重的,一是杀父,二是娶母。这种情结是不可以用言语告白出来的,只能从人物行为逻辑里分析出来。另外,他对母亲的矛盾心理,他认为女人脆弱,挡不住诱惑,这实际上,玷污了他对母亲的爱,这种潜意识牢牢地占居他的心头,因而由对母亲的绝望导致了对恋人的绝望。所以剧本中两个女性不是结构功能性的,而应成为分析哈姆雷特潜在性格的内容。这一切都构成了哈姆雷特的性格矛盾而复杂,既有一贯性的,又有变化性的,在主导性格中又显示他性格的多样。这也是数百年来哈姆雷特性格阐释不尽的谜底所在。

克劳狄斯始终作为哈姆雷特的对立面出现,好在剧本没有把他脸谱化,他的凶恶残忍是深深地潜藏着,居然骗过了王后,他是一个笑容可掬而用心险恶的坏人。故事充分展示了他的权力欲、情欲。毒害亲兄之后,又不放过侄儿,手段极为残忍狡猾,在人物关系和故事转折处都可以看到他阴险毒辣的性格,杀伐决断的利己主义。此外,还有霍拉旭的重友谊,头脑冷静的性格。波洛涅斯吹牛拍马故弄玄虚,眼睛盯着功名利禄而不又干实际事情,最后死于自己玩弄的阴谋之中。奥菲利亚单纯重视情感,又无力反抗那个强大的环境。这些人物都塑造得栩栩如生,丰富多彩。《哈姆雷特》在艺术形式上最突出的特点是它结构上的开放性。并不严格遵守三一律,而采用多线索的情节结构方式,场景也富于变化。例如在哈姆雷特与叔父斗争主线之外,还有挪威王子进兵波兰,有奥菲利亚一家与哈姆雷特的冲突,有海上谋杀,也有墓穴幽灵,形成了复杂的场景与线索,这给哈姆雷特的活动舞台提供了广阔复杂、运动多变的环境,也形成了情节丰富多彩的变化,因而象征意义也就更深厚丰富。该剧不仅结构上创新,戏剧观上也反传统,莎氏认为:"(戏剧)它的目的始终是反映自然、显示着善恶的本来面目,给它的时代看一看它自己演变发展模型。"这体现莎剧的现实主义摹仿和反映现实的观点。《哈姆雷特》的语言也是多层次多音调的艺术。哈姆雷特的尖锐锋利的语言对照叔父语言弯弯绕绕,言不由衷;同学语言躲闪吞吐与波洛涅斯字斟句酌;哈姆雷特本人语言也随他性格发展而变幻生动的,时而恣肆汪洋直抒胸臆,时而犹犹豫豫,有时华丽繁复,有时尖利深刻。就语言的体式亦散文,亦诗歌,有时还像泼辣的政论。语言成为了人物肌体的一部分。《哈姆雷特》戏剧产生几百年来,在全世界长演不衰。哈姆雷特成了忧郁而行动不决的代名词,成为戏剧楷模受到马克思主义者的极高赞誉,在世界各国都有研究它的专家学者,有年会、会刊甚至专门剧院和图书馆。还有一批它的著名导演和演员,这也使《哈姆雷特》成为世界戏剧史上最伟大的奇迹。

沉思,石头和风琴

世界需要沉思,神需要沉思,人需要沉思。

沉思为世界精神的本质。

沉思是宁寂的、孤独的,也是一种内在激荡的震动。沉思是一种凝结,又是一种飘散。沉思是思想的潜流,如同一缕蓝色的火花在地平线边点缀,在天地相交处,在黑暗与白昼磨合的地方。沉思从遥远跋涉而来,清晰为那种自我的映象,朦胧之后沉思又将远去,一种凝神结想,一种意境,他是来者,是一个神,一个沉思的精灵。

史蒂文斯便是这样一个沉思的精灵。

华莱士·史蒂文斯(Wallace Stevens),一位美国诗人。十多年来他总是以行走的姿态出现在我的眼前。浩浩荡荡的生物世界挤满了人,他们赤裸裸地坠在土地之上,那仅仅是一个个能动手动脚的肉体。他们的爬行表明人只不过是一个个可怜的求索者,至于他是哪个冬夜或者春晨,从地狱来到这个世界已经不重要了。人以生命的形式站立。

史蒂文斯也是这么一个平常的人,1879 年 2 月生于宾夕法尼亚州雷丁镇的一个律师家庭,1897 年去哈佛大学读书,毕业后在纽约当了 12 年律师,1934 年任哈特福德保险公司副董事长,直至 1955 年去世他都过着富裕舒适的日子。1904 年爱上家乡美女艾尔西,于 1909 年结婚,生有一女叫霍莉。他一生过得平稳安定甚至一生没有走出美国大门,除了他的银行业务外便是沉醉在他的诗中。他很少社交,妻子对他不甚好,女儿成了他的知音。是他去世后的代言人。

史蒂文斯是一位沉思者,包括他的诗作都是沉思的诗。应该这么说,史蒂文斯一生只在写一首诗,一首诗歌的全集,叫《沉思集》。每个年代只是这首长诗中间的间隔。而每首诗只不过是一个沉思的闪光点,一次停顿,一个休止,每首诗或许有个标题,或许有个含义,或者指向一个问题,这表示诗人在世界每个事物上的沉思,某个观念上的沉思。这个沉思是世界内在精神的构架。人在沉思,神在沉思,世界呢?世界也在沉思。因而也带向沉思的本体,意即世界便是一首沉思的诗。

沉思是一个世界的形象。

沉思即如世界便带向世界本体的本真状态。

世界如沉思,表明世界与沉思均为形象,作为形象便有其建构的方式:理性与非理性,描述与感应,探询与质疑等均可与沉思接通。沉思在一个特殊空间里复活,在人,在世界自身,在神灵,它潜形于精神宁寂的深渊,又游翔在云天之外,或山河大川的一隅,以其行走的方式沟通人与神,天与地及世界万事万物。沉思无处不在,它聚集着播撒着,把人与神同世界铸造成一个整体而又融会在它们之间。沉思的这种无所不在表明它具有多重性,又因为是行动的它构成了世界的内部循环,世界原本不过如此。它是一个自身沉思之思,世界的本初状态一直都在沉思之中。

世界沉思正好说明世界自身的纯一性。

管风琴响起,一声祈祷,声音、声音一直是史蒂文斯注意的基本词汇,它是沉思又是带向沉思的神秘向导:它是声音,产生于许许多多民俗中的地名,也有《卡罗莱那》中母亲的声音,星期天早晨各种低吟的声音,一声呼唤,那是宗教的声音,人、风、河水,甚至包括黑色都有声音,总之他绝对多数的诗里都发出声音,表明世界万事万物都有语言,都在自我独白,是一种沉思的独白,可见沉思不等同于沉默,它要用声音显示自身的沉思,它可以视为事物沉思的一种表达方式。《雪人》是让评论家头疼的一首诗,前三节都在写松树,而且入篇是精彩的格言,把雪与松的关系形象化,具有什么样的事物便带向什么的对应关系,特殊事物有普泛化原则,从寻常之物而提升,又是艺术化的,可接下来两节在常人表面看来都是风马牛不相及的,关键概念是风,实在与虚无,贯穿强调的声音,听。实在无法在雪与松之间找到关联,前几节只写存在之物及它们的关系,最后两节却说,那里什么都没有,只有虚无。在西方人的实证和分析精神里可能是说不通,And, nothing himself, behoids. 在东方的文化中却是很好理解的,在庄子那里有感应,化蝶的概念。大地的声音召唤出一种沉思,听风转为视觉,写物我两亡,现实消失了,另一个虚无,但诗人的想象还在,继续在沉思。《坛子轶事》一直被认为是表现艺术与现实关系的杰作。在我看来,坛子是一个伟大的沉思者,艺术的沉思者,它从高于一切的角度用艺术的眼光沉思,史蒂文斯说过,诗中总是同时在写两种事物,正是这一点产生了诗的所特有的张力。《坛子轶事》总把坛子和周围的事物对应就起来而且高于一切,这样张力便不同异常地很好地突出了艺术品坛子。但在我看来,诗人同时写两个事物,应该是指观念的事物和具象的事物。即在写一个形象时,直觉中形象背后有一个观念的形象在构成内外的张力,也就是说人是沉思的主体不在场,沉思是对象客体;坛子在场。主客体感应的同时,客体变成了主体,它产生了沉思之思,这样客体的主体应该伴随着沉思之思。简单说,坛子沉思是什么呢?是艺术,是艺术与它物的关系,观念的事物应涵盖广泛多义,诗才能有巨大张力而意味深长。

在管风琴的声音中我们沉思什么,熟悉肉体色彩保持青春欢乐、性爱、宗教、音乐都是应该沉思的(《蒙翁克勒的莫那克勒》、《星期天早晨》、《彼得·昆士弹琴》)。在现实中的幻灭与想象,观察事物的不同方式,哪怕是影子引起的幻觉也都是应该沉思的(《十点钟幻灭》、《看黑鸟的13种方法》、《黑色统治》)。到了他晚年的《岩石》集中早年的欢乐朗丽消失了,诗中的清灵透彻的东西也没有了,转入一种浑厚理念,抒情的东西清理得很干净,一些标志性的词如睡、老、单调、寂静、石头、房间等介入,语言更抽象哲学化,简单说,诗人转入了一种更深沉的沉思。

《世界如沉思》可以说是个代表。

第一句,从东方来的是尤利西斯吗?一切深层的沉思本质上都带有探询与质疑,而且直指神话源头。世界怎样了?事物的源头,它的方式,它终将何往?需要一种辨认和追寻,追问中的沉思讲究悟。思,即意识内在地流动,所思必须有对象参照,是二维以上,对客体所悟,因而所思方位是不可避免的,一切沉思都在自己的文化中困惑,诗人引来一个他者破解西方理性传统中的东西:有人站在地平线上,地平线是诗人钟爱的一个基本词,那是世界的边际又把视域拉向遥远,导入沉思状态。永恒,漫游都是无归的,没有归宿与筑居,在现实关系中找到一种主体所沉思的东西,神与人已经惊动了世界的沉思,也凸现他自身沉思的形象。在沉思中冬天已经过去了,时间的频道在转换。他自己提升,在一个高度,那就是告诉你:他是一个惊动世界沉思的形象。惊醒他所居住的世界,正好是沉思的回应。

世界始终如一地沉思。人惊醒,触动了沉思的世界,人神,世界构成和合关系,这个惊醒不过把整体带向又一沉思之中,也就是说把沉思带向沉思之中,沉思没有主语,沉思就是自身的主人。

世界于我的视界内才是对象化的,对象化的定义是异于己的客体。这是由思想杜撰出来的范畴,即思想归于对象化便有形象标志,是可视之物,但还有一个观念的不可视之物,附着于对象的内部。思想形象实际上是一种在场把不在场带入具象活动中的钟摆,当意识对象化后它便凝固为物象,或者符号(我意识到对象并使之对象化,在意识之内的对象构成意向性)。我思,便是在场的对象领域,亦携带不在场的不可见的内在之物(物,并不准确,物定型化了,应该是一种非物非形的感情形式把握一种非形存在,也许勉强可用形而上一词,但形而上一词已有我思的痕迹,思一词只是在意识之动中,不能作结论的所思的把握,因为所思已经物化了)。总之,不可见的非在场这非形非物在带向在场的途中,是我思最根本的。

我思和沉思的区别,我思已主体化,特定为人的观念形态。沉思,是非固定主体化的,即自身主体。我思表明我对世界要召唤一种东西,神圣的启示,或符号,物化标志,这表明我思指向对象世界。沉思,指向更内在的自我,指向我心灵里内在的不可见之物,一切生命之物都可沉思,世界沉思,即自然有自己的思想。它比外在世界对象性所携带的不在场非可视性的内在的东西更具有沉思的本体性。

珀涅洛普的沉思惊醒她所筑居的世界,她构成了自我。我思,世界的沉思都要面对自我,他自己与他的自我相伴,他、她、世界在一种对应中沉思。在诗中的两次提到树林修整好颇费解,树林供筑居用,修树干什么?答案在题记乔治·恩斯科的文字和后面的呼应上,在非人类的沉思中,世界有自身的必要练习,沉思作为生物和人的基本练习,意思指不能中断永恒沉思。世界自身更广阔深远以大于人的整体性昭示沉思。世界沉思,一切对象之物都可以言说。太初有道、非常道。既可以斥诸形也可于非形。这是道可道、非常道的理,世界的沉思,究其质,是大道,大道无形。我思与世界对象化的整体性之中是更为内在的非在场之物,即抵达了大道无形的境界。沉思在向两个维度展开,既指向对象领域最宽广而深刻的世界沉思之中,沉思体现出时空构架,也指向生命内部的心灵最深沉具有超灵性的思维运动,向纵深处延展这便迫近人最根本性的质地,沉思便感性化地本能地要求,爱与恨、丑与恶、灵与肉、生与死。我思,一定会关注我自身最性灵本能的东西,这样我思也充满了自我的挣扎、矛盾、突破与融合。看不见的内在自我总会冲破阀门引向对象世界包括在场的具象和非在场的现象。我和世界始终都要形成对话关系,但是归于内在意识的对话,无形无语的循环交流,世界向我走来,人、地平线、尤利西斯,都与我思汇成一个浑成的总体。

世界如沉思。

沉思是感性的,他独自来临、欲望、阳光、枕边,她梳头,项链与束带,还有白天与黑夜,一切都是清晰可感的,世界如敞开自身,进入你的大脑,心灵与你的自我会合。诗在与神、人对话,还不断地探询、质疑、否定,在一种否定与肯定之中游走,但不寻求逻辑关系,或真伪判断,最重要的是使各种关系汇合,像朋友、像情人,融为一和合关系,这是诗人所需要的沉思。有其鲜活的生命和各种交流关系。沉思,无论是人类或世界都要保持旺盛的生命力量。生命是沉思的动力。

沉思,肯定会指向客观世界,表明对物的沉思。在史蒂文斯的诗歌中整体世界是他关注的,世界一词经常出现在诗歌中和标题里,世界并不象征化,它与有、无、存在、空虚、创造、无限等哲学意味融合,有时在一首诗《我们的气候》里五六次出现,世界是本体的,是沉思的出发也是沉思的归宿,面对世界沉思许多问题都被提及出来,他的诗绝大部分涉及世界本体论的思考,具有形而上的、是抽象的、观念的、基本问题的,一句话,它是元主题的。他主张是什么就什么,单纯,事物在单纯中具有空灵感。

他的诗集中的基本原型我们一个个把它孤立出来看看,太阳、雪、风、雨、海、河、白天、夜晚、松树、岩石、夏天、老鹰、动物、植物,其中出现频率最多的是太阳、石头、风、树、鸡、夏天。另外还有如红、黑、蓝、绿、金黄的色彩,声音一词也是诗人的基本语汇,这些最普遍的事物构成了诗歌中的具体形象。同时诗中有许多观念形象也凝固在那些基本词汇上,宁静、虚无、现实、秩序、事物、生命、比喻、想象、超验、思想、存在、信仰、真实、纯粹、灵魂、记忆、欲望、无意识、运动、无限、终结,这些词也是诗人的基本观念。把那些基本事物与这些基本观念从诗歌中独立出来,好理解,知道诗人在干什么?可是放回诗中去,在语境中它变得丰富,而且诗人有意配制出一个不连贯,甚至相互矛盾的语言关系,无法从字面理解它的意义指向,这种成句方式在史蒂文斯的诗集中比比皆是,于是他被封为玄想诗人的称号。不仅普通人,包括诗人和专家也被诗人弄得晕头转向。好在诗人有许多论诗的章句,这种诗歌态度的表明对我们理解他的诗有很大的好处。例如:《六种意境》、《论现代诗歌》、《诗是破坏的力量》、《两只梨的研究》、《有节奏的诗》《处置在一座山的位置上的诗》、《扛东西的人》、《最高虚构的笔记》。他对诗歌的意见很精彩,认为诗是呼吸,是血液,诗是内部的力量,诗是倾听,是思想的行动,诗抑制智力。在《弹蓝色吉它的人》中有几节专门论诗,他认为诗就是诗的主题,不要谈诗歌以外的,真实的事物就是诗。《关于最高虚构的笔记》中论述现实与想象力的关系,也认为诗歌应该有几个标准:首先,诗是抽象的,是世界与人生的一种提炼。其次诗歌必须是变化的,客观现象与人生经验都是变动不居的,诗是一个运动的概念,显示丰富多彩的世界变化。另外诗歌必须给人愉悦。最后一点似乎不合他诗的效果,史氏的诗除了《风琴》集外,更多的是给人思考、启示、感受。诗是直觉的,非理性的,写作中带有极大偶然性,因而在诗歌中不要刻意追求什么意义。我们阅读中传统的力量有两个方面,第一是求懂,要明白,在人们的思维中你只要是连贯的整体的就好理解。第二是求意义。人们习惯问什么意思?有什么意义?而且从心理效果上必须要给予回答。但我们从世界本身看它的性质刚好相反,世界每个事物都是单独地居于一个时空,不为什么?要连贯要意义都是人的视觉和思想的结果。你可以要,但不要强加给事物,诗人告诉你,要从事物去悟,你自己想要的东西,诗不能指明。诗人只把事物置于你的眼前,而且事物并不是有序地放置,它们之间关系彼此错乱、对立、矛盾、歧义。为什么会这样,诗歌是语言的艺术,诗人为追求语言的效果,要促成视觉中的非平衡态,由无意识状态去组织视感,出乎意料的搭配正好有一种反差、峭拔、张力,因而也就具有韵味。诗人在组织语言时至少有几个特征是我们应该注意的。首先是非理性的拼贴,诗人仅仅只是把不同事物组织在一起。《玄学家屋里的窗帘》仅是把窗帘,一天的时间变化,睡眠、运动,最后的庞然,轮廓排列出来了,它互相之间有什么关系,与玄学家有什么关系,诗不给出答案。《贵族的隐喻》在人、桥、村、树几者之间做一个文字游戏。《银镜金女》中全是分解的碎片,六节诗的秩序我们可以把它当牌一样重新组合,我试着移动,效果完全一样。其次,诗人酷爱使用否定的方式,一首诗绝大多数由否定构成,也就是说他的诗是用减法的,这与传统中用加法不一样,信息是不断地排除,有时这个结果诗人暗示出来,有时诗的主体根本就是缺席的。这是一种反论的手法,很多人用反论,可只作为诗的插入,史蒂文斯行使彻底的否决权。《两个梨的研究》、《夫妻》、《十点钟的觉醒》等诗中常用的是没有、不会、不是、不能、不在。大量的缺席以后,在场的东西就鲜明了。此外还有一个特征:诗人爱用矛盾的修辞手段。把肯定与否定同时置于一个命题,诗人不作最后判决,这就让读者摸不着头脑。其实诗一方面是让读者取舍,另一方面是展示二难法则,排遣心情,世界就是如此。《雪人》的后三节诗便是如此。《罗曼司的重演》便在是与不是上反复缠绕。《欢乐的夜晚》三节诗彼此看不出任何关联。《最美的片段》中说月光,并不是月光。然后全是一些句子碎片,最后不知从什么地方跑出一句,早餐后的神学刺痛眼睛。诗作中完全拆解了语言,或者说拆解了事物之间的逻辑联系。第四个特征是诗人把所有的背景都剔除干净,使词语孤立起来,所以史蒂文斯的诗是最纯粹,最干净的,即使他有长句,长诗段也是如此。背景拆除后,还有便是情感剔除,不透露主观情绪,也就是说除了《风琴》中少数的情绪表现之外,他基本不在诗中宣泄什么。而且在诗歌中还中止价值判断,这与逻辑判断中构成小小矛盾。所以你并不能在诗中寻找到政治经济,社会历史的倾向性,诗人只是极力地把事物呈现出来,他有观念,那是世界本体论的基本判断,而非伦理的价值认同。《最高政治家素描》和政治家没什么关系。《纹身》诗中除了视觉的网状什么也没有了。《解释》中第二节这不是什么罗曼司/没有/没有。解释的诗并不提供解释的事物。《山谷里的蜡烛》只有蜡烛,月光和风。其他什么都没有了。仿佛他只给你提供视觉注意的那么几张小画。

其实史蒂文斯的诗只在把外部事物简洁地呈现,与你的心灵世界融合引起感悟,事物诱导你进入沉思。

沉思,我们要走入自己的内心,检索自我。我们沉思是要战胜我们内心一些东西,让自我超越出来。

我在这个世界上跋涉,始初都是蒙昧状态的,慢慢开启心智,进入思索,开始品尝痛苦,甚至把暴力转移给其他生物。人类在创造这个世界的同时又不断地毁灭这个世界,听凭欲望的驱使,被物质所异化,在理性的牢笼里囚禁得太久,人在与世界的角逐中不断争夺份额,人在人生的道路上活得太累太累。人需要反思,需要精神抚慰。词语在遥远的地方奇迹般地转化现实,想象又将现实提升,一代人的梦/在尘土中,在星期一肮脏的灯光里/这是你唯一知道的梦/终极的时间,不是未来的时间/两个梦的重叠,这是未来的面包。史蒂文斯是这样《把生命和心灵的碎片》融入他的梦中,汇合成他人生不断的沉思。

沉思或许要抵达事物的形象或者某种观念,但诗人的沉思往往是不可命名的瞬间,一种有形的非在场,所以他沉思所悟的经常是乌有的存在,是虚无,那儿什么也没有,一切均已消逝,它只是惊动的树叶,拂动的窗帘,鸟飞走了,声音滑过,空枝。诗那种稍纵即闪后的痕迹,在宗教里这也许叫色空。在生命的最后时刻诗人还说,诗是心灵尽头的棕榈树,诗歌产生了,鸟一飞翔诗就被惊动了,事物也消逝了。史蒂文斯真诚地告诉我们,诗就是沉思,沉思也就是一首伟大的诗。

色彩的声音

童年我家在板桥湖边,看湖便成了生活的一部分。沙沙的芦苇如同蜻蜓扑腾的声音,细细地传来,然后才看到芦苇摆动,芦苇一闪似乎天生是和风动配合,风也是细风,这才有了芦苇摆动舞裙的姿态,也似乎只有芦苇用姿态一词最贴切,因了它的高飘伟岸,青青芦苇在湖边一站,不看,也醉。不听,也知道那是她细碎的脚步。

芦苇肯定是连着荷花,荷花一举便照亮湖上的风景,田田的荷叶无边无际地铺去,铺得那般悠远,还好有湖心水波的隔断,荷叶从悠远的彼岸来迎接这边送去的视线,莲舟从荷叶中撑出来时,竹篙才打破平静。

这时才知道有水响。

水响是湖的节奏,在节奏与节奏之间是蓝色的韵调。蓝色从湖面浮上来,在节奏里连成一种旋律,悠悠地荡,湖波荡漾了,蓝色便是抖动的绢丝,在南方的小湖最后惊动视线的是蓝色的水域,这和十里之外的洞庭湖不一样。

我记得那是春和景明的时候,稻田里的秧已经封行。我站在沙滩上看湖,湖边芦苇与荷叶太高,只能从植物的间隙里窥探,还是湖里妹子把我抱上小舟,那小船在荷叶中行走真是妙不可言,小舟吃水深,水花能扑上舟沿湿了手心手背,小舟破荷,是把连成一片的荷叶分开,蓬蓬的声音从耳边胀开,有撕裂感,因带了水息,声音因此而湿润,而柔和,而曲近肝肠。在荷叶里行舟是看不见天的,日光也只能斑斑点点,仿佛是封在一个绿房子里。

走出绿室便到了湖心,我吓一跳,一种特殊的蓝色,那种蓝色真是透明的,你伸手可触摸,但它又无限悠远,可弹可吹,脆如金属片,那弹动后的声音都和波纹一样。伸手打捞一下,蓝色是无垠的,你找到的不是厚度,还是一种遥远,这么多蓝色,仿佛它不是一个湖盛下的,而是蓝色内部长出来的,被这里的鱼草、水菱、荷叶、芦苇托着举起来的,倒是天,那天是往下沉的,沉得云彩也有些重量了,云挂不住,于是那天的蓝色,便泼拉拉地倾倒在湖里了。

怎么能有这种蓝色？从没见过，天上没有，山峰和田野更不会有，这种蓝色，不是因为它的质感，而是色泽的无可表达，它是那种特好的湖蓝色，但绝不是我们平常见到的蓝色，要淡，只说白色透明，其实不会，白色透明是朦胧的，蓝色透明是那么清晰，可感觉色泽不在彼，而在此。然而它又是深根蒂固的，是动摇不了的凝固。蓝色并不轻浮，它有你摇撼不动的质地，它是视觉中的轻盈而感觉中的厚重。这是我第一次把蓝色刻在记忆的深处。

童年其实并不喜欢蓝色，我的生活实际上只有黑、白、蓝三色，那种蓝色靠近黑色，称之为毛蓝。家织的粗布叫家布，家布均为白色，然后染成蓝，或者黑。几岁时，我对蓝与黑是没区别的，自从那次看湖后，我才知道蓝色比什么色差都大。深蓝色极硬，与其他什么颜色都不好合作。只有那种湖里的蓝色是柔软的、轻盈的、宁静的。

蓝色应该用两个字把它区别开：蓝，指深蓝，与青邻近。而兰，指湖兰，与天的颜色接近。我觉得湖里和天上那种透明的兰色，不能用笔画太多的字，如此，兰色是最合宜的，真正的蓝字太硬，它倒是代表了深蓝。

让蓝字沉下去，积淀，而兰色浮上来，飘动着灵气，宁静地悠远，只有兰色才能带着灵魂去漫游。

我可能是那种感蓝锥状细胞敏感的人。

蓝色在中国民间和古代运气不佳。上古之时都不曾有蓝字，在民间也一直作为染料，古代蓝字以青而代之，是一种与黑色靠拢的色，青天，即蓝天，唐代有蓝字，"春来江水绿如蓝"，但蓝仍是正宗的青蓝之色，并非湖兰，湖兰之色无词。蓝的变幻不定本身也说明了神秘，正宗的蓝色也许它就是不该和黑色分离，它包含残酷阴寒的不祥之兆。

我喜欢的湖兰之色，只作对象、饰物。颜色和个人发生关系与情感交互作用，可分为审美的与生活的，这二者似乎不通用，童年看到湖里的兰色，1980年代在青海日月山看到的天蓝，还有1990的年代乘飞机去贵州，离开地球以后看到的蓝色，它作为审美，作为思想之物，都让我诧异与迷恋。但是我却不能把那种蓝色作为我的衣服与鞋帽。在我的生活状态里尤不喜欢黑色，可我极爱在小说里营造那幽暗灰黑的意象。隐隐约约在审美和生活之间故意要找出一些差距。生活似乎要寻找一点暖色，让情绪葆有一点温度，或者说能赋予生活一些活泼情趣，不能限于死板呆滞。

审美是要根据对象变化的。

色彩可以千变万化,宗旨只有一条以本色为尚。也就是说。物质自己有它生命的颜色,让事物呈示本色的色度最具力量,不宜用更多的色彩去修饰事物。

在我看来色彩是一个召唤结构。它永不停息地发出声音,提请一切生物注意。最早我注意的那些动物的假眼,真是精妙绝伦的构造,四眼狗,猫眼,毛发只是动物的生命体长出来的植物,在于保护自己。奇妙的是它竟生出各种颜色,假眼因色彩的布置乱真,还有蝴蝶翅膀上的饰眼,动物与昆虫都爱用色彩装饰,而且都是圆环形。圆环或者条纹都与波浪相关,为传播的质地,声音与色彩的行走方式是一致的。只不过声音用电磁波运送,色彩是用光波作为载体。旧时候判断声色相通是人类的直觉。

今天科学技术手段使声色行走于同一通道。

色彩和声音各自走进两个领域:绘画与音乐。

色彩通常列入美学的理论中,在画家那里它成了器具,是材料,是物质的东西。童年时我也认为色彩是形体的物质材料,我们眼睛看的颜色它一定有来处,既来自一个方向,又可以触摸,它一定是材料,只是色彩太奇怪,它能从植物与动物的躯体长出来,并不需要后天人为的添加,色彩也能生长,这种物质材料不可思议。

童年不思考色彩,那只是这个世界的造化天功。

色彩总是以一定的方式呈现,它是形式。只要作为形式便被人体所感知,它自然会去接近心灵与禀赋,被思维接纳、改造、异化。于是它构成精神的一部分。而色彩自身是与精神为敌,顽强地抵抗精神,守住自然的本性,逃避精神对它的改造,色彩驻守事物,它只有发生学上的神秘,一旦命名以后的色彩它只是一种物质形式。

但是色彩是先于形式的美学,这一定论,只能等到在阳光中发现了色彩的奥秘,你才恍然大悟。

我30岁时在长江三峡行走,青山绿水之间的花草,鸟虫放射出缤纷多彩的颜色,我还是相信色彩是客观的,是物质,是实体。偶尔读到一本心理学的书,才知道色彩并非物质的,它不是自身物质的显示。其实童年玩游戏就做过验证。只要背靠太阳,含口水,然后用力四散喷出来形成水网,在水网上便看到一个弧形的彩虹。那五颜六色的彩虹便是光折射的效果。

少年时到底没能悟出来,真是个蠢才,我是这样骂。

色彩只是光合作用与视觉的特别反应。

世界那么多人,伟人是罕见的。中国这么伟大的民族几千年以来也没解开色彩的奥秘,牛顿是1666年用三棱镜摆弄太阳发现了七色光谱。这种色彩现象其实许许多多人都可能见过,但只有牛顿把自然光分出了红橙黄绿青蓝紫。关键是他研究了波长,七色光谱的色彩分布是有顺序的,顺序是按波长排列(我们在水雾中看到的彩虹色彩位置是固定不变的便证明了排列顺序),色彩被分解后才可以独立研究。找出一个物体确定其吸光与否,如果全部色彩都反射回来便是白光,这说明白色中包含七色,如果投射的色彩全部被吸收那便是黑色,这说明黑色收容一切颜色,逆证,没有光,便没有一切色彩。

至于给彩色分头命名那是不同民族按视觉经验赐予的称谓。

纯粹的单色我不知道有什么样的意义,例如蓝天、青山、黄色的沙漠,红色大火,这时色彩是事物本体,对观察者来讲只是从色块上区别,作为事物显示的标志,如果不和视觉情感发生联系它没有意义。所以单纯的色彩它应该是有解构精神的,所谓象征也不过是人类对色彩的一次强奸,色彩无论是物质或非物质都不向精神提问,它以自身的存在坚持,即保持自然的本色。

所以色彩的问题是在色彩的关系研究上,即不同色彩的配合在光效应下的效果,然而使用色彩又是从视觉经验和不同的心理效应来安排的。对于色彩来说,它也许在如下几个面上作用,首先它要占一个特殊的空间位置,同时它还要选择异于他自身的色彩搭配,最后还要置于什么样的光线之中。色彩要完美所涉及的各方面都是无限复杂的,既有客观的又有主观的,在各种复杂因素中组合到一个最佳状态,这样色彩才能完美,难怪塞尚说,当色彩至于完美时,形式就完成了。要有完美的色彩,这时精神便向色彩和形式提问了。这一提问便要找出各色彩之间的联系,只要建立关系便要追问为什么?便有逻辑上的措辞,色彩的对话从此开始,这就是艺术的辩证法。

获诺贝尔奖的奥斯特瓦德创造了一个表色体系,绘制了一个严格的逻辑系统,简洁明了。可我更喜欢美国的曼塞尔表色体系,所制订的标准色标,这个体系把色相(H)明度(V)彩度(C)三种属性的关系进行色彩搭配,这使色彩纵横寻找关系时像一棵参差不齐的树,枝叶是环绕四周的彩点,有人把它命名为色彩树,这真是一个伟大的比喻。

伟大的比喻是它自身并不是比喻。它自身就是色彩树。

塞尚便是一棵现代的色彩树,他从传统中解放色彩。在朦胧印象的视觉效果里,他找到了色彩立体变化的奥秘。即用色彩的平面变化形成物体的体积,山是什么?山是绿色变化,塞尚在山面前震慑了,圣维克多山成了他的幻影。线条在他的色彩里埋葬了,用色彩与明暗构成和谐,利用白布的空白(原色)构成高光部分,用色彩点示阴影。塞尚不孤立地使用一个透视角度,注重从不同的观察点突出静物的侧面,巧妙地利用镜子、桌面、墙反射效果,表现出难以表现的另一侧面。这样物体就和它周围的环境融合为一个立体。色彩便在绘画史上发表了独立宣言。

一般说来色彩是在光效应下变化,强调光源便有异乎寻常的作用,可杜菲却从色彩角度去表现光,让色彩凌驾于物体的轮廓之上。色彩在视线中的停留比物体要长,形体消失了,色彩还有一个影子,这有利于我们从环境中如何突出个体。立体主义的根在塞尚那儿,只是毕加索和勃拉克把它完善而开宗立派,他们把线条、色彩、形体看得同等重要,没有格外突出色彩。色彩是自然的一个部分。

说到色彩的敏感倾向,高更和梵高应该算感红锥状细胞活跃的人,而卢梭和德尔沃则属感绿锥状的细胞活跃的人。而契里柯就不好区分了,他的形而上绘画中黑色发挥了极大魅力,在巴洛克作品里主要是棕色基调,而在黄色的处理上却有谜一般的效果。契里柯神秘旷远,宁静如梦的基调被德尔沃和达利终身受用。达利一生把色彩作为梦,他很少使用色块对比冲突,色彩是融合的,通常效果如同中国水墨似的,色彩与色彩之间多浸润,两色之间界限是慢慢消除的,色彩层次与透视层次相关,形体在色彩中是叠合的幻象式,幻影有双重或多重的,总体上色彩倾向于辉煌与复杂多变。在绘画史上也许只有印象派把色彩发挥到了极致。所言印象实际上也就是色彩的印象。单独也许可以为印象派出专论,但他也有误区,造成了色彩的泛滥。无论绘画如何丰富多彩,它无法把客观自然中事物色彩的丰富性全部表现出来,主观色彩任你如何配搭都携有浓厚的文化色彩,都是精神倾向的诱导。你可以进行极端的色彩实验。但你必须找到自然中色彩的本体,因为它是从生物的躯体长出来的,它合乎生命的实际,最具有动人的力量。

在东西方的绘画比较中,色彩都是文化学的。中国古代对色彩有所忽略,即使在绘画中确立了色彩的地位,也是涂抹添加的结果,基本不在光效应下提示色彩的丰富多变。色彩具有描写性,而非表现性,崇尚清新淡雅,质朴大方。西方从有绘画开始色彩就是一个极重要的问题,事物的质感从来以色彩为尚,结合光彩效果,把事物逼真地反映出来,有一种超真实的力量。特别是现代绘画把色彩强调到最高度,例如表现主义将色彩赋予各种观念。西方绘画用色彩创造艺术,却让生活来仿效它。故而当代社会,许多生活空间都成了艺术空间,特别是在现代大都市里。

可见色彩不仅改变人们的视觉经验,还改变人类的生活形象。未来的乌托邦也许就是色彩营造的艺术理想空间。

我还没有看到一部色彩哲学。但我坚信一定会有,也许在西方肯定存在了。色彩在超越自身,它一定能提供人类生存的新启示。绘制一幅精神的色彩版图。

色彩情调是我们的一个入口处,所有情调艺术品无不都是色彩的情调,即所谓的黑白艺术,黑白在对比中也是色彩的力量。各种错综复杂的色彩搭配都会有情绪和调式问题。色调,是真正的色的调子,调子可以从冷暖的方向上找出阶梯值,也可以从明暗的光影效果上找出视觉反应的配比,环境(画的整体语境)。要确立一个色彩的主调,让主调和物体的主次联系起来。从视觉上说,色调最先触动你的心理层次。色彩情调赐予的,你也许会认为是一种情感问题,但它与精神有关,如忧郁、孤独、焦虑、恐惧、回忆、乡愁、神秘、梦幻,这些词汇它们是情调,可也是观念。它是由色彩引起的词汇。因而色彩也是观念性的。

色彩在光线中变化,于是光与色成为连体,缺一不可,相互改变,又相互作用,这是色彩的二元论。你无法摆脱这条定规,因为色彩是在光的身体里,色彩独立只是一种手法,一种形式。光与色成了理论的基础。

情节是一种叙事,一种推动连贯的逻辑,色彩并不受情节的运行而走动,所以背景,总体也干扰不了它。色彩敢于和人类的行为方式背叛,它只制造一种氛围,发酵一种感觉,然后成为一种与思想抗衡的东西。

这引发出一种特别深隐的思索,色彩本性不随波逐流保持在精神以外的独立,作为物质材料,然而从情调上它又与思想汇合,更重要的是色彩孕在光之中,光是流逝的,变化的,光与时间相等,实际上色彩是时间性的,然而色彩在时间中却保持独立不动(这不包括色彩在时光中退化变淡),也就是说,理论上色彩应和光一样随时间而流逝,不保持固有的状态,实际色彩又独立于光之外,保持对时间的藐视。

色彩是时间的一个怪物。

色彩哲学应在三原色之外来谈论,自然的三种基本色无法孤立地谈论,它要从刺激到反应的心理模式上看。色彩直觉,原型。色彩的文化观念,色彩标准。色彩的结构关系。单色谈的是象征和隐喻,这比较简单,最重要的是中间色的研究,绘画的奥妙在中间色的配制,在复杂的组合变化中(仅奥斯特瓦德的色系就有3万个色标)。色彩最能表现现代人心理那种微妙复杂的变化,如何在色彩变化和心理变化的相应关系上找出色彩哲学的一般规律。这是色彩艺术中一个非常重大的问题。

推动圆环的女孩儿

　　一条长长的胡同,向西无限延伸,离我视线不远的地方突兀地立着一幢高楼,楼的边线倾斜,拖出一条长而巨大的阴影,把胡同清晰地切断,可见的门户开着而门洞幽暗,无人进出的门,有古铜色门环,胡同连一辆三轮车或吆喝声都没有,出乎意料的是从我侧翼有一个小孩掠过胡同,仅是个倏忽的影子。

　　北京今年夏天那种酷热让人绝望,仿佛有一把烈火从内部烤炙着人的心灵。我在一个小阁楼上望着它的黄昏,那些槐树和枣树一动也不动,胡同墙寂静得沁出几缕白丝的气体,街区一切物体都凝固了。这些阴影雕刻的几何形体构成绵长的记忆,还有墙根的阴暗慢慢吞噬血色般的橙黄,物体的压抑,光与影的暧昧,小巷把灰墙挤向无限回忆与联想。对比的物体在我的视线里悄然倾斜,拉长。那些超高建筑的压抑与异常的宁静让我觉出是一种地震爆发的前兆。于是恐惧从内部产生了,渗透我一切感觉器官,幻觉因而产生了一条神秘的延伸带,忧郁、绝望从胡同的地面流向远方。

　　这一刻让我体味到吉奥·契里诃的伟大。

　　十多年来一直沉迷着他的画面而四处寻找。从印刷刊物找到的几幅有限的画,彩色变成黑白,在多次搬家中丢失了,或被人拿走,两年前我曾托树才在巴黎购录契里诃画集,没有得到。常见到的画不超过十幅,这也足以引起我对他的研究兴趣,零零总总也阅读了他不少材料。

　　《街的忧郁和神秘》这幅画十多年前见过,是黑白的印刷品,却让我震动,一条长街透视出一个无限的端点,耸立的高楼挡住一半画面,阴影斜切,靠墙一侧空的老式货车的货厢,后厢敞开,这个阴影挡住的是广场,广场上还有一雕塑与旗竿,在拱廊拐角透出尖细的影子与更遥远的地方那根旗竿呼应,天空阴沉,街上明亮,这边左角闯入一个滚动圆环的女孩儿,影子拖到画外,建筑物的特点是很多巨大的拱廊与檐柱。据画家说,一个晴朗的秋天,下午,我坐在佛罗伦萨圣克罗切广场中间的一条长凳上。我是刚从长期肠病中恢复过来,几乎处于病态的敏感状态。当我第一次注视这个广场时产生出奇怪的印象,这幅画的构图便出现在我的心中,这个时刻对于我是一个谜,因为它令人费解。我还喜欢把这幅作品叫瞬间出谜的作品(索比引用画家的文章)。我无数次琢磨这幅画,包括进入我的梦境,十年后我看到了这幅彩色油画,依然和最初看到它的触动一样。说明这幅画是彩色或黑白并不影响它,都具有震撼力。空旷而神秘的街上突然切入一个滚圆环的女孩儿,是掀动人们内心神秘和忧郁体验的关键。这种构图冥思苦想是没有用的,它只能来自某一时空特别敏感时所产生的灵感天才,或者产生于梦中。正如画家说的是瞬间产生的谜。画面极简洁,色彩单纯,远天有点隐约的绿,大街橙黄,建筑物青色,值得注意的是没纯黑色,包括阴影。这样一个画面构成具有极大偶然性,物体之间的不相关引起的惊讶不安,并非所有不相关的物体搭配能产生效果的,例如可以把女孩儿置换成老者,动物,或器具,商品都不会产生这种特殊效果。我曾在这幅画的边注中写道:(画面透视的纵深感与几何形态及配置的空间,人与物,这与视觉艺术的视觉假设有关,那既是一种日常视觉经验的延伸,又是一种神秘的超验冲动,线条、色彩、形体、人物都可以构成主体,但核心的形象是不可置换和替代的,推圆环的女孩儿便是如此,在这幅画中她就是艺术的神灵)。如果更深层分析,这个女孩儿是不能更换为其它道具的,她站着不动也不行,她必须是倾斜跑动而且又推动圆环,与街景深透的无限相连,她与广场看不见的空阔、雕像、阴影有关,她是被一种神秘吸去的,具有梦中游走的特质,没有明确的方向要求。

　　这幅画的语境,是建筑物占画面的五分之四,天体逼得很小,地面透视空间大于天,另外拐角前有一个未出场的广场空间,把想象拓宽,画面分割完了再出现极小的人影,环境是超常的强大,压抑,事物又是绝对失语,这种空间关系也是矛盾的,空间是画家专注的,设置出无限与永恒的隐喻,纯粹空间里不经意的点缀发散出不可言传的情调,这刚好在接受主体那儿构成神秘、忧郁、恐惧,而人类的压抑也主要源于环境的强大,这种无可奈何与形而上的观念一致都是无法用言语说清,这样读者的交流便在画面的感觉中打通。伟大的杰作就是这样诱发人的心理因素和画面的环境语言成为交流关系,这说明不是人看艺术品,是艺术品和它的知音在交流。这幅画最震撼人的交流便在画面最微小的细节上,深层分析,那个滚圆环的女孩儿是一个象征,一个模式的影子,一个牵引视觉心理与画面的精灵。同时女孩的圆环还是一种省略笔法,在大街上的一切动态与静态,商店、酒吧,可谓五颜六色一应俱在,在读者那儿街上所有的一切都在脑子里,你摆所有的商品读者都不意外,因为均在他的审美期待之中,长街无语突然跑出一个滚圆环的女孩儿,这正是一种不可能境况,打破了读者的期待视野,而刚好在这瞬间的破坏中达到了另一层次的审美高度。这个细节必定是无意识的。圆环其实不是象征,它的推动就是循环,女孩儿奔走原本也是常态,置于街景的特殊背景便是一种恍惚的梦游状态。这种确定画面中,一种不可能的配置刚好达到了非确定的幻境特征。

环境与人物在画家那儿是瞬间冲动构成,他本人没有特别地运用隐喻和象征,但刚好这一切却又构成了某种象征。

乔治·德·契里诃(Giorgio de chirico)1888年7月10日生于希腊的沃洛斯。这个港口城市距雅典200公里,是寻找金羊毛的出发点。父母是意大利人,父亲铁路工程师,弟弟萨维尼奥是诗人,戏剧家。他12岁时全家迁到雅典,他跟一位希腊老师学画,进了雅典理工学校。17岁时父亲去世,母亲带着儿子移居慕尼黑,弟弟进音乐学院,他续读美术学院,受尼采和勃克林的影响,喜欢那些死亡情调作品。1911年7月在巴黎参加画展,引起毕加索、阿波利奈尔的注意,为阿氏画了幅子弹穿过头骨的画,阿后来在战场竟头部受伤。1915年夏天重返意大利和弟弟应征入伍,部队驻佛罗伦萨东北的斐拉拉,母子三人过着军营生活。1917年春由卡洛·卡拉,契里诃和弟弟一同创立了形而上画派。服役四年后回家在佛罗伦萨研究古典技法。1925年在巴黎被超现实主义推为先驱。1945年定居罗马。57岁才有安定居所,9年后搬至罗马中心的西班牙广场寓所,和妻子生活得很幸福。1935年曾旅居美国一年半。晚期热衷于古典主义绘画和巴罗克方式的学院派油画。于1978年11月20日在罗马去世。享年90岁。

契里诃青年时期的绘画(1910年以前)主要为肖像画和具有巴罗克特点的神话变异题材的绘画,人物是人面马身、峡谷、废墟、画面强烈的动态,充满内在的激情,从这里看出他极爱画马,晚年巴罗克作品有许多是画马的。他写实作品技法熟练,特别热爱棕黄色,混合黑、灰、黄形成主调,间之以黄绿之色,偶尔用红色点破局部。

契里诃最辉煌的顶峰是1920年代。他重要的代表作几乎集中在这10年中。《预言者的报酬》、《意大利广场》、《高塔》、《蒙帕纳斯火车站》、《梦的变形》、《红塔》、《国王的邪恶天才》、《诗人的苦恼》、《孩子的头脑》、《爱之歌》、《圣鱼》、《伟大的形而上》、《无限的怀念》、《豪华的形而上画室》。这些杰出的代表作品无一例外地被后来的各种画派及画家从中吸取养分。

　　《无限的乡愁》这幅画极具代表性,广场与高塔是契里诃绘画中这一时期主要形象。此后许多高塔作品都可以视为它的变体。这两个形象来自实际生活,它甚至直接标明意大利广场,这空旷的广场类如个人心灵的空地,在广场上最多的是高塔与拱廊,按超现实主义解释分明是男女性的象征。高塔并没夸张只是透视产生效果,在美术技法上是重力线占绝对优势,使之凝固、浑厚、重压,这种巨大的孤独体强占了广场空地,巨大之下他必设置微小的物体与阴影,还常出现两个面目全非的小人,好像从地球之外某个不确定的地方聚来的强烈而清晰的光束,光源通常是斜角出来形成阴影,光是冷冰冰的,阴影平涂,色彩也不柔和为冷色调,深灰、绿、褐色、赭色,色彩界线明确,不综合而且块面分明,色彩不作明暗处理,用线段标明色差。因而在他的画中无限大与无限小,极明与阴暗,色彩对立,超重力线与极弱的悬浮线等一切都构成强烈反差。这种对立并置加强了内在冲突,光源阴冷而从不同方向透视具有神秘的威胁,广场语境是无人(包括无动物植物)无语的无生命状态。这也是莫名其妙的威压。个人通常是这样的空间里孤立出来的。契里诃总结了两种孤立方法:造型的孤立。象征的孤立。任何伟大的艺术都应该有孤立的方法。造型孤立是排除绘画的主题因素,象征孤立是拆除心理的逻辑因素。我理解是排除事物之间必然性的联系。这里需要探讨的是艺术中联系与孤立的矛盾关系,契里诃把所有形象设计在广场,我们分析时会发现物体之间没有逻辑联系,比例和光线,色彩都不对,是偏差的,很好理解,这使物体虽并置于同一广场,而个体却是孤立的,即便物体再多互相之间没有勾连,那便可以视为无物,强化物之后挤压下的人群消失了,只有雕塑,我们又可以视为无人。这种孤立使用实际是分割与切断,即使一切关联中断,这也是早期的破碎技巧,可见他也直接影响后现主义的艺术主张。

　　但是契里诃的画整体感很强,甚至你不可以随便搬动他画中的任何物体,包括色彩的调整。既然上面说各物体是孤立的应该可以拿走拆除它,那为什么拿不动呢?这里涉及艺术的辩证,他的画内部有极强的艺术张力,那种紧张矛盾紧紧地抓住你,而这种张力是从各物体之间反射出来的,在物体之外发生联结,高塔是孤立的,离开广场没有凭依,人物微小你也丝毫不能搬动它,没有人,画中假设的艺术关系就消失,例如取消拱廊建筑物便是一堆砖泥没有灵性,可见契里诃物体形象的联系是在实体之外。他的呼应只有遇到对应的物体才构成交流关系，否则它只是孤立的存在。另外画作内部的联系还得力于契里诃特殊的构图天才，和物体之间的神秘配置，这与他的艺术主张有关系。他认为，天生倾向于大量的高度效果，倾向于某建筑上的瓦格纳主义，这是很幼稚的。他们是不懂线条和角度的恐怖。对懂得形而上字母之符号的我们，则知道隐藏在门廊之中，街道甚至房间之角度，盒子两边之间的桌面中的哀与乐。契里诃是必须得在每一样东西里找出恶魔的人。

《预言者的酬报》是一幅让人着迷的画。阔大的广场上巨大的拱廊，前景置一白衣雕塑：爱瑞爱德尼悲伤她离去的提修斯，火车站大挂钟正是下午两点，这是一个阔大的古典建筑与挂钟火车新技术的工业产品之间的反差，还用红墙隔着两棵南方的棕榈树，其间有离去的火车与忧思的雕塑，古建筑与新技术，远树与近人，空旷广场与低沉的天，明亮光线与阴影，褐色与明亮的黄构成了复杂的对应关系，这里的色调也是谜一样的。正如画家说的，一个人必须把世界上的一切描绘成一个谜，并居住在这个世界。车站喧闹是缺席者，他常选一种实际缺席而想象中在场的环境，而作用则在另外的意图，宁静而遥远，阔大而空虚，奇怪的隔绝，伤怀的忧郁，孤独由此而产生。这种背景通常设置在广场，火车站，海港码头，奇怪的高塔附近。因系荒诞组合便引起联想，自然逼近人类沉思的观念世界，只不过通常这些观念与情绪是相连的，有其心理因素，例如孤独、忧郁、恐惧等，有如魔幻的梦境把人吸引住，这与契里诃选择事物的天才能力有关，几乎都被他之后的伟大画家所摹仿，布勒东和恩斯特对《圣鱼》着迷，马格利特对模具的运用，德尔沃的室内时装模特，霍克尼的棕榈树，那些几何量具与模型与立体主义关系。达利画中的远透，物的比例，颜色对比，现代画家受惠于契里诃的超过了毕加索甚至包括毕加索本人。

《国王的邪恶天才》这幅画的构思悬于高空建筑物之上的一个倾斜坡面、阴影、计量用具、球体、模型、箭头标志都在一个滑动的斜面定格，这是一种悬空的恐惧，达利画的《晕眩》其构思便源于此。一个世界的悬空感，岌岌可危的内心状态由一幅杰作启动了。《儿童的脑子》画的是成人的身躯而头却是儿童时期的，他闭着眼睛，布勒东发表时让他睁开了眼，契里诃的人物一定是闭上眼的，他不能让眼睛泄露画面的秘密。超现实主义从画家和母亲的亲密感情而分析恋母情结。另一幅相应的画是《变形的梦》：石膏像是个智者，香蕉、菠萝为热带水果植物，拱廊建筑的阴影慢慢消失，远景火车响着汽笛，广场空寂，静物与雕像的沉默是闭着眼睛看世界，这个场景是纳入梦的，而局部极为精细清楚，远景和前台反差冲突，变形是在组合关系上、空间变化上发生的，这是一个没有声音的世界。这两幅画是人的在场与缺席的矛盾，形体上有人而实质是非人的不与你形成交流，只是一个标志性符号，成了模型雕塑与闭眼儿童，因此我们便更好地理解画家在《形而上的自画像》中没有人体，只有字母、蛋壳、地图、解剖台、脚的石膏模型以此来表达抽象意念。《诗人的苦恼》用没有眼睛的盛装模特儿化身为沉默的艺术家是闭着眼睛看世界发现真正的价值。

契里河认为形而上的艺术品的外表非常祥和，但给人的感觉却像是在这种祥和中一定有什么新的东西发生了，而在那些证实的符号以外的符号，必须在画布的方块内找到恰当的位置。这是居位深度显示出来的征兆。这是画家极重要的美学观，他的画面始终保持安宁祥和，没有丝毫惊扰，但超稳定的平静是一种征兆性的，好像随时都能有东西爆发出来。某种神秘的东西居位在画中，使画面内部充满了奇异的张力，又包孕一种创伤性情绪，这便是著名的祥和的悲剧性。一种精神冲突的东西在画内各种具象之间交互产生作用，这种隐在心理的或精神的又不直接使用象征语言，或观念标志，这就产生了画面有许多让人琢磨不透，谜一样的难懂东西，他给出一些奇异的组合，但关键却是要你悟，所以读画的人必须是要艺术灵气的人。

契里河的画似简单，具象少，色彩不复杂，对比关系也不多，平静冷漠，画中形象从不和读者交流、沟通，它们互相之间也没逻辑关系，容易给人造成这些画没有技巧，简单，谁都能画的印象，这就大错了。实际上他的画是最难的，必须是灵感与天才的机遇，不是技术的结果，很多画家重表面技术，色彩都那么眩目，那是匠人，易制作。而契里河把绘画提高到一种看不见的难度，也无人能摹仿。

契里河中后期有两类绘画。精致的文艺复兴时期的古典绘画，和巴罗克传统的艺术创作。他说从来没有人理解这些作品，无论在当时还是在现在。《怀孕的女人》其精细的笔法和甜美的形象透出女人内心的喜悦，置放在文艺复兴中的圣母画中可以乱真。《卢克丽雅》中美丽的卢克丽雅裸露全身暗示她表示爱情之后的痛苦，手持利刃准备自杀。这些学院式绘画技法熟练，色彩典雅，从画而论只能说他技术纯熟，人物形象却没任何创造，谈不上对传统绘画的超越。更谈不上震动人心。此外大部分画马，画裸女，画水的画具有巴罗克风格，让人想起鲁本斯，却无鲁本斯笔触的生动流畅，洗练而清灵，缺少巴罗克以块面运动的力量感，倒是那些以古堡和废墟为背景的有古典神话韵味的作品比较有特点。契里诃的这两类绘画无论过去和现在没引起批评家的关注是有道理的。画家本人应该明白他自己真正的创造所在。

　　契里诃中后期还有很多坚持前期创作中的形而上绘画,并且留下了不少佳作,甚至有几幅杰出的伟大之作。

　　主要代表性作品有《赫克托耳和安德洛玛克》、《扰乱人心的艺术女神》、《形而上室内消失的太阳》、《逃向大海》、《神秘的水浴》、《画家的家庭》是大量以广场为背景的红塔、拱门、雕塑,晚期作品有《巨大的游戏》、《红手套》等。从早期到1946年画过一系列的《赫克托耳和安德洛玛克》,最杰出的是1924年和1946年的两幅,将它们并置更意味深长,《伊利亚特》中赫克托耳是特洛伊主将,正直高尚,钟爱妻子安德洛玛克,丈夫战死,妻子历经千辛万苦地寻找,二人爱情忠贞不渝,是以为爱情典范。契里诃不断地画这对神话恋人,据传是对自己妻子的感谢。这是两个舞台人物,类如时装模特儿构架但全身肢体由一些三角、胶管、尺线、木棍拼接连贯为一个机械装置,像一个木偶形象,这就是他的静物戏剧化的创作。1924年的那幅中,安德洛玛克是个丰满羞怯的女人形象,头是木偶,赫克托耳除了手是肉体,其他均为木偶,古典背景,希腊骑士奔马,右侧是城堡,这幅画的情态独绝,甜美眷爱,神话夫妻爱情毕真毕肖,脸部五官全无,可强烈的感染超过了传统的美女英雄形象。1946年画纯为木偶,浑身都是加固关节的钉孔,那些数学仪器、三角、长方形、锥形都井然有序但形体的情韵不减。一般说在画面画两个英雄美人是容易的,而利用几何形体构成木偶表达一个爱情主题,真是突发奇想,把外部的美艳与庄严剔除而进入内心情调。契里诃善于抓这样的瞬间,又把看不见的东西引入深度居住这也算是绝唱。另有一幅画叫《爱之歌》也是绝构,广场阴影、工厂、拱廊、平面三角都没变,左一石膏雕像,右一红羊皮手套,前一绿球,天空蓝绿色,这是单纯的物体拼贴,脸与手并置,构图与梦幻无异。这个画与深度的情爱有什么关系呢？你如果找到画家对马克斯·克林格系列绘画《手套的奇遇》,再注意这幅画,谜也就解开了。契里诃在画中常组织许多食物:饼干、面包、香蕉、菠萝等暗含一种食物恋,与欲望、渴求有关。而红手套、塔、廊、雕塑、制图工具又表示他的纯物恋。契里诃的服装模型已成20世纪美术的一个艺术精灵,最成功的是他的《扰乱人心的艺术女神》(1925年重画一次),画面像一个梦幻工厂,广场是一个中性互不相容的光线清澈地方,又是一个物质器具舞台,两个女神均为木偶模特,一站一坐,一正一反，站者圆筒古代服饰，坐者假头已在脚旁，中景阴影处一雕像，远景是斐拉的红色工厂，前景有两个魔方盒，一个被女神坐着。主题是来自画家弟弟的戏剧《垂死的歌者》，该剧发表在《巴黎之夜》（阿波利奈尔主编）。在这种奇怪的光与影中物体的互不相关构成一种奇怪的冲突，让人心里产生莫名其妙的混乱。这种无性人是契里诃的贡献，模特儿、雕塑、广场建筑物等构成一种戏剧性冲突。《巨大游戏》中是两个真人，在奇异建构中很渺小，器具及建筑物成为主体。《黑白两个太阳》是同时出现的两个不完全的太阳形成的冲突，又用管子把室内与室外联通真的太阳与月亮。景物是奇幻的。

契里诃的画具有巨大的艺术力量。他说，只要画它，他受一股强大力量的驱动，这股力量甚至比吸引一个饿汉吃他得到的第一片面包的力量还要大。这股力量并不是来自某物某人而是来自画面各物体之间的关系，来自那静态的凝固，巨大的力量正好从那里渗透出来。这告诉我们事物是平凡的，但我们必须以天才的敏感和巨大的创造能力把日常生活事物的神秘、忧郁、恐惧开掘出来，简单地说把形而上的要素抽象出来，又用特别的手段把它置于画中。

这种形而上到底是什么呢？它可以是理念，哲学的文化的意识的，即永恒、无限、恐惧、孤独、绝望，一种来自纯物的异化及反思后的思索，一种对现实不安的幻想。这些可以是哲学的，也可以是本能的心理的，也可以是一个情调问题。契里诃的来源与德国的尼采有关，他在慕尼黑读美院深受尼采、叔本华影响，他也喜欢德国的表现主义艺术。特别对瑞士的勃克林情有独钟，他的《死岛》、《奥德修斯与开斯普索》，还有克林格的《发现一只手套的解释》，库宾的《意大利的幻景》等作品都给契里诃启发，这种怀旧、忧郁、神秘、恐惧他认为是意大利城市特有的情调氛围。当然最重要是来自契里诃的心理和精神及早期的生活经历。

契里诃的艺术技巧也是大胆独创的，重力线与悬浮线超出绝对常规的大胆处理，期待方向和事物的空缺，反常规的奇异插入，光的特别澄明透彻，影的超长扁平置于中性空间的幻觉，建筑物突破常规的压迫，人体木偶几何模具的机械处置，反常对立形象的拼贴，纯物真实与人物的冷漠，早期作品倾向冷色调，暗淡而阴冷，有透彻强烈的光逼在广场也是冷调的，阴影更是浓得化不开。许多画的色彩本身就是谜，他大量地使用橙黄、褐色、棕色，透亮的光效果是亮黄，主导黑色含有青灰性质，通常压抑的天空便是这种颜色，然而随着透视变得蓝中偏绿色，视平线上便是灰蓝，拱廊内一般是青灰色或者拉长阴影,塔体常置于赭色,他善于黑蓝赭三色的组合,强调对比,界限分明,刚好蓝、黑、赭三色都是不好合作的颜色。颜色总是块面组合,总是有线条作为中介的,他深通红色的妙用,只在画中作一种点破,如同他超常使用悬浮线一样,作为撬动千钧的支点,或者在红色中加入黄和少量的黑而近于一种棕红介入画面,或者以棕黄为主画马画水,或让蓝色为主画静物,当然还有许多是形而上的画,但色调改成明朗开阔,柔和恬静,失去了早期作品谜一样的神奇。

  契里诃影响无数画家,吸引一部分酷爱他的人,他的灿烂光华在十年之内熠熠生辉,后期更多的是重复早期作品,只有极少的几幅杰作。这警示任何艺术家都应该把握住自己最好的年华。怀旧忧郁,神秘梦境应该不是什么崭新的东西,而契里诃让它焕发出巨大魅力,这告诉我们应善于从平庸麻木中找到一种神秘的打动人心的东西,艺术便是这样一种寻找,生活也是这般偶然。今年元旦我和一位东北女孩儿在冰天雪地的西四大街走了一天,我们扔出几个雪球,在奔跑中或者相互扶持一下,那种轻松融合都成为过去,也许今后再也见不到她了。许多年过去了,在一个出其不意的地方她又会打动你,在你命运之旅中又是一次神秘的际会。

画布上的情人

1980年,我在贵州乌江水电部八局教书,在美术画刊上看到《格尔尼卡》,是黑白的,记得当时还偷偷地把它裁剪下来,戏称那艺术为牛头马面。因为那时候喜欢古典绘画,荷兰画派的风景画和提香,安格尔画的女人体。

十年后在北京读书,理性上注意一些现代派艺术,我开始重读沃林格的《抽象与移情》,康定斯基的《论艺术精神》,启发很大,再把视线落在毕加索的画上能读懂,却不怎么喜欢,大致感觉他的画还是从别人那里来的多。当然也惊讶他的创作天才,他真是个名副其实的现代艺术集大成者。

女人成为一种绘画的力量。这在毕加索那儿是最典型的,也许就是他为弗洛伊德理论提供了铁证。

许多年都在思索《亚威农少女》这幅画,因一个艺术家和一件艺术品便改变整个艺术发展历史,真是件很奇妙的事。平心而论《亚威农少女》并非什么绝作和独创,从主题到构图还可以说它是摹仿之作,许多艺术家都责备过它,但同时又被它震惊。形式,毕加索提供了新的东西。因它而开创了一个艺术时代,改写了艺术史,萌芽了立体主义,而真正的立体主义是一个集体创造的,至少是毕加索和勃拉克共同创造。但没有《亚威农少女》艺术史可能出现另外的面貌,这是一个关键。

《亚威农少女》有五个裸体女人,以蓝色灰色为背景,人体纯黄色,左三个女人是写实的平面,右两位裸女是变形的,特别是她们的肢体不合逻辑,似被分解,前景置水果,有西瓜、葡萄、梨和苹果。最主要的特点,画的局部大都是不规则的三角、立方体,包括人体间相联系的空间都是几何体的。女体面目平漠,眼睛直视而无神,她们的动作都力求展示女人体性征比较明白敏感的部位,腋下、腿弯、乳房、胸、腰、生殖部位,都力求视觉上的冲击力。

《亚威农少女》的主题、色彩、构图、人物、叙事、语言都不难理解,应该说比较通俗。这幅画我们从发生学上探讨一下它的种种可能。这幅画的主题是暴露与诱惑,暴露是形式,诱惑是目的。这个主题从神话中开始便有圣安东尼的诱惑,传说中常画的帕里斯审判也是诱惑主题。而且人物的姿态与鲁本斯绘画的三个女神相似。五个人物浅层空间位置和塞尚的《五浴女图》酷似,人物面部毕加索是从非洲黑人艺术的面具中引来,这显然受马蒂斯和高更的影响。这些图像与画家当时创作的很多肖像酷似,他这些画的来源有许多专门研究者作了精细的比较,这里想说的是这幅画是有其艺术渊源,我们可以说摹仿,也可以说集大成。

这幅画,毕加索画了许多草图,草图设计中为七个人另有两位男人,最后的集中无疑是一次艺术的审判,把观众的视点更加集中,因而人物引起的惊惧与恐慌更加强烈。草图和画作的变化表明毕加索在思考问题,这幅画在三十多年后才与观众见面,首先在艺术家的圈子里引起骚动。在画家本人来看,他一直作为未完成产品,由它提出了立体主义的艺术形式的思考,如果没有勃拉克与画家本人后期继续的探索,也许《亚威农少女》的意义也就失去了。

这幅画中就有毕加索的第一个情人费尔南多·奥丽薇尔。毕加索1904年到巴黎住在蒙马特区一个绰号叫"洗衣船"的地方。奥丽薇尔在一个雨天来门前避雨,进了他的画室,便做了他的模特儿。1906年5月他和奥丽薇尔一起去戈索尔旅行,心情很好。多次修改草图,准备1907年秋季纪念塞尚展览,他抛出了草图。背景为妓院的客厅,画中还有海员和医学院学生。画的标题是诗人萨尔蒙给取定的,因为画的构思起于毕加索学生时代去过的巴塞罗那的卡雷尔·亚威农妓院,最初他仅仅是对性病的讽喻,定为罪恶的报酬。没想引起了艺术家们强烈的批评,按精神分析家的意见这幅画是对男人阳萎及阉割感的恐惧和焦虑。这幅画的草图多次修改,毕加索的想法也是慢慢地完善,此后他和勃拉克两人不约而同地探索起这种立体绘画的技术。勃拉克画了《沐浴者》、《林中小路》和《列斯塔格的房子》把立体主义推进了,可1908年秋季画展马蒂斯挪揄了他的立方体,他自己搞了个人画展,沃塞尔用马蒂斯的话给这些画起了一个立体主义的绰号。于是独立的艺术运动启动了。此后的几年中毕加索和勃拉克着力于立方试验。终于形成了一股强大的现代艺术运动。

但这一切的启发却是从《亚威农少女》开始的,这幅画到底在那些方面提出了思索。从文艺复兴起色彩、线条、形式都是艺术家苦苦思索突破的方向,马蒂斯,塞尚在色彩上有革命性的发展。绘画空间一直是个让人着迷的东西,古典时期采用的是大气透视和直线透视法,从一个固定的观察点里看到的几何空间。人与物是向后撤地消逝在远方,尺度、体积、清晰等都是有秩序的，人物作为饰带来构图，深度感产生了。印象主义以后色彩独立于物外，不作绘画物体的本色处理，色彩任意，可作空间关系的调整，人物在几何空间也有变形，这样立体的三度幻觉和二度绘画的平面产生均衡。立体主义便产生了一个新的原则，人物可以服从整体绘画、变形、分解、组成平涂系列局部（人物环境的平面和分解物体的局部平面难以区别），这样使得人物、静物、环境都可以相互无关地独立，可以用各种方法形成统一的绘画整体。《亚威农少女》实际宣布了这一原则的开始。首先人物变形解构，平展于一个整体，人的器官在不同的视点中都可以观察，水果桌和人物脸部都成了各自的平面，这就改变了传统中的统一视点，透视法取消了，而视点可在四面八方展开。这实际就是中国绘画中的散点透视的观点。在视觉原理上，焦点透视本身是一个错误，视觉在任何时候都不是绝对的一瞬一瞥，而是无数个瞬间的一瞥在大脑里经过综合整理的印象。

简单说，《亚威农少女》启发绘画拓展了一个新的空间，也打开了形式主义道路，但却把几千年的绘画阅读引入误区。

帕布洛·路易兹·Y.毕加索(Pablo Ruiz Y Picasso)1881年10月25日生于西班牙南端的马拉加。父亲何塞·路易兹·布拉斯科是绘画老师，母亲玛丽亚·毕加索。1895年全家迁往巴塞罗那。在最高美术学院学习绘画，1900年和好友画家萨赫马斯一同到巴黎见到了许多大画家，也目睹了巴黎北部蒙马特尔山区的穷困现实，描绘了很多下层人的生活，因他酷爱蓝色，便把这一时期称之为蓝色时期，1904年来巴黎也是居住蒙马特尔，那是个艺术家中心，绰号叫洗衣船。这个时期的主要代表作《煎饼磨坊的舞会》、《人生》、《老吉它手》，刚到洗衣船的两年为玫瑰时期，主要画一些舞台演员，特别是画小丑。主要作品有《卖艺者》、《丑角》，然后转入原始时期或称为古典时期，如《斯坦因画像》、《两位裸女》、《亚威农少女》。这几个时期最高成就是《亚威农少女》和《斯坦因画像》，不可忽略的是蓝色时期的那些穷人，主题表现的贫穷饥饿和寒冷，那《老吉它手》引得史蒂文斯写了首四百多行的长诗。可以说这些画毕尽了人生艰辛，毕加索是个比较感性的画家，他绘画的题材一般都与他的生活有关，这些穷人和杂耍艺术都是洗衣船周围的生活现实，原始艺术始于马蒂斯和高更的影响。

立体主义时期毕加索创造了许多重要作品。第一个阶段为分析立体主义，即把人与物解构成立方体在画面上拼合，对这个试验过程有个研究者巴尔说,把毕加索的四个头像作品排列出来便可以清楚地发现立体构成的演变过程。四个头像,即指《女人头像》、《勃拉克肖像》、《弹曼陀玲少女》、《阿尔妇人》,在比较中确实痕迹很清楚。值得注意的是毕加索爱画人像,立方体比较大,组合具有原始的力量与激情;勃拉克注重静物,立方块碎小,喜欢绿色,有飘逸流动,秀丽的美感,而毕加索不太用蓝和绿色,主调以橙黄,咖啡色。这一时期的主要作品是《工厂》、《卡恩维勒肖像》、《水库》。1909年毕加索回西班牙胡安花园小村度夏,在这些风景中发现他作人体分析的东西,于是画了《工厂》、《水库》等,《工厂》一画尤为阿波利奈尔所喜欢,这幅画隐约有透视和光效应,房子是多角形立体,厂内空间、烟筒、厂门都在立体拼合中突出,加上棕榈树的间离使画面敞亮开阔,尤其通过灰白向上放射,使光的效果似乎是从那些立方体的下面渗透出来,一下使立体具有浮雕的质感,《有风景的桥》光感也是从水波向上浮着桥与山体,使外形特征鲜明而又有神秘的效果。

《卡恩维勒肖像》中让客观对象的形似肖像没有了,色彩的作用也不发挥,全部力量用在分析立方体,先让它破解然后组合,客观事物真实与否没关系,可是毕加索让斯坦因和卡恩维勒作漫长的模特,前者有80次之多,毕加索在无数个小时里只作人物形体分析,卡恩维勒每次都耐心地摆好姿势,最后人物肖像是双面叠合,类如两个头贴着拥抱,立方体层层叠叠地从平面砌上去,形如波浪,小平面的立方体,布纹装饰般的菱形、质感、人物成了幻象,背后隐约有铁塔、拱形,或建筑物向远推去。罗兰·彭罗斯说,每分出一个平面来,就导致邻近部分又分出一个平面,这样不断地后移不断地产生直接感受,这使人想起水面层层涟漪,视线在这些涟漪中游动,可以在那里捕捉到一些标志,鼻子、眼睛、梳理整齐的头发,表链及一双高举的手。画面尽管模棱两可,却似乎真的存在,而在这种新现实的均匀中,和谐的生命推动下,它会满心欢喜作出自己的解释。肖像的象形特征没有了,其他熟悉的东西如高高的脑袋,鼻尖末端有可怕的肉瘤,微微撇着的薄唇角和似睡非睡让人捉摸不透的神情。包括身前桌面的花瓶和玻璃杯。毕加索画人物基本剔除外形,不停地捉摸人的精神个性特征,因而他的模特儿是不可缺席的,个体所具有的特征要充分地激起画家的情绪,这样他画的人物都与画家有很深的感情。毕加索采用的是形象化的暗示方法,现实生活中片断被完整地搬入画内,表链、帽子、杯瓶、扶手椅的丝带这些众人所熟悉的东西来解释画中的结构,用大家所能理解的物性来暗示出画内情状,不是简单地把画看成一个实物实人自身统一的逻辑形象,只要细致用心地琢磨,画都可以看懂。

综合立体主义的观点是色彩和结构都能单独发挥作用。代表性作品是《戴礼帽的男人》、《手风琴师》、《小提琴和水罐》等。《手风琴师》画面有一个中轴线,把几何体集中在中心线,然后有步骤地向四周松散放开,整体上把形象凸现出来,线结构绘成的几何体组合时连成长线段,保持大轮廓的完整,但局部中使用许多短笔触的勾勒,曲线或圆弧,形成精致雅趣,它的丰富活泼调整了大立方体的沉闷,颜色主调是古铜、青灰色,局部跳出一些灰白、淡绿,或者黑白中的对比。色彩在这儿不为形体的真与假所囿而发生作用,色彩服务于构图的变化,线条结构的图形也不干扰色彩。各种几何体连接中都有倾斜,所有的几何体都在平面中控制,又不倒下来,这与角线支配很有关系,直线与斜线的结合部都引起视觉动感,物体和人的各部位也在其间发生位置变化。所有细致微妙的变化都在那些短笔触和直线与斜线的转换中。这个特点在《弹曼陀玲少女》中也保持着。这时候勃拉克在《葡萄牙人》中开掘了综合立体主义更新的要素:手写文字与数码。拼贴技法也从局部进入,把那些真实的实物质地及效果引入立方体之内,把现实要素和幻想要素综合,通俗说,把贴纸和实物粘拼引入画中。于是绘画的空间关系复杂起来了,在三度空间里又纳入实物一维,其效果是强烈的,《三个乐师》也许就是这一时期最杰出的代表作。毕加索晚年有许多绘画源于早年生活,《三个乐师》实际是玫瑰时期画的那些杂耍艺人的浓缩,他曾画过许多小丑画,表现他们的悲剧人生的这三个分解的乐师依旧把那些五颜六色菱形的服装在左边那个人身上表现,中间一个着纯白色,右边一个着咖啡色,提琴、单簧管、键盘或风琴各执一样,这是以长方、正方为主的拼贴组合,平涂的色彩很鲜明,与意大利喜剧人物的形象角色很统一,真像一个琳琅满目的舞台橱窗,把那种悲喜化解在轻松愉悦的色彩与音乐中,具有特别的诗意。四年之后又画了一幅更为杰出的作品《三个舞者》,这幅画意义与《亚威农少女》同样重要。主题在表达强烈破坏,极度失常的痛苦。窗外背景是蓝天,注意:它占去了全画约三分之二,这就有深意了,长天当哭的舞者背景与人物构成超常的力量,画面出现了最为夸张的撕裂形式,室内是古典装饰,背景与人物构成了全部悲怆性的可能,悲怆气氛有一个极好的舞蹈动作,即通过四肢抵达绘画空间的每一个角落,悲伤因而布满了空间,真是一种长歌当哭。这是由毕加索西班牙年轻时的一位画家朋友而引起的。毕加索认为痛苦乃艺术的本质。画中左边那个人物是从希腊浮雕借鉴的,叫梅那特。她跳舞时右臂之下还夹有一手鼓,展示死亡与世俗生活之间极端痛苦的冲突。她的衣服撕坏脸成了两半,她不是跳舞表演而是借机倾泄内心的痛苦,那中间一个高瘦者双手向上至极端,似乎抓取什么,脸是变形的,右边是一个运动中的人体,用颜色显示幻影。画面悲哀是通过动作、背景、变形、色调冲突等表现出来的,那种惊骇与动荡不安在绘画空间形成巨大张力。评论家拉塞尔说,《三个舞者》可以被称为欧洲表现主义的最后一幅力作(表现主义为了表达炽热激越的情感往往运用一种夸张变形。最为生动直接地呈示神经质或荒诞行为)。从这一个角度看三个舞者也没错,从舞者和乐师看毕加索的立体主义中最重要的是观念与方法,至于立体的形式并不如何复杂。可见这幅画也暗示着毕加索后期绘画的变化。

毕加索一生到底有多少情人恐怕没有人能全部知晓,和他同居或结婚的,见于记载的也有十多个。有几个女性在他的生命中产生了至关重要的作用,激发他产生许多杰作。和伊娃·葛克尔相处产生了《穿衬衫的妇人》,这是一幅分析立体主义的梦幻之作。这幅杰作让诗人艾吕雅格外喜欢。俄籍奥尔嘉是芭蕾舞演员,画家画过她许多美丽的肖像画,《三个舞者》中间形象恐怕也暗示了奥尔嘉。他杰作《梦》具有马蒂斯风格,画面色彩和谐朗丽,玛丽·泰瑞莎神情俏然。这个甜美的女性是毕加索的秘密情人。特别著名的《镜前女人》也是玛丽肖像。她17岁跟随画家,画这幅肖像时她才22岁。1936年他认识摄影家朵拉·玛尔,后成为情人,画了著名的《哭泣的女人》。另一幅杰作《整理头发的女人》也是画的朵拉,这两位女性在毕加索画中展示出了许多美丽形象。62岁时认识年轻画家法兰斯娃·姬萝,共同从事儿童创作,共处十年生有一儿一女。有《法兰斯娃像》、《母与子》等画,80岁时与贾桂林结婚,画了许多夫人像。其价值不如以前的人物画像。毕加索活到91岁,在1973年4月8日于巴黎去世。

毕加索唯一因社会政治而引起的绘画是《格尔尼卡》,1937年4月26日巴黎报道了格尔尼卡遭到轰炸,格尔尼卡对巴斯克人来说它象征自由,历史上国王加冕都在小镇大树下进行,这里有地区自治权。巴斯克诗人拉列亚找到毕加索告诉这一消息,并请代表巴斯克人画一幅壁画。毕加索为创作此画作了大量的素描习作,现存的还有45张,还有为作品创作的连续照片7张。毕加索是画痛苦的高手,这幅画依然以分解形体的方法,画中基本以几何形体构成,左侧上是牛头,头下有张口呼叫的女孩,几个破碎的人体躺着,中心画面是一匹嘶叫碎裂的马,蹄已经践踏着人,可判断为晚上,室内电灯与手持的油灯,有两人随马后奔走追赶状态,右侧一惊恐的少年双手呼天,大喊着,似乎身体已掉入黑洞中。这幅画有彩色与黑白的,彩幅中有淡绿、灰、白色,线条中没有黑色。这幅画没有复杂色彩,基本色应该是青灰色。毕加索画过许多牛首作品其含义复杂:或者象征西班牙复兴,或者是残忍与暴力,有时则是自况隐喻。牛头表情并无暴力,牛头之后的桌面还有一只鹅向天呼叫,在这一组画面中有六七个形象,中心无疑是牛头。方位趋向上是一个前导式的。据毕加索自己说,牛不代表法西斯,但它是暴力和黑暗,马代表人民。这种观念的直接表达未必可信,进入绘画空间以后在绘画语境中,含义会复杂化、多义化。画的中部是关键,它置于两个灯光之下,意味深长,照耀在黑暗和暴力中的人群这只是表层意味,更重要的是一种恐惧惊慌,痛苦和绝望,这是爆炸与撕裂中的图景,前台底部有一手握刺刀,已经断裂,有反抗意味,上置一鲜花。以此向死难者致哀。这是一幅寓意丰满的象征画,但我们不必要一一落实它的象征,故此对这样一幅直观的画不必作特别牵强的阐释。

《格尔尼卡》在于表明毕加索的一种态度。揭示一种艺术与生活的关系。也许它的意图大于效果,艺术上的贡献并不代表它的社会历史作用。从风格上讲《格尔尼卡》与《和平》、《梳头的女人》、《生命的喜悦》、《战争》保持一致。这幅画曾作了一百多幅草图,画内形象复杂,后来被许多评论家、画家破译,从构图到形象有许多对传统的借鉴,因而引出许多争议,这不重要,我们可以把一个艺术家对社会与人生葆有自己的良知和责任,以致某个局部的摹仿或者非生活实际的,也没什么关系,它是毕加索的一个象征,是一幅表现瞬间效果的杰作,是一个对社会产生过巨大震撼的艺术品。正因如此,对毕加索的评价,我认为他既是伟大的又是平凡的,是杰出的创造者,又是综合传统的继承人,是一个划时代的艺术家,又是一个平庸的生活与艺术的享受者。这或许是在他晚年的近三十年间并没有什么伟大的杰作的原因。

毕加索的一生都是欲望绘画,持久地受到情欲的刺激,说得明白些他的绘画总是与肉体有关,充满着情绪的激荡。他说把眼睛放在两腿之间,或者性器官放在脸上,使之矛盾,大自然做了许多我做的事。但她隐藏了它们,我的绘画是一系列荒诞无稽的故事。毕加索的性欲本能总是混淆着他对扭曲和变形的嗜好。我们看他原始时期的女人裸体是那么旺壮饱满充满了光华四射的情欲,《戴帽的荷兰女子》、《大浴女》、《泉边的三女子》、《海滨奔跑的两个女人》那些表现主义的人体和动物结合《牛首人身的弥诺陶之战》、

《畅饮狂欢》、《涅索斯和德亚尼拉》是一种非常混杂的情欲,在《四个舞者》中甚至表现的是窥阴癖。在毕加索画中找到肉体是轻而易举的事,肉体是弯曲的、煽情的、欲望的,那弯曲起来的线条柔润流畅,姿态放荡。色彩和线条的热情不在骨骼和肉体的表面,是激发出来的如饥似渴的占有欲望。在田园时期那些女人体态丰满异常,表肤柔软膨发,乳房与性器在流光溢彩中,是光滑与潮湿,那里没有骨骼与肌肉的构造,是一些缝隙,一些孔道。致使他的老年期也充满了《生活的欢乐》。我这儿不是对画家的男女性爱作道德评估,而是揭示他绘画全过程中另一个很重要的特征:从主题到构图,从色彩到线条,总之一切绘画中的细节因素都充满了欲望。他的艺术动力也许来自社会化,来自本身革新的技术要求,但更重要的是展示画家本身的欲望之旅。

当写作成为一种习惯之后,毕加索作为一个画家的启示:画不是预先想好的,它会按看画的意识继续改变,画家是一个活的动物,但它也有生命。小说也是如此,小说自身是一个活的生命,它会自己成长,第一个印在人物或事件上的意念和情绪是不会改变的,改变的是故事与人的行为要素。小说自身有个驱动力,它成长了,你的意图也就完成了。忘却事物外观以后,小说内部的核心才有张力,它会浓缩人生许多原型的意念。绘画其实就是另一个意义上写小说。反之也亦然。

阳光下的棕榈树

在北京师范大学时，我住在乐育一楼的底层，阳光扫除了闷热以外，便是阴冷，傍晚时必须往户外走。向北，顺着有杨树的路走，便可以找到一个侧门上北太平庄大街，顺大街两侧是一排小书店，好几十家，我便日积月累地在那里淘书，每年都得搜罗千把册书。再往北到太平庄桥，左拐约里许便有个昆仑书店，这也是我常淘书的地方。

那是个秋天，树叶懒洋洋地开始落，沙沙地在地上旋转，傍晚时分把影子拉得老长，街景：车辆与人悄然相随，脚步接着脚步，人不知向什么地方走，心境灰暗忧郁，想着看过的有限的几幅契里诃的画，平添的是乡愁、孤独、忧郁，真是觉出他的伟大，能挑动人类共同心理的隐秘。照例是去昆仑书店，它的东侧是一排社科书，迎面是文艺书接合的角落有排画册，我每次总去翻翻，画册贵不敢多买，每次挑上一本，那是重庆出版社出的，印刷质量差，说实在的，论色彩可能和原画没什么关系了。只能研究其他的东西，但油画少了色彩，那效果也就不可言说了。《培根，霍克尼画风》我已翻过好几次，培根画的残忍暴力让人目不忍睹，风格是唯一的，但不喜欢，主要觉得永无休止的重复酷刑结果，利用圆的旋转改变人的形体结构是一个基本不变的方法。所以连带霍克尼也受了不少委屈。那天傍晚心境突然很糟，孤独忧郁不可排解，拿着那本《画风》翻翻，视线注意到霍克尼画加尼福尼亚的阳光，心里一亮，看看那几幅水花，建筑物，尤其是那种近乎凝固的阳光照在背景中的棕榈树上，心里有一种莫名其妙的冲动。

于是决定买下那本画册，便把阳光下的棕榈树带回了家。随便翻翻，没有目的地浏览，又觉出了另外一些画的味道。

此后便注意霍克尼的资料与画。但画与文字极为有限。知道他80年代还来中国拍过电影《大运河》。以后见到四、五种资料都只谈他的代表作《更大水花》，没有背景资料只能就画而论，说的也是个人主观化的感受。

太阳诗人帕斯，太阳画家梵高，表现太阳的艺术家数不胜数，技巧手法也层出不穷。把太阳作为无形物,缺席的,又不使用特殊颜色,还要表现太阳质感,如果用文字我觉得难度够大。霍克尼主要目标在水花上,在几秒钟的速度上,但是我喜欢的是阳光的质感,及阳光下的棕榈树。

《更大水花》是霍克尼系列绘画中的一幅,与前一年的那幅叫《小水花》画面结构近似,只是少了一把椅子,多出仙人掌的方坪,房子有拱顶,棕榈树在玻璃的反光中。启动霍克尼构思的是在好莱坞一个书亭里见到一本讲如何建游泳池的书,书中有幅水花照片。《更大水花》是1967年初夏在加州创作。画面分远中近。近景是跳水板和水花,中景是有玻璃的房子,坪前有一把椅子,屋旁两棵棕榈树,远景是在玻璃的反射中,庭院与建筑。这是一个清朗阳光的中午,光质透彻而炽烈,阴影淡表明了强光暴晒,颜色、建筑物在强光下泛白,而唯一的人物拥入水中被浓厚而凝重的蓝色淹没(这幅画有一个非确定性成分更隐深地让人回味,从对面椅子判断水中一人,水池边有一个跃入水花,可是跳板拍击下更大的水花标明有人从这一边起跳板上入水,也就是说在这一瞬的几秒钟之内,池中应该是两个人)。整个画面是用规矩的横竖线条保持平衡与抽象,看似机械呆板,斜的线呼应在跳板、水花、折椅腿。这幅画另外有一个趣点是,霍克尼是先把深蓝和浅蓝两个区域用滚筒色印出来,把建筑部分档起来,专心致志地画水花,两秒钟的水花,用了两个星期时间,像达·芬奇那样画水和旋涡,然后用不同型号的画笔把建筑物、树、椅加上去。所以他自己说,如果把画中的椅子拿掉或者把玻璃的反光去掉,画面就会变得抽象得多。你甚至可以把玻璃拿走,那么作品将变得更加抽象。从水花的主题而言,画家说的是可以拿走,这集中了作者的意图。如果从阳光角度,那些东西是不可移动的,而我欣赏的是阳光带来的心理冲动和幻觉,不是水花大小的状态。

《更大水花》延伸到画外前景的是一块跳板,无人而水花四溅。蓝色水池对面一把空椅,有正午时分的投影,池边有入水的虚影,背后游泳馆大玻璃映出这边未入画的投影,馆旁两根高高的棕榈树,更远处是浅蓝色的平涂。这幅画中人物具象是缺席的,这种缺席又通过跳水板、水花、椅子表明他的在场,池中水花,对面有一人潜入,而大水花则是从跳板跃入,此标志为二人在水中,浪花即人物。游泳馆直线平面,褐色墙略反白,棕榈树伸出墙头不动,无风。画面是凝固般的静止,声音仿佛被建筑物吸干净了。乍看起来是平涂的装饰画风,注意到近池水的深蓝,玻璃反映的表面和背景浅蓝,间隔的黄色,跳板杏黄,池地土黄,屋墙橘黄,这种色彩层次的变化与间断显示构图的秘密,也就是说构图是非透视的平面,但色彩的层次变化显示了游泳池与附近的环境有一个隐在的焦距。画面告诉你池水、浪花、建筑物、棕榈树,还有一样要表现的东西没说,这是一种平静冷漠的画风,那种凝固的静止与阳光炽烈地照彻是从一种极平淡的画面反射出的画家与读者的激动。

现代画坛很长时间为抽象艺术所统治,近二十年来在绘画中又呼唤形象,追求可感性,于是有了新具象派。霍克尼的绘画一直重视具体形象,而且这些形象直接摄取于福利社会中人们的衣食住行方面,如生活起居的室内,家庭亲戚与朋友,和这些人的生活细节与情绪变化,《克拉克先生和夫人珀西》便是佳作。这个室内景人物分立中心线左右,克拉克随意地靠着椅子,扭头斜视某一角落,珀西右手抃腰,视线顺着右臂延伸。阳光从阳台玻璃间透过来,在逆光中人的面影是暗调,双方都抿着嘴,眼向角膜,没有目标的投射状,在这种温馨柔和的家室里,可沟通的电话置于一角,装饰花卉的台灯,在阴影中,夫妻都以侧面对立而视线绝无对流,这是一种细微的情绪冲突,言语无可阐释,只在方桌上有一本黄封面的书和一瓶性征强烈的百合花,还有一只蹲在克拉克腿上的猫或许透露一点什么。甜美的室内与夫妻的冲突构成情绪张力,同时在浅调软性的家什与人物深色庄重的衣服构成色彩张力,使得整个图画透显出意味深长。

这幅画的背景是1960年代末的上流社会,暗示了当时的时代精神(包括习惯、兴趣、情韵、室内环境等),这表明了画家对社会细微、内在的情绪张力和整个室内的不同事物的关注,呼应。画面层次变化,色彩格调,甚至光线所产生的反应,都是韵味悠长,这幅杰作你越是仔细品味便越是动人心魄,久久难以释怀。可这两幅画并非霍克尼的看家本领,也就是说并非他的典型风格。

霍克尼是布兰德福工业小镇的一个乡间孩子。

戴维·霍克尼(David Hockney1932年—)生于布兰德福小镇,1953年在布兰德福学院学习绘画两年,1959年进入伦敦皇家美术学院学习艺术二年,获该院金勒斯奖。1966年于克斯明首次举办个人画展。1961年首次去美国观光,此后常去加州并在美国有自己的画室。1975年为歌剧设计布景和服装。1978年用纸浆创作《纸品游泳池》系列,1982年发明宝丽来立体组合摄影和分解拼贴摄影作品样式。1984年为《时尚》杂志设计版面和封面。1987年担任《中国大运河》编剧和导演。1980年代后期开始对马蒂斯的平面绘画和毕加索的立体主义观念进行重构和延伸研究,使得他1990年代绘画出现了一个新的面貌。

波普艺术(Pop art)最早产生于英国。1952年底一批年轻的艺术家集中在伦敦,当代艺术学会成立独立集团,讨论大众文化及其含义,出现了新粗野主义。由汉密尔顿和包洛齐等人发展日后的波普。第一件重要作品是汉密尔顿的《到底是什么使得今日的家庭如此不同,如此有魅力》,1956年在白教堂美术馆举办展览的名称就叫《这就是明天》,波普艺术注重的是大众文化和群众性的传播媒介,他们观察现实世界,透视我们现代都市生活状况,分析那些渗透现实物体和形象的某种强力,让我们第一次意识它并抓住它的存在。汉密尔顿的画中便是现代物质生活的拼贴:电视、录音机、时尚杂志、吸尘广告、福特徽章、电影、裸体、女人搔首弄姿,男人拿着牌子。波普一词便在那个牌子上。这时霍克尼还是青年学生,追随汉密尔顿的波普艺术,作品有《茶叶装潢画》、《雷克的经历》。早期绘画正如路希·史密斯说的,一方面,他有兴趣探索那些接受传统的视觉因素的作品,一方面,他创作的画完全为人所理解,因为他将表白的自传性和显示天才的智慧结合起来。这两种不相容的方法在他的作品中结合起来。《婚礼组画》是代表作。这时期作品叙事性很强,《第一次婚礼》画于1962年,这是一种婚礼的风格,重点突出女性和不太突出的新郎的潜在冲突。霍克尼说,我把两个人物置放在模棱两可的背景中,看上去好像站在荒岛上,周围是白色的沙子和一棵棕榈树。树干白色,两个人物表情冷漠,夫人是坐式却无椅子,前面教士却如忏悔状,整个环境是模糊的。表现了人物与环境不相关的配制。一年后又画了《第二次婚礼》男女二人坐在室内沙发上,没有教士,也没婚纱,奇怪的是在人物头侧标明1与2,同桌上酒杯那样也标了1与2,背景纯黑色。婚礼系列表明了画家对线条的敏感,有特别的构思才能,表面看似不经意的素描,其实是在老练地处理视角和各具象之间的关系。

他早期的绘画受杜布菲的影响,有儿童艺术的兴趣,同卢棱一样属稚拙派特点。作品像画的一幅幅草图,简洁冷峻,充满反讽意味,由于参与波普艺术使作品具有平面装饰意味,大都是与室内设计布置有关的背景、人物、衣食住行、静物、原物拼贴,物象是精细又略带变形。霍克尼就像一个家庭装饰设计师似的,但画面却是冷漠超然的风格,以大色块分割物体,平面无透视感,人物与环境的绘制显示笨重,画中线条流畅而具运动感,以悬浮飘逸的斜线横线为主,重力直线很轻,色彩是明朗的。1960年代的主要作品除了水花系列还有婚礼系列,重要的有《飞向意大利》、《在剧中扮演角色》、《两个男人在沐浴》、《落基山与疲惫的印第安人》等作品。评论家查尔斯·哈里森在1968年画展评论霍克尼说,奇异的构图与给人心灵巨大震撼的真实效果结合。这是典型的霍克尼风格。

《落基山与疲惫的印第安人》是霍克尼的代表作。大构图中的落基山是平面的,以色块分割,画面蓝色情调,山体应该是直重线的,他却改为蜿蜒流动的横斜线拼贴,山头似乎浮在云层,使得山变得灵动而飘逸,天是纯蓝色,偶尔几朵云飘过,山群中实物分左中右,飞鹰静止地站立于左,左侧是一钢管坐椅靠着黑色大石头,一男一女并居于中,但鹰、人、椅三者的方向不是迎面而是一致向左的方向,女人挡住男人,两个面目全非的头像是勾勒的。这个构图是拼贴式的,为儿童画的特点,只涂出色团,落基山是平和恬淡,有浮入云中的不稳定感,但那站在一隅的鹰却精神烁然,眼有神,嘴尖棱而有力,虽沉默亦有生气,比较男女印第安人面目全非毫无表情,呆滞地站立,情绪萎颓厌倦,是一个鲜明的对比。这时再看山群、蓝天、云彩也是懒洋洋的,产生了非常真实的心理效果。

霍克尼进入盛年的创作,风格却是多样化的,继续早期稚拙派画法的有《两个舞蹈家》、《花园的狂欢之夜》。风景画有《尼科尔斯峡谷》、《马尔霍兰之行》。纸浆创作有《跳水者》系列。家庭系列作品有《好莱坞山上的房子》、《我的父母》、《虚构的人与静物》、《玻璃桌上的静物》、《西利亚与白色鲜花》。1980年代画家转向摄影拼贴艺术和舞台设计艺术,代表性作品有《蒂雷斯娅的乳房》与《开梨花的高速公路》,摄影拼贴作品一部分是人物包括父母、朋友,一部分城市是环境拼贴,一部分是室内装饰设计拼贴。这是一种错位变形的艺术。构思上要精心巧妙。色彩搭配又要统一。这种错位拼贴与剪接合成的方法,使得色块变得鲜艳丰富,既有精细的照相写实,又有变形夸张的拼合,那种人与存在、人与社会微妙的变化,深藏在他直觉绘画的作品之中。

《开梨花的高速公路》是一幅拼贴画,画中一条道路延伸为远景透视,原野上是平坦的荒凉沙石地,零星一些长松针和几棵仙人掌似的矮树。右侧有几个指示标牌,告诉你前方有条高速公路,三次用Stop暗示路在转折处应该停下来,在遥远深邃的地平线是起伏的远山与蓝天,这是一个绝对无人的地方,只有精心设计的路,而人是缺席的,路以停顿方式暗示行走,人的行走是一种深刻的在场,路以自身的目的性告诉你一切。《布鲁克林大桥》从各方位把你引入无限循环之中,远方的路看不见,四周是网络的,似一个迷宫,有意味的是在你看画的眼皮底下有一个极小的细节,一双红棕的鞋象征开始。在这个路的循环的迷宫里,鞋是起点也是终点。《巴黎街头》的拼贴也具有迷宫的性质。

画家一段时间内用绘画来阐释马蒂斯和毕加索,表示对他们的仰慕。其作品有《在未完成的布景之中排练》、《两个舞蹈者》、《基泰》、《蓝色吉它绘画》、《西莉娅形象》。这些改写之作也是用了很深的心思,但价值均不大,没有个人创新的特色,即使把立体仿造得再好,也没有他自己,这不同于他向杜布菲学习。他只是学了杜布菲的一些观念与技法,重要是画家创造了自己的意念。

从1980年代后期至1990年代霍克尼有一个重要的艺术转折。始初是注意几何形体的色块拼贴,《与克里斯托弗和唐游览圣莫尼卡峡谷》、《与莫和利萨游览洛杉矶埃科公园》、《环视阿卡脱兰宾馆》,这些画我们见到的是颜色的浓烈冲突,而线条线索在中间消失,效果是色的冲突,在色块与色块之间已不使用线条发挥作用,而且画家是在色彩的重叠复合,拼贴中把人物作为幻影隐藏在中间,这些几何形体的色块拼贴依旧是平面而非透视的,画面仍有装饰效果。值得注意的是,霍克尼在几十年绘画中他的色彩效果,是从阴郁暗淡走向朗丽鲜艳的,是由冷色调走向暖色调。1980年代以前画家一直是追求具象的艺术,有人物、事件、形象特征明确,画面具有逻辑因素,绘画空间在二度三度盘旋,在虚与实中流连。1990年代走向抽象,色块的浑厚重叠掩盖了线条,几何形体也发生变化,色彩的对比更为鲜明。具体作品从《人与浪花》、《不是太大的蓝色的球》开始,形体构成主要是圆,是培根的方式,只是培根把圆用于人形解剖,霍克尼是用于抽象事物,制作颜色冲突与融合的妙处。这也许与画家一生爱画水花有关,旋转、圆形、涡状、流动、飘逸都是一些与水流动相关的意象。霍克尼到晚年却把它发挥到极致。

立体派绘制事物主要是用三角,组合密度高,色彩倾向暗调,有古铜质效果或许是情调的忧郁气质。霍克尼用弧形、圆形造成对立咬合,有旋转的感觉,色彩局部,也就是说两色相连处绝对是对立鲜明的,但整体色调又是融合统一的。他用弧形和圆来制作,如树、云、水、吉它、路,而形体上却不具有该事物的细节特征,只是一种想象的组合,画中的各种大小圆体与弧形都是色团,为单纯色且以明艳亮丽为主,各具形之间比较疏朗,没有拥挤的堵塞。如果中国的民间剪纸能处理不同色块,或木刻弥散雕塑的痕迹,那也可以找到霍克尼的效果。这些新作看起来是在色块上出效果，形体趋向于简单，但它的局部却是很精细的。那些色彩形体中有色点色线，有色块色面，并非色彩的平涂。仔细注意它还有光面，有层次，有背景和暗藏在色彩中的隐形。色彩与色彩之间可以在对比中产生简明的判断，这非一般高手可比，而是每种色彩都有已运动的痕迹，深入到一种颜色，例如说蓝色内部，它有各种运动的姿态。《在马里布星期三的早餐》中的蓝色我们就可以看到这种变化。《更大水花》中蓝色是滚筒平涂效果，实际局部在水花惊动的地方蓝色层次变化非常细致，色彩也是在互相征服中显示出运动的美质。

霍克尼画中有个细节应该提起，那就是不管他在哪个创作时期，都有父母的形象绘画，而且倾注了全部感情和心血，制作得非常完美。那种形象塑造得神情俏然，善良慈爱，平静祥和，透视出画家对父母特别深沉的情感。尤其是画家的母亲那种微笑具有永恒的象征。从这个细节反观画家一生的作品实际上是非常人性化的创造，包括他那些反讽和平静冷默的画风，其深部都蕴藏极为善良的东西。从中后期看，画家的心态平静恬和，追求开朗乐观，人生向上的情操。他的画作用平浅鲜艳的色彩提供一种和谐甜美的亲切感，又以简洁平涂的方法抽空画面的意义目的，而显示为超然物外的平静冷漠，或略有点非确定的神秘。但他不在绘画上作艰深晦涩的谜，不特别追求什么思想深度，因而他的画更多的是给人视觉享受和开心的愉悦。

我喜欢更大水花，高速公路，以及《一个艺术家的肖像》，还有那阳光下的棕榈树。它带给我遐想和怅惘，用眼睛注视时心便散在画外，走入那略带荒无人烟的高速公路，人生无尽的孤独和忧郁都融在蓝色的天体，永远不会有车来的，不会把你带向远方。你只是风景中站立的一棵树，是水池边站立而观看的一个人，人心与旷野，山川或路极有层次地推向无限遥远。阳光是个什么东西？它把这一切都溶化，播散为空中的永恒。可就在瞬间它定格，固定你为一个现实的阴影与大地重合。

达利绘画中的语言

　　每一个艺术家都在说话,文学家的文字,画家的色彩线条,音乐家的音符,他们都借用自己独特的语言对世界言说,借此联系并沟通人与人,或人与存在来表达艺术家的情感与思想。艺术家的这一活动,如何使他人能理解呢?这便倚仗艺术符号的语言性。

　　一切艺术符号可分为具象与抽象两种,具象的符号是人们感知时能清晰明确地指认它是什么有什么意义,抽象的符号人们无法一眼能认识的,必须借重其他材料阐释,才能获得理解。在达利的绘画中具象与抽象是相关联的,例如钟表,作为硬壳物体表明时间,容易指认。达利却使它变形为水质般的柔软,挂在树枝上,于是钟表这一符号抽象化了,变得不易理解了,这需要阐释。

　　可见艺术中的符号,作为语言,它是暗示的、隐喻的、象征的,它不直接与观念画等号而是作为艺术家的客观自我,在它的背后潜藏着深厚的文化含义,或为艺术家特殊规定的含义,甚至改变了原物的基本语义。因而形成对艺术语言理解上的困难。对绘画语言尤其如此。

物　体

　　所有物体都是陈述性的,表明世界的原样性,本来如此。物体对世界而言它是纯粹的自然,它居于时空安排的居所,这时的物体只有能指,不标明含义,它自身的客观存在仅为生物循环,它为它自身的工具与目的性。

　　达利搬运了这些物体,并把它放在一个不相关的奇特环境里。不仅如此,他还改变它的形象,使之类似他物。于是物体的性质发生了变化。所有的原物性不复存在。这些物有新的身份和新的含义。

　　从1926年到1940年间,达利对绘画中的物体,他有10条原则来处理(见于《超现实主义实验中出现的物体》一文),出现在绘画中的物体有木台、桌子、木箱、旧车、软钟、旧电话、破杯瓶、毛发、蜡烛、镜面、古堡、海滩、断桥、破损的壳类、大便血迹、鸡蛋、面包、玉米、苹果、葡萄、木支架等等,这些物体反复交织在画面中构成意象,单一物体我们可能看不出什么,把它构成意象群了,我们便可以看出它的特点。

首先,这是一些古旧物、废置品,应该说这是一些残留的历史物,达利如此钟爱它并反复出现于绘画,流露出他恋旧的情绪。其次,这些物体都是残败破损的,这种破损、毁灭相对于完整而言,表现出强烈的悲观苍凉的感情。再看这些物体,一方面是无用的器具和材料,但却是在画中一个重要的道具,例如频频使用的木支架和无叶枯枝,那些松弛残破的肉体依靠它支撑,枯枝上晾的物体往往构成强烈反差。这表明它不仅具有结构作用,它还具有象征隐喻的意味。

在物体中有大量的是食品,这些食品也并非完整性,但它极为逼真如同实物布置在环境里,达利用它表现出人类的饥渴感,它是刺激欲望的一个重要手段。在物品中还有一部分是肮脏恶心的,尸肉、血流、粪便、腐朽骷髅,这是达利的反常心理,表现为一种恋尸、嗜粪癖形象,典型地集中在《悲伤的游戏》一画中。

物体的形态是自然的规定,固体表现刚强,液体表现软弱,气体表现温柔,这是人们习惯的审美,达利的革命在作性质的变化,例如手拎着血液、线吊着流动的鸡蛋,用木叉支起的肉块,躯体上身的抽斗,颅内的树木、石头。

物体异化为非物,物体之间形质的转化,是从一物中看到他物,组合两个形象,因而由具象转化为抽象,在非凡的想象中暗示物为人的第二个自我,物象也演示为一种观念。软钟是一种可视性时间,为人们基本的经验范畴,钟变成一种水质,我们不可简单化为它是时间如流水的比喻,钟为时间标志置于头颅的顶端,暗示为记忆改变时间,可视为一种精神的永恒。

《永恒的记忆》

我在长江边一个小城看到了这幅画,第一个新奇感是被置于木台的软钟吸引,但那是一本极小书册中的黑白插页,让我极难判断其中的物象,那鼻子点地的图像我误以为是一匹倒毙的马,十年后我才知道那是达利一个经久不息的意象,用鼻尖嗅大地使头颅支撑起来。那个软面钟在马匹上格外费解(原本是在头颅上),枯枝,远山也是他极宠爱的意象,即静止中有些肃杀,还有平坦荒地,凝固的湖面(或为海滩),叙述语言是极为宁静的时间与梦境记忆。

画面左侧是方形平台,背景远透视,黄昏一抹斜阳光布于山石,除三只蓝色的软表外还有一只橘红色表,没有时针只有一些黑色的碎点(许多年之后才知道表上为蚂蚁,还有只苍蝇在蓝表上),这幅画表现了达利构图的基本风格,喜欢在不相关的对比中形成张力,利用远与近,硬与软,有形与无形的矛盾冲突而艺术构思。据达利自己说,这幅画的创作冲动源于一个艺术家的话:伸出你的舌头。因而使得这幅画一方面是软面形象,一方面是木台、大地,断裂山面形成的基本的对应冲突关系。画面的近台是深黄色的暗示为躁动的思维与时间,背景与钟面却用纯蓝色压住,用远山远湖的平旷制造宁静。

于是这幅画的语言含义我们就不得而知了。

人 物

人物是这个世界的中心,还是世界分解了人物?达利在1926年以前保留了人物写实的品行。1930年以后,他的作品只有加拉作为唯一的写真,这位俄籍女人原本是诗人艾吕雅的妻子,达利第一次见面便爱上而勾引她私奔,从此成为达利绘画中的唯一女性形象写真。除此之外,达利作品中的人物都是变形和异化的。

1942年以后,达利的绘画更多接近宗教色彩,人物有耶稣、圣母、天使等形象。在他绘画全盛的十多年中,他的人物都是肢体破碎,面目全非的,肢解人体成了他乐此不疲的快事。他主要是对人体四肢作夸张的处理,或者让断腿悬起来,把手格外拉长,头部也发生各种各样的变化,骷髅的孔穴伸出一个东西,手变形有抽筋状,有白骨手,或人兽合一,人体器官皆为碎片,内脏分割零乱放置,人体的变形与夸张,躯体上长出各种植物,或者一些机械器官,也有把人体的部分器官画成另一物体,头成为一个杯器,嘴鼻可能是阶梯,上体成为抽斗。

达利改写人体时在局部保留极细致的写真,突出肢体破碎的残忍,血淋淋的罪恶,把人体器官与各种肮脏丑陋的苍蝇、蜂窝、粪便混合在一起产生恶心感,甚至把人体分解得无法辨认,代表性作品有《分解的两个人体》、《韦梅尔幽灵》、《秋日食人》等。达利何以对人体采取如此残暴的做法?这源于达利内在人格的分裂,个人幻想与梦境,还有他亲自经历了西班牙内战的感觉和体验。拍完《安达卢西亚的狗》,他把自己关在宾馆里,用刀割伤自己,遍地鲜血,幻觉人驴一体,咬狗耳朵,虱子与我同体。内战中他走遍了西班牙,与李季娅一同经历逃亡生活。

人的地位丧失了,人成了听任宰割的肉块,人的自我呢?也分裂成无数碎片,这便是当今世界人的真相。

达利绘出了人的真相。

《内战的预兆》

这是我读的达利的第一幅画,距今有十多年了。我记不清从哪本杂志中看到的插页,对抽象艺术兴趣仅知道一个毕加索及他的《亚威农少女》和《格尔尼卡》,不知道达利为何许人也?那幅画中让人体肢解破碎占据画幅前台,一手抓住大地,一手抓住拉长的乳房,支起一个痛苦丑陋的头颅,这种巨大的力量不仅使人碎裂,重要是架空人与大地的依托关系,这种恐怖与暴力在物体的细部都能表现出来:痛苦无助的表情,肢解的肉块,剥削皮肉后的骨架,割拉的血红长舌,脚与手呼应支撑出一个内部空间,远透视背景是荒凉的原野,绝对阔大的空间是天体的风起云涌,那是从广阔空间漫涌来的杀戮与碎尸写真构成对应的张力,构成含义的是碎尸左角后方一位低头沉思的老者在寻找什么?而巨大的碎尸又支撑在一个歪斜的木柜之上,仿佛里面藏着全部杀戮与死人的秘密。

当时在长江边小城看这样气势庞大的画让人震惊不已,尤其画面泛红,有血淋淋的味道(实际原画没有血痕,只有冷峻的杀戮与肢解,唯一红色象征只是那一条长舌)。也许因为那时年轻充满了浪漫理想,虽有幻想还是从传统现实中去寻找寄寓,对艺术也是唯美的,那种暴力带来的恐惧确实吓坏了我,希望今后再也别看到它了。

这是一幅主题性绘画,理解它并不难。你若品尝和体验其中的味道与效果却是绵延不绝的。

因而我理解的不是一种预测,而是一种心有余悸的警示,一场暴烈战争的警示。

幻　象

客观世界只有真相。那么幻象源于视觉的错误判断。如果幻象仅为视觉的结果,它为环境的制作或视觉的障碍,幻象作为一种物理现象便没有什么意义了。

幻象源于人的心灵,是个人精神吁求的投影。

达利喜爱幻象,并在画中制造了无数幻象,如果把他的色彩艺术联系考查,几乎可以说他的作品全部都是幻象。达利的幻象介乎似真似幻,稳定与非稳定之间,人物与物体的写真性提示他的形象是从现实中提升的,是可感可解的,然而当他把那些形象破碎之后,并把它和一些彼此不相关的物体并置拼贴时,现实性的物体马上飘动、移置、飞升虚幻为一个陌生的环境,那些形象便不稳定,不确切,具体指称也模糊了。

达利的单体幻象是在无数碎片中勾出若隐若现的形象,《旋转的肖像》画面集结无数昼夜,形成透视,在圆体变化中虚画一个加拉的头影。在他的绘画中最多的还是双重投影,即从一个影像中找到另一个影像,他借助的是镜子、投影、幻想、阴影等手段,另一形象虚化但视觉上是真切的,《与母亲对话的肖像》便是一真一幻,二者对立又互补,从人像提升出一种精神的冲突。有许多画面布满了幻象,即幻象的多重性,或一个形象的多重投影,或画面拼贴着不同类的各种幻象。《致幻的斗牛士》画中主体幻象是断臂维纳斯,其他幻象有苍蝇、玫瑰花、加拉、画板、犀牛、老虎(豹),这些重叠的幻象形成透视关系,可以从不同的角度观察分析。

这种幻象不仅仅是人物与物体的,也是色彩的,在幻象中的色彩是缤纷多彩,五光十色,如表现维纳斯的环境便是如此,有时色彩的幻象并不迷乱而是绝对的静止凝固,取消一切动态之后,那种沉淀厚积的色调便有谜一般的效果。特别是那些纯粹的黄色或者蓝色能把人诱入梦中的幻觉,《与母亲对抗的肖像》便以纯蓝凸现幻象。

在幻象中人们寻找的是自我的皈依,而幻象表现的却是精神分裂后本能的投射。在达利的画中幻象既是主题性的又是审美的。暗示为人类一种深层的精神活动。

2000年的6月北京最大的文化盛事要数达利画展,每天吸引几千人参加观看,连购票也要排两个小时的队,我和几个朋友商议等人少一些再去,没想灵儿从山东来说,这次达利画展你得陪我去,我们第二天早晨8点钟就到了中国美术馆,那儿已经有不少人排队,大都为外地游客与美院师生,我满怀兴致地进去充当灵儿的讲解员,慢慢地便失去兴致,说是原物画展,38幅是《堂吉诃德插图》,另有20幅画,早期写实的有五幅,另十几幅中达利代表作一幅也没看见,就我个人而言,达利画我看了数百幅,单就构形布局而言我已很熟悉他了,我只是想看他重要作品的原物色彩,就插图而言《神曲》要优于《堂吉诃德》,最好的要数他为弗洛伊德著作的配画。前些日子我听朋友讲这次画展不好,没在意,听我一位出过画集的学生说达利的画不好,在展厅里我又见那些学生糊里糊涂地看,老师也胡乱串讲,心底里泛出许多悲哀。达利再不好,也是一个大师。在中国算是糊里糊涂地栽了。看画的人稀里哗啦地走一圈完事,满大厅仅我一个人作读画笔记。

萨尔瓦多·达利,1904年生于西班牙,1926年进入巴黎加入超现实主义团体,1940年去美国。创作代表性作品的重要时期是在巴黎的十多年间。他自小受过严格的绘画训练,在马德里美术学校学习。

达利绘画1926年以前主要是写实,第二时期是超现实主义绘画,主要表现梦境与本能。他的人物是肢解破碎的,物体是废旧毁坏的,环境是夸张幻想的,一般采用的是远透视,或平面。人与物夸张碎裂是挤压变形的,但这些物体总是两个以上互相毫无关联地拼贴组合在一起,形成局部的细节写真而整体关系的悖谬,画面前面设置的人与物总是最刺激、恶心、破碎、肮脏的,表明暴力与杀戮留下的痕迹,包括视觉中不能忍受的骷髅、蚂蚁、粪便、血迹、死尸、垃圾等物。背景却是遥远平旷的荒野,宁静而和睦,强调的是构图中的反差对立,使画幅内部充满尖锐而强烈的张力,极为艺术地处理远景与近台,极大与渺小,暴烈与温柔,坚硬与绵软,破碎与完整,而且这些不规则不平衡的性质是在改变的过程中,如硬变软,人兽合一,人变小,骷髅眼里长出异物,手掏内脏器官,骨头上的植物。都表现为一种变化的动态,形成画面的内在震荡。

1941年以后用达利的话说,他要复兴古典主义,向宗教靠拢,所以出现了后期作品中众多的宗教题材。绘画语言便有了天使、受难、祈祷、天堂、彼岸、引渡,包括那些宗教故事也进入了画幅之中,当然这些宗教画在达利那里是变形的,带有强烈的个人色彩,例如天堂里的圣像竟然是加拉,他自己也充入其中作一个角色。那些宗教画基本上还是传说的主题。达利恢复这些东西纯粹为他个人的精神导向,其代表性作品有《最后的晚餐》和《升天图》。其间的人物耶稣,维纳斯、加拉、圣雅各、天鹅、圣母都可以视为达利精神象征的幻象。

大象与犀牛角

动物是一种个人内心的秘密。达利喜欢的动物也有一个巨大与小巧的反差,达利喜欢的画幅中最多的是温和的大象,象身体有漂亮的饰物,象体夸大其高度是升入天空的,背上通常驮有教堂似的金碧建筑,钟塔、哥特尖顶、女神,或者源于他对古典物象的热爱。与大象群体的有河马、犀牛组合,表明了他喜好的动物,另一类大动物老虎、狮子头,通常张牙舞爪有吞噬之意,这暗示为人的欲望。长颈鹿、马是被肢解的形象,它们承受着毁灭与蒙难。马有时也为一种精神想象。

小动物狼、狐狸、狗、羊在画中均在配角的位置,作呼应关系的道具,意义并不如大象或虎那样强化。倒是那些虫类反映了达利的怪癖,苍蝇和蚂蚁是经常出入骷髅与碎块的肉体和面包渣,蝗虫、钉螺、鸟尸、鱼骨、蝙蝠、蛇习惯拼贴在肢解的人体与头颅上,制造一种恶心呕吐的感觉,表现达利喜欢一些腐朽破败的事物,有恋虫恋尸的心理变态。

后期绘画中常出犀牛角。1952年7月诗人洛登送给他一只犀牛角,激发了达利的潜意识于是疯狂地喜欢它,认为找到了真理。它与人体表面微微弯曲形成共同的几何基础,唤起人对绝对完美的天使顺从的锥体之中(《天才日记》249页)。他用犀牛角画基督,画被奸污的少女,画升天图。

这种短促光洁微弯的锥体暗示为性具,带来快乐与美感,给出一个方向的流动,指天向无限,指地向生命,组织成人体的意象为性意识的涌动,因而犀牛角在达利的使用中意义象征是宽泛的,应根据不同语境来阐释。

典型的作品有《被鸡奸的少女》和《升天图》

意　　象

达利常见的意象除犀牛角之外,有软钟、流动的鸡蛋、螯虾电话、卡芒贝干酪、木支架、不规则洞穴、高迪石建筑、静止的远山、平滑的海滩、旷远的山野荒原、鼻点地的头像、长在物体上的手、纯蓝的天空、黄昏的废墟。那些人物除了亲友的写真,变形组合的人体也都可以视为几组意象,如高脚杯上的人像,靠木叉支撑的身体,几何图形拼贴的多重幻象,大脑长出的物体,韦梅尔幽灵投影委拉斯凯兹的痛苦等等皆为达利绘画中的特殊意象。

这些意象不同于简单的图像:门窗、廊道、楼台、帆船、十字架、废墟等构成的单一的视觉意象,单纯意象是标志性的图画,是简单象征。上文所列举的意象是复合型的,是变形组合,是非直接指称性的,是非确定性的,这些意象表示过去的感觉,知觉的经验在心灵中回忆而重构,它自身便是幻想性的,暗示某种内在的,看不见的东西。或者根本就是人类经验,家族传承,童年记忆下的,在集体无意识下浮现的原型意象,它直接来源于画家的梦境。

因而达利这些意象是非稳定的、变形的、多义的,可以根据语境作多重阐释,语言上可以提升为某种观念,如韦梅尔和委拉斯凯兹的精神指向。人体多体分解,肉骨分家暗示为人类蒙难。颅内长出各种异物象征为精神异化与分裂。各内脏的破碎与脏物粪便、瘤子等腐败物是对现实的反讽嘲弄和对人类的有意识的刺激。特别是作品中比比皆是那些不坚挺的松软的黏糊的瘫痪形象,这是一组意象群,透露了达利的个人爱好,同时也隐喻为一个个软弱内疚的意象在精神上的萎缩与悲观。但这些观念都不是单一所指,在语义上更多的是复合的,歧义的。

《悲伤的游戏》的意象便是复合歧义的。这幅画是对少女杜拉故事的图解,在父亲与K女士关系背后,杜拉隐藏着嫉妒,于是恋父与同性恋构成双重意象。坐台为背景两个人在手淫,掩面者伸出大手迎接那些脏物:粪、血、破碎的干酪、壳粪。暗示为嗜粪者。画面中央是分解的肉体为女人的双重影像,低头那个嘴吻蝗虫及后脑长出一手执花。前景中有三个人态度暧昧,相互掩饰,主人的短裤上有大便与血滴下垂。画中纷乱的意象组合有如多重幻象,构图分远中近三景,层次明晰,虚实搭配,结构严格。但画面语言却是内疚的羞耻形象,还可阐发为变态者恋肮脏腐朽的癖好。据说这幅画大大触怒了布勒东。

色 彩

达利的色彩是刺激的又是神秘的,有着谜一般特点。

他的色彩亮丽、悠远、光洁、迷幻,有时刺激本能欲望,有时却能安慰灵魂。

达利善于制造梦幻的色彩,我们知道梦是没有色彩的,而用色彩表现梦境在达利那儿达到了最佳效果。

达利绘画色调可分两种倾向类型的,即黄色基调与蓝色基调。黄色基调的作品大多是在他的最盛期创作,主调有深黄古铜色、褐色、橙黄、柠檬黄、杏黄、金黄等不同层次,只有极个别黄色赋予宗教色彩,绝大多数黄色代表焦躁不安,狂放激烈,这是一种任性不羁的画家的色调风格,有一种外向性的喷张勃发,配合他形体的肆意分解与构图中内在的激烈冲突,极好地表现了达利狂放偏执的个人特征。

另外黄色是高明度、高彩度的色调效果,具有悬浮神秘与精神幻觉不定的特征,把黄色引入梦境有一种变幻莫测、神奇魔幻的意境。黄色基调画的代表性作品有《韦梅尔幽灵》、《秋日食人》、《非洲印象》、《食用家具的断奶》。很难想象达利画了那么多黄色基调作品,这需要极大的耐性,黄颜料一般有毒,加上画幅尺寸偏小,那些精致逼真的写实,一幅画几个月甚至两年才能完成。达利画中的黄色调式基本上不表达灿烂辉煌的壮观,这是一种反传统。深黄色中的变化略靠红而转暗调,充满动态与力量,而浅黄中突出明度,高光之后多渲染浸透,那种浅黄中的变化真是让人叹为观止,这也是达利绘画不好懂却很好看的原因。

蓝色基调的作品有《分解的两个人体》、《旋转的肖像》、《着火的长颈鹿》、《忧郁的正轴原子牧歌》、《圣雅各》,蓝调的色彩变化有纯青蓝、巴黎蓝、天蓝、蓝灰、蓝中透绿等类型。蓝色代表忧郁、宁静、纯洁、幻境,是一种内敛收缩性色彩感,透视达利精神至深处包孕着内在的忧郁悲观情调,包括灵魂深处一种绝望一种虚无。

达利的色彩描绘通常边缘整齐,层次清晰,变化中的色彩冲突在整体上是和谐的,较多地保留了色彩的传统,为物体的写真显示出自然的基调,尤其是蓝色主要在天空和精神领域里暗示,那种蓝色宁静祥和是对人类心灵最好的抚慰,愈是走向晚年,他的蓝色作品就愈多,也愈加纯净。这也可以看得出达利选择15世纪画家路易·梅索尼埃作为榜样从而影响了他的色调与画风。

植　物

在达利的绘画中植物并不多见,也不占居中心位置,往往作为叙述细节处理,但达利本人却是极为重视的,他说,人体身上的植物总是对我有吸引力。并把它比做人身体上的毛发,可以透视人们内在的秘密。

所以,阅读达利绘画时千万别忽略了他画中细部的植物。最常出现的是枯枝、玫瑰、青草、水仙、蒲公英、刺藜、毛茛叶等,这些植物一部分有象征隐喻,所指明确,如枯枝,枯叶暗示颓败肃杀,表露悲观郁闷心理,玫瑰则象征为肉欲色情。另一部分是深层隐喻,含义在直觉感悟之中例如小树、草叶、蒲公英。

有些植物则是一种文化暗示,为某些思想指向。毛茛叶成为宇宙进化论的永恒象征,他认为是继承古希腊财富的整个西方文明的象征,整个西方文明都体现在毛茛叶上。毛茛叶植物性幻想都凝结在科林斯圆柱完美无缺的雕刻花纹中。于是在洪水、地震、荒野、废墟上奇迹地钻出几片毛茛叶喻示希腊精神不绝。

《娜喀索斯的变态》

这是一幅黄色基调的作品,局部点染一些蓝色。画的前台青黑大地上有一古动物,它尾部在土地上长出一只手类如化石,拇指顶一巨蛋,蛋顶长出一杖精美的水仙,在相对的巨石上有一同样的投影,仅是水仙变得如同毛发,手与山石之间是一汪水泊,显出手、石、天空的折影,画面变成三重影像。背景是一个远透,有广场红色平台上的人体雕塑,山崖边一群各姿各态的裸体人群、山路、田野、房舍,遥远处有黑云压下来。

这里的水仙花便是一个双重形象,即希腊神话中的美少年娜喀索斯。水边一群搔首弄姿的美少年在顾影自怜,他爱恋水中自我幻影,在遥远的时空中死去,变成了生长的水仙花。这是一个神话故事,表明我在变形中异化为植物,只是这种异化依然是美的所指。这幅画我可以换一个角度来看,他是达利的自画像,是一个达利神话。娜喀索斯是弗洛伊德解释自恋的一个原型,称为娜喀索斯情结,即自恋情结。达利自己创造一个说法:偏执狂批判法。它的含义是指绘画是一种用手与颜色去捕捉想象世界与非合理性的具体事物的摄影。达利用狂想的方式解释世界,天马行空地鼓吹自己,沉醉自我。他在画家也算是个自恋的典型。弗洛伊德的自恋概念,也就是娜喀索斯情结是一个本能概念。而达利的自恋是有强烈的文化色彩,他疯狂地鼓吹自己,目的还是要获得一种他人的崇拜。这幅不大的画他画了两年,是倾心之恋,那个娜喀索斯的形象是达利自恋的投影,在色调上他也处理得辉煌灿烂。

自恋也是达利的梦境与幻想。只不过我们从这个梦境中看到达利传承了许多德·契里诃的东西。

1994年我在北京师范大学时,一位学生为我购得了一本达利画册,有三四十幅图,我很高兴,便开始留意一些达利资料,做些解读,很不喜欢他自吹自擂的疯狂天才,睁眼说瞎话。1995年树才从非洲回来给我带来达利画集,那是一件非常贵重的礼物,内有几百幅达利的画,包括各个时期代表作,采用编年形式,我把它放在床头,半年中常顺手翻翻,读出他许多个人秘密。这时期我为他的物体解构与拼贴所吸引,读多了,渐渐着迷他的色彩。

达利一生着迷于对人与物的变形处理,既是一种精细的物性艺术,又是人的主观欲望反映。他的着眼点要显示物体自身的光芒,使之成为磷光物体,刺激产生物的欲望。另一方面在通向事物的道路,除自动写作外,还要建立干扰系统,干扰欲望实际是画家的主观组合,这就出现了单独物体是可视的可理解的,而不同的物体形成相关组合便变得不可以理解了。他说要感谢环境方面的非比寻常的合作,其本身无须任何外表修饰,便可造就成真正的超现实主义物体(《欧美现代艺术理论》三卷80页)。物体是人的第二个自我,而物体对自我是通过暗示与象征显示的,尤其是在物体不寻常的关系配制中透露,达利称之为偏执批判。意思从这一物看到另一物,构成双重形象,相互投影,画家的另一自我也是从这些超常的主观形象配制中看到的。

达利的艺术形式也是别出心裁地把最不相同的离得最远的物体联结成相互抵消的视觉图形。在远与近、大与小、实物与幻影、动与静、明与暗、虚与实之间构成巨大张力，这实际也是一种艺术辩证手段。强调粉碎人体和物体，然后在他们之间用非逻辑的直觉方式拼贴组合，这也是一种主观组合能显示物体的观念，仅在于他是非理性的。所以达利的画充满了幻境、凝视、破裂、神秘、恍惚，它是来自于潜意识的奔涌，严格制造个人梦境，拒绝别人走入，这是一个非合作者的他者世界，你只能感觉和体验，无法摹仿。

达利绘画中的人物是离奇碎裂的，物体是反常古怪的，色彩也是一丛主观幻影，环境是亦幻亦真的，构图也是不规则的反常组合。那么他的画源于何方呢？研究他的生平与日记来源有来自他所热爱的画家，如梅索尼埃、契里诃、毕加索等，还有来自宗教与神话的材料，如基督、圣母、娜喀索斯的传说等，更多的是来源他自身的梦境。从1926年起他基本上都是以梦入画，因而达利的画可以作叙事分析，但环境与色彩却不让人走进去，如果从主题入手他的作品倒是比西方各流派大师好理解，容易阅读。

20世纪世界绘画，达利的名声如日中天，在美国他借媒体炒作，他也四处自吹自擂，甚至把自身肮脏的东西也视为天才与伟大。可他在美术史上地位并不特别高，即使在超现实主义流派中，他也超不过恩斯特、米罗。著名的艺术史家拉塞尔在《现代艺术的意义》中也只是提一提他，没有专论，《剑桥艺术史》也谈得很轻。这是因为达利主题上并没什么创新，也没提供什么特殊技法，他不是一个开宗立派的人，从许多细部分析，他的画中还保留着很多前辈画家的精华，如借鉴契里诃、韦梅尔、委拉斯凯兹等人的风格。这是我们推崇达利的时候，必须要看到的另一层面。

发光的女性

德尔沃在70岁时绘制了三幅画:《以弗所的约会》、《蓝色的沙发》、《克里西斯》,并在布鲁塞尔举办了回顾展。这三幅画都是精品,尤其是《克里西斯》一画为晚年的高峰之作。

该画远透的背景是一个夜晚的城市,黑暗中隐约有城市建筑的轮廓,中景为灰白能看清室内与街道,街上一屋角的电线杆上有一路灯,光淡淡地下澈,右侧是室内墙灯,两灯左右对称性地把仍属背景的物体看清,给人感觉女裸体是从光线中走出来的,置于前后,她右手端一烛灯,光烛黄而淡,奇怪的是,常理中的灯下黑却没有,你可以假想女体前方有一光源照亮她的身体,但分析人物光感,却不存在这种假想,人体的光超过环境光,身体的清晰不是照耀的结果而是自身洞明的效果,女体光居然让烛台也映得清晰可见。这样便可以解释女人身体的光分布得那么均匀,甚至连阴影或明暗是对比光感的地方也找不到,女人的视线从双乳之间抵达双足的。整个女人光华灿烂,身体的光辉居然盖过了环境所给定的三个光源,因此反射过来是女人发光让房间明亮,再过渡到墙灯与街灯,然后在黑夜的街市里暗下来。光线与视感都是后撤的,这样便把人物推向前,全部注意力便在女体的光感上。

这就是德尔沃绘画中一个极重要的特征,女人是自我生成的光源,她照亮自己,也用自身的光华映照他者。女人作为光源它取消主次和明暗,光在女人体是平均分配的比例在手指、在乳头、在头发、在脚面,甚至连阴毛全都注入了光的灿烂。女人作为光源体始于1935年,到1945年时女人光体还有明暗,从此之后到最后一幅女人画便作为纯粹的光源体。要画女人便不能羞羞答答,让她彻底地敞开,洞明于整个肉体,她作为美好事物的象征没有阴暗,甚至没有一点瑕疵,这样的女体容易流于放荡,德尔沃要画出她的高雅、神圣、凛然不可侵犯,于是便把她的眼睛交流切断,或者闭上,或视点在另外不相关的物体和地方,或者睁大眼睛却无视线的光彩,或者不与他者对流沟通,因而女体成为孤立的个体,她独立不和任何他物发生关系。使女性保持孤傲和神秘感。他也画女人情欲的各个侧画包括放荡,但不通过眼神,基本上通过动态写真而达到。

恩索尔从骷髅和面具中发现光线和闪光的颜色,德尔沃则把女人变成一个光源体,这是他的创造。

绘画中一般规律是根据透视与环境来确定一个客观的光源,把人物与物体照亮。德尔沃光源与色彩是主观点,集中在裸体性征最明显的地方,乳房简直成了闪亮发光的烛台,既然面部是冷漠的,只采用非个性化的人格面具手法,身体一词格外重要。汉斯·霍夫曼认为,透过色彩关系所提供的内在特质而从里面发光,不借着表面效果从外面照明。从里面照明时,画面就会呼吸,因为控制整体的间歇关系会使它摆动振动(《现代欧美艺术理论》179页)。德尔沃绘画的裸女都有这个特点,尤其占画面中心的主体形象,《沉睡的维纳斯》虽然是安详平和的睡态,她仍是一个中心的光源体,画面是夜景有一枚鹅毛月,只能有朦胧的明暗效果而无光照力量,这时维纳斯成了发光体,她与环境,其他人物都是一种想象关系,幻化为主体的梦中表达。

这幅画的人物结构关系是多重奏的和声效果。左画披红顶红黑纱衣女正和骷髅对话。右侧裸女单手向天吁求与背景中双双伸手向天祈求并延至抱廊柱伸手向上的形象呼应,广场上三裸女或跪,或撼长发,或呼叫的形象是几何形金字塔,但之上的内在视点分涉三个向度,极远处光滑的山头有两个裸女在相向飞翔,中心床榻上玫瑰色褥单躺着维纳斯,这是一个性、爱、美的化身,她的梦境通向多重人物关系构成的丰富性。背景组成有廊柱结构的神庙,奇特的马头建筑,装饰的广场,不断抬升的阶梯,远山与天空相继构成的拼贴效果,月光下朦胧的光影效果使得神秘的梦境有一种不曾惊忧的宁静,人物也是那种半人半神的性质。画中充满了对比关系,神的沉睡与人的激动呼吁表现为宁静和焦虑不安的对比,人们充满梦想和希望,与恐惧和惊讶的精神状态对立。人物关系表现出来的循环欲望和生生不已的内心需求,同时又具有一种悲怆的力量。

维纳斯的原型在画中成为一个复杂的综合体:生存与死亡,希望与绝望,焦虑动荡的情绪与宁静平和的环境,心灵的吁求与肉体的放荡享乐是如此矛盾融合凝聚成一场欲望的梦幻,这个原型成为他的绘画系列,产生了许多维纳斯的艺术变体,或从根本上说他的所有人物裸体都具这个共性。

《进入城市》是一幅裸女群像,它表现女人情欲的多个侧面,甚至有性爱的背景场面,裸女姿态:跪伏沉思,伸手向天呼吁,各自无目的地奔走,同性恋裸女互相缠绕,这些裸女是分层次展开的,远景的裸女似雕像散落在城市广场各个角落。中景左手挽红衫的裸女同一盛装男人不期而遇,路左一裸女肩挂枝叶与树为双重阴影,一男子隐身树后,路右一读报男子前行与一对同性恋裸女视而不见。前后三个视线不交叉的裸女,正中一个头顶枝叶披黄色长裙的裸女摊开手势似乎告诉你什么,这时一位抻出双手头顶玫瑰花的裸女横过马路向左侧,有一位正看平面交通图的男子,隐含爱情的倾诉,路沿一大树下右肩挂紫红纱衣裸女头顶一白色鹳鸟。渐次推进的透视关系使人物有后撤感,各层次之间是几何图形的三角关系构成呼应,但人物情绪与视点都各自沉浸在自己的内心之中,这些裸女在空间应享受同一光源,可画家把群体裸女分成各自身体的光源,让她们闪闪发光的情欲具有爆炸特质地散在空中,那种肉感与性欲在不同关系中飘动流逝,仿佛迅速提升到永恒静止的空中由骤然降临的强冷空气一下给冻结凝固,出现静止效果。这是德尔沃最典型的情感表现特征,叫空间冻结理论。我们可以视为他的第二个绘画特征。

《进入城市》为德尔沃的代表作,集中体现了他绘画的一些基本表现原则:古典的透视方法,衣着整齐的学究式男人,建筑有廊柱,拱门式的神庙与维多利亚式的楼房,幽暗宁静的夜色,朦胧月与长阴影,精确写实描绘的裸女面目毫无表情,却摆出各种纵欲的姿态。这一切构成了画面的对比、冲突、呼应、静止,人物与人物,人物与环境的熟视无睹,又展示出超然冷漠,宁静梦幻的画风。

这是一个什么城市？是一个和平娴静的城市,一个冷漠梦幻的城市,一个资产阶级伪道学的城市,又是一个恋情纵欲的城市。德尔沃的裸女几乎都布置在城市里,《月城》、《灰城》、《眠城》、《不安的城市》,这城市一词含义是什么呢？城市(city)是集体无意识的原型。在基督教文化中它充满隐喻,城市是矿物世界的人化形式,即人类通过劳动将石头转变的形式。于是我们明白德尔沃画中常有许多乱石,建筑物也突出石材的感觉,我们可以把人神的世界城市、花园、羊舍视为一体。"它是《圣经》以及最富于基督教色彩的象征作品的有组织的隐喻。"(弗莱《批评的剖析》第 158 页)什么是进入城市,它意指进入人的本体,人的精神也因而在城市的各个部位。

我们不能说德尔沃画了一些裸体美女充满了性爱,这种抽象的空话对诠释画作毫无用处,必须找到她们欲望表达的特征。《夜间列车》给我们提供了一个入口处。画面是一个维多利亚式建筑内景向外透视,这可能是个妓院,环境突出的是资产阶级的上升期,女人的欲望便成了这个时代的潮流,右边一裸女低头捧乳似羞怯而迎门走出,这里巧妙地利用镜子给出一个重叠意象,投影使单数变成复数,镜下沙发上躺着一裸女手枕后脑而突出双乳,左腿松散地垂于沙发一侧,于是下腹裸露得更为充分表达欲望的放荡,刚好脚抵住的是一扇门,门是敞开的,门外街景、钟楼、重叠的楼房、狭长的通道、一辆火车徐徐开来。室内墙上挂钟正指午夜12点,画左侧有一桌子临门,桌后有面目严肃的女老板。这种背景关系表明是在车站附近的小旅馆,卖淫便是从这里开始的。其间所有女人的表情都是平漠的,无法追寻含义,我们只有通过女人的千姿百态来透视一个情欲的世界。

德尔沃的裸女群体最突出的特征首先是展示女人闪闪发光的身体,告诉你肉体是美丽的,女人有一种展示暴露的渴望,如用身体倾诉欲望,这是一种强烈的动作语言,肉体语言,是展示性的。在表现肉体美时,许多画中加上一些饰物、衣裙、长发、头上花冠、身上枝叶,裸女十分强烈地把美告诉对方,但女人在欲望中又是被动的,她要在男性中满足,画中的男性是学究式而萎缩的,这造成了女性的更加被动与失衡,于是她们用动态语言倾诉了性爱的各个侧面:娴静、放荡、冲动、无望、做爱、高潮、性爱之后的平台期,满足、失意等等特征。《夜间列车》站立的裸女表达渴望期待情欲的急切,并用双面镜重复表达,沙发上的裸女放荡,从松散的身体状态看是在一场性欲满足之后视线平淡地停在天花板上。《绿色沙发》里,灯光下裸女敞开腹部,并打通室内引入城市阴暗的一个隧道,那里依旧是女人。背景中有上升的台阶与一披红纱女不断拨亮烛台构成呼应,使得敞开性器官的裸女的情欲色彩不断迷弥漫上升,强烈而深厚地布满空间。《离弃》是一裸女在紧张而激烈的做爱之后被弃在地毯上,肢体放肆地敞开而松散无力,一盛装男子临窗注视都市的夜景而前景中的裸女或交谈,或注视,或漠不关心。《公众舆论》的裸女躺着,不理睬几个角落里的女人,而陷入了独自的沉思。《模型旁的裸女》是很重要的一幅,它可以视为《夜间列车》的变体,画面叙事性很强,女人性欲之后有放纵与失望的并存,这间维多利亚式的建筑内装饰显眼的玫瑰,表示一种爱情,可女人头侧在一角,手垂床下,床单零乱,做爱之后男人缺席,小站时钟指示傍晚八点多,一辆火车开走了,铁塔和建筑物挡住火车,余下尾部一节车厢,画景是室内外沟通的半截模型与衣架合成,白纱零乱地挂着,这很容易组装成一个离别或被抛弃的故事。火车与小站也是画家的一个童年意象在不同的语境中与人物构成特殊关系,暗示为等待、离别、宁静、孤独、期望、抛弃、归家,开始与结果,总之从实体的物,抽象为形而上的寓寄。

由此可见,德尔沃的裸体女人是千姿百态,复杂多变的,她们表达情欲的不同侧面,不同层次从而揭示性爱世界内在的隐秘。我们要从那醒着的、睡着的、人的、神的、羞怯的、放荡的、做爱的、被弃的、淫猥的、同性恋的各种表象中深入进去，探索神秘的隐在世界。

女人是什么？谁能回答。女人是一种最光辉的生灵，她给你带来光明与希望，也给你带来激情与享受，当然也给你带来阴影与邪恶。德尔沃为什么这么千篇一律地画女人呢，而且不去画丑陋的女人，德尔沃也常常在问自己，假如我的作品只画丑陋的女人，那么我作品的本质意义是不是完全不同了，我不知道。我知道美，它对我具有如此重要的光辉，使我的画灿烂辉煌。他画中的女人是月光、是宁静、是蓝色、是灿烂的光，也是一种理想的呼求和希望的追踪，但也充满孤独与寂寞，充满忧郁和恐惧。那些女人可以是神性的光辉，却携带着世俗的放荡，她醒着睡着都是感性欲望的化身，都是美的化身。

德尔沃（paul Delvaux），比利时画家（1897—1994），他生于列日省的昂泰，父亲是律师，弟弟安德列也是律师。1916年上布鲁塞尔艺术学院建筑系，1918年画家弗朗斯·库尔唐鼓励他学画，1921年拜巴斯提安为师，在苏瓦涅森林边作画。1925年举办第一次个人画展。1926年第一次欣赏到契里柯的作品。因为他诗一般的宁静与空虚，成为了德尔沃自认为的一个非凡起点。也因而影响他一生的创作。1931年他参观了史匹斯奈博物馆，被那些骷髅和骨架震动。1935年受契里柯影响制作了《废墟中的宫殿》。1938年参加了巴黎和阿姆斯特丹的两次超现实主义画展。此后几年中创作了《皮革马利翁》、《月相》、《城市入口》、《史匹斯奈博物馆》。1947年遇安玛丽·德梅尔特拉尔，五年后他们结婚。1950年任布鲁塞尔高等艺术建筑学校教授，执教12年。1952年以骷髅形象绘制了基督受难故事的画。这一期间重要作品《公众舆论》、《看哪，这人》、《夜班列车》、《森林车站》、《来访》、《通格尔的仕女们》、《离弃》，包括两幅最性爱的作品《甜蜜之夜》、《恶魔夜宴》。1965年被任命比利时皇家美术学院院长。1969年画《阿佛洛黛狄》、《玛利马德莲》。波伏娃说《过度挥霍的雅典女人》是他最好的一幅画，重要作品还有《庞贝城》、《宁静》、《向凡尔纳致敬》、《隧道》、《罗马之路》。80岁时被任命为法兰西美术学院院士。1980年以后有《向费里尼致敬》、《街》、《合唱》、《迎接》、《晚间信差》。德尔沃活到96岁高寿，他的一生和他的画一样是平静的，生活也没什么传奇色彩。终身沉迷他的画中。

德尔沃绘画来源，一方面来自传统的法兰德斯画派的艺术，一方面来自史匹斯奈博物馆;一方面来自古典女人绘画的大师安格尔等,一方面来自契里柯和马格利特。其中最重大影响的是契里柯。1930年代以后契里柯活在他全部的画中。我们首先看精神气质的内涵、沉静、失落、虚无是契里柯的内核也是德尔沃的内核。那么表现出来的是神秘、孤独、怀旧、空虚、忧郁,在情调上二者是一致的,差别在契里柯更深沉神秘,而德尔沃带有平静柔美,这其间二人在形体上的差别,契里柯强调人物的平面,各类人物包括非人的人都不给出阐释线索,在封闭中人作为物的部分,主要从对应关系中揭示含义。德尔沃的人物是感情肉体,甜美形象作为符号象征,她的动作透露一些心理机制,人物也要具有某种情调,色彩有明暗远比契氏的丰富多彩,而契里柯有更明确的目的控制色彩。契里柯画中的形象被德尔沃用各种方式变形地移入,如房子、内景、远透视、雕塑、广场、天空及地平线、拉长的阴影、拱廊、火车头、时装模特等等。契里柯喜爱的是傍晚,德尔沃喜爱的是月夜,德尔沃的画去掉了契里柯的塔,代之以大量的古典神殿和维多利亚的红墙建筑,保留了飘动的小旗,德尔沃新纳入的除人体外,还有骷髅,有时用树林代替了拱廊,火车站在德尔沃那儿不是象征的符号,是绘画的主题,车站内部的各种结构都出现,因此德尔沃还保留了建筑艺术家的优势。可以这么说,契里柯所具有的要素都被德尔沃引入背景中,德尔沃通常让人物活动于前台,契里柯所具有的形而上的内涵韵味是在绘画空间内强化的,德尔沃引入绘画以后是用于消解的,中心与背景既是冲突又是融合的,在三度空间内形成一种张力,即背景强调一种形而上的意念,人物却强调一种感情化的美,契里柯的色彩也融入观念。德尔沃强调柔和甜美中带有神秘的宁静,也就是说人物、色彩、背景在德尔沃那儿是有等级关系的,契里柯那儿全部置于一个平面,服务整体的意图。德尔沃的画可以在世界范围内赢得无数广大的观众,但在艺术史上的地位却有限,原因是他提供的独创性的东西少,尽管毕加索的绘画大部分也能在画外找到出处,但毕加索在重大领域里有突破,他借鉴来的东西中自己独创的因素多。德尔沃独创的东西少,有所独创的又非艺术史上的关键问题。

但也不能因此而否定德尔沃作为一个伟大杰出的艺术家。从整个画风来说,在世界画坛上他也是独一无二的。

德尔沃的骷髅画也许是他自身最独特的一个贡献。

1931年他所看到的自然博物馆,那些恐怖景物的陈列,那些骷髅,蜡制的模型,解剖标本,激活他童年以及战争带来的一些恐怖与痛苦,他认为发现博物馆和认识契里柯意义是一样的,这决定他的绘画观,他主要从中发现造型艺术的戏剧性。也就是说事物的矛盾性,在和谐与美中间也具有荒谬的东西,事物内部的冲突都具有相应点如爱与恨、生与死、美与丑、和平与暴力,二者之中是征服的冲突的,也是交流的对话的,所以他画了《史匹斯奈博物馆》(1943年)。这是一条大街之侧常见的背景月夜,远处建筑群轮廓清晰,拱门、圆窗,右侧露出边角的是现代建筑,街间的博物馆前有一雕塑,右角5个男人,绅士学者样,都注视馆内,有一男士低头而思,中心女人抬头而观,身侧一裸体男人,背后一女坐于桌前,展厅前一个骷髅在拱门之下,一骷髅迎女人而立。这幅画把画家参观时的情形和感受全描写出来了:红色天鹅绒帷幕作为装饰,原馆两边有1880年的画,沙尔博士向人群介绍一个处于神思恍惚状态的人,展厅内有梅毒和疾病状态的恐怖,这一切又都在博览会的虚伪欢乐之中。德尔沃便是在这些东西里提炼绘画的要素,观念上他要表现美与暴力,而心理因素却要找出吸引排斥的矛盾关系,邪恶和丑陋其实也有很大的吸引力,符合人类的探险心理,在美的事物中它又是受到排斥的,这种矛盾关系表现在形体便形成巨大反差,在心理上也构成情绪激烈冲突的矛盾关系,形成画上的深度关系与观众和画面矛盾关系,于是绘画的戏剧性在多层次上展开了。

《看哪,这人》画了8个骷髅人,应该说是死亡的精灵,背景是德尔沃的习惯画法,主要在室内景,中心背景是十字架,在十字架前的是白衣天使的骷髅,她依然在展示自己美丽的躯体,周围7个人的关系都集中在这个中心上,这7个骷髅架主要靠不同披风颜色判断各人呼应的关系,你完全可以把这8个还原为人体来想象,标题也是看这人,意味着他目的在人,借骷髅来表现,从骨架上反而能看出几个人的生动姿态,在她这儿更能看到生命的本源。画面有很强的叙事性,把人体的本质与美丽外表置于解剖之中,构思上把表象引入了深层的结构里。值得注意的是即使为骷髅架,画家依然把她作为光源体,从居中的形象上我们可以明确的判断。骷髅绘画有许多变体,名称有《钉刑图》系列,《降架图》、《埋葬》等等。这个系列中最大的是《钉刑图》之三,这幅巨画整体上在讲述基督的故事,千姿百态的骷髅都是一个宗教的角色,有意思的是全画中唯一被钉刑的耶稣却没有只画骨架,而是一个完整的安详的人的肉身,指向真正的受难者得以永生。

《月城》中是把骷髅置于人群中。背景是远透的维多利亚时代的建筑,街道狭小有裸女出入,重要的是他把骷髅置于街道中心,在月光中还有不合比例的阴影,她正向远方走去。与左侧躺着裸女和右侧裸胸的女人相遇,前面左侧有两个裸体在调情,左侧一女从暗室里掀帘而出,廊柱外一裸女腰系黄色布丝四望等待,这个夜晚爱情与色情具在虽然没室内景,却暗示了全部的夜生活。这是一个平常的习惯主题,关键是月下骷髅展示了复杂的意图。《自然博物馆》的骷髅为人的起源与发展,《史匹斯奈博物馆》则是人类病态,灾难与恐惧,受苦与死亡等等。一系列骷髅画是宗教的意义,包括信仰与崇拜,也有对生命本质:死亡的认识,表达一种焦虑与虚无,还有的仅是对美与丑的对比。第一种是人类原罪的,人类具有痛苦受难的本性;第二种是战争灾难带来的后果,人类自身邪恶产生的;第三种是自然的生命本能,求生求美的欲望,那么骷髅只能作为恐怖厌恶的形象,作为鬼魂的象征,对照生命的反衬,是肉体的另一侧面。可在月城里,它又不是恐怖,它只是一种映照,说它是死神与爱神的对比,是月光下的幽灵,或者是对纵情淫荡的一种警示,都是可以理解的。我们不妨认为它是多义的,是一种生命的抽象,一种观念的隐含。它不过是月光下的一个事物,人类如何看待真正的自身并面对它。

德尔沃的画为什么会吸引人?裸体?恐非那么单纯,因为世界上的所有画家都画女人裸体。当然不否认他那些纯美的裸体最为吸引人,看多了,他的裸女也变成一种程式化的东西。我对德尔沃注意时,他那丰富生动的绘画空间很是诱人,那种来自契里柯的宁静神秘中德尔沃的色彩变化,建筑学的构设,人物与环境既相融又格格不入。精心注意它的时候,有回环曲折的阶梯,重重叠叠的楼房殿宇似乎有种迷宫特点,建筑装饰、雕像、繁复衣饰又使它具有巴洛克风格。难道是画家中的物质吸引人吗?

我在研究西方文化时,在书架上翻查古希腊罗马神话,突然思路跳到德尔沃的画,我明白了。德尔沃在最大程度上使他的画中形象具有原型意义。例如神庙、拱廊、门窗、月亮、古典建筑、室内器具、灯罩油灯、帷幕、植物、烛台、镜子、沙发、时钟这些物体的原型都能触发人们的某种怀旧情绪。《沉睡的维纳斯》是德尔沃女人体中最重要的原型(archetype),这个原型是产生在幻想中的神话。维纳斯是爱神,每个西方人心中都储存有一个爱神。这个原型实际是爱、善、性的混合物,是人与神共化的产品,这个原型最早从波提切利所绘的维纳斯作为源头,经由拉斐尔、安格尔、提香所画的女神原型丰富扩大。这些原型是在宗教神话的层面流传,已成为每个西方人的心理模式。我们叫它为神启意象(apocalyptic imagery)。这个原型在早期的羞耻文化中,性器官是掩饰的,女人体华贵丰美,或甜润柔和。古典时期特别注意美人脸部的光辉,有时在头部置放一个神圣的光环,这种理想范型在德尔沃那里消失了,他从脸部和眼神挪走了全部含义,眼、脸、鼻置于一个平面,无明暗处理,平面性、非表情,自然也就是非个性化的。重点是描绘身体器官的多姿多彩与光辉色彩的变幻,奥秘一旦从眼中取消,便强化了人物与环境的关系,强化了人物动作行为的含义,我们只能从线条、色彩、动态、人物以及构图中各物的关系中找出逻辑联结,结果发现他们之间是非因果拼贴的,个别物体的无意义冲突便扩大了,绘画空间也就充满了张力。单一局部凝聚的美,或者物的矛盾属性扩大到整幅画中,它既是一个和谐统一体,又是一个有内部矛盾冲突的交流系统。

这就涉及画面中许多原型事物之间的搭配组合,即所谓某个原型物质所具有的意义在整体组合中并不具有原来的含义,而是在新的语境中形成新的绘画语言。这就是《克里西斯》中的红地毯与《蓝色沙发》中的蓝沙发,两种不同颜色都共同表现为肉欲的含义。

德尔沃总是不动声色地处理他的原型及人物与事件,人虽冷漠美艳却相视无动于衷,许多器物都有原型意义但在矛盾的组合它又失去主题意味,所有的事物都不表现自己的个性,包括色彩与线条,这就形成了德尔沃绘画一个极为重要的特征:沉静冷默的非个性化叙事。

这个特点其实也是契里诃的特点。难能可贵的是在这么丰富多彩的色调与美艳多姿的女裸体中做到冷漠的非个性化叙事实在不是一件容易的事。

德尔沃绘画语言是明净、亮丽、干净。线条与构图,色彩与光影都是那么透彻纯净。你不需要特别地作技术分析与猜谜,他的绘画明确清晰,一目了然。

他的绘画比契里诃更倾向于情调,画面呈浓厚的忧郁沉寂但又略带欢愉和亮丽,表面看来他的画形体繁复,装饰复杂但他的手法却是简洁朴实的,是清纯敏感的笔触。他的绘画无疑是写实的,物质性的,但情调和结构改变了它,使读者从物质幻觉中丰富起来,抵达梦境。激情与欲望也在细腻的笔触和醇丽的色彩中消解,平和为性欲的抒情手法。线条排除横平竖直,尽量让线条飘逸柔和,在拐弯转折的地方不产生钝锐的边角,色彩连接加强过渡,不使用鲜明对比冲突。在裸体女人身上的笔法和色彩更是纤尘不染。

值得注意的是画家的感情,以自觉方式把握这些裸体人物,因此你不可以从每个人的每个动作去寻找微言大义,这些人物的行动与环境构成的关系它自身存在一个内在推动力,裸女的表达也服从于一种内在的情势,或者一幅画的整体构成原则。即使为一种梦幻的原则,也有梦中意象组合的方法,这样你体会到德尔沃绘画的严谨、简洁、干净、洗练,才可能理解他手法的纯真与朴实。这些裸女的内心世界基本是双重表现手段,其一抒写裸女的动态,对事物与人作出的反应,可以判断她的情绪欲望内心。其二解析画面的环境构成,一切物质世界皆是人物的内心隐喻,尤其是德尔沃以梦幻来表达人物的精神世界,则更应深入地透析人物的无意识,她的梦境与现实的分裂与融合,她的感性欲望与内在精神的逻辑性,并注意这种复杂欲望的表达所具有的共性与个性的统一。有一点可以明确的,德尔沃的欲望叙事在每个裸女身上散发,也在她活动的环境散发,每个人都表达情欲和梦想,因此从不同关系中我们可以揭示出了循环不已生生不息的欲望交流。

简单说,德尔沃叙事是一条欲望情爱的河流。

国际超文本小说探究

通常总认为超文本写作应该是在后现代时期,或众多文学流派之后才产生的写作现象,其实不然。超文本写作实际萌芽于19世纪末。和一切文艺流派共同汇入20世纪。

20世纪初它成为一个重要的文学现象,我们只要看那些重要作家的重要作品便不难理解。法国纪德《地上的粮食》1879年,《新地上的粮食》1917年,《伪币制造者》1925年;美国格特鲁德·斯泰因《美国人的成长》1908年,《软纽扣》1914年;俄国安德烈·别雷《银鸽》1909年,《彼得堡》1916年;英国麦多克斯·福特《好兵》1915年,艾略特《荒原》1922年。这些文本组成了世纪初超文本现象的第一个潮流。

纪德是超文本写作中一个至关重要的人物,他的《地上的粮食》假托梅纳尔克,向幻想中的纳塔纳埃尔展示那种与大自然和谐一致的生活,铸造了一个新人新精神的自我形象。文本采用了片断式写法,每节文字类如散文诗,短则几百字,长则数千余,间以标题断开,这些片断有内心独白,北非风俗,诺曼底农家,时空错乱,文字灵活,是综合了诗歌、散文、回忆、传记等文体的一种新小说,这个系列影响法国文学达半个世纪。他的《伪币制造者》中贝尔纳一直认为过着虚伪生活而离家,在同学奥利维埃家遇上爱德华。小说家善于分析人物内心,记下了观察日记,并收入了他们的通信片断。奥的弟弟参加了一桩伪币制造案,奥认识了品质很坏的作家帕萨旺最后终于摆脱了他。贝尔纳最后回家了。作家以职业小说为人物,指称自己写一部《伪币制造者》小说,用伪币制造者日记作陪衬,爱德华为一部正在形成的小说,既叙述故事展开,又指涉故事的编织方法。纪德在一部小说内部讨论小说的美学原则,在不断否定自我的同时又自我生成,在讲故事的同时不断批评小说叙述原则,因而构成了早期的元小说。

斯泰因的《美国人的成长》虚拟一个美国家庭的历史而无故事可言,长达一千余页的小说里都是议论分析,借题发挥谈一些人类共性或个性阐释,全是语言的抽象陈述,或极为琐碎地描写吃喝拉撒之类。《软纽扣》则特别框定为名词,与实物、食品、房间相关的名词。名词成了文本的主要角色,对它进行多角度的定义、解读、误释、变形来洞悉人类思维。在思维与事物之间的对应是多元的,又是假定性的关系,全部行文均是碎片式写作方式。斯泰因认为世界永恒的事物,换代亦不变其性质,而每个时代的人对事物看法并不一样,阐释更因语言而异。她的文本是典型地写语言,揭示语言和事物之间的矛盾性和可能性。

别雷的《银鸽》通过大学生彼得与鸽子教派、农妇玛特辽娜的关系而最终不幸被害,揭示知识分子和人民的关系。这是一部散文化了的诗,保持音步节奏和押韵,语言极为华丽,造词组句多装饰性用法。《彼得堡》写一个奸细的暗杀方式,记录的皆瞬间的下意识活动,是纯主观的自由联想,生活的表象也断裂成无数碎片。文体上有对19世纪名著的戏拟,对人物与情节作反讽性的改写。

英国最早的超文本是1759年劳伦斯·斯特恩的《项狄传》,到福特写《好兵》时超文本革新更内在化。小说写了美英两国的两对夫妇之间非同寻常的关系。表象上先对爱德华、弗洛伦斯、利奥诺拉作定性假设,再借道尔陈述故事,不断揭开表象背后的几个人物使之裸露在现实中,叙述方式却是非确定性的,表现人所共知的事物在漫长的生活中不断改变性质,讲述是方法性的,对现实的理解与现实本身的差距构成小说的反讽。同时道尔的叙述不断指涉讲述方法,揭示现实与虚构间的矛盾,因而人物最后的品行是出人意外的,作者采用的叙述方法是不断地再说一次,不断地重复,达到拼贴的渐进效果。实际上道尔每次叙述都是讲述的排除的故事。这是一种由绘画拼贴引进的叙事拼贴原则。

《荒原》一诗的典型也在于它拼贴了各种文本,如神话、对白、引文、传说、民谣、经文口语、葬礼叙事、日常风俗化、蒙太奇、戏剧性场面,这证明了诗歌文体极具包容性,不同程度地跨越各类文本,直接影响了后现代的诗歌文本。

我们从世纪初的一些典范性的文本中,不难梳理出超文本写作的具体特征:

一、片断写作和图案拼贴的超文本原则是从立体主义绘画引入的技巧而成为小说的叙述方法。康拉德和福特始初称它为"渐进效果"的印象主义,发展到后来的巴塞尔姆的碎片写作原则。

二、改变传统的对象叙述,引进新的叙述要素:元叙述。即不仅叙述故事本身,同时指涉故事叙述的方法,探讨叙述方法的多种可能性,揭示虚构与现实,事物与表现事物方法之间既矛盾又多重的关系,暗示真实是可以制造的。

三、在一个文学品类里融合多种文学体式,即跨越单一文体而形成多文体的交响和声效果,通常表现为小说中纳入诗、戏剧、散文、理论等文体形式。

四、跨文体的综合最突出的要求是语言上的反传统,语言革新不但指向表现事物状态,更重要的是语言的表现方法,更深的要求是要进入语言内部指向句子和词汇的构成,提出一些新的组合规则,暗示为语言能指与所指的重新思考。

这些超文本特征直接融入1920年代现代主义文学高峰之中。在那些经典巨著中也能看到超文本痕迹。英国有《尤利西斯》和《达罗维夫人》,法国有《追忆似水年华》,德国有卡夫卡的小说,美国有庞德的诗歌。超文本区别于现代主义的潮流,是超文本重视形式的创新,而现代主义经典性作品除了形式上的要求,重要的是现代主义经典表现为一种现代主义思想潮流,超文本所强调的是形式上的反传统。

什么是超文本写作呢?我们首先从文本概念说起,文本一词始于1960年代,为巴特和克里斯蒂娃所创造。巴特的文本理论特征是,文本不同于传统的作品,指向纯粹语言创造活动的体验,文本突破体裁和习俗的巢穴,走向理性和可读性的边缘,分指可读性文本和可写性文本。文本是对能指的放纵,滑动,没有凝聚点与汇合口,所指一再后移,文本的构筑不可追根索源,无可考据事典,但融合各种文化的回声,显示为歧义多维的状态,不界定真理,只听任碎片的散落,作者不是文本的源头也不是终极,他只是一个文本的转叙者,文本是发散性的而作为读者解读时的再创造,文本指向一种类似乌托邦境界的快感体验。

1960年代巴特在巴黎高等研究实验学院任研究导师,经常分专题开办研讨班。1965年保加利亚年轻女学生朱利安·克里斯蒂娃来听课,并与《原样》杂志主编索莱尔斯结下友谊,并由格雷玛斯,热奈特的加盟而形成学术高潮,后来索与克结婚,在《泰凯尔》杂志推出《整体理论》,完善了文本理论。特别提出了文本间性模式(intertextuality)。她认为任何文本都位于若干文本的交汇点,它是这些文本的阐释、集中、浓缩、转移、深化。文化间性是某单一文本内部所发生的,文本间相互影响是一种文本解读历史并置身历史的方式的标志,并赋予文本结构一种显著的特点。文本分为生产文本,即处于生产、生成层面和现象文本,及完成文本两种。她认为文本是一种生产力,一种生产程序。承认文本是生产力便意味着文本语言置于一种工作状态,意义生成过程是一个无限增长和异化的过程。

通俗地说,整个世界是一个偌大的文本,每一学科和文类都是这个大文本之中的小文本,而每个子文本之间是相互交叉影响的。作为文学类别的小说、诗、散文、戏剧更具有这种文本间性。所以我们所有的文本都是相互影响的结果,因而也就有了相互间的特征,特别是作为人类文化成果在最高层面必须保持同一性,同时各子系文本性又是相互影响和转化的,可见文本自身就实现了一种文化跨越,这样文本的整合融通也就不足为奇了。从理论和实践上说超文本现象已成为21世纪一个醒目的文学现象。

所谓超文本,是强调文本之间的跨越,使文本具有各文本的综合特征,从这个意义上说也叫跨文本。国内一般习惯叫跨文体写作。明确提出超文本写作的罗伯特·库弗,并于1970年代在布朗大学主持超文本试验(hypertext)雷蒙特·费德曼称之为超小说(hyperfidtion),类似的称谓有反小说、自我反映小说、后现代小说,这是从更宽泛的文学史运动看,实际上比较适合的应拟取超文本写作,这主要限制在两个基本特征上:一是叙述原则上的自我指涉,一是众多文本的跨越融合。其他特征则是伴生性的。

在世界范围内,1960年代可谓是超文本写作的高潮。潮头则在美国,经典的文本有纳博科夫的《微暗的火》,品钦的《V》、《羊童贾尔斯》,巴塞尔姆的《白雪公主》,巴思的《迷失在开心馆》,同时还有一些代表性作家威廉·加斯、约翰·霍克斯、罗伯特·库弗、S.巴勒斯、法国的新小说派萨洛特、葛利耶、布托尔、西蒙都有超文本的重要作品,特别是那些传记性和文论性文本,此外还有索莱尔斯的《公园》,罗贝尔·潘热的《卷宗里的克洛普》、《利布拉》、《帕萨卡里亚舞》,皮埃尔·法耶的《破裂》、《闸门》,代表作家有莫里斯·罗什、皮埃尔·吉奥塔、让·里卡尔杜,诗人博纳富瓦,散文有巴什拉。英国有戴维·洛奇的《大英博物馆倒塌》,安·奎因的《三》、B.S.约翰逊《阿尔伯特·安杰罗》、《不幸的人》,安格斯·威尔逊《动物园的老头》,朵丽丝·莱辛《金色笔记》,约翰·福尔斯《法国中尉的女人》,乔治·佩雷克的《事物》。这仅为英、美、法三大国的抽样,其作品的数量和质量都是惊人的。美、法两国的超文本写作既是论争的对象,又是与主流文学抗衡的力量,一段时间内美国的超文本(自我反应小说)占主流位置,与美国的黑色幽默,新闻体非虚构,简约派一同成为重要的文学现象。1950年代后那些杰出的小说家无不带有超文本创作特征,如冯尼格《冠军早餐》、福克纳《喧哗与骚动》、梅勒的《古埃及黄昏》、米勒的《黑色的春天》、索尔·贝娄《赫索格》等。

这一时期的超文本写作特点,首先表现在文体整合上,这时的超文本不仅为文学内部小说、诗、散文的简单跨越,而且是综合学术文体、科学、哲学、新闻、电影、寓言、生物试验、广告图画、日记、童话、字母游戏、刑侦报告、积木魔方、导游图册等文体,包括日常应用文体的全方位跨越。这时的超文本可谓稀奇古怪,乱花迷眼。小说家们挖空心思在形式上创新,典型如《微暗的火》。这部小说是由前言,一首999行的长诗,关于诗的阐释考证,最后是索引,结构上表现为典型的学术性文本。《V》以物理科学热寂学为构架支点,类如科幻又非科幻,以寻找V作为荒唐世界的探索,寻找一种不可知的东西,表现为一种非确定性行文。布拉德伯利说,那是一种在文体上表现出的无餍感,以及形式多样化和大混杂意识统治的1960年代艺术。

其次,超文本写作保持对文本自身的指涉,这种指认随文本技巧的复杂而复杂。一方面是拆解的叙述技巧《迷失的开心馆》,不断地评论叙述方式指责传统技巧,同时阐明自己叙述原则,让小说写什么和怎么写的方法在文本里滚动发展。另方面则表现为多种文体的整合,每类文体有自己的特征因而充满了内在的矛盾性,文本表现出互相征服,突出的特征是戏拟,是保持对前文本警觉的一种批评而产生的新的美学趣味,巴塞尔姆的《白雪公主》便利用世人皆知的童话经典创造一个反童话文本。通常说保留前文本痕迹的超文本写作多少都有反讽戏拟的意味,这与传统中模仿文体性质是不同的。使戏拟成为一种美学规范。

第三,超文本中碎片和拼贴原则成为重要美学现象。这是由绘画中过来的概念,始于立体主义。1912年5月毕加索发表了一幅拼贴画《制造藤椅的寂静生活》,并由康拉德和福特将拼贴转变为一种叙述技术,始称渐进效果。《吉姆爷》便运用了叙述拼贴。但拼贴是有前提的,首先是拆解成碎片,把整体粉碎叫破碎技巧,关键是有了碎片,叙述基础才能有断续性。康定斯基1910年的水彩画《即席创作》中那些色彩斑斓的小碎片在图画空间移动,似乎被一种强大的力量挟制而显示为矛盾:碎片既是自由浮动的又是固定的,这种技巧进入《普鲁弗罗克情歌》成为叙述碎片。这一原则的典型代表是巴塞尔姆,他的《玻璃山》便是由100个碎片(句子)组成的,另一典型文本是苏珊·桑塔格的《没有向导的游览》,对话和景物都是非理性连接的碎片。

另一特征是语言向各种极端试验发展。几乎所有的超文本都会注意语言上的探索,小至字母拼贴,韵律节奏的反常规,大至语言结构和意义追寻。

莫里斯·罗什在语言上做游戏,探索元语言在文本中的作用。庞德的诗章最后完成于1968年,他的跨语言试验包括古希腊语、拉丁语、英语、意大利语、汉语、法语等的非理性拆解与拼合,使之歧义迭出妙趣横生,安·奎因的《片断》语言极为支离破碎,各种语体杂糅,叙述人称和思维也是断续跳跃的。布鲁克·罗斯直接把自己的语言研究成果插入文本之中。1970年代延续了超文本高潮,余威不绝,重要作品有库弗的《公众的怒火》,理查德·布劳提根《夭折》、《在西瓜糖里》、《妖怪霍克林》,霍克斯的《血橙》,品钦的《万有引力之虹》,巴思的《吐火女妖》、《书信》,威廉·加迪斯《小大亨》,伊斯米尔·里德《芒博琼博》等。

八九十年代可视为超文本的一个更新浪潮,其作品之多不可胜数。重要的有:多克托罗《鱼鹰湖》;唐·德里罗《天秤星座》;苏肯尼克《长淡恶劣环境的勃鲁斯歌曲》;威廉·吉布森《神经肿瘤症》;高基《黄梓·柏树和槐蓝》;埃德利克《爱药》;米歇尔·克利夫《索要他们教我唾弃的身份》;苏珊·格里芬《语词与自然》;赫斯利安《我的传记》;凯瑟·阿克《中学里的鲜血与胆量》、《远大前程》;库弗《约翰的妻子》;雷蒙德·弗德曼《致相关者》,戴文坡《康科德奏鸣曲》(小说集);品钦《葡萄园》;加迪斯《他自己的乐趣》;巴塞尔姆《关于阿瑟王和他圆桌骑士的故事》;巴思《某水手的最后一次航行》。英国有安东尼·伯吉斯《莫扎特与狼帮》;马丁·艾米斯《伦敦原野》、《时间之箭》;麦克尤恩《时间里的孩子》,朱利安·巴恩斯《福楼拜的鹦鹉》、《十又二分之一章世界史》;艾克罗伊德《伦敦大火》、《英国音乐》;安妮塔·布鲁克娜《天意》、《湖畔宾馆》。法国有菲利普·图森的《浴室》、《照像机》;让·艾施诺兹《高大的金发女郎》、《湖》,吉奥塔《书》、《生活》;索莱尔斯《女人们》及新小说家晚年的超文本的《童年》、《科兰特的最后日子》、《植物图》等。

八九十年代的超文本写作不仅仅限于形式实验,而且把视点逼近于对生活实质性的理解,人的自我丧失,主体消解,意义消弭,后工业时代的碎片感更加强烈,因而超文本形式感的东西更加隐深复杂。潜藏着对后现代文化的反抗,如艾施诺兹的《高大金发女郎》。雷蒙德·费德曼的新作《致相关者》是一个历史战争反思文本,表妹萨拉和表哥雕塑家在战争中失去父母流浪,重聚时只有感觉、回忆、幻想,作者在碎片中插入组织这些材料的叙述方式讨论,建构各叙事局部的是个没有年代的十日手记,每日都是散落的记忆残片或叙述方法指认,文本中碎片按作者说是一种几何形态原则处理:即对称、互补、重复、空白、跳跃、穿插、同构。他们各自不断地复述幸存者的故事。这部小说十分隐秘地交织各种文本:元语言文本,简略文本,新小说派缺席式文本,贝克特式文本,有家族源头父母的缺席,35年兄妹生活的缺席,最重要的是他们的心理缺席,这些缺席影响他的精神意识,雷蒙德把这种文本间性称为:挪用游戏。他的游戏技巧实在高明,不精心研究欧美文化的人是难以发现的,尤其特别的是表现一种去装饰的简洁,朴实的口语文风。1985年他还发表了《华盛顿广场一笑》,写42天的幻想生活,用镜头不断闪回两人的相遇细节,采取复沓手法,两个文本一哭一笑,皆尽日常生活的本质。他最极端的文本是《要就要不要拉倒》,整个长篇是用文字拼成的各种图案。盖伊·戴文坡的互文模式更为华彩精致、晦涩深奥,他的小说集《康科德奏鸣曲》有宗教文本、神话文本、艺术家文本、语言文本、哲学文本几种文本兼容而成为碎片,实为典型的学者文本。

　　八九十年代的超文本奇思异想,诡谲怪异,其综合性更强,视觉效果更好。伯吉斯的《莫扎特与狼帮》把音乐传记引入戏剧形式之中,文本表现为音乐、戏剧、传奇、诗歌的互涉关系,同时引进艺术家的文论,索性把作者解构为二,分成对立两方进行对话讨论。这个长篇是诗、诗剧、散文、谈话录、音乐家、哲人、神话人物、仆人、小说家等各种不同声音,我们有理由认为他是一部音乐剧小说。英国巴恩斯的文本奇特之极:《福楼拜的鹦鹉》中医生布雷斯韦特考证鹦鹉文本,还有格言随笔文本,作家视点不断在福楼拜与医生之间摘引,形成巴恩斯研究文本,试用各种语言构成反讽戏拟,实质探索的却是人生之谜。《10又1/2章世界史》叙述者是一条蛀虫,从神话到宗教,从席里柯名画到泰坦尼克,一部人类历史为无数多样的文本,凝集为11个幻想故事,既为历史踪迹,又为小说虚构,把不同文类材料做成叙事拼盘,这是一种对历史文本的戏拟。反观20世纪末超文本写作的巨匠杰作,他们的跨文本探索几乎毕尽一生,成为个人终身的美学追求。原样派的主帅索莱尔斯他从理论与实践都为超文本写作提供范例,《女人们》就是代表性巨著。这部小说为漫天的碎片,这些碎片不仅表现为过去片断文本的小段落,而且是纯句子,词语式的,那是思维、情感、印象的碎片,事物、社会、人物、环境全是碎片,包罗万象的碎片,碎片成为全书的网络,个人主观叙述是一个结构点不断穿行编织,还有一个关于《女人们》创作的自我指涉,六百余页文字似乎全是从一个结结巴巴、思维短路的人口中泄露,成为一个万花缤纷奇妙拼合的文本。克洛德·西蒙也是一个终身实践超文本创作美学的人。他直接从绘画中汲取碎片和拼贴艺术,《弗兰德公路》和《农事诗》都是他的碎片美学的辉煌之作,最近的《植物园》是一部典范性的超文本。自路德维希的《三人传》、《尼罗河传》以后,自传写作更为自由活泼,渐渐发展为自传成分少、写实少而虚构多、幻想多。如果谈萨特的《词语》多少保留客观实体。那么萨罗特的《童年》便只剩下喃喃的呓语了。格利耶《科兰特最后的日子》文本已显示出一些复杂性。到西蒙则表现为一个高峰。《植物园》有历史战争文本,有布罗茨基的审讯文本,有隆美尔的战争笔记,关于绘画艺术批评文本,现代主义小说家评论和诠释的文本,童年中学生文本和现实生活旅行文本,其综合建构的复杂性难以尽述,特别是还在印刷术图案拼板上形成几何文本。《植物园》是一个综合艺术,彻底粉碎了艺术分类的幼稚,而以另外的经典形式站立。

在世界范围内的超文本写作数不胜数,提供了许多独创性的经典模式,形成新的美学规范。塞尔维亚作家帕维奇创立辞典式文本,在中国引起轩然大波,后来又推出了图文并茂的文本《鱼鳞帽》。昆德拉的《被背叛的遗嘱》以艺术评论方式构筑新文本。图森的《照像机》取景以静物固定法则表现物质的凝固静止效果,创造一种照像摄影文本。弗里施的《蓝胡子》是一种审讯笔录式文本,科塔萨尔的《跳房子》结构为儿童游戏的文本,克里斯蒂安·加伊《小故事》以极简句式构成电报式文本,弗朗索瓦·邦《社会新闻》戏拟口述实录文本。意大利的卡尔维诺当推为超文本写作的巨匠,他一生创作几乎没有一部相同文本,其创作特色极为鲜明,且不说他极具盛名的《寒冬夜行人》,早年的反童话和寓言戏拟的《我们的祖先》、《分成两半子爵》、《马可瓦多》、《蜂巢》都是形式各异,尤为突出的是《看不见的城市》、《命运交叉的城堡》、《宇宙奇趣》、《帕洛马尔》几部小说文本风格之独特令人叹服。他晚年最后的一部文本《帕洛马尔》几乎是不可归类的,那种奇思妙想,那种文采缤纷,以对世界与人类的自我拷问,揭示人类思维的无限丰富性。

文本的生产

作品一词,在结构主义以前是不会有人怀疑的,它已成为了文学传统。自从尼采发出上帝死了的呼喊,世界的真理性受到怀疑,主体性受到挑战。作者呢,也受到质疑。1968年《芒太雅》杂志一篇文章宣告作者死亡,作品一词的经典地位动摇了。这个问题的引发可能更早一些,1934年巴赫金出版了《长篇小说的话语》,其间发现了一种对话原则。这种对话关系是混合式的,小说中话语的发话人有社会的、个人的,还有主人公的。他从对话关系中发现了互文性。更重要的是1940年他在《长篇小说话语的发端》中谈到跨文体。他说,创造出来一种新的大型的多体的体裁,它包容了各种对话,抒情小剧、书信、讲话,对各国和各城市的描绘,小故事等等。这是一个体裁的百科全书。不过这种多体小说几乎是同一风格的作品。

1960年代巴特在巴黎主持研讨班,这时以巴尔扎克小说和德里达理论为研究对象。1965年圣诞节保加利亚学生克里斯蒂娃来参加研修,她就1960年代后期结构主义范式的重要变化在研讨会作了一次报告。没想到受启发最大的居然是老师巴特,带来了他理论研究的变化。

据托多罗夫的文章认为,互文性是朱莉娅·克里斯蒂娃介绍巴赫金理论时首先使用了它。在两种陈述之间的任何关系都是互为文本(在互文性特殊的情况下,两种并列的文本陈述发生了一种特殊的语义关系,我们称之为对话关系)。这里要提到一份杂志《泰凯尔》(Tel Quel,1960年创刊),主要从事先锋文艺理论研究,终于1982年。杂志由索莱尔斯和克里斯蒂娃夫妇主持,1968年5月风暴以后推出了《整体理论》。文本概念始于这份杂志,为当时许多理论家使用,同时又由文本一词衍生出许多相关的概念。

文本(Texts)通常意义指语言规则结合而成的词句组合体,它是一个句子,也是一篇文章,还可以是一本书。巴特是这样描述的,文本从整体上讲就像一块天空,它平且深,光滑,无边无际又无任何标志……评述者沿着文本画定一些阅读区域,以便观察意思的移动,编码的显露和引语的经过。语汇只不过是一种语义容量的外壳,是多元性文本的脊线,这种文本在话语的流动作用下就像是各种可能意思的一种座席。巴特是一个有智慧又有极好的直觉诗意的写作者,他深通这些词句之道,居然把文本分成可写性文本与可读性文本。所谓可写性文本是由词语激活情绪与感觉的语言片断。在阅读和观察中由某些已成的句子,由形式特征唤起的对它摹仿的欲望,使你也产生了写出新句子的欲望。可写性文本特别要求句子的经典性,句子特别具有情态,具有能动的姿势,是发自感觉中的,或者是集体无意识的,具有恣肆汪洋的文采。在法国当代的思想家和文学家中表现得特别突出,例如博德里亚尔、利奥塔、德勒兹,文学中如德里达、巴特,还有一个稍远一点的巴什拉。他们的句子都是在灵感和智慧中写出来的。

所谓可读性文本,是古典文本,一种死去的陈旧的文本,具体来说是指那些现实主义的再现性文本。因为它是模仿的经验世界,意义呈固定状态,只要读一次足够可以,不需要多边多元的丰富开掘。巴尔扎克便是典型的例子。

文本要领是在于把作者、作品、读者、社会区别开来,一反那种社会产生作者,作者产生作品,作品产生读者的传统观念。文本的概念提示作者、作品、读者三者皆为独立体,并不相关。文本不是完整的作品,它未经阅读与阐释,不属于任何人,甚至它都不属于作者的,文本由历史所决定。这倒是和中国古代创作有不谋而合的地方,唐宋传奇和托于冯梦龙的《三言》及《三国演义》、《水浒传》,他们的作者都是可疑的,更多可能性是由民间集体创作,最终成稿者也许只是个整理者。文本保存下来了,看不到它和作者有什么关系。这是从表层看。另外,我们从作者、读者、作品三者的关系看,文本最具独立性,是一粒种子,其生命力最强,时间证明文本作为历史的存在者,在时间流中,只要不被阅读与阐释它都是独立的,后世文本从时间上找不到作者是最正常的,如果把文本作为和声的对话系统,不同时代不同作者的声音都可能产生在里面,因而作者不可认定是唯一的。这说明文本是无限的,具有多种要素。

克里斯蒂娃提出了**现象文本**和**生产文本**的概念。

现象文本,即文本现象的表面,是呈现于具体语句结构中的语言。在这种语言里,符号之间的结合,即意指活动是表面现象性的,它完全依附于一种不明确显现的结构化的意指关系,在现象文本范围内一般只进行音位描述、结构描述、语义描述。简单说是一种表层的语言活动现象,强调的是语言能指的组合。可以说一切跨文体创作都属于现象文本。

生产文本是在现象文本基础之上来分析的。现象文本作为传播性语言,它以反常规为己任,显示能指活动中的能产性,能指的能产性生发就存在于结构所在之处。意指活动如同现象文本在语言的组织和范围内出现的一种繁衍活动,它深入到活动主体的出现之中。文本的特征就表现为生产性文本现象文本之中的一种翻译活动。

这是托多罗夫一个相当玄奥的一个解说。但不难理解。一是说生产性文本包括在现象性文本里。二是语言能指是活动的核心,它在平面组织中能生发各种结构现象和语意变化,因为现象文本是非摹仿的,是一种语言的自身活动,简单说语言的能指滑动生产了新的语言现象。三是任何文本都是互文性的,语言的文本活动也指向复杂的文本关系,不同的文本声音在现象文本里激活,自然要生产新的话语情况,文本的互文性确定了文本是互相注释,相互生发的,所以生产性文本便可以视为一个翻译活动。

但是现象性文本和生产性文本不太可能发生在现实主义的写作中。其原因是现实主义的反映和摹仿关系决定的,现实主义由社会历史决定了固定的主题意义,又由现实日常生活设定事件经验的模式,它自身是一个封闭体,内部没有能产性机制。所以它只能出现在当代社会的符号化活动中,或乌托邦语言幻象中。现代信息社会,表象泛滥,异常事件没有规范来框定,经验被粉碎了,不再有我们称之为典型的形象作为代表来表现世界(可以说所有的表象都是典型形象,但又不是典型形象)。文学所指向的客观整体世界已经破碎了,认知也不是文学的任务,所以文学摹仿的对象没有了,简单说客观的真实没有了,世界的方法也不再是文学的方法。一切表象都是符号。因而我们寻找的是一种符号活动,是事物和意识的自由之流,是世界现象之中的偶然际遇。

克里斯蒂娃提出的关键性的概念是**文本间性**。

文本间性(intertextuality)文本的概念原本极为具体,但进入理论视野后它又极为抽象,它产生的环境也意味深长,它不可能提前也不能退后,只能出现在符号学之后。符号学又在结构语言学之后,因为文本的抽象研究,它的标志,它的生产,它的构成,本质上具有符号性。尤其是研究它复杂的转换形式,代码性能更显著。这使我们进入另一个区域:文本间性。这是一个发现秘密的地方。文本转换之际的挪用、抄袭、模仿(符号性的)、翻译都可视为一种文本的生产性。同时文本的间性又提供了解构主义的契机,既然文本的来源始于文本之间各种复杂关系的转移与重新组织,这说明对文本解构是合乎它的生成原理的,因而解构主义主要是针对文本的(当然始初是源于一种对形而上学理论基础批判的冲动,摧毁一种假说的理性主义)。

文本的独立性证明了主体的崩溃,此前它找不到发生学的唯一源头,此后它又是一个没有结尾的无边无际,因而各种文本在互文综合中是子子孙孙无穷无尽的。但是文本间性也告诉我们,它有一套内部传承的循环机制,而且存在各种各样复杂的组合关系。

据我的理解文本间性有许多神秘的表征。

首先,互文性告诉我们,现象是存在的,以文本的方式挪用转移,但其规律是不可琢磨的,是非线性的,我们只看到现象的转移,不可对因由进行解说,因果是解构的,这是因为现代社会表象泛滥而关系多数都系偶合的,正因为决定事物的不是由本质、真实、真理等大叙事观念所支撑,你绝不可以去寻找那些逻辑联系。说到人物,在现象文本中他们是一座沉默的冰山,是无动机无意义的玩偶。

其次,各种文本都可能登场,但是文本间性的界面可能是一种空白(符号标志性的指示,观念意志的连接都忌讳直接登场)。简单说,描述的现象是一个过程的展示,意图可能被一个隐在的中心控制着,但中心不出面,是缺席的。在文本互涉里,每个文本都有在场的要素,也有缺席的要素,一般而论都要把最精彩的缺席放在台后,就像罗伯·格利耶的小说《嫉妒》那样,在场的观察者是无形的眼睛,实际上主体是空缺的。

其三,文本间性作为传统文本是一种客观,即布罗姆说的影响的焦虑,但是新文本产生,不单是从时间先后上揭示两个文本的关系,更重要的是文本中的各种文本之间的复杂声音。这表明,文本间性既在文本之内又在文本之外。据我的理解,文本间性告诉我们文本的魔影是无可逃遁的,与其羞羞答答地挪用抄袭,不如把前文本粉碎,吃了它再吐出来,有意地与之对抗再作新的创造。这是一种既抵制又保留的方法。同样我们也可以进行解构,旨在破坏、解构自身又构成另一种新的文本,世界是一个文本的海洋,所以我们无法躲避,没有听说没有读过诗的人也会写诗。所有的词语和句子在几千年以来都有使用过的痕迹,我们必须用非常手段来拆散文本间的联系,才能有原创性。

其四,文本的视域非常广阔。微观可以是一个词,一句话,宏观为一篇文章一本书,或者文学类别,更大的文本应该在整个社会活动上,宇宙中一切痕迹都可以成为文本,书写文本只是一个切入口,而要深入的是那些社会政治历史的文本,文化经济的文本,特别是当代媒介信息的文本。文字书写、图片、广告、声音、建筑物、标记都是文本的形式载体,这些突出的视觉标志容易被人关注,作为文本也好理解,我们要注重的是一个意义空间,它是由述体而产生的。每个文本都是一个叙述行为,人在宇宙间活动(包括现实中的栖居),他既要认识事物,又要表述自己。要置身于其中,身体便作为了意义空间的重要因素(身述体),身体的一切奥秘由身述体制揭示出来,既是他自身在空间表述,也是由另一个主体所赋予,这就涉及一个人述体的概念。是人述体知道身体的一切,也是他分析身述体的激情话语。事物客观化,还有他者,及其社会,他是从供需焦点面对客体,人述体发送的述体为投射述体,只有从投射述体才可以捕捉到社会的信息状态。投射述体是抽象的是集体价值观系统,见不到具体的人言说,所以投射述体是隐在的观念层面,包括规范、价值、真理、职责。一切文本都要提供述体标志。本韦尼斯特别用了一个词,叫文本的现实性。他说有一个按本来面目表述并按本来面目让人认识自己的述体,称之为身述体和人述体。它成为形式和痕迹的因素。痕迹便是我们坚持文本现实性的标记。这说明人是通过有形的痕迹(在文本中有意无意地留下来的)来认识自己的。特别是投射述体它真实地保留了这些痕迹。是它保持着和现实发生联系而决定了文本分析的力量。

最后一点,所有优秀的文本都应该是非确定性文本,这是因为每一个文本都不是孤立的,文本间性使它具有综合的因素,因而文本提供的是一种可能性,在述体标志上可能是明确的,但投射述体却有许多隐在的因素。各种因素如谜一样构成文本间性神秘的关系。在读者那儿的接受反应也有极大的不同。我们需要的独特文本从外部可能无法寻找,所以我们要极大地开掘个人潜质,让个人的秘密成为文本最可写性因素,最终由个体之谜决定了文本之谜。

文本的命名比较通用而统一,文本间性有许多叫法,如互涉文本(inter-ext),互文性,包括超文本(hypertext)。互文性的揭示说明一切文本都具有超文本性,每个文本背后都有一个隐迹的文本。于是超文本写作是件最正常不过了的事。对文本间的各种隐在关系,热奈特作过比较深的研究,他认为:第一种类型是文本互现的关系,表现为一个文本在另一个文本中的实际出现,以引语方式标明。或借鉴,或隐喻等方式。第二种类型为正副文本关系。正文好理解,副文本有副题、前言、跋、题记、插图、广告、印刷中的一切包装手段,包括对正文的评论研究。第三种类型为元文本性关系。是由一部作品来谈论另一部作品,文本间性显现为评论或注释性质。第四种类型反讽性关系。即在文本前郑重作一个文本声明,纯粹地指出类属关系,而目的正好相反,如封面题页上点明小说或诗,虚构或非虚构。第五种类型是承文本性关系。把前文本叫蓝本而二级形成为承文本,它们之间的关系是多种的,有改造、悖反、戏仿,表明第二个文本因第一个文本而起。承文性还有一些更隐在的关系,属于秘而不宣,但有阅读经验的文本研究者自能辨明。有意思的例子是巴特的文本理论,体现了典型的理论文本的互文性。他实际上从当时理论家借鉴了许多概念,可撰文时却不声明,例如他的学生克里斯蒂娃启发了他的文本理论。

先锋的由来

一、先锋概念的出现

先锋(avant—garde)这个词据马泰·卡林内斯库考查,最早出现在法国历史学家埃蒂安·帕基耶(1529—1615)的《法国研究》中,其文说:"随后展开了一场针对无知的光荣战争,我要说,站在这场战争中,塞弗,贝兹和佩尔蒂埃构成了先锋……他们两人奋勇作战,尤其是龙沙,从而使另外一些人在他们的旗帜下投入战争。"值得注意的是这一节谈诗歌运动的文字,在诗人前驱之后有龙沙和贝雷两位绅士加入了诗歌阵营,但却全部使用的是一套军事术语作为象征。这表明在 1600 年帕基耶所处的时代,先锋一词是作为军事术语,而文学上的隐喻不过是临时租用,这从后来的《东比利牛斯军队的先锋》这份刊物来看,它的用词也很明确,它的时间在 1794 年,这份刊物是捍卫雅各宾派思想的,这暗示军事术语用于政治含义。

1825 年奥林德·罗德里格斯的《艺术家,学者与工业家》中是这样说的:"将充任你们先锋的是我们,艺术家;艺术的力量是最直接,最迅捷的。"这是一本对话方式的书,争议的关键,历来被认为是圣西门首先使用该词。他们谈论艺术使用先锋一词,应该是圣西门与罗德里格斯作为一种共识的。产生误说的原因很可能是罗德里格斯的对话一文是以作者名义而收集在圣西门作品第十卷中。今天讨论失误已经没什么意义了。我们只是通过两则引文看到,原来作为军事与政治的先锋术语,已分别用于诗歌和艺术门类中了。

更明晰的例证是库尔贝和马奈的出现。1855 年库尔贝的《我的画室》为其思想与艺术的宣言,强烈地反对时尚,反抗现存体制,阶级,强调政治使命感,在他的影响下产生了达达主义,客观写实主义,未来主义。库尔贝因此被称为那个时代的先锋。马奈 1863 年的《草地上的午餐》,以其光线、色彩、人物的裸体惊世骇俗地反抗传统艺术。后来,毕加索在四年中曾摹仿了 27 幅油画和 150 幅素描。现在看来库尔贝不是我们认为的先锋,但在他所处的时代,库尔贝的先锋意义在于改变现实世界,属于一个写什么的问题,而马奈与毕加索的先锋在于改变艺术世界,是属于一个怎么写的问题。库尔贝指向内容,是一个观念态度问题,而马奈、毕加索是指向形式,是革新一种艺术方法的问题。

由此看来先锋无论是政治军事,还是文学艺术上的称谓,都是指走在时代与艺术前面的一批探索者,故此又称为前卫派。艾布拉姆斯总结他们的特点说,他们破坏文学艺术上现存的繁文缛节,创造不断更新的艺术形式和风格,描绘迄今为止无人问津的隐晦主题。前卫派艺术家往往是对现存秩序的异化,他们主张自成一统,让墨守成规的读者从情感上受到震动,并向资产阶级文化准则和正统性挑战(《**欧美文学术语词典**》196页,**北京大学出版社版**)。

我在这儿并没更多对先锋一词的产生进行细微的考证,原因是先锋一词的产生与我们今天所言的先锋一词并非具有共同的含义,也不能在一个共同的语境下使用它。其一,先锋早期用于军事政治,表现为左倾的面貌,它在艺术与文学中是一种临时租借的功用,没有形成理论家的共识。其二,先锋在19世纪中期含有负面意义,具有一种嘲讽意味,常使用于语言论争中的隐喻评估。这在圣伯夫和波德莱尔的评论语言中都是如此。值得注意的是波德莱尔爱使用现代性一词,而现代性一词倒有今天先锋的积极含义。其三,先锋理论家雷纳托·波焦利发现政治上和艺术上两个先锋概念内涵上不是统一的。在1830年是联合的,而十年以后是离异的。政治先锋是通过革命宣传和斗争的结果,有了无产阶级先锋一说。艺术先锋则是背离公众期望与大众风格,鼓吹的是艺术上特立独行。这决定了两种先锋在19世纪下半叶的必然分离。我们谈论的起点只能从艺术先锋那儿开始。

二、先锋文学产生的相关问题

19世纪的先锋一般是在艺术领域之内,较少的也谈及文学中的诗歌,相当一段时间我们谈论的是艺术先锋,它一直延续到20世纪初的各艺术派别中,如达达派,立体派,表现主义等。文学上有意识的先锋应该是表现主义的戏剧与小说,超现实的诗歌与小说,意象派的诗歌,理论上则以精神分析的产生为标志。下面我们对几个重要问题进行比较分析:

第一,先锋写作在前而先锋概念在后,到我们公认的先锋派出现后,先锋写作与先锋概念一词也并不完全统一。先锋写作是个体的意图,而先锋概念是在一定语境下的概括。首先我们对文学传统作一个假定,从亚里士多德开始我们的文学以摹仿论为传统主流,即作为现实主义源头,那么按先锋含义,一切背离于摹仿现实的写作都应该是先锋的。这样我们的浪漫主义传奇写作就应该是先锋的了。显然我们不能把一切自反性颠覆都视为先锋,因为一个时代总会有多种文学现象并存的局面。而看待一种先锋文学现象,需要在一种具体语境中分析,从作家自我创作意识的态度出发。换句话说,一个作家是否有意识地针对某文学传统进行反叛,同时还得看他的文学创作是否提供了新的内容与形式作为业绩。公众意义认可的先锋产生于1825年,这并不能作为先锋写作的一个标志。我的意思是说,先锋写作是个体自主意识的行为,个人本能的一种吁求,它和先锋口号特别和先锋派运动不一定有多大关系。这很容易取证,先有了兰波和洛特雷阿蒙的写作,后来才有超现实主义及以他们为创作的经典文本。在先锋口号忽明忽暗的时候,我们应该注意的一批真正的先锋写作,它是一个未曾明晰的暗潮。1759年劳伦斯·斯特恩的《特里斯特拉姆·项狄传》,1789年以后威廉·布莱克的诗歌,1797年柯尔律治的《克里斯特贝尔》,1798年路德维希·蒂克的《法朗茨·斯特恩巴尔特游历》,1857年福楼拜的《包法利夫人》,1857年夏尔·波德莱尔的《恶之花》,1866年陀思妥耶夫斯基的《罪与罚》和此后的《卡拉马佐夫兄弟》,1887年杜雅尔丹的《被砍倒的月桂树》,1907年斯特林堡的《鬼魂奏鸣曲》、《死亡之舞》,1889年保尔·布尔热的《弟子》,这只是一个极不完全的统计。另外从名单上说还有兰波,魏尔伦,王尔德,乔治·穆尔,叶芝,康拉德,纪德,斯泰因,庞德,阿波利奈尔,洛特雷阿蒙等一大批作家与诗人。这个名单中的人物和作品均是在先锋一词未成为公共认同时的先锋写作,他们在艺术领域里从内容到形式都有巨大的开创。这里讲的是在弗洛伊德那本《释梦》1900年出来之前的文学现状,从20世纪开始文学先锋就慢慢地成为一种自觉意识,在现代主义运动中先锋才有了高潮。这里需要说明的是:我们并不能把现代主义与先锋写作截然剥离开,有意思的现象是,先锋一词的明晰是和现代性、现代主义几乎处于同步状态。现代主义和先锋派均是历史的概念,但它们是交织的,现代主义在半个世纪内是一个持续运动,被后现代主义所代替,而先锋派像幽灵一样总在这国或那国短暂地出现,例如意大利便在不同时期均有称之为先锋的小说、诗歌和电影。

先锋概念和先锋写作的不同步我们今天如何看待?首先,观念是一种现象概括与提升,先锋概念晚于先锋写作是正常的,同时一种超前意识的写作会抵制各种命名,这样便会造成现象与概念中的不统一。其次,自古以来一种具有前卫性质的写作,一方面是由于语境的压迫,一方面是由于艺术家无意识的自觉追求,寻求超越,寻求新的内容与形式。这也是一种艺术自身的吁求和规律,他们不会为口号写作。这也决定了先锋写作在前而口号在后。再次,先锋一词,无论军事或政治上的命名,还是艺术要求新变的现象,它都是一次过激的行动，也是一次反叛。这种在前的革命行为，在当时都不易估评，反而容易作为负面的称谓。只有当一个概念的内涵稳定以后，才有两相符合的理性行为。最后，先锋派作为标识，作为团体、运动、流派，它是众多艺术与文学现象的综合，并非某种单一文学或门类艺术的一个具体作品的概称，因而先锋一词也就不能有特别精准的内涵所指，这告诉我们不必强求统一的先锋概念与先锋写作。我们从 20 世纪的写作现状看，先锋派别作为运动在 20 世纪上半个世纪便已经消失，在中国 1987 年有少数几个人的先锋写作，始终也没成为流派，写作者自身并不承认先锋。但从世界文学和整体发展看，个体的先锋写作从来就没间断消失过。而且到后现代时期，这种先锋性的性质显示得更明确，更尖锐。

第二，先锋与现代性两个概念几乎不可分割，有着千丝万缕的联系。现代性自启蒙主义以后有着悠久的历史，而先锋是晚近兴起的，是从军事政治中移过来的，比较鲜明的表现，主要是在绘画中呈现强势。因而据我看来先锋一词几乎不能独立，它也许是个体写作的一个内心宗旨。纵观文艺史，凡命名先锋派的运动都不很长，多出现在电影、绘画、戏剧类别中，文学的先锋派团体反而比较少。现代一词始于五世纪后期，漫长时间里是作为一种比喻的用法，最早是针对二世纪出现的古典（classicus）一词使用，现代（modernus）一词是西塞罗从希腊词归化为拉丁语，现代作为时间词我们没什么可讨论的，司汤达在 1814 年写完的《意大利绘画史》提出古典美与现代美，使现代含有一定历史意义的偏移，即在浪漫派中的美学含义。40 多年后与波德莱尔现代性一词意义重合，指向了美学的现代性。波德莱尔 1863 年《现代生活的画家》中有专节论现代性，他说，我们可以称为现代性的那种东西，因为再没有更好的词来表达我们现在谈论的这种观念了（**波德莱尔《1846 年的沙龙》，广西师大版 424 页**）。同样我以为有了古今之争，现代一词便是现代性源头，而先是现代性含义的历史使用，很长时间后才有波德莱尔对现代性的命名，现代性（modernity）问题是从美学上明确的，而且它的特征仅是艺术的一半，现代性是短暂的、易逝的、偶然的，而艺术的另一半是永恒不变的。在波德莱尔那儿，现代性是我们今天认定的先锋，而他认为的先锋却是夸张的负面的。这也更好地印证了先锋写作是一直在持续的，它的命名却是有反复的。作为思想的现代性，一定是伴着现代一词发展演变，含义的稳定应该是 18 世纪的启蒙运动以后，发端在伏尔泰和狄德罗的百科全书派那儿。有意思的是现代这个词开始很长时间也是负面的。雷蒙·威廉斯认为 Modernism（现代主义）、medernist（现代主义者）、modernity（现代性）三个词在 17、18 世纪相继出现。19世纪之前的用法大部分具有负面的意涵(当其意涵比较具体时)……但19世纪,尤其很明显地在20世纪有一个运动,使modern的词义演变朝向正面意涵……意涵已经由广义变为狭义,专指特别的趋势,潮流,尤其指1890年至1940年代的实验艺术与创作。(《关键词》308,309页,三联书店版)从现代一词的演变我们清晰地看到现代性是在美学上明确的,现代主义却是作为20世纪初的思潮与运动。在这个历史线索中,先锋或先锋派只是间或插入这个现代主义的文学与艺术运动,如果细致地寻找先锋一词是先进入艺术,从库尔贝到后印象派,达达主义,表现主义,则先锋派现象比较明晰。文学上的先锋现象则更具体地指称为某派,某个主义,例如旋涡派,超现实主义等。这样先锋理论和现代主义理论就成为一体,你想把二者切割得明明白白也就不可能了。这是先锋派和现代主义相联系的方面,那是否说二者完全等同了呢?如果这样我们只要使用一个词汇就可以了。不然,二者似乎针对的方向目标,或者适应的范围大小又有差异。约亨·舒尔特—扎塞说,现代主义也许可以被理解为一种对传统写作技巧的攻击,而先锋派则只能被理解为改变艺术流通体制而作的攻击,因此,现代主义者与先锋派艺术家的社会作用是根本不同的。(《先锋派理论》11页,商务印书馆)现代主义与先锋派从本质上都是实施的一种否定策略,但其针对性略有不同,按扎塞和比格尔的观点似乎先锋派是针对社会体制,而现代主义仅针对文本革命。这种绝然对立的划分是否合理,我们存疑,但仍是看出了它的不同。先锋派的历史并非一成不变,在19世纪中后期产生时,或许是针对艺术体制或一种时代风尚的反叛,20世纪先锋派比较明确,而且在各门类包括文学与艺术之中都有其团体的印迹,他们的创作并非仅针对艺术体制,而是有许多具体的手法策略。相反,作为整个现代主义潮流重要的是指向了社会思想领域,最明显的作为现代主义潮流的尾声的存在主义是一次大的思想潮流,主要代表他们声音的杂志便叫《现代》。同时存在的荒诞派和新小说派都很难说它仅仅是作为技巧的否定策略。应该说现代主义运动在20世纪上半世纪是统一的,连贯的,先锋派是具体的,阶段的,后来有称名先锋派的团体,但他们的所指并不和此前出现的先锋一致。从性质而言现代主义是先锋的,1960年代后现代也是先锋的。从近百年来的文学艺术发展看,有各种运动和流派,名称不一,但先锋一词似乎是他们中间一根隐在核心的线索,即承担否定性策略时又创出新的技巧和手法。

第三,先锋与先锋派的关系是含混的,命名并非确指与稳定的。明确地说作为先锋是个体的意识状态,而作为先锋派的团体与流派名称是含混的,一个很有意思的现象,几乎可以这么说:自己承认为先锋派团体和流派的艺术与文学的集体少之又少,文学上明确的仅意大利文学史上的新先锋派,产生于1956年,后来成立63社,为新先锋组织,而对20世纪初的先锋派则具体称之为微暗派和隐逸派。拉美最早的先锋派应该是鲁文·达里奥,1888年发表的《蓝》视其为标志,其后有诗集《亵渎的散文》与《生命与希望之歌》,长诗均是极端实验之作,成为整个拉美现代主义的源头,但被称为象征主义。庞德和奥登可以称为先锋派,但庞德的诗歌团体被称为意象派与旋涡派。捷克的先锋派称之为旋覆花社。风行欧洲最大的先锋派应该是延伸在文学和艺术两个领域里的青年派,但分为各种流派,称为青年维也纳派,青年波兰运动,青年比利时集团,五青年派,这就是说先锋派并没有真正以先锋派为旗帜而命名。在批评理论中一般对先锋派是指认性的,是一种他称,先锋派没有自称。在19世纪中期先锋派是在政治社会学意义上使用,在文学和艺术上是比喻性使用,在19世纪最后25年之前并不存在,卡林内斯库这句话意味着先锋派真正的出现在25年之中,那么这时的先锋派指哪一些团体与流派呢?查一下文学史艺术史便能发现,艺术上有象征派雷东,莫罗,沙凡纳,克利姆特,塞甘蒂尼等,后期印象派塞尚,梵高,高更及紧随其后的表现主义,立体主义。瓦格纳被视为象征主义的创始人,提出诗歌要仿效音乐。斯特龙伯格说,易卜生,瓦格纳,陀思妥耶夫斯基还有法国象征主义者,在整个欧洲,从罗马到斯德哥尔摩再到圣彼得堡,形成一个声气相投的先锋派团体。斯特林堡(是表现主义的源头),邓南遮(唯美主义代表),王尔德也是,或许他是这场运动中最主要的理论家和最有争议的人物(《西方现代思想史》362页,中央编译出版社版)。文学上也许应该从唯美主义算起,1886年9月15日莫雷亚斯发表了《象征主义宣言》,这是一个自觉的运动,代表人物有马拉美,兰波,维尔哈仑,梅特林克。小说有乔里斯·于斯曼的《逆流》(1884年),杜雅尔丹的《被砍倒的月桂树》(1888年)。戏剧上有阿达姆的《阿克塞尔》,雅里的《鸟布王》(1896年),梅特林克的《普莱雅斯和梅丽桑德》(1892年),斯特林堡的《去大马士革》(1897年)。19世纪最后25年,我们说的先锋派其实还包括另一种文学思潮,即颓废派运动。1886年安纳托尔·巴茹创办了《颓废者》,这是针对资产阶级平庸乏味而提出来的,把激进夸张的政治语言用于文学辩论,巴茹三年后还参加了议会选举,作为先锋派的早期练习,对资产阶级具有震惊效果。因此寻找先锋派产生的原因,我以为可以从这几个方面看,其一,从政治上看,欧洲无产阶级与资产阶级矛盾尖锐化,左派产生了马克思,空想社会主义,并且还取得了巴黎公社革命的短暂胜利。欧洲资产阶级革命运动不断爆发,1830年法国革命推翻了一个七月王朝,却没有无产阶级的地位,依然没有普选权,后来除了意大利的马志尼略有革命成果,1848年法国革命的失败更让知识分子绝望。法国大革命的后果是产生了三大社会思潮:保守主义,自由主义,社会主义。对革命满意的是资产阶级自由主义者,而社会主义只不过是一个乌托邦,保守主义则要求退回到1789年以前的社会里去。仅英国有了维多利亚女王登位,有了一个稳定时期使他们的工业迅速发展。在这样的社会矛盾冲突中,知识分子看不到出路,只有把自己退回到艺术的象牙塔中去,或者在颓废运动中找到一种情绪的宣泄。其二,19世纪提供了一个多元的思想背景,德国产生了尼采的超人哲学,法国产生了柏格森的直觉主义。对于文学而言,最重要的是产生了弗洛伊德的心理学。同时各国产生不同的社会主义:费边主义,工联主义,无政府工团主义,修正主义,空想社会主义等等。这种思想上的矛盾对立自然是激进主义的温床,从政治思想和社会领域里产生先锋派是最自然不过的事情。其三,欧洲文学艺术的历史提供了丰富的历史经验,19世纪保持最强劲的是浪漫主义,现实主义与自然主义。也就是说文学艺术无论从内容到形式都有其自身的特征,艺术自律成为可能性。这里有两个方面应注意:第一,文学艺术的前提给我们提供了确凿的假定,即摹仿论。更重要的是19世纪文艺是一个由外向内的转型期,由文艺的外部功能转向文艺的内部反思。唯美主义和象征主义均是针对艺术自足本身而言的。第二,自蒙田以后,经由启蒙人们有了自觉的自我意识,自我与自我批判均成为可能,这暗合了当时的思想潮流,恰好精神分析提供了一种文学艺术的向内转。其中,各种流派、团体均产生了自觉的形式追求,各种文学与艺术的类别走向多元。每一文艺门类都有自己的方法手段。这提供了先锋仿效,突破,创新的可能性。各种极端的文艺手法势必会产生更多新颖奇特的形式。因而先锋派出现在19世纪末并不是一个偶然,而是时代社会的必然,也是艺术成熟的必然。在研究先锋派时,我以为有几个关键的地方要注意。从时间特征看,要从政治上注意1830年与1848年两个时段,从思想上要注意的是尼采,马克思,弗洛伊德。从文学人物看注意戈蒂埃,波德莱尔,奈瓦尔,马拉美,魏尔仑,兰波。其后有意大利的邓南遮和拉美的鲁文·达里奥。从艺术上要注意印象派,特别是后印象派。这样才能比较准确地找到先锋派的起源,认识他们的特点,探索其成因。

  我这里谈及的先锋派,说的是先锋派产生的一种现象。先锋一词,应该是指先锋者,先锋作为个体,有流派意识的则分别投入各种旗帜,我以为真正的更多的先锋仅是一种先锋个体的自觉意识,其原因是,一方面先锋派从产生那天起均是被他者指认而归于各种旗号,而作家本人多数是不认可的。另一方面绝对多数先锋,其成因是先锋写作在前,而命名在后。这里还暗含着先锋本身是一种在前行为,他自身在探索,他自身作出的形式上的贡献,他自身并不能定性,因此先锋也含有事后的评估。那些在当时被称为先锋派的是否真正先锋了呢?这是可以质疑的,被我们现在资料认可我们固定他为先锋派,但对各国,各地区,各流派团体来说,先锋写作应该是有相当比较宽泛意义上的认可。是这些真正决定了先锋写作的复杂性。我们今天认可的先锋也是值得怀疑的,他作为艺术上先锋性,到底是他的独创,还是他借鉴了他同代和前人的技术?我们无法从死人和浩瀚的资料去寻找根源,那么真正具体的先锋我们仍是存疑的。但我们依然要追根索源地寻找。在我看来真正的先锋比先锋派重要。在那里蕴含着我们真正的先锋精神。我们竭力要弄清的,是作为艺术手法的先锋。

第四,在和古典主义斗争中的浪漫派是一种实际行为的先锋派,浪漫主义最初源头在17世纪40年代,表达的是资产阶级的感伤主义,忧郁的幻想,对自然的喜好。当时有理查逊的小说《帕米拉》,《克拉丽莎》(菲尔丁曾作《沙美勒》以戏仿讽刺《帕米拉》揭露其浪漫生活的虚假)。1760年奥西安在伦敦发表诗歌时追求一种对中世纪、神秘主义及超自然的爱好。这时浪漫派的重要作品有卢梭的《新爱洛伊斯》(1761年),歌德的《少年维特之烦恼》(1774年)。19世纪浪漫主义由夏多布里昂和斯塔尔夫人揭幕。歌德与拜伦便是浪漫主义的先锋。到1848年时,浪漫主义最重要的代表以画家德拉克洛瓦,音乐家柏辽兹,文学家雨果为核心。德拉克洛瓦的作品有《但丁之舟》(1822年),《希奥岛屠杀》(1824年),《幻想交响曲》(1830年),雨果早期主要作品《颂歌集》(1822年),《爱尔那尼》(1829年),《巴黎圣母院》(1831年),《悲惨世界》(1862年)。为什么要提浪漫主义呢?浪漫主义充满激情,斗争的激情,行为的激情,在与资本主义斗争和古典主义斗争中都是如此。所有浪漫主义最早都是行为主义的。其一,在头发和胡子上均是夸张的。夏多布里昂,柏辽兹,德拉克洛瓦都把头发做成飞蓬一样。戈蒂埃的头发和他身体一样长,德韦里亚和博雷尔把胡子留得很长,并把这种胡子视为先锋的表现。其二,着装怪异另类。浪漫青年喜欢头戴鲁本斯式的软毡帽,凡代克的紧短上衣,异国礼服,女人喜欢搭肩长丝巾,着长下摆的丝绒大衣,追赶希腊式,土耳其式,苏格兰式的潮流。用土耳其烟斗,戴勒克莱尔式帽子。乔治·桑着男装,戴斗篷,叼烟斗。其三,衣着颜色注意讲究,资产阶级着雪白的高领衬衣。戈蒂埃故意穿一个红色小马甲。普吕多姆露出白衬衣领便是资产阶级形象。浪漫派是黑礼服,灰手套,衣领和袖口都不露一点白色。服装颜色上一定显示出艺术家和资产阶级的矛盾对立来。浪漫主义的行为与着装实际开启了20世纪的波普艺术与行为艺术。在浪漫主义中画马也是一个特征,这始于拜伦1820年发表的《马捷帕》,画家布朗热,韦尔内,热里科,德拉克洛瓦等都把马画得气势恢宏,风采凛烈。浪漫主义者办报办杂志,办美展,音乐会,歌剧都是有计划的行为,同时还办有沙龙性质的各种文社,所有的浪漫主义者都有自己的结社。浪漫派行动,而且是狂热的行动。雨果《爱尔那尼》上演是一个极好的佐证。当时浪漫主义名人都参加了演出的捧场。有巴尔扎克,大仲马,柏辽兹,卡巴,布朗热,博雷尔,德韦里亚兄弟,圣伯夫,戈蒂埃,缪塞,德拉克洛瓦,梅里美,苏梅,当时巴黎所有名流,除拉马丁外,都参加《爱尔那尼》的朗读会与演出剧场。历史记载1830年2月25日法兰西大剧场提前三小时入场,开幕前票房收入达到5434法郎,超过了这部戏的总投资。古典主义者和浪漫主义敌对阵营驻于剧场,整个剧场群情激昂,无数掌声,演出后整个大厅呼喊着雨果的名字,演出取得了超乎想象的成功。当然古典主义者的攻击也引起了不少打架斗殴。《爱尔那尼》整整在法兰西剧院演出了45场。戈蒂埃40年后谈论这件事,命名为红马甲传奇,放在《浪漫主义回忆》的第十章,讲述自己年轻时代的冒险经历是多么震撼人心的人生历程。他那天穿着红马甲指挥拉拉队,留着与身俱长的头发,召集人群指挥唱歌,他那件著名的红马甲实际是樱桃色的,但这件马甲永远使他成为了新生代的旗手。《爱尔那尼》不是一个剧目而是一个事件,标志着年轻的浪漫主义流派攻占了文学界的巴士底狱。浪漫主义者在争夺法兰西剧院的战争中的决定性时刻战胜了古典主义。在这场战争中,雨果文社发挥了重要作用,它不仅仅为这场最后的战斗输送了队伍。在《爱尔那尼》之前,为浪漫主义戏剧的崛起而展开的斗争在好些年前就已经打响了(**《浪漫主义的生活》**101页,**菲吉耶著,山东画报社版**)。这便是用准确的笔法在比喻地描写浪漫的先锋派,在艺术体制上向古典主义进攻,而且取得了辉煌的胜利。

从上文梳理的线索来看,什么时候命名的先锋派一词并不是最重要的,最重要的是我们从其隐在的线索里找到文学先锋性的踪迹,然后给出一个合理的解说。先锋派是以其具体存在,有它的宗旨目的,有人员与活动,我们一般可以从文学发展的历史去指认他。个体的先锋便不那么好确认了。因为每个个体均不会自称为先锋派,这不仅仅与当时先锋派的负面意义有关,更重要的每一个作家都不愿意被一种旗号所困,而把文学作为个体的事情,是一种艺术的追求。更有一部分先锋素质的作家,仅是不自觉的追求,连他自己也没意识到是一种先锋行为。

三、先锋派产生的标志

作为研究我们习惯指出一种现象产生的准确地点、时间、人物与事件的标志,但是先锋派并不是一时间在某地突然产生的,它经过了漫长的发展时期,至今我们仍只能说出一个大致的期限。

这里我截取卡尔的一种说法:1885年以后有如汗牛充栋的先锋运动乃至各种观念形式。语言、色彩、声音、运动等应用技巧的发展是与观念截然不可分的。它们同化了人们看待国家、社会、群体和自然的方式。创新与观念非但没有分居另立,而且配偶结双。如果说艺术革命是艺术家的目标,那么,也可以说它为革命开拓了道路——在生活方式上,在对待文化的态度上,最后在个人与国家的关系上。艺术家——从马拉美到左拉这个特定的时期内——也是思想家,他们的表达工具是一种非政治语言,不管是颓废的象征主义语言,还是可以利用的自然主义语言(《现代与现代主义》第271页,吉林教育出版社)。卡尔的这个总结并没具体指明某类先锋产生的准确日期,但他核心的观点是,一,在1885年以后先锋已是一个流派运动,而且是不可胜数的流派运动。二,在1885年以后先锋的观念与技巧是结双而同步发展的。三,特别强调了表达工具:语言的变化。这就使我们明确了先锋大规模的形成是在19世纪的最后20年中,事实上各门类的先锋产生又是先后不同的,而且差别还很大。

绘画上视为先锋的流派是印象派,印象派是以《日出》画作命名开始,该画由莫奈1872年创作。被称为先锋的库尔贝有两幅画,一幅《奥尔南葬礼》(1850年),一幅《画室》(1855年)。马奈于1863年的两幅画《草地上的午餐》、《奥林匹亚》也被称为先锋的代表作。就绘画形式的变革而言,真正的先锋我以为是点彩派画家修拉和分离派画家克里姆特,分别以《大碗岛上的星期天》和《亲吻》为其代表作。这是一种对色彩与形体采用破碎技巧之后又重新建构的新形式。这无疑直接启发了后来的立体主义与表现主义。1885年产生的象征主义也极具先锋性,尤其是他们运用的搬移手法,直接产生了后来的综合主义。

诗歌先锋无疑以波德莱尔为代表,他的《恶之花》、《忧郁的巴黎》是其代表作,其创作始于1855年,视腐朽、恶、病态为一种美,展示为梦幻的颤动,是最早的巴黎城市地理学。歌颂死亡、孤独、恐惧、直接表达了一种忧郁美学。

《恶之花》的五种愿望表达也就是五种理想的破灭。可是波德莱尔对先锋的看法是负面的,如同他对政治上的先锋也持一种嘲讽。正是他理性地明确提出了现代性,并规定其含义,应该说他是现代主义运动的第一个文化人。自身作为现代主义文化运动的先锋,却对先锋持否定态度,这种矛盾性正好是先锋萌芽时期的一个特点,由此可见先锋并不是我们过去所认为的,现代主义是一次理性运动。现代主义必须立足在具体的人、具体事件、具体作品上来分析,而且它的核心是以现代性思想精神为主导来判断现代主义文学。从差异性来看,现代主义是每一个具体作家的现代主义。诗歌的先锋运动第一高潮基本是由洛特雷阿蒙、兰波、魏尔伦和马拉美一批诗人构成的,其代表作品为《马尔罗之歌》、《地狱一季》、《元音》、《无言的情歌》、《骰子一掷永远取消不了偶然》,也是这一批诗人为以后超现实主义提供了精神支柱和创作范本。

小说上的先锋我以为有两个起点,一个起点是英国的劳伦斯·斯特恩,其代表作是《项狄传》,它的时间是1759年到1767年,这个时间大大早于我们确立现代主义先锋之前。这部小说以其内容的幽默、滑稽、讽刺及荒唐不经,与形式上的支离破碎,时空交错,包括空白页,黑页,字体不同排列等特殊手法,获得了文学史上的极高评价。这部小说的先锋形式使得文学史上后来一百多年没有继承者。另一个起点是《莎米拉》、《约瑟夫·安德鲁斯》,时间是1741年,起因是理查森写了一部畅销小说叫《帕米拉》,但菲尔丁认为帕米拉是个虚伪的人物,于是产生了批判戏仿的愿望,仿《帕米拉》写了一部小说《莎米拉》(Sham,英文即虚伪的意思),这还不够,于次年又写了一部《约瑟夫·安德鲁斯》的长篇,继续嘲讽《帕米拉》。菲尔丁这两部小说的戏仿,并非极端先锋之作,而菲尔丁的行为却构成了创作史上的一次先锋冒险。这也可以视作戏仿文体的最早形式。后来,1818年奥斯丁发表了《诺桑觉寺》,这部小说内容上比较平常,但却是一部早期的元叙述戏仿之作。戏仿的是当时流行的哥特式小说,并让作者自己介入进去,采用元叙述方法,提示其创作方法与目的。这部小说的特点很少为后世人所注意,因为其内容的表述极为传统。给奥斯丁带来巨大声誉的是《傲慢与偏见》,其实她的长篇小说《劝导》是一部非常值得注意的书。

戏剧上的先锋也许稍晚一些,最早的是雅里的戏剧,《乌布王》为其代表,上演时间为1896年,此后有了表现主义戏剧,以斯特林堡为其代表,名作为《大马士革》,产生时间为1897年。此后达达派又产生了一系列戏剧,科科希卡的《斯芬克斯与稻草人》和查拉的《气做的心》,魏德金德的《青春觉醒》。

先锋戏剧早期以德国为代表,他们表现出来的先锋特征,主要是融入了荒诞意识,众多的角色采用了变形手法,机械的手法,人物塑造上的反英雄,采用冷漠客观的叙述方法,人物行为与语言上的无意义重复等。

在思想精神里最重要的先锋应该算弗洛伊德。他的重要并不是作为思想的结果或某个运动的领袖,而是他的深层心理研究和对思维结构的发现,从内部解决了人的精神问题。自1895年到1900年,他正进行人类内心旅程的研究,发现了人的精神结构核心为无意识,站在20世纪大门前他提供的第一本书便是《释梦》。弗洛伊德的先锋并不仅发挥一个心理学领域的作用,而是具有根本性的改变作用。他对屏幕记忆中的自我分析是普鲁斯特最早的无意识回忆形式。卡尔说,我们可以引弗洛伊德论安娜·欧,或多拉的著作来证明他的先锋主义。弗洛伊德对狼人(塞吉乌斯·潘克杰夫)的研究体现了新文学艺术的特征,其方法与立体主义、达达派、超现实主义相同。不同的仅在于弗洛伊德的先锋作品是他的病人的幻觉,梦及其无意识,我们可以说弗洛伊德是这种新文学艺术的起点,在他之后才产生了普鲁斯特、纪德、亨利希·曼、于斯曼、杜雅尔丹、布勒东、达利、吴尔芙、乔伊斯、穆西尔等人,才有了现代主义文学的最高峰。弗洛伊德作为先锋不仅仅是文学的,还有历史学、文化学中的心理分析,彼德·盖伊便是最优秀的例子。在社会学中还产生了弗洛伊德的马克思主义,在后现代时期的政治经济学中,产生了德勒兹、利奥塔、博德里亚尔等重要的代表人物,利奥塔有《利比多经济学》,德勒兹有微观欲望政治学,博德里亚尔有欲望生产,宿命策略,对当下的社会状态分析,他认为我们目前一切事物都进入了后纵欲状态。自弗洛伊德产生之日起便有各种各样的弗洛伊德主义应用于我们社会历史的各个领域,包括日常生活领域。弗洛伊德不仅是时代的先锋,而且被主流化了。在近百年历史中持续地发生巨大影响。

这里我们从各领域里记录了先锋产生的标记,注意这是从发生学上说的,是伴随先锋概念产生而谈的。如果要论及实质上的先锋,我以为在人类历史的各个时期均有自己的先锋。在一定的语境里,先锋也是一个相对的概念。相对古典主义而言,浪漫主义无疑是先锋,相对于传统,现代主义又是一种先锋,如果相对于现代主义而言,后现代主义无疑又是一种更为激进的先锋。因此,我认为先锋也是一个生产的概念,在每一个具体的语境中都会有它的先锋。在今天我们应该明白的是,只要在人类社会发展过程中坚持进步观,那就必定会有先锋产生。先锋不是别的什么,而是根植在人们心灵深处的一种先锋意识和先锋精神。

先锋的可能性

我们已对早期的先锋,先锋派及其状态描述了一个轮廓,至少也表明了先锋派的出现。但先锋不仅仅是一个口号一个宣言,它还有实实在在的内容与形式,我们从其实际存在看他们到底给我们提供了什么。

一、浪漫的先锋派

我们仍然从浪漫主义说起,这很关键,我们主要以此来探索先锋的最初萌芽的属性。法国大革命始于1789年,拿破仑兴起到1815年失败,在这25年中促使浪漫主义兴起。拿破仑革命也是在启蒙运动背景下展开的,因为拿破仑用法律保护了人的尊严,使每个普通人有了权力与机会,这是一种自由与平等的原则,任人为贤的原则,激烈的政治与军事对抗,使革命成为一种现实,这诱发了用浪漫主义激情反抗古典的规则,理性,秩序,中庸,秀美的东西。拿破仑死于1821年,也就是说拿破仑的最后30年让欧洲人的心灵里时刻都充满了震动和激情,这种激动人心的东西充满了每一个欧洲人的记忆,连神圣的古罗马帝国都那么轻易拔掉了,整个欧洲几乎要一体化。革命让人看到成功也看到失败,于是革命一词便成了浪漫主义的根基,我们只要看一看浪漫主义是如何对待古典主义的,便能很好地理解革命的含义。浪漫主义几乎是一种行动的艺术,我们看到浪漫派的文化英雄拜伦,他凭借《哈罗德游记》一夜成名,他的着装有贵族精致的时尚,也有异国奇装异服,他自己出资武装了一支小军队帮助希腊远征土耳其,自己又有一套闪亮的军服。斯塔尔夫人的包头巾是埃及风格,她在1808年便用浪漫主义修饰一个文学流派,浪漫一词由拉丁文变为德语的一个新词,可能源于中世纪的罗曼司(有狂野,虚构,想象,充满荒野的场景,传奇等含义),这最初是一个地方方言,德语新词为 romantisme, romanticism,意指行吟诗人。以他们的抒情诗为来源,产生了骑士制度和基督教的诗歌(《论德意志》一卷174页)。如果我们寻找浪漫主义的萌芽,它应该始于18世纪大量属于生活习惯与审美的现象,如喜欢异域事物,北美或南太平洋野蛮的高贵,富人喜欢在荒野废墟上搭建帐篷,哥特小说中的恐怖与邪恶,喜欢想象森林魔鬼与水沼怪物,有一种内省温情式的忧郁,于是我们看《少年维特之烦恼》、《海盗》便可以找到踪迹,到卢梭可视为浪漫主义的一个标记。在美国有柯勒律治,华兹华斯,特别是布莱克的超验与神秘。拜伦从英国出发,在瑞士,希腊展开他行为的一生。这样我们看到浪漫主义有两个来源:其一,政治来源,与革命相关;其二,文化来源,与神秘相关。沙皇亚历山大的例子可看作这二者结合。他是个敏感的人,爱追随浪漫主义,可国家却是按叶卡捷琳娜祖母的启蒙模式管。1815年他因奉行神秘宗教与风流女人朱莉成为情人,意图改变旧的模式,启用宗教精神治理国家的新原则,最后失败。但浪漫主义在艺术家的成分组合上显示出一种奇怪的综合,一方面是贵族与资产阶级,他们是雨果,拜伦,乔治桑,巴尔扎克,拉马丁,斯塔尔夫人;一方面是平民,工人,管家,杂货商人,农民的后代,他们是济慈,穆尔,布莱克,蒂克。他们是社会各阶层的综合缩影。这均构成了浪漫主义的错综复杂,但它却体现了空前绝后的创造力。浪漫主义给我提供了一些什么东西?或说针对先锋派来讲,它有哪些前提因素呢?

1. 浪漫主义与革命性密不可分。它是主观的,激情的,充满了不可遏制的情绪与力量,给人一种永远冲在前面的感觉。

2. 浪漫主义是探索主观精神世界的理想,抒发一种强烈的个人情怀。除了彰显个性以外,也以笔触探寻到人类心理,因此有关记忆、自我是他们注意的,外在事物与个人内在建立的微妙反应关系。是心灵世界的无限扩展。

3. 浪漫主义者都是行为的,自然是强大夸张的,个人生活方式也是特立独行的,服饰与行为也含有夸张,虽然迷茫与颓废,但他们的一切都有目的性。

4. 浪漫主义在美学态度上是伟大崇高的英雄式,一种壮美。另外也有悲悯的玄妙的,表达出对一种神秘事物的喜好,因而借助鬼怪幽冥表现恐怖神奇,美学上也体现极端的美与极端的丑,追求在强烈反差下造成震惊效果。

5. 浪漫主义也是一种否定式的张扬,一种力量的进击。这表现他们在政治斗争,或者针对一种文化体制,以一种夸张的热情去毁灭对手。强烈地反对古典主义。他们用自己一生的生命行为去参加政治活动和艺术创造。

6. 以天马行空的方式构成艺术世界,超级地运用想象的权力,他们催促了一种幻想文学的产生。浪漫主义进入了梦幻,进入了人类错综复杂的精神世界。极大地扩展了本能的解放,因此浪漫又意味着放纵,不拘一切规矩。突破了一切形式的限制。浪漫主义还极端热爱自然。

在先锋文学产生,或者说先锋还是一个政治军事术语的时候,浪漫主义作为文学流派与古典主义的对抗,无疑对文学先锋是一个极大的启示。或者干脆说,浪漫主义本身也是一种先锋行为。

二、唯美的先锋派

我们再看唯美主义。一个流派、一种风格的起源无疑是一个时代伟大作家的产物,但那些隐秘源头却让人百思不得其解。例如表现主义源头在梵高,象征主义和原始主义始于高更,立体主义始于塞尚。而这些伟大的源头始创者却是极为不幸的。梵高自杀,高更死于贫困。唯美主义、颓废主义源头在爱伦·坡。他1813年生于美国巴尔的摩,死于1849年,年仅36岁。坡一生贫病交加,从小被人收养,后又被养父母遗弃,从小自谋生活。他当编辑,写诗,在1829年前出了两本小诗集,1930年写短篇小说,开创了美国式的侦探小说,1936年和表妹弗里吉尼亚·克莱门斯结婚。11年后妻子去世,他陷入了精神分裂,两年后的一个夜晚死在大街上。令人奇怪的是,生活的贫困并未决定他们的生活态度,却影响了他们的艺术态度。他们都是毕尽了生命能量去寻找艺术真谛。爱伦·坡创作了70多篇小说和50多首诗歌,不朽的作品有《丽基亚》、《黑猫》、《阿瑟古屋的倒塌》、《被盗的信件》、《乌鸦》、《铃》等。而爱伦·坡在世的时候永远也想不到,他会影响今后艺术史上众多的流派。

阿瑟古屋的主人罗德里克·阿瑟请求儿时的朋友"我"来他家。来访者便从一个暗淡荒芜的环境来到一个破旧的古屋,接近这个古屋时便有破旧、压抑、废墟、阴森的感觉,仆人和医生见到"我"表情都很冷漠怪异。"我"见到朋友时他披头散发,脸无血色,显得极为敏感和恐惧,他认为古宅左右他情绪与灵魂,他妹妹玛德琳将要死亡。我企图帮助朋友摆脱恐惧。几天后玛德琳死了,我们把她装在棺材,但古屋出现了动荡不安,他更是极端恐惧。某个雨夜古屋出现各种声音,我给朋友朗读故事来使他镇定,他最后控制不住说,我把妹妹活埋了。但在几天后的夜里,妹妹穿着寿衣出现了,血迹斑斑地扑向哥哥,最后双胞胎就这样死了,古屋也倒了。

这篇小说无疑使用了超自然的象征,罗德利克变疯的过程,含有隐在原因,艺术家与疯子,歇斯底里的幻觉加速了人物的死亡。另外这个闹鬼的故事是古瑟迫害妹妹,妹妹变成吸血鬼来复仇。还可以说它是一则寓言,妹妹有母亲形象,来惩罚古屋,因为哥哥乱伦,弃了妹妹。最后通过罗德利克自我毁灭完成了这篇作品,可视为作者对《启示录》理解的象征。这篇小说包括哪些要素呢?恐怖,神秘,淫乱,人格变态分裂,感官错乱,幻觉,自我毁灭。

我们再看《乌鸦》。在沉闷的夜晚,诗人在翻阅古旧书籍怀念爱妻莱诺夷,房里响起错乱的声音,似乎有人敲门,他喊妻子并有久远空旷的回声,有人敲门,他打开窗板,乌鸦飞进来了。于是诗人问各种问题,问姓名?朋友为什么弃我而去?上帝赐给饮料,我怀念妻子。有什么办法驱散痛苦?灵魂能否回到天国?反复六次均回答永无希望。诗人愤怒地赶跑乌鸦,但它仍然蹲着,在地上投下阴影。乌鸦阴影是一种永无希望的象征。无论小说与诗的意境都是孤独与忧伤。乌鸦象征哀伤与怀念,表达一种油尽灯灭的绝望。永无希望便是那绝对的悲观主义。我们看坡怎么表白他的艺术观,他说:一首诗完全是为诗而作(《诗的原理》),文字的诗是为美的韵律的创造。它唯一的标准是趣味。他还在《创作哲学》中说,忧郁是所有诗的情调中最正宗的。在所有忧郁的话题中最忧郁的就是死亡。这表明最忧郁的话题便最富有诗意,当死亡与美紧密联系在一起时,美妇人之死无疑是最诗意的主题。这些观点一直贯穿在坡的诗歌和小说中。波德莱尔是这样评价他作品的:欣赏的并不是那些使他有名的表面的奇迹,而是他对美的爱,对美的和谐条件的认识,是他深刻而悲哀的诗,精雕细刻,透明,规则如首饰。是他令人赞叹的风格,纯粹而怪诞,紧凑如盔甲的锁扣,自得而细密,最细微的意图都有助于轻轻地把读者推向预期的目标……坡喜欢让他的形象活动在透出腐尸的磷光和风暴的发紫、发绿的气味里和背景上。让所谓无生命的自然具有了生命自然的性质,像后者一样,发出了超自然的,过电一般的震颤。空间因鸦片而加深,鸦片赋予它一种神奇的,具有各种色彩的意义,使各种声音震动起来,其声响更加意味深长(《1840 年的沙龙》165 页,167 页)。波德莱尔甚至直接描述了坡这种颓废主义文学,在《再论爱伦·坡》时宣称,颓废文学这个词意味着有一种文学的等级。有了上述梳理,我们可以放心归纳出坡小说与诗的艺术特征:

1. 追求一种和谐完整的形式,讲究音律,节奏。一首诗为诗而作,简单说就是"为艺术而艺术"。小说和诗是独立于生活之外的。艺术与技术独立发展,和自然并不矛盾。

2. 迷恋神秘恐惧,精神分裂,性变态与放纵。喜爱一些腐朽,衰败的场景与事物,有一种精神绝望的颓废思想。

3. 人格分裂,自我毁灭,反抗常人之态,追求忧郁、神秘、狂放、强烈的病态体验,使怪诞神奇也成为一种审美范畴,同时追求一种美的震惊。

4. 美追求一种有趣味的效果,在作品中要印象统一,效果完整,赋予特殊的优势。艺术家要在一个作品中完成自己的预期的目的,不惜用反常来达到惊奇的效果。

波德莱尔推介坡不是一时兴趣。他译介坡的作品,并细致研究坡的作品的美学观与艺术特征,为坡编辑作品集。在波德莱尔眼中,坡的一些基本艺术思想已经清晰了:为艺术而艺术,一个艺术品要有趣味,要有震惊的艺术效果。追求忧郁,腐朽,颓废的一些美学特征。与其说是波德莱尔总结了坡的艺术成就并大力宣传,还不如说是波德莱尔申述自己的美学观和艺术追求。他的代表作《恶之花》150首诗,共分六个部分,表现一个孤独忧郁、颓废病态的艺术家曲折的精神活动,诅咒巴黎腐朽的物质世界,特别探索了人类罪恶根植于心灵世界,大量表现邪恶、变态、同性恋、精神分裂,竭尽全力去寻找苦难与死亡的奥秘。他认为罪恶病态之花是一种感官错乱与麻醉,他追求特殊美,即邪恶丑怪的病态美。在光怪陆离的现实中审视病态社会与病态人生,邪恶和腐朽的城市,真正的残酷和罪恶在我们的外部,也在内部,我们要把可怕的恐怖的东西用艺术表现转换成一般的美。波德莱尔主张为形式的艺术,推崇想象力。着力表现那些神秘腐朽,罪恶变态的事物,呈现为阴沉颓废的风格。特别在《应和》这首诗中强调万事万物彼此联系,以各种方式呈示自我存在,他们互为相补感应,象征隐喻,物我一致,感官应和。这是象征主义宣言,只是与坡比较起来他更唯美更神秘,真正拉开现代主义文学的序幕。

戈蒂埃在1835年发表了《莫班小姐序》,公开打出了唯美主义宣言。他主张美与艺术应该是没有功利和目的,追求为艺术而艺术的创作。他的诗集《珐琅与雕玉》便是代表作,其中《卡门》一诗倾倒无数读者。戈蒂埃直接导发一个唯美主义诗派帕纳斯派,取自希腊神话缪斯所居山名。此派讲究形式美,特别是音韵节奏之美(这是坡在《乌鸦》提倡论述的),公开声称艺术与生活和社会道德没有关系,是独立的。他们持续了两代诗人,分称前帕纳斯派和纯帕纳斯派。戈蒂埃和奈瓦尔、波德莱尔都是好朋友,都崇拜浪漫主义大师雨果,而且是浪漫派的极力维护者。1831年后,唯美主义的反叛实际是针对浪漫主义的,如同浪漫主义反叛古典主义一样,不同的是浪漫主义反叛包括政治和艺术上的彻底反叛,而且是一场白热化的战争。唯美主义的反叛是一次平缓的过渡,以形式的讲究,韵律节奏、意象的复杂为特征,唯美在于抵制浪漫不节制的情感。但是他们中间仍还有相联系的地方,他们的态度和方法又是一致的。如重视自然风景,注意神秘事物,讲究极致和多样的手法。

唯美主义走向极致是法国和英国的沟通,是文学与绘画的联合。1870

年代惠斯勒、史文朋、佩特三位艺术家在英国展开了唯美主义。所罗门和史文朋以其放纵颓废的生活姿态出现，特意穿着奇装异服，打扮成半是古希腊人半是现代人的装束，他们让生活摹仿艺术，推崇一种病态生活，两个人本来就有疯癫症状，裸体，女人姿态。佩特以玫瑰先生自居，他的核心就是放纵与艺术。1884年法国小说家于斯曼写了一本轰动欧洲的小说《逆向》，这是一部颓废派的峰巅之作，它没有故事情节，人物也仅是追求极端的感觉体验的新高峰。埃森蒂斯是一个古老城堡家族的唯一继承人，主人公约翰30岁了，由于隔代遗传长相酷似第一代传人。他对光线有着奇异的恐惧，整天呆在房子里。他经历了两个情人，和美国杂技演员龙拉尼娅放荡不羁。第二个情人是口技演员，他让情人表演吐火女郎与人面狮身像的对话。约翰从小体弱，神经脆弱，患有淋巴结核，在饮食时爱颤抖。他别具一格地开了一个告别阳刚之气的黑色晚会，食品、裸女、酒一切都是黑的。于是开始隐居，在巴黎远郊找到合适房子，结束人的生活状态，过一种艺术生活，房子上层让两个仆人穿上奇装异服，楼下也是一个古怪的设计，餐厅变成船舱，墙像书的皮革封面，窗前全是鱼缸，卧室豪华却像一个修道院。卧室内有大量的藏书藏画，最钟爱的是莫罗的《莎乐美》。还有佩特与罗尼乌斯的作品，经常读的是魏尔伦，波德莱尔的作品。他喜欢假花，肠胃不好，吃东西便呕吐，每天都生活在梦境中，某天他在镜中看到自己苍白又消瘦，没有正形了，便请医生给他注射营养品。约翰追求奇特的幻想与感觉，每天离不开灌肠器，半夜吃午饭，喜欢陌生女人奇特恋情。这部小说把生活与艺术，科学和历史全包容进来，打破情节结构，全是局部的新奇感觉，神秘体验。在《逆向》之后，英国1887年出现了乔治·摩尔的《一位青年的自白》。这本书是随意杂乱的写作，集中叙述唯美意识产生以来的现象：写活着的波德莱尔，魏尔伦，兰波，马拉美。描述画家们的生活，回忆读《莫班小姐》的快乐。这本书仿效了《逆向》与佩特的《伊壁鸠鲁主义者玛里于斯》，主张从现实生活中隐逸起来，喜欢孤独与非自然的有艺术价值的生存环境。他创造的是一个轻松、欢娱、莽撞好打听、易受影响的摩尔形象。唯美主义文学高峰在王尔德那儿，1890年他创作了一部长篇小说《道林·格雷的画像》，主人公格雷是个美男子，他希望美男子青春永驻，书中时间凝固，因此美成为一种永恒的现实。于是他放纵、颓废、变态、淫乱，所有的邪恶都留下抹不去的痕迹。当他看到自己衰老丑陋而凶残罪恶的样子，于是用匕首刺破画像，结果杀死的是自己。集中表达的是自我分裂的双重人格，最后毁掉了良心。结论是丑恶是唯一的真实。这是一部影响很大流传很广的好书。由于不容于资产阶级社会,更主要是昆斯伯里侯爵不满儿子和王尔德的交往,利用法律报复王尔德,指责其中的同性恋,王尔德因此被判徒刑两年。实际不能被容忍的是王尔德的颓废生活方式,他有一流的讲演天才,又着一身怪模怪样的奇装异服,长头发是中分的,他们搞笑、放纵,影响到社会一批年轻人,这也包括兰波和魏尔伦的同性恋姘居,他们粗野无度,公开裸体,互相中伤,寻找极端的感官快乐体验,兰波用刀子刺魏尔伦,魏尔伦用手枪向兰波开火,互相打伤。由此我们看到 19 世纪中叶以后,个人和社会极其尖锐的对立状态。只不过我们看到的是艺术家用极端生活行为方式和艺术创作的追求上一种双向的反抗,这种反抗恰好是于斯曼的小说对社会生活的逆向而行。

这条艺术发展的线索始于爱伦·坡,经由波德莱尔创造性地发挥与推广,戈蒂埃明确提出口号,有了于斯曼的代表作《逆向》,然后在英国绘画里成为潮流,乔治·摩尔的小说其实是一个唯美主义的历史回忆,最后到王尔德小说达到高峰,结局是社会法律压制扑灭了他们。我们梳理这条线索找到什么?其一,整个文学的历史到了唯美主义这儿,才真正形成了艺术的自律,文学的反思与否定便可以在内部展开。为艺术的外部讨论仅仅是我们的社会历史的认识,而非艺术的认识。其二,文学艺术的审美历史到 19 世纪结束时出现了新的认知范畴,过去对美的认识一般是崇高、典雅、优美、和谐,而颓废主义的产生使我们注意到特殊美的范畴,邪恶、暴力、腐朽、变态、衰败、恐惧、凶杀也是审美范畴之内的认识,特别重新给予孤独、忧郁、废墟更高的美学价值,使丑恶美学成为一种共识。其三,文学和艺术的极端表现仍和艺术家的行为有关,浪漫派、唯美主义、颓废主义与其说是一个艺术创作口号,还不如说是这些文学艺术家的行为挑战。这种行动美学也极大地影响到时尚和未来的艺术发展。其四,如果从文化上反思,浪漫,唯美,颓废表面行为仅是我们看到的一部分,更多的可能是被封闭在历史之中。这其实正好让我们发现文学艺术在那个时代是多元并存的,相互啮合的。我们看到 19 世纪欧洲中期开始有古典主义残余,浪漫主义高潮,现实主义方兴未艾,自然主义独树一帜,象征主义、印象主义在文学中是一种核心力量,唯美主义、颓废主义成为一种浪潮,这正好说明文学是一个多元并存的局面。它们有互相渗透的,也有对立反抗的。这是一种真正复兴开放的艺术状态,因此便可以给我们提供很多开放的文本,因而顺理成章地有了一个大规模的现代主义文化运动,因而也催生了众多的先锋及先锋派的艺术。

三、现代主义的先锋

先锋概念经过漫长时间才定型,而作为先锋的实质行为,在人类的任何历史时期均有存在。我们要提出一个问题,为什么先锋到了现代主义文化运动中才处于鼎盛期呢?我想:

原因之一,是文学艺术发展到完善和规范后,文艺规则成为一套陈旧的制度,对文艺发展产生了阻碍,而艺术家又不满意已存在的规范,因而有了创新的冲动,这才有了先锋。在现代主义以前一切古典的、传统的文学艺术形式均已非常成熟,这才有了艺术家在旧的规范中寻找突破。

原因之二,现代主义运动不仅限于文艺,而且是扩大到社会生活的一切领域,特别是资产阶级经济处于鼎盛,一切社会制度化的东西也趋于完善,中产阶级在欧美正在形成,那么新型的社会生活方式要求有一套适合他们的文艺新规则,人们也有了新的审美寻求,这个背景产生一次文艺激变是再正常不过的了。

原因之三,先锋与现代一词有某些隐在的一致点,那便是对新的迷恋。先锋无疑是对旧的反叛和对新的追求,在一定意义上说,先锋总是代表一种新的秩序。而现代是对后期拉丁语现代一词的沿用,6世纪的拉丁语Odernus有希腊文中Neo(新)的意思,Odernus把现在与逐渐流逝的古代相比,以古代的退却与现代的替代作为递进过程,现代无疑便会有新的含义,在中世纪便是这种用法,一直流行下来。其Odernus是与古代相比较的,但含意却为Novellus praesentaneus(现代),从先锋与现代所表示的含义看,二者有一致性,它们都是对新的追求。

现代与先锋是一个相互融合又彼此矛盾的存在状态,作为一个特定时代的历史发展,现代与先锋是携手共同向前,现代的核心是要取得自我意识作为精神上的独立,这一点从内部来说是弗洛伊德的发现,从外部而言是要找到各门类艺术自身形式上的独特个性,这种形式上的个性是从众多艺术品的比较中而获得的,而追寻自身形式的独特就必须采用先锋的姿态,破除陈旧的整体的一致性,展示自身的个性。先锋派的个性均有一套自己特定的艺术语言作为表达手段,这与此前的历史是完全不同的一种崭新的语言方式,例如勋伯格的无调性音乐和序列音乐,采用了一套与传统音乐完全不同的语言方式。这种无调性不遵守传统的调性体系,在和声方面模糊混杂,使听众听起来感到茫然不解。序列音乐指在一个八度音中的十二个音按序列生成,先锋的序列音乐并不是指这十二个音按序排列,而是指八度音内的十二个半音,自由地使用。十二音是指十二个半音没有系列和组织化地运动,十二个半音,自由的,非连贯地组合全部半音。先锋音乐明确地讲是采用无所不包的调性,通过八度音中 12 个半音形成的全部半音范围内所产生的一切可能的和声效果。先锋音乐此后产生了威伯恩音乐和点描派风格(鲁伊基·诺诺)。尽管先锋派把音乐引向了一个模糊不清,很难辨别目标的一种混乱(文艺作品也如此),但它以巨大的活力和能量开创了新的道路。史密斯·布特德尔是这样评价的,先锋派取得了一些巨大的成就。一种新的音乐语言形成了,它是我们时代精神的精髓,它成功地表达了我们内心深处的思想感受,可以预见它对遥远未来的人类也会有同样大的意义(《新音乐》第 19 页人民音乐出版社,黄枕宇译)。在绘画上由毕加索、勃拉克的变形方法、拼贴方法构成了立体主义,由康定斯基发展为抽象艺术,使绘画领域里也产生了一套新的绘画语言,这在 20 世纪初均是极端先锋的行为,尤其是绘画领域,他们的先锋实验精神直接影响文学、音乐、建筑等多门类学科,一时间先锋风起云涌。我们可以肯定地说,是这些先锋们促进了现代主义运动,不断制造各门类的艺术高潮。从现代主义看是先锋们创造了许多特定的时刻,贡献了特殊的形式与语言,但先锋奠定了这些基点以后,其自身又被现代主义潮流所吞没,从今天来看过去所有的先锋派,在百年的现代主义运动中均或前或后地退出了场地,让位于另外新起的先锋,或者先锋就死在他所奋斗的场所中。

先锋派用新的语言表达新的思想,注定了他们要攻击摧毁传统的形式而创造新的形式,但是从表征上看先锋们似乎是在各个领域里制造了巨大的混乱:绘画的立体派、抽象派绝对破坏了传统绘画的有序生成,从视觉上产生一种零乱、破裂、撕毁的感觉。勋伯格的无调性和序列主义在听觉上产生的是混乱、不协调。文学中的意识流也是颠倒时空,任凭思维自由流动,自由联想,词语的非规则组合。这是否表明了先锋在制造一个庞大的混乱,使世界处于无序状态呢?如果是这样,我们需要先锋吗?一个混乱的现代主义运动还有意义吗?这里我们似乎应该深层地明白:第一,我们思考一下传统的有序、规则、清晰、条理,它是一种真正的世界事物的规律么?特别是能否作为文学艺术的真正规律?这种制度化的秩序是否为统治者强加的,还是人们理性所规定的一种秩序,正是这种秩序规则掩盖了事物的本来面目。

第二,我们应该反思传统的艺术理论,如摹仿论、写实论,这种基于现实主义的表现理论,它是否真正反映了各门类艺术自身的特点?艺术是否就仅仅是写实?现代主义提供了更广阔的表现空间,真正反映艺术的本来面目。例如思维的碎片性,人类的幻觉、梦境、无意识的非逻辑、欲望的生产理论等等。应该说先锋是代表一种新秩序,即指每一类事物根本的内在的秩序(我们重新制订规则是以该事物最本质的特点为原则,例如梦境的产生它以本能表现为原则,它并不遵守我们日常生活现实的秩序,梦境的打乱时空,无序拼贴这正表现了梦境自身的秩序)。可以说先锋在现代主义运动中寻找到了文学艺术真正的秩序,并予以规则化,因而先锋仍然是以秩序为基础(变极端的混乱为各种秩序,并用一个新形式把它表现出来)。创造一种新的表现形式,即交互形式。创造一种新的秩序,即新的连贯性。

第三,自弗洛伊德发现了潜意识,人的思维结构本身上是碎片性的,是非逻辑连贯的,是跳跃的,人类受制于本能的欲望,它是非规则的发散。自从发现梦境理论,人的超现实的幻觉比我们现实的生活更具有艺术的真实。这迫使我们重新思考混乱,认识到新科学中的无序、混沌、不确定性是最本质的一种秩序化。简单说,混乱也是一种秩序。先锋是引领潮流的。在现代主义运动中,先锋一直处于探索中,揭示现代性原理,找到最独特的形式,规范各种各样的新文体,找到人性的奥秘,找到思维的奥秘与人的精神结构。最集中地说是找到自我意识的精神核心。既然现代主义是由各种不同速度运动的不同形式的派别、团体、艺术门类杂烩而组成的,先锋也不可能是一个总体准则的代表,因为不可能有一个总的先锋找到各流派、门类、团体的一种总的表现物,总的表现形式,当然在各门类艺术中可以创造相互影响的交互形式(形式上的总体贡献)。尽管绘画的点彩派方法为音乐的点描派所用,印象派方法为诗歌和小说所用,但我们仍不能找到一个在一切艺术门类中都能适用的万能的表现方法,因为我们无法在各艺术门类中找到最准确切合的对等表现物。所以先锋在现代主义运动中也是具体的,是针对个别的团体、门类、或一种艺术体式的代表。比较而言现代主义有更大的包容性,除现实主义以外的一切因素都可以汇入现代主义潮流。先锋则不同,它表现得与旧形式和传统的格格不入,与此前的一切状态保持悖反,以奋力向前厮杀为特征。不仅如此,先锋标榜个体的独特性,对同类型的先锋也持排斥态度。因而先锋必定是孤军奋战。从另一个角度看也是现代主义给先锋提供一个广阔的疆场,把先锋推到了前所未有的高度,并使许多先锋后来被主流吸收容纳,成为后世的经典。说到极端的先锋,我以为并不产生在现代主义时期,而是产生在后现代主义时期。首当其冲的先锋代表则是巴塞尔姆和约翰·巴思。

四、如果没有先锋

如果没有先锋,我们文学艺术发展的历史将会怎样呢?这是一个十分不好回答的问题。我们说历史是不容许假设的,因为它是一种存在,当它缺席了会产生一种怎么样的局面?我们只能猜测,而且是一种无用的猜测。

首先,我认为先锋精神是一种历史发展的必然逻辑,不存在有没有先锋,仅在于先锋与否是一种相对表现。因此,我以为先锋是一种姿态,是一种人类本能吁求,是一种自觉产生的精神冲突,这表明没有什么横移的先锋本质,从别处拿来一个先锋依葫芦画瓢地打造另一个先锋样式。中国文学理论中的通变之说实际上便是先锋,词之于诗则是先锋,曲之于词则是先锋,《金瓶梅》之于《水浒传》则是先锋,《红楼梦》相对于话本小说则是先锋,在通变之中的自觉文体追求无疑是先锋,由于我们理解上的障碍,容易把先锋神秘化。其实先锋仅是我们对于新创造的一种有意识的寻找,一种对我们自身及其环境不满的一种发泄与突围表演,一种对于文艺新的完美的审美期待,所作出的个人努力的创造物,或者说得更简单一些,是个人寻求自我表达时,以一种特殊的方式实践自我价值的方式。

其次,如果我们一定要追问没有先锋会怎样,同样我会反问,我们的文学如果没经典会怎样呢?这个答案是同质的,因为我们时代许多经典均是由先锋创造的。普鲁斯特、乔伊斯、福克纳、品钦、贝克特都是我们极好理解的例证。这样我们是否可以说,没有先锋便没有经典?创造艺术的巅峰之作必须要有先锋精神,先锋的胆识。先锋不仅仅是引领潮流,还创造出一个时代的艺术高峰。从流派意义上说,先锋的存在是绝对的,换句话说,没有先锋便不可能产生各种各样的艺术流派,先锋是使我们艺术的灵魂得以延续的一种保证。或许有人会问我们某个时代确实没有先锋产生,文学艺术不是照样存在么?当然会有,但那是传统的文学艺术,同时也注定了那个时代的文学艺术是平庸的。西方中世纪也许就是一个极好的例子。当然这也许让人百思不得其解,在人类历史中有一千多年居然没有先锋,历史正好表明了它的文学艺术也注定不可能产生巨大成就。

其三,文明程度越高,发展越快,时代的先锋便会越多。先锋同样也要具有一定的文化环境。另一特点是社会物质越发展到一种极端的程度,先锋的姿态便越发极端,而形式也会更加奇特,这是为什么呢?我想是文明构成的压迫越来越强大,人们对文明的反抗也就越来越激烈。先锋无论怎么激烈,它必然还是人类一种合乎本性的运动。有对现实存在不满的便会有与之相抵抗的先锋,这一点也许正好和先锋产生的初衷相吻合,先锋自始至终都含有政治和军事意义上的战斗元素。这表明先锋是一种绝不妥协的鬼魂,它总是以进击的姿态,创新的姿态,重建一种东西。先锋无论成功与否都含有巨大的悲剧色彩,先锋的成功便是它创造了后世公认的典范,以主流方式的出现持续了先锋的灵魂,这样先锋精神在它成功之日即成为经典之时便已死亡。先锋从量上而言是注定失败的,正是以无数先锋的自杀与失败换取了少数先锋的成功,多萝茜的失败创造了乔伊斯与吴尔芙。同时先锋是以效死的决心与旧的传统决裂,这时候他们没有功利,先锋拼搏一生并没获取什么东西,他一直在追寻反抗与创新的过程之中。

自古到今先锋最是让人们充满了误解,无论它成功与否,在整个文学艺术发展的历史过程中都是被边缘化的,从一定意义上说它仅是艺术发展史上的一个走卒。它以自杀的姿态捍卫了艺术精神,但人们并不认同它的行为(因为它没有成功),它以全部的力量推动了文学艺术的变化,重构了我们时代新的认知方式。在今天看来,重构的经验,使得抽象形式成为一切艺术的目的,先锋给我们提供了无限丰富的启示,但先锋自身却像垃圾一样被扔掉,所以真正的先锋,我理解,他们仅是以自身为目的的一个运动过程。从本质上说先锋只在意自己的创造,并不在意人们的误解,也许这才是真正的艺术精神。正是这种无功利冲突的审美,先锋也同样体现在这种艺术精神上。作为流派的先锋此起彼伏,波浪壮阔地横行了一个世纪,让今天的人们感到先锋已经远去,他所留下的是一个巨大的艺术空白。诚然作为流派的先锋今天已不可能再现昔日的辉煌,但个体的先锋及先锋精神永远也不会熄灭。本书重提先锋并对先锋历史作出全面总结,主要是探讨先锋们给我们提供的宝贵的创作经验及其技巧,他们的理论也成为了我们文学遗产的一部分。

我这里思考的另一个重要理论问题,是先锋文学提供的文学艺术中带着普遍的基本理论问题,许多方面还是文学发生学的问题。例如意识流、荒诞、元叙述、碎片、互文性等均是文学艺术的基本元素,这些元素在改变传统文艺元素中成为新的必不可少的创作元素(这方面它不是个时代问题,而是一个临时讨论的问题)。我们要总结,要找出规律性的东西,这是先锋留下来的启示。再简单一点说,我们不可以没有关于先锋文学技巧的理论总结。反过来说这个空白点并非先锋的,而是整个文学艺术历史进程的。

这就使我们今天总结先锋文学技巧性理论成为一种可能,甚至是一种必然。

先锋的含义

第一讲我们从政治、军事到文学谈到了先锋的起源,这个起源是漫长而复杂的,既有艺术自身的原因,也有社会时代的原因,同时也看到了先锋起源时命名的偶然性,极有意味的是先锋产生之初便是一个被嘲讽否定的对象。第二讲则是从艺术发展本身来探索先锋是如何成为可能的,从艺术自身的破坏与重建,艺术自律逐渐成为一种事实,在漫长发展过程中艺术自身暗含了某种否定因素,这是文学先锋最基本的元素,这便使我们看到整个文艺思潮史上先锋的阶段性发展。现在我们开始讨论先锋的含义。这是一个令人尴尬的命题,一个无可言说的命题。为什么?因为先锋一词其自身没有准确的定义。先锋针对政治、军事及一切领域而言,仅仅是一次在前的行为。而且每种先锋都会因它的具体位置,它的语境来规定它特有的含义,这样一来我们可以说先锋没有含义,有含义的是先锋派,例如意识流、超现实、荒诞、戏仿、元叙述。作为先锋派,它们均有清晰的内涵,麻烦的是我们如果专门讨论先锋派的含义,那仅是类型学上的,它是一种特定的所指,我们讲先锋类别时会明确它的内涵。那么我们还有必要讨论先锋的含义吗?先锋真正没有一个抽象的含义吗?那它如何得以命名?显然我们每次说到先锋时每个人心里都有一个隐在的含混的所指,心领神会地说,这是先锋。那么这个判断从何而来,又依照什么典律呢?细细地琢磨我们似乎是要讨论如何建立一个先锋的含义,我们首先得锁定有关先锋的规则。可见我们并不是讨论先锋的含义,而是讨论先锋所具有含义时必须具有一个前提性的规则,那么我们说先锋的含义,实际在给先锋制订一个典律。打个比方,我们讨论先锋仅是建立一个比赛的规则,而不是确定他的自身特有的内容,而这个内容都是由每个先锋在场时的创造确定的,是由先锋者规定它的含义。由此可见先锋是一种限制性的定义,仅在具体的语境中才能确定。

一、几种先锋概念的比较

我们先介绍几种关于先锋概念的讨论。

雷纳托·波吉奥利1968年著有《先锋派的理论》。他把先锋艺术视为一种普遍现象,即先锋的意识形态是一种社会现象,它表达的文化和艺术宣言带有社会、或反社会的特征,因此先锋与时尚、与行为艺术、与大众文化相关。先锋与异化(Entfremdung)包括心理与社会的异化有着不可拆分的关系。先锋既是资产阶级的产物,又是对资产阶级的反抗。他把先锋分为两种:一种是革命的和激进的先锋派,产生于政治和文化领域,并由他们扩大到文学领域的。另一种是文学艺术上的先锋派,始于波德莱尔所指证的文学某派别。美学先锋至少保持在两位象征派诗人兰波和魏尔伦身上。并认定先锋派艺术这个术语和概念在时间上是18世纪最后25年的事。因此波吉奥利所说的是一种广义的先锋派。

彼得·比格尔的《先锋派理论》是1974年完成的,比格尔的核心观点是,有了艺术自律才有可能产生先锋派,先锋派正是对这种艺术自律的否定。他所针对的是对资产阶级艺术体制的批判。艺术体制只有在18世纪到20世纪的资产阶级时期,才有可能在社会体制的多样性中出现的艺术体制。或者说艺术成为社会体制的一个部分,这是典型的欧洲资产阶级现象。先锋派便是对艺术体制的解构。资产阶级艺术史发展分三个阶段,第一阶段,资产阶级艺术取代宫廷文化。艺术家对庇护人的依赖关系被疏离,最终被切断。转而出现市场及所代表的利润最大化原则的非个人性的,结构性的依赖。第二阶段为启蒙乐观主义时期,艺术家维护中央计划,探索艺术未来,并规划它,艺术主流话语出现。第三阶段,高雅文化成为一种经济活动的抗议,艺术家把自己与大众分开。在这三阶段中,它们一方面对社会作批判性思考,一方面拥有了艺术自律性。但从整个艺术发展史看,比格尔又以目的、生产、接受三个要素分三个阶段,即宗教艺术,宫廷艺术,资产阶级贵族艺术,来考查艺术的自主性(autonomy)的形式。先锋派目的则在破坏与改变制度化的商业艺术。从实质上看比格尔仍是把先锋看成一种文化运动。先锋派要废除自律艺术,从而将艺术与生活实践结合起来。

马泰·卡林内斯库1977年著有《现代性的五副面孔》,他的贡献在于追根索源,从1600年起论先锋一词然后一直谈到当代的先锋,从范畴上讲,他贡献的是一个先锋史。他在历史过程中考察先锋的诸般变化。最终他把先锋纳入现代性的旗帜下,表明先锋不过是现代性的某个侧面的体现。与他持同一理念的是安托瓦纳·贡巴尼翁,在1990年出版了《现代性的五个悖论》,把先锋与现代性作为一个悖论。他说,先锋一旦用对未来的激情替代对现时的赞同,便毫无疑问地使现代性内在的悖论之一变得更为活跃,它将自我满足与自我肯定的抱负变成一种必然的自我解构与自我否定(《**现代性的五个悖论**》37页,商务印书馆版)。

弗莱德里克·R.卡尔1985年在纽约和加拿大同时出版了一部书：《现代与现代主义》,注意该书的人不多,一般人容易把它当成一本现代主义思潮史,正如他的副题《西方文化思想的历史转型》所暗示,但却忽略了卡尔论述的角度。他在前言中说,本书大多数篇幅将致力探讨最近百年中先锋运动,以及先锋与现代和现代主义相融合的美学方式。为什么谈现代主义文化史要扯上先锋呢？这是卡尔一个固执的意见,他认为文化史上的任何时期都有先锋存在,它总是在那个特定历史时期中站在人们认之为现代的任何事物的前沿。显然卡尔是从先锋性的这一些角度论述现代主义文化史。这从该书的八个章节中也可看出,他总是强化流派、代表人物,运动转换之间的先锋特征。在卡尔那里先锋是一种在前行为,是改变运动思潮流向的代表人物、是提供新形式的制造者,这是从功能意义上说,先锋是一种改造、引导的作用,至于他提供的形式是否真正先锋,还得看它后续的影响,是否真正改变了某一领域的原有状态。

我们介绍了四个研究先锋的类型,他们是在何种维度使用先锋？他们使用先锋概念时,大致有这么几个特点,

1. 先锋存在两种大的类型,一种是形式上创新的,这指向个体,指具体文本与行为方式。第二种是先锋从军事和政治上的原初含义移到文化和艺术的整体发展上的指称,先锋的研究家更容易将其作为一种政治文化来讨论,一般会以流派运动,从破坏与重建的内容与在前行为作为标志。这两种类型的先锋都有这个倾向。

2. 先锋强调的是对原有状态的改变,是一种激进行为,浓厚地表现了一种对新的迷恋。其落脚点在于重建。

3. 先锋概念是抽象的,并不能具体指涉一个清晰的新内容,波吉奥利从意识形态看先锋,比格尔从艺术自律的否定看先锋,贡巴尼翁从今天的现代性看先锋,卡尔从现代主义文化思想看先锋,先锋在他们那儿是各尽其用。

4. 先锋是一种动力源,具有改变的力量。同时其物质形式又会是一种标志。先锋是两种现象之间的界碑。

5. 先锋是非确定的,没有稳定的边界,处于探索实验中未成为一种规范,是不断寻求探索的一种活力,是先于它之前社会的一种意识,但同时又是对社会的反抗、破坏,一旦先锋的创新建构得承认,成为一种规范,先锋便宣布自身的死亡。

这五种特征并非机械地出现在一先锋现象上，它们是部分的，或者相融的几个特征，以先锋姿态出现。我们可以根据上述特征指认某先锋，却又不可因此而确立先锋的含义，因为一旦有了具体的先锋含义便定格为某先锋派，这很好理解，例如现代主义运动以来，唯美主义，颓废派，超现实主义，达达派，精神分析，表现主义，立体主义，野兽派，分离派等等流派，我们均可将其视为先锋派，而他们每一个派别均有具体的明晰清楚的内涵，因此我们又可以说没有先锋的含义，只有先锋派的含义。如果就现代主义运动来谈先锋史，那是一个庞大复杂的系统，这非我们几次讲堂，或一本专著可以解决的。我这本先锋理论所谈的仅是限制在文学范围，甚至排除了思潮运动、文学史、文学理论史，也不是小说、诗歌、散文、戏剧类型的先锋史，我这里控制得极为狭小，仅讨论在文学发展过程中各类创作的基本技术手法。最初也许仅是一个局部方法，而后来发展为一种先锋技艺的手法，最后由这一些手法的技巧而定格为一种文体，大而言之有意识流、荒诞、元叙述、戏仿、碎片、拼贴、反乌托邦、神话、隐喻、飞散、黑色幽默等文体，小而言之，多数仍表现为一种技巧，即作为手法的先锋出现，例如有迷宫，轰毁，反论，文字图画，曲解，变形，陌生化，蒙太奇，互文，纯客观法，巴罗斯剪辑法，公文电报法，意象随机，音乐法，错位，缺席，似是而非，凝视，超现实自动式美学方法。作为手法的先锋是具体的，确定的，它的含义是没有歧义的。因此就本书作为手法的先锋理论而言，我们不必要说什么先锋的含义，我们只要一个一个的技巧专章论述便可以了。

这一章强化来谈先锋的含义，是对整个文学艺术而言。当我们试图以先锋方式创作时，先锋可能是一种姿态，一种倾向，一种行为过程，一种精神指向，先锋还可能是一种方法技术，一种使命职责。总之，先锋会造成一种前倾性行为表示某种全新的活力。正因为如此，我们便要理性地对待我们行使的先锋方式，我们是在哪一个维度上行使先锋的职能？虽然我们不清楚先锋准确的内涵，但我们也要找到先锋的大致方向，先锋行为产生的作用与意义，包括它可能的后果。简单说，我们要赋予先锋一些规则，然后才是在这些规则下我们干什么。同时我这里提出两种先锋形态：一种是想象的先锋意识，与另一种实践的先锋行为。前者指我们对待政治思想文化的批判性态度，那是一种精神上的未来主义，作为一种理论的虚拟与假设，这时的先锋具有很浓厚的乌托邦性质。我们可以抽象地谈论它，或者模拟地设计，先锋是我们精神的一种追求，一次灵魂漫游中的抵达。如果作为现实实践的先锋行为，我们便确定其目标，性质，要有一个先锋的所指，即我们干什么,以什么方式去行动。这时的先锋在实践过程中,它一定是有含义的。这时先锋含义一定与先锋行为的方式、规则相连,说一句不合时宜的话,就是规则产生内容,形式决定意义。这决定了我在谈先锋含义时必然谈到先锋的规则方式,只有将二者结合起来,才有可能接近我们讨论的先锋的含义。

二、先锋的具体内涵

第一,先锋作为一个社会时代的在前行为,是前提性的存在,它必然是针对前社会而发出的反抗和破坏意识,作为未来可能存在现象的一个先驱,那么这个先锋必定是在破坏中重建。其含义必然是一个新的命题,如果在政治思想上便是一次颠覆性革命,如果在文化艺术上便会产生一种新的文艺形态,就会贡献出文艺的新品种,从而改变艺术史的发展轨迹,如果在政治上则可能出现新的政权,或者新制度。圣西门、傅立叶的空想社会主义,苏联十月革命,这无疑都属于先锋行为。在艺术上我们说行为主义、装置艺术属于先锋行为,本质没错,但衡量行为艺术是否为真正先锋,必须使该次行为艺术的设计是前所未有的,是一次创新,如果仅是对以往艺术形式的模仿,这种行为艺术也就不是先锋了。所谓在前行为,必须是对历史与现实的一次超越性行为,是对历史和现实的一次改变才对。作为政治、文化、艺术上的先驱行为,从本质上说都是革新的,作用可能不同,成果大小差距也比较大,但功能是一致的。例如法国大革命行为,从政治上说攻占巴士底监狱是一次革命的先锋,其意义和作用是巨大的,是改变法国历史的一次壮举。雨果的浪漫主义杰作《爱尔那尼》在法兰西大剧场演出,标志浪漫主义对古典主义的一次辉煌胜利,前者是政治革命,后者是艺术革命。我们可以说在前行为是一次先驱活动,二者在作用、成果上一样,但先锋性的功能是没变的。我们可以说在前行为是一次先驱活动,作为前提是先锋的必要标志,但并非每个在前行为都是先锋,这就涉及这个先驱行为的具体内涵,必须是革新的、创造的,提供了我们真正称之为先锋的内容,从而使先锋具有了真正的含义。

这一类先锋的根基含有一个很重要的理论假定,即进化发展理论。我们始终相信人类是进化的,社会是发展的;相信未来,相信新的东西一定会比过去更好,更进步。如同现代性一样随着时代的变革永远都会有新的内容出现。这是一个不可一概而论的理论话题,一方面社会历史与艺术发展确实提供了这么一个轨迹,社会体制会不断趋于完善,艺术史也证明了许多新的艺术形式比传统的东西更具有生命力和审美价值。可另一方面,这种政治和艺术的剧烈变化带来的不一定是进步而可能是倒退或者毁灭。作为先锋这是一定要特别注意的,我们提供的先锋成果是否真正具有价值。从社会体制看是否真正有利于人类社会长久的发展,给人类带来福祉,从艺术上说先锋是否真正为一种审美变化,先锋所倡导的审美现象,一者是否能促进艺术发展,二者是能否成为人们需要的一种新的审美规范。先锋作为主体行为,不仅是它向社会、文化、艺术提出要求,制订规范,同时我们也对先锋本身提出更高要求,说得白一点,从社会学的角度看,先锋不能只是意义的破坏者,更是意义的追求者,先锋本色是一次有意义的行为。

第二,先锋并不是一种完美的价值规范的确定,它提供的是一种可能性,实际上是一次冒险的实验。这决定了实施先锋行为时,它的边界是含混、模糊、不稳定的,在先锋行为过程中会产生多种可能,在论述时我们也常把先锋、前卫、试验、新潮视为同义词,这样实验性成了先锋最重要的特征之一。所谓试验是我们先做出一个小型的样板,适合于普泛化我们就推而广之。那么这个试验便是多方面的,指不同时空、不同领域、不同程度的试验,例如攻占巴士底狱可能是摧毁性实验,圣西门、傅立叶拿出自己的钱办农场做空想社会主义实验,这是重建式实验。达达主义,波普艺术一般称之为行为实验,超现实主义的自动写作便是一种方法实验,弗洛伊德的精神分析是建立在一种假定性实验基础上。在文学中还有一种戏仿实验,即利用旧有的人物、材料、形式,改造成一种新形式,使之产生反讽,这成为后现代的常见手法。先锋实验代价是惨重的,有时候先锋被先锋本身淹没。但先锋又有巨大的潜质,一旦成功便会获得很大的影响,将会引领时代潮流,成为一代风范。历史证明有许多先锋已成为时代经典而永远流传,暂且不说文艺史上的各种流派,作为一个时期的代表,我们单论那些先锋之作,《尤利西斯》《追忆逝水年华》《喧哗与骚动》《局外人》《变形记》《荒原》《诗章》《格尔尼卡》《日出》《大碗岛的星期天》《嚎叫》《草地上的午餐》都已成为我们今天的经典了。如果细心注意文学创作的实验,先锋已给我们今天提供了不少样板,而且取得了绝对胜利。我还可以再缩小范围,说一下语言的实验,在无数先锋的努力后,我们今天语言最少有这么几个方面的变化,叙述语言的变化至少也提供了三大范式:一大范式纯客观零度叙述,这是20世纪前绝对没有的。二大范式戏仿之叙述,这是巴塞尔姆和约翰·巴思的创造。三是意识流手法的一大范式。理论上由弗洛伊德提出,创作实践由杜雅尔丹的《被砍倒的月桂树》奠定第一块基石。实验语言也取得了前所未有的好成绩。这表明实验有成功与失败,那么先锋便有一点杀身成仁,舍生取义的味道,先锋以自杀式精神完成自己的信仰追求。

我们似乎可以更深一步探讨,先锋是一次试验,凡试验之物我们均无法定位它的成功与失败,无法锁定它的属性,因此无法在试验之前便肯定它的含义。说某试验有意义,解决什么问题,达到什么功绩,我们均是估评性的,假定它有某些作用,可见试验不能确定含义,真正的含义仍在实验之后。是在语境重组之后比较中得出来的。如果从另一个角度考虑,先锋没有含义,而含义在他的先锋行为过程之中,是他在开始与结束的过程中构成的一个意义圈,所谓含义在先锋那儿不是一个名词,不是一个固定的所指,而是一个动词,一个不断自我生成的含义场。这也让我们深层地看到了为什么不能简单抽象地给先锋一个定义的原因。我们是否还可以看到含义并不在事物自身成为一个固定物,而是由我们特定的语境构成所带来的结果。这又可以推论所谓含义不是先锋,仅是一个理念,先锋也不是含义,先锋自身并没有含义作为标记,先锋在行为途中构成含义。在含义稳定的时候,我们的先锋行为过程已经结束了。

第三,任何先锋都会体现在一种行为过程上,如政治上的变革,文化上的再造,艺术上的重组,先锋注定使世界事物与人的关系带来变化。先锋实际上是在完成一种复杂关系的再整合。舍弃政治、军事、文化的先锋不论,单就文学艺术而言,先锋必然带来文学艺术世界的重新划分组合,在先锋运动没发生之前,每一个人都会对文学艺术有一个清晰的传统认识,东方的诗言志,诗歌手法的赋比兴。在希腊罗马有庄严崇高美学,我们认识文艺时,它原本是这样的。但经过20世纪初的先锋运动,有了后现代艺术的先锋行为我们再来认识文艺的功能,便得出了相反的结论,诗歌语言可以不言志,可以游戏化,有了反英雄,戏仿经典的先锋行为,我们会重新认识崇高,明白了美好的伦理原则也会因人而异,庄严也可成为滑稽戏。18世纪中期以后我们已经形成了艺术自律,这种艺术的自主自足,刚好形成了一种教条的规范的框架形式,有了艺术体系的制度化,这刚好不利于艺术的自由发展,于是先锋行为便注定了在艺术上产生一种反体制化。目的在重构我们的艺术体系。文学艺术的先锋从19世纪起实际它的目标很明确,不断地向传统的审美规范发起挑战,对现有的文艺状态不满意,先锋要破坏它,改造它。由于先锋的行为,艺术世界发生剧变,产生了各种复杂的艺术现象。用时下的话来说,先锋推动了艺术世界的多元化。先锋本质上是革命性的,它颠覆破坏了许多的艺术世界,但从文学艺术发展史看,有一个很有趣的现象:浪漫主义颠覆古典主义,现代主义摧毁现实主义,后现代主义取代现代主义,这些巨大漫长的艺术先锋行为在当时的时代发挥了巨大作用,甚至改变审美取向,建立新的艺术世界。可是经过一二百年之后看,每个时代的艺术先锋所摧毁的对象依然存在,依然作为一种强大的艺术范式保留在今天的艺术创作之中,先锋并没有把传统给消灭掉,反而使各种艺术现象蜂拥而上。譬如,今天我们冷静地本质地看待先锋,先锋并不是洪水猛兽,先锋仅提供了一次重新认识,催生了一种新的可能性,先锋创造艺术现象,它的上场、在场、退场仍服从艺术规律本身,先锋不过进行了一次又一次的文学艺术的重新划分,给我们提供了对文艺本质或形式上的一些深度认识,有利于创造新的艺术规范而已,先锋所谓的改变世界,这时仅是一个口号,实际上它并没有那么伟大的力量。

但我们又不可否认,每次文学艺术上的先锋行为都会让我们对文学类型的产生有了更本质的深刻理解,从而使某个文学艺术类型的现象更加纯粹化。每一个先锋艺术家均有一个特征,那就是他特别固守他所认可的艺术观,近乎偏执地推重他所认可的文艺现象,并对内容与形式都有所贡献,从专业领域而言先锋艺术家在该领域之内进行了一次艺术纯粹化运动,而批判否认了非艺术现象之外的(艺术现象)。我们从波德莱尔推重爱伦·坡说起,波德莱尔认为的真正的文学便是这种唯美主义的文学,美学上推重忧郁,形式感上是象征的、腐朽的、颓废的,他自身的艺术实践《恶之花》也表明了他对丑恶、病态的美学的主张,波德莱尔便是通过推重爱伦·坡实践自己的艺术主张,这便是一次文学上的纯粹化运动。表现主义艺术家则是通过卡夫卡小说,蒙克的绘画,斯特林堡的戏剧,来进行的艺术纯粹化。以此标准来衡量文艺运动和作品,我们注意到每一派先锋运动产生的结果都会使该文学流派的特征非常鲜明,我们可以毫不费力地指认象征主义、印象派、立体派、超现实、意识流、意象派、魔幻现实主义、未来主义、荒诞派等等,为什么?因为每一个先锋派运动都经过一次又一次的纯粹化运动,高举先锋艺术家所推重的,而批判其他艺术现象。这使得任何先锋派,只要与流派、运动相连时,特征都非常鲜明。可以这么说,在文学艺术上的先锋派,对艺术有着宗教一般的狂热,有一种艺术本能的偏执,他们不能容忍在他认可的艺术之外的艺术现象。这似乎有点像艺术上的圈地运动,于是决定了先锋艺术总是在不懈地进行艺术纯粹化。也可以这么说,先锋派是真正纯粹的艺术家。

什么叫纯粹化?我以为:其一,个性风格的权威化。每类先锋派所代表的艺术类型,无不带有先锋艺术家自身的个性特征,布勒东、达利、萨特、加缪,他们介于超现实与荒诞就是如此。其二,确立流派的艺术规范和各种元素。表现主义的异化,立体主义的分解,意识流的潜意识,象征唯美的神秘化,荒诞派的存在是无意义的,这些先锋派的主要艺术主张是鲜明而强化的。在该流派中是毫不动摇的。其三,每一先锋派都会有一套自己的术语、方法,有鲜明的形式感。也就是说从外部是可以很好地指认该流派的。这种纯粹化还形成每种先锋派产生了自己固定的调式,形成了他们自身的话语系统。其四,在唯我独尊的旗号背后,先锋派一般都宣称自己解决了这一类型的艺术问题,在该领域之内的专业问题已解决,他理直气壮地宣布自己确立了一种艺术典范。维特根斯坦他认为自己解决了哲学问题,弗洛伊德解决了精神问题,萨特解决了存在问题,巴思解决了文学形式问题。先锋就是要解决艺术史上的问题,不然先锋便失去了他们存在的现实意义,先锋在艺术上是靠纯粹化显示特征的,每个先锋派在纯粹化的过程中,实际也是他对艺术含义一个清晰化的过程,经过纯粹化的先锋派,没有一个不是含义清晰准确的。可见纯粹化也是艺术含义的准确化。

第四,先锋是不断让自身走向灭亡的冒险行为,而且是一方面含有自杀性行为,一方面是一次性行为,另一方面是不断被代替性行为。先锋之所以和现代性有不解之缘,这是因为从功能上有其同一性,现代性的特征是以此时之新代替过去之旧的,又有将来之新代替此时之新,这是一种永远以新的姿态说明变化,除旧布新是一个永恒的规律。先锋也是这样,它永远追求的是下一个目标,因此把先锋与现代性说成未来教也不无道理。这表明了真正的先锋都是一次性的,永远是前无古人后无来者。从这一点看先锋的含义是矛盾的,即瞬间意义与永恒意义的结合。一次性革命决定了它的含义,仅发生在此时此刻,是瞬间的,雨果的《爱尔那尼》在法兰西大剧场演出的那一刻,即 1830 年 2 月 25 日,它的意义便是在那一刻打败了古典主义。但雨果的浪漫主义获得成功了以后,便成了一个永远的标志性流派,荒诞派戏剧在 20 世纪中期鼎盛十年,是以反戏剧的先锋姿态出现的,在一个世纪中,它那个时段便证明了有一种崭新的戏剧形式存在,并本质地揭示了人类生存的荒诞性。在 21 世纪时,人们并不再专门创作荒诞派戏剧,不再成为一种实验的艺术现象,但巴黎荒诞派戏剧已成为经典,它永远都向人们揭开生存的秘密:人的荒诞在于意义的缺失。这表明先锋行为的方式与特征影响到它的意义生成。作为一次性先锋意义它既是自身的,又是从不同语境中比较而显示出来的。瞬间含义随着行为结束而结束,永恒含义随着具体的艺术实践,具体的文本成果和前后发生的艺术现象相比较而存在。先锋行为所产生的成果有两种方式:一种是随行为而消逝,先锋发生过后并不存在,即使它以短暂的形式固定过,它仍不存在,因为它的那种先锋试验性没有典范价值,不能成为后世的楷模。而另一种先锋则是以文本方式而保存下来,例如,杜雅尔丹保存了意识流,布勒东保存超现实,尤奈斯库保存了荒诞派,毕加索保存了立体绘画,音乐上也如此,传统的七音谱系被勋伯格摧毁,他首创了12音系。这种以文本保存的先锋相对来讲,具有一定的活力,具有一些永恒的含义。从先锋的性质看,无论瞬时消失的先锋,或者以文本保存的先锋,都会被后起的先锋所批判与代替。先锋是一次性的,同时它也是有前提针对性的,或者寻找他者为代替对象,或者以自身的现在代替过去,这是否又可以追问一下,先锋的含义应该是常换常新的,它总是追踪下一个目标,产生下一个含义。因而先锋的含义有其不确定性。先锋的一次性便决定了它是悲剧的存在。先锋的悲剧性最是让人们深思,我们说先锋最早实施在政治上,空想社会主义的圣徒们傅立叶、圣西门创造了这个词,并实践了它。列宁的十月革命无疑是一次社会的先锋行为,在政权体制上都取得了成功,苏联社会主义经历了近百年,然后在1989年突然解体,俄罗斯再也不是社会主义,这次社会先锋证明的是什么呢?是在一个巨大的国家内并不适合社会主义,人们又重新先锋了社会体制,这个悲剧是巨大,因为涉及无数人的命运变化。涉及几代人之间关系。由此类及我们文学艺术的先锋,从浪漫主义开始,我们有无数先锋贡献了他们的天才,历史上许多先锋均一次性完成他的使命,但被文本记录下来的毕竟是少数。我们现在要追问的,这被运动、思潮、流派、文本所记录的先锋,是否真正合乎我们艺术的发展,怎样证明它不是像苏联的社会革命呢?如果一个错误的艺术流派长期侵扰艺术史,并成为一种典范,那不正好证明的是我们的艺术史的悲哀么,关键是谁来做这艺术的仲裁人,文学艺术的合法性无疑是由艺术史本身去验证,如同社会体制一样,苏联社会主义可以存在百年,而艺术上的错误现象也许可以有几百年,关键由谁去发现这种错误。我们有句口头语,只要是合艺术规律的,合人性的均是可以存在的,自然艺术上的错误和社会体制错误相比较危害人在量级上要轻得多。可从长远的文学艺术史来看,艺术错误危害也是涉及很多代人的,而这个过错又不能仅责怪先锋艺术家,因为错误的艺术现象涉及太广,关涉艺术体制,接受艺术的人群,时代审美趋向,同时代所有艺术家认识鉴别能力,甚至包括各种媒体的作用。艺术真的是淘汰制吗?我们今天不喜欢京剧了,民间乡村各类地方戏都濒临消亡,艺术规律是消灭它们呢,还是要我们保留它?先锋这时所提供的东西,我们真是要郑重思考。先锋艺术家的良知决定了他必须捍卫真正的艺术,他的行为也没有错,但我们如何选择,便要非常慎重。也许对全人类来讲,艺术本身便是一种错误。

先锋的典范性不是由先锋自身确定的,而是由我们的时代和我们的艺术史确定的,如果我们的时代有错呢？我们的艺术史又拐入了非正确的河道呢？先锋又该作何处？正因为如此,先锋精神是异常可敬的。

第五,先锋对社会、文化、艺术可能是全方位的。无论在社会的哪一个方面均会出现它的先锋,而先锋也必定会选择一种自己的方式。我这里只能就文学艺术而言,先锋艺术家以他的独特的行为方式向过去的文学艺术发起尖锐的挑战。这个挑战是内容的也是形式的。但文艺家的先锋性往往表现在形式上,一般称形式革命。可以这么说凡先锋文学家都会有自己独特的形式,这种形式的创新无所不用其极,即要改变过去文体,甚至改变传媒手段,强化过去被忽略的艺术因素,印象派、点彩派强调色彩,立体派强调构形,诗歌与小说中强调文学的绘画性。总之,文艺中的先锋主要表现在形式的变化上。形式的创造含义何在,主要是从审美上看,同时,形式也是一种内容,说白了,艺术就是有趣味的形式。先锋的形式革命我们往往只看到一个结果,如象征唯美的形式,意识流形式,荒诞戏剧的形式,超现实主义形式,黑色幽默形式,意象派形式,形式仅作为某特征的代码,形式内部真正复杂的诸要素我们并未认真研究,而先锋艺术家在形式创造时均有一些极为细小的独创的形式元素,传统中可能称之为手法,或者技巧。简单说我们要研究那些形式的技巧,及这些技巧的效果和作用,只有落实到这些细部我们才知道先锋为我们艺术史提供了哪些新的要素,这也是我写《先锋文学理论》的真正目的,从形式上考察文学艺术的先锋并落实到局部去,说一种先锋技巧的来龙去脉,有些技巧永远只能是局部的,是一种作品的修辞术,但有些技巧却发展成为一种新的文学艺术体式,一种技巧有无穷的美感,而另一种技巧却又有那么巨大的力量。所谓形式说到底也就是由技巧构成了形式,形式是技巧的集中,每一个技巧都会有独特的特征,技巧可以创造含义,可以使一个形式趋于不同状态。在传统中往往是形式技巧相提并论,说到形式技巧,一般说来有两种情况:一是绝对独创,前无古人后无来者；二是兼容并蓄发展,前者少而又少,所谓绝对创新,没有任何前提的出现新形式,这在世界范围内是极其罕见的,许多新形式是伴随着新技术发展而来的。电影是绝对新形式,电视是绝对新形式,它们都是伴随着高度科学技术化的结果。像精神分析发现人们的精神结构这是弗洛伊德绝对新的发现,才可能产生意识流(潜意识)的绝对新的形式,但在弗洛伊德之前有了冯特和詹姆士对意识的研究与发现。使他更多地吸收了前人创造的某个元素、某个特征,而创造了自己新颖独特的艺术形式。以勃拉克和毕加索的立体主义为例,这是一种几何绘画的实质。立体派产生其艺术元素最早可以追踪到达芬奇的旋涡画法,接着便有修拉、高更、塞尚的影响,尤其是塞尚,他的画中含有许多几何体特征。似乎还有一组艺术现象:维也纳的分离派,他们产生于1897年,克里姆特是其代表,他们也是绝对影响了立体派的。由此可见毕加索的立体派是集大成的创作,也是综合了其他艺术形式中许多新的元素而构成的。所谓新的形式一般包含创新与综合的因素在内,伟大的艺术形式内部有着非常复杂的内在构成,是无数艺术技巧的一种综合,我们着重去研究技巧便是打开形式秘密的大门。形式是有意义的,这不用读者讨论,技巧是不是有意义呢?一个技巧是纯方法的,它自身是没有意义的,可见含义不能从技巧上去找,问题没这么简单。我们从陌生化谈起,这是一种技巧,这种技巧的方法是使事物的感受如同你见的视象那样,而被创造物在艺术中已无足轻重了。陌生化是一种方法,是改变事物从概念到体验的一种技术手段,本身不具有意义,陌生化是形式的,作为技巧是复杂化形式的手法,它增加了感受的难度和特征(《俄国形式主义文论选》6页,三联书店版)。注意,复杂化形式的手法有两层含义,其一,陌生化是容纳了许多技术的形式,其二,陌生化有许多技巧。词语的陌生化,情节的陌生化,许多事物与人的陌生化分类方法也不一样,陌生化仅成为一个总原则。词语的陌生化的方法,有释义的,有描写的,有并置拼贴的,有反论或歧义的,可见词语的陌生化方法很多,但它并不能完全应用于情节的陌生化。情节的陌生化有延宕,把一个事物像慢镜头那样展示出来。或者把该事物先叙述一部分,放下来找机会重新叙述。其二有分步合成法,是把事件分节,拆解成一段段情节,最后合成。其三,双重情节法,把两个或几个不相关的情节互相穿插,是一种情节复调的方法。其四,展示技法,强化某种技术使读者注意力集中到叙述本身。这包括多种手法的混合运用。这里就看出了问题的复杂了。一方面,任何技巧都不是单一的,它们是技巧中的技巧,方法中的方法,我们无法从大含义或小含义去理解它。陌生化是一个复杂的形式技巧,它只作为一个原则,在它之下有许多分支技巧,每一个技巧都在完成事物的创造。另一方面技巧虽然没有含义,但它创造含义,关键是不同的技巧创造了不同含义,而且含义的价值、质量、效果并不完全一样,在感受上有很大的差异性,因此,我们又不能脱离技巧讲含义。含义的呈示会因技巧方式不同有所改变。先锋创造形式也就创造了含义,创造了技巧时也会改变含义。这里构成了先锋、形式、技巧、含义相互之间一种复杂的关系,我们似乎不可以匆忙下一个结论。

从上述五个方面谈先锋的含义，可见不是简单论述便可以解决先锋的含义这个大的理论课题。因此与其说先锋的含义，还不如说先锋与其含义的关系，能更好更准确地理解它。我们已经从历史发展角度进行了先锋探源，而且从不同层面探讨了先锋发展的可能性，然后想规范一下先锋的含义，没想到先锋的含义是不可规范的，这正是先锋自身的特质所在，我们只要知道含义发生在先锋之后也就足够了。因为这足可以证明先锋既毁灭含义，又创造含义。先锋在辩证地完成一种意义生成，先锋是我们社会时代一个在前的精灵，先锋是我们文学艺术发展中一个普罗米修斯，在照亮别人的时候毁灭自己。在我看来所谓先锋精神也就是人的基本精神。

三、先锋的比较与实践

最后我们要谈谈理解先锋时应该清楚的一些问题。

第一，先锋是一种社会生成，自然没有先锋。自然是一种序化生成，按时空关系合理地按生命本身的节律成长，如果在自然的植物与动物界引进先锋机制，这个世界一定是要提早毁灭的，今天许多人为地改变自然，这注定了是人类的自杀行为，其后果便是将来的惩罚。社会为什么会有先锋呢？是人的认知能力与欲望的交互结果，人的智慧看到社会的错误，人的欲望又追求更大的满足，促使了先锋产生。其理论根基之一，认为人类社会是发展的；其二，迷恋新的事物，而新的就是好的；其三，人类是竞争的生存法则。这三者仅是貌似有理而实际仅是人类欲望中三个虚伪的理由。其一，社会应该像自然一样，序化生长，才能有机合理，任何激变都会带来社会的灾难，即使已经发生了的错误也只能有序地克制改正。其二，从宇宙大爆炸以后，世界万事万物均已存在，世界上永远没有新的事物，有的仅是我们的知识误区。其三，人类竞争不是社会的进步而是人类之间的互相伤害，我这里或许是一个保守主义的说法，但我们在标举先锋的同时是必须要看到另一面的。

第二，作为文学艺术中的先锋，无论以何种类别何种形式何种姿态出现，我们都必须认识到先锋不是口号，而是一次艺术实践，因此我们认定的文艺先锋都必须以文本的方式来评判。这个文本评判实际也包括了政治上的先锋。所以先锋含有内容上的先锋和形式的先锋的分别。内容上的先锋有马克思主义、尼采、叔本华、索绪尔、维特根斯坦等等，多在社会思想及文化领域，形式上的先锋一般指文学与艺术上类别的创新，有现代主义中的各流派，有绘画的，音乐的，戏剧的。艺术先锋以文本方式出现，实际是指我们认可的文艺先锋必须有一个形式上的标志，不然我们无法对每类先锋进行界定。

　　第三,作为个体,为什么会产生先锋,假定我们时代没有先锋会怎样,这是一个重要而严肃的问题,似乎也是个人无法作出正确回答的一个问题,因为先锋总是含有悖论在内。我们可以用中世纪公元前500年到1534年为例,在文艺上没有先锋,那么我们文艺便沉寂了千年之久,这是一个多么可怕的现象。又假定我们20世纪没有一个现代主义的先锋运动,后继的流派都没有产生,整个文学艺术按古典主义原则走到今天,或者全部现实主义一统天下,我们今天的文学艺术会是怎样的结果。这几乎不容想象。连古人也知道参伍因革,通变之数也。文律运周,日新其业。变则可久,通则不乏。趋时必果,乘机无贻。可见先锋是必不可少的。先锋并不是一个光环四射的美誉,众多艺术家都知道是一个费力不讨好的事,可历朝累代为什么先锋又层出不穷(当然真正的先锋少之又少)。这源于一个真正的艺术家有如下几方面的心理机制,一,不满足平庸,希望创新。二,一个有艺术良知的艺术家,有一种天然的使命感,有敢为天下先的精神。三,先锋是一种纯粹艺术家的本能追求。因而先锋产生又是时代社会的幸事,是文学艺术的福音。是他们以果敢的牺牲精神创造了人类最辉煌的业绩。

　　先锋是我们时代的一个悖论,因为这个悖论,先锋经常处于尴尬的境地,或者为着艺术的新生默默无闻地寂灭了,或者彪炳日月,万古流传。这是我们站在第三者看待先锋而产生的估评,而真正的先锋是从来不考虑这些的。他们做的仅仅只是捍卫艺术的纯粹性,成功与否不是他们思考的,或者说根本容不上他们去考虑。

　　另一个值得注意的现象,凡先锋艺术家都有一些偏执,有一些特殊的天赋,有超常的艺术敏感。不同常理,不合常规。这属于个体心理学研究的范围。一方面是时代的特殊机遇给了他横空出世的艺术时空。一方面又是他们特殊个人才智遭逢了一个特定的时代机遇。一个获得伟大成功的先锋这二者都是不可或缺的,因此先锋是极难成功的,唯其有这样一种艰辛的难度,也许才又更吸引了我们无数先锋前仆后继,这就又有了我们先锋那种不屈不挠的奋斗精神。

时 间 诗 学

上有日月星辰,下有山石河流。一阵阵匆匆掠过的风,一线划空而过的光,一滴清凉的雨,远去了山峰天外的一只苍鹰,陷下去是无底的洞穴,还有那深不可测的海底世界,一星微尘,一颗粒子,世界万事万物都在行走,弹指一挥,俱往矣,伸手也拿不到明天,一声叹喟,此刻又化为万世的空洞,细细寻找所有的事物中都有时间的踪迹,大而弥漫宇宙,小而潜入细微,我只是时间羽翼下的匆匆过客,回头你看到了时间又拽住了它的边缘。

把时间拿来,圣人的一声棒喝,惊醒千千万万的梦中人,谁能拿来,时间没有,时间是一丛幻影。不,你把时间找回来,时间也找不到你称之为时间的东西,能找回的是你,你便是那个时间。

时间与我。是一切问题的起点,也是终点。

还是只有时间与我。

生命从泥土里长出来,来自黑暗的尘封之中,生物生命来自子宫,子宫是这黑暗的居所,生命成长,源在大地在黑暗,却流在天空,太阳的光明,光合作用与空中氧气使生命成长了,成长在光明之中(包括自由氧的呼吸),成长是生物的发展进化,这是一个时间的梯形阶级,它的奥秘靠时间延伸,可是死亡是生命的动力也是生命的杀手,人生于大地又归于大地,完成一个生命循环过程,可见由生命与时间的关系而产生了循环时间。

时间永恒,那又何以理解时间短暂。

时间有起源吗?时间可能有个开端,例如宇宙大爆炸,假定那是时间开始永恒跋涉的一瞬,那么大爆炸之前呢,那依然是混沌的时间。时间和宇宙同步。这可以说明时间是有足迹的,时间永恒行走了,那么它背后留下什么,留下的是历史。时间的历史。时间有历史吗?很荒唐,什么叫时间的历史,时间也成了一个文本,不能,时间是一切事物的存在形式,它不可单独为谁而存在,单独存在的是物质的历史。太阳史,地球史,生命史,物质史,事物的史标明事物在时间结构的一种经历,时间是什么史呢,没有,说极端,它只能有一个时间观念的历史,是表明人类对时间观念认识变化发展的一个历史。

时间起源的提出如同宇宙大爆炸的开始一样,开始即永恒,这决定了线型时间的存在,从起源开始只能永恒地前行,热力学第二定律回答了它的终结。(克劳修斯)

时间之箭产生了。

随着一切事物,(生物界)向前走,宇宙有一支飞逝前行的时间之箭,时间前进了吗?是时间走向永恒了吗?时间在一切事物之中,它是那么静静地蛰伏。时间不是动态。动态,是运动。因而时间是运动的幻觉。不然,谁见过时间走路,能行走的是一切可变之事物。

人生必须保持时间前行的幻觉,使时间成为人生的一种动力,人才有可能前进,否则人会永远地蹲伏在静止的时间之中,这业已成为人类心理的经验痕迹,于是期待一词出现了。明天会更美好,支撑他走向灿烂,因而创造能量在时间的羽翼下发扬光大。生命在时间的进程中又产生了一个负面:宿命。人类无论怎么说都是时间的俘虏,所以一切努力都是空的,那样人的全部存在秘密便是打发时间。在人类大多数的比例中,时间便是这样一个惰性的暴政。

罢了,弹指一挥,世间万事万物都是时间的痕迹。人呢,也是时间卵蛹下一个空虚的壳层,他会在意匆匆一瞥的流光,阵风掠过的浮云,无痕雨滴的蒸发,微尘瞬间的消失,颓废、破坏、毁灭,上天下地,白驹过隙,君与我打一个哑谜,均是万世的空洞,一生的清凉。

时间能否后退?既然时间能前行,当然有后退,这只是一个理论的幻象,没人看到过时间后退,更是不可实践。科学家与草民都已知道时间不可逆,告诉世界一切都是无法回去的,所谓回去,起点即终点。

所有的生命(包括一切事物)从他存在的那一刻起便斩断了一切归路,无论前面多么艰难困苦,他都是你生命的赐予。人生的悲怆,不能回头看。

如果能找回,那处处都是生命的残骸。

一个绝对的真空,只有暗物质静静地流动,光子从容不迫地走过,它是一个永恒,什么没发生,什么没取消,宇宙中一颗寂寞的星在亿万年中保持自身绝对的同一,时间也不能伤害它。一片汪洋的水域,波涛涌起,鱼类翔集,千百万年依然那样,雾中悄然的海岛,碧波万顷的澄明,帆影,海鸥,风或者浪,发生或者完结找不到任何时间的航标,这里的自然,无法找到时间的踪迹。

进入一个无边无沿的沙漠,金黄沙丘起起伏伏排列把视线引入晴空,蓝天万里,无风无云,那是一个绝对的静空。即便卧伏在沙丘上聆听,也无法触摸绿洲的水意,把手伸向沙上的天空,哪怕能抓到一把光线也有等待的妙处,没有,没有鸟掠过,没有飘叶,声音空寂,除了无尽的沙粒,也许还有沙地底下埋葬的城市,骆驼,人的骸骨。

但是依然无法找到时间的踪迹。

在天地之外,在海域之中,在沙浪之下,我们日常的经验什么都没有,包括生命与时间。

我们对真空的回答:生命与时间全部是人类闲暇的想象物,它与梦境无异,梦境出现了吗?有,它只在你的意识深处,任何人也无法看到,包括你自己,因为你醒来之后,你的梦便看不见了。

时间便是你一个永恒不能惊扰的梦。

一条无始无终的道路。它就是时间。假定我的笔头的落点为零,从此顺着时间之箭前行是永无穷尽的,如果逆行(假定可逆)我们可以找到宇宙大爆炸年代,大爆炸之前时间依然可以无限退回去。或者我们把这个零点放在宇宙大爆炸的那一瞬,时间依然可以无限地向两端顺延,永无终期。一切道路实际上都如此,无论地上有道无道,踩出的道可以永恒前行地继续踩道,退回去的路径亦如此,你也可以无限寻找,即使没有了,空间是广延的,路便存在,是以太空之路者亦如此。

大道青天。青天时空无限,大道时空也无限。何以为证?大道既指世界一切事物的存在,热力学第一定律已明确告诉我们,能量守恒,物质不灭。

大道者是无限广大的,实际上是时空永存。

什么是时间的本性?据我看它有两大特征:连续性与重复性。假定时间是圆周循环的,那么时间仅是一个永恒的重复。假定时间是线性的箭簇始终如一地射向终点,那么时间只能是一个永恒的延续。

时间是延续的,这是一个绝对定理。逆证,非延续的时间占统治地位,那么一切事物与生命便会无法分别登场上演一个事物运动的过程。无法证实一个生命存在的周期,也就证明这个世界无法存在,特别是一切生命形态,它只能存在于延续性的时间里。

延续也是生物进化论铁的戒律。进化发展必须在延续性上显示出来,否则你如何知道二者之间它进化了呢,进化必然延续,但延续并不一定标明事物是进化的。

时间在说明进化的同时,也说明退化。所以时间并不为种类属性而单一地存在,时间是大道青天。

重复是时空的本性。每一个事物单独存在,一棵树,再有一棵,两棵,三棵是空间重复。沙粒,一粒二粒三粒,整个沙漠是无数沙粒的重复,整个海洋是无数水滴的重复。重复在空间维度上是显而易见的。如何认识时间的重复呢?一个生命体,虎、豹、人,一根草、一朵花,他们存在了,但生命周期又让他们灭亡了,接着又产生同样的虎豹与人,产生同样的花草,看来是物质又一次叠合,在这个重复中是时间的力量,是时间参与的重复循环。

时间在可以视见的状态里,我们是从事物运动、生物变化中看到它是重复叠加的,哲学时间,心理时间。物理时间是基础,是关于时间认识的出发点,它是对象也是结果。哲学时间是时间观念的历史,是时间的最高认识,只有它才是探索时间之谜的钥匙,时间是元叙事,最大的元叙事。所谓宇宙,四方上下曰宇,古往今来曰宙,宇宙一词不过是时空一词的别称。心理时间是时间的一种日常生活常识,是人类得以正常生存的形式规约,是经验的、感觉的,也就是说时间是人类的衍生物,这时的时间得自于传统、环境、文化习俗,技术时代的发展变化,人的时间又有后天新的获得,新感受新经验便有了新的时间观念。

农民并没有真正的时间观念,日出而作,日落而息。一切顺从自然的赐予,他们自身和时间融成一体,他们便是时间。偶尔也有农民的智者,他们计算着时间,一者来自圣者的格言,一年之际在于春,一日之际在于晨。二者来于生命自身存在的需要,不违农时,把时间看成人生收获的一个部分。他们不需要思考时间的本质,于是他们在时间之流里获得了宿命的幸福。

世界并不真正存在时间。这是我将近廿年的冥思苦想最后判断的结论。时间是人类推论性的猜想,和一切科学理论模型一样,即使近代技术乃至于将来证明了时间,它仍是一种科学假设。时间是千万年来一个虚拟的存在,是人们约定俗成的巧合称谓。

人类假定了时间是永恒流逝而不可逆转的无形的有箭矢向性的运动。在时间的两个端点可以测量距离,这个距离是空间也是时间,现在我们认定时间之源从宇宙大爆炸算起，时间已经有 150 多亿年了，那么它的空间在 150 亿年间到底有多远距离。我们在空间变化上能看到时间吗？从理论上说，时间是以大爆炸为零点分向两个端点无穷永恒的延续，这种想象是永无结果的。这是宏观的时间说，如果从微观时间说，也只是一种理论模型，而实践上则不可成立。我以读秒来说时间，秒是极短的时间，我们可分为毫秒，无限可分下去还可分为皮秒、纳秒。量子力学告诉我们粒子是无限可分的，最小分到夸克，理论上说，粒子在空间占位，粒子无限可分表明空间无限可分，粒子无限可分则说明时间也是无限可分的，在纳秒之下再分割时间，那么时间的细小微粒则是想象无法抵达的了。

从无穷大和无限小两个极端下找时间，这正好从本质上否定了时间的存在，极端大小在实践中无法找到那便是一则想象的时间神话嘛，你说时间有吗，拿给我看。

所以古往今来都没绕开奥古斯丁的格言：时间究竟是什么？谁能轻易概括说明它，谁对此有明确的概念，能用言词表达出来。可是在谈话之中，有什么比时间更常见，更熟悉呢？我们谈到时间，当然了解，听别人谈到时间，我们也领会。那么时间究竟是什么？没人问我，我倒清楚，有人问我，我想说明，便茫然不解了。

时间，谁也没有驻守时间。道理很简单，常识告诉我们时间是流逝的，用线段可以比喻，过去的时间已成为历史，我们知道。未来时间还没抵达，我们预期在想象之内。要从此刻论证时间，例如我写作的此刻是 2003 年 2 月 18 日 11 点 5 分 30 秒。我确定这个时间存在的时候，实际时间已经流逝了，也就是说永远不再存在了。当你细分时，在你把握那个分秒时，那个时间已经不存在了。你可以用某物质作证说我曾在这一刻把握了，但时间的本质却不存在了。时间是一个无法找寻的东西。

我问你，无法找寻的东西是什么？

过去与将来都是由于你给了一个现在的质点而定位的，那是一个认识的幻象，也是人给世界的一次重新定位。这里包括一个视角问题，现在的刻度是你的感觉体验存在，如果一个白痴，或一个人从现时的坐标消失了，时间一维的线索便消失了，人从一个时间逻辑中消失了，或者说时间从人的视野消失了。这两个方面的角度都能说明时间是一个经验的幻觉。

个人的出现，标明人给世界虚构出一个时间的重影。

不是拥有时间,你从来没有怀抱时间,而是时间在抚摸你。你是时间怀抱里的一个婴儿,一星微尘,类同一滴水,一线光,一阵风。时间伸出一只无形的巨手摩挲你的额顶:我羽翼下的孩子,你想干什么便干什么,我虽然时时刻刻眷顾你,也时时刻刻在离开你,你只是你自己。

我每一刻都燃烧在你的脉管里,就因为那样,我时刻在燃烧你的生命,我陪你走过的生活征程,点滴入土,化为虚空。不要以为它都凝固为历史了,历史是菩提树下的一丛阴影,清凉点滴都侵略你的皮肤。时间之根是地下涌动的一条河流,是临空照耀的星月与阳光,每每在你不注意我的时候,我悄悄地袭入你的梦乡。

时间是世界最大的王码电脑公司软件中心那个保姆,她照顾着世界的万事万物,引渡它去生命的终点。只有时间不忍受世界巨大的悲哀,是它注视着古往今来的事物变化,没有谁比时间看到了更多的死亡,时间既创生生命,又给你送来死亡。

时间既是生命之舟,又是生命的杀手。

只有时间才承受永无终期的悲哀。

站在浩瀚的沙漠上,月亮寂静地在云层中穿行;站在悬崖上枯松倒影白箭一般地随波逐流。在拱桥坐起叹云,清风吹皱脸上的汗毛,长发飘飘的丝缕中白发虚幻地记载着人生光阴,无论你在雪山还是草地,长望一眼一切均在流动均在变化。是什么东西消逝了呢?月亮,沙漠,云彩,河流,拱桥,阵风,山川所有的物质都在原地静静地站立,流逝的原来只有时间。它在眼前扑萤一般幻灭,在手中清凉一般地滑过指纹,在耳畔似乎还留下了丝丝缕缕的飒飒声,鼻子一闻是时间的清香,舌尖一舔是时间的芬芳,时间有如雷霆炸响瞬间便在谷野消逝得无影无踪。

时间是你曲尽心肠挽留的一首诗。

月亮走我也走,时间的脚步在我的身上。所有的人走完了,月亮还留在那里。时间并没人带走。月亮存在的一天便是向它最终不存在的一天靠拢(26亿年以后月亮不复存在)。月亮在朝向自身的毁灭行走,那里没有绝对标准。

一切有关时间的神话都让位于牛顿。绝对的、真实的、数学的时间由它自身的本性决定,而与任何外界事物无关地均匀地流逝。世界每一个事物都会在某一个位置(空间),而每个事物都必定在某个特定的时刻里发生(时间),这时候的时间是没有向性的,即时间没有维度和终点指向,因而时间也是一个无法描述的谜。

时间之箭来自于量子理论的描述。但量子理论自身的测量是非准确的,它又如何测量时间?物理速度超过光速时时间变成可逆的。在超熵引力场中光线弯曲,时间也是折叠的。物质绝对高密度使质量趋于奇点,时间等于零。

热力学第二定律:熵。熵发现了时间的奥秘。它使时间真正成了时间之箭。在经典力学、相对论、量子理论里我们无法找到时间最本质的特征,连续的永恒的流逝感。延续性的取消便是对时间致命的打击。在第二定律中绝对永动没有,绝对的能量守恒物质不灭也不存在。从宇宙大爆炸以来物质的能量转化都要转化成为热而被耗散(任何物质能量转化都不能变得和它自身一模一样,也就是说物质不能被逆转,烧掉的纸变成灰,而灰不可能再度成纸,这种不可逆和时间的本性是一致的)。物质转换中有一个热能量,所有物质都在转换,而转换又要成为热能,于是熵量是不断增加的,熵度量了物质能量的可变性,不断推进不断增大,这一现象和时间的流逝感延续性是一致的,于是熵量的无穷发展增大便成了时间之箭的方向(这个路标一直引领我们到熵的无穷大,最后成为奇点,我们知道熵量就是热能的表示,热能在物质世界无穷大充满了宇宙,那就出现了热寂的可能)。时间之箭何时射向热寂的终点,则是不可回答的问题,到那儿时间也就停止了。宇宙停止了还有时间不停止的么?

时间是每一个事物的一间小房子。时,表示其延续的重叠的。间,是一种点断一种间歇,标明时间分割为每一个事物所拥有。很有意思的是,楚人读"间",为"干"。其义与一截一段相寓取义,间,是一个物质空间词,一个个的小房子。中文的时间一词优于西文 Time,时间一词明确的是时的延续性,和间的停顿,时间是连续的又是可分割的。因而时间一词是很奇妙的组合,文字的形式居然是事物自身本性的天然巧合,而且是天衣无缝。

你不会怀疑时间外在于我们存在,年月日时都是我们注视的对象,我们置身于时间之中,又出于时间之外,且慢,仔细想想,时间实际是一个无孔不入的东西,它渗透到一切事物的内部。在人体内依然存在着时间,化学时间和生物时间都在人体之内。糖钟便是人体内钟,错综复杂的化学反应将食物能量转化为细致的生命机制,动物与植物只有在保持远离平衡态之下,才能产生生命必需的生理秩序。简单说个体生命的内部机动必须离开外部一切变化的动力状态才能有自组织的有机体。骨,血肉,所有细胞都需要能量,能量在体内消耗帮助产生生物化学剂,产生浓度梯度,肌肉才能保持收缩运动,体温在转化中才能维持。身体的燃料叫腺苷三磷酸(ATP)是最重要的生物分子维持生命的继续。人吸收糖,脂肪(在细胞中名为粒线体的特殊操作,用呼吸足够的氧燃烧这些材料)是用呼吸制造的,ATP氧燃烧是在一串连锁反应中进行的,有如钟表的齿轮,而产生新陈代谢,这叫呼吸链。没有阳光与氧气细胞也能存活,葡萄糖发酵,一分为二可以制造ATP,这叫酵解,海底动物便是依靠酵解,人体内也有这种酵解。光合,呼吸链,酵解三种能源里一直都存在生物化学钟滴答前进。生物时间运动根据ATP的浓度运动循环,一个极限大约一分钟。生物内部的节奏振动是连锁的规律的,它们发送传播的延续性是时间性的。同时,人体细胞的分裂可能也是时间性的,十兆细胞一个分裂便制造新的遗传物质,成熟的脑细胞不分裂,肝细胞两年分裂,肠壁细胞一天分裂两次,细胞分裂出现紊乱,人体内的生物钟破坏,生命便会出现危机。可见时间在人的体内控制生命运动。

关于时间,我们也许可以写下这样的词语,时间是不可定义的,因为当你定义时间的时候,时间所指的该事物很可能并非它自身,甚至它的含义分别概指两个截然相反的内容,而名称只有一个。

这很好理解,因为科学家与草民、艺术家与商人各自具有不同的时间概念理解,每一个人也许只看到时间的某个侧面,是它矛盾的一面,差异性与同一性都寄居在时间的躯体之上,所以千万别问什么是时间,别在他者那里求得其解,也不要追问终极的时间。没有人能找到终极的时间。

一个人活着时间活着,一个人死亡时间死亡。所以一个人要追问时间的终结是不可能的,因为所有的生物都会先于时间而死亡。

生存是时间的恩惠,死亡也是时间的奖赏。

《时间诗学》不是记载我过去几十年里关于时间观念的历史,因为关于时间我已收入长篇小说《城与市》、《梦与诗》两书之中,大致可以划分出一个阶段,少年时开始思考时间,它是心理时间,感伤主义的。成人后注意的是美学时间与哲学时间,注意时间的多样性。1980年代开始批判时间,我的结论是:时间为人类的虚构,它不存在。1990年代某一傍晚,我与王一川先生在北京师范大学校园里散步,偶然一次谈话,他说你否定了时间,那么你把时间赶到哪儿去了？你得有个交代。于是我做了一些时间札记,把时间归结为运动的幻觉,日常我们用时间一词表述时,实际我们可以用事物自身运动的词语来表述,用数也可以表述,数即自身,它不是时间的附属品。两千年以后,我基本不研究时间问题了。

《时间诗学》其实只是我过去关于时间的思考。这个思考是片断性的,是一种时间思维的记载,但非我的时间观念史,它主要是指,碎片思维中关于时间本体的问题,对我而言可能有互相抵牾地方和对立的相反论述。这没有关系,正好说明时间认识的丰富性。

再说一句,时间是一个非存在物,这是我一个很固执的理念。正是它给我带来了好处。正是因为我否认了时间,我便看到了时间更多的东西。

关于时间,你也只有在否认它时,才能真正看清时间的本性,舍此再无他法。

关于时间的一切论证,马上可以有一个相反的论证来推翻它,毕生论证时间的存在,时间其实不可能在你的结论之内,它会逸出许多轨迹,它自身又证明许多非时间的东西,因为对时间的讨论必须和宇宙所有的事物连接起来,它不可以单独存在,单独的时间仅是虚无。

国人圣贤最早把时间表述为：宙合（管子）。久,（墨经）。而最早的时一词则是与机、运、势,始相连的。自古而来中国的技术不发达,对空间认识没打开,因而对时间不可能有深刻认识。子在川上曰：逝者如斯夫。是在时间对象下的感叹,很长时间内没有对时间的测度。《易经》中的十二天干地支,也只是时运推测的方法；《礼记》中的月令,说的是四时,也只是包含于农业经济的自然序性。从生命成长的节律看时间是一种真正的时间观念。这比从星月,太阳的位置判断时间更准确一些。

今天看来,时间的测量只是针对人与事物有所功用,而于时间本身则毫无意义。

在我看来词语也是时间。雪片从空中飘下来,坠落,虚拟一段斜线,又被阵风吹扬,浮上去,在空中形成白色的旋涡,一朵雪花与另一朵雪花相亲相偎,融合组成舞蹈的姿态,又分离各自独立飘荡在凄清的寒空,雪花在空中无法静止,运动,终于在地上有了结果,静止,这又标志雪花生命的衰退,在阳光下消溶为水渍,又于无形中升空,转换为雪花的另一形态：水汽。

从雪花这个时空中定位,它就变成了时间,一系列的运动都在封闭系统中进行,它变换的每一种姿态,便是时间在舞蹈,而且是分秒必争。这是一个单项的雪花时间延续性流逝。如果这时有梅花或者桃花飘逸而起,飞升上去一片一羽,组合,分离,起落,回旋,那又是花的舞蹈,花冠在雪中的舞蹈。花也是时间,它加入到飞舞的雪的时间中去,形成共同的时间旋涡,在这儿,词语的重合发现了时间的重合,它们在线性排列中重合,共同形成时间的涡轮,雪花,梅花,桃花,风卷云动,你可以将其看成具体的词语,但它也是分组的时间,在天空下它又是共同运动的时间。

时间是词语,它也漫天飞舞。

我必须给物理时间一个定义,坐标,图解,数字。

我们把一个空间定位长宽高,绘制一个十字坐标,从方向维度上我们立刻识别这样一个三维空间,宇宙所有的事物都在一个立体空间上好理解,但事物从发生认识上它得排序列,有序列便能识别前后左右,一事件产生在另一事件之后或之前,事物运动便有了走向,这样便产生了第四维——时间之维。事物在四维中是清晰准确的,是可以被测定、被言说的,还可以说它能实证。

牛顿的时间是没有方向的漫溢,均匀地与事物无关地流逝。那么这种称之为时间的东西只是一个常识,我们如何表述,必须给出一个质量的概念,也就是说它必须有一个数的概念,有一个词语的描述,这就是时间的量,例如光年、一天、时、分、秒这样一个量的测定。

在我看来时间是形而上的,因为有了称量,它便转化为语言结构的表述,这时时间被所有的人言说,便成了形而下。时间的语言结构在西方最为明显,那便是语言的时态,现在,过去,将来的词语表述,这是时间的结构性变成了词语的结构性(当然这里暗含一条时间线,即时间之箭)。但是我们不得不承认用词语来表述时间又是最困难的。

历史上的时间有循环时间和线性时间之别,前者是圆周式的旋转,后者是线段式地指向一个方位向后流逝。为什么有这种认识?这是一种幻觉,它把时间视为动态自身。是因为所有事物在运动变化,时间作为它们的形式也相随运动变化,可事物在一定状态下是静止的,或者它的运动变化是加快变缓的,但时间并没有因之而加快变缓,此可见时间非动态。循环时间和线性时间如何产生,又如何在科学上得到一个解。很多科学家和哲学家都试图回答,但都是瞎说。只有在热力学原理产生之后,第一定律和第二定律才给出隐在的回答,但也不是最后的真理。

热力学第一定律说的是,在一个封闭的系统里能量是不会改变的(能量守恒是以物质不灭)。质量可以转化为能量这是一种保存形式,并不创造新能量。这表明事物都是循环的存在,人的生死是一个圆周,因为能量守恒,在另一时空里人是另一人的(隐形)转化,或二世三世,于是生物便有了许多生死循环,这就有了时间循环的幻觉。

所谓事物不在此处必然在他处。时间也是这般循环。

热力学第二定律说是,(质量转换能量是不灭的),在一个封闭的系统中,能量在相互作用中,有用能量是减少的。作功能量减少但它必定在转化过程中形成热能,热能转化不能全部功用,必然浪费(热能化为红外辐射,在空间耗散,它永远不能再回收返为原来的能量与质量,而且再使用这些能量便需更大的热能转化)。表示这一热能量耗散在宇宙中增大是用熵一词表示,熵在宇宙只会永远无穷地增大,成为一个趋向目标,时间运动的特性与此相同,因此熵成了时间的方向,因此时间之箭便是线性时间,一维的,均匀的永恒流逝的,而且是不可逆的。

我们可以说有最大时间即宇宙中的光年,最小时间即原子钟里最小秒单位:纳秒。在时间大小的两极对人的日常经验来说,它是无用的,我们看到的银河系恒星都是运行几十亿光年的结果,对于个人无数辈相加都不可比肩。在毫秒的瞬时之下,日常的人不可能有何能为,甚至连人的感觉都不能抵达,人不可能在毫秒里存在。无论从何种意义上说,人的时间是有限的。

人是一个很有限的动物,他只能在地面行走,成为泥土的副产品,泥土的晶体是砂石,坚硬,刻上时间的印痕流动各种色彩,它的变化缓慢而执著,踩上去时间凝固皱纹,硌着肌肤的每一寸地方,那种坚硬的时间让你自叹不如,谁能说,他与石头比赛?泥如水,人的肢体在它的身躯慢慢地陷下去,湿润而软化的部分流向了另外的时空,只有你存在一个固定的中心点,最后被尘封,最后的最后也只是一抔尘土。人在终极的时候连泥土也没法感到了。

当他最后一刻深情地感到时间的深刻,他却已经灰飞烟灭,时间,这一日常最无用的东西,竟然戏弄了你的一生。只有时间是最真实的世界脉络。

时间史。听起来漂亮而堂皇。其实那不过是一个谎言。这个世界根本没有时间史。从宇宙的大爆炸到今天,你可以说时间够漫长的了,150亿年这个时间还不能算历史吗?那好,你把时间史标示、绘制给我看。没有,没有一个人能告诉你时间的历史,我们看到的只是宇宙物质的演化发展,至于时间也许还蹲在150亿年。时空在本质上只是世界事物一个无限的框架,时间是衡定的,它是一切事物的载体,事物成了载体,而时间只是一个盛装的容器。

没有人能说过去的时间是怎样的?将来的时间亦无可证实。一切可视之物只是事物本身。

对于时间的感觉只建立在误差之上,而不能建立在绝对同一之上。绝对同一便没有时间的恩惠了,例如说生绝对等同于死,昨天今天明天绝对同一,那实际便是取消了生死,明天,今天,昨天。还有整个世界在一瞬间时空突然被凝固冻结,全部静止,这是绝对同一的瞬间,固定所有一切,但是在宇宙中这种现象几乎不存在。

绝对同一不仅时间没有了,就连事物也全部取消了。

变化是时间的根本要素,没有变化便没有时间。

在时间的哲学史上躺着一批智者的灵魂:苏格拉底,柏拉图,亚里士多德,奥古斯丁,康德,黑格尔,柏格森,普利高津,麦克塔加,胡塞尔,海德格尔,德里达,霍金,他们为时间探索踩出了各种蹊径,闪烁着人类智慧的光芒。是他们构成了时间观念的哲学历史。

但是我要对你说句悄悄话,他们不过在时间编年史上放了一个个惊天动地的响屁。那也许是一些精彩的废话。

时间只能是每一个人自己的体验,每一个人在自己的心灵里都有一个对时间的解。哲学家的时间不过是躺在时间科学家的功劳簿上伸了一个懒洋洋的懒腰。

你每时每刻去品味时间,你也会有惊人的新颖发现。

时间是人类设定的(尽管科学上肯定了时空的四维关系),如果离开地球,在太阳系或更遥远的银河系,物理世界由谁规定了它自身充满时间,即你面对浩瀚的宇宙,你的认知模式里无法找到时间的踪迹,例如说遥远的星光经过几十亿年的传导,才能抵达,这个光年也是人的给定。地球之外没有时间,时间不在时间之外,也不在时间之内,它与浩瀚广漠的宇宙无关,是人类把手势伸到了太空,视线用望远镜得以延伸,然后才给太空时间一个特殊的命名。

所有关于时间的论述都以运动定律、变化转换等特征来阐释。所有的运动变化都发生在物质变化,是事物自身的运动。由此推论,事物运动和时间同步,假定事物停滞静止了,时间还动,如果时间继续动,包容所有事物的时间都在动,事物能停顿终止吗?可具体事物中单个的绝对静止是肯定存在的。如果时间不动,只是事物自身运动,时间不对所有事物带来丝毫干扰,那么与事物无关的静态时间是什么?谁能找出来。

可见时间的运动变化只是一种虚拟假设。

在时间流里,时间有箭头指向目标,时间奔赴显示为趋向性。熵是未来世界的方向,时间随着熵增大而趋向奇点,那就是说,时间同事物具有同样性质,可以分割,顺箭矢方向的运动,从理论上说它是可以反演的,时间可逆的条件必须超过光速,在引力场中光线弯曲达到反演,世界最快的快子在理论上出现,但实践中却不存在,在太阳系内你无法演义超光速运动,太阳的光子抵达地球仅8分钟,那就只能在银河系外来实验超光速运动,而且必须是倍速运动,任何人可以假设,但时间的反演和物质的反演同理,实际上是永远不可能的,那过去有时间吗?有!时间储存在哪儿呢?谁又能找到它?

我们的时间是以太阳、月亮、地球的相互旋转规律来核定的,年月日时的季节转换,这成为一个循环时间。在人类的认识里这三个球体运动又是以相互之间的引力为依据,只要引力不消逝这种循环便是无始无终的,时间也就是这样永恒的循环。但在现代技术时代,引力关系和引力质量都是可以改变的,不仅理论上可行,实践上也是可以达到的,如果其中之一球改变了引力,或者轨道不是如此,那时间循环去哪儿了?

所以,循环时间依旧是运动幻觉给予的。

时间是统一的,还是分治的?人类日常生活经验是小范围,局部的,肯定认为时间是统一的。现代技术仅就地球时间而言也是分治的,在地球不同的空间区域里有时差的区别,可见太空中存在各种不同的时间,我们可分别在不同的大尺度,如地球、太阳、银河系来定位统一时间,但在每个事物或单个运动而言时间依然是分治的,从统一与分治的矛盾时间,(还有最大尺度和最小尺度看时间),说明时间仅是相对的。

在相对时间中,时间是否具有共同的本质？不同的时间之间是否相互牴牾？宏观时间与微观时间不可能共同作用,于是我从相对时间之中看出了时间的差异,也就有了透视时间的可能性,然而刚好是时间的差异否认了时间的同一性,但作为宇宙的时间是万事万物形式的最高抽象和概括,如果它们不是具有完全共通的性质,那么是否真正具有一个宇宙中的统一时间。

可见时间只是人类认知事物的一个模式,简单说时间只是一个方法论的东西,并不具有时间的实际。

时间具有流动的本性,所有时间论者都采用三个点:现在,过去,将来。这倒是一个很明确的时间法则。过去事物发生过,时间也流逝了。将来还没来,但在人的认知模式中它肯定要来的,那是未曾抵达的时间。有趣的是对现在时间的考察,时间是连续运动的,在时纪与时纪之间有一个现时之点移动,分割出许多时间的片断,但是任凭是谁都无法在任意一个时间点上停下来,因为就在你把握这个时间点时,瞬时间,时间点已经不在了。因而任何时间都是它时,这实际已经否定了时间的存在,只作为时间观念叠印在你的记忆里。

于是又推导出时间是不动的,时间是停滞的,任凭所有事物在时间中运动穿行。前面已经提问过,不动的时间是什么？它是一维的,如何静止在三维的空间里和四维时空中？所有事物的运动都会影响到三维空间,既然四维时空是密不可分的,为何独是时间一维不动呢？

还有一个时间分割问题,时纪一词表明时间在一个线段上,相对性的片断是时间点。这个点为时纪(epoch),但它是相对大和小的尺度划分的。现代科学已经告诉我们空间与粒子的关系,粒子是无限可分的,粒子在空间内,空间也具有无限可分,时间是时空的合体,也就是说无限可分的,时空在理论上可以永远无限分割下去,最后变成了有与无的矛盾,时空无限分割的佯谬如何解,卡尔·皮尔逊说,空间和时间不是现象世界的实在,而是我们在其下分开知觉事物的模式。

如此说来,时空依然还是认知事物的一个方法。

时间,对任何人来说都是我们知觉事物的常识,个人对时间的感受已成为一种习惯,而且多数人是麻木的,记住最要紧的是我们犯的便是常识性的错误。

常识经常被证明是错误的,这个错误肯定是大多数人犯的。

英国的戴维·多伊奇便是一个对时间常识挑战的人,尽管从科学上他很难推翻他的前辈科学家和哲学家。他的难得在于对时间有自己的思考。他的结论是时间不流动,其它时间不过是其它宇宙的特例。他提出了真实世界是多重宇宙,所有理论对它的解说都只能是一种近似。

时间旅行有可能实现,有可能不能实现。如果真有回返过去的时光和岁月,那他肯定是在另一个宇宙里自由活动。

科学上最荒谬的事情莫过于说某事物不可能实现。

只要实现超光速运动,时间旅行就可以实现,制造超光速飞船,在更大尺度宇宙实验中趋光速载人在理论上是可行的。从预测学看这个实践也是可能的。

人不可能作为全部时间的证人。那么我如何知道过去的时间呢,这个问题,在20世纪以前都没人解决。

卢瑟福,这个构造原子模型并绘制它的运动图表的人,开始从核辐射中发现奥秘。任何物质都会散发出能量,任何能量又都是可以测定的,石头散发放射性元素,因而石头的年龄便可以从放射性元素中测得。放射性元素是不断衰变的,变成另一种元素的同位素,若干万年衰变后便变成某种稳定元素,测出岩石最初的放射性元素与最后稳定元素的含量比,便可根据衰变速率算出岩石年龄。半衰期较长的像铀放射性元素为45.1亿年它就是测定年龄的佳选。由此测出火成岩年龄为33亿年,地球大约有50亿年。

如果时间可以无穷分割,那么运动将成为不可能,那就是兔子和乌龟的赛跑的佯谬。如果时间是不可分的,那它如何去测量各种事物的年龄?时间不是实体,不是偶发不是关系,那时间是什么。谁告诉我?

记忆既是过去发生的时间,又是现在发生的时间:你在记忆,表明你永远是现在,你复呈的是过去。时间是发生的东西,就记忆的内容而言,永远只能是过去的。有一个设想,时间的反演靠记忆可以实现。

记忆表面上是前进的推动,实际是它引导时间向后撤。

记忆与时间同步运动,但速度却不一样。

记忆是对经验的回应,记忆中的想象却是对未来的推进,因而记忆本质上又非固定的时间,而是把过去、现在、将来统一在整体之内的记忆。

时间记忆,谁能记忆时间?记忆的是时间羽翼下的内容。是事物运动在记忆的通道里。那么时间对记忆究竟作何用?如果记忆只是单个事物的点击,无法连成运动状态,记忆只是混沌状,那么现实的记忆没有任何作用,人类所有的科学成果都无法从记忆中获得。

所以记忆应该是时间的分段保存。而真正的时间还在继续流逝,这就是心理时间的双重轨道。

写作基本上是时间的后撤。所有写作均带有经验,除却内容不说,词语也是前文化经验的痕迹,如同你写下一个个文字,文字肯定是历史的展示,你只不过拿过去的东西在现在的状态中展现推进。现在说到幻想性写作,它构造的乌有的想象世界,对未来可能的展示,经验的痕迹极少,那又如何理解它也为时间的后撤呢?这仍然从文字和词语的角度说,首先它是经验的,已成型的文化文本,其次得从幻想的基础导入,任何幻想建筑在一种事物之上,而该事物必定带有人的认知模式和体验痕迹。简单说,它必须有先在的东西。这些先在便是已发生过的时间。

所有的人、事、物无论它如何非现实,但它的基本符号必须保持现在的认知模式,只有一种情况是非时间的,那就是你写的东西全人类无一人能辨识,那是一堆呓语,但是呓语也还得用已存文字去表述,除非你创造一种文字表达另一种呓语,这才是非时间后撤的。

任何写作动态又必定是现时的,现在进行时,没有写作不是现在进行时,如是当下的信息、体验、观感都潜意地流入你的写作之中。现时写作是你捡起许多苍老的过去在变形组合中的重新创造。

现时的写作表明你的写作劳动正在进行,这种进行是以分秒计算的,即使最快的现代技术是一秒钟两个字,或电脑按键上的一个词组,脑子思维速度和书写表达速度是矛盾的,有时是思维速度快过书写,而更多的情况下是书写速度快而思维速度慢。这表明写作与时间并不是同步的。写作停下来时间在浪费,写作进行中时间也痛苦地进行,或愉快地进行,或不知不觉地进行。

现在写作是对时间的一个玩弄。

写作是把记忆与想象的一切事物、故事、人、意象都置于时间的轨道,当下写作的轨道,或者说置于未来读者的轨道。应该说,写作是把另一个世界送到一个正在进行的时间轨道,例如我写一个女人,便把一个女人体展示给新的时间,女人出现了,女人出现必须连带女人的环境,陈述她的美貌,美貌一词没用,必须陈述她被称为美貌的东西,她的额头圆润,反映着白色的晶亮,闪灼如云母的光泽,美眉黑漆用炭笔勾点出半月形,温柔时眯着眼睛,笑乐时眉尾扬起,瞬间又落下来,一尾游动的鱼,眼睫打开,珠亮玉翠一闪,是滴上去的晶莹,顾盼之际,宛若水晶从眶内滑出,月光从鼻梁上滑下来,鼻头浑然,把挂着的光亮分布在鼻翼两侧,唇线画若蚌形,张合之间白齿闪亮,沿着唇线两侧挪过去,淡白而若有若无的角线,隐隐一动把脸促成一个月形,照亮她身上的衣饰。

展示这个女人的头部,一点一滴都是时间,就算我极尽全力,美人,美吗？文字绘制是美的,把所有的比喻都算上,那这个美人也只能算是一个鬼了。

现在时间的写作是完成了,那么未来时间呢？对于写作来说就是要把现在时间变成未来的审美时间或认知时间,前者是美感经验的艺术,后者是传播理性的知识。

关于时间的哲学,值得注意的一个特例是麦克塔加,他著有《存在的本性》。他把时间分为 A 系列和 B 系列并揭示系列间的矛盾因素,因此时间是不真实的。A 系列是基本 1 的,是关于过去、现在、将来的关系,任何事物只能是三点中之一点。B 系列是关乎先与后的时间使用,任其两事件都必然会存在这样的序列。A 系列描述时间的动态,一件事的定位总不固定,针对其中一点,过去,将来,现在的关系都会改变。B 系列描述时间的静态历史镇定的前后关系是恒真的,不会随着现在成为历史,不会因时间变化而改变关系。A 系列是变化的,基本的,它决定了 B 系列,但 B 系列是不动的。这样两个系列之间存在着矛盾(麦克塔加并没指出来),麦克塔加指出来的是 A 系列有矛盾,过去,现在,将来是三个互不相容的定位,一个事件不能在三个位置上确定这是一个矛盾。结论是没有什么真的现在,将来,过去,也没有事物先后,因而也没有事物真的变化,没有任何事物真的在时间中。我们对时间运动只有认识的幻觉。

1884年暮春时节,25岁的柏格森在克勒蒙菲城郊散步。面对自然风光产生了时光流逝的感觉,于是开始研究时间,他认为时间是绵延的生命之流。必须是直觉地进入事物内部与事物保持同一时所获得对事物的直接认识。他的绵延一词标明时间是变化之流,是运动之流,绝对的不可测量的,这是最本质的。他的贡献是提出绵延是记忆之中的意识之流,是日常自我意识的状态,因而绵延的把握应该是直觉的是灵魂的,是生命的。他反对把时间空间化。

取消了生命或许根本就不存在什么时间。宇宙自身的一切证明都是没有意义的。那只是它自身存在方式的表述。

时间需不需要准确,这对单独的生命个体似乎没有太大意义。现代技术时代时间跃居了突出的位置,它与人的活动,人的创造,生产财富,军事战争,宇宙探索都有密切的关系。现在有了原子钟,分类中有氨钟,氘钟,氢脉泽钟,最准确的钟3亿年误差一秒。除了竞技赛,秒表以下对人们的日常生活没有什么意义。但对生命而言秒又是意义最重大的,因为生命肯定是一秒一秒地流逝掉的,秒是生命最具体的表达。如果把一个人一生浪费的秒收集起来,那将是一个惊人的天文数字。

为什么把时间最小的单位独立出来认识呢?秒是一个单位(毫秒,闰秒,皮秒,纳秒),在每个秒的定位上都分别有它的意义,对人来说也许只有秒和毫秒产生作用。我认为秒主要应用于人的内部,例如思维运动,记忆的点击都是秒的触动。还有体验,最微妙细致的体验,也是在秒的点击状态下分辨的,所谓极致,所谓高峰体验,如果没有秒的把握,那将是稍纵即失,毫无所获。

四维时空中的任意一条线的移动组合都是世界线,在原子模型中水平方向的线代表空间,垂直方向的代表时间。前者是相对论,后者是量子理论,无论何种科学都表明一切事物都离不开世界线运动。

人与事物必须在时空中。

高到极致的雪山,虬松倒挂,苍鹰盘旋,阳光注视着山的每一个细节。拾取点滴雨水,写成江河,绕地而行,它是大地的血脉,大地的玉带,孕育所有的生命体,山以静态叩问,岩石是数十万年前的骸骨构筑,水携着山峰,大地的灵魂流浪,无论它们以何种形式存在,它们都以点滴纤毫在回答时间的提问。

时间是一条梦想的河流,又是幽暗深邃的河流,它记载你的童年,记载你的家族,还记载着你古往今来的家族史,在时间的锁链里,你个人逃不可逃,永生都在它的樊篱内。既如此,唯生命的时间是宝贵的时间。

把日月的精魄铸成时间,想象在一个不确定的时刻,你诞生,在任意的地方选择,熵指向你的归宿。你已经很努力了,用一生的精力和命运搏斗,你胜利了,要是你牺牲在时间的长鞭之下,是的,时间早为你的诞生铸好了墓穴。

我生长在水边,淡蓝、幽冥、纯净的洞庭湖,无垠的水面反映光芒和微动的波群,在近处把我吸进了湖底的天空,在远处把天空结晶为液态。天空也是流动的,天地涌进了我的灵魂。沿岸是绿色的芦苇墙,苇花戏弄着花与影的世界,这时候从芦苇的丛林里托出一轮明白的月亮,铮铮啵拉响了一下,那是挣出水面的姿态,湖面上都是真实的事物:芦苇,月亮,湖水,隐约的篷帆,它们在静态中幻化,突然有一尾大青鱼冲出水面,搏击出碎花的水珠,把所有事物都推到了虚幻的高度。它进入了梦想,真实事物是我意识构成的意境,那个事物永远成为我的印象,在漫长的岁月里幻境是我记忆复呈的梦幻之画。

我知道必须要走进时间掘好的墓穴,但是你一生的时间经历却是丰繁绚烂不同的,我从水边构成流浪的历史,于是时间也从我真实的物质形态,变成虚幻的事物,同样也是沿着生命的轨痕前行。

对于个人一生的生命经历就有了真实的时间(对应于真实事物,和五官感知,尤其是视角方式),然而在个人内在体验和感受中你又有了虚幻的时间(对应于虚构幻境,事物的形而上升华,或内在意识的转化,包括梦,想象),这两种时间给人生分别带来不同的意义。真实时间是价值化的,是一种实物的成功,是一种个人的生活流程,它是指你个人在物质状态下的获取。虚幻时间是审美的,是一种精神推递,它丰盈你的思想、情感、体验、感觉,它给生命带来内在本质的愉悦。这才是你一生重要的美感。

时光耳语。时间无形无色无光无响,是一种绝对虚无状态。每一个人都明白时间属于无的本性。可是时间的感觉正好相反,它是通过所有的

"有"来感知它的。最显著的是光,玻尔说,光,这或许是一切物理现象中最不复杂的一种。光可以定义为在隔着一个距离的物体间进行的能量传递。人们怎么知道光?是因为每一网膜分区吸收单独一个光量子就能造成视觉印象,有这个前提将显微镜和望远镜放在放大器里连接起来,光的每一个单独过程都能观测到。在我们的视觉经验里光是不断消逝的,这与时间不断流逝的感觉一样,再加上运动的速度,在国人眼里光也是时间,于是有了圣人和草民的同一称呼:时光。

还有一个误区是速度超过光速,时间可以反演。或者黑洞理论中超大引力,光线弯曲,时间也变形为曲线,或者消失。这样时间与光便是密不可分了。

现代科技可能说明时间与光更具有同一性质,光传递时为波,光量子本身是能量,光在空间运行,它是永恒不会消逝的,所谓光的流逝是因为光的运动和距离结合眼睛观察的极限可能,眼睛看不到光,而光实际存在。时间呢?它也是一个静态,B系列证明了,在时间发生的那一刻,时间便恒定在那儿了。时间与光,无论是动态或者静态的本性都说明它们的同一,时光一词或许是中国人的伟大发现。

我们发现时光是时光告诉我们的,时光在永恒的蛰伏。它随着事物挪动位置,于是跟我们说着悄悄话:时光耳语。

白驹过隙,便是时光。逝者如斯,便是时间形态。时间静悄悄,说明时间在发声,因为静不是耳朵聆听的结果,耳朵听静是什么也没有,听到的响便证明了静,时间静悄悄,刚好是时间随着每个事物发声。

时间无色无味。我们既承认时光,色是不可免的,时光的波长的改变,五颜六色都充分地闪显。如果有时间之箭随着熵的方向运动,时间也可能是一种能量,所有能量在光波传递中必定是色彩纷呈的,只是不为我们肉眼所识破而已。时间的味道,甘苦甜怡只有感受自知,一般时间的滋味只有时间流逝以后才能感知。味道需要品,需要体验,它是一种后续的感知。

如果时间是无形无色无光无响无味无感的话,那是科学的物理时间,它在无机物中通过仪器验证。人的时间经验正好是通过"有"获得证实。

悲哀在于,也许到了宇宙毁灭时,我们还是不能在时间的有无论证里,得出一个称之为真理的结果。

日常经验告诉我们：感知时间是时空分治的，因为空间是直观的，农民基本不对空间产生怀疑。现代技术产生了极端的速度，空间变化成为一个巨大的事实。时空的历史经验基本在时间上，我们理解时间是一维的单项的与事物无关的永恒流逝。

现在知道，任何对时间的认识理解都必须与空间结合起来，不然，时间在物理学上不可能求得解。

分析哲学产生以后，我对世界的本原之物不再作有与无的论证，例如宇宙是有还是无？物质和精神谁是第一性？时空是我们看到的事实，还是我们虚拟的模式？物质最终的分割是有还是无？因为这些讨论没有最终的结果，而且也没有意义。寻找所有事物的第一因，最终都还原到宇宙产生的第一因上。因而对时间的研究不能去论争时间的有与无。只能捕捉时间经验的各种特征去沉思。

我对时间的否定，也是为了更好地思考时间。

说时间具有运动的本质，数的本质，熵的本质。时间的本质是绵延，是重复，是延续。所有给时间本质定性的词语都是谎言，因为你加给时间的本质，在别的事物上同样具有，时间的独特本性不是类比出来的。

时间从根本上说，它没有本性。如果它有一个所谓的本性，它就不能针对整个宇宙所有的事物发生作用。

时间不是任何别的东西，时间是时间自身。

世界具有同一性，因而世界的事物都是可以复制的，所谓不能复制只是一个方法问题。可是有谁能复制时间呢？我期待复制的时间，那样也许人的生命真可延长了。

等到我没有时间幻想的那天，也许就真正找到了时间。

时间是一切生命的根基，这包括形式和内容。伟大的智者也不可穷尽，这一点上愚人和智者等同，他们都知道时间的延续性与短暂性。时间是否有一面镜子，意即时间是否能复制呢？哪怕复制一个幻象，那么也许我们会从时间的镜子中看到一些奥秘，时间是如何把一切都包容，时间针对世界一切它者时也针对自身，时间毁灭了一切可它不断地创生一切，时间到底是怎样一个怪物？

时光是生生不息的泉水,永恒不绝地流走。

但在时间幽冥的隧道里闪烁着无穷智慧的影子。永恒流逝的过去的将来,我们发现什么?发现永恒的现在,瞬间即永恒。同时永恒也是现时的赐予。

时间终于揭开了谜底:永恒。

永恒真正的含义是要我们将现时的某种形式的东西赋予永恒的意义,现时中的救赎,一线天堂的光明,一次上帝的启示,一次现实中的崭新而伟大的创造。

世俗一点说,男女一次媾合在瞬间创造的生命,也定格了人类生命的永恒。

永恒与瞬间仅仅是同一语。

空 间 诗 学

在鸟的羽毛上写下空间一词。让它做永恒无际的飞翔,它的翅膀便永远煽动着自由的空间。

哪里有存在,哪里便有空间。

空间是什么？我们必须作本体论上的回答。

世间万物是有,是存在,是实体,它们在哪儿？它们在空间。这说明有生于无。在有之前的无呢？无生于什么？无只能生于无,于是有了空洞之中的空。

空是一个包罗万有的容器。

请你把空间先告诉我,那就是无限的空。随手一指,你看无限的空无处不在,可是你看不到,什么是空？无形无色,无声无响,无体无味。我们把空可作无限的描述,可什么是空依然没有一个科学上的回答。

空间在你认识它时并加以表述,必须有一个坐标去确定,然后才有一个测量的结果,把坐标系与测量结果统一而不可分割地表示出来,空间产生了。

现代的空间有一个科学界定:空间两点的距离不管从哪个坐标系测量,结果都是相同的。

空间永远都是一个整体,不容分割,不容砸碎。有了生物才有了对空间的分割占有,这实际是一个占领空间,人类活动便是对空间的占有,并创造出许多新的空间,但悲剧在于每个人始初所占有的空间,在时间的河流里又最后还回去了。

有了时间的历史,有了人类繁衍的活动。空间在本初状态下发生了变化,最早的空间是纯有纯无的,当人们占有之后,形成活动便使空间充满了各种欲望与芜杂的东西,人有先天的破坏行为,他虽然撒手而退后了,但他的残留物却影响了该空间,因而我称它为痕迹空间。

当今之世,凡人所至之处皆是痕迹空间。

我们的空间从何而来?这里含一个观察视角,含一个假设。我们谈论空间时必须有一个逻辑起点,是人类给出的一个答案。眼下科学所能证实的空间,是宇宙大爆炸诞生出来的。这爆炸是距今137亿年时发生的,其准确误差不超过百分之一。那时候整个宇宙似一个蛋,物质和能量充斥空间,只占很小体积,是最高密度的。宇宙大爆炸最初三分钟,世界发生了翻天覆地的变化,例如0.01秒时,温度是1000亿度,各种物质与元素在几分钟内发生了巨大的变化,半小时后产生宇宙背景辐射。100万年以后恒星及星系产生,太阳产生,早期宇宙充满了大量氦、氘。宇宙爆炸后便是永无穷尽的膨胀,能量之大速度之快是以光年计算的。可见空间是宇宙大爆炸带给我们的,在这个空间里除了恒星、星系,还有73%的是暗物质。除了物质便是真空,真空里并非绝对纯无,还有基本粒子与反粒子相互湮没又重新产生,它依旧存有大爆炸留下来的宇宙微波背景辐射:3K声音与2.7K的温度,这种残留也正好说明宇宙空间是大爆炸以后形成的。

另一点支持我们的说法的是,通过射电望远镜观测,发现光谱中大量的是红移现象,表明光线是大量地逃逸离开我们的,这个红移现象和宇宙膨胀原理相适应。而蓝移的光谱只表明极少的光向我们移来,天文学中称多普勒效应。

这表明宇宙空间是在科学中诞生的。

在高山之巅我们看到蓝天白云,我们看到眼睛不能正视的太阳。在清凉如水的夏夜,遥看月光与星星,还有闪闪烁烁的银河系,我们的世界如此伟大,连我们的目光都不可达及它的边界。如果是在一片黑暗之中,人永远无法在我之外找到另外的空间了。有了眼睛让我们看到了光,有了光让我们看到空间,世界在我这里,我在世界那里,我们只要观察,只要行走,我们便会永远在空间中,只有运动能证实这一切的存在。

其实空间也在行走,它在时间的维度中行走。能证明空间的时间是历史,过去曾发生过什么?自然的,人的,一切物质的演变均已发生过。在什么地方?在过去的空间。我们能看到空间吗?不能,我们看到的空间是视觉的误差,是比较,是目测出来的,是根据实体判断出来的,我们不能看到空间,它如同时间,不是我们所看到的结果。

目光所至只有实体,是物质的状态,因为它有占位,我拟想那个占位便是空间,因此我们可以说,是事物遮蔽了空间。

凡事物都在空间之中,成为空间的一个部分,没有不在空间的事物。这表明了物质必须占位。占位是一个非常重要的词汇,表示了物质的侵略性质,也给出了运动力学所带来的恶果。占位表明了是对空间的切割,一事物不在此必在彼,彼此是一种选择,人亦如此,针对人和事物来看空间,不在于空间给出了地理学的含义,什么人什么事物该在哪里,不该在哪里,从空间来说,给谁都是给,空间原本显示的空白是非意义的,有了占位一词,空间便变成了一个意义空间,即为谁而设。

抢占空间是人类文明的开始,也是人类悲剧的开始。

把空间和占位联系起来,表明了空间和运动的关系,也提示了事物居留形式的复杂性。更重要的是揭示了空间所具有的矛盾本性,暗含某种非他性,或者兼容性。

空间(topos),原初的含义仅仅指人、事物所在的地方,这对空间是一种特定的分割,是经过证实(实体居留)后的空间,空间必被所用,是事物存在的一种方式。

空间应该是一个不被惊扰的独立存在的虚空。

空间是纯无的,这仅是我们认知模式中的感觉存在,其实任何绝对真空都有物质相互的湮没和能量的互相征服。最简单地说,它还存在于微波背景辐射。在宇宙之内我们永远无法找到纯无空间,它只是程度多寡的相对存在,这是现代科学告诉我们的,但在我们的思维模式中必须要有一个概念:纯粹空间。在这个空间内是虚无,并把这种虚无理解为本质的。这一点很重要,它虽非实证的,但却是一种哲学的牵引。这时的空间是虚无的同一语。

空间(kenon)一词揭示出自然与人类的本性,它既是最大单位,也是最小单位。最大而言,宇宙是空虚的,即便有无数物质占满了,那仅指物质的存在方式,于空间本性而言还是虚无的,简单说,物质的本性不属于空间。宇宙大爆炸可以膨胀,可以坍塌,也可以缩小。空间按自己既定的尺度存在,不因人与事物而改变。最小而言,人,人最小的是细胞,细胞是人体内最小的房子,但它是空的,原子论中 kenon 是一个标准化的词,打开原子并非致密不变的,而是一个空壳。基本粒子再细分时也是空的。最大尺度和最小尺度都证明了虚空是全部世界的本质。

可见人的空虚乃是一种本质反应。

实体是空间的对应物。但也是空间。

对实体的认识也形成一个逻辑循环,任何实体必须在一个位置,即在一个空间,意思是它具有空间的体积。如是说,是实体证明了有空间的存在,那么移动实体是否移动了空间呢?你可以说它空出了此空间,占位了彼空间。逻辑上也许如此,但实体是一个容器中的容器,我们知道任何实体自身它也是容器,它所具有的质量在自身也要形成空间,推论:实体也是空间,它的占位证明空间的存在,也证明它自身的存在。它自身如果不是空间,它如何完成各种元素的组合?一个最小的实体在一个大于它的实体内证明空间是一个复杂的存在。

宇宙空间。诗人说是一个没有角的大正方形,我们祖先认定是一个蛋形,到底是平坦的宇宙,还是圆形的宇宙,或者是凸凹不平的宇宙?这仅仅只是根据宇宙内物质流动状态看,比较科学的说法,是一个时空弯曲的宇宙。这些是否说出了空间性质,那不过是几何学的一个绘图说明书。

柏格森说,若有一种东西能使我们在一堆同时发生的同一感觉之间辨别彼此,则它就是空间。

这话是什么意思呢,是指我们只有在空间中才能看到差异,彼此不同正好证明空间分别,有了数与物的不同分别刚好界说空间的纯一。所以柏格森说,两种不同的实在,一种是多样性的东西,即种种可被感觉的性质;一种是纯一性的东西,即空间。

空间不是一种规则尺度的物体存在,而是一种纯一没有性质的实在。

在一个纯无没有性质的世界里旅行,你可以看到如铅的黑暗,一线星光(或超新星的灿烂),惊动无数星群,我们看到了氮化的蓝色,晶莹与沉积,居然是一种色彩的浪潮。如果太空中有巨人的一只手,伸出去,拿,什么也不会得到,或者清凉,或者光热,等到声浪传来,波起峰回是一座夜的山坡,抚摸着宇宙的流动,手指甲或心室的颤栗有电子透过的敏感,回答这种电磁波或元素碰撞的噪音,在宇宙的纯粹空间里是什么也找不到。

人,向空间索取,什么也拿不到,能拿到的是物质,是自己欲望的回答。我们在空间中作用,一是我们的存在方式,二是我们的认知方式。舍此,我们一无所能。

宇宙空间结构除了它容纳的物质证明外,是否可以测量出宇宙空间的大小呢?理论上可以,但实际上永远办不到。目前宇宙的总质量是 at^2,它与同样原子时间单位来量度的宇宙年龄的平方成正比关系。但实际上仍不能准确计算宇宙空间的总容量,因为,其一,宇宙仍然在不断膨胀扩大;其二,宇宙之中不断有新的物质创造,总能量在不断增加。

相对空间的计算也许可以用几何原理测绘,只要我们记住一些常数:引力常数 G,光速 C,哈勃常数 H,宇宙平均物质密度 P。此外还要记住原子核的自然常数:电子电荷 e,电子质量 m,质子质量 m_p,普朗克常数 h 之间的比例关系。我们可以找到质量总数,那么总质量的体积就是该空间的大小。

我们为什么要找到宇宙空间?

最大的宇宙空间对人类并没有任何实际意义,它只是科学研究的模型,理论意义也只是在于解决一切宏观的难题,对人而言,永远不需要去另外的银河系旅行。

但我们依然要认识宇宙空间,为什么?我们要找到人在宇宙空间的位置。我们是如何成为空间的?

对空间一词的解析也许能启发一些新的思路,空是一个纯无概念,纯粹没有的一片空,自然没有什么可说,为什么有了间?这间,是点断,间,是一间小房子,指围出来的一个间。空间,准确理解时它是在一个界面之间,有了庞大界面的空,但要表示出来,陈述使它有了间隔,这样空间一词在释词上就能说明白,否则空是无,天是空,只能是同义反复。

空间的希腊文(diastema)含义更好理解。人类的目的不是把空间置于空,闲置于一种纯无,他要让空间和人与事物联系起来,发挥双向作用。所以人类的空间一定要从一定的界面上截取出来。真正作为一种容器。

至于容器盛装什么?一是自然赐予的恩惠,自然的物质空间;另一端是人类的活动空间。在某种意义上说,人的空间也是双重意义的,首先人是自然的,因为人一出生他要占位,人在一定的空间里显示存在。次之,人的空间并非纯自然的赐予,他在运动,在寻找,从此空间转移到彼空间,人的空间运动是意志的结果,所以,他的空间是索要来的,是从庞大空间里切割而来的。

占位一词,表示人在宇宙中的位置。

空间自古至今没有一个绝对的说法,常理讲的是宇宙空间,是恒星和星系之间的关系。过去用肉眼可视,现代用射电望远镜可视。我们认为那是绝对虚空,以此推理:我们站在宇宙的边缘挥手,或看着宇宙的膨胀,在我们称之为宇宙之外的,仍是虚空,因为不是虚空的话,那我们膨胀的宇宙到哪里去了?

实际空间不可能是绝对虚无的,所以空间容量大小和物质总重量质量是同一的。经验告诉我们,太空充满了虚无空间,那是我们肉眼观察所犯的错误,看不到形体实际也是一个充实体,即占总质量73％的暗物质(反物质),这些物质无时无刻不在相互吞噬,相互湮没,在物象看不到,在质量上却能找到,例如我上文从宏观到微观指出那些宇宙物质的常数。

空间在几何三维确定后,现代科学又有了时间一维,并在大小两极范围内应用,我们称之为四维时空。这是一切物质事件发生变化的平台。

我们在假想中一定得承认有个绝对虚无的空间。然后才是了解这个空间里发生的一切。在物理学中为了更好地认识它,便有了量子空间,提出了一个新的空间概念:场。物理场,在微观层次我们看到物质的一个场,在那里物质分化,组合,创新。场论也许是物理学攻克的皇冠。

空间,是无可表述的。谁能把空间说一遍,很荒唐。从平行看,空间对人与物没有任何作用和意义。

因此,空间表明的是物的缺失。

从另一维度说,物质也不过是空间的填充。

对空间一词没有疑问之后,我们就把宇宙比喻为一个庞大的屋子,万事万物,还有人类都挤在里面,事物与事物之间,人与人之间,人与物之间均是一种空间联结,这很好理解。但空间是空的它是如何联结的呢?犹如一间大屋子,我们有厅堂与各种厢房,于是虚空有了间隔,现在要注意的是这种间隔的作用。从宇宙整体来看,这种间隔是一种联结,使局部成为整体。又可以是相对的局部,它却是把此和彼区别开来,它的功用是间开事物,点断便是空间的作用。

这二者的作用明确了,我们把这个空间结构叫什么?命名:使空间的功能凸现出来。我们姑且称它为界面。

分开,隔离,一个看不见的影子。把什么留下?谁?什么?想起年轻的空旷,还有,老年的苍凉。

绷紧一条线段,交叉,各自奔赴自己的前方,永不汇合,线段留下的启示,改变,或者创新最是妙不可言。

开启,只能运用力去打开,是什么? 不是实体,那是另一个地方,再来一次,改变,又是一个新的区域。

一只鸟已经出发,一辆车在奔驰,一只箭已经射出,草生树长,云动风移,它们在干什么?

在路上,在海里,在山顶,你挥手一片云,游遍星空,或者打发灵魂向死飞翔。以为天空很大,地球也不够拍击,其实只要一星光亮就可以点燃全部,一个声音就可以唤醒全部的生命,所谓高度在天,深度在地,你早已站在天地之间而界限融合,从血滴中进入夜晚。如果看不见镜子,请在黑暗中种植一朵光明的花,照亮你行走的门。

所有关于起源,开始,行动都是空间的神话。

关于一的流传都是空间不小心的一次敞开。

任何人都会说,这个世界触手可及的是物质。所有的物质都是运动联系的,在不加思考时我们忘记空间,我们只有在找到它运动方式和奥秘时才警觉了它的居留框架,所有的事物都在框架内运动,这表明空间提供的是一个参照系。

空间的框架不为一切物质所动,它是恒久不变的,它是一个舞台,一个背景,于是我们把物质、事件、人物与空间分开来认识,无论万事万物多么异彩纷呈,或变化万端,它不影响空间,也无论物质经历何等激烈的运动搏斗,空间仍始终如一。

空间是独立的不受干扰的容器。

我们看到日月星辰移动,看到风云雷电聚变,我们只要行走便可以永远走下去,最要命的是我们可以借助最快的运载工具行走,也能永远走下去,我们到了哪儿? 不知道,但依然能行走,永远。

这表明空间不是我们看到的。我们所看到的只是我们所能达及的,可是当我们达及其边缘又发现我们还得行走,我们做永生的行走,依旧没完,或者即使把人类行为全部连接起来依然行走不完。

空间不是我们用来走完的。

空间是无限的。沉思,无限者,空也。

空间无限是它的伟大么？当然，永远无限的自然是最伟大的，没有任何实体的伟大能超过它。如是说，空间伟大是一件好事喽？不，空间的伟大是悲剧，因为空间伟大是无限的，无限伟大使空间失去了作用，人类发现空间无限伟大便是发现了悲剧。

因为万事万物，芸芸众生都逃不出空间的无限伟大。

推论，在这个空无的伟大中的人，原来不过像星光一样，是那么短暂的一瞬，完结，死亡是必然的，在空间的框架内人的悲剧是无可摆脱的，每一个人都可以做无限伟大的奋斗，不过，到头来他发现，无论谁人都无法和空间比较无限伟大，而空间的无限伟大，本质上也是空白与死亡。没谁能逃过空间的仲裁。

人生活在空间里，这是毫无问题的，现代科学技术也使他明白了，空间是无限伟大，大到不可描述，即使这么无限伟大，无论怎样，它也是虚无与空白。没有，一片干净（至少逻辑理解上是这样）。而空间最微小的状态呢？如原子核是最小空间，高能对撞机打开它之后，里面是空壳。人的（包括生物）最小空间是细胞，又称小房子，细胞里也是空的，原子核和细胞核仅占极小的地方。从无限小到无限大的空间都证明了，这个宇宙空间本质上不过是虚无，曰空。

在这样一个空间里，我们干什么？有什么意义？在生命消逝以后，空间丝毫没有改变，只是新的灵魂代替了旧的幽灵，于是人最终发现了自己的本质。

人也不过是虚无和空白。

人的虚无，孤独不是病，而是空间最伟大的馈赠。

广延一词（extension），长时间以来被我们忽略，这其实是对空间所犯下的最大的错误。我用行走说明"广延"是一次笨拙的举例，光速C。每秒钟30万公里，用光的速度八分钟到太阳，到太阳后我们每天又发现新的行星，于是又奔赴月亮，水星，木星，在太阳系发现后可以去银河系，空间广延一层层推开，而我们知道的以光年计算的广阔空间，离我们遥远的星球有40多亿年的，夜空中我们突然发现一颗很亮的星星，射电望远镜观察到的是，那颗星星在很久以前便死亡了。

以光年推导空间广延，也只能是一个假想，无法找到空间的边际。但广延一词却让我们知道空间是无限伟大的,而且是我们永远无法达及的。

仅是这样来理解广延是没什么作用的。广延的逻辑起点应该是欧几里德的几何学。从点线维度去分析广延,怀特海说,就纯粹空间的广延性而言,空间也可能具有三百三十个维,而不是我们现时代所说的适度三维。只有这种精确的维数才能真正看清广延。我们以线的维度去直线奔赴前方作无限的延续伸展,是以获得空间广延。这也只是从坐标系出发作广延的猜想,它是非实证的,我所理解的空间的广延,不能只是从虚空的无限延伸去理解,而应该从实体存在的性质去印证。

世界事物普遍存在是以数的方式,一个二个三个,这样一个和另一个发生联结,无数个联结,彼此代替,这样便成了广延联结了。各种事物的传递路线实际是一种有序安排,不同的实际存在物之间便有广延关系的基础,A连B,B连C,C连无数,以至无穷,这些实际存在物无限广延地联结在哪儿,它们在空间,正因为这种无限广延的联结导致了空间的无限,我们是从实在物的联结关系中看到了空间广延性。实在物是一个区域联结另一区域,如此透视一个事实:这种广延关系是可分的,又有中介性,但它们的传递是合乎一致性条件的,例如基本粒子的联结它们以量子理论为依据。宇宙空间的物质联结便合乎四个基本准则,即四个基本常数。

在广延的周围集结着如下词汇:区域,间隔,线段,联结,边界,伸展,起源,发展,处所,界面,坐标,媒介,连续,无限,之间……

如此说来,笛卡尔认为,物理实体的主要属性是广延。我们是很容易理解的了。

当今之世,我们借助各种新技术造就了各种各样的物质特征,它们基本的联结便是广延联系。

在生命世界里,各种自然有机物,生物,及人类各种各样关系的有机联结也是一种广延联系。

在今天的宇宙世界和人类科技图谱中,物质据此被描绘成一种为之所用的共同体,使我们的空间关系复杂化,尽管如此,在这个空间图式里除了此种广延关系外,大概不会存在着任何别的重大的物质关系了。

广延并不外在于事物,而是揭示事物内部联结的奥秘。

但广延所揭示的空间性质只是一个方面,并不是空间概念的全部涵义。

一个事物产生,它占有另一个事物,我们这才发现物质具有本质深度的广延性。

凡所在之物,必须在某一空间。某一空间被占有,又说明世界肯定是物质的,实体的,质量的。

如果某物在这个位置上缺席了呢?应该在而没在,我们可以理解为空间的错位。为什么是错位呢?缺席的彼物不在此,那它目前应该占位了,在另外的位置上,而它目前的位应该是其他物的,如此推衍,一物错位,物物错位,形成了物质之间的矛盾关系。

本质上说应该是物质错位,为什么会是空间错位呢?那是因为物质的变化必须在空间位置上,而且是在恰当的空间位置,因为空间中有各种常数存在来维持一个空间的平衡关系,物质的错位破坏了该空间的平衡,使空间混乱起来,因而我们称之为空间错位。

严格意义上说,空间是非动的,它不可能错位,因而上述陈词仅仅是从空间效果上说话。

人的自我本质是虚无,是空间意义上的虚无。

空间概念古已有之,但只有在当代才被人格外重视。在空间的维度下人类感知有两个重要的基本点:静止与运动。在人类的认知里,静止是一切事物最基本的特征,即每个事物以个体出现,存在于那里,这是一个静止的感觉,事物要以占位的方式存在。继而人类发现,世界所有事物的本质都是运动变化的,必然产生空间的位移,仅仅只在于速度和质量不同而已。于是空间成了包容万物的背景。

动与静必须给出一个坐标的参照系才能在空间意义上被言说,由于近代科学的发展,新技术发现改变了我们的空间形象,从五官上说有视觉的(天文望远镜)、行走的(宇宙飞船)、听觉的(宇宙微波背景)、仿真的(技术上的各种替代品)绝对空间维度发现了三维,包括时间的四维,或者精确维度的330维,在几何特征上:欧里米德,曲章,拓扑,分形,广延。还有数字化,信息化,赛博等空间。空间质量,性质,结构,方法,内涵都有多方面突破性的研究。

今天我们认识的空间是一个无比丰富复杂的空间。一定意义上说,我们仅从认知世界里,一辈子也无法解决空间的全部问题,空间真正意义上已成为空间迷宫。这不同于传统中地理学意义的迷宫。

相应的现代科学中混沌,复杂,系统,协同,耗散,熵定律,非线性,人工智能,分子生物学等一切前沿科学应该都是空间科学。

物质与空间是一体的,又是二分的,既是绝对的,又是相对的。在传统意义上是说,空间永远是被给定的,无论是最大的宇宙空间还是最小的粒子空间,它们从宇宙一产生,空间便在那儿,现代科学技术改变了传统,空间也是可变的可以生产出来的,即空间生产。

最简单的例子有了数字化,信息化便产生了赛博空间。

空间生产这是一个人们始料未及的概念,应该说一切生产都在空间中进行,在21世纪时期尤其显示了由空间中事物的生产转向了空间本身的生产。

在数千年的文明史上,人们也许想都不敢想。

空间生产理解的困难是如何在给定空间新产生一个空间,这从逻辑上没法说,如果细致分析却是好理解的。

先说自然空间,一颗恒星的质量原为A,如它占的空间为B,但它成为超新星使其原有物质的性质改变,出现大爆炸,它的A增容,为无数A,它扩大的空间也就无数B了。你会认为它是抢占原有空间,不然,超星爆炸产生的宇宙空间使原本的宇宙膨胀更扩大。

这里我们要对增殖有一个新的理解,例如炭,有多少炭燃烧出多少能量这好理解,物质与能量等同,空间关系和物质总量等量。可是原子与离子在聚变中的反应就不一样了,它的能量空间远远大于物质空间,太阳的燃烧便是如此,如果使用炭,就是有无数个太阳大的炭也早就燃烧光了。而我们用8.3分钟在地球上享受的光和热在太阳内部走了1000万年,这个能量1000万年才有了直线距离的500公里。

因而我们不能想象我们的自然空间是纯一永恒不变的大小一致,它自身也在完成一种空间生产。仅仅在于不被我们的常识理解而已。

我们说当今之世正处在空间爆炸时期,特别是城市空间,这一点也不夸张过分。这时我们说的空间主要是双重意义的。一个意义是叠合空间,即中国的套盒式,无数复杂空间相互重叠,各具功能,它拓展了我们原来理解的单一空间,例如一个经济空间与信息空间交叉,这很好理解。这实际指空间功能的多极开发。另一意义说的是,假定原有空间质量为A,现在空间拥有的质量为双A,或3A。因而迫使我们重新认识空间的结构与性质。

问题在于我们所反思的是,这种空间增容是我们人类时代的福音,还是悲剧?

同理,我们人类使用高新技术时,到底是创造了空间,还是破坏了空间?这必须在我们立足长远以后再来回答。

空间是整体吗?当然。这样我们可以推论它是局部,是破碎也是整合的。

空间,对于人而言,它总是你的现实境遇。推论:那么空间是可以过去的,过去的时间痕迹在空间维度上留下了标志,例如文化遗址。

空间可以生产事物,与可以生产空间,表明任何的临界都有多面,空间与事物,生产与生产物,或者时间与空间都是整体中的不同两个面。

空间是一个对象,一个生产资料,是形式的,但它自身又是主体。有自足的生产机制,能自我生成,还是那句老话,它是一个独立的容器。可是当我们每个人感知空间的时候,这个空间均为我的空间,非我的空间是不存在的。为什么?每一个空间你去认知时,都带有你的观察视角,除非你的思维不去触碰它,否则空间便是如影随形。

空间是你的一切。

反过来说一句,你的一切均以空间形式呈现。

人生与事物同理,它一经产生,便完成一种架构,然后便是永远的在路上。这说明人永远在一个可塑性空间里,每个人都会生产设计出一个他认可的空间(也有事与愿违的,社会强加给他一个他不喜爱的空间),个人空间总是在自然空间、社会空间之中,但它兼有这两个空间的特征而又极鲜明地具有个人的特殊性质,因此我们可以说,个人空间,永远是最独特的空间,是个人综合的秘密空间。

个人用历史和现实塑造空间,如果他的一生没有空间意义和创新,他的个人空间会随他个人消亡而消亡,不会成为社会共享资源。如此说来空间也有一个自我消亡过程。

公共空间是一种社会空间,它是重叠复杂而又博大精深的,严格说来它是社会制造的产物,如大学、科技园区、商贸中心、工厂等等,社会空间有强烈的实践性,流动性,现代的社会空间基本已经网络化了。空间复杂而扩大,同时机遇概率增加了,风险危机也就增加了,人类会前所未有地感到空间的存在,空间压力。

空间在瞬息万变中异化。

空间以空间为前提,空间是互动的,它的能动说明了任何空间都是实践性的,所以容量不一定是空间的本质,空间的本质是运动。容量不过是空间的形式。

空间在自身证明空间。

我生活在何处?每一个人很简洁明了地回答,我生活在空间,但要回答在什么空间却是一件不容易的事。

不错,我们每个人都必须占一个空间,是稳定的,是均质的,是方位的。但每一个人不是绝对静止的物,生命是运动的,意即他的空间是交互关系的,延伸到许多他者的空间。我的生活空间也会随时发生差异性。这些社会空间部分是我努力索取的,部分是社会强加的。

在人的一生中,许多空间实际上是异质的,例如,一个人一生不会终其一生只在一个地方,他的地理位置多少会有些变动。这种地点变动一般说来都是创造的,房间则更是一种个性化的设计,因而我们说,我们生活的地理空间是一种虚构,是人生一次次的乌托邦设计。每次制造的都是真实情景。实际构成他的社会生活空间却是一种情景喜剧式的,是一个流动的,互换的。

因其人的空间有其虚构性,表明了它可能是一种创造也可能是一次自身毁灭。人只有在其走完生命历程时的反思才能看清空间的性质。我们到底是在光线阴影的变幻莫测中虚度,还是在各种关系空间的动作中完成了自己想做而又有意义的事情呢?我是和自我生存的空间异质化,还是保持了高度的融合性呢?

如何评价我们的空间,因人因时而异,但一般而言,个人重视内部空间的估评,他人重视外部空间的评估。

作为个人,最重要的是他的精神空间,这是他本体的品质。在认识空间里他想强调知识的贡献与作用,在审美空间里他想强调自己的艺术贡献(表现在艺术成果上),还包括他自我沉醉的梦境与虚构的世界,对所有的人来讲,这一生投入最多的仍是他的激情,欲望空间的自我挣扎。

现实世界是现实的,这个现实是指充满了价值、功利、荣誉、权力,每个人追求的是最大的获取,所以评判也是现实的,即看一个创造的现实的物质空间,例如财富、事业,包括可供享乐的空间。所谓人的价值最大份额化。

这种空间评估是差异法。

所评价的不是空间本身的纯粹性,而是物质对空间的占有份额,借空间份额再来证明人的价值。

空间和时间相比,空间具有无限风光和变化。

空间大到宇宙的包罗万象,仅在排列秩序上都是无穷复杂的,何况所有的物质均是动态的,它们在交互中产生无穷的异趣。引力作用使宇宙一切物质在线条上变化,优美飘扬,流动,和谐万变的宇宙之舞。物质运动,宇宙空间永远没有寂寞充满了喧嚣,它永远是一首激情澎湃的交响曲。宇宙之光,有了光的变化产生出无穷复杂的色彩变化,仅那些庞大的黑色层次变化就让人类束手无策。蓝色呢,天体蓝色,光波中的红色,紫色,灿烂,斑驳,清丽,晦暗没有人可以模仿(宇宙的声音,色彩,运动线条等等所表现出来的极限,人类永远无法达到,因而实际空间又引起我们对创造的怀疑。无论何种创造都无法超越实质空间所给定的)。

空间的极小处也是无限丰富的,在显微镜的超微拍摄中其光辉灿烂绝不亚于宇宙空间的大物质。那种奇异的对称性,在最小尺度内的精美,严密,它远远超过了人的想象。其色彩,声音也是奥妙无穷的。它们几乎是用语言文字无法表述的,因为最近的量子理论是飞速发展的,语言文字几乎还是保持古典的姿态。

个人的心理空间也是包括万有的。比较而言,它比实体空间有更多的创造。原因在于我们在认识实体空间的时候它远没穷尽,它比我们认识模式不知丰富复杂了多少倍,它永远是人类无穷开发的领域。

纯粹空间是无限的,人类对它的认知也是无限的而不可终极抵达,或许我们的认识已到了一个高级阶段,也有可能我们认为的高级阶段却是一个初级阶段,甚至在千万年以后又可能被证实为一个错误的认知。

人类的认识因生命而短暂,它是有限的,无法用有限去追赶无限,但我们的精神领域里的创造却是无限的,打开想象的大门,它允许我们对空间做无限超越的思考,对现有的追问,质疑,对未来做越超性想象,在没有中制作没有,在想象中创造想象,精神的灵泉不是浇灌实体空间的高山树木,而是催放心灵空间的芳草嘉卉。

敞开幽蓝光辉而神圣的空间,让梦想去遨游,它置身于宇宙静止的时间中,却迅跑在宇宙透明灿烂的空间里,把我们的躯体溶化,让灵魂飞升,世界空间与我们仅仅是大脑天才智慧中一次不经意地点击,是我们四面八方的奔涌而去,拥抱了无限空间,也创造了无限空间,我把它炸成了充满了宇宙的碎片,拾起每一个微尘微粒,宇宙在我意识的深处重新组装,盛开一朵无比奇异的花,散发着亘古未有的芬芳香息。我创造,我创造空间,我创造没有。

空间不是存在的事实。空间是存在于我的事实。
我的创生,生命是一朵花,散发美丽的时候,花是全部空间世界微缩的细胞。我灭亡,空间则是我无往而不至的一个墓地,墓园的存在和消失正好是宇宙空间的一个大比喻,因为空间也是一个生命。
人生在行走,只是在空的空中行走,因为他永远是在一个舞台上,上演的仅是私人剧目。让他影响公众的时候都在谢幕之后,那儿已是一个公众空间。

中国的古人真是很伟大。最早提出宙合,它探索的是宇宙的结构。我细心地顺着古代的空间路线寻找,发现古典的政治、历史、宗教、哲学、文学无一不是关于空间的。仿佛他们不是站在一个空间里存在,而是所有空间都不得汇入他们的思维。道可道,非常道,道生一,一生二,二生三,三生万物,这是什么?这是关于空间的,而且是几何特征的。佛教的轮回呢?也是找两个空间,绘制一个乌托邦的理想彼岸。儒家呢?儒家更是一个社会空间的假设,更有意思的是,他的社会空间制造居然主宰了将近两千年中国社会历史。和合是什么?是两个分立的空间怎么融合。在儒家那儿基本上是一个关系的社会。
庄子一生都在他自己创造的虚拟空间里活着,庄生梦蝶,羽化而仙。表明了他对实体空间的批判。

关于空间,我们把大量的研究放在空间的概念上,其实这是个错误,应该把全部力量放在我们对空间经验的开掘和体验上,对一般人群而言,空间,应该是空间经验的表述。
空间经验是最欲望化的表述,例如婴儿,你把他放在母亲怀里,他最自然的是去寻找母乳。作为一个孩童,一头牛羊,一只鸡和鸟,它们最自然的是找到自己的窝巢,生物的基本本性首先是在空间上,是空间的处所意义。

这就是人类从童年开始起,便孜孜不倦地寻找的家。外在于家,内在于归宿,都是空间意义的,topos 在希腊文中始初便是位置和处所的含义。

空间是个很准确的词。它是一个人类最原始的意象。例如最早的家是洞穴,洞穴最明显不过的是空间性,家,家是什么？是房子,房子是一间一间的,指空间。

如果一个人找不到家,实体意义和精神意义上都找不到家了,那表示他是一个双重失落,如果在这个空间里失落了,人便是迷途的孩子,需要指引和领导,因此而产生了宗教,宗教在终极意义上便是指引归宿。

空间经验大而化之为：处所经验。如上所述：家的基本经验便是如此,这是空间最基本的经验,因为人要求把自己放置在一个地方,尽管这个地方是移动的。虚空经验,表明实体已空,这是一种缺失经验,表明原有,或者想象中有,却变得没有了,这本质上与空间的最大和最小同质,它也最能引起人类精神上的空间感,虚无的共鸣,是形而上的,最能作用于人文社会知识。广延经验,这是认知事物的必要途径,万事万物必须先求其形态上的认知,即它占有的几何空间,然后才是质量认识,例如你找各种事物的相互联结,于是无穷事物的无穷空间也就出来了。分析现代网络经验,这是一个交互空间,重叠空间,也是一个互动空间,任何一个空间机制都能影响整体空间,所谓牵一发而动全身。现代空间具有多元性,它最能显示其空间之中的类似问题特点。空间经验是认识的结果,有直觉的和理性的,认识途径不同体验感受也不同,因而对空间的处置方式也不一样,处所揭示的是物物之间的关系,虚空是独立于物外的可能存在,广延是物自体和物的分离与组合,网络是物的交互渗透空间的互动特征。这四者仅是对空间经验的抽象而言,而人对于空间的感觉是千差万别的,例如有的人恐高,有的人喜欢坠落感,有的人喜欢阔大,有的人爱穴居,而有的人一辈子生性流浪。对空间经验的感受反应是本能的,也是社会伦理的,不可一概而论。

建筑是什么意思？是在虚空部分构架一个实体。这个实体有造型,设计,包括这个实体内部的空间。比较而言,建筑外部是审美的,内部是实用的。建筑设计是对实体建筑,是构筑实体物,但注意一点,它在人们脑子里造型的却是参照外部空间特点,或者相邻建筑的比较而构设的一个创造物。建筑反映的是设计理念,而创造物却是虚构。

建筑无论从何种意义上说都是一种空间创造。

科学上许多空间设计,包括运载工具实质是以空间为空间的目的。人的行走,物的信息传递,鸟的飞翔,从此地于彼地而发挥作用,从局部而言,它是移动空间,移动空间的目的,在于使彼此不相关的空间联结起来。

此于今天移动空间往往是功用性目的性服务性的。

纯粹空间并无意识形态。是均质的纯客观的。但是当社会空间产生以后,空间的意识形态便得以强化,社会空间中各种事物是分立的,有层次与等级,而人与事物又是千丝万缕联系着的,这种交互关系会产生各方面的利益冲突。人类的这个发展空间已有千百年了,各种矛盾斗争均已出现过,它沉积了各种各样的文献、历史关系,这包括物质和观念的遗传,也就是说,过去已流逝的空间依然能影响今天的空间,而且在各个不同层次发挥作用。这样便于我们产生关于形式空间的科学,而对它的研究方法也可以是多种多样的,如几何的、经济的、数学的、物理的、精神分析的、系统结构的等等,今天的空间研究可以深入到一切微观领域,例如权力空间、欲望空间,从实体空间到虚拟空间,从物的空间到人的空间,在知识领域里大到学科体系,小到话语结构均可以作空间分析。空间忽然变成了一个精灵,在万事万物中穿行,渗透到一切事物的本质。

一切都在空间中,也可以说空间就是一切。

自 由 诗 学

什么是自由？如果一定要回答，自然便是自由。它的含义指一切自然世界的存在，所有的事物存在都是自由的，合理的，它不能或缺。自由还暗含自然世界中一切自然的生长与存在。自然的成长便是按自己本性的成长。

因而世界的事物一经出现了，自由也就存在了。日月星辰，高山大河，包括那些自然生长的花草虫鱼，它们是自由的。人出现了，人也是自由的，但是，所有的生物世界只有人明白自由，并把它铸造成一种人类的传统。

自由不是名词，不是标记，不是广告。自由是一种生命运动的过程。

自由是一只飞翔的鸟，这并不是说鸟象征着自由，鸟没什么象征的，它是一个生命。自由是它的飞翔。

只要飞翔的方向是任意的（空间失去对它的辖制，便可以去任意的地方），飞翔便是自由。可见自由是一种任意的行动。

有耳朵，声音是一种自由。有眼睛，光线是一种自由。有手脚，行动是一种自由。有口鼻，呼吸是一种自由。

自由是一次临空的飞翔。

不允许飞翔，剪断它的翅膀，自由和飞翔一同死亡。可见使用工具便可以把自由打倒。于是自由变成了人类的梦想，因为上帝造人时不给他飞翔的翅膀，自由在诞生时便被永恒的剥夺。

人拥挤在一起，生活在互相监控中，任凭谁也不能在真空中潇洒走一回，于是自由是你昨夜一次美丽而朦胧的梦境。

自由者必须有个人的独立空间。

只有飞翔才能找到他个人的位置。

自由的根基是什么？第一个要求是人及一切生物拥有本性的生活，这种本性生活是自由的。自由即快乐，人类最早的快乐是歌舞，是游戏，是性，那是最人性的自由表现。自然即自由，自然界规定了它的生物法则，所有的同类都自然和谐地居于自然的大家园，自然界一切生命都是平等的，一切生物都在自己的位置发挥作用，因而自然界的自由是自发的（只是因为自然界的灾变和矛盾改变了它，是人与事自身内部的冲突影响了它的性质），自由是泥土里生长出来的植物，自由是空气和阳光赐予的生命。

自由的根基是什么？是自由本身。

自由是一切生物的根基，同时又是人类生存的一个目标，它是一个抵达的概念，这时候自由又是一种欲望。

自由是一种天性（均指物质界的一切），也是一切生物的本性。人类最早注意了它，进入了思考（每个人都愿意放纵轻松而不受拘束）。这就有了自由意志。压抑是自由的对立面，自由得不到实现是阻力造成的，人的天性得不到自由发挥，不能伸张只好退守到压抑状态。我们可以看到一个重要区别：自由是内在的本能，压抑是外在的制约。

自由意志生来具有。它决定了人的行为，你想干什么（除了理性思考的规定之外），最自由的是人的直觉决定了他干什么，人的直觉决定是和他本人的爱好、能力、习惯意愿相结合的，于是人干什么，实际上是实现他自己的一种完成，他成为他自己那个样子，最根本的是他自由意志的规定，任何外在力量的改变都会形成压抑。

自由选择总会和环境产生矛盾，遇到一些外在的力量，人在环境的一切关系中冲突与融合形成了他的文化人格。

选择便意味着丧失自由的基因。

（选择一词，即指个人自由的时空维度改变。这表明了环境使然。所以，自由也不能绝对决定个人的选择）

自由最有诗的质地，自由的本质充满诗的美好，这就是自由的诗性。自由是一个人由衷的梦想。人类始初，自由便生长在人的生命里，铸成自由的基因，那是一种自然氧，只有这种自发的、无拘无束的自由精神才是一切生物梦想成真的自由乐园,因此人类的自由是本性的也是诗性的。

一切自由都是和谐的,也是美丽的。

自由是和平的根基,和平是自由的保障。

寻找自由,意味着自由在某一个地方,是一种期许,一种梦想,一个目标。可以寻找的自由,表明了自由是无限的又是可以捕捉的。人是自由的贪婪者,在你获得某种自由之后,又追求另一种自由,可见自由是一个永远也不能抵达终极的地方。

自由不是一个对象,我们无法对它进行确定性定义。人和一切生物均有各自不同的自由。如果要更深刻地去认识自由,自由恐怕是一个问题,是一个由此而引发的又期待解决的问题。

以为自由可以抵达,这是把自由作为对象,那只不过是人们天真的一次幻想。

自由作为问题,自由便永远在解决的途中,每次对自由问题的破解都会在自由的网络把自由推到另一层面。

自由也是一个审美活动,任何一个自由活动都充满了快感体验,快感在自由的领域里驰骋,美便自然地产生了。

现代自由需要保护,可见自由的脆弱。最容易受到伤害的是自由,一切社会自由都是有条件的。我们现在的时代是技术的,信息化的,是经过漫长物化了的时代,每一个人的行为与他的环境相连,没有绝对个人的独立行为,个人的独往独来、天马行空那只是发生在古典时代的英雄梦。现在的时空有两个极端的东西改变它的性质,一是交通的现代化,一是信息的现代化,它使人们的一切行为方式在交往过程与它者发生重合,而且是瞬息发生变化。你只要行动,你便占居空间,这表明个人行为有了更大更开阔的时空网络,也表明了它有了更多的限制,带有更多的信息使自己处于被监控中,自由于是成为了矛盾体。个人可以更大限度地发挥自由,同时又极容易受到干扰,自由在获得与丧失中瞬息间便改变它的性质。

自由是一种常识,人们经常对常识熟视无睹,例如眼睛是最自由的,除了黑暗滑到它不能去的地方,光明所及,它都能到达。送眼睛去自由的地方,万里蓝天,极限深处只在瞬间的一瞥,无边风云,都是过眼的云烟,眼睛最是抵达自由极限的地方,只有黑暗对光明的扼杀,自由会因此而熄灭。

没有谁垄断空气,空气是自由极致的讲述,对一切生命而言呼吸是它的根本,没有生命,空气只能废止在无尽的旷野上,所以自由因生命才美丽辉煌。

欸乃一声,对着长空大地,把自由用语言去传送,天空飞过彩色的词语,溅落下来的仍是生命的牢笼。

有了色彩,自由才是绽开的花朵,缤纷多彩不是人生的一种点缀,人不会去伸手拿到自由的色彩,你的身体便流动着色彩的河流,七彩人生其实就在你的双螺旋带上,自由就是那螺旋内的基因。

一切生长都是自由的,这有生命作证。阻碍生长,那自由便会散落在泥土里,被寒冬所埋葬。

如果把自由放在一个地方,只有空间最合适,空间是无限的,在那里自由可以放纵地想象,由此,空间是自由的唯一裁判。

用时间的标尺检验自由,自由一定是短命的,当时间放自由通行以后,每一个生命便用有限宣判了它。

外部自由是社会自由。自由有了属性,那是社会预先提出的一种功能。由于社会形态的差异,人的自由发挥便有很大的不同,这是一定时空位置上的环境自由。

外部自由与个体选择相关,选择的理念不同,对待环境自由的差异也就大了。同时个人的智能差异不同又决定了获得环境自由的差别巨大,因而外部的自由是差异自由。

外部的自由归于自由主义范畴,是一个社会理性问题。

外部自由与先天自由、后天自由关系微妙且复杂。一般说来,先天自由是人性的本能发挥,外部自由是他者的赐予,个人自由如何在外部自由中得到充分发挥,实现个人的最大价值,这由个人和社会理性的最佳通约而实现。

　　外部自由也包括自由选择:我们做我们自由愿意做的事,发挥自我的潜能,个人价值得以实现,即个人自由化。但个人自由总是与外部自由相矛盾的,限制与反限制由此而产生。我们做我们愿意做的事,这里含有社会公德的要求。现代生命一开始便在一个社会公德教育中启蒙,使我们的行动在规范里获得认同(这暗含现代的个人自由中已含有隐性的限制,尽管个人认为是自由的,它实际已含有社会自由判断标准)。是它影响你的理念与意志,于是你的选择是道德自由的结果。天才,叛逆者,专制,邪恶君主,极端的个案都是如此。这也是外部自由的悲剧。

　　后天自由是环境的,是一种赐予。所以它是相对的。一定意义上说它是一种文化的规约。后天自由的前提,社会自身有一种规范,一种道德,一种审美(暗含一种隐性权力的制约),是它们对人提出要求,人去适应它,所以后天自由是有限的自由。

　　天才有绝对的自由意志(一个人的智能决定个人自由的程度),他用自己的天才(智慧和知识),完成对社会的征服,于是他获得了超出众人之上的权力,于是他拥有了更大的自由(智能低下的人能获得自我的自由,但无法获得社会的自由)。后天自由只给那些理性的人(指有智慧有知识又具有超常能力的人),他是一套策略的实践者,他的习惯,他的摹仿,他的见识,是在他失去个人部分的自由而去获得更大的自由,例如他透析一个社会,去适应最后去掌握它,因而社会便会在他的股掌之间,毛泽东,拿破仑便获得了这种巨大的自由。

　　自由分身体的自由与精神的自由(或称外在自由与内在自由)。身体的自由是关系的自由,它在社会体系人际关系之中;精神的自由是沉思的,是宗教的,是思想运动的结果(个体思想活动),只有精神自由是无条件的自由,信仰,信仰自由是个体的决定。人处于被保护并带向和平,这是人身体的自由,法律便是用独特的规划来保护自由的。

　　自由。只能是人的自由,意指一个人按自己的思想和行为方式去活动而不受到干预和限制。相反,应该受到承诺与保护。个人的自由很重要的是包括他不得对他人奴役,否则永远不会有真正的自由,社会最大限度发挥你的自由又适当给予限制,可见社会自由是一种有条件的自由。

人,生而自由。组织家庭却是不可选择,父母与文化是前提性的规定,这说明人的出身是不自由的,可见个人没有绝对的自由。

自由是生命生长的权力。

个性的自我引导,便是人性的自由发挥。社会,社会应该建立一套个性自由发挥的保障体系。自由需要保护。

自由:即免受限制,免受束缚,免受他人奴役,这是自由在向他者规约,自由胆小而脆弱,成为他者的赐予。

伯林把自由分为积极自由与消极自由(肯定自由与否定自由)。积极自由指理性的自我决定而自主选择,控制自己的生活,他人不得干预(他者限制也没用)。消极自由是在二者不可得兼的状态下,选择不受别人妨碍干涉的权利。

按照至善的原则,人的自由便是对善的追求。

如果社会是恶的,人的自由便是对善的追求。

如果社会是恶的,那么自由便是一种伟大的斗争,在奋斗中完成对善的目标的追求。如果社会是善的,在和谐共存的社会环境里善已实现,那么自由干什么呢?它得完成更高的理想、价值、公益创造而存在。无论善恶,自由均不可以停滞,因为自由永远是一种行动。

可以肯定,自由带有浓厚的乌托邦色彩。从历史与现实看自由,自由从来不是自发的存在,自由的社会也不会先天的存在(即使经过无数人努力的理想社会),对于个体自由都是以血的代价而取得的。所以,自由总是成为多元价值、多重冲突之中一种不妥协的选择。

性是自由的产物。性的和谐与快乐也是自由的和谐与快乐。我所言的性自由是二者自由的组合,只有二者自由的性是快乐的,是最高的享受。性也可能是专制的,那一定是一者对另一者的奴役,压迫,而一者是屈从,被迫的。从精神变化的微妙状态,强奸均指向男女双方,性的专制指形式的外部的方法上。性的专制同时指向个体内部,一定文化规范的内在精神压抑,即你要遵循一定的道德准则。

性是最本性,最本能的,它是发自灵与肉的自由,这是性的本质,一定意义上人和所有生物一样,性是自由组合的自由发挥的。任何进入社会状态的性都以牺牲部分自由为代价,理念、价值、功利都潜在地牢笼着性。居于现代社会,性的真正自由也许已成为一个乌托邦。

自由,无论个人的自由和社会的自由都是一个复杂的问题。个人自由除了精神因素,还是一个由物质引起的外在问题。它必然涉及政治、经济、文化、社会等与之相关的一切人际关系。

物质社会(包括技术信息社会)一个人的自由最终还得取决于经济。这是因为自由必须是行为的,个人的行为自由成为一种生活形态,支撑这种形态的是经济,它关涉个人的衣食住行,即使最简单的生存也是由经济决定的。

一个人获得经济,在现代社会里正常手段获得相应的经济已经很困难了,或说他以经济而获得自由生存是不可能的了,现代社会的经济是竞争性的,一定经济的获取经由许多意想不到的环节作用,例如广告,时尚。所以经济在劳动产生时已经有许多剥削的环节。

一个人全部身心地用于劳动获取经济时,那他便把自由交付这种繁重的劳动了。

自由已成为一个社会问题。一个最民主的社会最伟大的目标是保证他的子民获得最大的自由。如是,社会最重要的乃是保障它的成员公正公平地获得他劳动能力的报酬,并以契约规定,或法律文书保证这种公平的获得(并不单指保障他个人已获得的财富)。社会保障的是一个劳动过程的公正性,廉价的劳动只保证了富人的发财,这样大多数劳工在劳动中是被剥削的,因而他便丧失了自由的可能。

民主社会最重要的份额始终都是站在劳工的利益上制订政策措施,因为劳工是社会永远的大多数。

专制的腐败,并不全指一个官僚贪占了多少社会财富,而是专制社会所保障的是官员及少数富人的利益,是他们侵占社会总财富的绝对份额,这是专制保障少数人占有多数人的极大财富,多数人贫穷了,他们在一系列的被剥削过程中,自由被剥夺得干干净净。

一定意义上个体的剥削优于集体的剥削。假定200人的劳工在为一个私营老板工作,一个老板的占有和200人的比例,社会规约了劳工的利益,那么200人平均获利一定优于另一种情况。假定200人的劳工在为一个集团服务,这个集团实际也只是部分官僚的利益,那么200人是为另一个团体贡献,他的付出的利益越大,而200人平均获利会更少,因为这是一个集体的剥削,这是一个养活一个人和一个团体的问题。

这是专制借了集体的名义而对大多数劳工的剥削。这里也许隐藏着专制扼杀自由的经济秘密。

历史的自由,应该叫自由主义,它与一切社会因素相连,还有,它与时间的绵延相关。

内在的自由,它就叫自由,它是心灵自由流动之物,它仅尊重个人自己内心的规约。

内在自由,即思想灵魂的自由,它与经济是矛盾的,它也许受经济的影响,但它绝不是经济的赐予。内在自由之源来自人的本性,或者是宗教信仰的给予,还有是一个精神的自由的寻找(思想理念的自由表达)。一部自由史记录着无数关于自由的神话与传说。

个人内心的自由与自由史无关,它只创制个人自由的神话,一个富翁和乞丐各站在经济的两端,从内心的自由而言质量层次并不能有本质的差异。自由所宣告的是个人灵魂的独白,同样都是对世界的自由言说。

自由是一支飞越山川河流响彻行云的歌,这支歌从生命的深处发出。自由与生命是一对不用思考的关系词。任何生命都是自由的,而自由的表达必须是生命意义的。自由这支永恒生命之歌从摇篮出发唱遍天涯海角,它发自生命归于生命,所以不自由一定是来自外部的侵犯性行为。

个人生命播种许多自由的种子,它奔涌着自由红色的血,血一经产生便在体内自由奔涌,虽是无声的流淌却表明灵魂在呐喊,它是肉体最自由的收藏,在开合的心脏里形成一种生命的伟力。

呼吸,也是生命的自由。它是沟通人体与自然的生命通道,吐故纳新,表明人与自然不断交换新的东西,呼吸给生命提供自由氧,这样生命才得以常新。自由在生命体犹如血液与呼吸,在永恒不断地钟摆,它在时时刻刻地交换,把自由转换成一种生命意志。

所以个人是不能阻碍自由的,因为扼杀自由便是扼杀生命。

自由是一个动词,永远是。它不能静止,静止的自由是死亡。自由要奔涌,要升腾,要行动,自由在行走中,它永不停息地行走,去一个叫自由的地方。它还是不能停止,自由没有中途,永远只有下一个目标。

我们可以拿生命中的任何东西去交换(例如某个器官或脏器有故障时可以替换,你还可以贡献你的血液),唯独不能拿自由去交换。送走了自由,交换回来的只能是死亡。有时拿生命去交换,换回来人的尊严、正义,其实也就是换回来他的自由,灵魂的自由。

自由不是达到某种目的,因为自由是最高的目的。

自由也不是从哪儿来的,而是从这儿出发,一经上路便永不停息地奔赴生命的终点,自由停止了生命也就停止。

自由是一颗种子,它播撒生命的全过程,根茎花叶都是自由最美丽的绽开,只要有了果实就表明自由真正成熟。

人类自由产生于何时?它产生于人类生命产生的同时,只是那时人类还不会给它命名,据说它的命名在2460年以前,那说明真正享有自由时人们并不知道。有一点可以肯定,自由出了问题,即自由受到了迫害,人们便开始寻找自由,真正的自由是古老的,而寻找的是新的自由。

有了专制的压迫,才有自由的反抗,可见解放一词只针对自由而言,梭伦是第一个宣布解放自由的,从此以后便有了关于自由的斗争。

自由是由专制而引起的。

现代自由业已成为一种知识。始作俑者恐怕是那个叫哈耶克的英国人。他对自由做出了巨大的贡献,把自由阐释为一套繁复的知识,构成一套体系性学问。他研究自由从一个出人意料的地方开始,研究无知与有知的关系,并创造了两个核心术语,自生自发的秩序和组织的秩序。在他的旗号下还有两位自由的巨人:罗尔斯与诺齐克。他们为人类自由做出了巨大贡献。如果一个人要博大精准地掌握自由的武器,那就要航行在早已开辟的那条自由的河流去皓首穷经吗？不能，自由不能仅是一套关于自由的知识，自由是最自我的赐予。如果一个人要去强制自己做什么，为自己找难度，搞别扭，或者为一个伟大的目标，他就无法获得个人心灵的自由。个人自由的产生，首先要放松自我，使自己轻松愉快，让自我的本性随意发挥，这是一种自发的自由，当然也有一批为了自由而产生的自由斗士，他们是牺牲了个人自由而去服从于一个社会自由。

（个人自由如果是在目标和理念的形意符号下，那必须做到自己各方面智慧能力的最佳发挥，游刃有余地去实现自由的目标，而且一定是个人自由意志的最佳体现，否则那便是牺牲自由而换取另一种自由）

最伟大的艺术品从精神和形式都是自由的，是个人灵魂最自由的表达。也许艺术的自由是一个悖论，我们知道任何艺术品都服从于一定的艺术规范，所以，没有一件伟大的艺术品是完全自由的，因为艺术必须有限制，有它独特的规范。一般而言，任何艺术都是控制的艺术，失控也许就不叫艺术了。所有的艺术都有一个形式的规范，形式是自由的牢笼，将艺术囚禁在一定的范围之内，所有的思想精神必然是自由奔放的，这样艺术便被置于一个放纵与控制之间而构成艺术的辩证法。

自由，自由主义，谁第一个写下这个单词？在什么地方准确表述？使它成为一种思想、一种理论而发展成为一种系统制度，恐怕考古学也无法精准地完成。它恐怕要成为人类历史中的一个谜。

因为林肯说，我们宣称为自由而奋斗，但是在使用同一词语时，我们却并不意指同一事物。当下有两种不仅不同而且互不相容的事物，都以一名冠之，即自由。

自由主义一定发源于个人主义。由个人追求自由，摆脱束缚，极大地发挥个人能力，借个人力量去完成巨大功业，是个人能力的社会实现。个人自由的实践，使自由主义者看到由个人实现某种目标的可能性，再实践，扩大成为一种社会可能性。

个人主义不是个人的发明创造，是个人能量在长期的社会实践中一个积聚的过程。个人欲望的外化在社会实践中的成功导致了个人主义，据西方文献考略，第一个系统讨论个人主义的是霍布斯，因此，他就成了西方自由主义的一个代表人物。

什么是个人主义？首先，从个人尊严与权利和个人的自由意志中推导出社会政治生活中的权利与义务。另外，有宗教中人生而平等的信仰，视所有的人都具同样的道德价值观，每个人都有自己的尊严，并保证他不受到侵犯。

个人的自由意志，绝对是先天的，不以条件和要求为标准，不是一个理性思索可以解释明白的。可以这么说，是人的自然权力、人的绝对自由意志创造了人类社会。

解放是什么？解放是束缚之后的一套策略行动，是它打开自由的通道，没有束缚与自由的对立，便没有解放。

解放一定是对原有规范的破解，但解放之时是引来自由女神，还是又请来一尊专制的恶魔？谁也不能在解放的那一刻起预先回答，历史证明，解放也是个悖论。

自由是一种飞翔，是一个人的精神在飞翔，个人的想象在飞翔，然后他的灵魂才得以最后的自由。艺术家最重要的是只有获得这种飞翔，他的双翼才能无拘无束地拍击自由的天地。凡属从事精神创造的人，你给他一个支点，他就能将星球撬动（只要自由的翅膀不被剪断，飞翔便不会中止）。因此自由是一个凌空的精灵。错误！这是人类一个美丽的幻象，作为人类没有发生在星空中的自由（科学除外），自由从来只发生在地面，但它根植地下而生长出来的飞翔，原来自由也是有根基的，那是泥土的根基，生命的根基，正如云中的自由终将化为雨掉在现实的地面，云便是地下长出的自由。

自由也许是一个美丽的谎言。因为所有的自由都是对限制的反抗，可见限制也是先天的存在。可见自然界一切生物的自由都有它的天敌，自由来自自然的馈赠，又来自自然的限制。

阳光和雨露均是自由的，它创造了生命，一切生命自由地生长，那是上天的赐予。所谓不自由是后天制造的，也就是说生命成为生命形态以后所遇到的阻力。

（生物链中一个生命吃掉另一个生命，谁扼杀了它，凡属生存都在威胁到它者，循环观之，是生命扼杀生命，自由作为谎言也参与了这种谋杀，只不过人类是在创造自由的名义下而屠杀了自由，最后，最后是人类惩罚了自身）

如果自由只是一种飞翔,我们只要给自己与时间和空间。

在时空的殿堂只要虚无(倘若加给了它许多物质的奢华,自由的负担太重,最好的自由也会坠落了)。

对自由,我们千万不要相信那些伟人与智者的话。他们的自由是一种知识,一种经验。他们的自由是他们的行动,他们已经行动过了,他们获得了自由,是完成的过去时,自由不可分享。自由是你的一次自由行为,一种体验。

自由是一种知识,那便是认识的对象与讨论的结果。自由于是成为一条认识的河流。

据说自由思想始于小亚细亚的爱奥尼亚,色诺芬和斯多葛派播下自由的种子。"自然法","罗马法"用自由的精神照耀他们的后代。在自由的旗帜上,于是写下了一长串名单:伯里克利,西塞罗,莫尔,霍布斯,玛西留斯,马基雅维里,斯宾诺莎,洛克……到了1810年西班牙议会有了自由主义派别,1816年托利党人首次使用自由主义术语。我理解自由主义,只是把自由作为一种知识来讨论,从此自由成了关于自由的一套元理论学问,自由这时真正成为问题。

自由是个人心灵的自我认同。自由是个体灵魂的自我实现,自由不能永恒囚禁在躯体的寓所。关于自由,始终都转换为自由的思想表达,自由的行为实践,否则自由永远只是一个写在纸面的词汇。

自由主义并不是一个优雅的招牌,但在它的旗下却汇集了一些杰出的天才。政治自由主义最源远流长,它强调的是争取个人政治权力,建立一个民选的政府,在西方实行代议制民主,这是霍布斯、洛克、贡斯当、密尔连缀成的自由主义路线。经济自由主义始于洛克的财产权理论,真正开始于亚当·斯密,由英国的功利主义曼彻斯特派发展。自由经济理论转变为经济政策,讲的是政府应该以何种方式介入经济活动。强调社会经济与财产权利,经济个人主义与自由企业制度。社会经济性质是私有财产与市场经济,强调一系列个人在经济活动中的权利。社会自由主义以伯林为代表,关注的是社会政治中的重大问题,如正义,弱者生存,关涉的是自由主义最本质的含义。政治哲学自由主义是罗尔斯,他建构的正义论基石是原始状态与无知之幕。假定人在原始状态下对自由所处的社会环境绝对无知,他才能作出最公正的选择。而社会相应地遵循平等自由的原则和差别的原则。这样最少受惠者的最大利益,在公平竞争下职务和地位向所有人开放。从而使社会民众的最大公平自由得到保障。

在自由主义的墓碑上将永远镂刻着这些杰出的精灵:卢梭、密尔、拉斯基、波普尔、伯林、阿伦特、哈耶克、霍布豪斯、B.伯里、约翰·格雷、奥克肖特、孟德斯鸠、托克维尔、休谟、柏克、诺斯……这是一些自由飞翔的精灵。

西美尔对自由有一个深意的表述:自由就是在对事物的占有中清楚地形成自我。如此看来,自由不是一个高雅的装潢,它是极物质主义的,自由是世俗的,因为它以这个世界绝大多数人群的利益为准绳。

自由也要敢于舍弃物质的追求,包括你已经占有的物质利益,也许你会认为他是为了更高的占有,但他的占有不是为了物质,而是为了精神上的某种实现。真正的自由思想,我看不到它物质上的功利追求,例如一个艺术探求者,他一身的自由都在他的艺术品创造上,甚至终身穷困潦倒,高更和梵高就是极端的例子。

自由永远是在路上。万里无垠的远空,只有日月星辰长风与行云,人只有视线在中间游翔,或者借助飞机、飞船去外空做一次寻找;浩瀚无边的大海,只有绰约的海岛,在没有岸的波浪里你驾着风帆远航,水迹扑湿你手纹中的感觉;广袤无际的沙漠,长风掀起金黄色的沙浪,一望无涯中哪里是绿洲和胡杨林,也许只有骆驼能对巨大的沙漠作一次浪漫的穿行。自由在蓝天、碧海、沙漠之中,谁去做一次自由之旅?那里以生命作为代价。只有人理解向死而生的秘密,才能勇敢地走向自由。所以人的自由是向自己的极限挑战。

第一次认识自由,是在童年的摇篮,那时的自由是幸福的睡眠,有母亲的保护,自由在摇篮里长大了。原来自由的脆弱是因为它始终处于被保护中,自由还要去行走像鹰那般搏击长空,像帆那样乘风破浪,像骆驼那样不屈不挠地去长途跋涉,上路吧,前面才是自由的航程。

自由,就是那潇洒地走一回。

在漫长的读书生活中,我总会去注意那有关自由的点滴,春柳岸边的沉思,夏凉如织的槭树下卧看流萤,秋月里仰望星空的远眺,冬雪飞舞时伸手一把危岩险峰,自由在365天的空气里化为盈怀的情思。我发现自由是一条长长的河流,你永远不要企望把自由读完,不小心你会把自由点滴收藏在生活的皱褶里。近两年我总在寻找自由的经典,在北京找遍了书店也没找到约翰·密尔的《论自由》,那是自由的经典,一般被视为自由主义完成的标志。他的两条格言:个人行为只要不伤及别人的利益,个人便不必向社会负责。另外个人如果损害他人利益,个人便应承受社会法律的惩罚。我印象中读过这本黄色的书,却怎么也找不到了。

2002年12月我去南方参加笔会,在岳阳整理我分离快20年的近万册旧书,前妻从宜昌调岳阳,搬家途中掉了十几麻袋书,如今只有七柜书了。刚好把我的哲学、政治、美学和社会学的书弄掉了,许多古典书也成了残卷,天下事竟那般巧合,康德和黑格尔的大部分书都丢了,政治学中单留了一本小册子《论自由》,仅仅只是再次阅读中寻找一些体验与感受。我曾让王俭印和叶子满世界找这本书,它竟在前妻床下的一堆废书报里。偶然真是很伟大。我是一个俗人,面对偶然只能叹欷。

我现在几乎和这个专制没有关系了,成了一个地地道道的自由撰稿人,甚至和世人也很少联系了。我自由了。但是任何自由都有代价,我的代价就是我得重新为生存而奋斗。自由按基本义指人事在一种没有阻碍的状态下,个人按自己的意志活着,自由地去做自己理性认为最有利于自己的事。然而,在一个现代信息技术的时代,一个普通人能按自己的意愿活着吗?你愿意写诗,他愿意画画,我愿意写小说,它能养活你吗?即便小说可以养活我,它能让我按照自己的意志去自由地写作吗?

自由人,据说就其力量和智慧在事物活动中能办成事而且是自由的行动(试问这个时代有人能不受到社会和个人的阻挠吗),如果不受阻碍地做我自己愿意做的事,或者仅仅是按自然状态而存在,在当下的社会语境里行么?

我吹吹洁白的云彩,伸手摸摸蔚蓝的天,长喟一声,自由仅是太阳羽翼下的一宗神话。

行动自由和思想自由于个人而言,应该是思想的自由容易实现,这是一个人在脑内自己实现的事。其实说来也不一定,如果在专制的语境下能荒唐到不准思索、不准言说,何来思想自由?不仅如此,因为思想的禁锢,愚民政策之下人没有思想了、麻木了,可见思想也是可以被囚禁被奴役的。行动自由一般与物质相关联,因为它不仅仅是一个时间空间的运动,行动必须关涉社会的人与事。假如社会先你而已成为自由的牢笼,试想你又从哪里来的行动自由呢?行动和思想的自由没有一个难易的区分。它们共同受一个社会性质的制约,它只有打碎专制的牢笼,这两种自由才有可能获得。

自由是个人的权利,我要捍卫这个权力,自我的尊严不容侵犯,每个人都要有个人的自由,那么社会正义与平等呢?现代人和古代人对话,古代人说我们必须保卫社会,我选择社会正义与平等,因为在它的前提下我才能自由。现代人却说,个人是至高无上的,我们得捍卫个人自由,只有自由才是我个人唯一的,任何社会的规则契约都会构成对它的侵犯。一边是社会正义与平等,一边是个人的自由与权利,二难选择,这是政治自由主义最难解决的问题。

如二者是最大公约,它们则是彼此矛盾,如果彼此是最小公约,那它们又丧失二者的基本含义。

请问谁来解决?

面对伯林、哈耶克、罗尔斯这些自由主义的精灵,你会赞叹不已,他们穷其一生写下了经典巨著,影响了全世界的思想界,他们的广博与精深让研究者与阅读者纵有一生的精力也不能全部了解。但是他们并不会高过密尔那仅有十万字的小册子。自由主义的经典已经组成了一个长长的历史画廊,那是一条知识的河流,或者说是一条自由的河流。如果让这些自由主义精英们真正面对自由,面对一次个人自由的实践,那无数的经典又算什么?那不过是一堆精彩的废话,一部纸上的神话,一次对话的寓言。

所有自由主义理论必须要转变为国家社会的实践。

1516年莫尔发出乌托邦的呼唤,500年了!那只不过是回荡在全人类上空的一个美丽谎言,那只是掠耳而过的空声。

1989年有人认为是自由主义的一次伟大胜利。华勒斯坦说,为之奋斗了150年的政治规划——通过一国一国地夺取政权以实现传统革命的规划真正落空了。而且不能再作改良或者是革命这样的选择了。这是自由主义神话最后可能性的彻底失败。

只听说有人反对自由主义,没听说有人反对自由。表面上具有真理性,实际是一个荒唐逻辑,反对自由主义时实际是在泼掉脏水的同时连婴儿也一起泼掉了。每一个人都可以毫无愧色地说,我们要保护个人权益,享受绝对自由。难道个人自由仅是一次荒郊旷野的浪游,一次险峰峻岭的攀爬,一次浪迹天涯的游走?不是!自由不是一个人自由地伸伸腿,挥挥手。自由是一次行为方式,它必须是不受到别的干涉与侵害。更重要的是他的行为要得以实施,他要在公众里宣讲自己的思想,他的劳动行为要获得完全公正的待遇。简单说,个人自由的行为必须获得回应。

于是自由必须有一个社会保障系统——合乎自由主义规范的社会机制。你反对自由主义,把自由裸露出来,动摇自由生存的根基。请问自由何在?

自由是一个关于人类的共同宣言,无疑它是一个宏大叙事。但是自由既是一个理论问题又是一个实践问题,它是日常生活中的一个具体事物,自由可能是一次花前月下的漫步,一次如诗如画的风景观瞻。是你穿上一件漂亮的衣服,住一所上等居室。在床上一次朦胧的入眠渐入深层鼾睡,窗外日迟,翻动一下身体伸一个大大的懒腰,或者是一次酣畅淋漓的性生活拥抱自己心爱的美人。也如你放松之后去赴一次美餐,品一口美酒,让舌尖与嗓眼润透香甜,各式美味佳肴进入你的口腹,饱了。或者油腻之后的一支烟一口茶。美人,美食,美容之后的一次尽情游戏。总之自由是个人每次的具体行为,并在行为中的获得与占有,而且在你的感知中,你明白自我完成了这一次自由活动。

自由实际是一个奢侈品,它可能是高雅之人玩的一次潇洒,或者是饱学之士刻苦而获得的功名,或者是成功者经过毕生努力所创造的最后辉煌。

但也有可能是一个什么都不懂的白痴偶尔的一次梦话。

癫狂的精神病患者,潜心一生修德的道士,他们也有截然不同的自由。

你的自由是什么?只有你自己知道。

每一个人都可以站在珠穆朗玛峰上仰天长望,上有一望无际的蓝天,下有无尽起伏的白雪群峰,那是什么?是史前遗留下来的废墟,那是风景,埋葬的都是生物的骸骨,南方的丛林,雨打芭蕉,用一只眼看天,一只眼看地什么都没有,圆一个自己的梦,自由以鸟的速度上升,或者以雨雪的力量下滑,它们的根基在何处?

内心是最好的自由独白。

在天地间撕开一条口子，提供阳光逃亡的路线。自由还是在泥土里播下种子。

后　　记

　　行走于两京之间,居住在两个苹果园。2005年我从北京西郊的苹果园移居到汴京东郊的苹果园,这种巧合让人感叹不已。我和占春兄散步时常说,可惜这两个地方都不产苹果了,也算丢失的金苹果吧。转眼又蜗居了三年。河南大学出版社决定给我和占春、开愚三人出一套丛书,定名为新人文丛书。我们喜欢河南大学出版社做的书,大方端庄,精致漂亮。在编辑个人选集时,我选了50万字的作品。责任编辑谢景和先生特别认真,一并读了我的《城与市》、《梦与诗》、《墙上鱼耳朵》、《现代小说技巧讲堂》等书,这是一种工作方法:是通过编辑一本书发现一个人的方法,可惜这样的编辑今天越来越少。某晚读我的书到了凌晨四点,他说不能再读了否则第二天无法上班;还说特别喜欢我的故乡小镇系列,可以抽出来单做一本小说集,并把我的《词语诗学》作为2008年的选题重点。承蒙他喜欢我的作品,这里我对景和先生致以特别的感谢。

　　我写小说二十多年,已发表出版了五百多万字的小说,这里是随意挑了一些短篇近作,并不足以代表我的小说全貌,仅作为我个人记忆的零散印迹。

　　此外,我选了十来万字的散文,这近乎是我散文写作的全部。新世纪初,刘元举兄主持《鸭绿江》,他在电话里说,你长期写小说,也试着写点散文。我答应了,拖了一年才给他一篇文章《太阳话语》,没想到被当年人民文学出版社和中国散文学会的年选分头选中。接下来每年都写两三篇散文,且连续三四年都被年选本所选。其《翼上日落》、《听雪》、《太阳话语》、《海然》、《水韵　喀纳斯》等被多次选载。从网上看,居然还形成了我的散文读者群,这纯属一次无意插柳的行为。昨天我的两个学生郭祖莹、曹婧来说,刘老师,你出散文集,不用你送,我们一定要买一本。可是,从今往后,我仍然不想大量地去写散文,我喜欢这种偶尔为之。

　　值得多说两句的,是我的理论写作。许多人问我,你是如何把感性和理性的写作区别开,而不至于让它们打架?我从来没想过这问题,写小说是纯然感性的,是一种形象思维,是一种纯感觉的控制;写理论时纯然理性,全是概念、判断、推理在活动。好像我身体内有两个系统，使用一个系统时，另一个系统便自动关闭，各不侵扰，别人一问后，我自己也奇怪起来了。其实多年以来我一直只想做一个小说家。

顺便说说我的读书与藏书。在 30 岁以前我的读书重点在中国古典，兼及西方的小说。所以我在湖南故乡的藏书有近万册，绝大多数是中国古典的。30 岁以后开始写小说，收藏的几乎全是外国小说，1980 年代初开始读的书却是哲学、美学、科学、艺术方面的书。一边写小说，一边读理论书。到 1990 年代后几乎不读小说了，有两三年读社会学，两三年读文化人类学，两三年读政治哲学。几乎每隔两三年我便转移一下阅读兴趣，所以在北京的近万册藏书几乎都是理论书，而把几千册小说与诗歌转移到廊坊的一个小屋里锁着。如今在河南大学又积累了四五千册书，绝大多数的还是理论书。也就是说我有二十多年的理论阅读历史了。零零散散的理论写作至今大约有二百多万字了。比较集中的理论写作是在最近两三年。但它几乎是随着惯性，在一种无意识状态下展开的，直到今天回头一看，才吓了一跳：居然写了这么多。于是选出了二十多万字，代表五个方面的内容：第一组的六篇文章是文化哲学方面的，讨论的关键词是文化、历史、知识、性、思想、政治、权力等；第二组的六篇文章是谈论西方经典的，这方面的文章我写了不少，主要是用批判理论方法去处理经典，且选的作家作品均是有阅读难度的，这与我多年的先锋写作和阅读有关；第三组六篇是艺术评论，基本上是对西方现代艺术的考察，我对色彩、线条、形体、构图的审美认识基本上是个性化的；第四组五篇文章是我的先锋理论研究，为此我还专门写了一本《先锋小说技巧讲堂》的书；第五组仅选了三篇文章，这是我 2003 年写的一部书，叫《词语诗学》，全书选定了 33 个词目，约有五十多万字，仅差三个词条没写完。从理论写作角度而言，这是我 50 岁以前最重要的一本书，也是王一川先生认为最有分量而又具有独创性的一本书。许多年来，我读得最多的、思考也比较深入的是政治哲学，可惜只是一些演讲，没有专门论文。接下来的两三年我想把政治哲学与文化哲学结合起来，打通它们，专门写一本书，作为研究生的一门课程，暂定名为《政治与文化的符号阐释》。其核心的要旨，是探讨到底哪种社会体制和思想更适合未来的中国社会；比较东西方文化思想，我们应该批判哪些东西，吸收哪些东西；以及探讨政治体制与政治思想的统一性与矛盾性，或者说我们重建一种政治体制和社会伦理的可能性。

从独创的角度看，任何写作都是艰难的，你一生可能写许多作品，但独创也许就那么一点点，其绝妙精品总是极少部分。因此我二十多年来的写作都是很艰难的。尽管我的写作速度很快,最快一天能写一万多字。其中最难的我认为还是小说,我的理论写作一般都比较轻松一些,而散文一般都是随手而来。无论什么写作我的思维都是快速运动而紧张的,因此,我从来没认为写作是一种轻松快乐的事儿。在所有写作中,我一般把短篇小说写作视为畏途。一个短篇小说写作之前,我总有三四天的焦躁不安,是一种困兽犹斗,熬过几天,或许一天便把小说写完了,最多也不过三四天肯定能把一个短篇写完了。可对我来说,是经过了一次炼狱,最后连复看一遍的愿望都没有。止于今我最好的短篇小说也许是我写故乡的系列。即便最熟悉的生活,我写起来也还是困难重重。新世纪以来的许多作品写完后,我连投稿的欲望都没有了,多是约稿来了便送出去一个。已经很多年了,出版的专著与发表的作品我几乎没一篇能从头至尾地读一遍。

或许会问,既然写作是那么艰难的一件事,为何还要坚持去做呢?这也许是我性格中有一种向难度挑战的东西。同时我也把写作看成是对一个人心愿与爱好的实践。儿时就保留着这种愿望,长大了便不断被写作所异化。这应该看成一种个人宿命,一种人生悲剧。

这本《耳镜》,我基本上视为一本理论集,小说、散文仅作为它的附录。初拟题为《耳孔之眼》,有以耳为眼的意思,很直白,小苗说可改为《耳径》,耳中之路径也不错,但我最终还是定为《耳镜》,取通感的方法,重塑一种镜像。除小说外,它可以视为我前半生思想之路的一个总结。

感谢河南大学出版社社长马小泉先生,是他确定了这个选题。我这里还要感谢的是作为本书复审的靳宇峰先生,他特别喜欢其理论部分,并和我作了一些具体的讨论。总编辑张云鹏先生是我同门师弟,曾受业于童庆炳先生门下,几次接触直觉印象很好,有很好的学养,多次说我们得好好聊聊。

世界的美好,不在于其自身,而在于许多人对它的关爱,因而感恩心理始成。所以我会铭记人生中的许多朋友,他们的名字像念珠一样在我脑中永恒地滚动。

寂静已远,午夜鸡鸣,用手指叩开黎明的时候,白天便在一种想象中蹑踪远游,让黑暗也充满温柔,我想念的那些朋友们也幻化为夜空舞动的精灵。故乡便是那隐隐约约的星辰,我也就融会成一串游走的文字符号,阿门。

刘 恪

2007.6.22 于开封苹果园

图书在版编目(CIP)数据

耳镜:刘恪自选集/刘恪著.—开封:河南大学出版社,2008.1
ISBN 978-7-81091-636-3

Ⅰ.耳… Ⅱ.刘… Ⅲ.①文学评论－世界②短篇小说－作品集－中国－当代③散文－作品集－中国－当代 Ⅳ.I106 I217.2

中国版本图书馆 CIP 数据核字(2007)第 126733 号

责任编辑　谢景和
封面设计　张胜·生生书房

出　版	河南大学出版社
	地址:河南省开封市明伦街 85 号　邮编:475001
	电话:0378－2825001(营销部)　网址:www.hupress.com
排　版	郑州市今日文教印制有限公司
印　刷	河南第二新华印刷厂
版　次	2008 年 1 月第 1 版　印次　2008 年 1 月第 1 次印刷
开　本	787mm×1092mm　1/16　印张　32.25
字　数	545 千字　定价　49.00 元

(本书如有印装质量问题,请与河南大学出版社营销部联系调换)